中国科学院自然科学史研究所"百人计划"
课题成果系列 科学·历史·社会

政府治理与医学发展:宋代医事诏令研究
STATE GOVERNANCE AND DEVELOPMENT OF MEDICINE:A STUDY OF SONG IMPERIAL EDICTS ON MEDICINE

韩 毅 著

HAN YI

中国科学技术出版社
·北 京·

图书在版编目(CIP)数据

政府治理与医学发展:宋代医事诏令研究/韩毅著.
—北京:中国科学技术出版社,2014.1
ISBN 978-7-5046-6548-5

Ⅰ.①政…　Ⅱ.①韩…　Ⅲ.①医学—诏令—研究—中
国—宋代　Ⅳ.①K244.065

中国版本图书馆 CIP 数据核字(2014)第 006381 号

策划编辑	吕建华
责任编辑	包明明
装帧设计	播客设计室
责任校对	孟华英
责任印制	王　沛

出版发行	科学普及出版社
地　　址	北京市海淀区中关村南大街 16 号
邮　　编	100081
发行电话	010-62173865
传　　真	010-62179148
投稿电话	010-62103165
网　　址	http://www.cspbooks.com.cn

开　　本	787mm×960mm　1/16
字　　数	684 千字
印　　张	28.5
版　　次	2014 年 3 月第 1 版
印　　次	2014 年 3 月第 1 次印刷
印　　刷	北京科信印刷有限公司

书　　号	ISBN 978-7-5046-6548-5/K·142
定　　价	118.00 元

作者简介

韩毅,男,1974 年生,甘肃临洮人。2001 年 6 月毕业于西北师范大学历史系,获历史学硕士学位。2004 年 6 月毕业于河北大学国家宋史研究中心,获历史学博士学位。2004 年 9 月至 2007 年 8 月,在中国科学院自然科学史研究所科学技术史博士后流动站从事研究工作。现为中国科学院自然科学史研究所副研究员,主要从事医学史、疾病史和科技史文献学等研究。2007 年 9 月至 2012 年 12 月参加德国马普科学史研究所/中国科学院自然科学史研究所伙伴合作小组,为中方小组固定成员。2008 年 3 月至 6 月在德国马普科学史研究所从事访问研究。讲授"科学技术史文献学"等研究生课程。主持国家社会科学基金项目、家畜疫病病原生物学国家重点实验室开放基金项目和中国科学院自然科学史研究所"十二五"重大项目等。参加中国科学院"百人计划"课题、马普伙伴合作小组课题和教育部"十五"规划第一批重点立项课题等。著有《政府治理与医学发展:宋代医事诏令研究》。在《中央史学》(韩国)、《全南史学》(韩国)、《国际社会科学杂志》、《自然科学史研究》、《中国科技史杂志》、《中华医史杂志》、《中医文献杂志》、《中兽医医药杂志》、《人民论坛》、《军事历史》等刊物发表学术论文 40 余篇,主要观点被人大报刊复印资料《历史学》、《宗教》以及《高等学校文科学术文摘》等转载或介绍。

内容简介

医学在古代中国作为"仁政"之学,受到宋代皇帝和政府的高度重视。宋代政府发展医学的政策、措施和实施的医学活动,主要通过医事诏令的形式体现出来。医事诏令的制定、决策、发布与执行,体现了宋代国家的意志与需要。本书以宋代皇帝发布的医事诏令为研究对象,深入探讨政府治理与医学发展之间的关系。

宋代政府对医学采取了积极扶持和重点发展的态度,先后发布了 2813 条医事诏令,不仅数量庞大,而且内容丰富。宋政府组织实施的医学活动,主要有前代医学文献的校定与刊刻、新医学著作的编撰与推广、针灸铜人的研发与铸造、重大传染性疾病的预防与应对、成药的生产与买卖、海外香药的输入与加工、医学机构的建立与管理、医学教育的分科与改革、医官的选任与磨勘、运气学理论的阐发与应用以及巫医的控制与改造等。医事诏令不仅成为宋代政府发展医学的法律保障和政策依据,而且极大地促进了 10—13 世纪中国医学的进步、创新和发展。宋代皇帝和政府在医学发展中,发挥了政策制定者、组织实施者和成效管理者的角色,在中医基础理论、中医文献学、中医传染病学、中医临床学、中医方剂学、中医教育学、中兽医学以及医学管理等方面取得了突出的成就。

本书以科学社会史的研究理论与方法,探讨了医事诏令中所反映的与国家"仁政"思想和正统政治密切相关的医学,在宋代政府的支持与治理下是如何得到发展的。不仅丰富了科学史研究的视野,而且也拓展了医学史研究的内容,具有较强的借鉴意义。

Abstract

In ancient China, medicine was regarded as a kind of benevolent governance and received serious attention from emperors and governments. The main means of developing medicine was embodied in medical imperial edicts, whose formulation, release and execution reflected the will and choice of the country. The book takes medical imperial edicts of Song dynasty as the research object to discuss the policy, measurement and achievement of the government in medical aspect.

The government of Song dynasty took positive attitudes towards medicine and issued 2813 medical imperial edicts, which was not only large in number but also rich in content. The government organized lots of medical activities in the following fields: the calibration of the previous medical literature, the writing of new medical books, the research and casting of bronze acupuncture status, the response to major infectious diseases, production and sale of patent medicine, the management of oversea aromatic drug, the establishment and management of medical institutions, the specilization and development of medical education, the selection and assessment of medical officers, the application of doctrine of five evolutive phases and six climatic factors, as well as the control and reform of witch doctors, which were in a leading position in the medical history of ancient China. Medical imperial edicts not only provided law guarantees and policy basis for national medical development, but also got many prominent achievements in medical fields.

Under the State governance, Song dynasty medicine had important developments, innovations and achievements, and was in a leading position in the history of ancient Chinese medicine. The main displays were the following: 1) established a relatively complete system of medicine and medical development environment; 2) set up lots of medical institutions and formed a large scale medical research teams; 3) greatly improved the medical research level and innovative ability, and saw splendid achievements; 4) broke through some significant engineering technologies; 5) benefitted common people; 6) spread official medicine to

surrounding areas, and had great impacts. There was a strong relationship be-
tween the government and the development and innovation of medicine. The
trend of specialist and refinement appeared in medical research and application.

This book, using the theory and method of social history of science, puts fo-
cus on the medicine which has close relationship with benevolent governance and
the state government, then discusses its development under the support and
management of the government. It not only enriches the view of science history
study, but also expands the content of medical history study, therefore, it has a
certain reference value.

Key words: Song dynasty; emperor; government; imperial edict; Chinese
medicine

序

有道是"十年磨一剑"。韩毅博士的这本专著是他十年不懈努力、刻苦钻研的结晶。

2004 年 9 月，韩毅博士从河北大学国家宋史研究中心毕业后，作为博士后来到中国科学院自然科学史研究所，加入到了我当时主持的中国科学院"百人计划"项目——"国家与科学：宋代的科学与社会"课题组。这本书的研究主题，就是在这一项目的研究中生发出来的。

宋代是中国古代社会、政治、经济、文化发生了前所未有的变化的时代，可以说是开新时代之端绪，被誉为"中国的文艺复兴"①。中国古代的科学也在宋代发展到了顶峰，这一情况同宋代政府高度重视科学的政策是分不开的。因此，研究宋代国家与科学的关系，探讨宋代的科学与治国、科学技术与国计民生、国家科技政策与科学活动、知识结构与文化价值等关系，是揭示宋代科学与社会关系的关键。

很明显，这一课题的研究是交叉性的，需要多学科背景的人员参与。我刻意为"百人计划"课题组营造了一种学术氛围，就是要求课题组成员每周都有自由的学术讨论。韩毅博士受过良好的历史学训练，对各种文献极为熟悉，在讨论中发挥了非常好的作用。每当我们提出一些想法，他就能提供相关历史文献资料，由此生发出很多研究问题。

宋代帝王视医学为"仁政"，因此宋代政府对医学特别重视，从经费、政策、制度等各方面都给予持续的支持。医学在宋代得到了极大的发展，取得了显著的成就。宋代重视医学的政策如何表现出来？韩毅博士从宋代的医事诏令看到了线索，经过多次讨论，"政府治理与医学发展：宋代医事诏令研究"这个研究题目就呼之欲出了。

韩毅博士的历史文献学特长在随后的研究中发挥了优势。每一次讨论会上，他都能拿出在历史著作、医学著作和方志著作中发现的医事诏令，分析诏令中所

---

① ［法］谢和耐（Jacques Gernet）著，耿昇译：《中国社会史》（Le Monde Chinois），南京：江苏人民出版社，1995 年版，第 239～286 页。

反映的国家医学政策和医学活动。其中部分诏令没有被《宋大诏令集》、《宋会要辑稿》、《宋史》、《续资治通鉴长编》等记载，因而极具史料价值。在博士后工作期间，他对科学发展的历史和科学的方法论进行了系统地学习，很快掌握了这一学科的理论和方法。2005 年 7 月，在北京召开的"第二十二届国际科学史大会"上，韩毅汇报了"从医事诏令看宋代政府的医学政策"；2006 年 7 月，在杭州召开的"宋代国家与科学"国际学术研讨会上，韩毅汇报了"从医事诏令看宋代政府对重大疫病的防治"，引起与会学者的高度关注和兴趣。经过三年的辛勤努力，2007 年 5 月 25 日韩毅博士顺利通过答辩，博士后工作报告《政府治理与医学发展：宋代医事诏令研究》及其附录《宋代医事诏令年表与史料》，被评为优秀博士后出站报告。

博士后出站后，他留在自然科学史研究所工作。其后他又参与我主持的德国马普学会——中国科学院"马普伙伴小组"的研究项目。在这一过程中，他进一步发挥历史文献专长，同时研究视野不断扩大。除了与我合作，从事宋代政府对天文学的财政支持研究之外，又把对宋代医事政策的研究扩展到兽医学，进一步丰富了他的专著的内容，可以说是宋代医学社会史的一项重要突破。如今，该书稿又经过六年多的修改和完善，终于可以"今日把示君"了。

此书的完成，有力地支持了我主持的"百人计划"项目的最初设想，回答了宋代国家与医学的种种关系问题。他认为，宋代政府对医学的重视，主要通过皇帝诏令的形式体现出来，医事诏令的制定、决策、发布与执行，体现了宋代国家的意志与需要。医事诏令不仅成为宋代政府发展医学的法律保障和政策依据，而且极大地促进了 10～13 世纪中国医学的进步、创新和发展。宋代皇帝和政府在医学发展中，发挥了政策制定者、组织实施者和成效管理者的角色，不断鼓励创新，这对宋代医学的发展是极为有利的。该书的结论，极大地深化了医学史和科学社会史的研究，是一部具有重要学术价值的著作，对于理解中国古代医学传统大有裨益。我认为，该书主要有以下四个方面的特色或创新：

一是研究视角新颖。我认为，研究中国古代科技，不能把科技与社会文化割裂开来。科学研究很多时候就是要"左顾右盼"，不走寻常路，发挥多学科交叉的优势。① 就宋代而言，"国家的主导地位是宋代科学发展的一个重要地证"②。宋代由国家组织的医学活动特别多，政府对前代医书的校正、新本草方书的编撰、重大传染病的防治、防疫药物的配制、医学机构的管理、医学教育的革新、医官的选任

---

① 孙小淳：《培育科学文化》，载《科技导报》2011 年第 25 期，第 11 页。
② 孙小淳、曾雄生：《宋代国家文化中的科学》，北京：中国科学技术出版社，2007 年版，第 5 页。

等,多是由政府组织、国家支持,许多官僚机构都参与其事。① 可以说,该书选取政府发布的医事诏令作为研究对象,成为探讨国家与医学关系问题的一个理想选择。该书在广泛收集资料的基础上,不仅探讨了医学知识的发展变化,而且更多地揭示了宋代国家的医学政策和医学活动。与以前的朝代不同,宋代皇帝特别重视医学,将向百姓提供医疗保障作为"仁政"的体现,因而医学也成为统治权威的一个重要来源。皇帝本人的重视在士大夫中造成了一种论医学医的风气,出现了所谓的"儒医"。陈邦贤《中国医学史》指出:"有宋一代,因为重视医学,所以医学的学说也很盛。"②国家重视医学使得医学进一步向官方化、标准化和应用化的方向发展。国家对瘟疫疾病的应对,同时也促进了医疗理论的发展。同时,该书对我提出的"边界与接点"③概念的分析与应用也较有新意,书中对两宋时期医学知识的演进、传播及其与社会文化的互动,官方正统医学知识与民间非正统巫术知识的关系,医学与农学、兽医学等不同知识领域的交界,亦多有探讨。通过这一新视角,该书展示了中国古代医学与国家需要和社会文化融为一体的历史情境。

二是研究方法有所突破。该书将罗埃德(G. Lloyd)和席文(N. Sivin)教授在《道与名:早期中国和希腊的科学与医学》一书中提出的"文化整体"④(Cultural Manifold)概念运用于宋代医学研究之中。书中把医学与社会政治经济等因素看作是一个繁芜而有机的整体,指出宋代皇帝和政府对医学非常重视,所以对医学给予大力支持和全面的管理。从这个意义上来说,医学不仅仅表现为知识的递进,而且更多的是一种社会活动。当从社会文化史的角度来研究宋代医学时,医学与权力机构的关系如何?医学决策如何形成?医学机构如何管理?医学家如何产生?医学家与政府相联系的象征符号和礼仪在宋代有何变化,与政府如何交流?这是该书自然而然考虑的问题,也是当代科学史研究的重要发展趋势之一。

三是研究史料极为丰富。韩毅在博士后工作期间,充分发挥其文献学的特长,查阅了大量的史书、医书、方志、文集、笔记和碑刻等,完成了 60 余万字的《宋代医事诏令年表与史料》,成为本书研究的学术基础和史料来源。他收集的医事

① 孙小淳:《从"百川归海"到"河岸风光"——试论中国古代科学的社会、文化史研究》,载《自然辩证法通讯》2004 年第 26 卷第 3 期,第 99 页。

② 陈邦贤:《中国医学史》,上海:商务印书馆,1937 年版,第 80 页。

③ 孙小淳:《边界与接点:中国传统科技与社会的多元交汇——德国马普学会/中国科学院自然科学史研究所伙伴小组研究介绍》,载《广西民族大学学报》(自然科学版)2007 年第 13 卷第 3 期,第 15~16 页。

④ Geoffrey Lloyd, Nathan Sivin: The Way and the Word: Science and Medicine in Early China and Greece. New haven: Yale University press, 2002, pp1~15. 又见[美]席文:《文化整体:古代科学研究之新路》,载《中国科技史杂志》2005 第 26 卷第 2 期,第 99~106 页。

诏令,达 2800 余条之多,其数量远远超过前人的统计,基本上涵盖了宋代医事诏令的全部内容,为分析两宋医疗政策的变化提供了坚实的基础。这些皇帝诏令,内容丰富,反映了国家对医学的重视与需求。如医学文献的校正、编撰、刊行与传播,不同社会阶层疾病的救治,医学机构的建立与管理,医学教育的发展与改革,医学人员的选任与磨勘,海外香药的输入与买卖,巫医的控制与改造,以及运气学说的阐发与应用等,均是皇帝重视、政府组织、不同机构等参与的结果,与国家仁政和统治关系密切。

四是研究中产生出了新的学术增长点。韩毅博士在宋代医事诏令研究的基础上,随着研究的深入和细化,又提出了许多新的研究问题和研究课题。如宋代政府应对重大疫病的措施,获得国家社会科学基金的资助;宋代政府应对牲畜疫病的措施,获得家畜疫病病源生物学国家重点实验室开放基金的资助;宋代政府控制和改造巫医的措施,获得马普伙伴小组课题的资助。这些都表明,他的研究工作越来越受到学界同仁的重视与认可。

本书作为中国科学院自然科学史研究所"百人计划"系列丛书之一种,即将由中国科学技术出版社出版。作为他的合作导师,我对他在这一研究领域取得这样出色的成果而感到由衷的欣慰。我由此看到了一个优秀学者的成长,祝愿他在今后的研究中取得更大的进步。

是为序。

孙小淳

2013 年 12 月 25 日

于中国科学院自然科学史研究所

目　录

第一章 绪 论

一、研究宋代医事诏令的意义

医学在中国古代作为"仁政"和加强统治的有力工具,受到历代皇帝和政府的高度重视与支持。古代国家发展医学的政策和措施,主要通过医事诏令的形式体现出来。医事诏令是中国古代皇帝发布的关于医学政策和医学活动的最高命令与行遣文书,其制定、决策与运行体现了国家的意志与需要,具有最高权威性、命令性和实行人治的特点。

宋代,医事诏令出现了重大的变化:一是宋代皇帝对医药学的发展给予了空前的重视;二是与医学有关的诏令数量众多,政府先后发布了 2813 条医事诏令;三是诏令内容丰富且发生显著变化,既包含了传统医学的内容,也包含了新出现的医学领域。从这些诏令中可以看到:与儒家"仁政"思想和国家统治关系密切的医学,在政府的重视和支持下得到不同程度的发展,宋代皇帝尤其是北宋诸帝在医学大发展中发挥了重要的组织者、实施者和推动者的巨大作用,"宋得天下,以仁而国"①。宋代医学在中国古代取得高度的发展、创新与成就,与皇帝的重视和政府治理下医事诏令的运作有着密切的关系。宋代的医事诏令,不论是其性质、内容与影响,还是它所反映的医学问题,均值得重新加以检讨和评价。过去对宋代医事诏令的研究,多侧重于北宋时期的文献考证,对诏令所反映的医学问题及其变化特征关注很少,南宋时期尚无专文问世。

本书以宋代政府发布的医事诏令为研究对象,深入探讨与儒家"仁政"思想和国家统治密切相关的医学,在政府的重视、支持与治理下是如何得到发展的? 笔者认为,对两宋时期的医事诏令做具体而细致的文献学研究,进而分析诏令所反映的国家在医学发展方面采取的措施,有利于对医学发展中的政府因素有一个较为深入的认识和理解。选择"宋代医事诏令"作为课题研究,主要是基于对以下一些问题的关注和思考:

---

① ［元］佚名撰,［清］钱锡祚校:《宋季三朝政要》卷 6《广王本末》,《丛书集成初编》本,上海:商务印书馆,1939 年版,第 71 页。

　　一是为什么要研究宋代医事诏令？两宋时期，皇帝发布的医事诏令数量激增，远远地超越了此前任何一个时代，即是此后的元明清政府也无法与之相比。医事诏令不仅是体现宋政府"仁政"思想和"权威"统治的命令与行遣文书，也是研究宋代国家与医学关系的最佳途径。然而，学术界现有的研究成果，显然还不足以让我们对宋代医事诏令形成一个比较全面系统的认识。唐志炯《唐宋的医事律令》一文，最早对唐宋两朝政府颁布的医学法律进行了探讨，提出"诏令有的也就成为补充的法律"[①]的观点。李经纬《北宋皇帝与医学》一文认为："纵观中国医学史，在历代皇帝中，重视发展医药卫生并主要发挥积极影响者，当以宋代为最，而宋代又以北宋诸帝最为突出。"[②]但是，上述学者的研究仅仅局限在北宋时期，医事诏令的来源仅限于正史，其资料辑录仍有进一步拓展的空间，南宋时期的医事诏令没有涉及。因此，医事诏令作为探究宋代国家和医学关系的绝佳途径，它们之间有着怎样的关系？医事诏令作为一种制度在宋代社会如何运行，中央政府决策如何制定？诏令制度对宋代医学发展产生了何种影响？仍有进一步探讨的必要。

　　二是如何认识医事诏令所反映的国家对医学问题的关注及其变化？从现今遗留下来的医事诏令来看，宋代政府更多地组织和支持了与国家统治和社会生产密切相关的医学活动。这些政策和活动，给我们带来了以下一些值得思考和关注的问题：

　　（1）政府组织的医学活动如疾病治疗、前代医书校正、新医书编撰、医学机构设置、医学人才选任等，是否与宋代皇帝实行的体恤民众的"仁政"思想有关，是否与宋代皇帝自身的医学爱好和强化统治密切相关？在不同的历史背景下，皇帝和政府对医学领域的关注为什么会发生变化，其重点和采取的措施是什么？

　　（2）为什么疫病应对是宋代医事诏令关注的核心？但在具体的治疗中，为什么优先关注的总是皇室、政府官吏和军队的疾病治疗，其次才是普通民众？为什么军中大疫和牲畜疫病在宋代引起了政府的特别关注？在重大疫病的防治方面，宋政府是如何把新医学知识，如本草方书著作、运气学说、新药物研制、病因病机解释、传染病隔离等措施应用到疫病救治方面？北宋和南宋政府在疫病应对方面有何不同？

　　（3）宋代医学发展的一个重要标志是政府组织了数次规模巨大的前代医书校

---

　　① 唐志炯：《唐宋的医事律令》，载《医学史与保健组织》1958年第4期，第305页。

　　② 李经纬：《北宋皇帝与医学》，载《中国医学之辉煌——李经纬文集》，北京：中国中医药出版社，1998年版，第70页。

正和新医书编撰活动,这种活动是否与国家对"仁政"思想的弘扬和社会秩序的规范密切相关?为了保证前代医书的校正和新本草、新方书的编撰,宋政府组建了哪些相关的机构?对参与人员给予了何种奖励?这些医学著作一旦变为官方知识和正统权威后,它又是如何被政府推广的?为什么北宋和南宋政府在医学文献整理方面表现出巨大的差异?宋代官修医学著作对两宋时期医学的发展及其转型产生了何种影响?

（4）宋代政府是如何选任医学人才的?如何认识王安石变法期间"经学、教育和科举三位一体"[①]对中国古代医学教育和人才选拔产生的重大影响?北宋政府制定的医职官阶是什么?在国家政策的导向下,学者们参与政府医学活动的动机和期望是什么?如何理解由于受政治改革的影响,两宋政府在医学人才教育和选拔方面表现出的如此巨大的变化?

（5）如何理解医事诏令所反映的政府在咒禁巫术方面采取的既扶持又打击的矛盾措施?从宋代太医局教育之"书禁科"和《政和五礼新仪》对"大傩仪"[②]的规定来看,书禁科在宋代是合法存在的。也就是说,官方的正统医学制度中包含了咒禁疗法类巫术。既然如此,宋政府为什么还要限制、打击和改造巫医呢,其原因和动机何在?什么造成了巫术最终流向官方倡导的正统医学——这种相当大的转移,从而引起这些学科的发展发生重大变化?在那些从事巫医工作的人们当中,又是什么促使他们转移研究焦点:从一门知识（非正统知识,如占卜、驱鬼、预测、秘密结社等）转向另一门知识（官方提倡的正统知识,如医学和农学等）?在这一转向中,宋代皇帝、政府和官僚士大夫发挥了何种作用?采取了哪些措施?这种政府政策下有意识的转向,对宋代医学的发展和转型产生了何种影响?

三是如何运用新方法研究宋代医学史?宋代医事诏令所反映的不仅仅是纯医学的问题,而是关涉到整个社会方方面面的社会问题。笔者的想法是,希望通过对现存下来的医事诏令进行分析与解读,运用科学社会史的研究方法,重点分析医事诏令所反映的政府在医学发展过程中所起的作用。学术界近年来的研究为笔者提供了这样一种便利,如王曾瑜《宋史研究的回顾与展望》一文,提出了宋史研究中必须"注重开拓新的课题","考虑新的研究领域"[③]。孙小淳《从"百川归海"到"河岸风光"——试论中国古代科学的社会、文化史研究》一文,提出了宋代

① 王曾瑜:《宋代文明的历史地位》,载《河北学刊》2006年第5期,第94～96页。

② ［宋］郑居中:《政和五礼新仪》卷163《军礼·大傩仪》,影印文渊阁《四库全书》本,第647册,第719、720页。

③ 王曾瑜:《宋史研究的回顾与展望》,载《历史研究》1997年第4期,第146～160页。

科学与社会研究的新方法与新问题,其中涉及了对宋代国家与医学关系问题的思考①。尚智丛《宋代科学社会史研究的几个问题》一文,从研究对象的确认与理论概念的选择、研究方法选择和历史文献的选择等方面,对宋代科学社会史的研究提出了新解,并指出《宋会要辑稿》是研究宋代科学社会史的重要资料②。上述学者的研究,为笔者提供了很有价值的素材。

　　本书的问题可以概括为:与国家统治关系密切的医学在政府的重视和支持下是如何得到发展的? 一个传统政府在医学发展方面都可能做些什么? 如何去做?其动机是什么? 要回答这些正面的问题,就必须要对宋代的医事诏令做具体而细致的文献学研究,进而分析政府治理与医学发展之间的关系。对这些问题的认识和反思,有利于我们对医学发展中的国家因素有一个较为深入的认识和理解。同时考察这一传统在中国社会的近现代化进程中有什么意义、有哪些因素起着作用以及发生了怎样的转变?

二、政策作用的历史回顾

　　学术界对中国医学史的研究非常重视,从国家的角度探讨政府与医学关系,也有一些研究。但对宋代的医学政策,至今还缺乏深入系统的研究。

　　中国传统医学自形成以来获得长足的发展,除医学本身的因素外,政府政策之支持是重要原因。政策虽然是医学发展的外在力量,不能改变医学发展的内在规律性,但政策可以引导人们重视或者限制其发展。宋代医学"不仅上宗《内》、《难》和仲景学说,而且对晋唐医家的学术成就兼守博采"③,其中政府在医学的发展方面起了重要的推动作用。政府政策贯彻的结果,导致了社会对医学的重视和儒家士大夫兴趣爱好的转移,医学家的地位得到改善。在国家的重视下,许多医家、文人和官僚士大夫致力于医书著作的编写和阐发医理,充分体现了宋代医学继承、发展与创新相结合的时代精神。

　　20世纪以来,有一些研究探讨历史上的医学问题以及借此透视国家与医学的关系,大致可分为以下几类:

---

　　① 孙小淳:《从"百川归海"到"河岸风光"——试论中国古代科学的社会、文化史研究》,载《自然辩证法通讯》2004年第26卷第3期,第95~100页。
　　② 尚智丛:《宋代科学社会史研究的几个问题》,载《自然辩证法通讯》2004年第26卷第5期,第103~106页。
　　③ 严世芸:《宋代医家学术思想研究》,上海:上海中医学院出版社,1993年版,第1页。

1. 关于宋代医事诏令的辑录与研究

陈邦贤《中国医学史》一书,是我国第一部系统的中国医学通史著作,该书对宋代的医事制度、医疗组织、医学教育和校正医书给予了简要的介绍①。在《二十六史医学史料汇编》一书中,陈邦贤挖掘了部分政府诏令②。唐志炯《唐宋的医事律令》一文,最早对唐宋两朝政府颁布的医学法律进行了探讨,提出"诏令有的也就成为补充的法律"③的观点,并首次阐释了"医事律令"的概念。李经纬《北宋皇帝与医学》一文,首次对北宋时期的医事诏令进行了统计,指出北宋皇帝共发布了248次诏令,并从十个方面分析了北宋皇帝诏令中所反映的医学问题,认为:"在历代皇帝中,重视发展医药卫生并主要发挥积极影响者,当以宋代为最,而宋代又以北宋诸帝最为突出。"④李经纬的研究受到国内外学者的广泛关注。常敏毅《宋代皇帝和中医中药》一文,简要地介绍了宋代皇帝在医学发展中所起的作用⑤。

2008 年,笔者发表《宋代医学诏令及其对宋代医学的影响》一文,利用宋代正史、实录、会要、长编、地方志、文集、笔记、墓志铭、《大藏经》、《道藏》和明清时期的历史文献,对宋代政府发布的医事诏令进行了全面统计与梳理,深入研究了 2800余条医事诏令的种类与特点、内容与运作、作用与弊病等。⑥

2. 关于宋代医学机构的考证

医事诏令的运作与政府医学机构的建立有着密切的关系。龚纯《王安石变法与北宋的医学教育》和《宋金元的卫生组织》二文,利用正史资料对宋代卫生组织及其名称进行了考证,认为宋代的卫生组织主要有中央卫生机关、药物管理机关、宫廷医院、军医院、平民医院和病因院等⑦。梁峻《中国古代医政特点及其对当今医政之启示》一文,认为"皇帝诏令在医政形成中具有启动作用","北宋皇帝普遍

①　陈邦贤:《中国医学史》,上海:上海医学书局,1920 年第 1 版;北京:商务印书馆,1957 年第 3 版,第171~175 页。
②　陈邦贤:《二十六史医学史料汇编》,北京:中医研究院中国医史文献研究所,1982 年版,第 241~248页。
③　唐志炯:《唐宋的医事律令》,载《医学史与保健组织》1958 年第 4 期,第 305 页。
④　李经纬:《北宋皇帝与医学》,载《中国科技史料》1989 年第 3 期,第 3~20 页。又见《中国医学之辉煌——李经纬文集》,北京:中国中医药出版社,1998 年版,第 63~70 页。
⑤　常敏毅:《宋代皇帝和中医中药》,载《家庭中医药》2002 年第 11 期,第 6,7 页。
⑥　韩毅:《宋代医学诏令及其对宋代医学的影响》,载《中医文献杂志》2008 年第 26 卷第 1 期,第 4~7页;《中医文献杂志》2008 年第 26 卷第 2 期,第 10~12 页。
⑦　龚纯:《王安石变法与北宋的医学教育》,载《中华医史杂志》1955 年第 3 期,第 175 页;龚纯:《宋金元的卫生组织》,载《医学史与保健组织》1957 年第 2 期,第 138~143 页。

重视医学,因而北宋医政事业呈现出兴旺发达的局面。"①在《中国古代医政史略》中,梁峻进一步指出:"宋代继承唐代医政传统并在唐代所奠定的基础上把封建社会的医政事业推向了高峰。"②郭声波《宋朝官方文化机构研究》和汪圣铎、胡玉《宋代医政研究》等文,对宋代官方医学机构有所论述③。张文《宋朝社会救济研究》、李瑾明《宋代社会救济制度的运作和国家权力》、郭嘉《宋代官办慈善机构管理初探》等文,则专门对宋代官办慈善机构的运作、经费、官员差遣、利弊等给予了很有价值的探讨④。

3. 关于宋代政府与医学关系的探讨

20世纪20年代开始,学术界开始关注宋代政府与医学之间的关系。陈邦贤《中国医学史》一书,认为:"宋代统治阶级,对于医学是比较重视的,购求医书,征集医方,时有诏令发布。"⑤李涛《南宋的医学》一文,从南宋医学的社会背景出发,探讨了南宋基础医学(病因学和诊断学)、临症医学(大方脉科、小方脉科、疮肿兼折伤科和妇产科)、应用医学(卫生学和法医学)和医学史五个方面,认为:"南宋时连年战争,政治腐败和道学家虚伪风气,妨害了医学的发展。所以南宋的医学成就,限制在整理和充实的范围内,不能像北宋时代医学的跨步直前。"⑥郑金生《宋代本草史》一文,通过研究宋代丰富的本草文献、本草学各专题内容的发展及成就,进而探讨了宋代本草发展的特点和规律,同时,该文对北宋设置的官药局进行了评价,认为:"这是顺应医药发展及当时特定政治经济形势而产生的。"⑦郑文《北宋仁宗、英宗医疗案件始末》一文,探讨了宋统治者对医学的态度及当时医官的地位,认为宋代医官的地位实际上取决于权贵的好恶和情感等因素,尽管宋初医官的地位有所提高,但随着以入仕为官医官人数的增加,医官的地位实质上是低下

① 梁峻:《中国古代医政特点及其对当今医政之启示》,载《中华医史杂志》1994年第24卷第1期,第9~14页。

② 梁峻:《中国古代医政史略》,呼和浩特:内蒙古人民出版社,1995年版,第108页。

③ 郭声波:《宋朝官方文化机构研究》,成都:天地出版社,2000年版,第53~86页;汪圣铎、胡玉:《宋代医政研究》,河北大学硕士学位论文2005年,第1~60页。

④ 张文:《宋朝社会救济研究》,重庆:西南师范大学出版社,2001年版,第161~194页;李瑾明:《宋代社会救济制度的运作和国家权力》,载《中国史研究》2005年第3期,第125~136页;郭嘉:《宋代官办慈善机构管理初探》,载《社会科学辑刊》2005年第4期,第117~121页。

⑤ 陈邦贤:《中国医学史》,北京:商务印书馆,1957年版,第175页。

⑥ 李涛:《南宋的医学》,载《中华医史杂志》1954年第1期,第40~48页。

⑦ 郑金生:《宋代本草史》,载《中华医史杂志》1982年第12卷第4期,第204~208页。

的。①廖育群等《中国科学技术史·医学卷》一书,首次以"国家与医学"的视角探讨了宋代医学发展中的国家因素,认为:"在中国医学发展史上,要说对医学关注最多的王朝,当数北宋时期。"②李经纬《传统医学发展与政策因素》一文,首次对政府政策与医学发展的关系进行了探讨,他认为:"统治者关心医学发展,制定促进医学发展的政策,在中国医学发展史上是相当普遍的,政策在中医学的发展上有着积极的影响。"③在《中医史》一书中,他又进一步阐述了这种观点:"两宋医学全面大发展,实际上是北宋时期取得的卓越成绩,而北宋医学的大发展,有一个显著的特点,这就是得到了较有作为的皇帝的重视、关照,政府政策支持形成了巨大的促进力量。"④李经纬的研究和论点在海内外学术界影响很大,是中国学者较早、较系统关注宋代医学政策的文章,至今仍具有重要的指导意义。以色列学者郭志松(Asaf Goldschmidt)《康命:北宋时期的医学理论、实践与政策》(*Mandate of Health*:*Medical theories*,*Practices and Politics in the Northern Song*)一文,认为国家对疫病防治的重视促进了医学理论尤其是伤寒论的发展⑤。

4. 关于宋代政府应对疾病的研究

20世纪80—90年代以后,中国大陆、中国香港和中国台湾地区学者逐渐兴起了对疾病医疗社会史的研究。在这一新型的探究过程中,政府、医学与社会关系的问题,逐渐纳入了史学研究者的视野⑥。梁庚尧《南宋城市的公共卫生问题》一文,指出政府应对疫病的措施主要有祈神、河湖整治、医药、安葬、埋葬等⑦。张文《宋朝社会救济研究》一书,主要研究了宋代政府的救济制度,其中部分章节涉及

---

① 郑文:《北宋仁宗、英宗医疗案件始末》,载《中华医史杂志》1992年第2卷第4期,第244~247页。
② 廖育群、傅芳、郑金生:《中国科学技术史·医学卷》,北京:科学出版社,1998年版,第296页。
③ 李经纬:《传统医学发展与政策因素》,《中国医学之辉煌——李经纬文集》,北京:中国中医药出版社1998年版,第48页。
④ 李经纬:《中医史》,海口:海南出版社,2007年版,第167页。
⑤ Asaf Goldschmidt,"*Mandate of Health*:*Medical theories*,*Practices and Politics in the Northern Song*",孙小淳、曾雄生主编:《宋代国家文化中的科学》,北京:中国科学技术出版社,2007年版,第101~141页。
⑥ 杜正胜:《作为社会史的医疗史——并介绍"疾病、医疗与文化"研讨小组的成果》,载《新史学》1995年第6卷第1期,第113~151页;杜正胜:《医疗、社会与文化——另类医疗史的思考》,载《新史学》1997年第8卷第4期,第143~171页;余新忠:《关注生命——海峡两岸兴起疾病医疗社会史研究》,载《中国社会经济史研究》2001年第3期,第94~98页;余新忠:《从社会到生命——中国疾病、医疗史探索的过去、现实与可能》,载《历史研究》2003年第4期,第158~168页。
⑦ 梁庚尧:《南宋城市的公共卫生问题》,载《中央研究院历史语言研究所集刊》第70本第1分册,1999年,第119~163页。

了对疾病的救治①。汪圣铎、胡玉《宋代应对疾疫医疗措施初探》一文,指出宋代政府在疫病应对方面主要采取了派医、赐钱、给药、颁方等措施②。冯翔《宋代政府的疫病应对与医学》一文,从制度性层面论述了政府应对疫病的措施,并认为疫病应对中出现的成药简化风气影响了南宋医学的发展——局方医学的兴盛③。

2007 年以来,笔者从"医事诏令"入手,对宋代政府应对重大疫病进行了深入的研究。如《疫病流行的时空分布与宋代社会的变迁》和《疫病流行的地理分布对宋代社会的影响》二文,系统地探讨了疫病流行在时间、空间上的地理分布、变化及其对宋代社会带来的巨大影响④。《宋代政府对军队中疫病的应对》一文,分析了疫病流行对宋代的军事活动、军事战争和军事政策产生的重要影响,探讨了宋代政府应对军中大疫的医学、经济和军事措施⑤。《淳化三年开封大疫与宋代政府的应对》、《宋代政府如何应对疫病》、《宋代政府应对疫病的态度与措施》和《宋代政府应对疫病的历史借鉴》四文,以个案和整体为视角,探讨了宋代政府应对疫病的医学、经济和政治措施⑥。《宋代的牲畜疫病及政府的应对——以宋代政府诏令为中心的讨论》、《南宋时期马疫的流行及政府的防治措施》和《宋代牛疫的流行与防治》等文,探讨了宋代政府防治牲畜疫病的措施⑦。

三、本书的研究内容

本书通过对宋代医事诏令的内容、发布机制和运作方式的研究,探讨医事诏

---

① 张文:《宋朝社会救济研究》,重庆:西南师范大学出版社,2001 年版,第 32,33 页。

② 胡玉:《宋代应对疾疫医疗措施初探》,载《乐山师范学院学报》2005 年第 19 卷第 11 期,第 99～102 页;汪圣铎、胡玉:《宋代应对瘟疫的措施》,载《文史知识》2005 年第 8 期,第 82～86 页。

③ 冯翔:《宋代政府的疫病应对与医学》,中国科学院自然科学史研究所硕士学位论文,2006 年,第 11～20 页。

④ 韩毅:《疫病流行的时空分布与宋代社会的变迁》,载《科学研究月刊》2006 年第 10 期,第 73～75 页;韩毅:《疫病流行的地理分布对宋代社会的影响》,朱瑞熙、王曾瑜等主编:《宋史研究论文集》第十二辑,上海:上海人民出版社,2008 年版,第 497～526 页。

⑤ 韩毅、许瑞源:《宋代政府对军队中疫病的应对》,载《军事历史》2008 年第 1 期,第 22～28 页。

⑥ 韩毅:《淳化三年(992 年)开封大疫与宋代政府的应对》,载《中华医史杂志》2008 年第 38 卷第 2 期,第 72～75 页;收入邓小南主编:《宋史研究论文集》第十三辑,昆明:云南大学出版社,2009 年版,第 392～402 页;韩毅:《宋代政府如何应对疫病》,载《政府法制》2013 年第 16 期,第 46,47 页;韩毅:《宋代政府应对疫病的态度与措施》,载《文史知识》2013 年第 7 期,第 13～19 页;韩毅:《宋代政府应对疫病的历史借鉴》,载《人民论坛》2013 年 5 月(上)总第 402 期,第 78～80 页。

⑦ 韩毅:《宋代的牲畜疫病及政府的应对》,载《中国科技史杂志》2007 年第 28 卷第 2 期,第 132～146 页;韩毅:《南宋时期马疫的流行及政府的防治措施》,载《国际社会科学杂志》2009 年第 26 卷第 3 期,第 66～79 页;韩毅:《宋代牛疫的流行与防治》,载《中华医史杂志》2011 年第 41 卷第 4 期,第 208～213 页。

令中所反映的政府发展医学的措施,分析各级政府在医学发展中的地位与作用。

1. 宋代医事诏令的内容与运行机制

本书第二章探讨了宋代医事诏令的形成与发布、决策过程、执行机构、种类与内容等,梳理诏令所反映的宋代政府发展医学的政策及其选择,并分析北宋和南宋政府在医事诏令发布与执行方面表现出的显著差异。

2. 宋代政府校定前代医学文献和编撰新医学著作的措施

本书第三章探讨了宋代政府校定前代医学文献和编撰新本草、新方书、新针灸著作采取的措施。医学文本知识所具有的正统性和权威性,成为政府弘扬"仁政之急务"①的有效途径。宋政府在医学文献的整理方面采取了访求医书、置局设官、选拔人才、刊刻发行等措施,并首次将先进的雕版印刷术引入医学书籍刊刻。政府官修医学著作的大量刊布,对医学的发展及转型产生了深远的影响,促进了宋代本草学、方书学、伤寒学、温病学、脉学、运气学等医学理论、医学教育和临床实践的发展,也影响了儒家士大夫、医学家和文人等不同社会阶层对医学的态度。

3. 宋代政府应对重大疫病的措施

本书第四章探讨了宋代政府应对不同社会阶层疫病采取的医学、经济和政治措施,分析新医学知识在疫病防治中的应用及发挥的作用。政府应对疾病的措施具有较强的等级性和地域性,医事诏令优先关注的是宫廷、军队和政府官吏的医疗,其次是普通民众。从疫病救治地区来看,医事诏令关注最多的是京城和驻军场所,其次是经济发达地区,再次是南方瘴疾流行地区。北宋时期疫病救治的主体是中央政府,南宋时期中央政府的活动有所减弱,地方政府和社会民众的救治占据了主要地位。

4. 宋代政府建立和管理医学机构的措施

本书第五章探讨了宋代政府建立和管理医学机构的措施。宋政府建立了较为完整的医学机构,并规范其职能和运行情况。中央医学机构有翰林医官院、尚药局、御药院、太医局、校正医书局、香药库、香药榷易院、和剂局、熟药所和惠民局等。医疗救济机构、临时医院和慈善机构,主要有安济坊、福田院、居养院、养济院、病囚院、漏泽园、慈幼局和保寿粹和馆等。宋政府对医学机构的建立和管理,实际上是加强专制主义中央集权的重要措施之一,有效地宣扬了"医乃仁政"的思

---

① [宋]宋徽宗:《求方书药法御笔》,《宋大诏令集》卷219《政事七十二·医方》,北京:中华书局,1997年版,第843页。

想。相比较而言,北宋时期医学机构的设置较为完整,经费来源充足。南宋时期,随着政府财政的紧缺,一些医学机构相继被罢废。

5. 宋代政府发展和改革医学教育的措施

本书第六章探讨了宋代政府发展和改革医学教育的措施。宋代医学教育在中国古代教育史上取得突出成就,与皇帝的重视和三次兴学运动密切相关。医学教育作为统治阶级思想的一部分,贯彻维护了宋代统治阶级的意志,弘扬了政府的"仁政"思想,加强了统治;另一方面又促进了医学专科教育的发展,培养了大批医学人才,成为政府选拔医官的重要来源。相比较而言,北宋时期中央医学教育和地方州县医学教育取得的成效较大。南宋时期由于皇帝的认识发生变化,加之受财政因素的影响,中央医学教育发展受到一定程度的影响,未见到有关发展地方医学教育的诏令。自北宋中期以后,医学教育逐渐向科举化的方向发展,教育功能与仕途的关系日益紧密。

6. 宋代政府选任和管理医官的制度及措施

本书第七章探讨了宋代政府选任和管理医官的制度及措施。宋代形成以科举试补法为主,荐补法和荫补法为辅的医官选任制度,并建立了一套较为完善的医学人员选拔制度、除授制度、酬劳制度、考课制度和磨勘制度,从而在一定程度上保证了公平竞争,从社会下层选拔了大批出身寒微的医学人才。由于受政治改革的影响,两宋时期医学人员的选拔变化较大。北宋初年,政府主要通过地方推荐选拔医学人才。北宋中期以后,科举试补法成为政府选拔医官的重要方式,其中宋仁宗时期实行"国子监考察之法",宋神宗以后至南宋时期实行"太学三舍法"。南宋时期,政府进一步完善了医官选任中的锁院制度、通行试卷制度、挟书之禁制度和六通合格制度等。

7. 宋代政府控制和改造巫医的措施

本书第八章探讨了宋代政府控制和改造巫医的措施。宋初,巫医在全国诸路的普遍存在,不仅对地方统治秩序构成严重挑战,而且也成为政府发展医学和传播官方医学知识的主要障碍。政府采取的措施主要有:一是以政府诏令和法律的形式控制巫医的社会活动和发展规模,强制巫医或从事巫术研究的知识分子改学官方医学或农学,将他们纳入到国家医学官僚体系之中;二是颁布官修本草和医方,用医学知识改变落后旧俗,确立国家正统权威。宋政府的措施取得一定的成效,北宋中后期至南宋时期,原先"信巫不信医"较为严重的地区,官方医学知识和农学知识得到普及和传播。

8. 医事诏令在宋代医学发展中的作用和局限

本书第九章探讨了医事诏令在宋代医学发展中所起的积极作用,分析政府利用政策工具干预医学发展的实践和营造医学发展的动力及环境,以及医事诏令的不足和局限等。

通过对上述内容的研究,本书将系统地、全面地回答宋代皇帝和各级政府在医学发展方面都做了些什么、如何去做和为什么要作等问题。

四、史料来源、研究理论和研究方法

1. 史料来源、数据的解释及统计方法

五代宋初,印刷术在中国出现并进入医学领域,医学体系与其他学术领域一样,开始了由印刷技术而促成的知识与国家权力之间关系的转换,激励了许多医学经典的校正、编撰和多种医学文本的刊刻与发行,这些流传于世的书籍成为本研究的文献来源。本书的史料来源主要由以下三方面组成:

一是宋代原始文献。两宋时期,政府设立专门的编敕局,对历代皇帝诏令的汇集极为重视,并刻板印刷,颁行诸路,与法律并行流通。太平兴国八年(983 年)诏修的《时政记》,咸平元年(998 年)诏修的《敕书德音》,宋神宗以后诏修的《神宗御批》、《元祐诏旨》、《元符庚辰以来诏旨》、《玉堂制草》,大观元年(1107 年)编辑的《大观诏令》,政和五年(1115 年)编辑的《金耀门制诏》,元符、政和年间两次修订的《制书》等,包含了大量医学方面的诏令,但这些诏令大多已散佚。南宋绍兴年间修撰的《宋大诏令集》,是现存北宋九朝皇帝诏令的重要汇编,保存了大量的医事诏令。[①] 其他与医学有关的诏令则见于《宋史》、《续资治通鉴长编》、《宋会要辑稿》、《皇朝编年纲目备要》、《太宗皇帝实录》、《建炎以来系年要录》、《宋史全文》、《文献通考》、《庆元条法事类》、《宋朝诸臣奏议》、《名公书判清明集》和宋元时期的史书、笔记、文集、墓志铭、奏议和医书序、跋中。尤其是 20 世纪以来整理出版的《全宋词》、《全宋诗》、《全宋文》和《全宋笔记》等,为本书资料的收集提供了便利。

二是宋元明清时期的医学著作。宋版医书的序言、跋、敕文、牒文以及《本草纲目》、《名医类案》、《续名医类案》中收入的宋人逸事资料等,保存了宋代大量的医学敕令。从笔者目前掌握的资料来看,这方面的内容很多,理应引起我们的重视。

---

① [宋]佚名:《宋大诏令集》卷 150《政事三》,北京:中华书局,1997 年版,第 555~559 页。

三是近现代学者关于宋代医学史研究的相关论著和论文,也是笔者关注的重点。如何推陈出新,是本书写作时考虑的主要问题。

在此思路的指引下,笔者完成了 60 余万字的《宋代医事诏令年表与史料》,成为本书研究的学术基础与史料来源。

2. 研究理论与方法

马克思主义史学的基本理论和方法,对本书的研究具有重要的指导意义。马克思主义认为,"人类的全部历史(从土地公有的原始氏族社会解体以来)都是阶级斗争的历史,即剥削阶级和被剥削阶级之间、统治阶级和被统治阶级之间斗争的历史"①,"统治阶级和被统治阶级、剥削阶级和被剥削阶级是一直存在的"②阶级论观点和阶级分析法,对于解析医事诏令的阶级性和观察宋代复杂的等级制社会现象具有一定的意义。1996 年,王曾瑜出版《宋朝阶级结构》一书,系统而深入地论述了宋朝社会各阶级的经济状况兼及它们的政治地位③。1998 年,梁太济出版《两宋阶级关系的若干问题》一书,论述了宋代诸阶级的经济地位和社会关系④。上述著作中的许多观点,目前仍具有重要的学术价值和现实意义,对本书的研究提供了借鉴和理论依据。

20 世纪以来,学术界关于科学社会史的研究和讨论,使笔者对中国古代医学与社会有了新的理解和诠释⑤。依据科学社会史的理论与方法,医学史不仅要研究医学思想、医学技术的变化,更应重视国家、社会、科学对医学的作用,以及所有涉及医学的人物、组织、事件等都要进行研究。劳埃德(Geoffrey Lloyd)和席文(Nathan Sivin)教授提出的"文化整体"概念,加深了笔者"对一个问题中的哲学、技术、社会、政治、文学等各个方面之间的相互联系做具体的研究"的思考⑥。席文

---

① [德]恩格斯:《〈共产党宣言〉1888 年英文版序言》,《马克思恩格斯选集》第 1 卷,北京:人民出版社,1995 年版,第 257~258 页。

② [德]恩格斯:《卡尔·马克思》,《马克思恩格斯选集》第 2 卷,北京:人民出版社,1995 年版,第 336 页。

③ 王曾瑜:《宋朝阶级结构》(增订版),北京:中国人民大学出版社,2008 年版,第 3~23 页。

④ 梁太济:《两宋阶级关系的若干问题》,保定:河北大学出版社,1998 年版,第 1~272 页。

⑤ 参见 Thlmas Kuhn 著,傅大为、程树德、王道远译:《科学革命的结构》,台北:允晨文化实业股份有限公司,1985 年版,第 39~110 页;孙小淳、曾雄生:《宋代国家文化中的科学》,北京:中国科学技术出版社,2007 年版,第 3~12 页;宋子良、王平主编:《科学社会史》,北京:科学技术文献出版社,1991 年版,第 112~154 页;胡继春主编:《医学社会学》,武汉:华中科技大学出版社,2005 年版,第 3~22 页。

⑥ Geoffrey Lloyd, Nathan Sivin:*The Way and the Word:Science and Medicine in Early China and Greece.* New haven:Yale University press, 2002, pp1~15. [美]席文:《文化整体:古代科学研究之新路》,载《中国科技史杂志》2005 第 26 卷第 2 期,第 99~106 页。

教授在《中国医学史的未来：一元还是多元？》中提出医学研究"需要更多有价值的原始资料丰富的参考书"①的观点，促使笔者关注以前学界不甚重视的医事诏令的收集和整理。2007年，孙小淳在《国家与科学：北宋时期的科学创新》一书中，提出了"不同门类的科学技术知识，因其与国家需要关系程度不同，有怎样不同的发展"②的重要观点，对笔者的研究产生了直接的影响。本书正是在这一命题的指引下，以医事诏令为切入点，探讨宋代政府治理与医学发展的关系问题。

本书以马克思主义为指导，依据科学社会史的理论与方法，全面系统地探讨宋代医事诏令中所反映的国家发展医学的政策和措施，揭示国家战略和政府需求在医学发展中的促进作用。这项研究不仅有利于在中国医学史领域拓宽学术视野，把医学史的研究拓展到整个社会史与文化史领域，而且有利于我们今天重新审视国家与医学、传统与现代等问题，还能为我们今天如何认识、面对以及处理现代医学等提供有益的借鉴。

① ［美］席文：《中国医学史的未来：一元还是多元？》，载《中华医史杂志》2007年第37卷第3期，第132页；《中华医史杂志》2007年第37卷第4期，第195～199页。

② Sun Xiaochun. *State and Science*：*Scientific Innovations in Northern Song China*，960—1127. University of Pennsylvania. Ph. D. Dissertation. 2007, pp. 1～20. 又见孙小淳、曾雄生：《宋代国家文化中的科学》，北京：中国科学技术出版社，2007年版，第3页。

第二章　宋代医事诏令的内容与运行机制

从宋太祖建隆元年至宋末帝祥兴二年(960—1279年),宋代皇帝发布的医事诏令就有 2813 条之多,其中北宋时期 1633 条,南宋时期 1180 条,超过了宋以前任何一个朝代,也为此后的元明清政府所无法比拟。医事诏令的制定、决策、发布、颁行有着严格的程序,反映了国家发展医学的政策、措施及其需求等。

第一节　宋代医事诏令的发布、决策过程与执行机构

一、皇帝职权的扩大与医事诏令的发布

宋代是皇帝专制制度和中央集权制度进一步得到强化的时期,皇帝的权力得到进一步的集中,拥有最高行政权、财政权、军事权、立法权、司法权和高级官吏任免权等,"凡军国庶务,一听裁决"①。中央政府对政治、经济、军事和文化的控制和干预能力越来越得到加强,"本朝之法,上下相维,轻重相制,如身之使臂,臂之使指,民自徒罪以上,吏自罚金以上,皆出于天子。藩方守臣,统制列城,付以数千里之地,十万之师,单车之使,尺纸之诏,朝召而夕至"②。北宋初年,继长期大规模的战争之后,医学作为"仁政"和加强地方统治的工具,越来越受到最高统治阶级的重视。政府权力持续地运作于鼓励医学、发展医学等措施之中,财政支出巨大,取得的成绩也很突出。

政府职责及其权限的变化,与政府方面的一些主观因素有很大的关联。与前代相比,宋代皇帝具有较高的儒学素养,充分认识到医学在统治中的辅助教化作用。宋代皇帝对医学的重视,超过了此前任何一位皇帝,他所发布的命令称"诏"、"圣旨"、"御笔"、"手诏"或"敕"等,有权修正或收回已颁布的命令。政府职权的扩大不仅仅表现在增设医官、组建医学机构等问题上,更重要的是拓展对医学仁政教化功能的解释和发展具体的医学问题,这一点在后面的研究中会得到证实。宋

---

① [宋]宋徽宗:《宣和传位诏》,《宋大诏令集》卷7《帝统七》,北京:中华书局,1997 年版,第 29 页。
② [宋]范祖禹:《范太史集》卷 22《转对条上四事状》,影印文渊阁《四库全书》本,第 1100 册,第 269 页。

代诸路州县官吏对医学的重视,也超越了此前任何一个时期,他们积极响应政府号召,发展州县医学教育,推广官方医书,应对疫病流行等。他们发布的"劝农文"、"劝俗文"、"谕俗文"、"诫俗文"中,包含了大量的医学知识和内容。无论是中央还是地方,医学发展均得到国家财政的大力支持。

在医学发展中,国家对医学的重视及制定的发展措施,均通过诏令体现出来。皇帝的诏令就是法律,成为政府发展医学的内在动力。巫术流行对儒家伦理和地方统治带来的严重威胁与挑战,成为政府发展医学的外部动力。可见,政府对医学干预权力实施的范围和力度的大小,既决定于宋代社会的客观需要和可能条件,也取决于政府本身的意愿。一旦时机成熟或出于某种需要,皇帝诏令所发挥出的效力会涉及医学发展的方方面面。

二、医事诏令的种类与中央政府的决策过程

1. 医事诏令的种类

自秦代至清代,皇帝的下行文书通称为诏敕、谕旨,后世通称为诏令。皇帝的诏敕通常由内廷发至中枢机构,以正式公文加盖朱印缄封颁下。汉代系通过丞相、三公府,唐代系通过中书、门下和尚书三省。宋代沿袭唐制,但在元丰改制前后有所变化。据周良宵《皇帝与皇权》一书研究,宋朝的诏旨分内制与外制两种。制旨之不经外朝者称内制,后妃、亲王、公主、宰相、节度之封拜皆用之,由翰林学士起草。制旨之宣布于外朝者称外制,除拜百官用之,以中书舍人、知制诰掌理[1]。凡不经正式机构程序,而由皇帝以个人名义直接下发的命令,唐代称墨敕或手敕,宋代称手诏、御札,明清时期称谕旨。皇帝所下墨敕,因用墨笔书写,未经正式议定,系个人意见,三省也可以不执行。但一般来说,诏敕、谕旨具有同等的效力,接受者不得不奉行。宋代皇帝发布最多的是诏敕,诏敕成为皇帝常用的一种诏令文书,这和明清时期谕旨成为常用的诏令文书有很大的不同,说明了诏令是以皇帝和政府的名义联合下达的,有一定严格的起草、决策、颁行和执行程序。

宋代,依据《宋大诏令集》的划分,与医学方面有关的命令与行遣文书主要有以下几类:圣旨、御札、德音、敕、批答、宣、口宣、诏、诫诏、手诏、表、敕制、榜、敕榜等,通称为诏令。此外,宋代文献中还有一些常见的政府公文形式,如令、召、赐、拜、颁、除、迁、擢、黜等,这些内容都是诏令文书的不同种类和表达方式[2]。

---

① 周良宵:《皇帝与皇权》,上海:上海古籍出版社,1999年版,第54页。

② [宋]佚名:《宋大诏令集》卷首《目录》,北京:中华书局,1997年版,第1~86页。

2. 中央政府的决策过程

医事诏令形成的过程,也就是中央政府决策形成的过程。宋朝的中央决策体制是以皇帝为中心,继以宰相、执政、侍从、台谏等组成。决策制定主要在皇帝、中书门下、三省、枢密院和其他部门之间展开,其决策过程以具体事务性质而定。中央最高决策机构有皇帝定期或不定期的坐殿视朝听政,次高决策机构有宰执在二府理政和议政、朝廷官员集议,还有一些临时组成的决策机构。决策的依据和信息传递渠道,主要是各级官员的奏章、经筵官的议论、士民的上书等。宋朝形成了一套中央决策和政策贯彻执行的程序、方式,前后还进行过一些改革,使之逐步完善,"宋朝国家长期的稳定和社会经济、文化的发展,正是中央决策机构一系列正确决策的结果"①。一切奏章,不经过皇帝,都不能化为政令;只有经过皇帝,奏章才化为国家意志;皇帝有最终的决策权,可以收回或废除颁行的成命,而中央各部官员则没有。

皇帝的命令亦即中央的决策,通常须经中书门下(元丰改制后为三省)和枢密院宰执画敕,门下省审驳,付尚书省施行,"凡军国事,中书揆而议之,门下审而覆之,尚书承而行之"②;如果不经"二府",直接由内宫颁出称"内降"。医学方面的政务,则多由翰林医官院(元丰改制后称翰林医官局)实施。

政府颁行的与医学有关的诏令,常见者有诏、手诏和敕等。诏,文书名,属命令体文书。凡举行朝廷内外大事,赐待制(侍从官)、大卿监、中大夫、观察使等五品官以上,颁奖谕、诫谕、抚谕等,用诏书,主要用于告示百官军民。其文体或用四六句或用散文,由学士院翰林学士草拟。其中皇帝所下宽恤诏称德音。在宋代政府发展医学的措施中,使用最多的行政公文是诏令体文书。如开宝四年(971年)三月戊子,为了扭转宋初医学人才缺乏的局面,宋太祖发布《访医术优长者诏》。《宋大诏令集》卷二一九载:

> 《周礼》有疾医,掌万民之病;又汉置本草待诏,以方药侍医。朕每于
> 行事,必法前王,思得巫咸之术,以实太医之署。其令郡国,求访医术优
> 长者,咸籍其名,仍量赐装钱,所在厨传给食,速遣诣阙③。

这道诏令反映了宋初官方医学机构太医署中医学人员匮乏的局面,表达了宋

① 朱瑞熙:《中国政治制度史》第6卷《宋代》,北京:人民出版社,1996年版,第98页。
② [宋]李心传:《建炎以来系年要录》卷22,建炎三年夏四月庚申,北京:中华书局,1956年版,第474页。
③ [宋]宋太祖:《访医术优长者诏》,《宋大诏令集》卷219,北京:中华书局,1997年版,第842页。

政府对医学人才选拔的态度以及奖惩措施。

手诏，又称手书，皇帝直下文书名，是各类诏书中等级最高的一种，通常由皇帝亲自撰写，用黄纸，但不常用。文字系散文，不套用四六句制词的公式。如宰相、亲王、枢密使由陈请事，则降手诏。此外，皇帝有特别属意之事，或降手诏①。如熙宁十年（1077 年）夏，广南西路桂州（治今广西桂林）瘴疫盛行，官吏、将校多有感染。六月丁酉，宋神宗发布《选差医学三人赴桂州手诏》，对广南西路军队中流行的瘴疫作出应对措施。《续资治通鉴长编》卷二八三载：

> 〔熙宁十年六月丁酉〕手诏："今岁岭外大热，病瘴者多。方屯兵未解，官吏、将校在彼者众，深虑难于医药，枉致死伤。医官院选差医学三人，赐绢五十匹，遣赴桂州，委赵卨分擘差使，候及一年差替，经略司具所愈人数保明闻奏。"②

手诏的发布是宋代皇帝加强独断权力的一种措施。宋神宗的手诏说明了政府对广南路军队中发生的瘴疫极为关注，让翰林医官院派遣翰林医学三人前往广南西路桂州治疗，并赐绢五十匹作为奖励。翰林医学为医职名，在翰林医官院职掌供奉医药或外任差遣。

敕，上行下文书之一，用于戒饬百官，晓谕军民，告示天下。北宋前期，经由中书门下颁布的命令称"敕"；元丰改官制后，由中书省取旨、门下省审驳、尚书省实行的命令称"敕"。"敕"分敕榜和敕书两种，须宰相押字，方可执行。如政和三年（1113 年）闰四月九日，宋徽宗发布敕文选拔儒医。《宋会要辑稿》崇儒三之一四载：

> 三年闰四月九日，敕："建学之初，务欲广得儒医。窃见诸州有在学内外舍生，素通医术，令诸州教授、知、通保明，申提举学〔事〕司，具姓名闻奏，下本处，尽依贡士法律，遣赴本学，就私试三场。如中选，元外舍生即补内舍，内舍理为中等校定。其学生执公据入学日，即关公厨破本等食。"③

这种皇帝颁行给臣僚或相关机构负责人的文书，宋代曾多次予以下发。

---

①　龚延明：《宋代官制辞典》，北京：中华书局，1997 年版，第 619～629 页。

②　[宋]李焘：《续资治通鉴长编》卷 283，熙宁十年六月丁酉，北京：中华书局，2004 年版，第 6926，6927 页。

③　[清]徐松辑：《宋会要辑稿》崇儒 3 之 14，北京：中华书局，2006 年版，第 2214，2215 页。

无论是诏、手诏还是敕等,中书门下或三省和枢密院的长官各须在这些公文末尾签押。皇帝诏令,原则上"非经二府者,不得施行"①。据龚延明《宋代官制辞典》、杨果《宋朝诏令文书的主要制度》、黄才庚《宋朝皇帝的诏令须经副署》、杨世利《论北宋诏令中的内降、手诏、御笔手诏》等文研究,宋代皇帝诏令,用途各异,但区分只是相对的,实际运用中比较灵活②。在医学发展中,宋代皇帝常常用诏,也用命令更为严厉的手诏、敕或制,名称虽不同,但性质一样,都是皇帝最高意志的体现。

三、医事诏令的执行机构

中央政府的决策过程完成后,就进入政令的执行阶段。医事诏令的运作,与中央医学机构的设置密切相关,"政事之原,莫大于官制"③。两宋时期,中央官制先后发生两次大的变革——北宋前期与元丰改制以后,因而医事诏令的运作也相应地发生变化,主要有宋前期之制、元丰之制和南宋之制。

1. 宋代前期医事诏令的运作

宋初至元丰五年(960—1082年),宋代皇帝颁布的医事诏令,通常由皇帝秘书处——学士院翰林学士草拟,经中央最高政务机构中书门下讨论,同中书门下平章事(宰相)画敕,门下省审驳,付尚书省执行。

有关医学方面的诏令,由入内内侍省所属之翰林医官院来实行。其中太常寺所属太医局负责医学教育,门下省所属校正医书局负责前代医学著作的校勘,群牧司负责畜牧兽医,御药院负责皇帝所需药品的研制和《御药院方》的编撰,香药库、京师香药榷易院负责海外药材的贮藏与买卖,三司负责医学经费的划拨,太常寺和礼部负责医学人员的选任、考试和除授等。

翰林医官院,内庭官司名,隶入内内侍省所属之翰林院,是宋代中央最高医疗兼行政管理机构。雍熙二年(985年)置,元丰五年(1082年)六月癸亥宋神宗"诏

① [宋]蔡承禧:《上神宗论除授不经二府》,[宋]赵汝愚编,邓广铭等校点:《宋朝诸臣奏议》卷47《百官门》,上海:上海古籍出版社,1999年版,第499,500页。
② 龚延明:《宋代官制辞典》,北京:中华书局,1997年版,第619~629页;杨果:《宋朝诏令文书的主要制度》,载《档案与历史》1999年第3期,第40页;杨果:《唐宋时期诏令文书的主要类型》,载《文史杂志》2000年第2期,第64~66页;黄才庚:《宋朝皇帝的诏令须经副署》,载《云南档案》1986年第5期,第20~21页;杨世利:《论北宋诏令中的内降、手诏、御笔手诏》,载《中州学刊》2007年第6期,第186~188页。
③ [清]徐松辑:《宋会要辑稿》职官56之31,北京:中华书局,2006年版,第3640页。

翰林医官院改为翰林医官局"①，南宋沿置。翰林医官院（局）的职责主要是以供奉皇帝、后宫、宗室医疗、用药为主，承诏为大臣、百官及众人诊治疾病为辅；掌国家医药政令，除授部分医官和差遣驻泊医官；统领尚药局；管理民间医药等。宋政府制定的医学政策和开展的医学活动，大多通过翰林医官院（局）来组织和执行，所有的政府官吏、军队、使节、学校和民众等，都由翰林医官院（局）派遣医生治疗。翰林医官院（局）在宋代医学发展中起了较大的作用，在贯彻帝王旨意、发展医药方面出力甚多。

御药院，内庭官司名。至道三年（997 年）始置，隶入内内侍省，以入内供奉官三人掌之，或参用士人②。崇宁二年（1103 年）二月十二日并入殿中省，改名内药局③。靖康元年（1126 年）罢殿中省，又归入内内侍省，南宋仍称御药院④。御药院的职责主要是"掌按验秘方、和剂药品以进御，及供奉禁中之用"⑤，编撰皇室秘方《御药院方》。同时，御药院还兼供职皇帝行幸扶持左右、奉行礼仪、御试举人、臣僚夏药给赐、传宣诏命及奉使督视等事。

太医局，官司名。宋初置，名太医署，隶太常寺，元丰新制改隶太常寺、礼部⑥。太医局是中央最高医学教育机构，其职责主要以医学教养学生、试选医官为主，兼以选派医生（太医局医学生）为在京三学（太学、律学、武学）与诸军治病，或应钦差特赴灾区治病、送药。当时承担京师军队疾病治疗工作的主要是太医局医官、医学生。驻屯内地与边防的驻泊（常驻）医官，也多由太医局派遣。

群牧司，官司名，宋代中央最高畜牧行政机构。咸平三年（1000 年）九月十六日置，元丰五年（1082 年）五月一日罢，其职事归太仆寺。宋政府发布的关于畜牧兽医方面的诏令，主要由群牧司执行。群牧司下设提点院务坊监公事所、群牧行司、牧养上下监、诸坊监和药蜜库等，主要职责是贯彻朝廷诏令，并让骐骥两院及内外诸坊、监执行；一旦京师或地方牛、马等发生疾病，群牧司则派遣兽医诊治、赐

---

①　[宋]李焘：《续资治通鉴长编》卷 327，元丰五年六月癸亥，北京：中华书局，2004 年版，第 7877 页。又见[清]徐松辑：《宋会要辑稿》职官 36 之 99，第 3121 页；[元]脱脱等：《宋史》卷 16《神宗本纪三》，第 307 页。

②　[宋]李焘：《续资治通鉴长编》卷 104，天圣四年二月戊申，北京：中华书局，2004 年版，第 2041 页。

③　[清]徐松辑：《宋会要辑稿》职官 19 之 14，北京：中华书局，2006 年版，第 2817 页。

④　[宋]王应麟：《玉海》卷 121《唐殿中省》，南京：江苏古籍出版社、上海：上海书店，1987 年版，第 2236，2237 页。

⑤　[宋]李焘：《续资治通鉴长编》卷 104，天圣四年二月戊申，北京：中华书局，2004 年版，第 2041 页。又见[元]脱脱等：《宋史》卷 164《职官志四》，第 3881 页。

⑥　[元]脱脱等：《宋史》卷 164《职官志四》，北京：中华书局，2007 年版，第 3885，3886 页。

药、颁布药方等,"凡受宣诏、文牒,则以时下于院、监。大事则制置使同签署,小事则专遣其副使,都监多不备置,判官、都监每岁更出诸州巡坊监,点印国马之蕃息者。"①

香药库,监当局名,隶太府寺,有内外之分。天禧五年(1021 年)六月辛酉,提点库务司"请别置内香药库于东华门,以便宣索",宋真宗"从之"②。内香药库在横门外南廊,设监官二人,由京朝官、三班使臣充,掌外国商人所贡海外珍奇细色香料、药材和宝石,以备宫中宣索③。天禧五年(1021 年)六月辛酉后,宋政府又于开封城南曹利用故宅置外香药库,其职是挑拣细色香药入内香药库。香药库的建立,反映了宋代海外香药贸易的发达和成药中外来药材使用的增加。

校正医书局,官司名,隶门下省编修院。嘉祐二年(1057 年)八月置,元丰三年(1080 年)罢,主要负责校正医学书籍。

2. 熙丰变法时期及北宋后期医事诏令的运作

北宋熙宁、元丰年间,王安石、宋神宗推行新法,对经济、军事、教育和官僚机构等方面进行了一系列的整顿和改革,大大加速了变法的步伐④。元丰三年(1080 年),宋神宗颁赐经过校订的《唐六典》,成立详定官制局,下诏进行官制改革。元丰五年(1082 年)四月二十三日,宋神宗"诏五月朔行官制",颁布《元丰官制格目》,正官名,复三省、六部、九寺、五监职事。此后,三省成为中央最高政务机构。这一时期中央医学机构发生的一个新变化是:翰林医官院改为翰林医官局,仍负责政府医学政策的执行;太医局改隶太常寺和礼部;尚书省礼部祠部司掌管医药政令和发放度牒;创建太医局熟药所,制造和出卖成药。这次官制改革,结束了"正官"与"差遣官"分离的局面,实现了"职事官"与"差遣官"的统一,《元丰寄禄格》成为官员迁转官阶的依据⑤。医事诏令由中书省承旨造令,门下省审议覆奏,尚书省实行制命,经尚书左仆射、门下侍郎(左相)或尚书右仆射、中书侍郎(右相)画敕执行。

尚书省礼部祠部司,官司名,礼部四司之一。宋前期大部职掌为它司所侵,本司仅掌祠祭日期、定休假之令,僧、道名册,发放度牒等事。元丰新制后,其职权有所扩大,成为全国最高政务管理机构,宋政府颁布的医药政令多为祠部司掌管⑥。

---

① [元]脱脱等:《宋史》卷 164《职官志四·群牧司》,北京:中华书局,2007 年版,第 3895 页。

② [宋]李焘:《续资治通鉴长编》卷 97,天禧五年六月辛酉,北京:中华书局,2004 年版,第 2249 页。

③ [清]徐松辑:《宋会要辑稿》食货 52 之 6,北京:中华书局,2006 年版,第 5702 页。

④ 漆侠:《王安石变法》,《漆侠全集》第 2 卷,保定:河北大学出版社,2008 年版,第 88～154 页。

⑤ [宋]李焘:《续资治通鉴长编》卷 325,元丰五年四月,北京:中华书局,2004 年版,第 7824 页。

⑥ [清]徐松辑:《宋会要辑稿》职官 13 之 3,北京:中华书局,2006 年版,第 2665 页。

祠部司的办事机构有道释案、详定祠祭太医帐案、制造案、知杂司和开拆司等。其中详定祠祭太医帐案为祠部司常设机构之一，分工掌管医官资格审查（磨勘），太医局学生考试与补充，举行祠祭时向诸神奏告与祈祷，全国佛寺道观加封赐额，庙令、太医助教的除授等①。

　　太医局熟药所，监当局名。熙宁九年（1076年）五月十四日，宋神宗"诏罢熟药库合药所，其应御前诸处取索俵散药等及所减人吏，并隶合卖药所，本所仍改入太医局"②，建立制造和出售药材、中成药的专门机构——太医局熟药所，或称修和卖药所，通称药局。政和四年（1114年），宋徽宗下诏将两修合药所更名为"医药和剂局"。熟药所的职责主要是配方、制药，供熟药所出卖成药，或备朝廷宣赐臣僚夏药、腊药、瘴药，以及防治疫病的药物等。同时还负责收集药方，编成著名的《熙宁太医局方》和《和剂局方》。

　　崇宁三年（1104年），宋徽宗下诏将北宋中期隶属于翰林医官院且"空存其名"的尚药局划归殿中省，并扩大其职权，令尚药局"掌供奉御药、和剂、诊候之事"③。靖康元年（1126年）罢。

3. 南宋时期医事诏令的运作

　　南宋初年，因宋金战争，军事机构增多，行政管理机构予以省并。建炎三年（1129年）四月，中书、门下合并为中书门下省，皇帝诏令经尚书左仆射、同中书门下平章事（左相）或尚书右仆射、同中书门下平章事（右相）画敕执行。乾道八年（1172年）以后，又改为经左丞相或右丞相画敕执行。

　　关于医学机构，翰林医官局仍是全国最高医疗和行政管理机构。太医局的设置变化较大，绍兴十七年（1147年）沿袭旧制于临安设太医局，乾道八年（1172年）正月二日罢，绍熙二年（1191年）七月十九日复置④。绍兴六年（1136年）正月四日置"行在和剂局"⑤，宋孝宗朝以后改称"惠民和剂局"⑥。

　　总之，宋朝形成了医事诏令制定和各级官府执行诏令的比较严密的程序。关

---

① ［清］徐松辑：《宋会要辑稿》职官13之16，北京：中华书局，2006年版，第2672页。

② ［清］徐松辑：《宋会要辑稿》职官22之37，北京：中华书局，2006年版，第2878页。又见［宋］李焘：《续资治通鉴长编》卷275，熙宁九年五月己巳日，第6727页。

③ ［清］徐松辑：《宋会要辑稿》职官19之5，北京：中华书局，2006年版，第2813页。

④ ［清］徐松辑：《宋会要辑稿》职官22之40～41，北京：中华书局，2006年版，第2880页。

⑤ ［宋］谢维新：《古今合璧事类之后集》卷50《监太平惠民局》，影印文渊阁《四库全书》本，第940册，第173页。又见［清］徐松辑：《宋会要辑稿》职官27之20，第2946页。

⑥ ［宋］潜说友：《咸淳临安志》卷9《惠民和剂局》，《宋元方志丛刊》第4册，北京：中华书局，2006年版，第3436页。

于诏令的制定,原则上由知制诰和翰林学士草拟、皇帝同意、中书省取旨、门下省审驳,且宰相签押后方可有效。关于诏令的执行,宋初至元丰改制前由中书门下或枢密院执行,元丰改制后由尚书省或枢密院执行。这些执行机构分别隶属于入内内侍省所属翰林院、御药院,尚书省所属礼部、太常寺、太府寺,门下省所属编修院,以及殿中省、群牧司等。在医事诏令的运作下,皇帝、中央各部、地方政府和医学机构被紧密地联系起来,国家医学政策和医学活动得到一定程度的贯彻执行。南宋时期,医学机构罢废频繁,影响到医事诏令的执行。如太医局的罢废,对南宋医学教育的常态化发展产生不利影响。

第二节 宋代医事诏令的内容与特点

一、医事诏令的内容

两宋时期,政府共颁布了 2813 条与医学有关的诏令,其中北宋时期 1633 条,南宋时期 1180 条。其发布的次数,宋太祖 62 次,宋太宗 124 次,宋真宗 276 次,宋仁宗 306 次,宋英宗 51 次,宋神宗 277 次,宋哲宗 114 次,宋徽宗 416 次,宋钦宗 7 次。表 2—1 为北宋皇帝发布医事诏令数量及内容。

表 2-1 北宋皇帝发布医事诏令数量及内容

医事诏令内容与类别	宋太祖	宋太宗	宋真宗	宋仁宗	宋英宗	宋神宗	宋哲宗	宋徽宗	宋钦宗	合计
不同社会阶层疾病的应对	24	39	183	165	30	171	81	114	3	810
医学机构的建立与管理		5	18	30	8	31	12	87	2	193
医学人员的选任与磨勘	13	32	18	44	5	28	6	58	1	205
海外香药输入、药品买卖与药品赏赐	12	22	45	22		21	9	18	1	150
医学教育的发展与改革				4	2	19	1	58		84
医学文献的校定、编撰、刊行与传播	8	20	12	36		5	5	19		111
五运六气理论的应用								59		59
巫术、巫医的控制与改造措施	5	6		5		2		3		21
合　　计	62	124	276	306	51	277	114	416	7	1633

南宋时期,宋高宗发布医事诏令 472 次,宋孝宗 386 次,宋光宗 60 次,宋宁宗 217 次,宋理宗 37 次,宋度宗 5 次,宋恭帝 2 次,宋端宗 0 次,宋末帝 1 次。由于史料短缺,南宋后四位皇帝发布的医事诏令数量极为稀少,咸淳元年至祥兴二年(1265—1279 年)仅有 8 条。表 2-2 为南宋皇帝发布医事诏令数量及内容。

表 2-2　南宋皇帝发布医事诏令数量及内容

医事诏令内容与类别	宋高宗	宋孝宗	宋光宗	宋宁宗	宋理宗	宋度宗	宋恭帝	宋端宗	宋末帝	合计
不同社会阶层疾病的应对	259	250	36	185	34	5	1	·	1	771
医学机构的建立与管理	108	49	6	13	1	·	·	·	·	177
医学人员的选任与磨勘	41	59	6	5	1	·	·	·	·	112
海外香药输入、药品买卖与药品赏赐	45	15	1	5	·	·	·	·	1	67
医学教育的发展与改革	8	13	11	5	1	·	·	·	·	38
医学文献的校定、编撰、刊行与传播	7	·	·	1	·	·	·	·	·	8
巫术、巫医的控制与改造措施	4	·	·	3	·	·	·	·	·	7
合　　计	472	386	60	217	37	5	2	0	1	1180

从表 2-2 的统计来看,医事诏令的内容包括:不同社会阶层疾病的应对,医学机构的建立与管理,医学人员的选任与磨勘,海外香药输入、药品买卖与药品赏赐,医学教育的发展与改革,医学文献的校定、编撰、刊行与传播,巫术、巫医的控制与改造措施,以及运气学理论的应用等。为了便于比较和分析,将表 2-1 和表 2-2 合并为表 2-3,分析医事诏令的内容与类别。

表 2-3　宋代医事诏令的内容与类别

医事诏令内容与类别	北宋时期	南宋时期	总数	百分比
不同社会阶层疾病的应对	810	771	1581	56.2%
医学机构的建立与管理	193	177	370	13.2%
医学人员的选任与磨勘	205	112	317	11.3%
海外香药输入、药品买卖与药品赏赐	150	67	217	7.7%
医学教育的发展与改革	84	38	122	4.3%
医学文献的校定、编撰、刊行与传播	111	8	119	4.2%

（续表）

医事诏令内容与类别	北宋时期	南宋时期	总数	百分比
五运六气理论的应用	59		59	2.1%
巫术、巫医的控制与改造措施	21	7	28	1.0%
合　　计	1633	1180	2813	100%

表2-3反映了宋朝皇帝对医学关注的重点及其制定政策的依据,并可以比较他们在发展医药卫生方面的政绩。

第一,应对不同阶级、阶层发生的普通疾病、传染病和牲畜疫病,是宋政府关注的核心。共有1581条诏令,其中北宋时期810条,南宋时期771条,约占整个医事诏令的56.2%。在疾病防治体系中,国家医学优先关注的是宫廷医疗,其次是军队和政府官吏,再次是普通民众,呈现出了鲜明的等级差别。从疾病救治地区来看,医事诏令关注最多的是京城和军营驻地,其次是经济发达地区,再次是南方瘴疾流行地区。传染病因其发病急骤、传播速度快和死亡率高的特性,成为政府防治的重点,采取了医学、经济、政治等方面的措施加以应对。

第二,医学机构的建立和管理是宋政府发展医学的制度保证。共有370条诏令,其中北宋时期193条,南宋时期177条,约占整个医事诏令的13.2%。宋代建立的医学机构,主要有隶属于入内内侍省的翰林医官院和御药院,隶属于殿中省的尚药局,隶属于尚书省礼部的祠部司、太医局和国子监医学,隶属于门下省编修院的校正医书局,隶属于群牧司的牧养上下监,隶属于枢密院的皮剥所、医马院,隶属于尚书省太府寺的香药库、香药榷易院、熟药所、和剂局和惠民局等,负责行政、药政、教育、校书、治病、兽医、制药和卖药等。同时,为了宣传体恤民众的思想和强化对地方的控制,政府建立了许多临时医院和慈善机构,如安济坊、病囚院、福田院、漏泽园、慈幼局和保寿粹和馆等,对贫民疾病治疗发挥了一定作用。

第三,医学人员的选任与磨勘是宋政府发展医学的关键。共有317条诏令,其中北宋时期205条,南宋时期112条,约占整个医事诏令的11.3%。宋政府建立了较为完善的医学人员选拔制度、致仕制度、差遣制度、酬劳制度、考课制度和磨勘制度,形成以科举试补法为主、荐补法和荫补法为辅的选拔制度,从而在一定程度上保证了公平竞争,选拔了大批出身寒微的医学人才。从出身来看,有大方脉科、小方脉科、风科、口齿科、咽喉科、眼科、耳科、疮肿科、折伤科、针灸科、产科、金镞科、书禁科等人员,其中儒医的出现是宋政府重视的结果。这些医学人员先后参加了政府组织的医学活动,为宋代专科医学知识的发展和疾病医疗作出了重要的贡献。

第四，海外香药的传入、药品买卖与药品赏赐是宋政府发展医学的基础。共有 217 条诏令，其中北宋时期 150 条，南宋时期 67 条，约占整个医事诏令的 7.7％。宋代，海外贸易发达，东南亚、南亚、阿拉伯、非洲和中亚喀拉汗朝、西州回鹘等地的香药大批来华，数量巨大。宋政府在太府寺设香药内库、香药外库，掌管海外香料和药材。又设京师香药榷易院，负责香药买卖，收市药之值。海外香药及其药品，不仅进入官修医学本草和方书之中，而且也成为宋政府防治疾病、赏赐大臣和笼络周边政权的有力工具。

第五，医学教育及课程设置是宋政府发展医学的重点。共有 122 条诏令，其中北宋时期 84 条，南宋时期 38 条，约占整个医事诏令的 4.3％。医学教育及课程设置最能反映统治阶级的意志，也是最高统治者希望医学在国家政治中扮演何种角色的问题。有关宋代太医局的教育目的、课程设置、考试之法和遴选之法，是宋代医事诏令关注较多的一个问题，也是宋朝政府发展医学的重点问题，经历了"庆历新政"时期的初建、"熙丰变法"时期的改革、"崇宁兴学"时期的大发展和南宋时期的重置与罢废等阶段。

第六，前代医学文献校定和新医书编撰是宋政府发展医学的文化基础。共有 119 条诏令，其中北宋时期发布 111 条，南宋时期发布 8 条，约占整个医事诏令的 4.2％。宋政府制定了访求医书、校定医书、编撰医书、刊刻医书和推广医书等措施，不仅校定了宋以前的大部分医学著作，而且编撰了体现宋代特征的新本草、新方书和新针灸著作。在印刷术的推动下，医书不仅成为政府弘扬仁政和强化统治的新工具，而且也成为政府发展医学的文化基础，促进了本草学、方书学、伤寒学、运气学、温病学、脉学等医学理论、教育和实践的发展，也影响了官僚士大夫、医家和文人对医学的态度。

第七，运气学说的阐发与应用是宋政府构建新医学理论的尝试。共有 59 条诏令，均为宋徽宗颁布，约占整个医事诏令的 2.1％。"运气学说"来源于北宋政府对《黄帝内经》的四次校勘，宋徽宗时期依据其理论编撰了《政和圣济经》和《政和圣济总录》，成为医学生学习和考试的内容。政和七年至宣和三年（1117—1121年），宋徽宗连续 5 年发布了"来年岁运诏"和"十二月令诏"，进一步将运气学说应用到历法和疾病防治。

第八，控制和改造巫医是宋政府发展医学的外部动力。共有 28 条诏令，其中北宋时期 21 条，南宋时期 7 条，约占整个医事诏令的 1％。北宋时期，巫术开始从汉唐时期的上层社会转向民间，其内容和组织形式发生较大变化。巫术流行不仅威胁地方统治和中央集权的强化,而且与宋政府重建儒家伦理道德秩序严重冲突,引起宋代皇帝、各级政府和医学家的普遍重视,并采取了限制、打击和改造的措施,强制巫医或从事巫术研究的知识分子改学官方医学或农学。

上述医事诏令的内容,反映了宋政府一方面以医学作为"仁政"治国思想,确立政府在整个社会的正统和权威地位密切相关;另一方面也反映了在政府治理下,宋代医学获得了高度发展的政治空间和文化基础。

二、医事诏令的特点

医事诏令的制定、颁布和运行,与宋代皇帝制度、中央决策机制和运行机制密切相关,其特点如下:

首先,诏令反映了政府对发展医学的重视。宋代,与医学相关的诏令是以皇帝和朝廷的名义联合下达的,有一定严格的起草、颁行和执行程序。虽然皇权受到一定程度的约束,但皇帝在多数时间和正常情况下拥有最终的裁决权,有时部分诏令不必经过宰相签署。宋代18位皇帝,尽管在位年限不尽相同,但曾多次发布诏令,对医药卫生事业给予政策指导和行为规范。诏令不仅使医学成功地成为政府推行"仁政"教化和传播正统思想的工具,而且也使宋代成为中国古代医学发展的又一高峰。

其次,诏令在法律效力上具有最高权威性和命令性,也具有强力执行、越级指挥和实行人治的特点。皇帝的诏旨就是法律,有权修正或收回已颁布的命令,其效力跟政府颁布的法律如《宋刑统》、《淳熙条法事类》、《庆元条法事类》等具有同等的地位,中央各部和地方机构必须贯彻执行。咸平元年(998年)十二月丙午,宋真宗发布《颁编敕赦书德音诏》:"国家开创以来,诏令所下,年祀寖久,科条实繁。爰命有司,重定厥要,去其重复,分以部门,著为定规,允协中典。宜下颁诸路,与律、令、格、式、《邢统》同行"[①],强调皇帝诏敕与政府法律具有相同的地位。可以看出,由于诏令具有可变性和实效性的特点,它更能适应社会的发展。朱瑞熙《中国政治制度史》认为:"宋朝法律制度在中国封建社会已达到了相当健全成熟的程度"[②],有利于诏令的顺利推广和施行。宋初颁布的法典《宋刑统》,其法律条文大多源自《唐律疏义》,有关医学方面的法律条文难以适应宋代社会的发展和变化,

---

① [宋]宋真宗:《颁编敕赦书德音诏》,《宋大诏令集》卷150《政事三·经史文籍》,北京:中华书局,1997年版,第556页。又见[宋]王应麟:《玉海》卷66《诏令·律令下》,第1254~1264页。

② 朱瑞熙:《中国政治制度史》第6卷《宋代》,北京:人民出版社,1996年版,第6页。

宋代的医学政策和医学活动,大多是通过皇帝诏令来实现的。

第三,宋代皇帝和政府极为重视医事诏令的贯彻执行和沟通渠道。宋代皇帝屡次发布诏令,改革中央和地方文书收发程序,并将诏令的执行与否作为考核官吏的政绩。规定:东、西上阁门司先后隶属于门下省、台察、中书省,负责接收百官奏章。银台司隶属枢密院,负责承接全国奏状、案牍,抄录其目,进呈皇帝。通进司先后隶属于枢密院、中书门下、门下省,负责接收银台司所领全国奏章、案牍以及阁门、在京百司的奏牍、文武近臣的表疏,进呈皇帝,然后颁布外廷。登闻院和理检院隶属于中书门下所属机构谏院,负责接收文武官员和士民奏章。进奏院是地方在京设立的奏事机构,负责接收各地的奏章、案牍、状牒等记事目呈报银台司①。宋政府通过规范诏令执行的程序,不仅保证了中央和地方政令的顺利畅达,而且也为政府决策提供了依据。同时,宋代皇帝还通过召见、访闻、体谅、觐见、上书、诣阙、谏言等方式,保证沟通渠道畅通。

第三节　宋代医事诏令的运行与政府医学政策

医事诏令的制定、发布与运行,是皇帝专制主义中央集权制度的产物,其核心是弘扬仁政和加强统治,其内容反映了政府的需求和选择。

一、医事诏令的运行

医事诏令是按照"人主莅权,大臣审权,争臣议权"②的原则形成,体现了以皇权为中心的皇帝、宰相、执政、侍从、台谏等中枢机构的共同意志,因而得到政府大多数部门的参与和支持。在朝廷的统一指挥和协调下,背景不同、素质各异的人和地方政府,均按一定的目标行动。中国古代医学在宋代获得巨大的发展,正是医事诏令得到正确贯彻执行的结果,诏令所产生的法律效力极大地促进了宋代医学的发展。尤其在大规模的疫病应对、医书校定、新医书编撰、医学教育等方面,表现尤为明显。美国费侠莉(Charlotte Furth)教授在《繁盛之阴——中国医学史中的性(960—1665)》中论述宋代医学时称:"封建国家的政策,被强有力的新印刷技术带动,逐渐变得与作为主流的医学社会结构结合得更为紧密。综上所述,在'尚医士人'之中,医学研究和著述成为时尚,在学者服务于家庭和社会时,产生了

---

① 朱瑞熙:《中国政治制度史》第 6 卷《宋代》,北京:人民出版社,1996 年版,第 40,41 页。

② [元]脱脱等:《宋史》卷 394《林栗传》,北京:中华书局,2007 年版,第 12027 页。

'医乃仁术'的思想。"①

医事诏令是中央决策和政策贯彻执行的依据,包含了医学发展的内容、程序和方式等,下发到的任何一位个人或政府机构必须坚决贯彻执行。宋代是皇帝专制主义和中央集权政治得到加强的时代,在这种体制下颁布的医事诏令,大多数时间里得到了较好的贯彻执行。诏令文书中常有"奉诏施行"②、"奉圣旨施行"③、"奉敕如右,牒到奉行"④、"依格敕施行"⑤、"遍牒施行"⑥等字样,说明其有法可依,有法必依,违法必究。否则,作为欺君之罪予以最严厉的制裁,轻者罢官,重者遭受杀身之祸,处罚极为严厉。

医事诏令的实施和分工情况为:翰林医官院(局)主要负责行政,派医诊治疾病,发放药物,编撰官修本草和方书,除授部分医官,差遣诸路驻泊医官,派医随使节出使国外等;太常寺、礼部掌医学生、医官的考核、选任与磨勘;太医局和国子监医学负责医学教育,培养医学生,并肩负收集医方,按疾病种类配制各种药方;校正医书局负责校勘前代医书和审定当朝医学著作;和剂局按翰林医官院(局)或太医局提供的医方制药,为翰林医官院(局)准备赏赐药物;惠民局负责出售和剂局制造的药品和药材;御药院掌皇室秘方,负责进奉皇帝汤药;香药库、香药榷易院掌管海外珍奇香料、药材和宝石的储存、辨验和买卖;群牧司负责畜牧兽医诏令的贯彻执行。此外,诸路州县官吏负责地方疾病治疗、地方医学教育和地方医学机构管理等,并按朝廷要求,负责"良医"的推荐和药材的"土贡"。

医事诏令反映了宋政府对发展实用医学的重视和选择,这是由医学的属性所决定的。宋以前医学著作的散佚,迫使宋政府系统地整理前代医学文献和编撰新医学著作。疫病流行带来的无序状态和社会危机,迫使宋政府关注各类普通疾病和传染性疾病的防治,因而促进了大方脉科(主内科及一切传染性疾病)、小方脉科(主小儿科)、风科、眼科、口齿、咽喉、耳科、产科、针灸等学科的发展。宋辽、宋

---

① [美]费侠莉著,甄橙等译:《繁盛之阴——中国医学史中的性(960—1665)》(A Flourishing Yin: Gendar in China's Medical History (960~1665)),南京:江苏人民出版社,2006年版,第57页。

② [宋]夏竦:《新刊补注铜人腧穴针灸图经序》,[宋]王惟一:《新刊补注铜人腧穴针灸图经》卷首,北京:人民卫生出版社,1956年版,第5页。

③ [汉]张仲景著,[宋]成无己注:《注解伤寒论》附录二《宋代刻印伤寒论敕文》,北京:商务印书馆,1955年版,第237页。

④ [宋]宋宁宗:《敕昭州龙平县灵济庙神》,[清]金鉷监修,钱元昌编纂:《广西通志》卷98《艺文·历朝诏》,影印文渊阁《四库全书》本,第568册,第32,33页。

⑤ [清]徐松辑:《宋会要辑稿》职官76之3~4,北京:中华书局,2006年版,第4097页。

⑥ [清]徐松辑:《宋会要辑稿》刑法1之6,北京:中华书局,2006年版,第6464页。

夏、宋金、宋蒙之间频繁发生的战争,迫使宋政府关注金镞科、折伤科、疮肿科、书禁科的发展和治疗方剂。为了宣扬仁政和加强统治,宋政府较为重视发展医学教育和制定针灸腧穴标准,重视成药的生产、组成和买卖。这些均是实用性较强的医学领域,包含基础医学、临床医学、军事医学和畜牧兽医学等领域,直接服务于宫廷、军队和社会民众。

二、政府的医学政策

医学在中国古代一直就是官方之学,这是由医学本身的属性和功能决定的。宋代医学在中国古代获得高度发展,除其本身的因素外,"政府政策之支持发挥了重要影响"[①]。从这些诏令中可以看出,政府制定了两种有利于维护统治秩序的医学政策:

一是通过官方机构和政策,确立政府在医学领域内的领导和正统地位。具体表现在:加强对社会不同阶层疾病的救治,组织人员校勘前代医学著作,编辑、刊印宋代新本草和新方书著作,铸造腧穴针灸铜人,发展医学教育,建立和改革医学机构,选拔各类医学人才等。同时,政府还积极吸收、消化民间医学研究成果,使其成为官方医学的重要组成部分。

二是利用国家职能限制一切不利于政府统治和社会稳定的民间术数方技活动,对一切破坏社会秩序的非医学知识和活动采取了打击、限制和改革的措施,从而免除对朝廷的隐患,为官方医学发展创造环境。

总体上来看,宋政府制定的医学政策极大地促进了宋代医学的发展。孙小淳指出:"如果要论儒家官僚体制对科学的作用,宋代所见恐怕多是促进作用,而不是李约瑟所讲的阻碍作用。"[②]"就宋代而言,国家的主导地位是宋代科学发展的一个重要地征。"[③]从诏令内容来看,北宋政府关注和开展的医学活动相当广泛,其中尤以疾病救治、医书编辑、机构管理、人才选拔、打击巫医最为突出。南宋时期由于机构省并和政府关注点的转移,政府开展的医学活动发生较大的变化,北宋时期较为关注的一些医学领域,如前代医书校定、新医书编撰、医学教育等,南宋时期大为减少甚至不为关注。北宋时期不为重视的一些医学领域,如疫病流行期间

①　李经纬:《传统医学发展与政策因素》,《中国医学之辉煌——李经纬文集》,北京:中国中医药出版社,1998 年版,第 48 页。

②　孙小淳:《从"百川归海"到"河岸风光"——试论中国古代科学的社会、文化史研究》,载《自然辩证法通讯》2004 年第 26 卷第 3 期,第 95～100 页。

③　孙小淳、曾雄生:《宋代国家文化中的科学》,北京:中国科学技术出版社,2007 年版,第 5 页。

的封神祭祀活动,南宋时期却得到蓬勃发展,敕封了数量众多的庙神和匾额等。从诏令执行的效果来看,北宋九位皇帝均重视医学,医学诸科取得了显著的成就。南宋时期,中央政府的医学活动主要集中在宋高宗、宋孝宗、宋光宗和宋宁宗时期,宋理宗以后政府的医学活动大为减少。这种显著的差异,一方面可能与南宋后期文献的残缺有关,另一方面也可能与南宋皇帝认识的变化和政府面临的政治军事环境密切相关。

第四节　小　结

本章探讨了宋代医事诏令的内容与运行机制,结论如下:

(1)医事诏令的决策与制定,主要在皇帝、中书门下、三省、枢密院和其他部门之间展开,有关医学方面的诏令大多由翰林医官院(局)实施。在医学发展中,皇帝的诏令就是法律,弥补了《宋刑统》等条文的不足,成为政府发展医学的法律保障和政策依据。

(2)医事诏令的内容,体现了政府对医学的重视及其需要。这些内容包括医学文献的校定、编撰、刊行与传播,不同社会阶层疾病的救治,医学机构的建立与管理,医学教育的发展与改革,医学人员的选任与磨勘,海外香药的输入与买卖,巫医的控制与改造,以及运气学说的阐发与应用等。这些诏令既包含了传统医学的内容,也包含了宋代新出现的医学领域。

总之,从中国古代医学发展史的角度来看,宋政府发布的医事诏令极大地促进了10—13世纪中国医学的发展。诏令所反映的政府医学政策、措施和实践,值得进一步研究和总结。

第三章　宋代政府对前代医学文献
的校定和新医书的编撰

　　校正前代医学文献和编撰新医学著作,是政府发展医学的文化基础,受到宋代皇帝尤其是北宋诸帝的广泛关注。鉴于医学文本知识固有的实用性、标准性、权威性、以及为大一统政治服务的作用,宋政府在医学文献的校正和编修方面,发布了一系列的诏令。从这些诏令来看,在政府的重视和支持下,不仅前代的医学著作得以整理,而且还编撰了适应宋代社会发展的新本草、新方书和新针灸学著作。在印刷术的推动下,医学文献不仅成为政府弘扬儒家"仁政"思想和正统统治的一种手段,而且也成为规范社会秩序、防治疾病、打击巫术、确立文化权威的一种新途径。政府对医学文献的重视及整理,对宋代医学的发展及其社会思潮的转变产生了直接的影响,形成"自古以来惟宋代最重医学"[①]的局面。

　　关于宋代医学文献的研究,海内外学者给予了相当的重视。尚志钧《宋代本草著作的概况及其特点》一文,将宋代的本草分为"继承《唐本草》发展的本草"、"一般本草"和"附在其他著作的本草"三部分,探讨了宋代本草的概况及其特点[②]。郑金生《宋代本草史》一文,通过研究宋代丰富的本草文献、本草学各专题内容的发展及成就,进而探讨了宋代本草发展的特点和规律[③]。廖育群等《中国科学技术史·医学卷》对宋代官校、官修医书的活动给予了系统的探讨,认为北宋时期校勘整理医籍,"在医学发展史上应予高度评价"[④]。章健《宋代官刊方书和个人方书特点探讨》一文,探讨了宋代官刻方书和个人方书的特点与差异,认为宋代官刊方书"有一定的法定权威,而且所收方剂以成药居多"[⑤]。安春平《文本开放时代的医学嬗变——宋代医学与社会研究》一文,从唐宋社会变迁的角度探讨了宋代医书编

---

①　[清]永瑢等:《四库全书总目》卷104《医家类二》,北京:中华书局,2003年版,第878页。

②　尚志钧:《宋代本草著作的概况及其特点》,载《中华医史杂志》1981年第11卷第3期,第158～162页。

③　郑金生、马继兴:《宋代本草史(提要)》,载《中华医史杂志》1982年第12卷第4期,第204～208页。

④　廖育群、傅芳、郑金生:《中国科学技术史·医学卷》,北京:科学出版社,1998年版,第297～302页。

⑤　章键:《宋代官刊方书和个人方书的特点探讨》,载《中华医史杂志》2001年第31卷第2期,第75～77页。

写的社会背景①。日本学者冈西为人《中国本草的历史展望》一文,在论述中国本草发展史时,认为:"北宋由于各代皇帝对医学的深切关心,汇总整理了自古以来的医学。"②上述学者的研究,为笔者提供了很有价值的素材。

本章重点探讨医事诏令所反映的宋代政府校正前代医书和编撰新医书采取的措施,进而分析政府在医学文本知识的产生、传播与应用方面所起的作用。

第一节　北宋政府对前代医学文献的访求与校定

一、前代医学书籍在宋代的境遇

晚唐五代宋初的长期战乱,使医学书籍的散佚非常严重,加之当时的书籍大多为手抄本,在传抄过程中又出现很多错误。流传下来的许多医书,流派众多,文字讹舛错乱,版本不一,严重地阻碍了医学文本知识的传承。如医学名著《黄帝内经素问》,"学者不习其读,以为医之一艺耳,殊不知天地人理,皆至言妙道存焉。文字伪脱错乱,失其本经"③。汉代张仲景所著《伤寒杂病论》,宋代时"各自名家,而不能修明之",医书内容"文理舛错,未尝考正。历代虽藏之书府,亦阙于仇校。是使治病之流,举天下无或知者"④。张仲景《金匮玉函经》,"自晋以来,传之既久,方证讹谬不伦。历代名医虽学之,皆不得仿佛"⑤。三国魏吴普所著《神农本草经》,"述药性功状,甚有疏略不备处"⑥。晋朝皇甫谧所著《黄帝针灸甲乙经》,"简编脱落者已多,是使文字错乱,义理颠倒,世失其传,学之者鲜矣"⑦。唐王焘《外台

---

① 安春平:《文本开方时代的医学嬗变——宋代医学与社会研究》,黑龙江中医药大学博士学位论文,2004年,第1~18页。

② [日]冈西为人:《中国本草的历史展望》,载杜石然、魏小明等译:《日本学者研究中国史论著选译》第十卷《科学技术》,北京:中华书局,1992年版,第100页。

③ [宋]沈作喆:《寓简》卷7,清乾隆四十年(1775年)长塘鲍廷博刻《知不足斋丛书》本,第5页。

④ [宋]高保衡、孙奇、林亿:《伤寒论序》,[汉]张仲景著、[宋]成无己注:《注解伤寒论》卷首,北京:人民卫生出版社,2004年版,第7页。

⑤ [宋]高保衡、孙奇、林亿:《校正金匮玉函经疏》,[汉]张仲景:《金匮玉函经》卷首,北京:人民卫生出版社,1955年版,第6页。

⑥ [宋]苏颂著,王同策、管成学、颜中其等点校:《苏魏公文集》卷65《本草后序》,北京:中华书局,2004年版,第995,996页。

⑦ [宋]高保衡、孙奇、林亿:《新校正黄帝针灸甲乙经序》,[晋]皇甫谧著、[宋]林亿等校,张灿玾、徐国仟主编:《针灸甲乙经校注》卷首,北京:人民卫生出版社,2004年版,第12页。

秘要方》,"自唐历五代,传写其本,讹舛尤甚。虽鸿都秘府,亦无善本"①。唐孙思邈《备急千金要方》,"简编断缺,不知者以异端见黜,好之者以阙疑辍功"②,"公私所藏,鲜有善本。简编倒错,事理不伦。肄习之流,常以为患"③。孙思邈另一医学著作《千金翼方》,"其书之传于今,讹舛尤甚,虽洪儒硕学不能辨之"④。

前代医学文献在宋代的散佚和版本不一,引起宋人对部分医学著作真实性的怀疑。如《黄帝内经素问》,程颢、司马光、朱熹等人就对它的真实性公开提出质疑。如程颢认为:"观《素问》文字气象,只是战国时人作。谓之《三坟书》,则非也,道理却总是。想当时亦须有来历,其间只是气运使不得。错不错未说,就使其法不错,亦用不得。"⑤在与范景仁的通信中,司马光认为:"谓《素问》为真黄帝之书,则恐未可。黄帝亦治天下,岂可终日坐明堂,但与岐伯论医药、针灸耶? 此周汉之间,医者依托以取重耳!"⑥朱熹亦认为:"世之言此者因自讬焉,以信其说于后世。"⑦

这些说明了前代医学书籍在宋代面临的境遇,不利于宋代政府对医学知识的规范和统一,不利于国家"仁政"思想的发挥和权威统治的建立,医学著作迫切需要政府的重新校定与规范。

二、"访求医书诏"与宋政府对前代医学著作的搜求

北宋时期,政府非常注意搜求各种书籍。据丁建军《宋朝政府的图书征集述论》一文研究,政府征集前代和当代图书的范围和种类相当广泛⑧。笔者也注意

---

① 〔宋〕孙兆:《校正唐王焘先生外台秘要方序》,〔唐〕王焘:《外台秘要方》卷首,北京:人民卫生出版社,1982年版,第24页。

② 〔宋〕高保衡、孙奇、林亿:《新校备急千金要方序》,〔唐〕孙思邈著,李景荣等校:《备急千金要方校释》卷首,北京:人民卫生出版社,1998年版,第9~12页。

③ 〔宋〕苏颂著,王同策、管成学、颜中其等点校:《苏魏公文集》卷65《校定备急千金要方序》,北京:中华书局,2004年版,第999页。

④ 〔宋〕高保衡、孙奇、林亿:《校正千金翼方表》,〔唐〕孙思邈著,李景荣等校:《千金翼方校释》卷首,北京:人民卫生出版社,1998年版,第5~7页。

⑤ 〔宋〕程颢、程颐撰,潘富恩校:《二程遗书》卷19《伊川先生语五·杨遵道录》,上海:上海古籍出版社,2000年版,第317页。

⑥ 〔宋〕司马光:《温国文正司马公文集》卷62《与范景仁书》,《四部丛刊初编》缩编本,第182册,第464,465页。

⑦ 〔宋〕朱熹:《晦庵先生朱文公文集》卷72《古史余论》,朱杰勤主编:《朱子全书》第24册,上海:上海古籍出版社、合肥:安徽教育出版社,2002年版,第3498页。

⑧ 丁建军:《宋朝政府的图书征集述论》,载《中国文化研究》2003年第1期,第92~98页。

到，北宋政府专门针对医学文献访求而颁布的诏令，就有数十道之多。

太平兴国六年（981年）冬十月丙戌，宋太宗诏"校历代医书"①。《玉海》卷六三载："太平兴国六年十月丙戌，诏贾黄中等于崇文院编录医书。"②同年（981年）十二月癸酉，宋太宗发布了中国医学文献史上著名的《访求医书诏》，系统地阐明了宋代政府对前代医学文献的重视及其态度。《宋大诏令集》卷二一九载：

> 太医之方，以十全为上。神农之药，有三品之差。历代之议论实繁，生人之性命攸系。比令编纂，多所阙遗。宜行购募之文，用申康济之意。宜令诸路转运司，遍指挥所管州府，应士庶家有前代医书，并许诣阙进纳。及二百卷已上者，无出身与出身，已任职官者亦与迁转；不及二百卷，优给缗钱偿之；有诣阙进医书者，并许乘传，仍县次续食③。

《续资治通鉴长编》卷二二亦有相同的记载：

> 〔太平兴国六年十二月〕癸酉，诏："诸州士庶，家有藏医书者，许送官。愿诣阙者，令乘传，县次续食。第其卷数，优赐钱帛，及二百卷已上者与出身，已仕官者增其秩。"未几，徐州民张成象以献医书，补翰林医学。自是诱致来者，所获颇众④。

《宋史》卷四《太宗本纪》亦有"购求医书"⑤的记载。宋太宗《访求医书诏》清楚地表达出以下几点重要的信息：一是前代医籍在宋初散佚的情况较为严重；二是宋政府制定了严格的医书搜求程序，由翰林医官院负责征集工作；三是制定了详细的奖励措施。规定凡200卷以上者，不论其出身，或是在职官员，一并迁转；不及200卷者，由政府直接给予现钱，献书之人沿途乘坐的交通工具和饮食起居由当地政府负责。同时，宋太宗的诏令还规定"如不愿纳官者，借本缮写"。在政府献书政策的奖励下，徐州平民张成象主动向朝廷献书，被宋政府授予翰林医学。翰林医学在北宋前期的医官官阶中为下层医官，地位在翰林祗候之上，在翰林医

① ［元］脱脱等：《宋史》卷4《太宗本纪一》，北京：中华书局，2007年版，第67页。
② ［宋］王应麟：《玉海》卷63《艺文·雍熙神医普救方》，南京：江苏古籍出版社、上海：上海书店，1987年版，第1196页。
③ ［宋］宋太宗：《访求医书诏》，《宋大诏令集》卷219《政事七十二·医方》，北京：中华书局，1997年版，第842页。
④ ［宋］李焘：《续资治通鉴长编》卷22，太平兴国六年十二月癸酉，北京：中华书局，2004年版，第506页。
⑤ ［元］脱脱等：《宋史》卷4《太宗本纪一》，北京：中华书局，2007年版，第67页。

官院供奉医学或外任差遣。从"自是诱致来者,所获颇众"来看,这道诏令所起的作用极为明显。

咸平四年(1001 年)十月甲子,宋真宗发布《访遗书诏》,再次从全国搜求医书。《宋大诏令集》卷一五八载:"国家大崇儒馆,博访艺文,虽及购求,尚多亡逸。特降恩制,用广搜延。应中外官及民庶家,有馆阁所少书籍,并令进纳,每卷给千钱,及三百卷以上,当量材录用。"①较宋太宗时期,奖励标准有所提高。

嘉祐五年(1060 年)八月壬申,宋仁宗发布《求遗书诏》,进一步提高奖励献书者的标准。《宋大诏令集》卷一五八载:"朕闻自昔致理之君,右文之世,曷尝不以经籍为意也。盖化民成俗,其由学乎? 我国家承五代之后,简编残阙,散落殆尽。建隆之初,三馆聚书,才僅万卷。祖宗平定列国,先收图籍,亦尝分遣使人,屡下诏令,购募所至,异本间出,补辑整比,部类渐多。朕继绍先志,罔敢失坠。景祐中尝诏儒臣,校定篇目,伪滥重复,并从删去,艺文之盛,粲然详备。朕听政之暇,无废览观,以今秘府之所藏,比唐开元旧录,年祀未远,遗逸何多! 宜开购赏之科,以广献书之路,应中外士庶之家,有收馆阁所阙书籍,许诣官送纳。如及五百卷,当议与文武资内安排;不及五百卷,每卷支绢一匹,令进奏院遍牒四京并逐路转运司,指挥辖下州府军监县镇,委自知州通判等,多方采访。如士庶之家,有收藏得上件书籍,及别更有奇书,令具名件卷秩、所撰人姓名年代,逐旋缴连闻奏。内在京者,仰于崇文院投纳,仍令编定所看详。如部帙完全,的非伪滥,即仰开坐闻奏,当议依诏推恩。"②这道诏令虽不是专门针对医学书籍方面,但它的奖励措施适用于医学献书之人。

北宋后期,政府再次兴起访求医书的高潮。在编修《政和圣济经》、《政和圣剂总录》的过程中,宋徽宗先后发布数道诏令,从全国各地征集医学著作。政和二年(1112 年)七月壬申,宋徽宗诏"访天下遗书"③。政和三年(1113 年)十二月癸丑,宋徽宗"诏天下访求道教仙经"④。政和四年(1114 年)八月三十日,宋徽宗发布《求方书药法御笔》。《宋大诏令集》卷二一九载:

---

① [宋]宋真宗:《访遗书诏》,《宋大诏令集》卷 158《政事十一·求遗书》,北京:中华书局,1997 年版,第 596 页。

② [宋]宋仁宗:《求遗书诏》,《宋大诏令集》卷 158《政事十一·求遗书》,北京:中华书局,1997 年版,第 596~597 页。又见[宋]李焘:《续资治通鉴长编》卷 192,嘉祐五年八月壬申,第 4640 页;[清]徐松辑:《宋会要辑稿》崇儒 4 之 18,第 2239 页。

③ [元]脱脱等:《宋史》卷 21《徽宗本纪三》,北京:中华书局,2007 年版,第 390 页。

④ [元]脱脱等:《宋史》卷 21《徽宗本纪三》,北京:中华书局,2007 年版,第 392 页。

人肖形于天地,气戾则形病。昔圣人救以医药,跻之寿域,仁政之急务也。比者医不穷理,流于世好,人以夭折,朕甚怜焉。乃诏有司,诏学设局,教养多士,命之以官,分任天下,士稍劝焉。尚虑方书药法,有不如古,遗失不完,致误服食。其令天下应有奇方善术,许申纳本州,逐州缴进以闻。朕好生之意,差曹孝忠,就提举入医官所编类御前所降方书,差文臣米肱、刘植充检阅官,候逐路进到奇方善术,并送本部编集,俟书成进呈,仍以《政和圣剂经》为名,下国子监刊印颁行①。

御笔,系皇帝签发、用以布告或下达紧要命令之文书,其体严于诏书。从宋徽宗的诏令中可以看出,访求医书和整理医书乃"仁政之急务"。此次"访求"到的医方,经曹孝忠、米肱、刘植等整理后,编入《政和圣剂经》之中。不过跟此前诏令相比,此道诏令未见有奖励献书之人的措施。

南宋时期,政府也曾发布过访求书籍的诏令。王明清《挥麈录前录》卷一载:"太上警跸南渡,屡下搜访之诏,献书补官者凡数人。秦熺提举祕书省,奏请命天下专委守臣,又有旨录会稽陆氏所藏书上之。今中秘所藏之书,亦良备矣。"②这些诏令中是否包含医学书籍,由于内容简略不得而知。

"访求医书诏"是宋政府系统整理医学书籍的重要法律和文件,这些书籍成为政府校定前代医学文献和编修新医学著作的文献基础,在中国古代医学史上产生了积极而广泛的影响。

三、宋代政府对前代医学文献的校定与刊刻

北宋以前,书籍的版本主要以手抄为主,数量有限,流通不大。五代宋初以来,雕版印刷术渐趋成熟并进入书籍的刊刻与流传之中,从而引起医学知识的革新与文化传播方式的转变。从这一时期政府颁布的医事诏令来看,政府校定的医学书籍分中央和地方两种,其中北宋时期以中央机构的校定本较多,南宋时期则较少;地方政府刻本,则多见于南宋。通过政府的校定与刊刻,宋以前的许多医学文献逐渐以宋版为定本,对医学知识的规范和保存起了重要的作用。

表3-1是宋代皇帝发布校定前代医学书籍的诏令。

---

① [宋]宋徽宗:《求方书药法御笔》,《宋大诏令集》卷219《政事七十二·医方》,北京:中华书局,1997年版,第843页。

② [宋]王明清:《挥麈录前录》卷1,北京:中华书局,1964年版,第10页。

表 3-1　北宋政府校定前代医学书籍的诏令

年代	皇帝	机构	前代医书	医事诏令	史料来源
开宝六年（973 年）	宋太祖	翰林医官院	《新修本草》、《蜀本草》、《本草拾遗》	"诏尚药奉御刘翰、道士马志、翰林医官翟煦、张素、王从蕴、吴复圭、王光祐、陈昭遇、安自良等九人，详校诸本、经，取陈藏器《拾遗》诸书相参，颇有刊正别名及增益品目，马志为之注解，仍命左司员外郎知制诰扈蒙、翰林学士卢多逊等刊定。凡二十卷，御制序，镂板于国子监。"	［宋］唐慎微：《重修政和经史政类备用本草》卷1《序例上·补注所引书传·开宝新详定本草》，第 39 页
开宝六年至九年间（973—976 年）	宋太祖	翰林医官院	《神农本草经》	"诏卢多逊等重注（《神农本草经》）。"	［宋］王应麟：《玉海》卷 63《唐本草图》，第 1194 页
天圣五年（1027 年）夏四月	宋仁宗	翰林医官院	《黄帝内经素问》、《难经》、《诸病源候论》	"上乃命医官院校定《黄帝内经素问》及《难经》、《病源》等，下馆阁官看详。乙未，诏国子监摹印颁行。又诏翰林学士宋绶撰《病源序》。"	［宋］李焘：《续资治通鉴长编》卷 105，第 2440 页
嘉祐二年（1057 年）	宋仁宗	校正医书局	《神农本草经》、《素问》、《伤寒论》、《灵枢经》、《针灸甲乙经》、《千金方》、《广济方》、《外台秘要方》	"诏命儒臣重校《神农本草》等凡八书，光禄卿、直秘阁臣禹锡，尚书祠部郎中、秘阁校正臣亿，太常博士、集贤校理臣某，殿中丞臣某，光禄寺丞臣保衡，相次被选，仍领医官秦宗古、朱有章等编绎累年。"	［宋］苏颂：《苏魏公文集》卷 65《本草图经序》，第 997 页
			《重广补注黄帝内经素问》	"嘉祐中，仁宗念圣祖之遗事，将坠于地，乃诏通知其学者，俾之是正。"	［宋］高保衡、孙奇、林亿：《校正黄帝内经素问原序》，第 1 页

（续表）

年代	皇帝	机构	前代医书	医事诏令	史料来源
治平二年（1065 年）	宋英宗	校正医书局	《伤寒论》	"国家诏儒臣校正医书,臣奇续被其选,以为百病之急,无急于伤寒。今先校定张仲景《伤寒论》十卷,总二十二篇。证外合三百九十七法,除重复,定有一百一十二方,今请颁行。"	[宋]高保衡、孙奇、林億:《伤寒论序》,[汉]张仲景著,[宋]成无己注:《注解伤寒论》卷首,第6页
				"治平二年二月四日进呈,奉圣旨,镂板施行。"	《宋刻伤寒论敕文》,第7页
治平三年（1066 年）	宋英宗	校正医书局	《千金要方》	"乃诏儒臣,正是坠学。臣等术谢多通,职专典校,于是请内府之秘书,探《道藏》之别录,公私众本,搜访几遍,得以正其讹谬,补其遗佚。文之重复者削之,事之不伦者辑之,编次类聚,期月功至。纲领虽有所立,文义犹或疑阻,是用端本以正末。"	[宋]高保衡、孙奇、林億:《新校备急千金要方序》,[唐]孙思邈著,李景荣等校:《备急千金要方校释》,第9~12页
				"治平三年正月二十五日进呈讫,至四月二十六日,奉圣旨镂板施行。"	[宋]高保衡、孙奇、林億、钱象先、赵楷、欧阳修、曾公亮、韩琦:《校定备急千金要方后序》,[唐]孙思邈:《备急千金要方》卷首,第15页
			《金匮玉函经》	"恭维主上大明抚运,视民如伤,广颁其书,为天下生生之具,直欲跻斯民于寿域者矣。"	[宋]高保衡、孙奇、林億:《校正金匮玉函经疏》,[汉]张仲景:《金匮玉函经》卷首,第6页
			《金匮要略方论》	"国家诏儒臣校正医书,臣奇……校成此书,仍以逐方次于证候之下,使仓卒之际,便于检用也。又采散在诸家之方,附于逐篇之末,以广其法。以其伤寒文多节略,故断自杂病以下,终于饮食禁忌,凡二十五篇,除重复合二百六十二方,勒成上、中、下三卷,依旧名曰《金匮方论》。"	[宋]高保衡、孙奇、林億:《校正金匮要略方论序》,[汉]张仲景:《金匮要略方论》卷首,第3页

（续表）

年代	皇帝	机构	前代医书	医事诏令	史料来源
治平三年（1066 年）后	宋英宗	校正医书局	《千金翼方》	"仁宗皇帝诏儒臣校正医书,臣等今校定《千金翼方》……总三十卷,目录一卷。"	[宋]高保衡、孙奇、林億:《校正千金翼方表》,[唐]孙思邈:《千金翼方校释》卷首,第 5,6 页
熙宁元年（1068 年）七月十六日	宋神宗	校正医书局	《脉经》	"臣等承诏典校古医经方书,所校仇中《脉经》一部,乃王叔和之所撰集也……今则考以《素问》、《九墟》、《灵枢》、《太素》、《难经》、《甲乙》、仲景之书,并《千金方》及《翼》说脉之篇以校之。除去重复,补其脱漏,其篇第亦颇为改易,使以类相从,仍旧为一十卷,总九十七篇。"	[宋]高保衡、孙奇、林億:《校正脉经进呈剳子》,[晋]王叔和:《脉经》卷首,《中国医学大成》第 10 册,第 1,2 页
熙宁二年（1069 年）	宋神宗	校正医书局	《针灸甲乙经》	"国家诏儒臣校正医书,令取《素问》、《九墟》、《灵枢》、《太素经》、《千金方》及《翼》、《外台秘要》诸家善书校对,玉成缮写,将备亲览。恭惟主上圣哲文明,光辉上下,孝慈仁德,蒙被众庶,大颁歧黄,远及方外,使皇化兆于无穷,和气浃而充塞。兹亦助人君、顺阴阳、明教化之一端云。"	[宋]高保衡、孙奇、林億:《新校正黄帝针灸甲乙经序》,[晋]皇甫谧著,[宋]林億等校,张灿玾、徐国仟主编:《针灸甲乙经校注》卷首,第 12,13 页
			《外台秘要方》	"国家诏儒臣校正医书,臣承命吕其书方证之,重者删去以从其简,经书之异者注解以著其详。" "仍令秘阁简《外台秘要》三两本,送国子监见校勘书官,仔细校勘。"	[宋]孙兆:《校正唐王焘先生外台秘要方序》,[唐]王焘:《外台秘要》卷首,第 24,25 页
元祐三年（1088 年）八月	宋哲宗	国子监	小字版《伤寒论》	"续准礼部,符元祐三年九月二十日,准都省送下,当月十七日,敕中书省尚书省,送到国子监状,据书库状,准朝旨,雕印小字《伤寒论》等医书出卖,契勘工钱,约支用五千余贯,未委于是何官钱支给,应副使用。"	[汉]张仲景著,[宋]成无己注:《注解伤寒论》卷首《宋刻伤寒论敕文》,第 7 页

(续表)

年代	皇帝	机构	前代医书	医事诏令	史料来源
元祐八年（1093 年）正月庚子	宋哲宗	秘书省	《黄帝针经》（高丽版）	"工部侍郎兼权秘书监王钦臣言:高丽献到书内有《黄帝针经》,篇帙具存,不可不宣布海内,使学者诵习,乞依例摹印。诏令校对讫,依所请。"	［宋］李焘:《续资治通鉴长编》卷 480,第 11425,11426 页
				"诏颁高丽所献《黄帝针经》于天下。"	［元］脱脱等:《宋史》卷 17《哲宗本纪一》,第 335 页
绍圣元年（1094 年）六月二十三日	宋哲宗	国子监	小字版《千金翼方》、《金匮要略方》、《脉经》	"国子监准,监关准,尚书礼部符准,绍圣元年六月二十五日敕……今有《千金翼方》、《金匮要略方》、《王氏脉经》、《补注本草》、《图经本草》,算之皆医家要用而不可阙。本监虽见出卖,皆是大字官本,贫民难于辦钱请卖,兼外州军尤不可得,欲乞刊作小字,重行校对出卖,及降外州军施行。本部看详,欲依国子监申请事理施行,状候指挥。六月二十三日,奉圣旨依奉敕如右,牒到奉行。"	［晋］王叔和:《脉经》卷首《宋刻脉经牒文》,第 1 页
政和八年（1118 年）	宋徽宗	礼制局	《内经》	"诏依奏,送礼制局。"	［清］徐松辑:《宋会要辑稿》崇儒 4 之 10～11,第 2235 页
				"诏太医学司业刘植、李庶、通元冲妙先生张虚白充参详官;大素处士赵壬、明堂颁朔皇甫自牧、黄次公、迪功郎龚璧、从事郎王尚充检讨官;上舍及第宋乔年、助教宋炳充检阅官。后又诏刑部尚书薛嗣昌充同详定官。"	［清］徐松辑:《宋会要辑稿》崇儒 4 之 10～11,第 2235 页
				"政和八年四月二十四日,诏刊正《内经》。"	［宋］王应麟:《玉海》卷 63《艺文·天圣校定内经素问》,第 1196 页

1. 翰林医官院对前代医学著作的校正

宋初至嘉祐元年(960—1056年),翰林医官院负责校正前代医书,国子监负责雕版刊刻与发行。国子监,官司、官学名,北宋和南宋时期除掌管讲学外,主要负责整理、雕印书籍,以备朝廷宣索、赐予、颁发及出卖等公事,具体事务由"监国子监书库官"和"国子监学官"负责①。

开宝六年(973年),宋太祖下诏对唐代官修医学著作苏敬等撰《新修本草》、陈藏器《本草拾遗》、后蜀韩保昇《蜀本草》等进行"相参"、"刊正"和"增益",揭开了北宋政府大规模整理前代医学著作的序幕。唐慎微《重修政和经史政类备用本草》卷一载:

> 开宝六年,诏尚药奉御刘翰、道士马志、翰林医官翟煦、张素、王从蕴、吴复圭、王光祐、陈昭遇、安自良等九人,详校诸本、经,取陈藏器《拾遗》诸书相参,颇有刊正别名及增益品目,马志为之注解,仍命左司员外郎知制诰扈蒙、翰林学士卢多逊等刊定。凡二十卷,御制序,镂板于国子监②。

从宋太祖的诏令来看,宋政府在这次校书中任用了尚药奉御刘翰、道士马志、翰林医官翟煦、张素、王从蕴、吴复圭、王光祐、陈昭遇、安自良等9人,这些人员大部分是政府刚刚从民间选拔上来的医学人才,这次整理的结果大部分保存在《开宝本草》中。

开宝六年至九年间(973—976年),宋太祖"诏卢多逊等重注"《神农本草经》,这是北宋政府第一次校正该书③。

天圣五年(1027年)夏四月,宋仁宗深感"世无良医,故夭横者众,甚可悼也",大臣张知白(? —1028年)认为这一状况形成的根本原因在于"古方书虽存,卑多舛谬,又天下学医者不得尽见",建议宋政府校勘、整理前代医学典籍。宋仁宗采纳其建议,下诏翰林医官院校正《黄帝内经素问》、《难经》、《诸病源候论》、《外台秘要方》等前代医学著作。《续资治通鉴长编》卷一〇五载:

---

① [清]徐松辑:《宋会要辑稿》职官28之1~18,北京:中华书局,2006年版,第2972~2980页。又见[宋]谢惟新:《古今合璧事类之后集》卷40《国子监书库官》,第329页;[宋]王应麟:《玉海》卷112《学校》,第2069页。

② [宋]唐慎微:《重修政和经史政类备用本草》卷1《序例上·补注所引书传·开宝新详定本草》,北京:人民卫生出版社,1982年版,第39页。

③ [宋]王应麟:《玉海》卷63《唐本草图》,南京:江苏古籍出版社、上海:上海书店,1987年版,第1194页。

先是,上谓辅臣曰:"世无良医,故夭横者众,甚可悼也。"张知白对曰:"古方书虽存,率多舛缪,又天下学医者不得尽见。"上乃命医官院校定《黄帝内经素问》及《难经》、《病源》等,下馆阁官看详。乙未,诏国子监摹印颁行。又诏翰林学士宋绶撰《病源序》①。

在《外台秘要劄子》中,宋政府不得不承认:"诸州皆阙医书习读,除《素问》、《病源》外,余皆传习伪书舛本,故所学浅俚,诖误病者。"②

于是,宋政府命集贤校理晁宗悫、王举正、石居简、李淑、李昭遘等校正《黄帝内经素问》、《难经》、《诸病源候论》三书。《宋会要辑稿》崇儒四之六载:

〔天圣四年〕十月十二日,翰林医官副官赵拱等上准诏校定《黄帝内经素问》、《巢氏病源》、《难经》,诏差集贤校理晁宗悫、王举正、石居简、李淑、李昭遘,依校勘在馆书籍例,均分看详校勘③。

王应麟《玉海》卷六三《天圣校定内经素问》载:

天圣四年十月十二日乙酉,命集贤校理晁宗悫、王举正校定《黄帝内经素问》、《难经》、巢氏元方《病源候论》。五年四月乙未,令国子监摹印颁行,诏学士宋绶撰《病源序》④。

天圣五年(1027年),三书校勘完成,宋仁宗"令国子监摹印颁行"。

景祐二年(1035年)七月庚子,宋仁宗"命丁度等校正《素问》"⑤。皇祐三年(1051年),又命孙兆校《外台秘要方》等。书成后,宋政府命林亿等人分别为之作序,令国子监刊行。

综上所述,由翰林医官院校正、国子监刊刻的前代医书著作主要有:东周时期成书的《难经》、《素问》,汉魏时期成书的《神农本草经》,隋巢元方《诸病源候论》,唐苏敬《新修本草》、王焘《外台秘要方》、陈藏器《本草拾遗》、王冰注《黄帝内经素问》和五代韩保昇《蜀本草》等,校书中任用了大量的医官、朝臣、文臣和道士等。

---

① [宋]李焘:《续资治通鉴长编》卷105,天圣五年夏四月,北京:中华书局,2004年版,第2440页。

② [唐]王焘撰,[宋]孙兆校:《外台秘要方》卷首《外台秘要劄子》,北京:人民卫生出版社,1982年版,第25页。

③ [清]徐松辑:《宋会要辑稿》崇儒4之6,北京:中华书局,2006年版,第2233页。

④ [宋]王应麟:《玉海》卷63《艺文·天圣校定内经素问》,南京:江苏古籍出版社、上海:上海书店,1987年版,第1196页。

⑤ [宋]王应麟:《玉海》卷63《艺文·天圣校定内经素问》,南京:江苏古籍出版社、上海:上海书店,1987年版,第1196页。

2. 校正医书局对前代医书的校正

嘉祐二年至元丰四年(1057—1081年),校正医书局成为校正前代医学书籍的重要机构。嘉祐二年(1057年)八月,为了有组织的对前代医学典籍进行整理,宋仁宗采纳枢密使韩琦(1008—1075年)的建议,下诏建立专门的校书机构——校正医书局,集中大批儒臣和医家对前代医学著作进行系统的整理和校正,并由国子监陆续刊行。《续资治通鉴长编》卷一八六载:

> 〔嘉祐二年八月〕,〔韩〕琦又言:"医书如《灵枢》、《太素》、《甲乙经》、《广济》、《千金》、《外台秘要》之类,本多讹舛。《神农本草》,虽开宝中尝命官校定,然其编载尚有所遗,请择知医书儒臣与太医参定颁行。"乃诏即编修院置校正医书局,命直集贤院、崇文院检讨掌禹锡等四人,并为校正医书官[1]。

陈振孙《直斋书录解题》卷一三《医书类》亦载:

> 按《会要》:嘉祐二年,置校正医书局于编修院,以直集贤院掌禹锡、林亿校理,张洞校勘,苏颂等并为校正。后又命孙奇、高保衡、孙兆同校正。每一书毕,即奏上,亿等皆为之序,下国子监板行。并补注《本草》,修《图经》、《千金翼方》、《金匮要略》、《伤寒论》,悉从摹印。天下皆知学古方书[2]。

王应麟《玉海》卷六三《艺文》也记载了宋仁宗颁诏校正前代医书的情况。

> 嘉祐二年八月辛酉,置校正医书局于编修院,命掌禹锡等五人,从韩琦之言也。琦言:"《灵枢》、《太素》、《甲乙经》、《广济》、《千金》、《外台秘要方》之类,多讹舛。《本草》编载,尚有所亡。"于是选官校正[3]。

嘉祐二年宋仁宗诏令反映出以下几点重要的信息:

一是宋政府对前代医学典籍的校正,始于开宝六年(973年)编修《开宝本草》过程中对《新修本草》、《本草拾遗》、《蜀本草》和《神农本草经》等医书的校正。

二是宋政府对前代医书著作的认识和态度。尽管宋太祖、宋太宗、宋真宗时

---

① 〔宋〕李焘:《续资治通鉴长编》卷186,嘉祐二年八月,北京:中华书局,2004年版,第4487页。

② 〔宋〕陈振孙撰,徐小蛮、顾美华点校:《直斋书录解题》卷13《医书类》,上海:上海古籍出版社,1987年版,第387页。

③ 〔宋〕王应麟:《玉海》卷63《艺文·天圣校定内经素问》,南京:江苏古籍出版社,上海:上海书店,1987年版,第1196页。

期政府对部分前代医书进行了校正，但大部分著作尚未加以整理。宋仁宗和政府官员们认为，前代流传至宋的医学著作如《灵枢经》、《黄帝内经太素》、《针灸甲乙经》、《广济方》、《千金翼方》、《外台秘要方》等，版本不一，文字错误，不利于国家对医学知识的规范和控制。时任枢密使的韩琦在《乞差官编录机密图书奏》中承认："历古以来，治天下者莫不以图书为急，盖万务之根本，后世之模法，不可失也。恭惟我宋受命几百年矣，机密图书尽在枢府，而散逸蠹朽，多所不完。"①宋仁宗和张知白、韩琦等朝中大臣的看法，基本上反映了宋政府校正前代医学文献的态度。

三是校正医书局的编制与运作。宋政府规定，校正医书局隶属于门下省所属编修院，负责对历代医学典籍的整理与校勘。嘉祐二年八月，宋仁宗命韩琦（1008—1075 年）为校正医书局提举，局内设校正医书官四人，"命直集贤院、崇文院检讨掌禹锡等四人，并为校正医书官"。随后又诏光禄卿直密阁掌禹锡、林亿、张洞、苏颂等共同校正，其后又派国子博士孙奇、高保衡，尚药奉御孙兆等参与，翰林医官秦宗古、朱有章，朝散大夫钱象先、范征等协助。嘉祐八年（1063 年）正月丙寅，宋仁宗诏"翰林学士范镇提举校正医书局"②。校正医书局是中国历史上最早由政府设立的专门的医书校正机构，集中了当时全国的优秀人才，并很好地将朝臣、医官、阁臣和文臣等结合起来，从而保证了所校医书内容与文字两方面的准确性。宋政府从财力、人员编制等方面给予了大力的支持，如任命当时的重臣韩琦、范镇为校正医书局提举，保证了校正医书局的顺利运作。

关于《黄帝内经素问》、《黄帝内经太素》、《脉经》、《针灸甲乙经》、《千金方》、《广济方》、《外台秘要方》和《神农本草经》八书的校正，嘉祐二年（1057 年）八月宋仁宗发布专门的诏令，责令校正医书局和有关人员负责校正。苏颂《苏魏公文集》卷六五《本草后序》载：

> 嘉祐二年八月三日诏旨，朝廷颁方书委诸郡收掌，以备军民医疾访闻。贫下之家难于检用，亦不能修合，未副矜存之意。今除在京已系逐年散药外，其三京并诸路，自今每年京府节镇及益、并、庆、渭四州，各赐钱二百贯，余州军监赐钱一百贯，委长史选差官属，监勒医人，体度时令，案方合药。候有军民请领，旦时给付。所有《神农本草》、《灵枢》、《太素》、《甲乙经》、《素问》之类，及《广济》、《千金》、《外台秘要》等方，仍差太常少卿、直集贤院掌禹锡，职方员外郎、秘阁校理林亿，殿中丞、秘阁校理

---

① ［宋］李焘：《续资治通鉴长编》卷186，嘉祐二年八月，北京：中华书局，2004 年版，第4486 页。
② ［宋］李焘：《续资治通鉴长编》卷198，嘉祐八年正月丙寅，北京：中华书局，2004 年版，第4789 页。

张洞,殿中丞、馆阁校勘苏某同共校正闻奏。臣禹锡等寻奏置局刊校,并乞差医官三两人同共详定。其年十月差医官秦宗古、朱有章赴局祗应①。

苏颂《本草图经序》亦载:

> 先是,诏命儒臣重校《神农本草》等凡八书,光禄卿、直秘阁臣禹锡,尚书祠部郎中、秘阁校正臣亿,太常博士、集贤校理臣某,殿中丞臣检,光禄寺丞臣保衡,相次被选,仍领医官秦宗古、朱有章等编绎累年②。

可见,宋政府参与了对整个前代医学书籍整理的介入和指导,并给予人力、财力和技术的支持。

关于某一具体的医学书籍,宋政府曾多次发布诏令加以校对,以求尽可能的复原该书的原貌。如《神农本草经》,宋政府于开宝六年(973年)和嘉祐二年(1057年)两次发布诏令加以校对。如《黄帝内经素问》,北宋政府于天圣四年(1026年)、景祐二年(1035年)、嘉祐二年(1057年)和政和八年(1118年)四次发布诏令校对。又如唐王焘《外台秘要方》,宋英宗"令秘阁简《外台秘要》三两本,送国子监见校勘书官,仔细校勘"③。又如唐孙思邈《备急千金要方》,宋仁宗"诏命儒臣,是正坠失"④。

在校勘、整理前代医书的过程中,校正医书局采取了一些新的校勘原则。如嘉祐三年(1058年)十月在校勘《神农本草经》的过程中,掌禹锡、林亿、苏颂、张洞等人向朝廷汇报了校正的经过及校勘原则,"《本草》旧本经注中载述药性功状,甚有疏略不备处,已将诸家《本草》及诸书史中应系该说药品功状者,采拾补注,渐有次第。"⑤宋仁宗接到奏章后,采纳了他们的建议,下诏按掌禹锡、林亿、苏颂、张洞等制定的凡例,校正《神农本草经》。

总之,从嘉祐二年(1057年)八月校正医书局成立至元丰改官制时罢废,校正医书局共整理、校正了10余种前代医学著作。主要有早期中医学经典《素问》、

① [宋]苏颂著,王同策、管成学、颜中其等点校:《苏魏公文集》卷65《本草后序》,北京:中华书局,2004年版,第995页。
② [宋]苏颂著,王同策、管成学、颜中其等点校:《苏魏公文集》卷65《本草图经序》,北京:中华书局,2004年版,第997页。又见[宋]唐慎微著,艾晟刊订,尚志钧点校:《大观经史政类备急本草》卷1《序例上》,第3页;[宋]唐慎微:《重修政和经史政类备用本草》卷1,第26,27页。
③ [唐]王焘著,[宋]孙兆校:《外台秘要方》卷首《外台秘要劄子》,北京:人民卫生出版社,1982年版,第25页。
④ [宋]苏颂著,王同策、管成学、颜中其等点校:《苏魏公文集》卷65《校定备急千金要方序》,北京:中华书局,2004年版,第999页。
⑤ [宋]苏颂著,王同策、管成学、颜中其等点校:《苏魏公文集》卷65《本草后序》,北京:中华书局,2004年版,第995,996页。

《神农本草经》,王冰注《黄帝内经太素》,张仲景《伤寒论》、《金匮玉函经》、《金匮要略》,王叔和《脉经》,皇甫谧《针灸甲乙经》,孙思邈《备急千金要方》、《千金翼方》,唐玄宗《广济方》,王焘《外台秘要方》等。此外,校正医书局审定的当朝著作有《嘉祐补注本草》、《图经本草》等。

3. 秘书省对《黄帝针经》的校正

元丰五年改制后至北宋末期(1082—1127 年),秘书省成为校正前代医书的主要机构,其中尤以对高丽所献《黄帝针经》的校正最为著名。

《黄帝针经》九卷,亦名《针经》、《九灵》或《九卷》,隋唐时更名为《灵枢经》。此后,《黄帝针经》和《灵枢经》两种刻本并行于世,均是《黄帝内经》的组成部分。其目录和卷数,《隋书》卷三四《经籍志》载"《黄帝针经》九卷",《旧唐书》卷四七《经籍志》和《新唐书》卷五九《艺文志》载为十卷。据唐李林甫等《唐六典》卷一四《太常寺》记载,《黄帝针经》是唐代诸医、针师的"精读"[1]之作。然而,北宋初年官修目录学著作《崇文总目》卷七载"《黄帝针经》一卷,原释以下俱阙"[2],和其同出一源的《灵枢经》也是仅存残卷。可知该书在宋初已散佚殆尽,嘉祐年间林億等校正医书时未见此书。

元祐七年(1092 年),高丽宣宗遣使臣黄宗愨等来献《黄帝针经》,讫买《资治通鉴》、《册府元龟》及敕式等[3]。在工部侍郎兼权秘书监王钦臣的建议下,元祐八年(1093 年)正月庚子宋哲宗下诏秘书省选奏医官加以校对,书成后令国子监雕印发行。《续资治通鉴长编》卷四八〇载:

〔元祐八年正月庚子〕,工部侍郎兼权秘书监王钦臣言:"高丽献到书内有《黄帝针经》,篇帙具存,不可不宣布海内,使学者诵习,乞依例摹印"。诏令校讫,依所请[4]。

江少虞《宋朝事实类苑》卷三一亦载:

哲宗时,臣僚言:"窃见高丽献到书,内有《黄帝针经》九卷。据《素问·序》称,《汉书·艺文志》:《黄帝针经》十八篇。《素问》与此书各

---

① [唐]李林甫等撰,陈仲夫点校:《唐六典》卷 14《太常寺》,北京:中华书局,1992 年版,第 409 页。

② [宋]王尧臣撰,钱东垣辑:《崇文总目》卷 3《医书类》,《丛书集成初编》第 22 册,上海:商务印书馆,1937 年版,第 222 页。

③ [元]脱脱等:《宋史》卷 487《外国传三·高丽传》,北京:中华书局,2007 年版,第 14048 页。

④ [宋]李焘:《续资治通鉴长编》卷 480,元祐八年正月庚子,北京:中华书局,2004 年版,第 11425、11426 页。

九卷,乃合本数。此书久经兵火,亡失几尽,偶存于东夷。今此来献,篇秩具存,不可不宣布海内,使学者讽习。伏望朝廷详酌,下尚书工部,雕刻印版,送国子监依例摹印施行。所贵济众之功,溥及天下"。有旨,令秘书省选奏通晓医书官三两员校对,及令本省详定讫,依所申施行①。

《宋史》卷一七《哲宗本纪一》亦载宋哲宗"诏颁高丽所献《黄帝针经》于天下"②。

此书于元祐七年(1092年)重回国内,经过政府的校勘重新流传于世,即今之《灵枢经》。南宋绍兴五年(1135年)史崧献家藏旧本《灵枢经》九卷,"就是《黄帝针经》改名《灵枢经》的产物"③。自史崧所献《灵枢经》被政府刊刻后,《黄帝针经》之名使用渐少。

4. 礼制局对《内经》的再校

《黄帝内经素问》是中医学重要典籍之一,在中国医学史上占有重要地位。北宋政府于天圣四年(1026年)、景祐二年(1035年)、嘉祐二年(1057年)和政和八年(1118年)四次发布诏令加以校正。至此,《黄帝内经素问》作为"医书之祖"④的地位始确定下来。

政和八年(1118年)四月二十四日,宣和殿大学士、宝箓宫使蔡攸(1077—1126年)奏:"窃考《内经》所载,皆道德性命之理,五行造化之妙。唐有王冰者,尝以意辄有增损,故所传失真。本朝命儒臣校正,然与异同之说俱无所去取,错乱失次,学者疑惑,莫知折中。今建学,俾专肄业,亲洒宸翰,作为一经。伏望特命儒臣精加刊正,断自圣学,择其中而行之。"宋徽宗立即采纳蔡攸建议,"诏依奏,送礼制局"⑤。这是北宋政府也是两宋政府最后校勘的一部前代医书,也是《内经》在北宋时期的第4次校正。

政和八年(1118年)五月十三日,太师、鲁国公蔡京(1047—1126年)奏:"奉诏,礼制局选建官吏,校正《内经》。其详定、详义、承授官自合兼领外,合置检讨、检阅、参议官。其理任请给,并依礼制局校讨官,仍许兼领。"宋徽宗诏:"太医学司业刘植、李庶、通元冲妙先生张虚白充参详官;大素处士赵壬,明堂颁朔皇甫自牧、黄次公,迪功郎龚璧,从事郎王尚充检讨官;上舍及第宋乔年,助教宋炳充检阅

---

①　[宋]江少虞:《宋朝事实类苑》卷31《词翰书籍·藏书之府二十》,上海:上海古籍出版社,1981年版,第397,398页。

②　[元]脱脱等:《宋史》卷17《哲宗本纪一》,北京:中华书局,2007年版,第335页。

③　王雪苔:《略论〈黄帝针经〉》,载《江西中医药》2001年第32卷第2期,第39~41页。

④　[宋]陈振孙撰,徐小蛮、顾美华点校:《直斋书录解题》卷13《医书类·黄帝内经素问》,上海:上海古籍出版社,1987年版,第382页。

⑤　[清]徐松辑:《宋会要辑稿》崇儒4之10~11,北京:中华书局,2006年版,第2235页。

官。"后又诏:"刑部尚书薛嗣昌充同详定官"①。宋政府在人员方面给予了极大的支持,由参详官、检讨官和检阅官组成,人员有医官、朝臣、儒臣和道士等,各司其职。同年书成。

重和元年(1118年)十一月十五日,宋徽宗诏:"朕阅《内经》,考建天地,把握阴阳,其理至矣! 然相生相克,相刑相制,周流六虚,变动不居,非常理(非常理)所能究者,唯《天元玉册》尽之。可令颁政府与校正所,以《内经》考其常,以《玉册》极其变。庶几财成其化,辅相其宜,以诏天下后世"②,将《内经》列为辅助教化的重要书籍。此后,《黄帝内经》不仅成为太医局医学生学习和考试的教材,而且也促进了"运气学说"研究的兴盛。

5. 国子监对小字本《伤寒论》、《千金翼方》、《金匮要略方》、《脉经》的刻印和出卖

元祐三年(1088年)八月八日,宋哲宗下诏让国子监雕印小字本医书,以降低价格成本。其中小字版《伤寒论》的雕印,就是因"下项医书,册数重大,纸墨价高,民间难以买置"而雕印。《宋刻伤寒论敕文》载:

> 国子监准尚书礼部元祐三年八月八日符,元祐三年八月七日酉时,准都省送下当月六日敕中书省堪会:下项医书,册书重大,纸墨价高,民间难以买置。八月一日奉圣旨,令国子监别作小字雕印,内有浙路小字本者,令所属官司校对,别无差错,即摹印雕版,并候了日,广行印造,只收官纸工墨本价,许民间请买,仍送诸路出卖。奉敕如右,牒到奉行。前批八月七日未时,付礼部施行。续准礼部,符元祐三年九月二十日,准都省送下,当月十七日,敕中书省尚书省,送到国子监状,据书库状,准朝旨,雕印小字《伤寒论》等医书出卖,契勘工钱,约支用五千余贯,未委于是何官钱支给,应副使用。本监比欲依雕四子等体例,于书库买书钱内借支;又缘所降朝旨,候雕造了日,令只收官纸工墨本价,即别不收息,虑日后难以拨还,欲乞朝廷特赐,应副上例钱数支,使候指挥。尚书省勘当,欲用本监见在买书钱,候将来成书出卖,每部只收息一分,余依元降指挥。奉圣旨,依国子监主者,一依敕命指挥施行。治平二年二月四日进呈,奉圣旨镂板施行③。

---

① [清]徐松辑:《宋会要辑稿》崇儒4之10~11,北京:中华书局,2006年版,第2235页。
② [清]徐松辑:《宋会要辑稿》崇儒4之11,北京:中华书局,2006年版,第2235页。
③ [汉]张仲景著,[宋]成无己注:《注解伤寒论》卷首《宋刻伤寒论敕文》,北京:人民卫生出版社,2004年版,第7页。

从宋代政府刻印伤寒论敕文中可以看出，元祐三年（1088年）八月一日宋哲宗令国子监校勘整理小字版《伤寒论》，只收官纸工墨本价，许诸路、民间买卖，每部只收息一分。这些措施，极大地便利了《伤寒论》的传播。

绍圣元年（1094年）六月二十五日，宋哲宗发布专门的敕令，命国子监校正和刊印小字本《太平圣惠方》、《千金翼方》、《金匮要略方》、《脉经》、《嘉祐补注神农本草》和《图经本草》六种，允许诸州军出卖，其中《千金翼方》、《金匮要略方》、《脉经》为前代医学著作。《宋刻脉经牒文》载：

> 国子监准，监关准，尚书礼部符准，绍圣元年六月二十五日敕，中书省尚书省送到礼部状，据国子监状，据翰林医学本监三学看治任仲言状，伏睹本监先准朝旨，刊雕小字《圣惠方》等共五部出卖，并每节镇各十部，余州各五部，本处出卖。今有《千金翼方》、《金匮要略方》、《王氏脉经》、《补注本草》、《图经本草》，算之皆医家要用而不可阙。本监虽见出卖，皆是大字官本，贫民难于辨钱请卖，兼外州军尤不可得，欲乞刊作小字，重行校对出卖，及降外州军施行。本部看详，欲依国子监申请事理施行，状候指挥。六月二十三日，奉圣旨依奉敕如右，牒到奉行。都省前批，六月二十六日未时付礼部施行，仍关合属去处主者，一依敕命，指挥施行①。

牒文，文书名，用于平级官司之文书。从牒文内容来看，此次雕印小字本的目的在于降低医书成本，方便医家和贫民购买。

小字本医书的刊刻和重新校正，不仅降低了医书成本和价格，而且也便于医家和贫民购买，有利于医学文本知识的传播。

6. 前代医学文献整理对宋代医学发展产生的影响

翰林医官院、校正医书局、秘书省和礼制局所校医书，均由国子监刻本发行，无论从版本还是内容质量上来看，都远远地超越了前代。在校勘、整理医书的过程中，宋政府任用大批有深厚医学修养的朝臣、医官、阁臣、文臣和道士等参与校书，从而保证了医书校正的质量，并形成了一套完整的校书体例。在宋代雕版印刷术的大力推动下，先秦汉魏隋唐以来的医学典籍在宋代得到进一步的整理和保存。据《宋史》卷二〇七《艺文志》记载，宋政府整理、校勘的前代医书著作达30余部，涉及了医经、脉学、针灸、方药、本草等领域②。其对宋代医学发展产生的影响

①　［晋］王叔和：《脉经》卷首《宋刻脉经牒文》，曹炳章辑：《中国医学大成》第10册，上海：上海科学技术出版社，1990年版，第1页。

②　［元］脱脱等：《宋史》卷207《艺文志六》，北京：中华书局，2007年版，第5303～5320页。

如下:

一是宋政府以国家的力量和政策,集中了当时通医的儒臣、医官和文人,有计划有步骤的对宋以前的医学文献进行比较全面的整理和校勘,使不少濒临于失传的医学著作得以保存和流传,其中翰林医官院、校正医书局、秘书省、礼制局、国子监和太医局等发挥了重要的作用。所校医书质量得到很大提高,"重者删去以从其简,经书之异者注解以著其详"①,在国家力量的推动下以"定本"的形式向全国颁行。校正医书官掌禹锡认为:"考证群书,资众见则其功易就"②,显示了官方校书的优越性。在宋代印刷术的大力推动下,医学文化知识迅速向全国各地传播,促进了医学知识的规范化和标准化。廖育群等认为:"在手抄医书转为版刻的历史关头,北宋政府利用国家的力量,将许多重要的中医典籍刊为定本,这在中医发展史上是具有里程碑意义的。"③

二是官校之书大多成为宋代太医局、国子监医学等高等学校的教材,在人才教育、科举考试等方面成为国家规范医学知识的一个重要渠道。如政和八年(1118年)四月二十四日,宋徽宗"诏刊正《内经》",将《黄帝内经》纳入医学考试的主要内容。重和元年(1118年)十一月十五日,宋徽宗"诏以《内经》考其常,以《天元玉册》极其变"④。《黄帝内经素问》等前代医学书籍成为宋代医学考试的重要典籍,书中的医学知识受到宋政府和儒家士大夫的重视。

三是在校勘前代医学文献过程中,出现了大量注解医经、医方的著作,促进了医学基础理论的发展。在校正脉学著作的过程中,出现了系列研究脉学的著作,如北宋刘元宾《通真子补注王叔和脉诀》,南宋初期池荣《脉诀注解》,宋度宗咸淳二年(1266年)李駉《脉诀集解》等,是宋代学界研究脉学的代表性著作。在校勘张仲景《伤寒论》、《金匮要略》、《金匮玉函经》的过程中,兴起了对"伤寒论"的研究和注解,如朱肱《伤寒百问》(又名《南阳活人书》),李知先《活人书括》,许叔微(1079—约1154年)《伤寒百证歌》、《伤寒发微论》、《伤寒九十论》,郭雍(1106—1187年)《伤寒补亡论》等,就是在伤寒学方面取得突出成就的著作。在校勘《黄帝内经》和编修《圣剂总录》的过程中,"运气学说"受到重视,并影响到当时的医学教

---

① [宋]孙兆:《校正唐王焘先生外台秘要方序》,[唐]王焘:《外台秘要方》卷首,北京:人民卫生出版社,1982年版,第24页。

② [宋]苏颂著,王同策、管成学、颜中其等点校:《苏魏公文集》卷65《本草图经序》,北京:中华书局,2004年版,第997页。

③ 廖育群、傅芳、郑金生:《中国科学技术史·医学卷》,北京:科学出版社,1998年版,第300页。

④ [宋]王应麟:《玉海》卷63《艺文·天圣校定内经素问》,南京:江苏古籍出版社,上海:上海书店,1987年版,第1196页。

育和科举考试,刘温舒《素问入式运气论奥》《运气全书》,沈括《物理有常有变》,刘完素《素问玄机原病式》等,受到宋仁宗、宋徽宗的重视。日本学者冈西为人指出:"仁宗朝以后进行的古医书校勘和普及,使医学界面貌一新。医学从此向着取代以往的经验性治方,确立以《素问》、《伤寒论》为基础的理论性治方的发展。本草内容也因之得以改变,药理研究比起源问题更受到重视。"①严世芸也指出:"不仅把历史上医学进展由医家个人辛勤、缓慢的积累为主的状况发展为医家、文人大规模的校正、整理,使许多濒于失传的经典古籍得以续绝存亡,以规范化的文字流传后世;而且在整理、辑注的过程中,也使许多中医学术理论得到总结和提高。"②

第二节　宋代官修本草学、方书学、针灸学著作的编撰及其变化

一、北宋官修本草学著作的兴盛及其在南宋时期的转折

从开宝六年(973 年)开始,宋政府组织医官、朝臣、文人和道士等,编修体现宋朝当代医学发展水平的新本草、新方书和新针灸著作。医事诏令作为重要的行政命令与行遣文书,记录了这一时期政府在医学著作编撰方面的活动。

何谓本草? 日本学者山田庆儿在《中国古代医学的形成》一书中认为,本草"是调查、研究药物的名称、性质、效能、产地等,属分类、记述的学问,记述其成果的书籍亦被称为本草"③。因此,本草著作具有极大的权威性、标准性和实用性,是大一统政治在医学领域内的反应。北宋时期,政府编修的本草著作主要有《开宝新详定本草》、《开宝复位本草》、《嘉祐补注神农本草》、《嘉祐图经本草》、《大观经史证类备急本草》和《政和新修经史证类备用本草》。南宋时期,官修本草仅有《绍兴校定经史证类备急本草》一部。此后,政府未在举行编修本草的活动。

表 3-2 是宋代政府发布的有关编修新本草学著作的诏令。

---

①　[日]冈西为人:《中国本草的历史展望》,载《汉方的临床》第 18 卷,第 4,5 号,1971 年。又见杜石然、魏小明等译:《日本学者研究中国史论著选译》第十卷《科学技术》,北京:中华书局,1992 年版,第 114 页。

②　严世芸:《宋代医家学术思想研究》,上海:上海中医学院出版社,1993 年版,第 2,3 页。

③　[日]山田庆儿著,廖育群、李建民编译:《中国古代医学的形成·本草的起源》,台北:东大图书股份有限公司,2003 年版,第 194 页。

表 3-2　宋代政府编修新本草学著作的医事诏令

年代		皇帝	本草学名称	医事诏令	史料来源
开始	完成				
开宝六年(973年)	开宝六年(973年)	宋太祖	《开宝新详定本草》	"诏尚药奉御刘翰、道士马志、翰林医官翟煦、张素、王从蕴、吴复圭、王光祐、陈昭遇、安自良等九人,详校诸本、经,取陈藏器《拾遗》诸书相参,颇有刊正别名及增益品目,马志为之注解,仍命左司员外郎知制诰扈蒙、翰林学士卢多逊等刊定,凡二十卷。御制序,镂板于国子监。"	[宋]唐慎微:《重修政和经史政类备用本草》卷1《开宝新详定本草》,第39页
开宝七年(974年)	开宝七年(974年)	宋太祖	《开宝重定本草》	"诏以新定本草所释药类,或有未允。又命刘翰、马志等重详定,颇有增损。仍命翰林学士李昉,知制诰王祐、扈蒙等重看详。凡神农所说以白字别之,名医所传即以墨字,并目录共二十一卷。"	[宋]唐慎微:《重修政和经史政类备用本草》卷1《开宝重定本草》,第39页
				"诏翰林学士中书舍人李昉、户部员外郎知制诰王祐、左司员外郎知制诰扈蒙详覆毕上之。"	[宋]脱脱等:《宋史》卷461《刘翰传》,第13506页
嘉祐二年(1057年)八月辛酉	嘉祐四年(1059年)	宋仁宗	《嘉祐补注神农本草》	"诏臣禹锡、臣亿、臣颂、臣洞等,再加校正。臣等亦既被命,遂更研核。窃谓前世医工,原诊用药,随效辄记,遂至增多。概见诸书,浩博难究;虽屡加删定,而去取非一。或《本经》已载,而所述粗略;或俚俗尝用,而太医未闻。向非因事详著,则遗散多矣。乃请因其疏捂,更为补注。应诸家医书、药谱所载物品功用,并从采掇;惟名近迂僻,类乎怪诞,则所不取。自余经史百家,虽非方饵之急,其间或有参说,药验较然可据者,亦兼收载,务从该洽,以副诏意。"	[宋]掌禹锡:《嘉祐补注总叙》,[宋]唐慎微原著,艾晟刊订,尚志钧点校:《大观经史政类备急本草》卷1《序例上》,第1,2页。又见[宋]唐慎微:《重修政和经史政类备用本草》卷1《序例上》,第25页

（续表）

年代		皇帝	本草学名称	医事诏令	史料来源
开始	完成				
嘉祐三年（1058年）	嘉祐六年（1061年）	宋仁宗	《图经本草》	"诏天下郡国图上所产药本,用永徽故事,重命编述。"	[宋]苏颂:《苏魏公文集》卷65《本草图经序》,第997页
				"仁宗皇帝嘉祐初,又使掌禹锡、林亿、苏颂、张洞为之补注,因唐图经别为绘画,复增药至千有余种。于是收拾遗逸,订正讹缪,刊在有司,布之天下,其为寿养生人之术,无一不具。"	[宋]林希:《林枢密重广本草图经序》,第40页
元丰五年（1082年）	大观二年（1108年）	宋徽宗	《大观经史证类备急本草》	"命官校正,募工镂版,以广其传,盖仁者之用心也。"	[宋]艾晟:《大观经史证类备急本草序》,[宋]唐慎微原著,艾晟刊订,尚志钧点校:《大观经史证类备急本草》卷首,第1页
政和六年（1116年）	政和六年（1116年）九月一日	宋徽宗	《政和新修经史证类备用本草》	"诏节度使臣杨戬总工勘写,继又命臣〔曹孝忠〕校正而润色之……书凡六十余万言。"	[宋]曹孝忠:《政和新修经史证类备用本草序》,[宋]唐慎微:《重修政和经史证类备用本草》卷首,第3页
绍兴二十七年（1157年）	绍兴二十九年（1159年）二月	宋高宗	《绍兴校定经史证类备急本草》	"诏臣等俾加校定,仰以见圣人仁德之至也! 今敢不研精覃思,博采方术,参校诸家,别其同异。"	[宋]高绍功、柴源、张孝直、王继先:《绍兴校定经史证类备急本草序》,[宋]王继先等撰,尚志钧校注:《绍兴本草校注》卷首,第9,10页

1.《开宝新详定本草》和《开宝重定本草》的编撰

开宝六年（973年）,宋太祖下诏编修宋朝第一部本草学著作——《开宝新详定本草》。该书实际上是宋政府在校正苏敬《新修本草》、陈藏器《本草拾遗》、韩保昇

《蜀本草》和《神农本草经》的基础上,增加新药物学知识而完成。唐慎微《重修政和经史政类备用本草》卷一《序例上·补注所引书传》记载了宋政府编修该书的诏令:

> 开宝六年,诏尚药奉御刘翰、道士马志、翰林医官翟煦、张素、王从蕴、吴复圭、王光祐、陈昭遇、安自良等九人,详校诸本、经,取陈藏器《拾遗》诸书相参,颇有刊正别名及增益品目,马志为之注解,仍命左司员外郎知制诰扈蒙、翰林学士卢多逊等刊定,凡二十卷。御制序,镂板于国子监①。

《宋史》卷四六一《方技传上·刘翰传》载:

> 诏详定《唐本草》,〔刘〕翰与道士马志、医官翟煦、张素、吴复圭、王光祐、陈昭遇同议,凡《神农本经》三百六十种,《名医录》一百八十二种,唐本先附一百一十四种,有名无用一百九十四种,翰等又参定新附一百三十三种。既成,诏翰林学士中书舍人李昉、户部员外郎知制诰王祐、左司员外郎知制诰扈蒙详覆毕上之②。

王应麟《玉海》卷六三《艺文·开宝重定本草》亦载:

> 开宝中,命医工刘翰、道士马志等详定,附益一百二十三种,学士〔卢〕多逊、〔李〕昉、〔扈〕蒙刊定之。六年四月癸丑,知制诰王祐等上之。二十卷,凡神农所说以白字别之,名医所传墨字别之。《崇文〔总〕目》二十一卷。御制序。合九百八十三种,并目二十二卷,颁天下③。

从宋太祖的诏令可以看出,宋政府任命尚药奉御刘翰、道士马志、翰林医官翟煦、张素、王从蕴、吴复圭、王光祐、陈昭遇、安自良等9人参与具体的整理工作,左司员外郎知制诰扈蒙、翰林学士卢多逊等参与了校定,这些人员大部分是宋政府刚刚选拔上来的医官。

同年书成,宋太祖御制序,定书名为《开宝新详定本草》,令国子监雕刻刊印,

---

① 〔宋〕唐慎微:《重修政和经史类备用本草》卷1《序例上·补注所引书传·开宝新详定本草》,北京:人民卫生出版社,1982年版,第39页。

② 〔元〕脱脱等:《宋史》卷461《方技传上·刘翰传》,北京:中华书局,2007年版,第13506页。

③ 〔宋〕王应麟:《玉海》卷63《艺文·开宝重定本草》,南京:江苏古籍出版社、上海:上海书店,1987年版,第1195页。

"广颁天下,传而行焉"①。皇帝为医籍作序的做法,为宋代其他皇帝所仿效延续。

《开宝新详定本草》修成后,发现该书"所释药类,或有未允",宋太祖于是在开宝七年(974 年)再次下诏,命翰林学士李昉及刘翰、马志等对该书进行重新校阅、审核,在原书基础上增为 21 卷。唐慎微《重修政和经史政类备用本草》卷一《序例上·补注所引书传》记载了宋政府编修《开宝重定本草》的诏令:

> 开宝七年,诏以《新定本草》所释药类,或有未允。又命刘翰、马志等重详定,颇有增损。仍命翰林学士李昉、知制诰王祐、扈蒙等重看详,凡神农所说以白字别之,名医所传即以墨字,并目录共二十一卷。②

书成后,宋太祖诏令国子监刊印,颁行天下。全书 20 卷,目录 1 卷,收载药物 985 种,是宋代第一部官方药典,影响宋代医学界达 80 余年。《开宝本草》的编撰、刊印正处于医学书籍从手工传抄转向雕版印刷的关键时期,该书编纂者成功地制定了严谨的体例,尤其是"神农所说以白字别之,名医所传以墨字别之"的做法,使医学著作保存了大量珍稀文献和名医病案,这一体例也为后来其他官修本草所继承。该书南宋以后已佚,今人尚志钧有辑复本。

2.《嘉祐补注神农本草》的编撰

嘉祐二年(1057 年)八月辛酉,宋仁宗下诏掌禹锡、林億、苏颂、张洞、陈检、高保衡、秦宗古、朱有章等编撰、补注新本草学著作。嘉祐五年(1060 年)书成,宋仁宗赐书名《嘉祐补注神农本草》。掌禹锡等《嘉祐补注总叙》记载了宋仁宗发布诏令的情况:

> 嘉祐二年八月,有诏臣禹锡、臣億、臣颂、臣洞等,再加校正。臣等亦既被命,遂更研核。窃谓前世医工,原诊用药,随效辄记,遂至增多。概见诸书,浩博难究;虽屡加删定,而去取非一;或《本经》已载,而所述粗略;或俚俗尝用,而太医未闻。向非因事详著,则遗散多矣。乃请因其疏括,更为补注。应诸家医书、药谱所载物品功用,并从采摄;惟名近迂僻,类乎怪诞,则所不取。自余经史百家,虽非方饵之急,其间或有参说,药

① ［宋］李昉、卢多逊等撰,尚志俊辑校:《开宝本草》(辑复本)卷 1《序例上·开宝重定序》,合肥:安徽科学技术出版社,1998 年版,第 17、18 页。

② ［宋］唐慎微:《重修政和经史政类备用本草》卷 1《序例上·补注所引书传·开宝重定本草》,北京:人民卫生出版社,1982 年版,第 39 页。

验较然可据者,亦兼收载,务从该洽,以副诏意①。

王应麟《玉海》卷六三《艺文·嘉祐绍兴校定本草图》亦载:

> 嘉祐二年八月辛酉,诏掌禹锡、林億、苏颂、张洞等再校正,既而补注成书,奏御②。

从宋仁宗的诏令来看,《开宝本草》"所述粗略,或俚俗尝用,而太医未闻",是宋政府编修《嘉祐本草》的主要原因之一。此次编修活动由刚刚成立的校正医书局负责,太常少卿、直集贤院掌禹锡,职方员外郎、秘阁校理林億,殿中丞、馆阁校理苏颂,翰林医官秦知古、朱有章,太子中舍陈检等修撰,光禄寺丞高保衡负责审校。从人员组成来看,政府任用了大量的朝臣、医官、阁臣和文人学士等。

《嘉祐补注神农本草》20卷,所载药物增至1082种,其中新补82种,新定17种,引用的书籍达50余种,大大地超过了《开宝本草》。林希《林枢密重广本草图经序》指出:"其为寿养生人之术,无一不具。"③元祐七年(1092年),宋哲宗再次发布诏令予以校正,并以小字本刊行。该书南宋以后已佚,今人尚志钧有辑复本。

3.《嘉祐图经本草》的编撰

在编撰《嘉祐补注神农本草》的过程中,嘉祐三年(1058年)宋仁宗发布诏令,命苏颂等人编修《嘉祐图经本草》,记载药物的形状和产地,为医者提高药物的辩识、甄别力提供依据。嘉祐六年(1061年)九月书成,苏颂作序,定书名为《图经本草》(亦作《本草图经》)。

苏颂《本草图经序》详细地记载了宋仁宗下诏编修该书的经过:"诏天下郡国图上所产药本,用永徽故事,重命编述。"④王应麟《玉海》卷六三《艺文·嘉祐绍兴校定本草图》亦载:

---

① [宋]掌禹锡等撰,尚志俊辑校:《嘉祐本草》(辑复本)卷首《嘉祐补注总叙》,北京:中医古籍出版社,2009年版,第1~4页。

② [宋]王应麟:《玉海》卷63《艺文·嘉祐绍兴校定本草图》,南京:江苏古籍出版社、上海:上海书店,1987年版,第1195页。

③ [宋]林希:《重广补注神农本草并图经序》,[宋]唐慎微原著,艾晟刊订,尚志钧点校:《大观经史政类备急本草》卷1《序例上》,合肥:安徽科学技术出版社,2003年版,第21页。又见[宋]唐慎微:《重修政和经史政类备用本草》卷1《序例上》,第40页。

④ [宋]苏颂著,王同策、管成学、颜中其等点校:《苏魏公文集》卷65《本草图经序》,北京:中华书局,2004年版,第997页。又见[宋]唐慎微原著,艾晟刊订,尚志钧点校:《大观经史政类备急本草》卷1《序例上》,第3页;[宋]唐慎微:《重修政和经史政类备用本草》卷1《序例上》,第27页。

诏天下郡县图上所产药,以颂刻意。是书俾专撰述,总二十卷,图经二十卷,目录各一卷。颂为之序,曰:"主上至仁厚德,函养生类,屡敕近臣雠校岐黄内经,复位针艾腧穴,或范金揭石,或镂板联编。作《庆历善救方》以赐南方,作《简要济众方》以示下民。今复广药谱之未备,图地产之所宜。纳斯民于寿康,召和气于穹壤。"六年九月,集贤校理苏颂上之,总新旧一千八十二条,新补八十有二种,新定十有七种,合一千七十六种[①]。

宋仁宗诏令下达后,诸路州县纷纷向朝廷呈送药物标本。苏颂将各地所贡药物全部绘图,并注明药物的产地、形态、性状、收采时节、炮制方法、主治功用等说明文字,再详细叙述宋代出产这种药物的府、州、军、监的名称,"今天下所上绘事千名,其解说物类,皆据世医之所闻见。事有详略,言多鄙俚。向非专一整比,缘饰以文,则前后不伦,披寻难晓。"[②]

全书 21 卷,所绘药物形状多为写实图,形象逼真,图文并茂,特别是收录了前代本草著作中从来没有著录的 103 种药用植物,丰富了本草学内容。据蔡景峰研究,《本草图经》的资料来源异常丰富,实际上是一次全国性药用动植物的普查,集中反映了当时全国用药的实际情况,也反映了当时博物学的水平和成就。[③] 元祐七年(1092 年),医学家陈承将《嘉祐本草》和《图经本草》合刊在一起,又附以古今论说和己所见闻,命书名为《重广针注神农本草并图经》,共 23 卷。该书南宋以后已佚,今人胡乃常、王致谱辑有《图经本草》(辑复本)和尚志钧辑有《本草图经》(辑复本)。

4.《大观经史证类备急本草》和《政和新修经史证类备用本草》的编撰

宋徽宗时期,政府大兴医学,对本草学著作的编修亦很重视,其中最重要的一项医学活动是《经史证类备急本草》的私著官修。据南宋赵与时《宾退录》卷三记载,元丰五年(1082 年)成都府路蜀州晋原(治今四川崇庆)人、民间医学家唐慎微撰成《经史证类备急本草》。书刊行后上奏朝廷,引起宋徽宗的重视[④]。唐慎微不见于《宋史·方技传》的记载,艾晟《大观本草序》中亦未作考证,仅言"谨微姓唐,

---

① [宋]王应麟:《玉海》卷 63《艺文·嘉祐绍兴校定本草图》,南京:江苏古籍出版社、上海:上海书店,1987 年版,第 1195 页。

② [宋]苏颂著,王同策、管成学、颜中其等点校:《苏魏公文集》卷 65《本草图经序》,北京:中华书局,2004 年版,第 997 页。

③ 蔡景峰:《〈本草图经〉是本草学史上的一个里程碑》,苏克福、管成学、邓明鲁主编:《苏颂与〈本草图经〉研究》,长春:长春出版社,1991 年版,第 161~191 页。

④ [宋]赵与时著,齐治平点校:《宾退录》卷 3,上海:上海古籍出版社,1983 年版,第 37 页。

不知何许人,传其书者,失其邑里族氏,故不及载云"。

大观二年(1108年),宋徽宗"命官校正,募工镂版,以广其传,盖仁者之用心也"①。通仕郎行杭州仁和县尉管勾学事艾晟奉命修订,书成后命名为《大观经史证类备急本草》,简称《大观本草》。全书31卷,目录1卷,载药1558种,新增药物476种。

政和六年(1116年),宋徽宗以该书"实可垂济"为由,再次"诏节度使臣杨戬总工勘写,继又命臣(曹孝忠)校正而润色之"②。这是北宋政府最后一部官修的本草著作,由杨戬总勘,曹孝忠润色,书成后命名为《政和新修经史证类备用本草》,简称《政和本草》。惜因北宋灭亡,未得刊行,书版为金朝所得。蒙古定宗四年(1249年)平阳张存惠刊刻行世,书中刻入寇宗奭《本草衍义》内容,命书名为《重修正文和经史证类备用本草》,主要流传于蒙古统治区域。

从此,《证类本草》就分别以《大观本草》和《政和本草》两种刊本传世。其中《大观本草》流传于南宋辖区,《政和本草》流传于蒙古辖区,成为明万历二十四年(1596年)《本草纲目》出版前最有影响的本草学著作。该书不仅收录了大量本草学的知识,而且也收集了大量方书中的知识。日本学者冈西为人指出:"尤其值得注意的是唐慎微采录了许多简方,从而使本草接近了临床。"③本草方书化和接近临床,是北宋后期官修本草过程中出现的新变化。

5.《绍兴校定经史证类备急本草》的编撰

绍兴二十七年(1157年),宋高宗下诏命翰林医官王继先、张孝直、柴源、高绍功等修撰本草。王继先等以《大观本草》为底本进行整理校勘,绍兴二十九年(1159年)书成。《宋会要辑稿》崇儒四之一四记载了宋高宗下诏编撰该书的情况:

> 〔绍兴二十七年〕八月十五日,昭庆军永宣致仕王继先上《重加校定大观证类本草》书,诏令秘书省官修润讫,付国子监刑行。初,以《本草》之书经注异同,治说讹舛,令继先辟御医张孝直、柴源、高绍功检阅校勘。继先言:"今之为书,自《嘉祐补注》一千八十二种,唐慎微续添八种。《唐本》余七种,《食疗》余八种,《海药》余(十一)[一十]六种,新分条三十五

① [宋]艾晟:《大观经史证类备急本草序》,[宋]唐慎微原著,艾晟刊订,尚志钧点校:《大观经史证类备急本草》卷首,合肥:安徽科学技术出版社,2003年版,第6页。
② [宋]曹孝忠:《政和新修经史证类备用本草序》,[宋]唐慎微:《重修政和经史证类备用本草》卷首,北京:人民卫生出版社,1982年版,第3页。
③ [日]冈西为人:《中国本草的历史展望》,载《汉方的临床》第18卷,第4,5号,1971年。又见杜石然、魏小明等译:《日本学者研究中国史论著选译》第十卷《科学技术》,北京:中华书局,1992年版,第114页。

种,陈藏器四百八十八种,本经外草本类九十八种。绍兴新添六种,通前合一千七百四十八种,以为定数。乃至旁搜方书,钩探经典,续历世之或阙,释古今之重疑,目曰《绍兴校定经史证类备急本草》。其卷目品类并校定序说,依前三十二卷,及新添《释音》一卷,于是秘书省官修润,共成五册。并元本三十二卷,通三十八册上焉。"[1]

王继先等于绍兴二十九年(1159年)二月所上《绍兴校定经史证类备急本草序》也有记载:

> 恭维圣主中兴,好生之德,寝兵措刑,固足以济民于寿域,而俾无横天之患矣。然且宸心轸虑,以谓本草之书,经注异同,治说讹谬,于是举祖宗开宝、嘉祐之故事,诏臣等俾加校定,仰以见圣人仁德之至也!今敢不研精覃思,博采方术,参校诸家,别其同异[2]。

南宋陈振孙《直斋书录解题》和王应麟《玉海》亦记载了宋高宗颁诏编修《绍兴本草》的情况。从以上可以看出,此书由秘书省负责编撰,王继先为总撰官,张孝直、柴源、高绍功等负责校勘。书成后,宋高宗命名为《绍兴校定经史证类备急本草》,"诏秘省修润,付胄监镂板行之。"[3]

《绍兴本草》是南宋政府唯一一部官修的本草学著作,也是两宋政府官修的最后一部大型医学本草著作。该书32卷,释音1卷,共载药物1748种,新添6种。随后出现的节略本,共22卷。南宋学者对该书持批评态度,陈振孙认为:"每药为数语,辨说浅俚,无高论。"[4]但日本学者冈西为人却提出不同的看法,认为:"此书药图添补了《大观》、《政和》的不足,从这个意义上来说,是极为宝贵的。"[5]笔者认为,《绍兴本草》不像其他本草学著作一样受人重视,原因有二:一方面可能与宋高宗朝的政治斗争密切相关,王继先以"奸佞"、"狡黠"形象受到朝臣和士大夫的强

① [清]徐松辑:《宋会要辑稿》崇儒4之14,北京:中华书局,2006年版,第2237页。

② [宋]高绍功、柴源、张孝直、王继先:《绍兴校定经史证类备急本草序》,[宋]王继先等撰,尚志钧校注:《绍兴本草校注》卷首,北京:中医古籍出版社,2007年版,第9,10页。

③ [宋]王应麟:《玉海》卷63《艺文·绍兴校定本草、图》,南京:江苏古籍出版社、上海:上海书店,1987年版,第1195页。

④ [宋]陈振孙撰,徐小蛮、顾美华点校:《直斋书录解题》卷13《医书类·绍兴校定本草二十二卷》,上海:上海古籍出版社,1987年版,第386页。

⑤ [日]冈西为人:《中国本草的历史展望》,载《汉方的临床》第18卷,第4,5号,1971年。又见杜石然、魏小明等译:《日本学者研究中国史论著选译》第十卷《科学技术》,北京:中华书局,1992年版,第112页。

烈反对,绍兴三十一年八月辛亥宋高宗"诏昭庆军承宣使致使王继先令于福州居住",南宋孝宗继位后再次被贬逐[1];另一方面在编修过程中排斥儒臣的做法,致使该书文辞晦涩,限制了它的应用和流传。该书对南宋医学产生的影响有限,清四库馆臣指出:"南宋且有官本,然皆未见。"[2]

从《开宝本草》到《绍兴本草》,宋代皇帝对本草著作的编修给予了相当的重视,在医事诏令的运作下本草著作取得了巨大的成就,在编撰体例、药物收集方面多有创新。然而,官修本草学著作日益宏大的篇幅和内容,限制了它的进一步流传。南宋时期,随着官修本草活动的结束,地方、民间兴起了编写简约式本草著作的盛况。冈西为人指出:"本草内容也因之得以改变,药理研究比起源问题更受到重视。"[3]

二、北宋官修医学方书著作的兴盛与局书著作在南宋的影响

何谓方书? 方书是指专门记载或论述方剂的著作,包括基础医学理论和临床诸科治疗处方。两宋时期,政府共编修了 9 部重要的方书,其中北宋 8 部,南宋 1 部。宋代皇帝认为:"救恤之术,莫先方书"[4],方书不仅能够起到"贵在救民,去除疾苦"的现实作用,也可实现"明王道之化成"、"布群黎之大惠"[5]、"仁政之急务"[6]的作用。官修方书及其不同刊本,不仅使经验良方、效方等得以保存,而且也使政府的"仁政"思想和权力统治延伸到全国各地。南宋时期,政府编修方书的重点发生了变化,"和剂局方"成为国家正统方书的代表,追求"简约"成为整个社会的风气。地方政府和私家编修方书兴盛,从而在一定程度上弥补了中央官修方书之不足。

表 3-3 是宋朝政府发布的有关编修医学方书的诏令。

---

① [宋]李心传:《建炎以来系年要录》卷 192,绍兴三十一年八月辛亥,北京:中华书局,1956 年版,第 3210 页。

② [清]永瑢等:《四库全书总目》卷 103《医家一》,北京:中华书局,2003 年版,第 856 页。

③ [日]冈西为人:《中国本草的历史展望》,载《汉方的临床》第 18 卷,第 4,5 号,1971 年。又见杜石然、魏小明等译:《日本学者研究中国史论著选译》第十卷《科学技术》,北京:中华书局,1992 年版,第 114 页。

④ [宋]陈承、裴宗元、陈师文《太平惠民和剂局方进表》,[宋]陈承、裴宗元、陈师文原著,[宋]许洪增广,[日]橘亲显等校正,韩刚等整理:《增广太平惠民和剂局方》卷首,海口:海南出版社,2001 年版,第 3 页。

⑤ [宋]宋太宗:《御制太平圣惠方序》,[宋]王怀隐等:《太平圣惠方》卷首,北京:人民卫生出版社,1959 年版,第 1,2 页。

⑥ [宋]宋徽宗:《求方书药法御笔》,《宋大诏令集》卷 219《政事七十二·医方》,北京:中华书局,1997 年版,第 843 页。

表 3-3　宋代政府编修医学方书的诏令

年代		皇帝	方书名称	医事诏令	文献来源
开始	结束				
太平兴国三年（978 年）	淳化三年（992 年）二月	宋太宗	《太平圣惠方》	"〔太平兴国七年〕，令尚药奉御王怀隐等四人，校勘编类，凡诸论证，并该其中，品药功效，悉载其内，凡候疾之深浅，先辨虚实，次察表里，然后依方用药，则无不愈也。庶使天高地厚，明王道之化成。春往秋来，布群黎之大惠……朕尊居亿兆之上，常以百姓为心，念五气之或乖，恐一物之所失，不尽生理。朕甚悯焉，所以亲阅方书，俾令撰集，冀溥天之下，各保遐年。同我生民，跻于寿域。今编敕成一百卷，命曰《太平圣惠方》。仍令雕刻印版，遍施华夷，凡尔生灵，宜知朕意。"	[宋]宋太宗：《御制太平圣惠方序》，[宋]王怀隐等：《太平圣惠方》卷首，第 1,2 页
				"〔淳化三年五月〕，上复命医官集《太平圣惠方》一百卷。己亥，以印本颁天下，每州择明医术者一人补医博士，令掌之，听吏民传写。"	[宋]李焘：《续资治通鉴长编》卷 33，第 736 页
太平兴国六年（981 年）十月丙戌	雍熙四年（987 年）九月	宋太宗	《神医普救方》	"太平兴国初，诏贾黄中集《神医普救方》，宗讷暨刘锡、吴淑、吕文仲、杜镐、舒雅皆预焉。"	[元]脱脱等：《宋史》卷 265《李宗讷传》，第 9140 页
				雍熙四年冬十月，宋太宗《贾黄中等纂神医普救方令付史馆刊板并赐器币诏》。	[宋]钱若水：《太宗皇帝实录》卷 42，第 117,118 页
不详	天禧二年（1018 年）八月丁未	宋真宗	《四时摄生论》、《集验方》	"八月丁未，内出郑景岫《四时摄生论》、陈尧叟所《集方》一卷，示辅臣，上作序，纪其事，命有司刊板，赐广南官，仍分给天下。"	[宋]王应麟：《玉海》卷 63《艺文》，第 1197 页
不详	庆历八年（1048 年）春二月癸酉	宋仁宗	《庆历善救方》	"颁《庆历善救方》。上始阅福建奏狱，多以蛊毒害人者，福州医工林士元能以药下之，遂诏录其方，又命太医集诸方之善治蛊者为一编，诏参知政事丁度为序而颁之。"	[宋]李焘：《续资治通鉴长编》卷 163，第 3916,3917 页

（续表）

年代		皇帝	方书名称	医事诏令	文献来源
开始	结束				
皇祐元年（1049年）	皇祐三年（1051年）五月乙亥	宋仁宗	《简要济众方》	"颁《简要济众方》,命州县长吏按方剂以救民疾。"	[元]脱脱等:《宋史》卷12《仁宗本纪四》,第231页
元丰五年（1082年）	元丰八年（1085年）	宋神宗	《太医局方》	"诏天下高手医,各以得效秘方进,下太医局验试,依方制药鬻之。仍模本传于世。"	[宋]晁公武:《郡斋读书志》卷15《太医局方三卷》,第729页
大观三年（1110年）	大观四年（1111年）	宋徽宗	《和剂局方》	"诏通医刊正药局方书。阅岁书成,校正七百八字,增损七十余方。"	[宋]晁公武:《郡斋读书志》卷15《和剂局方十卷》,第729页
政和元年（1111年）	政和八年（1117年）五月	宋徽宗	《政和圣剂总录》	"诏天下以方术来上,并御府所藏,颁之为《补遗》一卷,《治法》一卷,卷凡二百,方几二万,以病分门,门各有论,而叙统附焉。首之以风疾之变动,终之以神仙之服饵,详至于俞穴经络、祝由符禁,无不悉备,名之曰《政和圣济总录》。"	[宋]宋徽宗:《圣济总录》卷首《政和圣济总录序》,第3,4页
绍兴二十一年（1151年）	绍兴二十一年（1151年）十二月十七日	宋高宗	《太平惠民和剂局方》	"诏将太平惠民局监本药方印颁诸路。"	[清]徐松辑:《宋会要辑稿》职官27之67,第2970页

1.《太平圣惠方》的编撰

北宋政府编撰的第一部医学方书是《太平圣惠方》。宋太宗在藩邸时,"暇日多留意医术,藏名方千余首,皆尝有验者"。太平兴国三年（978年）,宋太宗"诏翰林医官院各具家传经验方以献"。在翰林医官院的努力下,征集到大量历代经验良方、单方、秘方达万余首之多。太平兴国七年（982年）,宋太宗"诏医局各上家传方书,命王怀隐、王祐、郑彦、陈昭遇校正编类,各于篇首著其疾证。"[①]关于宋太宗颁诏编撰《太平圣惠方》的情况,《宋史》卷四六一《方技传上·王怀隐传》载:

---

① [宋]晁公武撰,孙猛校正:《郡斋读书志校证》卷15《医家类·太平圣惠方一百卷》,上海:上海古籍出版社,1990年版,第728页。

初，太宗在藩邸，暇日多留意医术，藏名方千余首，皆尝有验者。至是，诏翰林医官院各具家传经验方以献，又万余首，命怀隐与副使王祐、郑奇、医官陈昭遇参对编类。每部以隋太医令巢元方《病源候论》冠其首，而方药次之，成一百卷。太宗御制序，赐名曰《太平圣惠方》，仍令镂板颁行天下，诸州各置医博士掌之①。

从宋太宗诏令可以看出，翰林医官使王怀隐，翰林医官副使王祐、郑奇（彦），翰林医官陈昭遇等 4 人奉宋太宗之命编修《太平圣惠方》。

淳化三年（992 年）二月书成，宋太宗御制序，定书名，令国子监刊刻发行，并赏赐给宰相李昉，给事中、参知政事贾黄中、李沆，同知枢密院事温仲舒、寇准等人。王应麟《玉海》卷六三《太平圣惠方》载：

太宗留意医术，自潜邸得妙方千余首。太平兴国三年，诏医官院献经验方，合万余首，集为《太平圣惠方》百卷，凡千六百七十门，万六千八百三十四首，并序论，总目录，每部以隋巢元方《病源候论》冠其首，凡诸论证品药功效悉载之。目录一卷，御制序。淳化三年二月癸未，赐宰相李昉、参政黄中、沆、枢臣仲舒、准，内出五部赐。五月已亥，颁天下诸州，置医博士掌之②。

南宋陈振孙《直斋书录解题》卷一三《医书类·太平圣惠方》亦载："太平兴国七年，诏医官使、尚药奉御王怀隐等编集，御制序文。淳化三年书成。"③该书的编修前后历时 14 年，基本上汇集了北宋前期的医学方书知识。

关于为什么要编撰《太平圣惠方》的目的、动因和过程，宋太宗《御制太平圣惠方序》给予了详细的说明：

朕闻皇王治世，抚念为本。法天地之覆载，同日月以照临。行道德而和惨舒，顺寒暄而知盈缩。上从天意，下契群情。罔惮焦劳，以从人欲，乃朕之愿也。且夫人禀五常，药治百病，能知疾之可否。究药之微应者，则世之良医也。至如风雨有不节之劳，喜怒致非理之患。疾由斯作，盖自物情，苟非穷达其源，窥测其奥，徒烦服食以养于寿命，消息可保于

<hr>

① ［元］脱脱等：《宋史》卷 461《方技传上·王怀隐传》，北京：中华书局，2007 年版，第 13507,13508 页。

② ［宋］王应麟：《玉海》卷 63《艺文·太平圣惠方》，南京：江苏古籍出版社、上海：上海书店，1987 年版，第 1196 页。

③ ［宋］陈振孙撰，徐小蛮、顾美华点校：《直斋书录解题》卷 13《医书类·太平圣惠方》，上海：上海古籍出版社，1987 年版，第 387 页。

长生矣。自古同今，多乖摄治，疾之间起，积之于微，势兆已形，求诸服饵。方既弗善，药何救焉？《书》曰："药不瞑眩，厥疾弗瘳。"诚哉是言也。且如人安之道，经络如泉，或驰骋性情，乖庆形体，莫知伤败，致损寿龄，盖由血脉荣枯，肌肤盛弱，贪其嗜欲，不利机关，及至虚赢，不防他故。四时逆顺，六气交争，贤者自知，愚者未达。是以圣人广兹仁义，博爱源深。故黄帝尽岐伯之谈，虢君信越人之术。揆度者明于切脉，指归者探乎幽玄。论之则五音自和，听之则八风应律。譬犹影响，无不相从。求妙删繁，备诸方册，讨寻精要，演说无所不周。诠诂精编，探赜悉闻尽善，莫不考秘密，搜隐微。大矣哉，为学乃至于此耶！则知天不爱其道，而道处其中。地不爱其宝，而宝舍其内。夫医者意也，疾生于内，药调于外。医明其理，药效如神。触类而生，参详变异，精微之道，用意消停。执见庸医，证候难晓。朕昔自潜邸，求集名方，异术玄针，皆得其要，兼收得妙方千余首，无非亲验，并有准绳，贵在救民，去除疾苦，并遍于翰林医官院，各取到经乎家传应效药方，合万余道。令尚药奉御王怀隐等四人，校勘编类，凡诸论证，并该其中，品药功效，悉载其内，凡候疾之深浅，先辩虚实，次察表里，然后依方用药，则无不愈也。庶使天高地厚，明王道之化成。春往秋来，布群黎之大惠。昔炎帝神农氏，长于姜水，始教民播种，以省杀生，尝味百草，区别药性，救天伤之命，延老病之生。黔首日用而不知，圣人之至德也。夫医道之难，昔贤犹病，设使诵而未能解，解而未能别，别而未能明，明而未能尽。穷此之道者，其精勤明智之士欤。朕尊居亿兆之上，常以百姓为心，念五气之或乖，恐一物之失所，不尽生理，朕甚悯焉。所以亲阅方书，俾令撰集，冀溥天之下，各保遐年。同我生民，跻于寿域。今编救成一百卷，命曰《太平圣惠方》。仍令雕刻印版，遍施华夷，凡尔生灵，宜知朕意[1]。

宋太宗御制序反映了以下重要的内容：

一是该书的修撰背景。宋太宗认为，《太平圣惠方》不仅能够起到"贵在救民，去除疾苦"的现实作用，也可实现"明王道之化成"、"布群黎之大惠"的作用，有利于宣扬儒家"仁政"思想和政府权威统治。

二是该书的主要内容。全书100卷，1670门，16834方，宋太宗作序。该书首

① ［宋］宋太宗：《御制太平圣惠方序》，［宋］王怀隐等：《太平圣惠方》卷首，北京：人民卫生出版社，1959年版，第1,2页。

先以隋代医学家巢元方《诸病源候论》之病因、病理、证候和医学理论为纲，其次叙述用药法则，是一部集理、法、方、药于一体，具有完整理论与实用价值的医书。

三是该书的知识来源。宋太宗藏妙方千余首，翰林医官院征集经验良方万余首，前代医书中的良方5000余首，以及部分进献之方和《诸病源候论》等。

四是该书的刊行情况。淳化三年（992年）五月，宋太宗诏令国子监刻印出版，颁发全国诸州，并首次将该书应用于开封疫病的防治①。庆历元年（1041年）十二月，《太平圣惠方》成为北宋政府下令编修的《崇文总目》中收录的第一部官修医学方书著作②。

《太平圣惠方》在宋代医学史上占有重要的地位，"研究宋代的医学成就，当以本书为始"③。绍圣三年（1096年），宋哲宗诏令国子监刊刻小字本《太平圣惠方》，这是该书的第二个刻本④。绍兴十六年（1146年），淮南路转运司在舒州刊刻《大宋新修太平圣惠方》，这是该书的第三个刻本⑤。绍兴十七年（1147年），福建路转运司于本司公使库印行《太平圣惠方》，这是该书的第四个刻本⑥。此后，又出现了几个重要的简要本，有周应编《简要济众方》五卷，何希彭编《圣惠选方》六〇卷，无名氏编《圣惠经用方》一卷，《太平圣惠单方》十五卷，《铜人针灸经》七卷和《黄帝明堂灸经》一卷等。

该书的北宋版本已佚，流传于世的4种抄本、残本均为南宋本，1959年由人民卫生出版社整理出版，仍为100卷。

2.《神医普救方》的编撰

太平兴国六年（981年）十月丙戌，宋太宗下诏贾黄中、李宗讷、刘锡、吴淑、吕文仲、杜镐、舒雅等编修《神医普救方》。雍熙四年（987年）十月书成，宋太宗御制序。王应麟《玉海》卷六三《艺文·雍熙神医普救方》载：

> 太平兴国六年十月丙戌，诏贾黄中等于崇文院编录医书。雍熙三年

---

①　韩毅：《淳化三年开封大疫与北宋政府的应对》，载《中华医史杂志》2008年第38卷第2期，第72～75页。

②　[宋]王尧臣撰，钱东垣辑：《崇文总目》卷7《医书类·太平圣惠方》，《丛书集成初编》第22册，上海：商务印书馆，1937年版，第195页。

③　中国医籍提要编写组：《中国医籍提要》上册，长春：吉林人民出版社，1984年版，第149页。

④　[晋]王叔和：《脉经》卷首《宋刻脉经牒文》，裘沛然主编：《中国医学大成》第10册，上海：上海科学技术出版社，1990年版，第1页。

⑤　[宋]洪迈撰，何卓点校：《夷坚丙志》卷12《舒州刻工》，北京：中华书局，1981年版，第484页。

⑥　[宋]王怀隐等：《太平圣惠方》卷首，北京：人民卫生出版社，1959年版，第1页。

十月,纂成千卷,目录十卷,名《神医普救方》,御制序①。

《宋史》卷二六五《李宗讷传》亦载:"太平兴国初,诏贾黄中集《神医普救方》,宗讷暨刘锡、吴淑、吕文仲、杜镐、舒雅皆预焉。"②此书的编撰者多为崇文院中的文臣和学士。全书1000卷,目录10卷,是宋代官修医学方书中规模最大的著作。

雍熙四年(987年)十月,宋太宗发布《贾黄中等纂神医普救方令付史馆刊板并赐器币诏》,令国子监雕版印刷,并对贾黄中等人给予奖励。《太宗皇帝实录》卷四二载:

> 翰林学士贾黄中等以所集《神医普救方》一千卷来上,赐诏曰:"卢、扁之方,雷、桐之术,仁之以十全之效,言之于七日之前,古法在焉,人命所系。朕纂承大宝,抚育兆人,每念夭伤,思伸救疗,而方书舛误,编秩繁多,因命分以部居,条其类例。黄中等思穷精诣,识本疏通,集彼群方,著成千卷,垂于后世,所利益多,克副朕怀,深嘉乃续。宜加颁赉,以示优恩"。仍宣付史馆,令刊板流布天下。黄中等赐器币有差。③

《续资治通鉴长编》卷二八亦载:"翰林学士贾黄中等上《神医普救方》一千卷,诏颁行之,赐黄中等器币有差。"④

元符二年(1099年)三月壬戌,尚药奉御、判太医局孔元状奏:"乞将《神医普救方》差官校正,付国子监镂板颁行"⑤,宋哲宗"从之"。这是《神医普救方》在宋代的第二个版本——元符版本,说明北宋中后期《神医普救方》仍在流传,并未亡佚。该书南宋后已佚,笔者有《〈神医普救方〉辑佚与校注》。

3.《庆历善救方》的编撰

该书何时编撰,文献记载不详。庆历八年(1048年)二月癸酉,宋仁宗下诏颁布《庆历善救方》,命丁度作序。关于该书的编撰情况,《续资治通鉴长编》卷一六三载:

> 〔庆历八年春二月癸酉〕,颁《庆历善救方》。上始阅福建奏狱,多以

① [宋]王应麟:《玉海》卷63《艺文·雍熙神医普救方》,南京:江苏古籍出版社、上海:上海书店,1987年版,第1196页。
② [元]脱脱等:《宋史》卷265《李宗讷传》,北京:中华书局,2007年版,第9140页。
③ [宋]钱若水著,燕永成点校:《宋太宗实录》卷42,雍熙四年十月,兰州:甘肃人民出版社,2005年版,第117,118页。
④ [宋]李焘:《续资治通鉴长编》卷28,雍熙四年冬十月,北京:中华书局,2004年版,第640页。
⑤ [宋]李焘:《续资治通鉴长编》卷507,元符二年三月壬戌,北京:中华书局,2004年版,第12081页。

蛊毒害人者,福州医工林士元能以药下之,遂诏录其方,又命太医集诸方
之善治蛊者为一编,诏参知政事丁度为序而颁之①。

《宋史》卷一七八《食货志》亦载:"仁宗在位,哀病者乏方药,为颁《庆历善救方》。"②苏颂也认为"悯南方蛊毒之妖,于是作《庆历善救方》以赐之"③,是宋仁宗下诏编修该方书的根本目的。

该书1卷,由福建医工林士元之方和翰林医官院太医所集之方组成,是宋政府编撰的专门用来防治南方蛊毒的方书著作,以此打击巫术的盛行。据曾巩《隆平集》卷三记载:"仁宗以福建奏狱多蛊毒害人者,福建医工林士元能以药下之,诏录其方。又命太医集诸方之善治蛊毒者为《庆历善救方》,命参知政事丁度序之,以颁天下。言者云:虽有方书,远方或阙药材,不能自致。诏许以官钱治《善救方》诸药以济民。"④王应麟《玉海》亦有相同的记载:"庆历八年二月癸酉,以南方病毒者乏方药,为颁《善救方》。"⑤该书南宋后已佚,笔者有《〈庆历善救方〉辑佚与校注》。

4.《简要济众方》的编撰

皇祐初,宋仁宗命翰林医官使周应从《太平圣惠方》中摘编方剂。皇祐三年(1051年)书成,命名为《皇祐简要济众方》,令崇文院分作3册,由国子监刊刻。同年五月乙亥,宋仁宗"颁《简要济众方》,命州县长吏按方剂以救民疾"⑥。王应麟《玉海》卷六三《艺文·皇祐简要济众方》详细地记载了宋仁宗下诏编修该书的经过。

> 皇祐三年,集《简要济众方》五卷颁行,标脉证,叙病源,去诸家之浮
> 冗。《国史志》……《皇祐简要济众方》(一云广济)五卷。皇祐中,仁宗谓
> 辅臣曰:"外无善医,其令太医简《圣惠方》之要者,颁下诸道,仍敕长吏拯

①　[宋]李焘:《续资治通鉴长编》卷163,庆历八年春二月癸酉,北京:中华书局,2004年版,第3916,3917页。又见[元]脱脱等:《宋史》卷11《仁宗本纪三》,北京:中华书局,2007年版,第225页。

②　[元]脱脱等:《宋史》卷178《食货志上六·赈恤》,北京:中华书局,2007年版,第4338页。

③　[宋]苏颂著,王同策、管成学、颜中其等点校:《苏魏公文集》卷65《本草图经序》,北京:中华书局,2004年版,第998页。又见[宋]唐慎微原著,艾晟刊订,尚志钧点校:《大观经史证类备急本草》卷1《序例上》,第3页;[宋]唐慎微:《重修政和经史证类备用本草》卷1,第26,27页。

④　[宋]曾巩:《隆平集》卷3《爱民方药附》,康熙辛巳年七业堂刊本,第11页。

⑤　[宋]王应麟:《玉海》卷63《艺文·庆历善救方》,南京:江苏古籍出版社,上海:上海书店,1987年版,第1197页。

⑥　[元]脱脱等:《宋史》卷12《仁宗本纪》,北京:中华书局,2007年版,第231页。

济。"令医官使周应编,三年颁行。《纪》:三年五月己亥颁,命长吏按方剂救民疾。开宝修《本草》,兴国中纂《圣惠方》,皇祐择取精者为《简要济众方》。嘉祐间,命掌禹锡等校正医书,置局编修院,后徙太学。十余年,补注《本草》、修《图经》,而《外台秘要》、《千金方翼》、《金匮要略》,悉从摹印,天下皆知学古方书①。

全书5卷,其内容为:一是基础知识,包括论五方治病用药砭灸所宜之法、太医业习、五科凡例、纪用备论、脏腑配天地论、三因论、外所因论;二是五脏疾病及其治法;三是风病、暑病、湿病、伤寒病、三焦病、伤折等及其治法②。

该书的知识来源于《太平圣惠方》。曾巩《隆平集》卷三《爱民方药附》载:

> 皇祐四年,上以方书虽多,或药品之众,昧者用之寡要,贫者困于无资,命太医集诸家已试之方,而删去浮冗,而标脉证,兼叙病源,名之曰《简要济众方》,且令崇文院分作上中下三册,印颁诸邑③。

马端临《文献通考》卷二二三《经籍考·皇祐简要济众方》亦载:"皇祐中,仁宗谓辅臣曰:外无善医,民有疾疫,或不能救疗,其令太医简《圣惠方》之要者颁下诸道,仍敕长史按方剂以时拯济,令医官使周应编以为此方,三年颁行。"④

可见,《太平圣惠方》数量庞大,"思下民资用之阙"⑤,是北宋政府改编《简要济众方》的根本原因。该书南宋后散佚,其大多方剂保存在朝鲜李朝世宗二十七年(1445年)金礼蒙辑《医方类聚》中。笔者有《〈简要济众方〉辑佚与校注》。

5.《太医局方》与《和剂局方》的编撰

为了规范成药药品的制造,元丰五年(1082年)宋神宗"诏天下高手医,各以得效秘方进,下太医局验试,依方制药鬻之。仍模本传于世"⑥。元丰八年(1085年)

---

① [宋]王应麟:《玉海》卷63《艺文·皇祐简要济众方》,南京:江苏古籍出版社、上海:上海书店,1987年版,第1197页。

② [朝鲜]金礼蒙辑,浙江省中医研究所、湖州中医院校:《医方类聚》卷1《总论》,北京:人民卫生出版社,1981年版,第12～15页。

③ [宋]曾巩:《隆平集》卷3《爱民方药附》,康熙辛巳年七业堂刊本,第11页。

④ [元]马端临:《文献通考》卷223《经籍考五十·皇祐简要济众方》,北京:中华书局,1986年版,第1797页。

⑤ [宋]苏颂著,王同策、管成学、颜中其等点校:《苏魏公文集》卷65《本草图经序》,北京:中华书局,2004年版,第997页。又见[宋]唐慎微原著,艾晟刊订,尚志钧点校:《大观经史证类备急本草》卷1《序例上》,第3页;[宋]唐慎微:《重修政和经史证类备用本草》卷1,第26,27页。

⑥ [宋]晁公武撰,孙猛校正:《郡斋读书志校证》卷15《医家类·太医局方三卷》,上海:上海古籍出版社,1990年版,第729页。又见[元]马端临:《文献通考》223《经籍考五十·太医局方十卷》,第1797页。

书成,凡 3 卷(或作 10 卷)①,命名为《太医局方》,亦称《熙宁太医局方》。

宋徽宗时期,发现《太医局方》"所有之方,或取于鬻药之家,或得于陈献之士,未经参订,不无舛讹。虽尝镂板颁行,未免传疑承误。故有药味脱漏,铢两过差,制作多不依经。祖袭间有伪妄,至于贴榜,谬戾尤多。"②大观三年(1110 年),宋徽宗"诏通医刊正药局方书",命陈承、裴宗元、陈师文等重新校正《太医局方》。陈承、裴宗元、陈师文等"请书监之秘文,采名贤之别录,公私众本,搜猎靡遗;事阙所从,无不研核。或端本以正末,或溯流以寻源,订其讹谬,折其淆乱,遗佚者补之,重复者削之。未阅岁而书成,缮写甫毕,谨献于朝"③。大观四年(1111 年)书成,由于当时太医局熟药所已分为惠民局和和剂局,该书遂命名为《和剂局方》,凡 10 卷(或作 5 卷、6 卷)④,"校正七百八字,增损七十余方"⑤,由国子监刊行,作为和剂局制造成药的范本。

此书所收多为当时医家及民间常用有效方剂,剂型多用丸、散,便于服用保存,且药材易得,价格低廉,是官府药局配方的重要来源。该书在宋金元时期影响很广,历代多有刻本。

6.《政和圣剂总录》和《政和圣济经》的编撰

政和元年(1111 年),宋徽宗下诏编修《圣剂总录》。政和八年(1118 年)书成,御制序,赐书名。宋徽宗《御制政和圣济总录序》记载了编撰该书的诏令:

> 诏天下以方术来上,并御府所藏,颁之为《补遗》一卷,《治法》一卷,卷凡二百,方几二万,以病分门,门各有论,而叙统附焉。首之以风疾之变动,终之以神仙之服饵,详至于俞穴经络、祝由符禁,无不悉备,名之曰《政和圣济总录》。其所载在事,所以祐天下之至神。盖圣人之诚世,本

---

① [元]马端临《文献通考》223《经籍考五十》作"《太医局方》十卷",北京:中华书局,1986 年版,第 1797 页。

② [宋]陈承、裴宗元、陈师文:《太平惠民和剂局方进表》,[宋]陈承、裴宗元、陈师文原著,[宋]许洪增广,[日]橘亲显等校正,韩刚等整理:《增广太平惠民和剂局方》卷首,海口:海南出版社,2001 年版,第 3 页。

③ [宋]陈承、裴宗元、陈师文:《太平惠民和剂局方进表》,[宋]陈承、裴宗元、陈师文原著,[宋]许洪增广,[日]橘亲显等校正,韩刚等整理:《增广太平惠民和剂局方》卷首,海口:海南出版社,2001 年版,第 3,4 页。

④ 此书的卷数有三说:一为五卷本,《宋史》卷 207《艺文志》、郑樵《通志》卷 69《艺文略》和王应麟《玉海》卷 63《艺文》等载"《和剂局方》五卷,一百九十七道,二十一门";二为六卷本,陈振孙《直斋书录解题》卷 13《医书类》载"《太平惠民和剂局方》六卷";三为十卷本,现通行南宋增修本作十卷。

⑤ [宋]晁公武撰,孙猛校正:《郡斋读书志校证》卷 15《医家类·和剂局方十卷》,上海:上海古籍出版社,1990 年版,第 729 页。又见[元]马端临:《文献通考》卷 223《经籍考五十·和剂局方十卷》,第 1797 页。

在于上,未在于下。无见于上则治之道不立,无见于下则治之具不行。经之所言者道也,医得之而穷神。《总录》之所载者具也,医用之而已病……朕作《总录》于以急世用,而救民疾,亦斯道之筌蹄云耳。天下后世宜致思于忘筌蹄而自得者。俯仰之间,嚬笑之度,御五行之数,运六气之化,以相天地,以育万物,至于反营魂而起当生者岂细事哉,盖将有来者焉[①]。

宋徽宗御制序反映出以下重要的信息:

一是该书的编撰目的,宋徽宗认为"以急世用,而救民疾,亦斯道之筌蹄云耳"。

二是该书的内容,以隋代医学家巢元方《诸病源候论》为基础,新增了大量宋代出现的病因、病机和病症学说。凡病因、病机、方药、炮制、服法、禁忌等,均有说明。内容包括大方脉、伤折、金镞、疮肿、妇科、产科、小方脉、眼科、口齿、咽喉、耳科、针灸、养生、杂治、符禁等,共200卷,66门,载方约20000余首,运气学说列于全书之首,这与宋徽宗提倡五运六气学说有关。方剂中丸、散、膏、丹、酒剂等明显增加,充分反映了宋代重视成药的特点。

靖康二年(1127年),北宋灭亡,该书未及刊行,"随内府图籍北行,南渡之人未睹其本"[②]。政和原版为金朝所得,于金世宗大定年间(1161—1189年)刊刻。大德四年(1300年),元政府又以金刻本再次刊刻。明代,有钞本流传。清代刻本有清初程林辑《圣济总录纂要》本和乾隆五十年(1785年)汪鸣珂燕远堂刊本。朝鲜有《医方类聚》本,日本有文化十三年(1816年)江户医学馆木活字聚珍本等。1962年,人民卫生出版社据大德四年(1300年)刻本点校出版,但删去了符禁门内容。

政和四年(1114年)八月,宋徽宗诏令翰林医官曹孝忠等8人成立"编类圣济经所",征集当时民间及医家所献大量医方,又将内府所藏秘方合在一起,由圣济殿御医整理汇编《政和圣济经》。政和八年(1118年)书成,宋徽宗撰并御制序,吴褆注,随即发布手诏颁行天下,令内外学校课试于《圣济经》出题,将《政和圣剂经》与《黄帝内经》、《道德经》列于同等地位。赵希弁《读书附志》记载甚详:

右徽宗皇帝所制也。政和八年五月十一日,诏颁之天下学校。九月二十四日,大司成李邦彦等言:"乃者从侍臣之请,令内外学校课试,于

---

① [宋]宋徽宗:《圣济总录》卷首《政和圣济总录序》,北京:人民卫生出版社,1962年版,第3,4页。

② [清]永瑢等:《四库全书总目》卷103《医家类一·圣剂总录纂要》,北京:中华书局,2003年版,第863页。

《圣济经》出题,臣等切谓今《内经》、《道德经》既已选博士训说,乞更以《圣济经》附二经兼讲。"从之①。

全书 10 卷,共 42 篇,翔实地论述了阴阳五行、天人相应、孕育胎教、察色诊脉、脏腑经络、病机治法、五运六气、食疗养生、药性方义等诸多理论问题,大要祖述《黄帝内经素问》而引援六经,旁及老氏之言,以阐轩岐遗旨,是我国现存较早的一部中医学理论专著。在每一理论之下,均附以大量实用医方②。

7.《太平惠民和剂局方》的重修与南宋方书学著作的转型

《和剂局方》因注重成药生产,受到南宋政府的重视。绍兴十八年(1148 年),宋高宗下诏将和剂局更名为太平惠民和剂局,该方书亦更名为《太平惠民和剂局方》。绍兴二十一年(1151 年)十二月十七日,宋高宗下诏予以重修,增补了《绍兴续添方》,随后"诏将太平惠民局监本药方印颁诸路"③。宋宁宗嘉定年间(1208—1224 年),太医助教前差充四川总领所检察惠民局许洪奉旨对《太平惠民和剂局方》进行增补,将地方政府、各地药局和精于医药的官吏搜集的秘方、验方、效方等补入,又续撰《太平惠民和剂局方指南总论》三卷、《太平惠民和剂局方诸品药石炮制总论》一卷,附刻于书后。再加上此前陈师文撰《太平和剂图经本草药性总论》二卷,附录部分共收有 3 种著作,分别介绍了药物总论、炮制总论、本草药性总论的理论和方法。宋理宗宝庆、淳祐年间(1225—1252 年),又增加了《宝庆新增方》、《淳祐新添方》、《新添诸局经验秘方》、《续添诸局经验秘方》和《吴直阁增诸家名方》等。

全书 10 卷,分诸风、伤寒、痰饮、诸虚、痼冷、热疾、泄痢、眼疾、咽喉口齿、杂病、疮肿伤折、妇科、小儿、诸汤和诸香等 14 门,载方 788 首,记述其主治、配伍及具体修制法。从宋神宗元丰三年(1082 年)开始辑录到宋理宗淳祐年间(1241—1252 年)最后增补成书,前后历时 160 余年,其间 8 次增补新方,因而荟萃了历代医药方剂的精华,广泛应用于临床。该书出版后,在当时就产生了深远的影响,南宋周密(1232—1298 年)指出:"若夫《和剂局方》,乃当时精集诸家名方,凡经几名医之手,

①　[宋]赵希弁:《读书附志》卷上《医书类·圣济经十卷》,[宋]晁公武撰,孙猛校正:《郡斋读书志校证》附录,上海:上海古籍出版社,1990 年版,第 1158 页。

②　[宋]宋徽宗撰,[宋]吴禔注,刘淑清校:《政和圣济经》卷首《御制圣济经序》,北京:人民卫生出版社,1990 年版,第 8,9 页。

③　[清]徐松辑:《宋会要辑稿》职官 27 之 67,北京:中华书局,2006 年版,第 2970 页。又见[宋]王应麟:《玉海》卷 63《艺文·熙宁太医局》,第 1198 页。

至提领以从官内臣参校,可谓精矣。"①这个评价应该是中肯的。

局方著作的出现,不仅促进了局方医学的发展,为成药生产提供了处方,而且也较好地适应了地方政府和医家的需求,引起"医风尚简"之俗的盛行。金元时期,医学家朱震亨(1281—1358 年)在总结这一时期的变化时指出:"《和剂局方》之为书也,可以据证检方,即方用药,不必求医,不必修制,寻赎见成丸散,病痛便可安痊。仁民之意,可谓至矣。自宋迄今,官府守之以为法,医门传之以为业,病者恃之以立命,世人习之以成俗。"②

此书在元明清时期影响深远,多次刊刻。元代版本有古林书堂刊本、勤有堂刊本、临江钱氏刊本、高氏高新堂刊本、清江书堂刊本、建安宗文书堂郑天泽刻本等。明代版本有正统叶氏广勤堂刊本、成化熊氏种德堂刊本、崇祯十年(1637 年)袁元熙刻本等。清代版本有乾隆《四库全书》本、嘉庆十年(1805 年)《学津讨原》刊本、道光十年(1830 年)《续知不足斋丛书》刊本等。日本和朝鲜也有刻本传世,日本版本有正保四年(1647 年)刻本、亨保十七年(1733 年)刻本、宽正元年(1460 年)重刊本等,朝鲜版本有活字刻本、整版刻本等。可见,国家编修的医药方书,不仅质量上乘,而且具有较强的临床实用性。

三、官修针灸学著作的编撰及其走向

天圣元年(1023 年),宋仁宗下诏让翰林医官、尚药奉御王惟一(约 987—1067 年)考较历代针灸之法,编撰新针灸学著作。天圣四年(1026 年)书成,定书名为《新铸铜人腧穴针灸图经》,命翰林学士夏竦作序。夏竦《新刊补注铜人腧穴针灸图经序》详细地记载了宋仁宗颁诏编撰该书的情况。

〔天圣三年秋八月丙申〕,殿中省尚药奉御王惟一,素授禁方,尤工历石,竭心奉诏,精意参神,定偃侧于人形,正分寸于腧募,增古今之救验,刊日相之破漏,总会诸说,勒成三篇。上又以古,经训诂至精,学者对执,多失传心,岂如会目著辞,不若案形,复令创铸铜人为式,内分腑脏,旁注溪谷,并荣所会,孔穴所安,窍而达中,刻题于侧,使观者烂然而有第,疑者焕然而冰释。在昔未臻,惟帝时宪,乃命使臣为之序,引名曰《新铸铜

---

① [宋]周密撰,吴企明点校:《癸辛杂识别集》卷上《和剂药局》,北京:中华书局,1997 年版,第 225,226 页。

② [元]朱震亨:《局方发挥》,田思胜主编:《唐宋金元名医全书大成·朱丹溪医学全书》,北京:中国中医药出版社,2006 年版,第 33 页。

人腧穴针灸图经》，肇颁四方，景式万代①。

　　全书共 3 卷，内容涉及针灸理论、脏腑学说、腧穴位置、经络走向、针灸主治等内容。书成后上奏朝廷，宋仁宗诏命夏竦作序，天圣五年（1027 年）补入王惟一《腧穴都数》后，由国子监刊行。天圣七年（1029 年）闰二月乙未，宋仁宗颁赐诸路州府。王惟一，名惟德，宋仁宗时任翰林医官、朝散大夫、殿中省尚药奉御、骑都尉等职，精通针灸学，著有《明堂针灸图经》三卷、《铜人腧穴针灸图经》三卷等，集注校订《黄帝八十一难经》。

　　为了进一步规范针灸腧穴名称和位置，宋仁宗以"以针砭之法传述不同"为由，下诏铸造针灸铜人。天圣五年（1027 年）十月壬辰，翰林医官院上所铸腧穴铜人式二，宋仁宗"诏一置医官院，一置大相国寺仁济殿"，作为针灸教学的模具。《续资治通鉴长编》卷一〇五载：

　　　　〔天圣五年，十月〕壬辰，医官院上所铸俞穴铜人式二，诏一置医官
　　院，一置相国寺。先是，上以针砭之法，传述不同，俞穴稍差，或害人命。
　　遂令医官王惟一考明堂气穴经络之会，铸铜人式。又纂集旧闻，订正讹
　　谬，为《铜人针灸图经》。至是，上之，因命翰林学士夏竦撰序，摹印颁行。
　　赐诸州在七年闰二月，今并书之②。

　　《玉海》卷六三《艺文·天圣针经》亦有相同的记载③。"天圣针灸铜人"是世界上最早的国家经络穴位标准模具，在针灸教育和临床取穴治病中发挥了重要的作用。

　　为了进一步宣扬标准的经络腧穴知识，宋仁宗诏令翰林医官王惟一将《新铸铜人腧穴针灸图经》刻于石碑。天圣六年（1028 年）碑成，宋仁宗御书碑额。天圣七年（1029 年）闰二月乙未，宋仁宗诏"赐诸州"。靖康二年（1127 年），该石碑被金人掠往中都大兴府（治今北京），1972 年其碑文残碑在北京西直门瓮城出土。据日本医学家丹波元简（1755—1810 年）《医賸》附录《铜人针灸图经考》所载：天圣碑石，"盖石二板，广二丈余，高六尺许，碑面每十余字，断为一行，百六十行。横为一层，凡五层，以为五段，表里刻之，即为四卷。意者石经之设资便于览诵抚拓，必不

---

　　① 〔宋〕夏竦：《新刊补注铜人腧穴针灸图经序》，〔宋〕王惟一：《新刊补注铜人腧穴针灸图经》卷首，北京：人民卫生出版社，1956 年版，第 5 页。
　　② 〔宋〕李焘：《续资治通鉴长编》卷 105，天圣五年十月壬辰，北京：中华书局，2004 年版，第 2454 页。
　　③ 〔宋〕王应麟：《玉海》卷 63《艺文·天圣针经》，南京：江苏古籍出版社、上海：上海书店，1987 年版，第 1196，1197 页。

如寻常碑文"①。石碑对于传播标准的经穴知识,起到了很好的作用。

新撰针灸著作、新绘针灸腧穴图、新铸针灸铜人模具和新刻针灸石碑,均是在宋仁宗诏令制度的运作下完成的,建立了世界上第一个国家经络腧穴文字标准,成为北宋官方针灸发展的新模式,在针灸临床、针灸教学方面具有重要意义,对宋以后中国针灸学乃至日本、朝鲜等针灸学产生了广泛的影响。

第三节　宋代政府对医学文献的推广与传播

政府对医学文献的重视,还表现在推广和普及方面,采取的措施主要有:一是将医书发放给诸路州县,责令专职医博士掌管,打击一切危害社会秩序的非医学知识和活动,严格按照方书配药;二是将本草、方书著作赏赐给周边少数民族政权,弘扬宋王朝的"仁政"思想和"正统"地位;三是将医书赏赐给文臣、武将、各级官吏和宗教人士,笼络各种不同的政治势力;四是在一些人数比较集中的地方,如军营、修河、修陵处所等容易发生疾病的地方,公布一些常见药方供军民使用。

政府的重视,影响了地方官吏、医家和文人学士对医书的态度,一些地方官员将朝廷所赐医书张贴在政府门前晓示或刻板宣传。清四库馆臣对宋政府和儒家士大夫的这种做法给予了较高的评价,"盖有宋一代,于医学最为留意"②,医学书籍实际上已成为宋儒宣扬"以医载道"、"奉亲养老"③的重要途径。表3-4是宋代医事诏令所反映的政府颁行医书的情况。

表3-4　宋代政府颁行医书的情况

官修医学著作	颁行时间	皇帝	医书颁行地区	文献来源
《开宝本草》	开宝七年(974年)	宋太祖	全国州府军监	[元]脱脱 等:《宋史》卷461《方技传上·刘翰传》,第13506页
	开宝八年(975年)十一月	宋太祖	广南西路琼州	[宋]李焘:《续资治通鉴长编》卷16,第349页

① [日]丹波元简:《医賸》附录《铜人针灸图经考》,北京:人民卫生出版社,1983年版,第84页。
② [清]永瑢 等:《四库全书总目》卷103《医家类一》,北京:中华书局,2003年版,第856页。
③ [宋]陈直:《寿亲养老新书》卷1《养老奉亲书·食治养老序第十三》,裘沛然主编:《中国医学大成三编》第2册,长沙:岳麓书社,1994年版,第122页。

（续表）

官修医学著作	颁行时间	皇帝	医书颁行地区	文献来源
《嘉祐本草》	嘉祐五年 （1060 年）	宋仁宗	全国州府军监	［宋］唐慎微：《大观经史政类备急本草》卷1《补注总叙》，第1,2页。又见［宋］唐慎微：《重修政和经史政类备用本草》卷1《序例上》，第25页
《图经本草》	嘉祐六年 （1061 年）	宋仁宗	全国州府军监	［宋］苏颂：《苏魏公文集》卷65《本草图经序》，第997页
《大观本草》	大观二年 （1108 年）	宋徽宗	全国州府军监	［宋］唐慎微：《大观经史政类备急本草》卷首，第2页
《绍兴本草》	绍兴二十九年 （1159 年）	宋高宗	全国州府军监	［宋］王继先等撰，尚志钧校注：《绍兴本草校注》卷首，第9,10页
《医马良方》	太平兴国七年 （982 年）	宋太宗	开封	［元］脱脱等：《宋史》卷198《兵志十二》，第4929页
《太平圣惠方》	淳化三年 （992 年）二月癸未	宋太宗	开封	［宋］王应麟：《玉海》卷63《艺文·太平圣惠方》，第1196页
	淳化三年 （992 年）五月己亥	宋太宗	全国州府军监	［宋］宋太宗：《行圣惠方诏》，《宋大诏令集》卷219，第842页
	淳化三年 （992 年）	宋太宗	常熟海虞山宝严院	［宋］范成大：《吴郡志》卷42《浮屠》，第584,585页
	景德三年 （1006 年）七月壬子	宋真宗	广南东、西路	［元］脱脱等：《宋史》卷7《真宗本纪二》，第131页
	景德四年 （1007 年）九月壬申	宋真宗	开封府 17 个畿县	［元］脱脱等：《宋史》卷7《真宗本纪二》，第134页
	大中祥符元年 （1008 年）二月	宋真宗	益州路、梓州路、夔州路、利州路	［宋］李焘：《续资治通鉴长编》卷68，第1529页
	大中祥符八年 （1015 年）夏四月己巳	宋真宗	梓州路戎州、泸州、富顺监	［宋］李焘：《续资治通鉴长编》卷84，第1926页
	庆历四年（1044 年）春正月丙子	宋仁宗	陕西路德顺军	［宋］李焘：《续资治通鉴长编》卷146，第3532,3533页
	大中祥符九年 （1016 年）	宋真宗	高丽	［元］脱脱等：《宋史》卷487《高丽传》，第14044页

（续表）

官修医学著作	颁行时间	皇帝	医书颁行地区	文献来源
《太平圣惠方》	天禧五年 （1021年）	宋真宗	高丽	［宋］李焘：《续资治通鉴长编》卷97，第2255页；［元］脱脱等：《宋史》卷487《高丽传》，第14044页
	嘉祐八年 （1063年）四月	宋仁宗	西夏	［宋］李焘：《续资治通鉴长编》卷198，第4802页
	熙宁五年 （1072年）八月辛丑	宋仁宗	全国州府军监	［宋］李焘：《续资治通鉴长编》卷237，第5776页
	绍圣元年 （1094年）六月	宋哲宗	全国州府军监	［晋］王叔和：《脉经》卷首《宋刻脉经牒文》，第4页
	绍兴十六年 （1146年）	淮南路 转运司	淮南路	［宋］洪迈撰，何卓点校：《夷坚丙志》卷12《舒州刻工》，第484页
	绍兴十七年 （1147年）	福建路 转运司	福建路	［宋］王怀隐等：《太平圣惠方》卷首，第1页
《神医普救方》	雍熙四年 （987年）十月	宋真宗	全国州府军监	［宋］钱若水著，燕永成点校：《宋太宗实录》卷42，第640页
	元符二年（1099年） 春正月甲子	宋哲宗	高丽	［宋］李焘：《续资治通鉴长编》卷505，第12041页
	元符二年 （1099年）三月	宋哲宗	全国州府军监	［宋］李焘：《续资治通鉴长编》卷507，第12081页
《集验方》	天禧二年 （1018年）八月	宋真宗	广南西路桂州	［元］脱脱等：《宋史》284《陈尧叟传》，第9584页
《庆历善救方》	庆历八年 （1048年）	宋仁宗	福建路及 南方州军	［元］脱脱等：《宋史》卷11《仁宗本纪》，第225页
《简要济众方》	皇祐三年 （1051年）五月乙亥	宋仁宗	江南路	［元］脱脱等：《宋史》卷12《仁宗本纪》，第231页
《外台秘要方》	皇祐三年 （1051年）	宋仁宗	江南路	［唐］王焘著，［宋］林億等校：《重订唐王焘先王外台秘要方》，第25页
《四时摄生论》	熙宁五年 （1072年）八月	宋神宗	广南路	［宋］李焘：《续资治通鉴长编》卷237，第5776页
《伤寒论》 （小字版）	元祐元年 （1086年）八月	宋哲宗	全国州府军监	［汉］张仲景著，［宋］成无己校：《注解伤寒论》卷首《宋刻伤寒论敕文》，第7页

（续表）

官修医学著作	颁行时间	皇帝	医书颁行地区	文献来源
《政和圣济经》	政和八年（1118年）	宋徽宗	全国州府军监	［宋］宋徽宗：《圣济总录》卷首《政和圣济总录序》，第3,4页
《千金方》	宣和六年（1124年）四月初一	宋徽宗	永兴军路华州	［宋］郭思：《千金宝要》卷首《自序》，第1页
《太医局方》	元丰八年（1085年）	宋神宗	全国州府军监	［宋］晁公武撰，孙猛校正：《郡斋读书志校证》卷15《医家类·太医局方三卷》，第729页
《和剂局方》	大观四年（1111年）	宋徽宗	全国州府军监	［宋］晁公武撰，孙猛校正：《郡斋读书志校证》卷15《医家类·和剂局方十卷》，第729页
	绍兴二十一年（1151年）十二月十七日	宋高宗	全国州府军监	［宋］王应麟：《玉海》卷63《艺文》，第1198页
	嘉定年间（1208—1224年）	宋宁宗	全国州府军监	［宋］陈承、裴宗元、陈师文：《增广太平惠民和剂局方》卷末《点校后记》，第577页
	宝庆至景定年间（1225—1252年）	宋理宗	全国州府军监	［宋］陈承、裴宗元、陈师文：《增广太平惠民和剂局方》卷末《点校后记》，第577页
《新铸铜人腧穴针灸图经》	天圣五年（1027年）	宋仁宗	全国州府军监	［宋］王惟一：《新刊补注铜人腧穴针灸图经》卷首，第5页

一、官修医书在诸路州县的推广和传播

从表3-4来看，中央政府是本草、方书著作推广和传播的核心与主体，宋代文献中记载了大量与此有关的医事诏令。

宋太祖时期推广和传播的医书主要有《开宝本草》和其他医书。开宝八年（975年）十一月己巳朔，琼州（治今海南海口）奏："俗无医，民疾病但求巫祝"，宋太祖"诏以《方书》、《本草》给之"①。这里的方书可能为前代医学著作，本草即为开宝七年（974年）完成的《开宝本草》，这是宋政府首次向广南路一带颁行官修本草著作。当时北宋政府在开宝四年（971年）刚刚统一该地，因此，颁赐医书具有强烈的

---

① ［宋］李焘：《续资治通鉴长编》卷16，开宝八年十一月己巳朔，北京：中华书局，2004年版，第349页。

政治目的。

宋太宗时期推广和传播的医书主要有《太平圣惠方》、《神医普救方》、《医马方书》和其他医书。雍熙四年(987年)九月，翰林学士贾黄中等上《神医普救方》一千卷，宋太宗"诏颁行之，赐黄中等器币有差。"①淳化二年(991年)十二月，宋太宗"以马医方书数本赐近臣"②。淳化三年(992年)二月癸未，宋政府赐宰相李昉、参知政使贾黄中、李沆、知枢密院事温仲舒、寇准等5部《太平圣惠方》。③淳化三年(992年)，吴越高僧希辨乞求返回常熟海虞山宝严院，宋太宗"赐御书《急就章》、《逍遥咏》、《秘藏铨》及《太平圣惠方》凡一百三十卷，以宠之"④。淳化三年(992年)五月己亥，宋太宗发布《行圣惠方诏》，向全国推广该书。《宋大诏令集》卷二一九载：

> 医药之书，人命攸系，将疾疫之是疗，必学术之志精，故太医之职，以十全而为能；聚毒之家，非三世而不饵。朕轸念黎庶，虑其夭枉，爰下明诏，购求名方，悉令讨论，因而缀缉，已成编卷，申命雕镂，宜推流布之恩，用彰亭毒之意。其《圣惠方》并《目录》共一百一卷，应诸道州府各赐二本，仍本州选医术优长治疾有效者一人，给牒补充医博士，令专掌之，吏民愿传写者并听。先已有医博士即掌之，勿更收补⑤。

在宋太宗看来，《太平圣惠方》具有"轸念黎庶，虑其夭枉"和"推流布之恩，用彰亭毒之意"的功用，也就是说，它治病救人的特点符合儒家伦理。在这一认识的基础上，宋政府给全国16道318州府各赐二本，"置医博士掌之"，允许官民抄写。

宋真宗时期，政府将官修医书进一步推广到开封府畿县和全国主要军营驻地，并利用医学知识防治疾病，打击巫术，宣扬儒家教化。如景德三年(1006年)广南路地方官邵晔奏："广南风土不佳，人多死于瘴疠。其俗又好巫尚鬼，疾病不进药饵，惟与巫祝从事，至死而后已，方书、药材未始见也"⑥，七月壬子宋真宗"赐广

① [宋]李焘：《续资治通鉴长编》卷28，雍熙四年九月，北京：中华书局，2004年版，第640页。
② [清]徐松辑：《宋会要辑稿》兵24之5，北京：中华书局，2006年版，第7181页。又见[元]脱脱等：《宋史》卷198《兵志十二》，第4929页。
③ [宋]王应麟：《玉海》卷63《艺文·太平圣惠方》，南京：江苏古籍出版社、上海：上海书店，1987年版，第1196页。
④ [宋]李湛：《重修延福禅院记》，[宋]范成大撰，陈振岳校点：《吴郡志》卷42《浮屠》，南京：江苏古籍出版社，1999年版，第584,585页。
⑤ [宋]宋太宗：《行圣惠方诏》，《宋大诏令集》卷219《政事七十二·医方》，北京：中华书局，1997年版，第842页。
⑥ [宋]曾敏行著，朱杰人校：《独醒杂志》卷3，上海：上海古籍出版社，1986年版，第27页。

南《圣惠方》,岁给钱五万,市药疗病者"①,将《圣惠方》推广到广南路一代。景德四年(1007年)九月壬申,宋真宗"赐畿县《圣惠方》"②,遍及开封府所辖17个畿县。大中祥符元年(1008年)二月,宋真宗"令川峡诸州勒医博士按《圣惠方》合本土所须药,以给兵戍"③,这是宋代军队中首次应用《太平圣惠方》的记载。大中祥符八年(1015年)夏四月己巳,宋真宗"赐戎、泸州、富顺监《圣惠方》各一部,以其地多瘴疫也"④。天禧二年(1018年)八月丁未,鉴于"岭南风俗,病者祷神不服药,尧叟有《集验方》,刻石桂州驿"⑤,宋真宗"内出郑景岫《四时摄生论》、陈尧叟所集方一卷,示辅臣。上作序,纪其事,命有司刊板,赐广南官,仍分给天下。"⑥

　　宋仁宗统治时期对医书的推广与应用亦很重视,主要有《太平圣惠方》、《庆历善救方》、《皇祐简要济众方》、《嘉祐本草》、《图经本草》和前代医书等。庆历四年(1044年)春正月丙子,韩琦奏:"〔德顺〕军城初建,屯集师旅,而极边之地,人皆不知医术",宋仁宗于是"赐德顺军《太平圣惠方》及诸医书各一部。"⑦德顺军(治今宁夏隆德)属陕西路,是宋朝抗击西夏的前沿,驻扎着大批军队,《太平圣惠方》因而成为军中防治疾病的指导方书。庆历八年(1048年)二月癸酉,鉴于福建路和南方等地巫术盛行,治病不用方药,宋仁宗"颁《庆历善救方》"⑧。皇祐元年(1049年)知云安军(治今重庆云阳)王瑞请官为给钱和药予民,宋仁宗"哀病者乏方药,为颁《庆历善救方》"⑨。皇祐三年(1051年),鉴于"外无善医,民有疾疫或不能救疗",宋仁宗"令太医简《圣惠方》之要者颁下诸道,仍敕长史按方剂以时拯济,令医官使周应编以为此方。"⑩《宋刻外台秘要劄子》载皇祐三年"南方州军,连年疾疫瘴疠,其尤甚处一州有死十余万人",宋仁宗"令逐路转运司,指挥辖下州府军监,如有疾

①　[元]脱脱等:《宋史》卷7《真宗本纪二》,北京:中华书局,2007年版,第131页。
②　[元]脱脱等:《宋史》卷7《真宗本纪二》,北京:中华书局,2007年版,第134页。
③　[宋]李焘:《续资治通鉴长编》卷68,大中祥符元年二月,北京:中华书局,2004年版,第1529页。
④　[宋]李焘:《续资治通鉴长编》卷84,大中祥符八年夏四月己巳,北京:中华书局,2004年版,第1926页。
⑤　[元]脱脱等:《宋史》卷284《陈尧叟传》,北京:中华书局,2007年版,第9584页。
⑥　[宋]王应麟:《玉海》卷63《艺文》,南京:江苏古籍出版社、上海:上海书店,1987年版,第1197页。
⑦　[宋]李焘:《续资治通鉴长编》卷146,庆历四年春正月丙子,北京:中华书局,2004年版,第3532,3533页。又见《清]徐松辑:《宋会要辑稿》礼46之4,第1470页。
⑧　[宋]李焘:《续资治通鉴长编》卷163,庆历八年春二月癸酉,北京:中华书局,2004年版,第3916页。又见[元]脱脱等:《宋史》卷11《仁宗本纪三》,第225页;[宋]王应麟:《玉海》卷63《艺文·庆历善救方》,第1197页。
⑨　[元]脱脱等:《宋史》卷178《食货志上六》,北京:中华书局,2007年版,第4338页。
⑩　[元]马端临:《文献通考》卷223《经籍考·皇祐简要济众方》,北京:中华书局,1986年版,第1797页。

疫瘴疠之处,于《圣惠方》内写录合用药方出榜晓示,及遍下诸县,许人抄劄。"①《宋史》卷一二《仁宗本纪四》亦载皇祐三年(1051年)五月乙亥,宋仁宗"颁《简要济众方》,命州县长吏按方剂以救民疾。"②

宋神宗熙宁五年(1072年)八月辛丑,诏:"文臣京朝官至幕职州县官,武臣诸司使副以下至三班使臣,朝辞日,并罢赐《诫励敕》并《七条》、《摄生论》,其赐《儒行篇》亦罢之,内《摄生论》并药方惟广南州军各赐一本,与《圣惠方》同颁。"③元丰八年(1085年),宋神宗下诏颁行《熙宁太医局方》。

宋哲宗绍圣三年(1096年)六月,诏令国子监刊刻小字版《太平圣惠方》,这是宋代政府第二次刊刻该书。《宋刻脉经牒文》载:"国子监准,监关准,尚书礼部符准,绍圣元年六月二十五日敕。中书省尚书省送到礼部状,据国子监状,据翰林医学本监三学看治任仲言状,伏睹本监先准朝旨,刊雕小字《圣惠方》等共五部出卖,并每节镇各十部,余州各五部,本处出卖。"④元符二年(1099年)三月壬戌,尚药奉御判太医局孔元状奏:"乞将《神医普救方》差官校正,付国子监镂板颁行",宋哲宗"从之"⑤。

宋徽宗时期,政府颁行的医书主要有《大观本草》、《政和圣济经》、《和剂局方》和《内经》等。

南宋时期,政府组织编修的医学著作仅为《绍兴本草》和《太平惠民和剂局方》。由于局方医学盛行,政府对《和剂局方》的推广和管理较为重视。绍兴二十一年(1151年)二月乙卯,宋高宗"诏诸州置惠民局,官给医书"⑥,将《太平惠民和剂局方》推广到各路州县。同年(1151年)十二月十七日,宋高宗诏"以监本药方颁诸路"⑦。绍兴二十六年(1156年)宋高宗下诏太医局刊刻的儿科著作《小儿卫生总微论方》,对《太平圣惠方》有关儿科的医方进行介绍和辨析⑧。

---

① [唐]王焘撰,[宋]林億等校:《外台秘要方》卷首《宋刻外台秘要劄子》,北京:人民卫生出版社,1982年版,第25页。

② [元]脱脱等:《宋史》卷12《仁宗本纪四》,北京:中华书局,2007年版,第231页。

③ [宋]李焘:《续资治通鉴长编》卷237,熙宁五年八月辛丑,北京:中华书局,2004年版,第5776页。

④ [晋]王叔和:《脉经》卷首《宋刻脉经牒文》,裘沛然主编:《中国医学大成》第10册,上海:上海科学技术出版社,1990年版,第1页。

⑤ [宋]李焘:《续资治通鉴长编》卷507,元符二年三月壬戌,北京:中华书局,2004年版,第12081页。

⑥ [元]脱脱等:《宋史》卷30《高宗本纪七》,北京:中华书局,2007年版,第572页。

⑦ [宋]王应麟:《玉海》卷63《艺文·熙宁太医局》,南京:江苏古籍出版社、上海:上海书店,1987年版,第1198页。

⑧ [宋]佚名著,吴康健点校:《小儿卫生总微论方》卷7《伤寒论》,北京:人民卫生出版社,1990年版,第178~182页。

　　绍兴十六年(1146年)，淮南路转运司在舒州(治今安徽安庆)刊刻《太平圣惠方》，这是宋代第三次刊印该书。《夷坚丙志》卷一二载："绍兴十六年，淮南转运司刊《太平圣惠方》板，分其半于舒州。州募匠数十辈置局于学，日饮喧哗，士人以为苦。教授林君以告郡守汪希旦，徙诸城南癸门楼上，命怀宁令甄倚监督之"，刻书过程中出现工匠"耆酒懒惰，急于板成，将字书点画多及药味分两随意更改以误人"①的情况。

　　绍兴十七年(1147年)四月，福建路转运司在本司公使库印行《太平圣惠方》，"今将国子监《太平圣惠方》一部一百卷二十六册，计三千五百三十九板，对证内有用药分两及脱漏差悮，共有一万余字，各已修改，开板并无讹舛，于本司公使库印行"，刻印工作由右从政郎充福建路转运司主管帐司邵大宁、左从事郎添差充福建路转运司干办公事宋藻、右文林郎充福建路转运司干办公事陈毕、右宣教郎充福建路转运司主管文字黄讱、右朝散郎权福建路转运判官范寅秩、右中大夫直秘阁福建路计度转运副使兼提举学事马纯负责，这是宋代第四次刊印该书②。

　　绍熙二年(1191年)，宋光宗诏令太医局编撰《太医局诸科程文格》，将《太平圣惠方》等医书列为太医局医学生考试的教材③。此后，《太平圣惠方》逐渐上升为医经的地位。赵升《朝野类要》卷二载："医学则赴礼部贡院，三场选试，于《难经》、《素问》、《脉经》、《本草》、《仲景伤寒论》、《圣惠方》、《病源》此七经内出题。"④

　　庆元三年(1197年)五月十六日，臣僚奏："臣闻仁宗皇帝天圣、皇祐中屡颁医方，遐荒僻远之邦，往往风土不善，民多疾疹，市药无所，请医无人，横罹夭折，甚可悯也。宜命太医局选民间所常用及已试有效简要可行之方，集为一部，颁之诸路监司。监司行之州县，州县又撮其要者，大书揭示于聚落要闹去处。诸州拨常平钱收市药物，合成圆散，贱价出卖以济民，略收利息，以供官吏之费，使本钱不耗，为循环之用。"宋宁宗"从之"⑤，惜方书名称不详。嘉定年间(1208—1224年)，宋宁宗诏令许洪增补《太平惠民和剂局方》，并颁行全国。

---

① ［宋］洪迈撰，何卓点校：《夷坚丙志》卷12《舒州刻工》，北京：中华书局，1981年版，第484页。
② ［宋］王怀隐等：《太平圣惠方》卷首，北京：人民卫生出版社，1959年版，第1页。
③ ［宋］何大任著，李顺保校：《太医局诸科程文格注释》卷3《假令论方义一道》，卷4《假令法第二道》，卷5《假令论方义一道》，卷6《假令论方义一道》，卷9《脉义第一道》、《假令论方义一道》，北京：学苑出版社，2007年版，第79～199页。
④ ［宋］赵升撰，王瑞来点校：《朝野类要》卷2《医卜·试补》，北京：中华书局，2007年版，第61页。
⑤ ［清］徐松辑：《宋会要辑稿》食货58之25，北京：中华书局，2006年版，第5833页。

二、官修医书向西夏、金朝、高丽、日本等地的传播

官修医书作为宋王朝正统文化知识的一部分被颁赐到周边地区,成为东亚地区通行的医学方书。

1.《太平圣惠方》等医书在西夏的传播

《太平圣惠方》传入西夏的情况,嘉祐八年(1063 年)四月丙戌宋英宗以国子监所印医书,"赐夏国,从所乞也"①。由于诏令内容简略,尚不清楚政府所赐为何书,估计包括《太平圣惠方》在内。

2.《太平圣惠方》等医书在金朝的传播

金朝皇统四年(1144 年),医学家杨用道采用辽朝乾统年间刊刻的葛洪《肘后备急方》为底本,将北宋唐慎微《经史证类备用本草》中的医方以"附方"的形式列于每一篇之末,名为《附广肘后方》,由金朝国子监刊刻。《太平圣惠方》和其它医书中的内容,通过《证类本草》的征引进入《肘后备急方》中,在金朝地区广泛流传,并成为目前各种《肘后备急方》的祖本的重要内容之一②。

3.《太平圣惠方》等医书在高丽的传播

《太平圣惠方》作为宋王朝正统文化知识的一部分被颁赐到周边少数民族地区。大中祥符九年(1016 年),宋真宗"赐〔王〕询(即高丽显宗)诏书七函,袭衣、金带、器币、鞍马及经史、历日、《圣惠方》等"③。《太平圣惠方》作为 11 世纪初中国医学方书的代表,首次传播到高丽。《续资治通鉴长编》卷八五也有相同的记载④。

天禧五年(1021 年)九月甲午,高丽显宗再次"表乞阴阳、地理书、《圣惠方》",宋真宗"并赐之"⑤。《文献通考》卷三二五《四裔考二》也有相同的记载⑥。

元祐四年(1089 年),苏轼对政府无偿赏赐医书及其他书籍的情况提出了批

---

① [宋]李焘:《续资治通鉴长编》卷 198,嘉祐八年四月丙戌,北京:中华书局,2004 年版,第 4802 页。

② [晋]葛洪著,[梁]陶弘景增补,[金]杨用道再补:《肘后备急方》卷 1~7,北京:人民卫生出版社,1956 年版,第 1~147 页。

③ [元]脱脱等:《宋史》卷 487《高丽传》,北京:中华书局,2007 年版,第 14044 页。又见[元]马端临:《文献通考》卷 325《四裔考二·高句丽》,第 2559 页。

④ [宋]李焘:《续资治通鉴长编》卷 85,大中祥符八年十一月癸酉,北京:中华书局,2004 年版,第 1957页。

⑤ [宋]李焘:《续资治通鉴长编》卷 97,天禧五年九月甲午,北京:中华书局,2004 年版,第 2255 页。又见[元]脱脱等:《宋史》卷 487《高丽传》,第 14044 页。

⑥ [元]马端临:《文献通考》卷 325《四裔考二·高句丽》,北京:中华书局,1986 年版,第 2559 页。

评,"臣近再具札子奏论高丽买书事,今准敕节文检会《国朝会要》,淳化四年、大中祥符九年、天禧五年,曾赐高丽《九经》书、《史记》、《两汉书》、《三国志》、《晋书》、诸子、历日、《圣惠方》、《阴阳地理书》等,奉圣旨依前降指挥。臣前所论奏,高丽入贡为朝廷五害,事理灼然。"①

高丽高宗十三年(1226年),朝鲜医学家崔宗峻以中国《神农本草经》、《千金方》、《素问》、《太平圣惠方》、《圣济总录》为基础,撰写了《御医撮要方》,促进了朝鲜医学理论体系的形成。金礼蒙等编撰于正统八年(1443年)、初刊于成化元年(1465年)的《医方类聚》,辑录了大量《太平圣惠方》、《简要济众方》、《圣济总录》和《太平惠民和剂局方》的原文。②万历四十一年(1611年),朝鲜许浚等著《东医宝鉴》,也辑录了大量宋代医书的原文。③

4.《太平圣惠方》等医书在日本的传播

《太平圣惠方》等医书东传日本的情况,安政三年(1856年)涩江全善、森立之编《经籍访古志》卷八考证甚详。《太平圣惠方》于宋代传入日本后,明清时期尚有三部南宋残本存世:一是尾张藩主家藏五十卷本,二是聿修堂藏残本五卷,三是崇兰馆藏残本五卷④。此外,日本还出现了《太平圣惠方》的钞本,主要有永正十一年(1514年)钞本、"养安院"藏钞本、宽政六年(1466年)钞本、启迪院藏相州圆觉寺周音钞本、日本古钞三十四卷本等。其他医书还有《简要济众方》、《圣济总录》、《太平惠民和剂局方》、《证类备急本草》等。

经过两宋政府300余年的大力推广,医学著作不仅推广到全国诸路州县,而且还被广泛应用于疾病防治,并作为医学教育与医学考试的教材⑤。在宋政府的要求下,地方诸路州县"悉从摹印,天下皆知学古方书"⑥。这些著作对于改变世风、宣扬儒家"仁政"思想和规范社会秩序等,发挥了积极的作用。如王禹偁

---

① [明]黄淮、杨士奇:《历代名臣奏议》卷346《四裔》,上海:上海古籍出版社,1989年版,第4496页。

② [朝鲜]金礼蒙等编撰,浙江省中医研究所、湖州中医院校:《御修医方类聚》卷首《引用诸书》,北京:人民卫生出版社,1981年版,第1页。

③ [朝鲜]许浚等:《东医宝鉴》卷1《历代医方》,北京:人民卫生出版社,1982年版,第2页。

④ [日]涩江全善、森立之:《经籍访古志·医部》,贾贵荣辑:《日本藏汉籍善本书志书目集成》第一册,北京:北京图书馆出版社,2003年版,第543,544页。又见[日]冈西为人编:《宋以前医籍考》,北京:人民卫生出版社,1958年版,第924页。

⑤ [清]徐松辑:《宋会要辑稿》职官22之35~36,北京:中华书局,2006年版,第2878页。又见[清]徐松辑:《宋会要辑稿》崇儒3之17~19,第2216,2217页;[宋]李焘:《续资治通鉴长编》卷335,第8084,8085页。

⑥ [宋]王应麟:《玉海》卷63《艺文·庆历善救方、皇祐简要济众方》,南京:江苏古籍出版社、上海:上海书店,1987年版,第1197页。

(954—1001 年)在《谢圣惠方表》中说:"伏惟尊号皇帝陛下与世作范,视民如伤,穷百病之根源,选十全之方术,爰自朱邸,逮于紫宸,垂十五年,成一百卷,救疾病疮痬之理。"①曾巩也说:"太平兴国中编成方书,赐诸道州郡,谓之《太平圣惠方》一百二十卷。"②元丰元年(1078 年)陈直将《太平圣惠方》列为"奉亲养老"的重要著作,公开宣扬"为人子者,宜留意焉"③。

第四节　宋代官修医书的特点及其对医学发展的影响

宋政府对前代医书的校定与新医书的编撰,对宋代医学的发展产生了直接的影响,形成"自古以来惟宋代最重医学"④的局面。谢观《中国医学源流论》一书指出:"唐以前之医家,所重者术而已,虽亦言理,理实非其所重也。宋以后之医家,乃以术为不可恃,而必推求其理,此自宋以后医家之长。"⑤也就是说,"医乃仁政"的思想受到宋代社会各阶层的重视。

一、官修医书的特点

一是皇帝的重视与参与。从开宝六年(973 年)宋太祖下诏编修《开宝本草》至绍兴二十九年(1159 年)《绍兴本草》成书,宋政府校正和编修医书的活动长达 190 余年,前后有 10 位皇帝下诏参与此项活动,有 5 位皇帝(即宋太祖、宋太宗、宋仁宗、宋神宗、宋徽宗)亲自为医书作序,有 12 位皇帝下诏向地方及周边少数民族地区赏赐医书,这是任何朝代不能与之相比的。校正医书局官员高保衡、孙奇、林億等认为:"皇帝陛下天纵深仁,孝述前烈,刊行方论,拯治生类,俾天下家藏其书,人知其学,皆得为忠孝,亦皇风之高致焉。"⑥可见,皇帝的重视和参与是宋代官方医书整理取得成就的重要因素之一。表 3－5 是宋朝皇帝所作序名、书名和著作情况。

①　[宋]王禹偁:《小畜集》卷 24《谢圣惠方表》,四部丛刊初编本,第 2 页。
②　[宋]曾巩:《隆平集》卷 3《爱民方药附》,康熙辛巳年七业堂刊本,第 11 页。
③　[宋]陈直:《寿亲养老新书》卷 1《养老奉亲书·食治养老序》,裘沛然主编:《中国医学大成三编》第 2 册,长沙:岳麓书社,1994 年版,第 122 页。
④　[清]永瑢等:《四库全书总目》卷 104《医家类二》,北京:中华书局,2003 年版,第 878 页。
⑤　谢观著,余永燕点校:《中国医学源流论》,福州:福建科学技术出版社,2003 年版,第 45 页。
⑥　[宋]高保衡、孙奇、林億:《校正千金翼方表》,[唐]孙思邈著,李景荣等校:《千金翼方校释》卷首,北京:人民卫生出版社,1998 年,第 5～7 页。

表 3-5　宋朝皇帝所作医书序名、书名、著作情况

时间	皇帝	所作序名	所定书名	所作著作	文献出处
开宝六年(973 年)	宋太祖	《开宝新详定本草序》	《开宝新详定本草》		[宋]唐慎微：《重修政和经史政类备用本草》卷 1《序例上》,第 39 页
雍熙四年(987 年)	宋太宗	《御制神医普救方序》	《神医普救方》		[宋]李焘：《续资治通鉴长编》卷 28,第 640 页
淳化三年(992 年)	宋太宗	《御制太平圣惠方序》	《太平圣惠方》		[宋]王怀隐等：《太平圣惠方》,第 1,2 页
景德二年(1005 年)	宋真宗	《赵自化〈四时颐养录〉序》	《调膳摄生图》		[宋]脱脱等：《宋史》卷 461《方技传上·赵自化传》,第 13509 页
天禧二年(1018 年)八月	宋真宗	《郑景岫〈四时摄生论〉序》			[宋]王应麟：《玉海》卷 63《艺文》,第 1106 页
天禧二年(1018 年)八月	宋真宗	《陈尧叟〈集验方〉序》			[宋]王应麟：《玉海》卷 63《艺文》,第 1106 页
重和元年(1118 年)五月	宋徽宗	《御制圣济经序》	《政和圣济经》	《政和圣济经》	[宋]宋徽宗：《政和圣济经》卷首,第 8,9 页
重和元年(1118 年)五月	宋徽宗	《御制圣济总录序》	《政和圣济总录》	《政和圣济总录》	[宋]宋徽宗：《圣济总录》卷首,第 3,4 页

大观三年(1109 年),陈承、裴宗元、陈师文在《太平惠民和剂局方进表》中对北宋皇帝重视医书和所下医事诏令的情况作了系统的总结:

> 我宋勃兴,神圣相授,咸以至仁厚德,涵养生类。且谓札瘥荐臻,四时代有,救恤之术,莫先方书,故自开宝以来,早敕近臣雠校本草。厥后,纂次《神医普救》,刊行《太平圣惠》,重定针艾、俞穴,校正《千金》、《外台》,又作《庆历善救》、《简要济众》等方,以惠天下。或范金揭石,或镂版联编,是虽神农之用心,成周之致治,无以过也。天锡神考,睿圣承统,其好生之德,不特见于方论而已,又设太医局、熟药所于京师,其恤民瘼,可谓勤矣。主上天纵深仁,孝述前列,爰自崇宁增置七局,揭以和剂、惠民之名,俾夫修制给卖,各有攸司。又设收卖药材所,以革伪滥之弊。比诏会府,咸置药局,所以推广祖考之德泽,可谓曲尽[1]。

---

[1]　[宋]陈承、裴宗元、陈师文：《太平惠民和剂局方进表》,[宋]陈承、裴宗元、陈师文原著,[宋]许洪增广,[日]橘亲显等校正,韩刚等整理：《增广太平惠民和剂局方》卷首,海口：海南出版社,2001 年版,第 3 页。

对于宋代皇帝重视医学的这种兴趣和爱好,清周锡瓒给予高度评价,认为"宋重医学,几与唐之明法明算"。《中藏经跋》载:

> 且宋自建隆以来,甚重医学。乾德初,考校医官艺术。太平兴国间访求医书,其时王怀隐成《太平圣惠方》,李昉详定《唐本草》。仁宗时,许希亦著《神应针经要诀》。宋重医学,几与唐之明法明算等[①]。

李经纬《北宋皇帝与医学》一文认为:"皇帝关心和亲自过问前代医学书籍的征集、校正和普及是比较少见的,特别是如此全面和设立机构认真选人整理研究和颁行全国,刊刻普及的小字本,不但前无古人,宋以后的皇帝也没有能与之相比者。"[②]相较而言,北宋皇帝颁布的医事诏令远远多于南宋时期。

二是政府机构的配合。在校正和编修医书的过程中,翰林医官院、校正医书局、太医局、秘书省、礼制局等积极参加,所校医书均由国子监刊行。清叶德辉《书林清话》卷六载:"宋国子监镂刻经史外,最重医学。"[③]

三是注重对不同社会阶层人员的引入与协调。参与校书的有朝臣、阁臣、医官、道士、文人等,因而极大地提升了医书的质量和水平。儒家知识分子在校正医书时,大多遵循儒家"注不破经,疏不破注"的注经、解经方式,因而实现了医学书籍由手抄转向版刻的时代[④]。南宋时期,政府在组织编撰《绍兴本草》时,改变此前不同人员协同编书的方式,专由医官负责,因而在文辞方面不及北宋,故遭到陈振孙等学者的批评:"每药为数语,辨说浅俚,无高论"。

四是将雕版印刷术引入医学书籍刊刻。据张秀民《中国印刷史》的研究,宋版医书时至今日仍是古医书中的上乘之作[⑤]。杨倩描的研究也表明,印刷术尽管在北宋时期获得巨大的发展,但其应用仍受到技术的限制,即使是政府重要的诏敕、历日、朝报(邸报)等,也多以手写的方式下发[⑥]。但政府唯独在医学书籍的刊刻方面,全部采用雕版印刷的技术,因而大大地增加了书籍的数量,有利于书籍的

---

① [清]周锡瓒:《中藏经跋》,黄作阵校注:《中藏经校注》,北京:学苑出版社,2008 年版,第 165 页。又见[日]丹波元胤:《中国医籍考》卷 39《方论十七》,北京:人民卫生出版社,1955 年版,第 633 页。
② 李经纬:《北宋皇帝与医学》,《中国医学之辉煌——李经纬文集》,北京:中国中医药出版社,1998 年版,第 64 页。
③ [清]叶德辉:《书林清话》卷 6《宋监重刻医书》,北京:古籍出版社,1957 年版,第 148 页。
④ 李经纬、林昭庚主编:《中国医学通史·古代卷》,北京:人民卫生出版社,2000 年版,第 337 页。
⑤ 张秀民著,韩琦增订:《中国印刷史》,杭州:浙江古籍出版社,2006 年版,第 45~71 页。
⑥ 杨倩描:《印刷术在宋代的发展及其对宋朝政治的影响》,孙小淳、曾雄生主编:《宋代国家文化中的科学》,北京:中国科学技术出版社,2007 年版,第 203~214 页。

流通。

五是地方政府和儒家官僚士大夫的推动。国家的重视影响了官僚士大夫的兴趣和爱好，一些地方行政官员如蔡襄、何希彭、王安石、沈括、苏轼、周湛等，将中央所赐医书刻板或刻碑于州府门前晓示，许人抄写，宣传官方正统医学知识。

二、官修医学著作对宋代医学发展及转型的影响

宋政府通过校定前代医书和编撰新医书的活动，使医学文本知识的内容大量增加。在校勘、注解的过程中，产生了不同的学说和理论，对宋代医学的发展及其转型产生了深远的影响，形成中国古代医学发展史上惟"宋代崇尚医学"[1]的局面。从北宋到南宋，医学学术理论和实践发生显著的变化。

一是在政府大规模编修本草、方书的倾向下，以注释和校定为特色的本草学、方书学在北宋时期获得重大的发展。宋代官修医书基本上摆脱了版本不一、靠手抄流传的历史，医学书籍在宋代有了统一的、定型的版本，并通过印刷术和太医局教育进一步普及和推广，为统一医学理论奠定了基础。这些官修医书因其校正质量高、印刷精美而为世人所重，具有很强的权威性和规范性，对于弘扬儒家仁政思想和正统政治发挥了积极的作用。同时，宋政府还及时地把这些著作引入疾病治疗，因而使它获得了广泛的社会基础。南宋陈振孙总结说："大凡医书之行于世，皆仁庙朝所校定也……天下皆知学古方书。呜呼！圣朝仁民之意溥矣。"[2]日本学者冈西为人在《本草概说》一文中对宋代官修医学著作给予了较高的评价，认为自《神农本草经》确立了本草书的基本形式以后，从唐代的《新修本草》到宋代的《重修政和经史政类备用本草》，中国的"主流本草"因不断的增补新著与新药而获得巨大的发展[3]。

二是在校正前代医学书籍的过程中，出现许多不同注解和流派，医学理论研究兴盛。谢观（1880—1950年）指出："医家新说盛于金元，而实起于北宋。"[4]在校正脉学著作的过程中，出现了脉学研究的兴盛、批判和总结。在校定张仲景《伤寒论》、《金匮要略》、《金匮玉函经》的过程中，兴起了对"伤寒论"的研究和注解。在

① ［清］永瑢等：《四库全书总目》卷103《医家类一·圣剂总录纂要》，北京：中华书局，2003年版，第863页。

② ［宋］陈振孙撰，徐小蛮、顾美华点校：《直斋书录解题》卷13《医书类·外台秘要方》，上海：上海古籍出版社，1987年版，第387页。

③ ［日］冈西为人：《本草概说》，东京：创元社，1977年版，第54～56页。

④ 谢观著，余永燕点校：《中国医学源流论》，福州：福建科学技术出版社，2003年版，第38页。

校定《黄帝内经》和编修《圣济经》、《圣剂总录》的过程中,"运气学说"受到格外重视,并影响到当时的医学教育和考试。在编修《大藏经》、《道藏》、《太平圣惠方》、《圣剂总录》的过程中,养生学得到迅速的发展。在编修方书的过程中,"辨病论治"、"方病对应"的思想得到较大发展,并开始向"辨证论治"、"方证对应"的诊疗模式转变。①

三是宋代医学在南宋时期发生转型,追求"简约"成为风尚,局方医学成为南宋时期的主流医学。何为"易简"? 南宋医学家施发指出:"名曰易简,士大夫往往以便于观览,故多取之。"②医学领域内"易简"学风的出现,说明了官修医书存在着某种缺陷性——卷帙浩繁、价格昂贵、分类模糊、重视药物起源忽视药性分析,局限了它的进一步流传和普及。这一倾向在北宋后期越来越严重,医经注释在医学理论中逐渐占据主导地位,直接导致了理论和实践的相脱离,医学理论只能在注经的形式限制下发展,"从而违背了医学理论来自实践并为实践服务的特性,注经的方式导致体系研究法的单一性趋同和理论观点的强制性淘汰,从而僵化了学术体系"③。这样演变的结果是,一旦失去皇帝或政府的支持,大型本草、方书的编撰将无从谈起,因为任何个人和社会无力编辑如此庞大的医学书籍。早在北宋哲宗时期,政府就因普通常用的医书,册数繁多,纸墨价高,民间难以买置为由,编写小字版《太平圣惠方》、《伤寒论》、《千金翼方》、《金匮要略》、《脉经》等。靖康之变后,"诸书悉不存"④,官修的医学书籍大多被金朝掠往北方,官方医学机构被摧毁。南宋时期,政府编辑的《绍兴本草》和《太平惠民和剂局方》就出现了追求简约的风尚。在宋代皇帝诏令制度的运作下,《和剂局方》以官方医疗机构的标准处方集的形式颁布,并通过遍布全国的分局的实施,具有极大的权威性、标准性和广泛的实践基础,因而受到医学界和士大夫的广泛关注,"官府守之以为法,医门传之以为业,病者恃之以立命,世人习之以成俗"。说明了在政府的推动下,《和剂局方》具有法律上的权威性,是官方、医家和民间从事医药事业遵循的范本。在民间,医学进一步简化,出现了大量的歌诀、心法、口法等。

四是从政府发布的医事诏令来看,两宋医学的变化还体现在地方政府对待医学的态度上。北宋时期,地方政府官刻医书的活动很少,主要有两浙东路茶盐司

---

① 张家玮:《方剂学发展史的两个特征》,载《中华医史杂志》2002 年第 32 卷第 3 期,第 135～139 页。

② [宋]施发:《续易简方论》卷末《跋》,日本文政十年松屏舍藏刻本,第 10 页。

③ 图娅:《医经注释:一种特殊的文化现象》,车离主编:《探寻思想轨迹——中医学史的文化哲学研究》,北京:中国人民大学出版社,1992 年版,第 165 页。

④ [宋]王明清:《挥塵录前录》卷1,北京:中华书局,1964 年版,第 10 页。

本《外台秘要方》四〇卷。相比之下,南宋时期地方政府刻本在数量和质量上远远地超过了北宋。南宋时期,国子监等中央政府的刻书活动已衰微,国子监本大部分是下发各州郡刊刻的。代之而起的是各地、各级地方官府刻书的迅猛发展,其中包括地方政府的各类机构,如各州、军、府、县政府,各路使司,各地公使库,各级官学等等。南宋时期的官刻医书,主要有司库本、郡斋本和书院本等。

五是自北宋政府编辑方书以后,社会上出现了重方药的倾向,医家、文人、官僚士大夫编撰方书之风盛行。他们在为官迁徙的过程中,倾心于对某一医学理论的专门研究,或对某一方书的校正与评注,或对某一药材、植物、花卉的介绍。范仲淹(989—1052年)"愿为良医"[①]的追求,医学家陈衍(1190—1257年)"读书之暇,尝从事于医"[②]的做法,代表了这一时期士人对医学的普遍看法与态度。这些方书著作大多结合了自己的临床医学经验或心得体会,因而具有很强的实践性。其特点主要表现为"简要质朴、删繁就简"、"重视实践、亲身治验"、"分科精细、方有专长"[③]等。如嘉祐七年(1062年)《图经本草》奉旨刊行以来,文彦博率先对它进行改编,择其切要,编成《节要本草图》。其后,陈承对它进行第二次改编,将其和《嘉祐本草》合并,定书名为《重广补注神农本草图经》。在实用医学方书的编撰方面,较著名的有苏轼、沈括《苏沈良方》,文彦博《药准》,史湛《史载之方》(1068年),陈言《三因极一病症方论》(1174年),董汲《旅舍备要方》(1086年),钱乙《小儿药证直诀》(1093年),王贶《济世全生指迷方》(1119年),张锐《鸡峰普济方》(1133年),许叔微《普济本事方》(1150年),洪遵《洪氏集验方》(1170年),王硕《易简方》(1191年),严用和《严氏济生方》(1253年),陈文中《小儿病源方论》(1254年),杨士瀛《仁斋直指方论》和《仁斋小儿方论》(1264年)等。宋代医学家许叔微在《普济本事方序》中提出的"医之道大矣,可以养生,可以全身,可以尽年,可以利天下"[④]的观点,为大多医家所认同,而这种道德实践也完全符合儒家的规范和标准,因而得到政府的提倡。清代石韫玉(1755—1837年)在《洪氏集验方序》中谈到宋代国家重视下方书著作出现的情况时说:"宋祖宗之朝,君相以爱民为务,官设惠济局,以医药施舍贫人,故士大夫亦多留心方书。如世所传《苏沈良方》,许学士

---

① [宋]吴曾:《能改斋漫录》卷13《文正公愿为良医》,上海:上海古籍出版社,1984年版,第381页。

② [宋]陈衍著,郑金生、张同君辑校:《宝庆本草折衷》卷首《序》,北京:人民卫生出版社,1987年版,第1页。

③ 章键:《宋代官刊方书和个人方书的特点探讨》,载《中华医史杂志》2001年第31卷第2期,第75～77页。

④ [宋]许叔微:《普济本事方》卷首《序》,蔡铁如主编:《中华医书集成》第8册,北京:中医古籍出版社,1997年版,第1页。

《本事方》之类,盖一时风尚使然。"①对于官僚士大夫、文人和医家来说,通过编修方书达到"以救物为心","而不求其报",正是他们追求的"正心、修身、齐家、治国、平天下"的个人情操和政治抱负。以至于南宋陆游(1125—1210 年)发出这样的感慨:"我悔不学医,早读黄帝书。名方手自缉,上药如山储。"②

但是,也应该看到,由于官修医学著作是在政府诏令的有意安排下进行的,此类著作强调的重点是以辑录史料为主,创新性相对较弱,加之又以行政命令强力推行,在一定程度上限制了医学实践的发展。

首先,尽管宋政府在本草学、方书学著作的编撰方面做出了较大的努力,但医学理论和医学诸科仍然未能走上分化、独立发展的道路。廖育群在《中国古代医学各科要义概说》一文中总结这一时期中医学科发展时,不无惋惜的指出:"以整体观念为特征,靠调整肌体平衡达到治疗目之中国传统医学的理论体系和治疗方法","却没有形成明确的内科学"③。清四库馆臣评价:"自古以来惟宋代最重医学,然林亿、高保衡等校刊古书而已,不能有所发明,其官撰医书如《圣剂总录》、《太平惠民和剂局方》等,或博而寡要,或偏而失中,均不能实裨于治疗。故《圣剂总录》惟行节本,而局方尤为朱震亨所攻。"④应该说,这个评价是比较中肯的。

其次,部分官吏对政府所赐医书管理甚严,宣传和普及程度受限。如庆历六年(1046 年)十二月,蔡翔曾对地方官吏的这种行径予以批评,指出:"诏颁州郡,传于吏民。然州郡承之,大率严管钥,谨曝晾而已,吏民莫得与其利焉。"⑤

最后,地域差别造成部分地区"虽有方而无药"。如皇祐元年(1048 年)秋七月,知云安军、屯田员外郎王端向朝廷上奏:"川、峡之俗,多蛊毒中人,死者盖十八九。去年朝廷颁《善救方》,其惠甚大。然所用药,或本土所无有,而民间不能致。"⑥这些都限制了民众对方书的依赖。

---

① [清]石韫玉:《重刊洪氏集验方序》,[宋]洪遵著,宋咏梅、张云杰点校:《洪氏集验方》卷首,上海:上海科学技术出版社,2003 年版,第 1 页。

② [宋]陆游:《陆游集·剑南诗稿》卷 71《记悔》,北京:中华书局,1976 年版,第 1681 页。

③ 廖育群:《中国古代医学各科要义概说》,载《科史薪传——庆祝杜石然先生从事科学史研究 40 周年学术论文》,沈阳:辽宁教育出版社,1997 年版,第 316 页。又见廖育群:《医者意也:认识中医》,桂林:广西师范大学出版社,2006 年版,第 191 页。

④ [清]永瑢等:《四库全书总目》卷 104《医家类二》,北京:中华书局,2003 年版,第 878 页。

⑤ [宋]蔡襄撰,吴以宁点校:《蔡襄集》卷 29《〈圣惠方〉后序》,上海:上海古籍出版社,1996 年版,第 519 页。

⑥ [宋]李焘:《续资治通鉴长编》卷 167,皇祐元年秋七月,北京:中华书局,2004 年版,第 4009 页。

第五节　小　结

通过对以上医事诏令的分析与研究,本章得出如下主要结论:

(1)医学书籍成为宋政府弘扬"仁政"思想、规范医学知识和加强统治的有力工具。其提倡的"助人君、顺阴阳、明教化"①、"佐皇极之赐福"②、"扬勤恤之至仁"③等观点,有力地宣传了医学著作"合圣人之经"④的思想,迎合了统治者企图通过医学著作"纳斯民于寿康,召和气于穹壤"⑤的政治意图,成为儒学典籍之外弘扬儒家思想的另一工具。国家的重视,也引起了儒家士大夫和医学家对医学功能的重新认识、宣传与回应。如范仲淹(989—1052年)认为:"夫能行救人利物之心者,莫如良医。果能为良医也,上以疗君亲之疾,下以救贫民之厄,中以保身长年。在下而能及小大生民者,捨夫良医,则未有之也。"⑥祖无择(1006—1085年)《刻经效方序》亦有此认识:"往者太宗皇帝尝集《圣惠方》,凡万余首,镂之方板,以广流布。今上皇帝作铜人象,按明堂法分布腧穴,示民不惑。以我国家四圣人丰功巨德,绍休天命,永康民人,仁政之行,固已比隆于三代也。尚虑和气或郁,人乘为疹,乃以药饵之方、针砭之法,辅世所阙,斯又过于禹汤文武之心焉。"⑦南宋陈振孙总结说:"圣朝仁民之意溥矣"⑧。

(2)宋政府在医学文献的整理方面采取了访求医书、置局设官、任用不同人员、刊刻颁行等措施。其中,宋代皇帝尤其是宋太祖、宋太宗、宋真宗、宋仁宗、宋哲宗、宋徽宗和宋高宗等,在征集医书、校正医书、整理医书、刊刻医书、推广医书

---

① 〔宋〕高保衡、孙奇、林亿:《新校正黄帝针灸甲乙经序》,〔晋〕皇甫谧著,〔宋〕林亿等校,张灿玾、徐国仟主编:《针灸甲乙经校注》卷首,北京:人民卫生出版社,2004年版,第13页。

② 〔宋〕高保衡、孙奇、林亿:《新校备急千金要方序》,〔唐〕孙思邈著,李景荣等校:《备急千金要方校释》卷首,北京:人民卫生出版社,1998年版,第12页。

③ 〔宋〕宋绶:《诸病源候论序》,〔隋〕巢元方著,南京中医学院校:《诸病源候论校释》卷首,北京:人民卫生出版社,1998年版,第14页。

④ 〔宋〕高保衡、孙奇、林亿:《金匮要略方论序》,〔汉〕张仲景:《金匮要略方论》卷首,北京:人民卫生出版社,1982年版,第1页。

⑤ 〔宋〕王应麟:《玉海》卷63《艺文·嘉祐绍兴校定本草图》,南京:江苏古籍出版社、上海:上海书店,1987年版,第1195页。

⑥ 〔宋〕吴曾:《能改斋漫录》卷13《文正公愿为良医》,上海:上海古籍出版社,1984年版,第381页。

⑦ 〔宋〕祖无择:《龙学文集》卷8《刻经效方序》,影印文渊阁《四库全书》本,第1098册,第826,827页。

⑧ 〔宋〕陈振孙撰,徐小蛮、顾美华点校:《直斋书录解题》卷13《医书类·外台秘要方》,上海:上海古籍出版社,1987年版,第387页。

等方面,发挥了组织者和推动者的巨大作用。此外,政府不同机构之间的配合,任用不同人员参加医学书籍整理,是前代医学书籍校定和新医书编撰取得成就的重要原因。

(3)宋政府对雕版印刷术极为重视,多次将其引入医学书籍的刊刻,从而改变了中国古代医学书籍的传承方式,医学著作成为政府各级官吏和医学家等防治疾病、打击巫医和宣扬文化的有力工具。医学书籍在流传过程中出现的国子监正本、国子监小字本、崇文院简要本、转运司刻本、地方节选本和医家节要本等,不仅促进了中医文献学的发展,而且也适应了宋代不同社会阶层获取医学知识的需求,使"医乃仁政"的思想进一步向更广、更深层次领域内延伸。

(4)宋代官修医学著作对两宋时期医学的发展及其转型产生了深远的影响。从皇帝发布的诏令中可以看出,由于政府的重视,传统中医学两大体系——以本草学、方书学著作为代表的药物学知识和以《新铸铜人腧穴针灸图经》为代表的针灸学知识,在宋代分别获得巨大的发展。在校定前代医书和编修新医书的过程中,出现了探讨本草学、方书学、针灸学、伤寒学、运气学、脉学等医学理论和实践的热潮,初步改变了儒家士大夫、医学家和文人等对医学的态度。南宋时期,医学学术思潮发生转变,编写简约式医书成为社会时尚,局方医学成为南宋官方医学的主流。

第四章　宋代政府应对重大疫病的措施

疫病是一种发病急骤、能相互传染且死亡率较高的疾病,它的流行与防治考验着一个政府的执政能力和应对公共突发事件的水平。从政府颁布的诏令来看,对不同社会阶层疫病的救治是宋代医事诏令关注的核心问题。政府应对疫病的措施具有很强的阶级性,首先关注的是宫廷医疗,其次是军队和各级官吏,再次是普通民众,最后是牲畜疫病的防治。从疫病救治地区来看,医事诏令关注最多的是京城和驻军场所,其次是江南经济发达地区,再次是南方瘴疫流行地区。在疫病应对中,除采用传统的经济措施和政治措施外,政府对新医学知识的重视与应用给予了空前的关注。南宋时期,政府应对疫病的诏令发生显著的变化,有关封神、祭祀活动的内容大量增加。北宋时期疫病救治的主体是中央政府,南宋时期中央政府的活动有所减弱,地方政府和社会的救济则占据了主要地位。

宋代究竟发生了多少次疫病,如何应对?这是学术界一直在关注的问题。关于宋代疫病流行的次数,邓拓《中国救荒史》一书认为两宋时期共发生了 32 次疫灾,张剑光《三千年疫情》一书认为宋代发生的疫病有 51 次,梁峻《古今中外大疫启示录》一书统计为 73 次,李文波《中国传染病史料》一书认为两宋时期的疫病共有 100 次[①]。关于地理环境与疫病流行之间的关系,蒋建国《唐宋至元初浙江传染病大流行的初步考证》、萧璠《汉宋间文献所见古代中国南方的地理环境与地方病及其影响》、曹树基《地理环境与宋元时代的传染病》、左鹏《宋元时期的瘴疾与文化变迁》等文,从历史地理学的角度对宋元时期疫病流行与地理环境变迁之间的关系进行了探讨[②]。关于宋代政府与社会力量应对疾病的情况,张文《宋朝社会救

① 邓拓:《中国救荒史》,北京:北京出版社,1998 年版,第 26 页;张剑光:《三千年疫情》,南昌:江西高校出版社,1998 年版,第 196 页;梁峻:《古今中外大疫启示录》,北京:人民出版社,2003 年版,第 146 页;李文波:《中国传染病史料》,北京:化学工业出版社,2004 年版,第 12 页。

② 蒋建国:《唐宋至元初浙江传染病大流行的初步考证》,载《浙江医学》1984 年第 4 卷第 5 期,第 65,66 页;萧璠:《汉宋间文献所见古代中国南方的地理环境与地方病及其影响》,载《中央研究院历史语言研究所集刊》1993 年第 63 本第 1 分册,第 67～171 页;曹树基:《地理环境与宋元时代的传染病》,《历史地理》第 12 辑,上海:上海人民出版社,1995 年版,第 183～192 页;左鹏:《宋元时期的瘴疾与文化变迁》,载《中国社会科学》2004 年第 1 期,第 194～204 页。

济研究》、李瑾明《宋代社会救济制度的运作和国家权力》、郭嘉《宋代官办慈善机构管理初探》等文,从"荒政"的角度对国家与社会的救灾力量进行了有益的探索①。上述学者的研究,为笔者提供了很有价值的素材。

本章探讨医事诏令中所反映的宋代疫病的流行情况,政府对疫病病因、病症及传染性的认识,以及采取的应对措施,分析宋代政府在传染病防治方面发挥的作用。

第一节 宋代疫病的种类、流行、分布及影响

一、宋代疫病的种类

宋代文献中对传染性疾病的记载,依据官修医学著作《太平圣惠方》、《政和圣剂总录》、《太平惠民和剂局方》等分类,主要有伤寒病、斑疹伤寒、疫病、时气病、天行温疫、黄肿病、瘴虐、痢疾、斑痘疮病、麻疹、痄腮病、肺痨病、脚气病等,具有一定的传染性,死亡率较高。官修医学著作对数百种疾病名称的命名和病症描述极为详尽,说明宋代已认识到普通疾病和传染性疾病的不同。尤其是宋代已经认识到伤寒病、疫病和瘴疫是病因、病症不同的具有强烈传染性和流行性的疾病。

1. 疫病

疫病,也称疫、大疫、疾疫、疠疫等,具有发病急骤、感染人数多、传播速度快、死亡率高的特性,多指传染性疾病的总称。

疫病是一种古老的传染性疾病,历代文献多有论述。如儒家经典《周礼注疏》载:"大荒凶年,大札疫疠也"②;《礼记注疏》载:"民殃于疫"、"疟疾为厉疫"③、"民必

---

① 张文:《宋朝社会救济研究》,重庆:西南师范大学出版社 2001 年版,第 223~236 页;[韩]李瑾明:《宋代社会救济制度的运作和国家权力》,载《中国史研究》2005 年第 3 期,第 125~136 页;郭嘉《宋代官办慈善机构管理初探》,载《社会科学辑刊》2005 年第 4 期,第 117~121 页。

② [汉]郑玄注,[唐]贾公彦疏:《周礼注疏》卷 4《膳夫》,[清]阮元校刻:《十三经注疏》,北京:中华书局,1982 年版,第 660 页。

③ [汉]郑玄注,[唐]贾公彦疏:《礼记注疏》卷 16《月令》,[清]阮元校刻:《十三经注疏》,北京:中华书局,1982 年版,第 1361~1365 页。

疾疫"①、"水旱疠疫"②，又说："行秋令，则其民大疫"③、"行夏令，则民多疾疫，时雨不降"④；《春秋左传注疏》载："水旱疠疫之灾"⑤、"大死曰札，小疫曰瘥"⑥、"疠，疾疫也"⑦；《春秋公羊传注疏》载："大瘠者何？ 痾也。注：痾者，民疾疫也"⑧等。东汉许慎《说文解字》载："疫，民皆疾也"⑨。中医学文献对本病的病因、病理论述甚多，如葛洪《肘后备急方》指出："温疫转相染著，乃至灭门，延及外人，无收视者。"⑩巢元方《诸病源候论》卷一〇《疫疠病候》指出："其病与时气、温、热等病相类，皆由一岁之内，节气不和，寒暑乖候，或有暴风疾雨，雾露不散，则民多疾疫。病无长少，率皆相似，如有鬼厉之气，故云疫疠病"⑪。唐代孙思邈《备急千金要方》和王焘《外台秘要方》承袭了这种观点，认为疫病具有强烈的传染性和危害性。这里的疫疠病，指急性烈性流行性传染病。因此，疫病作为传染性疾病的名称，包含了多种传染性的疾病。范行准指出："把温病、天行、伤寒都看作传染病异名同实的名词，是不错的。"⑫

---

①　[汉]郑玄注，[唐]贾公彦疏：《礼记注疏》卷17《月令》，[清]阮元校刻：《十三经注疏》，北京：中华书局，1982 年版，第 1381 页。

②　[汉]郑玄注，[唐]贾公彦疏：《礼记注疏》卷46《祭法》，[清]阮元校刻：《十三经注疏》，北京：中华书局，1982 年版，第 1588 页。

③　[汉]郑玄注，[唐]贾公彦疏：《礼记注疏》卷14《月令》，[清]阮元校刻：《十三经注疏》，北京：中华书局，1982 年版，第 1357 页。

④　[汉]郑玄注，[唐]贾公彦疏：《礼记注疏》卷15《月令》，[清]阮元校刻：《十三经注疏》，北京：中华书局，1982 年版，第 1364 页。

⑤　[晋]杜预注，[唐]孔颖达疏：《春秋左传注疏》卷41《昭公》，[清]阮元校刻：《十三经注疏》，北京：中华书局，1982 年版，第 2024 页。

⑥　[晋]杜预注，[唐]孔颖达疏：《春秋左传注疏》卷48《昭公》，[清]阮元校刻：《十三经注疏》，北京：中华书局，1982 年版，第 2087 页。

⑦　[晋]杜预注，[唐]孔颖达疏：《春秋左传注疏》卷57《哀公》，[清]阮元校刻：《十三经注疏》，北京：中华书局，1982 年版，第 2155 页。

⑧　[汉]何休注：《春秋公羊传注疏》卷8《庄公十八年尽二十七年》，[清]阮元校刻：《十三经注疏》，北京：中华书局，1982 年版，第 2236 页。

⑨　[汉]许慎：《说文解字》第 7 下《疫》，天津：天津古籍出版社，1991 年版，第 156 页。

⑩　[晋]葛洪《肘后备急方》，[唐]王焘：《外台秘要方》卷 4《辟温方二十首》，北京：人民卫生出版社，1955 年版，第 155 页。又见[唐]孙思邈撰，李景荣等校：《备急千金要方校释》卷9《伤寒上·辟温第二》，北京：人民卫生出版社，1998 年版，第 210 页。

⑪　[隋]巢元方著，南京中医学院校：《诸病源候论校释》卷 10《疫疠病诸候》，北京：人民卫生出版社，1980 年版，第 356 页。

⑫　范行准著，伊广谦等整理：《中国病史新义》，北京：中医古籍出版社，1989 年版，第 267 页。

宋代官修医书《太平圣惠方》称其为"疫病"、"大疫"、"天行瘟疫"①。《政和圣济总录》称其为"疫疠",指出:"一岁之内,节气不和,寒暑乖候,皆为疫疠之气,感而为病,故名疫疠。其状无问长少,率皆相似。俗又名天行,其病与时气、温、热等病相类,治各随其证,以方制之。"②明确指出,疫病俗名天行病,是与时气病、温病、热病症状不同的传染病。

北宋仁宗时期成书的《黄帝内经素问遗篇·刺法论》指出:"五疫之至,皆相染易,无问大小,病状相似,不施救疗,如何可得不相移易者?"作者假借岐伯的回答,论述了疫病的病因、病理和防疫之法。岐伯曰:"不相染者,正气存内,邪不可干,避其毒气,天牝从来,复得其往,气出于脑,即不邪干。气出于脑,即室先想心如日。欲将入于疫室,先想青气自肝而出,左行于东,化作林木。次想白气自肺而出,右行于西,化作戈甲。次想赤气自心而出,南行于上,化作焰明。次想黑气自肾而出,北行于下,化作水。次想黄气自脾而出,存于中央,化作土。五气护身之毕,以想头上如北斗之煌煌,然后可入于疫室。又一法,于春分之日,日未出而吐之。又一法,于雨水日后,三浴以药泄汗。又一法,小金丹方:辰砂二两,水磨雄黄一两,叶子雌黄一两,紫金半两,同入合中,外固了,地一尺筑地实,不用炉,不须药制,用火二十斤煅之也;七日终,候冷七日取,次日出合子,埋药地中七日,取出顺日研之三日,炼白沙蜜为丸,如梧桐子大,每日望东吸日华气一口,冰水一下丸,和气咽之,服十粒,无疫干也。"③因而极大地丰富了内经有关疫病的思想。

南宋淳熙元年(1174 年),医学家陈无择《三因极一病症方论》指出:"夫疫病者,四时皆有不正之气,春夏有寒清时,秋冬亦有暄热时。一方之内,长幼患状,率皆相类者,谓之天行是也"④。其最大的特征是传染性强,症状相似,"凡一岁之中,长幼疾状多相似者,此名瘟疫也"⑤。陈无择提出了著名的"三因学说",指出:"凡审病,须先识名,所谓中伤寒暑风湿瘟疫时气,皆外所因;脏腑虚实,五劳六极,皆内所因;其如金疮踒折,虎野狼毒虫,涉不内外。""凡治病,先须识因,不知其因,病

---

① [宋]王怀隐、王光佑、郑奇等:《太平圣惠方》卷 18《治热病发斑诸方》,北京:人民卫生出版社,1959年版,第 504 页。

② [宋]宋徽宗:《圣济总录》卷 22《伤寒疫疠》,北京:人民卫生出版社,1962 年版,第 537 页。

③ [宋]佚名:《黄帝内经素问遗篇·刺法论篇第七十二》,[唐]王冰撰,[宋]林億校,郭霭春主编:《黄帝内经素问校注》附录,北京:人民卫生出版社,1992 年版,第 1203,1204 页。

④ [宋]陈无择:《三因极一病症方论》卷 6《叙疫论》,王象礼主编:《唐宋金元名医全书大成·陈无择医学全书》,北京:中国中医药出版社,2005 年版,第 75 页。

⑤ [宋]陈自明:《管见大全良方》卷 3《瘟疫证治》,盛维忠主编:《唐宋金元名医全书大成·陈自明医学全书》,北京:中国中医药出版社,2005 年版,第 313 页。

源无目。其因有三:曰内,曰外,曰不内外。内则七情,外则六淫,不内不外,乃背经常。"[1]

淳熙八年(1181年),郭雍《仲景伤寒补亡论》指出:"又或有春天行非节之气中人,长幼病状相似者,此则温气成疫也,故谓之瘟疫。瘟疫之病,多不传经,故不拘日数。治之发汗吐下,随症可施行。"[2]关于伤寒与温疫的关系,郭雍指出:"古人相传伤寒为难治之疾,时行温疫是毒气之病。而论治者,不判伤寒与时行温疫为异气耳。云伤寒是雅士辞,天行温疫是田舍间号,不说病之异同也。考之众经,其实殊矣,所病不同,方说宜辨。"[3]这是宋代医学家关于伤寒病与温疫认识最重大的贡献之一,清晰地指明伤寒病范畴中的温病,与瘟疫是不同种类的疾病。该书卷一八指出:"若夫一乡一邦一家皆同患者,是则温之为疫者然也。非冬伤于寒,自感自致之病也。盖以春时应暖而反寒,夏热反凉,秋凉反热,冬寒反暖,气候不正,盛强者感之必轻,衰弱者得之必重,故名温疫,亦曰天行时行也,设在冬寒之日。而一方一乡一家皆同此病者,亦时行之寒疫也。"[4]郭雍在《伤寒、温疫论》中认为,温疫是由天地间的时行之气或不正之气引起,故"一岁之中,长幼之病,多相似者"。由于"非节之燠,人人皆感,故每为疫,其实先温后寒",所以温疫"与伤寒大异"[5]。郭雍的《伤寒、温疫论》,以及关于温疫四时有之、患者病症相同和自感自致之病的观点,突破了以往用伤寒论学说解释温疫的观点,建立了一种新型的解释疫病的学说,因而极大地发展了古代传染病的理论和体系。

2. 伤寒病

伤寒病最早见于《难经》和《黄帝内经素问》。《难经·第五十八难》载:"伤寒有五:有中风,有伤寒,有湿温,有热病,有温病,其所苦各不同。"[6]《黄帝内经素问》

---

① [宋]陈无择:《三因极一病症方论》卷2《五科凡例》,王象礼主编:《唐宋金元名医全书大成·陈无择医学全书》,北京:中国中医药出版社,2005年版,第33页。

② [宋]郭雍:《仲景伤寒补亡论》卷18《温病六条》,上海:上海科学技术出版社,1959年版,第143,144页。

③ [宋]郭雍:《仲景伤寒补亡论》卷1《伤寒名例十问》,上海:上海科学技术出版社,1959年版,第1,2页。

④ [宋]郭雍:《仲景伤寒补亡论》卷18《伤寒温疫论一条》,上海:上海科学技术出版社,1959年版,第141,142页。

⑤ [宋]郭雍:《仲景伤寒补亡论》卷18《伤寒温疫论一条》,上海:上海科学技术出版社,1959年版,第141,142页。

⑥ 凌耀星主编:《难经校注》,北京:人民卫生出版社,1991年版,第103页。

卷九载:"今夫热病者,皆伤寒之类也,或愈或死,其死皆以六七日之间"[①]。宋代佚名撰《小儿卫生总微论方》指出:"伤寒者,乃总概之名也。"[②]这种以外感寒邪引起的、以发热为病证的外感热病,通称为伤寒,实为多种外感热病的总称。伤寒病是一种古老的疾病,四季均可发生,尤以春夏秋为多。该病位列古代传染病之首,历代医家多有论述。

宋代对伤寒病的成因、症状和疗法,有了进一步的细分,官修医书和私家著述多有论述。关于病因病理,王怀隐等《太平圣惠方》卷八《伤寒叙论》指出:"其伤于四时之气,皆能为病,而以伤寒为毒者,以其最为杀厉之气焉。即病者,名曰伤寒。不即病者,其寒毒藏于肌骨中,至春变为温病,至夏变为暑病。"[③]《政和圣济总录》卷二一《伤寒门》也指出:"冬时严寒,其毒厉尤甚,人或中之,病在冬时,则正名伤寒。"[④]可见,本病发生的原因,"主要是感受湿热之邪,弥漫三焦,但总以中焦脾胃为病变重心,其病变发展不外由表入里的卫气营血的传变过程,病势缠绵难解,变化甚多。"[⑤]

南宋医学家郭雍在《仲景伤寒补亡论》中,对伤寒病病名、症状及其与其它疾病的关系进行了详细的辨析,明确指出伤寒病与温疫的不同。关于伤寒,郭雍指出:"触冒之者,乃名伤寒耳,其伤于四时之气,皆能为病。以伤寒为毒者,以其最成杀厉之气也。"关于伤寒五名,"其病皆伤于寒,其为病皆热则一也。然而有五名者,因四时之变气而言也。冬有风寒二证,故冬为中风,为伤寒。春为温病,夏为暑病,亦曰热病,秋为湿温,此皆重感于四时之气。故异其名也,总而言之。"[⑥]

伤寒病在宋代多次发生和流行。如宝祐六年(1258年),蒙古军队南征,总帅相公过扬州时俘虏南宋军民万余口,至腊月中班师,值大雪三日,"新掠人不禁冻馁,皆病头疼咳嗽,腹痛自利,多致死亡者"。随即,蒙军统帅相公亦病,"其证头疼

---

① 郭霭春校:《黄帝内经素问校注》卷9《热论篇第三十一》,北京:人民卫生出版社,1992年版,第415页。

② [宋]佚名撰,吴康健点校:《小儿卫生总微论方》卷7《伤寒论》,北京:人民卫生出版社,1990年版,第178页。

③ [宋]王怀隐、王光佑、郑奇等:《太平圣惠方》卷8《伤寒叙论》,北京:人民卫生出版社,1959年版,第211页。

④ [宋]宋徽宗:《圣济总录》卷21《伤寒门》,北京:人民卫生出版社,1962年版,第511页。

⑤ 李家庚、余新华等主编:《中医传染病学》,北京:中国医药科技出版社,1997年版,第357页。

⑥ [宋]郭雍:《仲景伤寒补亡论》卷1《伤寒名例十问》,上海:上海科学技术出版社,1959年版,第1,2页。

咳嗽,自利腹痛,与新虏人病无异"①。从军医罗天益的记述来看,这次疫病很可能为伤寒病。

3. 斑疹伤寒

斑疹伤寒是一种急性传染病,以出红色斑点为症状,伴有寒战、高热、剧烈头痛、肌肉疼痛等,死亡率较高。其临床症状,张仲景《伤寒论》、葛洪《肘后备急方》和巢元方《诸病源候论》均有记载,多不可治。

宋代官修医书《太平圣惠方》卷一〇《治伤寒发斑疮诸方》指出:"夫伤寒病证在表,或未发汗,或经发汗未解,或吐下后而热不除者,此由毒气盛故也。毒既未散,而表已虚,热毒乘虚出于皮肤,所以发斑瘾胗如锦文,重者口内身体皆成疮也。"②《政和圣济总录》卷二七《伤寒发斑》指出:"毒气内盛,因表虚,热毒乘虚出于皮肤,发为斑胗,如锦纹。若色赤及发在五日内者,可治。若色黑过七日乃发者,难治。"③庞安时《伤寒总病论》卷四《斑豆疮论》也有相似论述。

绍兴二年(1132年),刘昉《幼幼新书》卷三引《华佗九候论》之《斑疹候》,指出此病极为难治,"伤寒毒传胃而成,其候有疹,有麻,有痘,其实一体。时多哭叫,手脉来大,浑身甚热,两耳尖冷,鼻准冷,饮水多吐,宜发出其疮。大为阴,小为阳。"歌曰:"胃热成斑疹,须知此病由。哭多心壅极,舌黑是堪忧。肿满来双水,红涎谷道流。变成如此候,一见命须休。"④

淳熙八年(1181年),郭雍在《仲景伤寒补亡论》卷二〇《斑疮瘾疹一条》中,区分了斑疹伤寒、豌豆疮、麻疹、麸诊的差异,标志着疫病学的分类有了进一步的发展。郭雍指出:"斑与疮疱及瘾疹,实是三种。伤寒热病发斑,谓之斑,其形如丹砂小点,终不成疮,退即消尽,不复有疮。"⑤

4. 时气病

何为时气?"冬气温,春气寒,夏气冷,秋气热,为时气。时气与伤寒同,而治

---

① [元]罗天益:《卫生宝鉴》卷3《时气传染》,许敬生主编:《唐宋金元名医全书大成·罗天益医学全书》,北京:中国中医药出版社,2006年版,第39页。
② [宋]王怀隐、王光佑、郑奇等:《太平圣惠方》卷10《治伤寒发斑疮诸方》,北京:人民卫生出版社,1959年版,第283页。
③ [宋]宋徽宗:《圣济总录》卷27《伤寒发斑》,北京:人民卫生出版社,1962年版,第609页。
④ [宋]刘昉:《幼幼新书》卷3病证形候第八,北京:人民卫生出版社,1987年版,第60页。
⑤ [宋]郭雍:《仲景伤寒补亡论》卷20《斑疮瘾疹一条》,上海:上海科学技术出版社,1959年版,第163,164页。

有异者,盖因四时不正之气而变更,不拘以日数浅深,汗、吐、下随证施行。"①何为时气病?"是以一岁之中,病无少长皆相似者"②。该病系由气候反常所致,其症状和发病机理,《太平圣惠方》认为:"夫时气病者,此皆因岁时不和,温凉失节,人感乖候之气,而生病者多相染易。"③

该病具有强烈的传染性,《太平圣惠方》指出:"时气相染易者,即须回避,将息饭食之间,不得传吃。但一人受病,全家不安,有此相染"③,"转相染著,乃至灭门,傍至外人,无有不著者","转相染者,延及外人,人不敢视者"。其症状与疗法,"其病与温及暑病相似,但治有殊尔"②。《政和圣济总录》指出:"病无少长率相似者,谓之时气。如春时应温而或寒,夏时应热而或冷,以至当秋而热,当冬而温,皆是也。其候与伤寒、温病相类,但可汗可下之证,比伤寒、温病疗之宜轻尔。"④

南宋杨士瀛《仁斋直指方论》中首次提到的"感冒"⑤,即属此病之范畴。郭雍《仲景伤寒补亡论》指出:"此非其时而有其气也,人感非时之气。是以一岁之中,长幼之病,多相似者,此则时行之气也。"⑥

5. 天行温疫

天行温疫又名时行疫疠、天行病,是由"戾气"引起的具有强烈传染性的疾病,现代医学称其为大流行病。《政和圣济总录》指出:"一岁之内,节气不和,寒暑乖候,皆为疫疠之气。感而为病,故名疫疠。其状无问长少,率皆相似,俗又名天行。"⑦"凡时行温疫,皆四时不正之气,感而病者,长少率相似。此病苟不辟除,多致传染,宜有方术,预为防。"⑧其症状是头痛壮热,恶寒不解,剧烈咳嗽,体热渴

---

① [宋]朱肱撰,唐迎雪、张成博、欧阳兵点校:《类证活人书》卷6《四十六问一岁之中,长幼疾状多相似》,天津:天津科学技术出版社,2003年版,第55页。

② [宋]王怀隐、王光佑、郑奇等:《太平圣惠方》卷15《时气论》,北京:人民卫生出版社,1959年版,第412页。

③ [宋]王怀隐、王光佑、郑奇等:《太平圣惠方》卷16《治时气令不相染易诸方》,北京:人民卫生出版社,1959年版,第458页。

④ [宋]宋徽宗:《圣济总录》卷22《伤寒时气》,北京:人民卫生出版社,1962年版,第533页。

⑤ [宋]杨士瀛:《仁斋直指方论》卷3《诸风》,林慧光主编:《唐宋金元名医全书大成·杨士瀛医学全书》,北京:中国中医药出版社,2006年版,第41页。

⑥ [宋]郭雍:《仲景伤寒补亡论》卷1《伤寒名例十问》,上海:上海科学技术出版社,1959年版,第1,2页。

⑦ [宋]宋徽宗:《圣济总录》卷22《伤寒疫疠》,北京:人民卫生出版社,1962年版,第537页。

⑧ [宋]宋徽宗:《圣济总录》卷33《辟瘟疫令不相传染》,北京:人民卫生出版社,1962年版,第687页。

燥,骨节疼痛等。该病具有一定的传染性,"伤寒疫疠传染,头目昏重,项膂拘急,胸膈不通","温疠病转相传染"。其病与时气、温、热等病相类,"治各随其证,以方制之"。

南宋医学家郭雍所著《仲景伤寒补亡论》,是宋代论述天行温疫最详细的著作之一。关于该病的症状和发病机理,该书指出:"是以一岁之中,长幼之病,多相似者,此则时行之气,是谓不正之气毒伤人者也。""又或有春天行非节之气中人,长幼病状相似者,此则温气成疫也,故谓之瘟疫。瘟疫之病,多不传经,故不拘日数。"[①]

关于天行温疫的治法,"至春触冒自感之温,治与疫同,又轻于疫也。或曰,春时触冒自感之温,古无其名。"郭雍说:"然春温之病,古无专治之法,温疫之法兼之也。治温疫之法,并同春温,而加疫药也。"关于治疗方剂,"一岁之中,长幼疾多相似,此温疫也。四时皆有不正之气,春夏亦有寒凉时,秋冬亦有暄暑时,人感疫疠之气。故一岁之中,病无长幼,悉相似者,此则时行之气,俗谓之天行是也。老君神明散、务成子萤火丸、圣散子、败毒散主之。"郭雍特别强调:"此谓春温成疫之治法也,若夏暑成疫,秋瘟成疫,冬寒成疫,皆不得同治,各因其时而治之。况一岁之中,长幼疾状相似者,即谓之疫。如疟利相似,咽喉病相似,赤目相似,皆即疫也。皆谓非触冒自取之,因时行之气而得也。"[②]又说:"天行温疫,虽症不多,用药亦多端。如《千金方》言辟温疫气,并断温疫相染诸方,及《千金翼》弹鬼丸、神明白散、太乙流金散、萤火丸等方。前人虽尝选用,更尝缺省,收其遗逸用之。大抵治疫尤要先辨寒温,然后用药,取阴阳表里之在伤寒也。故庞安常又述其治寒疫诸方。盖以赤散、解圣散之类,皆宜治寒疫。若施之瘟疫,则益热矣。"[③]

6. 痘疮病

痘疮病,也称疨疮、豌豆疮,是一种烈性传染病。尤以小儿易患此病,"小儿时行疮豆,恐相传染"[④]。晋代道士、医学家葛洪《肘后备急方》载:"比岁有病时行,仍

①　[宋]郭雍:《仲景伤寒补亡论》卷18《伤寒温疫论一条》,上海:上海科学技术出版社,1959年版,第141,142页。
②　[宋]郭雍:《仲景伤寒补亡论》卷18《温病六条》,上海:上海科学技术出版社,1959年版,第143,144页。
③　[宋]郭雍:《仲景伤寒补亡论》卷18《风温温毒四条》,上海:上海科学技术出版社,1959年版,第145,146页。
④　[宋]郭雍:《仲景伤寒补亡论》卷19《小儿疮疹上四十七条》,上海:上海科学技术出版社,1959年版,第156页。

发疮头面及身,须臾周匝,状如火疮,皆戴白浆,随决随生,不即治,剧者多死。"①该病是汉唐时期由国外传入的一种疾病,传染性强,病情重,死亡率高。现代医学称此病为天花。

其病因病症,《太平圣惠方》卷一〇《治伤寒发豌豆疮诸方》指出:"其疮色白或赤,发于皮肤,头作浆,戴白脓者,其毒则轻。有紫黑色作根,隐隐在肌肉里,其毒则重,甚者五内七窍皆有疮。形如豌豆,故以名焉。"②关于其大规模流行情况,医学家庞安时在《斑豆疮论》中指出:"天行发斑疮,须臾遍身皆戴白浆,皆恶物也","小儿多染此患","近世此疾,岁岁未尝无也,甚者夭枉十有五六"③。清代医学家朱纯嘏《痘疹定论》卷二《种痘论》和吴谦《医宗金鉴》卷六〇《幼科种痘心法要旨》,记载了宋真宗朝宰相王旦邀请川峡地区医生为其子王素种痘的医案④。

南宋绍兴二十八年(1158年),太医局官校佚名撰《小儿卫生总微论方》明确指出痘疮病具有极强的传染性,"家有数儿,一儿既患,余儿次皆及之。便当为备以防之,以秽气转相传染也。"⑤和安郎、判太医局兼翰林良医陈文中撰《小儿痘疹方论》,阐述了小儿患病的病理、病机和治疗方剂,他指出:"尝谓小儿病证虽多,而疮疹最为重病。何则?疮疹之病,盖初起疑似难辨,投以他药,不惟无益,抑又害之,况不言受病之状,孰知畏恶之由,父母爱子,急于救疗,医者失察,用药差舛,鲜有不致夭横者。"⑥

总之,宋代对痘疮病有了进一步的认识,治疗时以清热凉血解毒为主。其基本症状为:一是发病之时,"初觉之时,头痛体重,面赤气粗,壮热多睡,惊悸呵欠,顿闷咳嗽,呕逆嚏喷,此皆同也";二是出疹阶段,"热运入皮肤,始如蚊蚤咬成赤点,或如沙粟瘾疹风疾之类,渐渐出而作疮也","其疮皮浓,如赤根白头,渐加赤肿有脓,瘥迟者谓之大痘"。如出白浆,其毒较轻;如出痘时皮肤变黑,患者则不治;三是结痂、瘢痕阶段,患者头面及身上留下出痘痕迹;四是该病具有极强的传染

---

① [晋]葛洪撰,[梁]陶弘景增补:《肘后备急方》卷2《治伤寒时气温病方第十三》,北京:人民卫生出版社,1956年版,第35页。

② [宋]王怀隐、王光佑、郑奇等:《太平圣惠方》卷10《治伤寒发豌豆疮诸方》,北京:人民卫生出版社,1959年版,第285页。

③ [宋]庞安时撰,邹德琛、刘华生点校:《伤寒总病论》卷4《斑豆疮论》,北京:人民卫生出版社,1989年版,第111页。

④ [清]朱纯嘏《痘疹定论》卷2《种痘论》,《续修四库全书》第1012册,第32,33页。又见[清]吴谦等撰,石学文等校:《医宗金鉴》卷60《幼科种痘心法要旨》,沈阳:辽宁科学技术出版社,1997年版,第552页。

⑤ [宋]佚名撰,吴康健点校:《小儿卫生总微论方》卷8《疮疹论》,北京:人民卫生出版社,1990年版,第198页。

⑥ [宋]陈文中:《陈氏小儿痘疹方论》,上海:上海科学技术出版社,2003年版,第1页。

性,一儿患病,余皆染之①。

7. 麻疹

麻疹是由麻疹病毒引起的急性呼吸道传染病,以发热、上呼吸道发炎、眼结膜炎等为主要症状,其特征为皮肤出现红色斑丘疹和颊黏膜上有麻疹黏膜斑②。麻疹传染性极强,儿童多发此病。宋以前医书中,就有关于皮肤发疹性疾病的记载,但多认为由胎毒引起。

自北宋起,有关麻疹症状、病原、病理的记载增多。如医学家钱乙《小儿药证直诀》认识到麻疹具有传染性,"疮疹证,此天行之病也。惟用温凉药治之,不可妄下及妄攻发。"其病因,"小儿在胎十月,食五脏血秽,生下则其毒当出。故疮疹之状,皆五脏之液。"③

南宋时期,陈文中《小儿痘疹方论》、刘昉《幼幼新书》等已能明确区分麻疹与痘疮的不同,指出该病是由外邪引起。"夫疹、痘疮者,因热积脏腑,蒸郁毒气而生。若腑间伏热,则生细疹、赤疮,俗呼为麻子是也"④,主张分别予以治疗。这是宋代医学在儿科学方面取得的重大成就之一,丰富了中医传染病学的内容。

8. 瘴疫

瘴疫,宋代时称瘴疾、瘴虐、瘴病,现代医学称疟疾,是一种由瘴气引起的常见地方性流行病,主要分布于河湖遍布、炎热多雨和蚊虫肆虐的南方地区。宋代对其成因、症状和疗法有了更进一步的认识,分其为热瘴、冷瘴和痖瘴,主张分别予以治疗。

其临床症状和病因病理,宋代官修医书《太平圣惠方》卷一六《治时气瘴疫诸方》指出:"时气瘴疫,头痛壮热,心如火煎,面目黄黑,四肢沉重,不得睡卧。"⑤《政和圣济总录》卷三七《瘴气》是论述瘴气的经典著作,指出:"瘴气所起,其名有二,孟夏之时,瘴名芳草,而终于秋。孟冬之时,瘴名黄芒,而终于春。四时皆能伤人,而七八月之间,山岚烟雾蛇虺郁毒之气尤甚,故当是时,瘴疾大作,不论壮老,或因

---

①　[宋]佚名撰,吴康健点校:《小儿卫生总微论方》卷8《疮疹论》,北京:人民卫生出版社,1990年版,第198,199页。

②　李家庚、余新华等主编:《中医传染病学》,北京:中国医药科技出版社,1997年版,第245,246页。

③　[宋]钱乙著,[宋]阎孝忠编集,张灿玾、郭君双点校:《小儿药证直诀》卷上《脉证治法》,北京:人民卫生出版社,1991年版,第14~17页。

④　[宋]刘昉:《幼幼新书》卷18《疮疹论》,北京:人民卫生出版社,1987年版,第660页。

⑤　[宋]王怀隐、王光佑、郑奇等:《太平圣惠方》卷16《治时气瘴疫诸方》,北京:人民卫生出版社,1959年版,第461页。

饥饱过伤,或因荣卫虚弱,或冲烟雾,或涉溪涧,但呼吸斯气,皆成瘴疾。"其症状,"头疼体痛,胸膈烦满,寒热往来,咳逆多痰,全不思食,发渴引饮,或身黄肿胀眉须脱落,是皆毒疠郁蒸所致。"①南宋周去非在《岭外代答》中将南方瘴气分为冷瘴、热瘴和症瘴,指出:"冷瘴未必死,热瘴久必死,症瘴治得其道,间亦可生。冷瘴以疟治,热瘴以伤寒治,症瘴以失音伤寒治,虽未可收十全之功,往往愈者过半。"

瘴疫在宋代南方地区多次发生和流行,对军队、官吏和南渡之人威胁极大,死亡率较高。

9. 黄肿病

黄肿病,又名钩虫病,是一种地方流行病。其症遍身黄肿,其色带白,眼目如故,由多虫与食积引起。

绍兴十年(1140 年)六月十八日,刘锜奏:"顺昌府累与金贼大兵接战,其酋首三路韩将军、龙虎大王等,皆缘败衄,往东京告急。至今月九日,四太子亲率大兵诸头项贼马并力攻围府城。于当日激励将士,戮力血战,杀死约五千余人,及捉到活人,供通伤中者一万余人,往往身体黄肿,皆用骒马驮负北去,马中伤死者三千余匹。"②此病发生在六月的京西北路顺昌府(治今安徽阜阳),症状为身体黄肿,与寄生虫病类似。

10. 痢疾

痢疾,古称肠辟、滞下,是一种急性肠道传染病,症状以发热、腹痛、里急后重、大便脓血为主要症状。

宋代对痢疾的病因、病理和症状有了进一步的认识,分类细化,治疗药物增多。《太平圣惠方》卷五九《痢病门》和《政和圣济总录》卷七四《泄痢门》分痢疾为八类,即白滞痢、冷痢、热痢、赤痢、血痢、脓血痢、赤白痢、疫毒痢等,并指出各痢的症状和施治方法③。在痢疾八大种类中,尤以"疫毒痢"最难治疗。

南宋医学家史勘在《史载之方》中,亦将痢疾分为八类,但名称稍有差异,"夫痢之为痢一名而具八种:一曰白痢,二曰赤痢,三曰赤白痢,四曰水谷痢,五曰血痢,六曰疫毒痢,七曰休息痢,八曰小儿疳痢。此皆受之不同,治之不得不异。"④他

① 〔宋〕宋徽宗:《圣济总录》卷 37《瘴气》,北京:人民卫生出版社,1962 年版,第 737 页。
② 〔清〕徐松辑:《宋会要辑稿》兵 14 之 27～28,北京:中华书局,2006 年版,第 7006 页。
③ 〔宋〕宋徽宗:《圣济总录》卷 74～78《泄痢门》,北京:人民卫生出版社,1962 年版,第 1318～1379 页。
④ 〔宋〕史勘撰,王振国、朱宽点校:《史载之方》卷下《痢论》,上海:上海科学技术出版社,2003 年版,第 93 页。

指出"疫毒痢"具有极强的传染性，"疫毒痢者，毒气所传，一坊一境，家家户户更相染易，无有不病。凡下痢之时，忽先发寒热，忽先转数行，忽生冷所伤，因而下痢，所下之利浑是赤色，浓如脓涕，忽时半盏下浓血，腹中刺痛，忽心中烦躁，三焦痞隔，全不思食，此名为疫毒痢也。"①

"夫痢之为病，世人所患者多"②，凡感受时邪、水源不洁或食物污染，均可引发痢疾流行。如开宝二年(969 年)闰五月，暑雨，征讨北汉的宋军患疾疫，症状是腹疾③。南宋孝宗因食湖蟹患冷痢，腹泻不止，经宋高宗推荐"草泽医"而治愈。顾文荐《船窗夜话》载："孝宗尝患痢，众医不效，德寿(即宋高宗)忧之。过宫偶见小药局，遣中使询之，曰：'汝能治痢否?'对曰：'专科'，遂宣之至。请问得病之由，语以食湖蟹多，故致此疾，遂令诊脉医曰：'此冷痢也。'其法用新米、藕节，细研，以热酒调，服如其法，杵细酒调，数服而愈。德寿乃大喜，就以金杵臼赐之，乃命以官。至今呼为金杵臼严防御家，可谓不世之遇。"④说明当时痢疾较为多见。

11. 大风癞疾

大风癞疾，也称癞病、恶疾、大风疾，现代医学称麻风病，是一种严重的皮肤传染病。此病在宋代属风科，其发病机理，《太平圣惠方》卷二四《治大风诸疾方》指出："夫大风癞者，皆是恶风及犯触忌害之所为也"。其临床症状为"若蚀人肝，则眉睫堕落。若蚀人肺，则鼻柱崩倒。若蚀人脾，则语声变散。若蚀人肾，则耳鸣啾啾，或如雷声。其脉来迟去疾，上虚下实，为恶风也"⑤。《政和圣济总录》卷一八载："大风眉须堕落者，盖癞病也，皆由恶风染著，荣气不清，风湿毒气，浸渍肌肉，致淫邪散溢，痒搔成疮，皮肤疡溃，鼻柱倒塌，须眉堕落。"⑥癞病的种类有木癞、大癞、金癞、土癞、水癞、蟋蟀癞、雨癞、麻癞、蚼癞、酒癞等，对患者健康和身心造成极大的伤害，"凡诸癞皆须速治之，若多年即不可治也"。宋真宗年间道医郑荣，能治

①　[宋]史勘撰，王振国、朱宽点校：《史载之方》卷下《痢论》，上海：上海科学技术出版社，2003 年版，第95，96 页。

②　[宋]史勘撰，王振国、朱宽点校：《史载之方》卷下《痢论》，上海：上海科学技术出版社，2003 年版，第93 页。

③　[宋]李焘：《续资治通鉴长编》卷 20，太平兴国四年，北京：中华书局，2004 年版，第 442 页。

④　[宋]顾文荐：《船窗夜话·赐金杵臼》，[元]陶宗仪等编：《说郛三种》卷 28，上海：上海古籍出版社，1988 年版，第 1331 页。又见[宋]赵溍：《养疴漫笔》，清宣宗道光十一年《学海类编》本，第 76 册，第 11 页。

⑤　[宋]王怀隐、王光佑、郑奇等：《太平圣惠方》卷 24《治大风诸疾方》，北京：人民卫生出版社，1959 年版，第 651~661 页。

⑥　[宋]宋徽宗：《圣济总录》卷 18《诸风门·大风眉须堕落》，北京：人民卫生出版社，1962 年版，第 449页。

此病,"所传药能愈大风疾,民多求之,皆刺臂血和饼给焉"①。

南宋医学家陈无择《三因极一病证方论》指出,该病具有极强的传染性和死亡率,"凡因风寒湿热,劳逸饮食,与夫传染,不可混滥。"②其临床症状,"大风恶疾,疮痍荼毒,脓汁淋漓,眉鬓堕落,手足指脱,顽痹痛痒,颜色枯瘁,鼻塌眼烂,齿豁唇揭,病证之恶,无越于斯。负此病者,百无一生。犹且爱恋妻孥,复着名利,不仁之行,仍欲更作,死而无悔,深可悲伤。凡遇此疾,切须断盐,及一切口味,公私世务,悉宜屏置,能不交俗事,绝庆吊,幽隐林下,依法治疗,非但愈疾,亦能因是而致神仙,所谓因祸而得福也。"③

癞病在宋代流行较为广泛,患者深受其苦。宋神宗年间中书舍人刘邠(1022—1088年),"晚年得恶疾,须屑坠落,鼻梁断坏,苦不可言",苏轼戏曰:"大风起兮眉飞扬,安得猛士兮守鼻梁。"坐中大噱,贡父默然无言,但感怆而已④。绍圣二年(1095年)前,释普明晚游五台,"得风疾,眉发俱堕,百骸腐溃,哀号苦楚,人不忍闻。"⑤

宋理宗绍定元年(1228年),一人患病风,"爬搔不已,眉毛脱落"。名医张子和能治愈此病,"刺其面大出血如墨,刺三次血变色,每刺自额至颐,锋针上下俱刺,间日一次,至二十余日方已。"⑥绍定元年(1228年),一人病疠风十余年。张子和曰:"足有汗,尚可治。当发汗,其汗当臭,涎当腥。"以三圣散吐之,大吐,汗果臭,痰腥如鱼涎。次以舟车丸、浚川散下五七次,数服乃安。⑥祥兴二年(1279年)前,崔言患恶疾,"双睛昏暗,咫尺不辩人物,眉发自落,鼻梁推倒,肌肤有疮如癣,皆目为恶疾,势不可救。"⑦

① [元]脱脱等:《宋史》卷461《方技传上·赵自然传附郑自清传》,北京:中华书局,2007年版,第13513页。

② [宋]陈无择:《三因极一病症方论》卷15《大风叙论》,王象礼主编:《唐宋金元名医全书大成·陈无择医学全书》,北京:中国中医药出版社,2005年版,第180,181页。

③ [宋]陈无择:《三因极一病症方论》卷15《料简》,王象礼主编:《唐宋金元名医全书大成·陈无择医学全书》,北京:中国中医药出版社,2005年版,第182页。

④ [宋]陈元靓:《纂图增新群书类要事林广记戊集》卷下《医学类》,北京:中华书局,1999年版,第131~142页。又见[明]陈耀文:《天中记》卷29《轻诋》,清光绪十六年(1890年)听雨山房刻本,第38页;[明]胡应麟:《少室山房笔丛》卷32《丁部·四部正讹下》,北京:中华书局,1958年版,第421页。

⑤ [宋]王辟之撰,吕友仁点校:《渑水燕谈录》卷8,北京:中华书局,1981年版,第104页。又见[明]江瓘:《名医类案》卷9《疠风》,北京:人民卫生出版社,1983年版,第186页。

⑥ [明]江瓘:《名医类案》卷9《疠风》,北京:人民卫生出版社,1983年版,第186页。

⑦ [宋]佚名撰,[明]毛晋订:《五色线》卷下《疗恶疾方》,《丛书集成初编》本,上海:商务印书馆,1930年版,第95页。

12. 痄腮病

痄腮病,也称大头病、大头瘟,发病急骤,以发热、寒意、头痛、咽痛、食欲不佳、恶心、呕吐、全身疼痛,以及耳下部腮腺肿大为症状。现代医学称其为流行性腮腺炎,"是由腮腺病毒引起的急性呼吸道传染病"①。

大中祥符二年(1009 年)夏四月,河北安抚司奏:"北界人多病腮肿死,边民稍南徙避疫"。四月壬寅,宋真宗"诏医官院处方并药,赐河北避疫边民。"②

南宋医学家许叔微《类证普济本事方续集》卷一〇载,治小儿毒气攻腮肿赤可畏者,"皂角二两,去根。天南星,二钱,生用。糯米,一合为末。右为细末。姜调涂,立效。"③

13. 时疫疙瘩肿毒病

时疫疙瘩肿毒病,是宋金时期新出现的一种传染病,出现于金熙宗天眷、皇统年间(1138—1150 年)。该病"古方书所论不见其说,古人无此病"。此病"生于岭北,次于太原,后于燕蓟,山野颇罹此患,至今不绝,互相传染,多至死亡。"④明朝朱橚《普济方》称此病为大头瘟或大头伤寒病。此病也可能为鼠疫。

14. 动物疫病

动物疫病主要包括牛类传染病牛疫、牛疥癣病、牛急黄病、牛漏蹄病,马类传染病马疫、马疥癣病、马喉痹病、马黄热病、马漏蹄病,以及羊疫、猪瘟等。官修医学方书著作、针灸著作、兽医著作,对其发病机理、治法治则论述甚详。尤其是宋真宗年间官修兽医学著作《景祐医马方》一卷和宋哲宗年间奉议郎、提举京西路给地马牧马王愈所撰《蕃牧纂验方》二卷,是宋代官修重要畜牧兽医著作,记载了大量防治马传染病的方剂⑤。

总之,除上述疫病外,宋代还有一些传染性和流行性的疾病,如水痘、虚劳(即黑热病)、风痧(即风疹)、肺痨病(即肺结核)、喉痹病(即白喉)等。跟前代相比,宋代官、私医学著作对疫病的名称、病因、病理和病症描述极为详尽,说明宋代已认识到普通疾病和传染性疾病的不同。虽然疫病的病名大多继承了古代医学经典,

① 李家庚、余新华等主编:《中医传染病学》,北京:中国医药科技出版社,1997 年版,第 265～267 页。
② [元]脱脱等:《宋史》卷 7《真宗本纪二》,北京:中华书局,2007 年版,第 140 页。
③ [宋]许叔微:《类证普济本事方续集》卷 10《治小儿诸疾》,《续修四库全书》本,上海:上海古籍出版社,1996 年版,第 660 页。
④ [明]朱橚:《普济方》卷 279《诸疮肿门·肿毒》,北京:人民卫生出版社,1959 年版,第 221 页。
⑤ [宋]王愈:《蕃牧纂验方》,[唐]李石撰,邹介正校注:《司牧安骥集校注》卷 8,北京:中国农业出版社,2001 年版,第 389～406 页。

但宋代对疫病病因、病理和治法的解释,有了巨大的创新。如淳熙八年(1181 年),郭雍在《仲景伤寒补亡论》中指出:"巢元方《病源》,以伤寒、时气、温病、热病,分为四种。伤寒冬也,时气疫也,温病春也,热病夏也。虽各具数十候,究其证治,皆不相远。"[①]明确指出时气病就是疫病,它和伤寒病范畴中的伤寒、温病、热病,有着很大的不同。伤寒病的发生受时令限制,疫病则无,四季均可发生。这样的解释几乎涵盖了每一类疾病,因而极大地发展了传统医学中有关疫病的理论和治疗实践。

按现代中医传染病流行病学的分类来看,宋代疫病名称的涵义较为广泛,既包括烈性传染病,又包括非传染性的地方流行病等,是各类传染病的总称。美国费侠莉(Charlotte Furth)教授指出:"在任何的医学系统,给疾病的命名都是个非常重要的步骤,通过命名,身体的经历进入文化,可以使病人的疾病容易被理解。"[②]

二、宋代重大疫情的流行

依据宋代历史文献、医学文献和方志文献的记载,对宋代发生的疫情资料进行重新的统计与疏理,认为两宋境内约发生了 256 次传染性较强的疫病,其中北宋 146 次,南宋 110 次。这些疫病均有明确的发病机制、流行过程及影响因素、传染病特征及防治等。此外,辽、夏、金、蒙古地区约发生 15 次重大疫情,部分疫病在宋辽、宋金、宋蒙边境地区流行,对双方边民造成很大影响。

考虑到宋代文献中记载的某地疫情,明清时期被收入不同地方志中,如元祐四年(1089 年)杭州大疫,明清时期《杭州府志》、《仁和县志》、《余杭县志》、《临安县志》、《钱塘县志》等均有记载,实际上它仅是一次疫情。本章重点对北宋时期发生的 104 次重大疫情和南宋时期发生的 100 次重大疫情进行详细地研究,揭示政府对疫病的认识及其采取的防治措施。参见表 4—1 和表 4—2。

表 4-1　北宋时期疫病流行情况

北宋时期	960—979	980—999	1000—1019	1020—1039	1040—1059	1060—1079	1080—1099	1100—1119	1120—1127	合计	比例
自然灾害引发的疫病		4	3	7	7	11	8			40	38.5%

①　[宋]郭雍:《仲景伤寒补亡论》卷 1《伤寒名例十问》,上海:上海科学技术出版社,1959 年版,第 2 页。

②　[美]费侠莉(Charlotte Furth)着,甄橙主译:《繁盛之阴——中国医学史中的性(960—1665)》(A Flourishing Yin: Gendar in China's Medical History (960—1665)),南京:江苏人民出版社,2006 年版,第 67 页。

（续表）

北宋时期	960—979	980—999	1000—1019	1020—1039	1040—1059	1060—1079	1080—1099	1100—1119	1120—1127	合计	比例
军事战争引发的疫病	2	1			2	5	2		1	13	12.5%
疾疫	1	2	5		7	11	5	4		38	36.5%
瘴疫			2	1	1	1	1		3	9	8.65%
牲畜疫病		1	3							4	3.85%
合计	3	8	13	11	17	28	16	4	4	104	100%

表 4-2　南宋时期疫病流行情况

南宋时期	1127—1146	1147—1166	1167—1186	1187—1206	1207—1226	1227—1246	1247—1266	1267—1279	合计	比例
自然灾害引发的疫病	4	8	4	1	4	1	2		24	24.0%
军事战争引发的疫病	5	2		2				4	14	14.0%
疾疫	11	5	8	16	11	2	1	1	55	55.0%
瘴疫				1					1	1.0%
牲畜疫病	3		1	2					6	6.0%
合计	23	15	14	22	15	3	3	5	100	100%

说明：

1. 自然灾害引发的疫病,主要指严重的地震、水灾、旱灾、火灾、蝗灾等发生后引起的疫病大流行,文献中常用"震疫"、"旱疫"、"水疫"、"火疫"等描述。

2. 战争引发的疫病,主要指宋辽、宋夏、宋金、宋蒙之间的军事冲突和一切形式的统一战争以及农民起义所引起的疫病流行。

3. 疾疫是指大规模流行但名称不详的传染病或地方病。

从表中的统计可以看出,两宋时期发生的 204 次疫病中,自然灾害引发的疫病有 64 次,军事活动引发的疫病有 27 次,传染性较强、死亡率较高、病名不详的疫病有 93 次,瘴疫有 10 次,牲畜疫病有 10 次。上述分类,有利于了解疫病的发病机制和成因。

疫病发生、传播的原因,既有自然因素也有社会因素。从中医学的角度来看,疫病是发病急骤、传染性强、病情危重凶险且死亡率较高的一类疾病,其形成原因多是气候异常(如冬季过暖、酷热、湿雾瘴气、春季反寒等)和各种人为因素(如滥砍滥伐森林、过渡开垦草原、滥捕野生动物等导致的生态环境破坏)所致。其主要特征:一是具有疫源地,发病急骤,能相互传染,易于流行;二是借助一定的媒介向外传播;三是流行区域内发病症状"病无长少,率相似者"①,具有较高的死亡率,给个人和社会造成很大危害;四是和一定的地域、气候、水土或人为因素有关②。现代传染病流行病学认为,传染病是由各种生物性致病原或称为病原体所引起的一组疾病,其中传染源、传播途径和易感人群为其三个必须具备的条件③。宋代,究竟有哪些因素会促使这三个条件广泛存在,并最终导致疫病的爆发、流行?

1. 自然灾害引发的疫病流行

严重的自然灾害,如水灾、震灾、旱灾、火灾、蝗灾等发生后往往引发疫病的流行,宋代文献中直接用"水疫"、"震疫"、"旱疫"、"火疫"、"饥疫"等名称来称呼这类疫病。宋代名臣范仲淹指出:"灾沴之后,必有疾疫乘其赢,十不救一。"④宋代发生的 204 次疫病中,64 次就与严重的自然灾害有关,占整个宋代疫病的 31.4%。其中北宋发生的 104 次疫病中,40 次与自然灾害有关,占整个北宋疫病的 38.5%。南宋发生的 100 次疫病中,有 24 次就与严重的自然灾害有关,占整个南宋疫病的 24%。可见,自然灾害引发的疫病流行,其几率是相当高的。

淳化四年(993 年),京西路和开封府(治今河南开封)发生严重的水灾,随即引发疫病流行,"或霖潦作沴,或疠疫为灾"⑤。关于这次疫病发生的原因,《续资治通鉴长编》卷三四有详细的记载。

是秋,自七月初雨,至是不止,泥深数尺,朱雀、崇明门外积水尤甚,往来浮罌筏以济。壁垒庐舍多坏,民有压死者,物价涌贵,近甸秋稼多败,流移甚众。陈、颍、宋、亳间盗贼群起,商旅不行⑥。

可见,开封府周边地区遭遇罕见的雨灾,引起人口的死亡和迁移,继引发疫病

---

① [宋]陈自明:《管见大全良方》卷 3《瘟疫证治》,盛维忠主编:《唐宋金元名医全书大成·陈自明医学全书》,北京:中国中医药出版社,2005 年版,第 313 页。

② 中国大百科全书编委会:《中国大百科全书·中国传统医学》,北京:中国大百科全书出版社,1992年版,第 502 页;李经纬、区永欣:《中医大辞典》,北京:人民卫生出版社,1999 年版,第 1144 页;李家庚、余新华等主编:《中医传染病学》,北京:中国医药科技出版社,1997 年版,第 22,23 页。

③ 王季午主编:《中国医学百科全书·传染病学》,上海:上海科学技术出版社,1985 年版,第 1 页;顾婉生主编:《预防医学概论》,上海:上海科技出版社,1988 年版,第 97,98 页。

④ [宋]范仲淹:《范文正公文集》卷 11《上吕相公并呈中丞谘目》,[清]范能濬编辑,薛正兴校:《范仲淹全集》,南京:凤凰出版社,2004 年版,第 232 页。

⑤ [宋]李焘:《续资治通鉴长编》卷 36,淳化五年八月,北京:中华书局,2004 年版,第 794 页。

⑥ [宋]李焘:《续资治通鉴长编》卷 34,淳化四年九月,北京:中华书局,2004 年版,第 753 页。

的流行。淳化五年(994年)六月,开封大旱,"都城大疫"①。可见,雨灾和旱灾引起的人口死亡和迁移,是造成淳化四年和五年开封疫病发生的主要原因。

咸平三年(1000年)春,开封府和江南路发生大面积的旱灾,造成疫病在该地区传播。《文献通考》卷三〇四载:"京师旱,江南频年旱歉,多疾疫。"②由于当地政府救治不力,死亡人数较多。三月,吏部郎中、直集贤院、知泰州田锡(940—1004年)向宋真宗上疏,对北宋政府的疫病救治政策提出批评。他说:

> 臣又以江南、两浙,自去年至今,民饿者十八九,未见国家精求救疗之术。初闻遣使煮粥俵给,后来更不闻别行轸卹。今月十二日,有杭州差人赍牒泰州会问公事,臣问彼处米价,每升六十五文足,彼中难得钱。又问疾疫死者多少人,称饿死者不少,无人收拾,沟渠中皆是死人,却有一僧收拾埋葬,有一千人作一坑处,有五百人作一窖处。臣又问有无得雨,称春来亦少雨泽。臣问既少雨泽,麦苗应损,称彼处种麦稀少。又问饥馑疾疫去处,称越州最甚,萧山县三千余家逃亡,死损并尽,今并无人,其余明、杭、苏、秀等州积尸在外沙及运河两岸不少。虽未审虚实,然屡有听闻;兼闻常、润等州死损之人,村保各随地分埋瘗。况掩骼埋胔,是国家所行之事,文王葬枯骨而天下归心,今积尸暴骨如是,而使僧人收藏,村保埋瘗,甚无谓也。伏乞陛下命使吊奠,以慰幽魂,遣人掩藏,免伤和气。所贵王者,德泽及于存亡。然后访有兼并之家,能出财助国者优奖之;有储蓄之家,能发廪救民者旌酬之。又宜放一二年税赋,免三二年徭役,非富商大贾之税不用税,非摘山煮海之货不用征,用此以安民心,以防盗起也③。

从田锡的奏章来看,江南路、两浙路一带的疫病是由持续干旱引发的饥饿而形成。疫情重灾区主要分布在长江入海口至杭州湾一带,两浙路润州(治今江苏镇江)、常州(治今江苏常州)、苏州(治今江苏苏州)、秀州(治今浙江嘉兴)、杭州(治今浙江杭州)、越州(治今浙江绍兴)、萧山县(治今浙江萧山)、明州(治今浙江宁波)等地,疫情较为严重。

天圣四年(1026年)六月庚寅,天降大雨,京师开封平地水数尺,坏屋溺人,京

---

① 〔元〕脱脱等:《宋史》卷5《太宗本纪二》,北京:中华书局,2007年版,第94页。又见〔元〕脱脱等:《宋史》卷62《五行志一下》,第1370页。

② 〔元〕马端临:《文献通考》卷304《物异考十》,北京:中华书局,1986年版,第2396页。

③ 〔宋〕李焘:《续资治通鉴长编》卷46,咸平三年三月,北京:中华书局,2004年版,第1003,1004页。

东路、河北路、江南路、淮南路皆大水。天圣五年(1027 年)六月,京师大旱,继而又发生蝗灾,接着黄河又在滑州(治今河南滑县)决口。这一系列的自然灾害,造成"今年苦旱,百姓疫死,田谷焦槁,秋成绝望"的局面,引起宋代部分官吏的担忧和恐慌,认为"此皆大异也"。太常博士、秘阁校理、国史院编修官谢绛(994—1039年)向宋仁宗上疏说:

> 去年京师大水,败民庐舍,河渠暴溢,几冒城郭;今年苦旱,百姓疫死,田谷焦槁,秋成绝望,此皆大异也①。

冬十二月,范仲淹《上执政书》说:

> 伏闻京师去岁大水,今岁大疫,四方闻之,莫不大忧,此天之有以戒也,岂徒然乎! 而京师之灾甚于四方,何哉? 盖京师者,政教之所出,君相之所居也②。

从谢绛和范仲淹的奏章可以看出,天圣五年的疫病是由严重的干旱和歉收引起。疫病流行引起部分官员对宋仁宗朝政治的反思,他们要求宋仁宗"下诏引咎,损太官之膳,避路寝之朝,许士大夫斥讳上闻,讥切时病。罢不急之役,省无名之敛,勿崇私恩,更进直道,宣德流化,以休息天下。"③

明道二年(1033 年)春,全国出现持续的大旱,分布范围十分广泛,继又引发疫病流行。关于这次疫病的流行情况,《续资治通鉴长编》卷一一二载:

> 先是,南方大旱,种饷皆绝,人多流亡,困饥成疫气,相传死者十二三,官虽作粥糜以饲之,然得食辄死,村聚墟里几为之空④。

《宋史》卷二九四《苏绅传》亦载:"明道初,虫蝗水旱,几遍天下。始之以饥馑,继之以疾疫,民之转流死亡,不可胜数。"⑤蔡襄《右班殿直监慈湖都铁冶务程君墓

---

① [元]脱脱等:《宋史》卷 295《谢绛传》,北京:中华书局,2007 年版,第 9843 页。又见[宋]李焘:《续资治通鉴长编》卷 105,天圣五年九月,第 2448 页。
② [宋]范仲淹著,李勇先、王蓉贵校点:《范仲淹全集·范文正公文集》卷 9《上执政书》,成都:四川大学出版社,2002 年版,第 210~229 页。
③ [元]脱脱等:《宋史》卷 295《谢绛传》,北京:中华书局,2007 年版,第 9844 页。又见[宋]李焘:《续资治通鉴长编》卷 105,天圣五年九月,第 2449 页。
④ [宋]李焘:《续资治通鉴长编》卷 112,明道二年二月庚子,北京:中华书局,2004 年版,第 2605 页。又见[元]脱脱等:《宋史》卷 294《苏绅传》,第 9812 页;[元]马端临:《文献通考》卷 301《物异考七》、卷 304《物异考十》,第 2377,2396 页。
⑤ [元]脱脱等:《宋史》卷 294《苏绅传》,北京:中华书局,2007 年版,第 9812 页。

志铭》也有相同的记载："明道中,江南饥疫,殍殣狼藉道上。"①可见,这次疫病流行系因大旱和饥饿引起,更为严重的是,当地政府设立的施粥救济场所,成为疫病再一次传播的疫源地,处境十分悲惨。这种因救济方法不当引起的疫病再传播,在宋代曾多次出现。明道二年(1033年)六月,陕西路发生"饥疫","关中为甚"②。范仲淹《资政殿大学士礼部尚书赠太子太师谥忠献范公墓志铭》载："其年诸道旱蝗,人复疾疫,于关中为甚,百姓转于沟壑。"③同年九月,梓州路"仍岁旱疫"④。

庆历八年(1048年)河北发生水灾,皇祐元年(1049年)三月发生疫灾。从宋人的记述来看,这次疫病爆发的根本原因在于水灾期间的人口流动和死亡⑤。

宋英宗统治时期,自然灾害引发的疫病时常和国家政治联系在一起,官僚士大夫们对疫病流行格外关注。治平二年(1065年)三月,京西路发生旱灾,许州(治今河南许昌)尤甚,"民饥疫作",宋政府"运京仓与江淮所漕粟往赈之"。三月二十五日,许州观察推官曾炳(1022—1065年)"日复周视之,均其廪食,病者则躬致其医药,虽民赖以再生,而君遂为疫所中,卒不能起,年四十四"⑥。夏,京畿东南十余州,"疫疠大作,弥数千里。至秋幸而丰熟,未及收获而暴雨大至,一苗半穗,荡无一遗。都城之内,道路乘桴,官府民居,覆没殆尽,死于压溺者不可胜纪。"⑦疫病流行范围的蔓延和扩大,引起了朝中大臣的关注。八月,吏部侍郎欧阳修上《为雨水为灾待罪乞避位第一表》,说:"频年已来,害气交作。春饥已甚,馑疫相望,秋潦暴兴,覆溺无数,下致生民之愁苦,上贻圣主之焦劳。"⑧八月十一日,天章阁待制、知

　　① [宋]蔡襄撰,吴以宁点校:《蔡襄集》卷39《右班殿直监慈湖都铁冶务程君墓志铭》,上海:上海古籍出版社,1996年版,第713~715页。

　　② [宋]李焘:《续资治通鉴长编》卷112,明道二年六月,北京:中华书局,2004年版,第2626页。

　　③ [宋]范仲淹著,李勇先、王蓉贵校点:《范仲淹全集·范文正公文集》卷14《资政殿大学士礼部尚书赠太子太师谥忠献范公墓志铭》,成都:四川大学出版社,2002年版,第347~353页。又见[宋]范镇:《范忠献公雍神道碑》,[宋]杜大珪编:《名臣碑传琬琰之集》上卷26,影印文渊阁《四库全书》本,第450册,第214~217页。

　　④ [宋]李焘:《续资治通鉴长编》卷113,明道二年九月,北京:中华书局,2004年版,第2637页。

　　⑤ [元]脱脱等:《宋史》卷313《富弼传》,北京:中华书局,2007年版,第10253,10254页。又见[宋]苏轼:《富郑公弼显忠尚德之碑》,[宋]杜大珪编:《名臣碑传琬琰之集》上卷5,第38~48页;[元]马端临:《文献通考》卷26《国用考四》,第252页。

　　⑥ [宋]韩琦:《安阳集》卷48《故许州观察推官曾君墓志铭》,明武宗正德九年张士隆刻本,第1,2页。

　　⑦ [元]佚名撰,李之亮点校:《宋史全文》卷10《宋英宗》,哈尔滨:黑龙江人民出版社2005年版,第524页。

　　⑧ [宋]欧阳修著,李逸安点校:《欧阳修全集》卷92《表奏书启四十六集卷三·为雨水为灾待罪乞避位第一表》,北京:中华书局,2001年版,第1360页。

谏院司马光《上皇帝疏》说:"今夏厉疫大作,弥漫数千里,病者比屋,丧车交路。"①同年,龙图阁直学士兼流内铨吕公著《上英宗应诏论水灾》说:"伏惟陛下莅政以来,日孳孳于庶事。然累岁旱潦,人多疫疾。又近者大雨为沴,下民昏垫,陛下彻宴损膳,下毋讳之诏,开直言之路,将克已自新以求天意。然臣愚独以为此皆常事,犹未足以弭大灾也。唯当兢兢业业以求已过,自奉先养亲,以至于任官使人,求贤纳谏,爱民节用,无不物物而思之,行所未行,补其阙误,以谢天心,以顺人意,则社稷幸甚。"②治平三年(1066年)春正月,知制诰兼银台封驳事韩维《上英宗乞追还诏书复吕诲等职事》说:"方今法度隳废,百职不治,国用匮乏,民力凋困;外无良将,士卒骄惰,夷狄窥间而有轻中国之心;而天灾数见,地变复作,疾疫流行,饥馑荐至。"③

宋神宗熙宁元年(1068年),全国诸路发生严重的自然灾害,河北路发生水灾,开封府、京西路、京东路和河东路发生旱灾,淮南路和两浙路发生蝗灾,江南东、西路疫病流行。《宋史》卷三四七《黄廉传》载:"河朔被水,河南、齐、晋旱,淮、浙飞蝗,江南疫疠。"④熙宁三年(1070年),两浙路"方今荒歉,处处食槽"。四月,温州(治今浙江温州)、台州(治今浙江临海)"大疫,十死七八,将来丰凶未可知"⑤。熙宁八年(1075年),南方大疫,"吴越尤甚","两浙无贫富皆病,死者十有五六"⑥。

宋哲宗元祐四年(1089年)春,两浙路杭州发生"饥疫"⑦,也是因大旱而引起。政和三年(1113年),"江东旱疫"⑧。

南宋孝宗隆兴二年(1164年)冬,两浙东路和两浙西路发生水灾,引发江南疫病大流行。关于这次疫病的形成及流行情况,《宋史》卷六二《五行志一下》记载甚

---

① [宋]司马光:《温国文正司马公文集》卷25《上皇帝疏》,《四部丛刊初编》缩编本,第181册,第236、237页。又见[宋]李焘:《续资治通鉴长编》卷206,治平二年八月,第4985页。

② [宋]吕公著:《上英宗应诏论水灾》,[宋]赵汝愚编,邓广铭等点校:《宋朝诸臣奏议》卷42《天道门·灾异六》,上海:上海古籍出版社,1999年版,第427页。

③ [宋]韩维:《上英宗乞追还诏书复吕诲等职事》,[宋]赵汝愚编,邓广铭等点校:《宋朝诸臣奏议》卷90《礼乐门·濮议下》,上海:上海古籍出版社,1999年版,第972页。

④ [元]脱脱等:《宋史》卷347《黄廉传》,北京:中华书局,2007年版,第11002页。

⑤ [宋]郑獬:《上神宗论青苗》,[宋]赵汝愚编,邓广铭等点校:《宋朝诸臣奏议》卷114《财赋门·新法六》,上海:上海古籍出版社,1999年版,第1240页。

⑥ [宋]沈括撰,胡道静校正:《梦溪笔谈校正》卷20《神奇》,上海:上海古籍出版社,1987年版,第665、666页。

⑦ [元]脱脱等:《宋史》卷338《苏轼传》,北京:中华书局,2007年版,第10812、10813页。又见[宋]苏轼著,孔凡礼点校:《苏轼文集》卷30《乞赈济浙西七州状》,第849~852页;[宋]苏辙著,陈宏天、高秀芳校点:《苏辙集·栾城后集》卷22《亡兄子瞻端明墓志铭》,第1115~1126页。

⑧ [元]马端临:《文献通考》卷304《物异考十》,北京:中华书局,1986年版,第2396页。

详:"隆兴二年冬,淮甸流民二三十万避乱江南,结草舍遍山谷,暴露冻馁,疫死者半,仅有还者亦死。"同时,这些流民又将疫病从淮南地区传染给了两浙民众,造成"浙之饥民疫者尤众"[①]的惨状。一直到乾道元年(1165年),疫病还在两浙路临安府、绍兴府和归安县一带蔓延。尽管尚不清楚这次传染病究竟是何种疫病,但其致死率极强,有一半的人口死于此次疫病。

地震是中国古代较严重的自然灾害之一,其突发性和破坏性对宋代社会造成巨大危害,震后时常发生疫病流行。如嘉祐五年(1060年)五月己丑,"京师地震"[②],随即"京师大疫"[③],著名文学家梅尧臣(1002—1060年)在这次疫病流行中病亡。

从疾病传播学的角度来看,旱灾、水灾、震灾、火灾后出现的饥饿,不仅容易造成民众身体素质的下降,而且也容易引起人口向富庶地区或州县治所迁徙,从而成为疾病传播的媒介和载体。其影响有二:一是由饥饿引起的疫病,宋人直接称其为"饥疫",其造成的人口死亡相当可怕。如淳化三年(992年),两浙路三吴地区"岁饥民疫"[④]。庆历八年(1048年),河北路、京东路发生大水,继而大饥,出现人相食的惨状,由于当地官吏救灾方法不当,遂引发大规模的疫病传播。苏轼《富郑公神道碑》载:"前此救灾者,皆聚民城郭中,煮粥食之,饥民聚为疾疫,及相蹈籍死,或待次数日不食,得粥皆僵仆,名为救之而实杀之。"[⑤]皇祐四年(1052年)冬十月,"诸路饥疫相仍"[⑥]。二是带病之民迁徙引发新一轮疫病传播,不仅使疫病向更远更广的地区传播,而且造成更大范围的死亡。对于这一特点,宋政府也有明确的认识。如元祐七年(1092年)四月己巳户部奏:"伏谓救荒犹救病也。正灾伤时,犹病正作,救死而已。灾伤之后,犹病新除,未可忽也,正须扶养以就安耳。饥疫之年,乡村人户迫于朝夕,往往逃移。"[⑦]绍兴初年(1131年),宋金战事不断,南逃之人大都聚集于长江以南地区。六月,"浙西大疫,平江府以北,流尸无算"。秋冬,绍兴府"连年大疫"。绍兴三年(1133年)二月,湖南永州、零陵一带又发生疫病

---

① 　[元]脱脱等:《宋史》卷62《五行志一下》,北京:中华书局,2007年版,第1370页。
② 　[元]脱脱等:《宋史》卷12《仁宗本纪四》,北京:中华书局,2007年版,第245页。
③ 　[宋]欧阳修著,李逸安点校:《欧阳修全集·居士集卷》卷33《梅圣俞墓志铭并序》,北京:中华书局,2001年版,第496～499页。又见[宋]欧阳修:《梅直讲圣俞墓志铭》,[宋]杜大珪编:《名臣碑传琬琰之集》中卷34,第465,466页。
④ 　[明]王鏊:《姑苏志》卷39《宦迹三·宋珰》,影印文渊阁《四库全书》本,第493册,第696页。
⑤ 　[宋]苏轼著,孔凡礼点校:《苏轼文集》卷18《富郑公神道碑》,北京:中华书局,1986年版,第525～529页。又见[元]脱脱等:《宋史》卷313《富弼传》,第10253,10254页。
⑥ 　[宋]李焘:《续资治通鉴长编》卷173,皇祐四年冬十月丁亥,北京:中华书局,2004年版,第4176页。
⑦ 　[宋]李焘:《续资治通鉴长编》卷472,元祐七年四月己巳,北京:中华书局,2004年版,第11270页。

流行①。

由此可见,自然灾害的频繁发生及环境变化,以及由此引起的人口饥饿、流动和体质下降,使得民众远较常年容易感染疫病。同时,灾害期间地方政府设立的施粥救济场所和临时安置居所,无意中也为疫病的传播提供了链条。

2. 战争引发的疫病流行

战争造成的兵员伤亡、人口迁徙和因粮食短缺而引发的饥饿,为疫病的形成创造了条件。同时,战争过程中的军队调动、民众迁徙和混乱的社会秩序,会将疫病从一个地方传向更多更远的地区,这是宋代疫病发生的一个重要特点。桑林在《瘟疫:文明的代价》一书中认为:"虽然两者(指战争与疫病)经常如影随形的在一起,但一般不是战争的发动者故意将他们结合起来的,而是由于战乱和社会的无序所造成的。"②笔者赞同这种看法,认为战争不仅加速了疫病的形成和传播,而且由于疫病的流行而影响到战争本身。

开宝二年(969年)闰五月,宋军在统一太原的战争中受阻,围城部队发生"腹痢"。从太常博士李光赞《上太祖谏伐河东乞班师》来看,闰五月"时属炎蒸,候当暑雨,傥或河津泛溢,道路阻艰"③,是此次疫病发生的根本原因。从时令来看,这次军中大疫可能为痢疾。乾德元年(963年)七月,荆湖南路行营将校发生疾疫。④庆历六年(1046年)四月,荆湖南路戍兵疫,宋仁宗谓辅臣曰:"蛮猺未平,兵久留戍,南方夏秋之交,常苦瘴雾,其令医官院定方和药,遣使给之。"⑤熙宁九年(1076年)五月至十一月,广南西路安南营将士发生"疾疫"⑥,持续数月之久。元丰五年(1082年)正月,驻屯泸州(治今四川宜宾)的士兵,"罹疫物故者六七千人,所费约缗钱百余万"⑦。元祐二年(1087年)春,广南"疫疠大作","以钩藤散治之,辄

---

① [元]脱脱等:《宋史》卷62《五行志一下》,北京:中华书局,2007年版,第1370页。又见[清]徐松辑:《宋会要辑稿》食货68之120,第6313页。

② 桑林:《瘟疫:文明的代价》,广州:广东经济出版社,2003年版,第159页。

③ [宋]李光赞:《上太祖谏伐河东乞班师》,[宋]赵汝愚撰,邓广铭等点校:《宋朝诸臣奏议》卷120,上海:上海古籍出版社,1999年版,第1315页。

④ [宋]李焘:《续资治通鉴长编》卷4,乾德元年七月癸亥,北京:中华书局,2004年版,第98页。又见[元]脱脱等:《宋史》卷1《太祖本纪一》,第14页。

⑤ [宋]李焘:《续资治通鉴长编》卷158,北京:中华书局,2004年版,第3825页。又见[元]脱脱等:《宋史》卷11《仁宗本纪三》,第221页;[元]脱脱等:《宋史》卷493《蛮夷传》,第14184页。

⑥ [元]脱脱等:《宋史》卷15《神宗本纪二》,北京:中华书局,2007年版,第292页。

⑦ [宋]司马光撰,邓广铭、张希清点校:《涑水记闻》卷13,北京:中华书局,1997年版,第272页。

愈"①。建中靖国元年(1101年)夏,修建宋哲宗永泰陵的工役兵民,"入夏以来,天气向热,渐因疾疫,多致死亡。"②宣和二年(1120年),沧州南皮县弓手张德平,"日以健勇,擒捕有获,然多及平人,因瘟疫死。"③

两宋之际,中国的政治、军事格局发生巨大的变化。宣和七年(1125年)金灭辽,靖康元年(1126年)金兵南下伐宋,围开封府达数月之久。靖康二年(1127年)春,开封军民发生大疫,一半人口死于疫病。徐梦莘《三朝北盟会编》卷八六《靖康中帙》载:

> 初,贼(改做敌)围城,放兵四掠,东及沂,西至濮、兖,南至陈、蔡、颍,皆被其害。陈、蔡二州虽不被害,属县焚烧略尽,泗淮之间荡然矣。京城之外坟垄悉遭掘,出尸取其棺为马槽,杀人如割麻,臭闻数百里。京城以故数大疫,死者过半④。

李心传《建炎以来系年要录》卷四载:"敌之围城也,京城外坟垄发掘略遍,出尸取椁为马槽,城内疫死者几半。"⑤《宋史》卷六二《五行志一下》亦载:"建炎元年三月,金人围汴京,城中疫死者几半。"⑥这一半人口中包含了大批士兵。在金兵和疫病的双重打击下,开封沦陷,北宋政府灭亡。

宋金之际发生在开封的疫病究竟是何种传染病,史书记载简略。但从时令和死亡人口来看,此次疫病应为烈性传染病,可能为斑疹伤寒或鼠疫之类的疫病。这次由战争引起的疾疫,同样也祸及到了南侵的金军。绍兴三年至四年(1133—1134年),进犯利州东路兴元府(治今陕西汉中)、洋州(治今陕西洋县)的金兵,因受到南宋军队刘子羽部的打击,疫病流行,"死伤十五六,疫疠且作,亟遁去"⑦。

---

①　［宋］朱彧:《萍洲可谈》卷2《王士良冥府得治疫疠方》,《宋元笔记小说大观》第2册,上海:上海古籍出版社,2001年版,第2314,2315页。

②　［明］黄淮、杨士奇编:《历代名臣奏议》卷107《仁民》,上海:上海古籍出版社,1989年版,第1433~1444页。

③　［宋］江万里:《宣政杂录·墓尸化蛇》,［元］陶宗仪:《说郛》卷26,北京:中国书店,1986年版,第11页。

④　［宋］徐梦莘:《三朝北盟会编》卷96《靖康中帙七十一》,上海:上海古籍出版社,1987年版,第711页。

⑤　［宋］李心传:《建炎以来系年要录》卷4,建炎元年夏四月辛酉,北京:中华书局,1956年版,第92,93页。

⑥　［元］脱脱等:《宋史》卷62《五行志一下》,北京:中华书局,2007年版,第1370页。

⑦　［元］脱脱等:《宋史》卷370《刘子羽传》,北京:中华书局,2007年版,第11507页。又见［宋］张栻:《宋故右朝议大夫充徽猷阁待制致仕彭城县开国子食邑五百户赠少傅刘公墓志铭》,［宋］杜大珪编:《名臣碑传琬琰之集》下卷23,第837~846页。

《三朝北盟会编》卷一五八载："涉春已深，疠疫且作，遂遁去，为我师掩击，及堕溪谷死者不可胜计，虏（改作敌）之去四月也。其余众不能自拔者悉降，凡十数栅，虏（改作敌）之丧失莫甚于此役。"①从北宋末期到南宋初年的短短十年间（1125—1134 年），北方地区因战争引发疾疫多次流行，导致军民人数锐减。绍兴四年（1134 年），张浚上奏宋高宗说："自往岁用兵，大军以奔驰，疾疫死亡，十之四五。陛下慨念及此，既望诸将再行招募。若淮北之人不复再渡，所募之卒何自而充伍也？"②可见，南宋初年由于疾疫流行造成的军队人员死亡，是相当的惊人，并影响到新兵队伍的扩充。

南宋绍兴十年（1140 年）六月十八日，刘锜奏："顺昌府累与金贼大兵接战，其酋首三路韩将军、龙虎大王等，皆缘败衄，往东京告急。至今月九日，四太子亲率大兵诸头项贼马并力攻围府城。于当日激励将士，戮力血战，杀死约五千余人，及捉到活人，供通伤中者一万余人，往往身体黄肿，皆用骡马驮负北去，马中伤死者三千余匹。"③此病发生在六月的顺昌府（治今安徽阜阳），症状为身体黄肿，与寄生虫病类似。

绍兴三十一年（1161 年），金兵南侵，宋金在两浙西路镇江（治今江苏镇江）发生激战，"我师御敌而还遇疫"④。绍兴三十二年（1162 年）五月辛亥，张子盖救海州（治今江苏连云港），"战士大疫"⑤。淳熙八年（1181 年）夏四月，"行都大疫，禁旅多死"⑥。嘉定三年（1210 年）夏四月，临安大疫，都民、士兵多"疫死"⑦。

宝祐六年（1258 年），蒙古军队南征，总帅相公过扬州时俘虏南宋军民万余口，至腊月中班师，值大雪三日，"新掠人不禁冻馁，皆病头疼咳嗽，腹痛自利，多致死

① ［宋］徐梦莘：《三朝北盟会编》卷 158《炎兴下帙》，上海：上海古籍出版社，1987 年版，第 1148 页。

② ［宋］朱熹：《晦庵先生朱文公文集》卷 95《少师保信军节度使魏国公致仕赠太保张公行状》，［宋］朱熹撰，朱杰人主编：《朱子全书》第 25 册，第 4350～4444 页。又见［明］黄淮、杨士奇等：《历代名臣奏议》卷 88《经国》，第 1210 页。

③ ［清］徐松辑：《宋会要辑稿》兵 14 之 27～28，北京：中华书局，2006 年版，第 7006 页。

④ ［宋］刘宰：《漫塘文集》卷 30《故澹轩先生艾公及其妻李氏墓志铭》，民国十五年吴兴刘氏嘉业堂刻本，第 2～4 页。

⑤ ［宋］叶适撰，刘公纯等校：《叶适集·水心文集》卷 13《翰林医痊王君墓志铭》，北京：中华书局，1961 年版，第 243～245 页。又见［元］脱脱：《宋史》卷 462《方技传下·王克明传》，第 13531 页。

⑥ ［元］脱脱等：《宋史》卷 62《五行志一下》，北京：中华书局，2007 年版，第 1371 页。又见［元］脱脱等：《宋史》卷 35《孝宗本纪三》，第 675 页；［清］徐松：《宋会要辑稿》食货 58 之 14，第 5828 页。

⑦ ［元］脱脱等：《宋史》卷 62《五行志一下》，北京：中华书局，2007 年版，第 1371 页。又见［元］脱脱等：《宋史》卷 39《宁宗本纪三》，第 754，755 页。

亡者"。随即,蒙军统帅相公亦病,"其证头疼咳嗽,自利腹痛,与新虏人病无异"①。从军医罗天益的记述来看,这次疫病很可能为伤寒病。

德祐元年(1275 年)六月庚子,两浙东路婺州(治今浙江金华)四城的军民因元军迁徙,"流民患疫而死者不可胜计,天宁寺死者尤多",一直到德祐二年(1275 年)闰三月,"数月间,城中疫气薰蒸,人之病死者不可以数计。"②祥兴元年(1278 年)八月,文天祥率军进入广东抵抗元军,"军中疫且起,兵士死者数百人。天祥惟一子,与其母皆死。"③

以上说明,战争引发的疫病是宋代军中发生的较为普遍的一种传染病。其流行时的突发性、传染性和病死率高的特征,对宋代军队造成严重的危害。

3. 工程场所、学校、监狱、交通要冲等地发生的疫病

黄河决口是宋代历史上的一件大事,对宋代社会带来深刻的影响。为了治理黄河,宋政府在黄河岸边集中了大量的官吏、军队、工程人员和民工,密集的人口和潮湿的环境,极易引发疫病的流行。如元祐三年(1088 年)四、五月间,黄河岸边发生疫病流行,由于都水使者范志渊的隐瞒和克扣药物,造成大量人员的死亡。《续资治通鉴长编》卷四一六载:"今岁四五月间,河上役兵劳苦无告,尝有数百人持版筑之械,访求都水使者,意极不善,赖防逻之卒拥拒而散。盛夏苦疫,病死相继,使者恐朝廷知之,皆于垂死放归本郡,毙于道路者不知其数。"④从"盛夏苦疫,病死相继"、"毙于道路者不知其数"来看,疫病对修河工程人员造成的病死率是相当高的。

巩县皇陵是人口相对密集的地区之一,常有疫病发生和流行。如元丰八年(1085 年)六月二十四日,知河南府韩绛奏:"山陵役兵病死,方盛暑之际,臣权宜与免检覆,然辄违诏条,自劾以闻。"⑤建中靖国元年(1101 年)夏,修建宋哲宗永泰陵的工役人兵,"入夏以来,天气向热,渐因疾疫",加之"聚众之所,难得医药",造成了修陵民工"多致死亡"的惨状。因此,左正言任伯雨上奏道:"祖宗爱民之意,虽远不忘,而况近在京洛事于泰陵。自今以后,数月之间,暑热有加,工役未已。欲望陛下时遣中使颁赐药饵,恤其劳苦,问其饮食,如此则人情欣悦,沴气必消。赴功之人,乐于尽力,亦可以见陛下致厚于泰陵之意。如以臣言为然,只乞作圣意访

---

① ［元］罗天益:《卫生宝鉴》卷 3《时气传染》,许敬生主编:《唐宋金元名医全书大成·罗天益医学全书》,北京:中国中医药出版社,2006 年版,第 39 页。

② ［元］脱脱等:《宋史》卷 62《五行志一下》,北京:中华书局,2007 年版,第 1371 页。

③ ［元］脱脱等:《宋史》卷 418《文天祥传》,北京:中华书局,2007 年版,第 12538 页。

④ ［宋］李焘:《续资治通鉴长编》卷 416,元祐三年十一月甲辰,北京:中华书局,2004 年版,第 10115 页。

⑤ ［清］徐松辑:《宋会要辑稿》刑法 6 之 3,北京:中华书局,2006 年版,第 6695 页。

闻，指挥施行。"①

学校因人口集中而极易发生疫病流行。如宣和二年（1120年）五月，京师开封流行大疫，宋代最高学府太学也未能幸免。许景衡《横塘集》卷一九《丁大夫（刚选）墓志铭》载："京师方大疫，太学诸生多感疾。"②宣和七年（1125年），太学再次发生疫病，由于当时苏文盛行，太学生崇信苏轼"圣散子方"，误服了药物，造成许多学生死亡。欧阳守道《巽斋文集》卷一〇《欧阳生兵书序》载："宣和末，太学生诵苏文甚习，适诸斋大疫，人人皆以此方经东坡主张之，故服之，多死。"③

监狱也是疫病流行的地区之一。除环境恶劣外，行政公文的迟缓是其主要因素之一。如庆元三年（1197年）七月二十七日，臣僚奏："大理寺左断刑，天下奏案之所聚，人命死生，刑名出入，皆于此决。一失其平，是非讹舛，生死倒置，冤滥可胜言哉！窃见州郡勘鞫大辟公事，除正犯人外，知证干连者又不知几人。自初勘以至圆结，有经涉一二年者。比至奏案到寺，定断行下，又须数月。若系川、广，即往反动涉年岁。每勘一大辟公事，自始至末，不下二三年，方得断遣。今闻大理寺遇有发下狱案，数目壅并，详断不及。吏辈虑恐省部催促问难，多是搜寻些少不圆情节，申乞取会，便将名件销豁，作已结绝之类。殊不知一经取会，远地往反又是一二年，是致州郡刑狱多有淹延，盛夏隆冬，饥寒疾疫，因系者（瘦）[瘐]死，监留者失业，召民怨而伤和气，莫此为甚。"④

交通要冲亦是疫病较易发生的地区，杭州、广州等地多次发生疫病流行。如元祐四年（1089年）三月，两浙路杭州（治今浙江杭州）发生大旱，随之饥疫流行，杭州知州苏轼亲自指挥了这次疫病的防治。《宋史》卷三三八《苏轼传》载："既至杭，大旱，饥疫并作。轼请于朝，免本路上供米三之一，复得赐度僧牒，易米以救饥者。明年春，又减价粜常平米，多作饘粥药剂，遣使挟医分坊治病，活者甚众。轼曰：'杭，水陆之会，疫死比他处常多。'乃裒羡缗得二千，复发橐中黄金五十两，以作病坊，稍畜钱粮待之。"⑤元祐四年杭州大疫发生的直接原因是干旱和饥饿所致，但苏轼也认识到杭州作为南北陆路交通和海上丝绸之路的交会之所，疫死比他处常

① [明]黄淮、杨士奇编：《历代名臣奏议》卷107《仁民》，上海：上海古籍出版社，1989年版，第1433～1444页。

② [宋]许景衡：《横塘集》卷19《丁大夫墓志铭》，影印文渊阁《四库全书》本，第1127册，第336页。

③ [宋]欧阳守道：《巽斋文集》卷10《欧阳生兵书序》，影印文渊阁《四库全书》本，第1183册，第587页。

④ [清]徐松辑：《宋会要辑稿》职官24之41，北京：中华书局，2006年版，第2912页。

⑤ [元]脱脱等：《宋史》卷338《苏轼传》，北京：中华书局，2007年版，第10812页。又见[宋]苏轼著，孔凡礼点校：《苏轼文集》卷30《乞赈济浙西七州状》，第849～852页；苏辙著，陈宏天、高秀芳校点：《苏辙集·栾城后集》卷22《亡兄子瞻端明墓志铭》，第1115～1126页。

多。广南东路广州(治今广东广州),"商旅所聚,疾疫之作,客先僵仆,因薰染居者,事与杭相类。"①

4. 南方瘴疫的流行

在宋代发生的204次疫病中,其中10余次就与瘴疾有关。从宋代文献记载来看,瘴疫发生的地区主要分布在荆湖北路、荆湖南路、广南西路、广南东路、益州路、梓州路、夔州路、利州路、福建路和两浙路一带,瘴疫在春夏秋三季都有流行,夏季尤甚。从宋代官修医学著作、政府诏令和士大夫文集、笔记的记载来看,瘴气引发的疾病既包括南方流行的某些地方性疾病,也包括部分传染性较强的热带病。由于瘴气是多种疾病的泛称,其名称十分复杂。据冯汉镛研究,文献中的瘴气除指疟疾外,还有瘴疫、瘴痢、瘴毒脚气、瘴疽等②。周去非《岭外代答》卷四《风土门》详细地记载了宋代瘴疫的地域分布和变迁。

> 岭外毒瘴,不必深广之地。如海南之琼、管,海北之廉、雷、化,虽曰深广,而瘴乃稍轻。昭州与湖南、静江接境,士夫指以为大法场,言杀人之多也。若深广之地,如横、邕、钦、贵,其瘴殆与昭等,独不知小法场之名在何州。尝谓瘴重之州,率水土毒尔,非天时也。昭州有恭城,江水并城而出,其色黯惨,江石皆黑。横、邕、钦、贵皆无石井,唯钦江水有一泉,乃土泉非石泉也。而地产毒药,其类不一,安得无水毒乎?瘴疾之作,亦有运气如中州之疫然。大概水毒之地必深广。广东以新州为大法场,英州为小法场,因并存之。

瘴疫发作带来的高死亡率,给宋人造成极大的恐惧,人们称岭南之地为"大法场"、"小法场"和"人间地狱",多不愿前往做官。

关于瘴疫形成的原因,周去非亦有详细的解释:

> 南方凡病,皆谓之瘴,其实似中州伤寒。盖天气郁蒸,阳多宣泄,冬不闭藏,草木水泉,皆禀恶气。人生其间,日受其毒,元气不固,发为瘴疾。轻者寒热往来,正类痁疟,谓之冷瘴。重者纯热无寒,更重者蕴热沉沉,无昼无夜,如卧灰火,谓之热瘴。最重者,一病则失音,莫知所以然,谓之痖瘴。冷瘴未必死,热瘴久必死,痖瘴治得其道,间亦可生。冷瘴以

① [宋]苏轼著,孔凡礼点校:《苏轼文集》卷56《与王敏仲书九》,北京:中华书局,1986年版,第1692页。
② 冯汉镛:《瘴气的文献研究》,载《中华医史杂志》1981年第11卷第1期,第44页。

疟治,热瘴以伤寒治,痖瘴以失音伤寒治,虽未可收十全之功,往往愈者过半①。

龚胜生认为:"这种临床症状既象伤寒又似疟疾的瘴病就是恶性疟疾。"②现代传染病流行病学将瘴疫称为疟疾,是由疟原虫引起的急性传染病,传播媒介是蚊子,周期性发作。症状是发冷发热,热后大量出汗,头痛,口渴,全身无力。疟疾对气候、地理环境的要求很高,尤其是恶性疟疾流行时,常会引起大量人口死亡。即使是普通疟疾,在遇到灾荒或社会动乱的情况下,也会引起大范围的流行,威胁民众的生命③。

两宋时期,全国范围内均有瘴疫流行的文献记载,但尤以广南东西路、荆湖南北路、江南东西路、川峡四路和福建路等记载较多。

4.1　广南东、西路

开宝五年(972年),政府初平岭南,"以其地有瘴毒,艰于命吏",宋太祖"诏以太子中允周仁俊领琼管五州"。周仁俊奏:"请以伪命官骆崇璨等分知诸州事,乃以崇灿知崖州,谭崇知儋州,杨舜卿知振州,朱光毅知万安州,仍各授检校官。"④太平兴国五年至六年(980—981年),北宋军队远征交趾,"其地炎瘴,士卒死者十二三"⑤。咸平元年(998年)二月,广南东路转运使康戩奏:"新、恩、循、梅四州瘴有毒,请于江南州县官中就选知州。"⑥景祐三年(1034年)正月,广南路兵民苦瘴毒,宋政府于是"置医药"⑦。天圣四年(1026年)五月初八日,广南西路转运司奏:"南仪州实在山险中,多有岚瘴,前后官吏、军民亡殁者众,乞移于岑雄驿平坦之处建立",宋仁宗"从之"⑧。元丰二年(1079年)四月十七日,广南西路经略司奏:"宾州瘴疠。"⑨

熙宁八年至九年,交趾大举进犯广南西路诸州,前往征讨的宋军由于是中原

①　[宋]周去非著,杨武泉校注:《岭外代答校注》卷4《风土门·瘴》,北京:中华书局,1999年版,第151~153页。
②　龚胜生:《2000年来中国瘴病分布变迁的初步研究》,载《地理学报》1993年第48卷第4期,第304~315页。
③　邹圣强:《传染病学》,兰州:兰州大学出版社,2003年版,第132页。
④　[清]徐松辑:《宋会要辑稿》职官47之2,北京:中华书局,2006年版,第3419页。
⑤　[元]脱脱等:《宋史》卷270《许仲宣传》,北京:中华书局,2007年版,第9268页。
⑥　[清]徐松辑:《宋会要辑稿》职官47之3,北京:中华书局,2006年版,第3419页。
⑦　[元]脱脱等:《宋史》卷10《仁宗本纪二》,北京:中华书局,2007年版,第201页。
⑧　[清]徐松辑:《宋会要辑稿》方域7之23,北京:中华书局,2006年版,第7436页。
⑨　[清]徐松辑:《宋会要辑稿》职官47之14,北京:中华书局,2006年版,第3425页。

人,不习水土,在广西境内引发瘴疫的流行,十万大军因"瘴疠腹疾"而死者十之八九。《续资治通鉴长编》卷四九一载:"民大饥,疫死者相枕藉。自丙辰春出师讨交趾,丁巳春师还,死者数十万。"①《宋史》卷二七〇《许仲宣传》亦载:"会征交州,其地炎瘴,士卒死者十二三。"②熙宁十年(1077 年)十二月甲辰,张方平在《上神宗谏用兵》中也称:"沈起、刘彝复发于安南,使十余万人暴露瘴毒,死者十而五六。"③从以上记载可以看出,尽管宋军在交趾的军事行动中取得了胜利,但因瘴疫盛行而付出惨重的代价,士兵死亡率在十之二三至十之八九之间。

熙宁十年(1077 年)六月,岭南地区大热,"病瘴者多,方屯兵未解,官吏将校,在彼者众。"④

南宋建炎四年(1130 年),广南西路梧州(治今广西梧州),"瘴疠大作,王及之郎中、张鼎郎中、葛彖承议三家病瘴,悉至灭门",次年,"北客与土人感瘴,不幸者,不可胜数"⑤。乾道四年(1168 年)五月二十六日,尚书省奏:"勘会二广州军多系荒僻瘴疠之地,无人愿就,有久阙守臣去处。"⑥淳熙十二年(1185 年)进奏院状:"称二广州郡内有瘴疠。"⑦庆元五年(1199 年)十二月二十四日,臣僚奏:"窃见广东一路十(月)[有]四州,惟英德府烟瘴最甚,有'人间生地狱'之号⑧,人们对其极为恐惧。嘉定五年(1212 年)九月一日,臣僚奏:"往者江湖之寇,皆深据溪洞峻绝之地,缘崖触石,人迹罕到。惟有比近土豪隅官之家所养义丁与之相习,故能上下山阪,闯窥巢穴。连年官军虽暴露于外,而每每假土人以为乡导。至于死损人丁,丧失生业,亦可怜悯。间有一家父子兄弟之间连遭屠戮,又因冒寒暑、染疾疠,与其队伍相毙于军中者。今上自主帅,下至将校,皆次第蒙赏,而土豪隅官之徒捐躯于兵间者尚有所遗。乞下江西、湖南安抚司广加体访,仍许各人自陈,选委清强有心力官核实。应土豪隅官除曾系捕贼立功已(摧)[推]赏外,其余实因讨捕受害阵

①　[宋]李焘:《续资治通鉴长编》卷 491,绍圣四年九月,北京:中华书局,2004 年版,第 11647 页。又见[宋]陈均编,许沛藻等点校:《皇朝编年纲目备要》卷 24,第 603 页。

②　[元]脱脱等:《宋史》卷 270《许仲宣传》,北京:中华书局,2007 年版,第 9268 页。

③　[宋]张方平:《上神宗谏用兵》,[宋]赵汝愚编,邓广铭等点校:《宋朝诸臣奏议》卷 121,上海:上海古籍出版社,1999 年版,第 1331～1333 页。又见[宋]李焘:《续资治通鉴长编》卷 286,熙宁十年十二月甲辰,第 7007 页。

④　[宋]李焘:《续资治通鉴长编》卷 283,熙宁十年六月丁酉,北京:中华书局,2004 年版,第 6926 页。

⑤　[宋]李璆、张致远原辑,[元]释继洪纂修,郭瑞化、马湃点校:《岭南卫生方》卷上《李待制瘴疟论》,上海:上海科学技术出版社,2001 年版,第 2 页。

⑥　[清]徐松辑:《宋会要辑稿》职官 47 之 35,北京:中华书局,2006 年版,第 3435 页。

⑦　[清]徐松辑:《宋会要辑稿》职官 10 之 13,北京:中华书局,2006 年版,第 2606 页。

⑧　[清]徐松辑:《宋会要辑稿》职官 5 之 58,北京:中华书局,2006 年版,第 2491 页。

亡之家,并与保明,具申朝廷,量与赏犒。"①嘉定九年(1216 年)四月二日,臣僚奏:"二广气候恶弱,西广尤甚,今资格之合入县令者,必不肯深入瘴烟之地。"②可见,瘴疾造成的死亡率相当的惊人,以至于官吏不肯去两广任职。

4.2 荆湖南路

荆湖南路是宋代瘴疫频繁发生的地区之一,"官军久戍南方,夏秋之交,瘴疠为虐"③。庆历四年(1044 年)夏,荆湖南路少数民族叛乱,宋政府调发军队镇压,"方夏瘴热,罹疾者众"④。包拯在分析这次军队染疾的原因时说:"缘北人乍到,不谙风土,多染瘴疫之疾。"⑤包拯的分析是正确的,瘴疫对初到南方的北方之人有很强的感染力。

绍兴三十二年(1162 年)八月十三日,沅州知州秦杲奏:"卢阳、黔阳、麻阳三县各接猺獠生界,及接广南系水土恶弱瘴烟之地,县令任满循两资。"⑥绍熙三年(1192 年)闰二月二十四日,权知沅州刘珪奏:"窃见沅州烟瘴之气,人多疾病,缘无良医诊治,拱手待毙,深可怜悯。"⑦

4.3 江南东、西路

皇祐三年(1051 年)五月二十六日,臣僚上奏:"南方州军,连年疫疾瘴疠,其尤甚处,一州有死十余万人。"⑧

淳熙四年(1177 年)十二月四日,赣州知州彭演奏:"赣之为州,在江西之极南,实与岭南接境。龙南、安远二县瘴疠之气,视岭南他州县殆甚焉。"⑨绍熙元年(1190 年)五月二日,赣州知州郑汝谐奏:"龙南、安远两县最为烟瘴之地,自裁减赏典之后,无人肯就。"⑩绍熙三年(1192 年)七月七日,留正奏云:"龙南有瘴。"⑪

---

① [清]徐松辑:《宋会要辑稿》兵 20 之 15～16,北京:中华书局,2006 年版,第 7109 页。

② [清]徐松辑:《宋会要辑稿》职官 48 之 22,北京:中华书局,2006 年版,第 3466 页。

③ [元]脱脱等:《宋史》卷 493《蛮夷传一·西南溪洞诸蛮上》,北京:中华书局,2007 年版,第 14184 页。

④ [宋]李焘:《续资治通鉴长编》卷 148,庆历四年夏四月甲午,北京:中华书局,2004 年版,第 3574 页。

⑤ [宋]包拯著,杨国宜校注:《包拯集校注》卷 1《论蛮贼事二》,合肥:黄山书社,1999 年版,第 83,84 页。

⑥ [清]徐松辑:《宋会要辑稿》职官 48 之 36,北京:中华书局,2006 年版,第 3473 页。

⑦ [清]徐松辑:《宋会要辑稿》职官 36 之 125,北京:中华书局,2006 年版,第 3134 页。

⑧ [唐]王焘撰,[宋]林億等校:《重订唐王焘先王外台秘要方》卷首《劄子》,北京:人民卫生出版社,1982 年版,第 25 页。

⑨ [清]徐松辑:《宋会要辑稿》职官 48 之 20,北京:中华书局,2006 年版,第 3465 页。

⑩ [清]徐松辑:《宋会要辑稿》职官 48 之 43,北京:中华书局,2006 年版,第 3477 页。

4.4　川峡四路

川峡地区亦是宋代瘴疾频繁发作的地区之一,尤其是夔州路和利州路,文献中多次记载瘴疫发生。大中祥符二年(1009 年)九月,梓州路戎州(治今四川泸州)、泸州(治今四川宜宾)军民发生瘴疫①。淳熙七年(1180 年)夏四月二十三日至六月,成都府路黎州(治今四川汉源)少数民族叛乱,南宋军队在平叛过程中因瘴疫死者不计其数。周必大《记黎州事》载:"蛮人于三角圩出没,诱致官兵。光廷、晁遽率兵赴之,既为蛮人所乘,即上马先遁。蛮据羊纳隘桥,截断官军归路,坠崖死亡甚众,遂弃新堡、军需、粮食。蛮人进至富庄城,距州城三十里。城中扰乱,几至失守,统领府顺将官张琦皆死,官兵死者四百余人,瘴疫死者不在其数。"②

4.5　福建路及其他地区

绍兴十五年(1145 年)六月,福建路漳州、泉州、汀州、建州和江西、广东相交之境,盗贼盛行,前往围剿的官军因"不习山险,多染瘴疫",对这伙盗贼"难于掩捕"③。

这些充分说明:瘴疫在宋代是传染性强、病死率较高的疾病之一,与地理环境有着密切的关系。其一经发作,不仅传播快,而且病情重,尤其是北方之人初到南方,在不适应气候和水土的条件下,更易患上这种疾病。如熙宁十年(1077 年),由于"中原人不习水土,加时热瘴大起,于是十万大师瘴疠腹疾,死者八九"④,导致宋伐交趾的战争受到影响。宋人在疾病之前冠以"瘴"字,说明了这种疾病的发生率是很严重的,宋人对这种疾病大多也充满了恐惧心理。

三、宋代疫病流行的特点及变化

从官修医学方书《太平圣惠方》和《圣剂总录》的分类来看,传染性流行性的疾病主要有伤寒病(斑疹伤寒)、疫病、时气病、天行温疫、瘴疾、大风癞疾、斑痘疮病、麻疹、痄腮病、喉痹病、黄肿病、肺痨病、痢疾、脚气病等。这些疫病的发生和流行,呈现出以下一些特点和变化:

第一,自然灾害引发的疫病成为宋代疫病流行的主要方式之一。宋代生产力发展带来的人口增长和定居地扩展,打破了原始状态下的生态平衡。耕地面积的

---

①　[元]脱脱等:《宋史》卷 7《真宗本纪二》,北京:中华书局,2007 年版,第 141 页。

②　[宋]周必大:《文忠集》卷 181《记黎州事》,影印文渊阁《四库全书》本,第 1149 册,第 49,50 页。

③　[宋]李心传:《建炎以来系年要录》卷 153,绍兴十五年六月,北京:中华书局,1956 年版,第 2475 页。

④　[宋]蔡绦撰,冯惠民、沈锡麟点校:《铁围山丛谈》卷 2,北京:中华书局,1997 年版,第 35 页。

拓展和经济的发展,导致森林退缩,部分河流的泥土流失情况随处存在。尽管宋代时已采用肥料来维持土壤的结构,并使用梯田来努力控制山坡地的泥土流失,但持续增长的人口压力所导致的过多开垦和对树木的乱砍乱伐,给生态平衡造成一定的破坏。据沈括《梦溪笔谈》卷二四记载:"今齐、鲁间松林尽矣,渐至太行、京西、江南,松山太半皆童矣。"[①]说明北宋经济较为发达的黄河中下游地区,由于森林减少,旱灾、涝灾和蝗灾发生的次数显著增加,这与疫病在该地大规模流行的趋势是相一致的。从中国古代经济发展史来看,唐宋以来中国社会经济重心由北向南的移动及其在南宋的最终完成,直接导致了中国人口分布重心的变化——人口南增北减及城市化中南方的速度大大加快。可见,唐宋人口的变动和社会经济因素的多元化,直接影响到宋代疫病的地理分布和形成。因此,疫病的形成与宋代社会经济之间有着密切的联系。陈正祥在《中国文化地理》中所统计的南北方人口增减情况,相当鲜明地反映了这种变化[②]。

表 4-3 中国历代南北方人口变迁情况

朝 代	北方户数 (单位:万)	南方户数 (单位:万)	南北对比情况 (南方/北方)
汉(汉平帝元始二年,公元 2 年)	965	111	10.3%
唐(唐玄宗天宝六年,公元 742 年)	493	257	34.3%
宋(宋神宗元丰三年,公元 1080 年)	459	830	64.3%
明(明穆宗隆庆元年,公元 1572 年)	344	650	65.3%

第二,频繁的战争是造成疫病流行的最主要的社会因素。如靖康元年至二年(1126—1127 年)金朝发动的侵宋战争,造成开封疫病的大流行,"数大疫,死者过半"[③]。如果记载准确的话,当时约 100 万人口的开封,大约有 50 余万人死于疫病,死亡率之高,令人触目惊心。金兵度河、度淮、度江引起的人口南迁,引发靖康、建炎、绍兴、隆兴初年黄河下游、长江下游疫病的大流行。宋辽、宋夏、宋金、宋蒙之间多次发生的战争,使得军中和边境地区疫病流行的次数超越了前代,甚至还带来了一些国外流行的传染病。如时疫疙瘩肿毒病,"生于岭北,次于太原,后

---

① [宋]沈括著,胡道静校注《梦溪笔谈校注》卷 24《杂志一》,上海:上海古籍出版社,1987 年版,第745 页。

② 陈正祥:《中国文化地理》,香港:香港三联书店,1983 年版,第 10 页。

③ [宋]徐梦莘:《三朝北盟会编》卷 96《靖康中帙七十一》,上海:上海古籍出版社,1987 年版,第 711页。

于燕蓟,山野颇罹此患,至今不绝,互相传染,多至死亡。"①此病可能为大头天行病或鼠疫。桑林在《瘟疫:文明的代价》一书中指出:"自古以来,战争一直是人类文明的破坏者,也是瘟疫的制造者和传播者,战争是潜在流行病的开路者和放大器"②。笔者赞同这种看法,认为战争不仅加速了疫病的发生和传播,更因疫病的流行影响到战争本身。

第三,宋代特殊的驻军制度使北宋首都开封和南宋行在临安成为全国疫病高发的地区之一。北宋建都汴京,因四处无陷可守,在京城和京畿地区驻守了全国一半的禁军③。这为军队中疫病的流行提供了条件,开封及其周边地区先后发生了5次大的传染病。南宋建立后,两浙路杭州一带屯驻大军,成为军中疫病的高发区,先后发生了8次大的传染病。

第四,宋代瘴疾的分布发生了较大的变化,开始由北向南退缩,主要分布于"大巴山及长江以南,邛崃山、大雪山和横断山脉以东的广大地区,而以大庾岭—衡山—鬼门关一线以南尤甚"④。这一地区生产方式较为落后,巫医盛行,"以其有瘴雾,世传十往无一二返"⑤,其病死率对宋代驻军和当地官吏带来了强烈的恐惧。北宋时期,中央政府开发、改造边疆地区的活动仍在进行之中。如荆湖南路,北宋时期疫病发生的次数相当的高,但到南宋时却成为"瘴乃稍轻"的地区。又如广南西路桂州(治今广西桂林),北宋时期本应戍守桂州的士兵因瘴疫数度发生,被迫撤退到荆湖南路辖境内的全州与永州,说明北方之人不适应在此长期生活。但到南宋以后,文献中的记载却发生了很大的变化,马端临认为:"自荔浦以北为楚、以南为越。今静江有中州清淑之气,荔浦相距才百余里,遂入瘴乡,是天所以限楚越也。"⑥南宋嘉定十四年(1221年)闰十二月五日,北宋时期瘴疾流行较为严重的静江府(治今广西桂林),据右文殿修撰、知静江府胡槻奏:"本府十县,民淳事简,号为乐土。又多有浓赏,系是部阙京官、选人通差,人事愿就。"⑦流行地域发生较大变化,出现地方官"人事愿就"的喜人局面。在南宋官吏的眼中,荔浦(治今广西荔

① [明]朱橚:《普济方》卷279《诸疮肿门·肿毒》,北京:人民卫生出版社,1959年版,第221页。
② 桑林:《瘟疫:文明的代价》,广州:广东经济出版社,2003年版,第158页。
③ 王曾瑜:《宋朝军制初探》(增订本),北京:中华书局,2011年版,第43~53页。
④ 龚胜生:《2000年来中国瘴病分布变迁的初步研究》,载《地理学报》1993年第48卷第4期,第304~315页。
⑤ [宋]朱弁撰,孔凡礼点校:《曲洧旧闻》卷4《供备库使李某历瘴雾体力强健》,北京:中华书局,2002年版,第138页。
⑥ [元]马端临:《文献通考》卷323《舆地考九》,北京:中华书局,1986年版,第2542页。
⑦ [清]徐松辑:《宋会要辑稿》职官48之51,北京:中华书局,2006年版,第3481页。

浦)成了南北瘴乡的分界地,说明瘴疫已从今湖南退居到广西。

第五,疫病在各地区的分布与变化,一定程度上反映了中原王朝势力在这些地区的进退盛衰。如汉唐时期云南地区时常发生的瘴疫,唐以前屡见于史籍,但两宋时就不再出现于史书的记载之中,这是中国历史上唯一一次在中原王朝史料中"没有见到流行的记载"①。又如今湖南、贵州、广西、海南等地区,其地基本上是少数民族聚居的羁縻州县,宋以前为中原王朝势力所不及,宋朝时随着政府的拓边活动,有关疫病的记载明显增多。宋代史书中所记录的疫病的地理分布,反映了中央政府势力在这些地区的进退变化。

第六,人类不合理的生活方式所引发的疫病逐渐增多,这是宋代出现的一个新变化。如淳熙五年(1178 年)八月,两浙东路宁海县(治今浙江宁海)发生的疫病则是当地人食用海鳅所致。《嘉定赤城志》卷三九《海鳅》载:

> 淳熙五年八月,出于宁海县铁场港,乘潮而上,形长十余丈,皮黑如牛,扬鬐鼓鬣喷水,至半空皆成烟雾,人疑其龙也。潮退阁泥中,不能动,但睛嗒嗒然视人。两日死,识者呼为海鳅,争斧其肉,煎为油,以其脊骨作臼,自是海滨人多患疫焉②。

从此物"皮黑如牛,扬鬐鼓鬣喷水"来看,文献记载中的海鳅当为露脊鲸。此地发生的疫病,很可能是集体食物中毒事件。

咸淳六年(1270 年)发生在杭州的疾疫,则完全是由于人为污染水源而致。《咸淳临安志》卷三三《山川》载:

> 入内内侍省、东头供奉官、幹办内东门司、提点御酒库刘公正,广造屋宅于李相国祠前,水池濯秽洗马,无所不施。一城食用,由此池灌注以入,亿兆黎元之生,将其饮污腻而起疾疫之灾。奉御笔:陈敏贤降一官,放罢刘公正,与祠仍拆除,所占水口付临安府交管③。

可见,入内内侍省、东头供奉官、幹办内东门司提点御酒库刘公正洗马污染水源是造成这次疫病形成的罪魁祸首。

---

① 李耀南:《云南瘴气(疟疾)流行简史》,载《中华医史杂志》1954 年第 3 期,第 183 页。

② [宋]陈耆卿:《嘉定赤城志》卷 39《纪遗门·海鳅》,《宋元方志丛刊》第 7 册,北京:中华书局,2006 年版,第 7587 页。

③ [宋]潜说友:《咸淳临安志》卷 33《山川十二》,《宋元方志丛刊》第 4 册,北京:中华书局,2006 年版,第 3656 页。

四、疫病流行对宋代社会的影响

疫病流行对宋代社会产生深远的影响,不仅造成人口的死亡、迁徙和流动,而且还影响到社会经济的发展和部分战争的进程。同时,疫病流行造成的无序状态和饥民暴动,对政府带来强烈的挑战,迫使宋政府不得不去思考解决和应对疫病的方法与措施。

1. 疫病流行造成大量人口死亡

从中国古代疫病发生的原因看,疫病的发生往往与其他灾害相伴生。一般而言,大灾之后,必定伴随人畜大量死亡,如果尸体得不到及时处理,细菌和病毒便会大量繁殖,从而导致疫灾发生。疫情发生后,如果政府救济不当,必定会造成大量人口的死亡,加速人口的流动,引发农民起义、兵变或王朝更替等政治事件。宋代文献关于疫死人口的统计,除少数几次疫病有明确的死亡数字外,大多采用叙述的方式,缺乏具体的数字,如"疫死者众"、"死者枕藉"、"疫死者十之七八"、"存者十之一二"等。因此,我们无法直接获得疫病导致的死亡人口的具体数字,而最多只能根据当时各地人口数字进行估算。

北宋淳化三年(992 年)五月,开封府发生"大热","疫死者众"[①]。皇祐三年(1051 年)五月,南方州军"连年疫疾瘴疠,其尤甚处,一州有死十余万人"。嘉祐五年(1060 年)五月,"开封大疫,贫民为庸医所误死者甚众"[②],对于患疫民众来说,这无疑是雪上加霜。熙宁八年(1075 年)夏,两浙路吴越"大旱"[③],接着发生"大饥疫,死者过半"[④]。

南宋庆元元年(1195 年)夏,淮、浙疫疠大作,两浙西路嘉兴城内(治今浙江嘉兴)"至浃日毙百余人"[⑤]。嘉定十五年(1222 年),福建路汀州(治今福建长汀)、荆湖南路邵州(治今湖南邵阳)和利州东路剑州(治今四川剑阁),"疫死者,各以万

---

①　[元]脱脱等:《宋史》卷 67《五行志五》,北京:中华书局,2007 年版,第 1468 页。

②　[宋]李焘:《续资治通鉴长编》卷 191,嘉祐五年五月戊子朔,北京:中华书局,2004 年版,第 4622 页。

③　[宋]曾巩撰、陈杏珍、晁继周点校:《曾巩集》卷 19《越州赵公救灾记》,北京:中华书局,1984 年版,第 316 页。

④　[元]脱脱等:《宋史》卷 316《赵抃传》,北京:中华书局,2007 年版,第 10324 页。又见[宋]赵抃:《清献集》卷 7《奏状·论久旱乞行雩祀》,影印文渊阁《四库全书》本,第 1094 册,第 845 页。

⑤　[宋]洪迈撰、何卓点校:《夷坚志补》卷 25《符端礼》,北京:中华书局,1981 年版,第 1777 页。

计"①。德祐二年(1276年)闰三月,元军围临安,"数月间,城中疫气熏蒸,人之病死者不可以数计"②。景炎三年(1278年)四月,荆湖南路湘潭县(治今湖南湘潭)大饥,"民以疫死者无算"。当时湘潭已为元兵攻占,南宋降民熊桂等借此"举义兵复宋",被元"行省兵所灭"。《光绪湘潭县志》认为此次疫病为"气之余沴也"③。

总之,在医学尚不发达的古代社会,疫病流行造成大量人口的死亡和锐减,加之地方官吏救济措施的不当,人为造成的死亡也很惊人。宋金之际,中原、陕西尽入于金,所存仅十五路。绍兴八年(1138年),礼部尚书刘大中奏:"自中原陷没,东南之民死于兵火、疫疠、水旱,以至为兵为缁黄及去为盗贼,余民之存者十无二三。"④绍兴十年(1140年)十一月二十六日,臣僚奏:"诸路州县兵火残蹂、遗民十无七八。"⑤宝祐二年(1254年),欧阳守道分析南宋人口锐减的原因时指出:"今民穷至骨,兵戈、饥馑、疫疠之余,户口不知减几何矣?"⑥可见,疫病与灾荒、战争等造成的人口死亡,制约了人口的长期发展,对南宋社会的进程产生了相当大的影响。

2. 疫病造成人口的迁徙和流动

人口的迁徙、流动与民族大融合,是10—13世纪中国多民族社会的一大特点。元祐七年(1092年)四月己巳,户部曾明确指出:"饥疫之年,乡村人户迫于朝夕,往往逃移。"⑦在人口流动过程中,常常伴随着疫病的传播。

大中祥符二年(1009年)四月,河北路安抚司奏:"北界人多病腮肿死,边民稍南徙避疫。"⑧从症状来看,这次疫病很可能是流行性腮腺炎。明道元年至二年(1032—1033年)二月,南方大旱,种饷皆绝,人多流亡,广大难民"困饥成疫气,相传死者十二三,官虽作粥糜以饲之,然得食辄死,村聚墟里几为之空"。宋仁宗《江

① [宋]真德秀:《西山先生真文忠公文集》卷35《敕封慧应大师后记》,上海:商务印书馆,1937年版,第634,635页。

② [元]脱脱等:《宋史》卷62《五行志一下》,北京:中华书局,2007年版,第1371页。

③ [清]陈嘉榆等修,[清]王闿运纂:《光绪湘潭县志》卷9《五行·疫》,《续修四库全书》第712册,上海:上海古籍出版社,2002年版,第794页。

④ [元]马端临:《文献通考》卷11《户口考二》,北京:中华书局,1986年版,第116页。

⑤ [清]徐松辑:《宋会要辑稿》食货3之1,北京:中华书局,2006年版,第4836页。

⑥ [宋]欧阳守道:《巽斋文集》卷6《贺吴荆溪被召书》,影印文渊阁《四库全书》本,第1183册,第127页。

⑦ [宋]李焘:《续资治通鉴长编》卷472,元祐七年四月己巳,北京:中华书局,2004年版,第11270页。

⑧ [宋]李焘:《续资治通鉴长编》卷71,大中祥符二年夏四月壬寅,北京:中华书局,2004年版,第1605页。

淮民饥死者官为葬祭诏》也说明了疫病与人口流动之间的关系。[1]

靖康时期,金人围汴京,"城中疫死者几半"[2]。疫病曾数次发生,"以故数大疫,死者过半"[3]。剩余之人随宋高宗到达南方后,又引起建炎绍兴初年南方疫病的大流行。《宋史》卷六二《五行志》载:"绍兴元年六月,浙西大疫,平江府以北,流尸无算。秋冬,绍兴府连年大疫。"可见,疫病引发了人口的迁徙与流动,而人口流动又使疫病向更远更广的地区传播。

隆兴二年(1164年)冬,淮甸流民二、三十万避乱江南,"结草舍遍山谷,暴露冻馁,疫死者半,仅有还者亦死。"更为严重的是,这些进入浙江的流民又将疾疫传染给了江南民众,造成了"浙之饥民疫者尤众"[4]的惨状。一直到乾道元年(1165年)六月,两浙路临安府、绍兴府和归安县一带的疫病仍就还没有消失。

3. 疫病制约了社会经济的发展

宋代大部分疫病集中在经济较为发达的两浙路、江南东路、淮南东路、淮南西路、京西北路和川峡四路一带,不仅造成"饥疫相熏,流尸不藏,暴骨如积,良田沃壤,化为蒿莱,高门甲舍,聚为瓦砾"[5]的惨状,而且对社会经济的正常发展造成毁灭性的破坏。

如咸平三年(1000年)春三月,京师开封发生旱灾,江南频年旱歉,导致疾疫的发生。从吏部郎中、直集贤院、知泰州田锡向宋真宗的上疏中,可以看出这次疫病对江南路和两浙路社会经济造成的破坏。《续资治通鉴长编》卷四六载:

> 臣又以江南、两浙,自去年至今,民饿者十八九,未见国家精求救疗
> 之术。初闻遣使煮粥俵给,后来更不闻别行轸恤。今月十二日,有杭州
> 差人赍牒泰州会问公事,臣问彼处米价,每升六十五文足,彼中难得钱。
> 又问疾疫死者多少人,称饿死者不少,无人收拾,沟渠中皆是死人,却有
> 一僧收拾埋葬,有一千人作一坑处,有五百人作一窖处。臣又问有无得
> 雨,称春来亦少雨泽。臣问既少雨泽,麦苗应损,称彼处种麦稀少。又问

---

① [宋]李焘:《续资治通鉴长编》卷112,明道二年二月庚子,北京:中华书局,2004年版,第2605页。又见[元]马端临:《文献通考》卷301《物异考七》,第2383页。

② [元]脱脱等:《宋史》卷62《五行志一下》,北京:中华书局,2007年版,第1370页。

③ [宋]徐梦莘:《三朝北盟会编》卷96《靖康中帙七十一》,上海:上海古籍出版社,1987年版,第711页。

④ [元]脱脱等:《宋史》卷62《五行志一下》,北京:中华书局,2007年版,第1370页。

⑤ [宋]孙觌:《鸿庆居士文集》卷11《与张全真参政书》,《丛书集成续编》第127册,台北:新文丰出版公司,1988年版,第162页。

饥馑疾疫去处,称越州最甚,萧山县三千余家逃亡,死损并尽,今并无人,
其余明、杭、苏、秀等州积尸在外沙及运河两岸不少①。

从"民饿者十八九",米价"每升六十五文足,彼中难得钱",疾疫死者"无人收
拾,沟渠中皆是死人",萧山县三千余家逃亡,"死损并尽,今并无人",明、杭、苏、秀
等州"积尸在外沙及运河两岸不少"等惨状来看,这次旱灾、饥饿和疾疫同时爆发
对江南社会经济造成的破坏是显而易见的。

治平三年(1066年)四月,两浙路"方今荒歉,处处食糟。温、台大疫,十死七
八",其直接的后果就是如郑獬所说的"将来丰凶未可知,兼为增和买绢及置场市
绢,商贾阻绝,物价不登"②。熙宁八年(1075年)夏,两浙路吴、越发生"大旱"③,接
着发生"大饥疫,死者过半"④。

元祐七年(1092年)夏,两浙路大水,浙西饥疫大作。两浙路经济富庶的苏州
(治今江苏苏州)、湖州(治今浙江湖州)、秀州(治今浙江嘉兴)三州,人死过半。积
水退后,露出泥田,"然皆无土可作田塍,有田无人,有人无粮,有粮无种,有种无
牛,饿死之余,人如鬼腊"。苏轼认为,这次水灾和疫病至少使当地的经济发展倒
退了十年,"十年之后,庶可完复"⑤。

南宋淳熙十二年(1185年),"极寒两日方和,必损蚕麦矣。去年赣疫,吉旱殊
甚"⑥。此次干旱和疫病流行,影响了赣州(治今江西赣州)、吉州(治今江西吉安)
两地蚕桑业的发展。

战争引发的疫病,同样对社会经济的发展带来破坏。靖康二年(1127年)三
月,金兵攻占了北宋黄河以北的大部,并包围了开封城,随后爆发疫病大流行。北
宋最为繁华、人口达百万的开封,因疫病流行而死亡的人口达50%以上,加之金兵
的野蛮抢掠,开封的经济遭到沉重的打击,至此繁华的局面一蹶不振。《三朝北盟

---

① [宋]李焘:《续资治通鉴长编》卷46,咸平三年三月,北京:中华书局,2004年版,第1003页。
② [宋]郑獬:《郧溪集》卷12《乞罢青苗法状》,影印文渊阁《四库全书》本,第1097册,第219页。又见
[宋]郑獬:《上神宗论青苗》,[宋]赵汝愚编,邓广铭等点校:《宋朝诸臣奏议》卷114《财赋门·新法六》,第
1240页。
③ [宋]曾巩撰,陈杏珍、晁继周点校:《曾巩集》卷19《越州赵公救灾记》,北京:中华书局,1984年版,第
316,317页。
④ [元]脱脱等:《宋史》卷316《赵抃传》,北京:中华书局,2007年版,第10324页。又见[宋]赵抃:《清
献集》卷7《奏状·论久旱乞行雩祀》,影印文渊阁《四库全书》本,第1094册,第845页。
⑤ [宋]苏轼撰,孔凡礼点校:《苏轼文集》卷34《再论积欠六事四事札子》,北京:中华书局,1986年版,
第957~968页。又见[宋]李焘:《续资治通鉴长编》卷473,元祐七年五月壬子,第11296页。
⑥ [宋]周必大:《文忠集》卷191《赵子直丞相》,影印文渊阁《四库全书》本,第1194册,第164~169页。

会编》卷九六载：

> 初贼（改作敌）围城，放兵四掠，东及沂，西至濮、兖，南至陈、蔡、颍，皆被其害。陈、蔡二州虽不被害，属县焚烧略尽，泗淮之间荡然矣。京城之外，坟垄悉遭掘，出尸取其棺为马槽，杀人如割麻，臭闻数百里，以故数大疫，死者过半。自城破后，物价大贵，米升三百，猪肉一斤六贯，羊肉一斤八贯，牛马肉至二万亦无得者。街巷有病气未绝者，俄顷已被剔剥，杂诸牛马肉卖之。菜蔬已尽，唯取软者啖之①。

《建炎以来系年要录》卷四亦载：

> 敌之围城也，京城外坟垄发掘略遍，出尸取椁为马槽，城内疫死者几半。物价踊贵，米升至三百，猪肉斤六千，羊八千，驴二千，一鼠亦直数百。道上横尸，率取以食。间有气未绝者，亦剁剥以去，杂猪马肉贷之。蔬菜竭尽，取水藻苇之以卖。椿槐方芽，采取唯留枯枝。城中猫犬残尽，游手冻馁死者十五六，遗胔所在枕籍②。

可见，疫病与战争一起，彻底摧毁了繁华的开封城，100多年的经济发展和积淀，至此荡然无存。

4. 疫病流行对宋代地方统治带来的挑战

疫病流行对宋代地方统治造成的挑战，主要表现在官员死亡和"阙官"现象的加剧，其中尤以广南东路和广南西路最为严重。如宋孝宗乾道二年（1166年）二月八日，权吏部侍郎陈之茂奏："契勘本部待阙宫观计三百四十四人，见在窠阙计二百八十员，其间多是广南瘴疠，人所不愿注授。"③淳熙十年（1183年）正月十四日，胡庭直奏两广钞盐利害下项时，称："广西盐司差主管官一员，就石康县置廨宇。缘彼处烟瘴深重，无人注授，多是权摄。乞从朝廷选授有材力清强官，仍不拘资格，依已降指挥。任满，与转一官，庶几人皆乐就。"④

宋光宗绍熙三年（1192年）七月七日，宰执进呈吏部勘当到赣州龙南县难以废罢，留正奏："龙南有瘴，旧来只用两纸文字，所以有人愿就。后来朘削赏典几尽，

---

① ［宋］徐梦莘：《三朝北盟会编》卷96《靖康中帙七十一》，上海：上海古籍出版社，1987年版，第711页。
② ［宋］李心传：《建炎以来系年要录》卷4，建炎元年夏四月辛酉，北京：中华书局，1956年版，第92、93页。
③ ［清］徐松辑：《宋会要辑稿》职官54之37，北京：中华书局，2006年版，第3595页。
④ ［清］徐松辑：《宋会要辑稿》食货28之16，北京：中华书局，2006年版，第5286页。

故多阙官。"①

宋宁宗庆元五年(1199 年)十二月十二日,广东提刑陈晔奏:"窃见所部十四郡,多是水土恶弱,小官贪于近阙,絜累远来,死于瘴疠者时时有之,孥累贫乏,不能还乡,遂致狼狈。"②嘉泰元年(1200 年)二月十七日,臣僚奏:"广西一路诸县,县令少有正官,若无以次官处,多是于他州别县差官权摄,甚至差寄居待阙右选摄官。多者一年,少(月)[者]数月,倏去忽来,志在苟得,职事废弛,冤枉莫伸。间有贪夫掊尅自营,则一意聚敛,席卷而去,恬不顾恤。于是县益废坏,至有一二十年无放注授者。其间有水土恶弱、岚瘴至重去处,加之经久权摄,事皆废坏。"③

总之,疫病流行对宋代社会带来极大的威胁和挑战,不仅造成人口死亡、社会经济惨遭破坏以及人口的流动,而且也引起人们对疫病流行的恐惧。而官吏死亡和阙官现象引起的地方统治秩序的混乱,促使中央政府和各级官吏去积极地认识疫病,寻找防疫之法。

第二节　宋代政府对疫病病因、病证的认识及态度

疫病流行带来的社会问题,迫使宋代政府、医学家和官僚士大夫对疫病的成因进行积极的探索,以便为政府应对疫病提供合适的途径和依据。宋初,最高统治者将疫病流行与仁政统治联系在一起。宋真宗时期,国家将"疫灾"提升为宋代四大自然灾害之首,采取优先防治的战略。宋神宗时期,最高统治者又将疫病流行与农民起义联系在一起。宋代皇帝对疫病的认识及其态度,决定了国家防疫政策的制定和有效实行。

一、宋代政府对疫病的认识及态度

1. 宋代皇帝对疫病的认识和态度

宋代皇帝、政府、官僚士大夫对疫病的认识及其变化,可以从雍熙元年宋太宗与赵普的一段对话以及宋神宗时期张方平的奏章中看出。

雍熙元年(984 年),河东路岚州(治今山西岚县)献一角兽,徐铉等以为祥。宋太宗认为:"珍禽奇兽,奚益于事。方内人宁,风俗淳厚,此乃为上瑞耳。"他对宰相

---

① 〔清〕徐松辑:《宋会要辑稿》职官 48 之 43,北京:中华书局,2006 年版,第 3477 页。
② 〔清〕徐松辑:《宋会要辑稿》食货 60 之 1,北京:中华书局,2006 年版,第 5865 页。
③ 〔清〕徐松辑:《宋会要辑稿》职官 48 之 45~46,北京:中华书局,2006 年版,第 3478 页。

赵普说：“今岁西成，四方大稔，人民亦无疾疫，皆上天垂佑所致，当与卿等力行好事，以答天意。”①这是宋代皇帝首次将国家统治与疫病流行联系在一起，反映了宋代最高统治者开始用儒家“仁政”思想来认识疾病。端拱元年（988 年）春正月丙子，宋太宗作《东郊藉田诗》赐近臣，再次表达了宋代最高统治者关于国家统治与疫病关系的认识。他认为：“国之上瑞，惟丰年尔。自累岁登稔，人无疾疫，朕求治虽切，而德化未洽，天贶若是，能无惧乎？”②公开将疫病救治与儒家教化联系在一起。这种认识正是儒家思想的真实反映，《大戴礼记》指出：“圣王之盛德，人民不疾，六畜不疫，五谷不灾。阴阳顺序，故人物不害也。”“凡人民疾，六畜疫，五谷灾者，生于天道不顺。天道不顺，生于明堂不饰，故有天灾则饰明堂也”③，所以，“帝皇之世无灾疫，故百姓不议”④。

在这种思想的指导下，邢昺于景德四年（1007 年）冬十一月辛巳明确地将疫病列为宋代四大自然灾害之首。《宋史》卷四三一《邢昺传》载：“民之灾患大者有四：一曰疫，二曰旱，三曰水，四曰畜灾。岁必有其一，但或轻或重耳。”⑤将疫病的危害性提升到国家战略的高度，并采取积极的措施加以应对。

如果说宋太宗对疫病的认识是从儒家伦理教化的角度来考虑的话，熙宁八年（1075 年）以后宋代皇帝对疫病的认识则发生了显著的变化，政府直接将疫病流行与农民暴动紧密地联系在一起。疫病的救治与否，成为维护国家政权稳定的重要标志。熙宁八年三月己亥，宋神宗《赈恤沂州淮阳军御批》清楚地表达了这种思想。《续资治通鉴长编》卷二六一载：

　　〔熙宁八年三月〕己亥，上批：“沂州、淮阳军灾伤特甚，百姓不惟阙食，农乏谷种，田事殆废，粮食绝望，纠集为盗，实可矜悯。若不优加赈

---

　　①　[宋]李焘：《续资治通鉴长编》卷 25，雍熙元年九月，北京：中华书局，2004 年版，第 587 页。又见[宋]彭百川：《太平治迹统类》卷 3《太宗圣政》，扬州：江苏广陵古籍刻印社，1981 年版，第 7 页；[宋]吕中：《类编皇朝大事记讲义》卷 4《太宗皇帝》，影印文渊阁《四库全书》本，第 686 册，第 231 页。

　　②　[宋]李焘：《续资治通鉴长编》卷 29，端拱元年春正月丙子，北京：中华书局，2004 年版，第 646 页。又见[宋]彭百川：《太平治迹统类》卷 3《太宗圣政》，第 8 页；[宋]罗从彦：《罗豫章先生文集》卷 2《遵尧录二·太宗》，第 16 页；[宋]吕中：《类编皇朝大事记讲义》卷 4《太宗皇帝》，第 231 页。

　　③　[汉]戴德撰，[北周]卢辩注：《大戴礼记》卷 8《盛德第六十六》，《丛书集成初编》本，上海：商务印书馆，1937 年版，第 133 页。

　　④　[汉]戴德撰，[北周]卢辩注：《大戴礼记》卷 11《用兵第七十五》，《丛书集成初编》本，上海：商务印书馆，1937 年版，第 187 页。

　　⑤　[元]脱脱等：《宋史》卷 431《邢昺传》，北京：中华书局，2007 年版，第 12799 页。又见[宋]李焘：《续资治通鉴长编》卷 67，景德四年冬十一月辛巳，第 1507 页。

恤,恐转致连结群党,难于擒捕,陷溺良民,投之死地。可速指挥。"遂诏京东东路转运、提举司发常平钱、省仓米等第散给,及贷以和买绢钱;孤贫户听差待阙得替官就乡村依乞人赈济;道殣无主,官为收瘗之①。

在宋神宗看来,如果对各种灾害包括疫病赈恤不当,必将会引起民众的暴乱。对于统治阶级来说,这是他们最不愿意看到的。

宋代最高统治者认识上的这一转变,在官僚士大夫中也有所反映。熙宁七年(1074 年),王安石对淳化四年至五年(993—994 年)发生在川峡地区的王小波、李顺起义的原因给予了新的解释,他认为:"王小波自以饥民众,不为官司所恤,遂相聚为盗。而史官乃归咎般取蜀物上供多而致然。不知般取孟氏府库物以上供,于饥民有何利害!"②认为政府对一切自然灾害包括疾病救济的不当是造成宋初川、峡地区农民起义的根本原因,将责任归咎于政府。熙宁十年(1077 年)冬十二月,张方平向宋神宗的奏折中也提出了"饥疫之后,所在盗贼逢起"③的主张,将疫病流行与国家政权稳定紧密地联系起来。王安石、张方平的认识和态度,明显地跟此前宋太宗、邢昺的看法有所不同,他们是将疫病作为重要的政治问题来看待的。元祐元年(1086 年)春正月庚戌,侍御史刘挚向朝廷的奏章,同样反映了宋统治阶级高层官员对疫病发生后社会问题的担忧。《续资治通鉴长编》卷三六四载:

> 今自去冬以来,都无雨雪,畿甸及京东、西近而易知也,陕西、河北、江、淮之远,有人来者,臣每询访,皆云"大旱"。则被灾之地,可谓广阔,百姓一岁之命,惟赖麦尔,麦不登则民饥,民饥则盗贼必起,又疾疫相承而作,天下之势,诚可大忧,非小小灾异,乃上帝警告以劝圣虑也。④

可见,疫病流行后政府若不及时采取救济措施将引起民变的观点,成为北宋中期以后宋代君臣的普遍看法。

2. 中央各部官吏对疫病传染性、危害性的认识

宋代中央政府对疫病的传染性和危害性也有很深的认识,这样的事例很多。如元丰元年(1078 年)十二月十八日,中书奏:"奏诏开封府司录司及左右军巡院刑狱皆本府公事,而三司诸寺监等凡有禁系,并送三院,系囚猥多,难以隔讯。又盛

---

① [宋]李焘:《续资治通鉴长编》卷 261,熙宁八年三月已亥,北京:中华书局,2004 年版,第 6357 页。
② [宋]李焘:《续资治通鉴长编》卷 249,熙宁七年正月癸亥,北京:中华书局,2004 年版,第 6072 页。
③ [宋]李焘:《续资治通鉴长编》卷 286,熙宁十年冬十二月甲辰,北京:中华书局,2004 年版,第 7008 页。
④ [宋]李焘:《续资治通鉴长编》卷 364,元祐元年春正月甲辰,北京:中华书局,2004 年版,第 8718 页。

暑疾气熏染,多死亡。官司各执所见,吏属苦于咨禀,因缘留滞,动涉岁时,深为未便"①,认识到季节变化与疫病流行的关系。崇宁元年(1102 年)八月二十日,权知开封府吴居厚奏:"乞诸路置将理院,兵马司差拨剩员三人、节级一名,一季一替,管勾本处应干事件,并委兵马司官提辖管勾,监司巡按点检。所建将理院,宜以病人轻重而异室处之,以防渐染。又作厨舍,以为汤药饮食人宿舍,及病人分轻重异室,逐处可修居屋一十间以来,令转运司计置修盖"②,认识到病人患病轻重与异室隔离治疗的关系。

南宋绍兴十二年(1142 年)五月六日,知大宗正事、权主奉濮安懿王祠事赵士会奏:"行在睦亲宅趁赴朝参,南班宗室元系一十七员,今止有一十三员。后来虽申取指挥,令士街等赴行在趁赴朝参。又缘士街等并以病免,今相度,欲乞据见阙员数于绍兴府行司南班宗室内选择循中规矩、别无疾病可以趁朝参之人,具名申取朝廷指挥。仍乞今后遇有行在睦亲宅赴朝之宗室事故,准此施行,庶免逐时絮烦。"③宋高宗"从之",立即采纳赵士会有关"别无疾病可以趁朝参之"的建议,防止因病人接触而引发感染。乾道元年(1165 年)二月二十六日,监察御吏程叔逢认为"众之所聚,疾势易成,转相渐染,难以复治。"④

总体上来看,宋代皇帝和政府官吏对疫病的认识,主要集中在"既病防染"和"未病先防"两方面,尽管表达方式有所不同,但在本质上是相同的,那就是如何通过疫病救治来维护国家政权的稳定,如何通过组织疫病救治减少社会动乱者企图发展宗教组织的机会。为了防止疫病流行对统治者带来的危害,宋政府不得不寻找解决应对疫病的办法,而普通民众在付出了无数的生命代价后,也不得不接受政府和医学家提倡的防疫之法,从而使政府和社会从不同角度联合应对疫病成为可能。

二、宋代官修医学著作对疫病病因、病症及传染性的解释

宋代官修医学方书著作《太平圣惠方》和《政和圣济总录》,对疫病的病因、病症、传染性给予了详细的解释,并提供了防治疫病的药物。

关于伤寒病,《太平圣惠方》认为"伤于四时之气,皆能为病"。其发生的原因

① [清]徐松辑:《宋会要辑稿》职官 24 之 6,北京:中华书局,2006 年版,第 2895 页。
② [清]徐松辑:《宋会要辑稿》食货 60 之 3,北京:中华书局,2006 年版,第 5866 页。
③ [清]徐松辑:《宋会要辑稿》职官 20 之 26,北京:中华书局,2006 年版,第 2833 页。
④ [清]徐松辑:《宋会要辑稿》食货 60 之 14,北京:中华书局,2006 年版,第 5871 页。

在于"春时应暖而反大寒,夏时应热而反大冷,秋时应凉而反大热,冬时应寒而反大温"和"土地寒热温凉高下不同"所致。该病具有一定的传染性,"若因岁时不和,温凉失节,人感其乖戾之气而发病者,此则多相染易"①。伤寒病同热病、风温病、阴毒、温疫等疾病在特征上有相似之处,因此在治疗时要格外小心,"若错医疗,祸如反掌"②。

关于时气病,"是以一岁之中,病无少长皆相似者"③。其成因,《太平圣惠方》认为"皆因岁时不和,温凉失节,人感乖候之气,而生病者多相染易"。该病具有较强的传染性,"时气相染易者,即须回避,将息饭食之间,不得传吃,但一人受病,全家不安,有此相染"④,"转相染易,乃至灭门,傍至外人,无有不著者","转相染者,延及外人,人不敢视者"。其症状与疗法,"其病与温及暑病相似,但治有殊尔"。③《政和圣济总录》指出:"病无少长率相似者,谓之时气。如春时应温而或寒,夏时应热而或冷,以至当秋而热,当冬而温,皆是也。其候与伤寒、温病相类,但可汗可下之证,比伤寒、温病疗之宜轻尔。"⑤《太平圣惠方》提供的临床治疗药物,有麻黄散方、乌头散方、雄黄散方、朱砂丸方等。《政和圣济总录》提供的临床治疗药物,有葛根汤方、石膏汤方、前胡汤方、七圣汤方、人参汤方、八神汤方、柴胡汤方、山茵陈散方、麻黄浓朴汤方、清凉散方、人参干葛汤方、大安汤方、五解汤方、茵陈麻黄散方、白术汤方等。

关于天行温疫,又名时行疫疠、天行病,是由戾气引起的具有强烈传染性的疾病。《政和圣济总录》指出:"一岁之内,节气不和,寒暑乖候,皆为疫疠之气。感而为病,故名疫疠,其状无问长少,率皆相似,俗又名天行。"⑥"凡时行温疫,皆四时不正之气,感而病者,长少率相似。此病苟不辟除,多致传染,宜有方术,预为防之。"⑦其症状是头痛壮热,恶寒不解,剧烈咳嗽,体热渴燥,骨节疼痛等。该病具有一定的传染性,"伤寒疫疠传染,头目昏重,项膂拘急,胸膈不通","温疠病转相传

---

① [隋]巢元方著,南京中医学院校:《诸病源候论校释》卷8《伤寒病诸候下》,北京:人民卫生出版社,1980年版,第299页。

② [宋]王怀隐、王光佑、郑奇等:《太平圣惠方》卷8《伤寒叙论》,北京:人民卫生出版社,1959年版,第213页。

③ [宋]王怀隐、王光佑、郑奇等:《太平圣惠方》卷15《时气论》,北京:人民卫生出版社,1959年版,第412页。

④ [宋]王怀隐、王光佑、郑奇等:《太平圣惠方》卷16《治时气令不相染易诸方》,北京:人民卫生出版社,1959年版,第458页。

⑤ [宋]宋徽宗:《圣济总录》卷22《伤寒时气》,北京:人民卫生出版社,1962年版,第533页。

⑥ [宋]宋徽宗:《圣济总录》卷22《伤寒疫疠》,北京:人民卫生出版社,1962年版,第537页。

⑦ [宋]宋徽宗:《圣济总录》卷33《辟瘟疫令不相传染》,北京:人民卫生出版社,1962年版,第687页。

染"。其病与时气、温、热等病相类,"治各随其证,以方制之"。政府提供的救治药物有辟瘟丸方、雄黄丸方、羌活汤方、真珠贝母散方、苍耳散方、调中丸方、神明白散方、七物赤散方、麻黄汤方、葛根汤方、石膏汤方、桂心汤方、苦参汤方、前胡汤方等。

关于瘴疫、瘴疟或瘴疾,均由瘴气引起,属南方炎热、多雨地区频发的地方性流行病。其症状,《太平圣惠方》认为:"头痛壮热,心如火煎,面目黄黑,四肢沉重,不得睡卧"[①]。临床常见防治药物有茵陈散方、朱砂散方、老君神明白术散方、赤散方、雄黄丸方、杀鬼丸方、犀角丸方、安息香丸方、杀鬼虎头丸方、獭肝丸方、黄膏方等。

关于痢疾、霍乱,《太平圣惠方》认为是由"人温凉不调,阴阳清浊二气有相干乱,其乱在于肠胃之间"所致,其中"心腹疼痛"、"吐利俱发"、"头热疼痛体疼"[②]是它最大的特点。

可见,宋代官修医学方书认识到伤寒病、疫病、瘴疫等具有强烈的传染性和流行性,但各自的成因均不相同。尤其注意到伤寒病、时气病、天行温疫、温病、热病等症状有相似的地方,治疗时应各随其证。

三、宋代地方官吏、医学家对疫病病因、病症及传染性的解释

在政府的重视下,一些派到地方的行政官吏,对疫病发生的病因病症等多有观察和记载,认识到水源不洁是形成疫病的主要原因,建议饮用洁净水。如宋神宗年间长期担任地方官的沈括在《梦溪笔谈》中记载福建路漳州界,"有一水,号乌脚溪,涉者足皆如墨,数十里间水皆不可饮,饮皆病瘴,行人皆载水自随"[③]。绍圣元年(1094 年)六月,苏轼在《与王敏仲书》中记载广州罗浮山道士邓守安的亲身观察:"广州一城人,好饮咸苦水,春夏疾疫时,所损多矣。惟官员及有力者得饮刘王山井水,贫丁何由得?"[④]南宋方勺也记载江南西路虔州(治今江西赣州)的瘴系由饮水所致,并告诉人们鉴别毒水的方法,"予管勾常平,季点到邑,皆留数日,亦无

---

①　[宋]王怀隐、王光佑、郑奇等:《太平圣惠方》卷 16《治时气瘴疫诸方》,北京:人民卫生出版社,1959年版,第 461 页。

②　[宋]王怀隐、王光佑、郑奇等:《太平圣惠方》卷 47《霍乱论》,北京:人民卫生出版社,1959 年版,第1432 页。

③　[宋]沈括著,胡道静校正:《梦溪笔谈》卷 24《杂志一》,上海:上海古籍出版社,1987 年版,第 777 页。

④　[宋]苏轼著,孔凡礼点校:《苏轼文集》卷 56《与王敏仲十八首》,北京:中华书局,1986 年版,第 1692页。

他苦。大抵此地惟水最毒,常以铜盆贮水,须臾铜色微黑。予每以大锡瓶挈佳泉以自随,捐二夫之力,足了数日之食"①。此即为毒水,饮用后将引发瘴疾。

关于南方地区的瘴疫,一些地方官吏进行了积极的观察和记载。李璆,字西美,开封人,政和年间中进士,绍兴四年(1134)以集英殿修撰知吉州(治今江西吉安),累迁徽猷阁直学士和四川安抚制置使,著《瘴疟论》②。在长期为官的过程中,他经过仔细的观察,认为南方地区瘴疠的发生是地理气候条件所致。在《瘴疟论》中,他指出:"炎方土薄,故阳燠之气常泄,濒海地卑,故阳湿之气常盛。而二者相薄,此寒热之疾,所由以作也"。又说:"余观岭南瘴疾证候,虽或不一,大抵阴阳各不升降,上热下寒者十盖八九"。在瘴疠的治疗上,他反对用发表药为和下剂,主张用温法,常用药有生姜附子汤、治瘴七枣汤、附子汤和小柴胡汤等,并灸中脘、三里、大椎或第五椎,强调用"常山","欲除根本,非常山不可也"③。因此,常山、黑漆等药材在宋代常常用来治疗瘴疾。

张致远,福建延平人,宣和三年(1121年)中进士,任两浙路转运判官、广南东路转运判官,绍兴五年(1135年)以显谟阁待制知台州,著《瘴疟论》④。在该书中,他认为:"岭南地偏而土薄,无寒暑正气。阳常泄,故冬多暖。阴常盛,故春多寒。阳外而阴内,阳浮而阴闭。故人多病,多内寒而外热,下寒而上热",是形成瘴疫的主要原因。他赞同李璆治疗瘴疫的方法,主张用正气散、姜附汤、五苓散、理中汤、七枣汤等,与瘴药相配合,善后用黄芪建中汤、大养脾丸等调服⑤。

王棐,生卒年不详,京西北路新安(治今河南新安)人,生活于北宋后期,著《指迷方》一篇。他认为南方瘴疫形成的主要原因是:"南方天气温暑,地气郁蒸,阴多闭固,阳多发泄,草木水泉,皆禀恶气,人生其间,元气不固,感而为病,是为之瘴。"他将南方瘴疫分为三种类型:冷瘴、热瘴和哑瘴,并指出北人和南人之间存在差异,"凡往来岭南之人,无不病且危殆"⑥。

南宋孝宗时期,周去非任广南西路钦州教授、静江府通判,认为广南西路瘴疫

①　[宋]方勺撰,许沛藻点校:《泊宅编》卷中,北京:中华书局,1997年版,第82页。
②　[元]脱脱等:《宋史》卷377《李璆传》,北京:中华书局,2007年版,第11654页。
③　[宋]李璆、张致远原辑,[元]释继洪纂修,郭瑞化、马湃点校:《岭南卫生方》卷上《李待制瘴疟论》,上海:上海科学技术出版社,2001年版,第1~5页。
④　[元]脱脱等:《宋史》卷376《张致远传》,北京:中华书局,2007年版,第11627页。
⑤　[宋]李璆、张致远原辑,[元]释继洪纂修,郭瑞化、马湃点校:《岭南卫生方》卷上《张给事瘴疟论》,上海:上海科学技术出版社,2001年版,第6,7页。
⑥　[宋]李璆、张致远原辑,[元]释继洪纂修,郭瑞化、马湃点校:《岭南卫生方》卷上《〈指迷方〉瘴疟论》,上海:上海科学技术出版社,2001年版,第8,9页。

流行的病因、病症和中原伤寒病类似,主张按不同症候施治。《岭外代答》卷四《风土门》载:"南方凡病,皆谓之瘴,其实似中州伤寒。盖天气郁蒸,阳多宣泄,冬不闭藏,草木水泉,皆禀恶气。人生其间,日受其毒,元气不固,发为瘴疾。轻者寒热往来,正类痁疟,谓之冷瘴。重者纯热无寒,更重者蕴热沉沉,无昼无夜,如卧灰火,谓之热瘴。最重者,一病则失音,莫知所以然,谓之痖瘴。冷瘴未必死,热瘴久必死,痖瘴治得其道,间亦可生。冷瘴以疟治,热瘴以伤寒治,痖瘴以失音伤寒治,虽未可收十全之功,往往愈者过半。"①主张三瘴因症候不同,而应施以不同的治法。

乾道元年(1165年)二月二十六日,监察御吏程叔逵奏:"臣闻凡人平居无事,饥饱一失其节,且犹疾病随至,况于久饥之民,相比而集于城郭,春深候暖,其不生疾疫者几希,故自古饥荒之余,必继之以疫疠。熙宁中,浙西荒旱,取民于城而饘粥之,死者至五十余万。比尝奏乞,更于郊野设粥赈散。今饥民聚于城外,而就粥者不下数万人,颇闻渐有病者,有弊者('弊',本书食货六八之一四九作毙)。臣略问之,城内给棺敛者('敛',本书食货六八之一四九作殓),已至七十余人,窃虑驳驳不已。日者,常诏有司择空闲屋宇以安养之,又命医挟剂以疗治之,可谓德意周至矣。然臣窃以为众之所聚,疾势易成,转相渐染,难以复治。谓宜亟敕府县,亲行科择,多出文榜,凡有家可归、有乡可依者,许其自陈,给以粮米,使之各复归业。仍官给文引,俾就归业之处,请粥或米以存恤之。至于无所依归之人,乃令就病坊安养。"②可见,"众之所聚,疾势易成,转相渐染,难以复治"是疫病传播的重要原因。

淳熙元年(1174年)五月二十九日,正奉大夫、右丞相、兼枢密院使、兼太子少傅钱象祖等奏:"臣等即具知禀回奏外,窃惟比岁以来,飞蝗为灾,遍及江浙,陛下每睹变异,忧形词色。盖自权臣首祸,轻起兵端,南北生灵肝脑涂地,冤愤之气充塞穹壤,其散为疠疫,化为蝗蟊,理或有之。"③说明了宋代已认识到戾气是疫病形成的重要原因之一。

此外,淳熙二年范成大《桂海虞衡志》、宝祐三年释继洪《卫生补遗》、景定中释继洪《补要方》、汪南容《治冷热瘴疟脉证方论》、章杰《岭表十说》等,亦认为南方地区的瘴疫与当地气候、水土有关。

综上所述,宋代政府、地方官吏和医学家等对疫病病因的解释主要集中在"时

---

① [宋]周去非著,杨武泉校注:《岭外代答校注》卷4《风土门·瘴》,北京:中华书局,1999年版,第152,153页。

② [清]徐松辑:《宋会要辑稿》食货60之14,北京:中华书局,2006年版,第5871页。

③ [清]徐松辑:《宋会要辑稿》职官78之53,北京:中华书局,2006年版,第4202页。

气说"、"伏气说"、"瘴气说"和"五运六气说"四个方面,认为伤寒病、疫病等均具有传染性、流行性。他们对疫病种类的划分以及如何有效地治疗疫病的建议,为政府应对疫病提供了理论依据。

第三节　宋代政府应对诸路州县疫病的措施

宋政府在疫病防治体系中发挥了救灾责任主体的作用,采取了医学、经济和政治的措施加以积极应对。从960—1279年,宋政府颁布的关于应对重大疫情的医事诏令共有186条,其中北宋政府发布118条,约占整个诏令的63%;南宋政府发布68条,约占整个诏令的37%。如果再加上平常的预防性政令,宋政府发布的有关疫病防治的诏令数量较多。总体上来看,北宋政府在疫病发生时能够采取较为积极的措施加以救治,并注重平时的预防和宣传。南宋前期,政府对疫病防治虽然较为重视,但基本上继承了北宋的措施而未有大的技术创新。宋代医事诏令关于疫病应对的内容,主要有以下几个方面。

表 4-4　宋代政府应对疫病的主要内容

序号	政府应对疫病的医事诏令	北宋	南宋	合计	百分比
1	派医、赐药、颁方和赏赐医书	40	11	51	27.4%
2	财政拨钱、发放粮食、度牒和减免租赋	17	16	33	17.7%
3	建立医学管理机构、医院和临时救济机构	16	7	23	12.4%
4	选派官吏访闻、督察和信息反馈	10	10	20	10.8%
5	罪己、祭祀、运历和封神	10	10	20	10.8%
6	政绩考察,奖惩官吏	7	8	15	8.0%
7	传染源和疫病隔离	6	3	9	4.8%
8	军队中疫病的应对	6	1	7	3.8%
9	牲畜疫病的应对	5		5	2.7%
10	改革风俗、控制巫医和适时决狱	1	2	3	1.6%
合计		118	68	186	100%

从表4—4来看,宋政府应对疫病包含了10个方面的内容,这些措施既有疫病流行时期的紧急应对措施,也有平时的预防措施。其着眼点在于尽可能地使疫病后灾民避免饥寒失所,稳定社会秩序和恢复灾后生产。从形式上来看,有些是继

承了前代的制度,有些则是宋代新出现的。从机构的设立和运作来看,宋代中央医学机构、地方政府和临时救济机构有专门的经费来源,相互配合较为密切。从参加救疗人员的组成来看,宋代皇帝、政府官吏和医官是疫病救治的主体,普通医学家和乡绅则大多活跃于民间。

一、宋代政府应对疫病的医学措施

1. 派医诊治、赏赐药物

皇帝直接发布诏令派医诊治、赐药、颁方,是宋政府应对疫病最主要的措施之一。这方面发布的诏令有 51 条,占整个诏令的 27.4%。其中北宋政府颁布的诏令有 40 条,南宋政府有 11 条,主要内容为命令翰林医官院(局)、太医局等派遣医学人员前往疫病流行区巡诊、赐药,向朝廷汇报疫情流行情况并提出应对建议。

1.1　京城地区

北宋首都开封(治今河南开封)和南宋行在临安(治今浙江杭州),乃"根本之地,王化之所先"[1],是全国人口最为密集和流动最为频繁的地区,疫病曾数次发生和流行,造成大批人口死亡。因此,宋代皇帝和政府对京城地区发生的疫病给予了特别的关注。

淳化三年(992 年)五月,开封发生"大热","疫死者甚众"。疫病发生后,宋政府很快作出应对措施。《宋会要辑稿》职官二二之三五载:

> 淳化三年五月,诏以民多疾疫,令太医局选良医十人,给钱五十千,为市药之宜,分遣于京城要害处,听都人之言病者,给以汤药。扶疾而至者,即(珍)[诊]视,仍遣内侍一人按行之[2]。

《宋史》卷五《太宗本纪》亦载五月戊申宋太宗诏:"太医署良医视京城病者,赐钱五十万具药,中黄门一人按视之。"[3]这是京城地区发生的较早疫病流行的记载,宋政府采取了选派良医诊治病人,赐钱 50 千作为药费,派内侍中黄门 1 人监督医治等措施。

淳化四年(993 年)秋,京西路和开封一带发生大水,"或霖潦作沴,或疠疫为

---

① ［宋］宋徽宗:《开封府置居养安济御笔手诏》,《宋大诏令集》卷 186《政事·蠲复》,北京:中华书局,1997 年版,第 680,681 页。又见［清］徐松辑:《宋会要辑稿》食货 68 之 130~131,第 6318 页。

② ［清］徐松辑:《宋会要辑稿》职官 22 之 35,北京:中华书局,2006 年版,第 2877 页。

③ ［元］脱脱等:《宋史》卷 5《太宗本纪二》,北京:中华书局,2007 年版,第 89 页。

灾"。水灾和疫病的同时发生，引起宋太宗对宰相李昉及参知政事贾黄中、李沆等的批评。《续资治通鉴长编》卷三四载：

> 上以阴阳愆伏，罪由公府，切责宰相李昉及参知政事贾黄中、李沆曰："卿等盈车受俸，岂知野有饿莩乎？"昉等惭惧拜伏。黄中出，语人曰："当时但觉宇宙小一身大，恨不能入地尔。"①

宋太宗对这次疫病的关注，可以从淳化五年兵部员外郎田锡的奏疏中得到验证。田锡说："臣伏闻去岁或霖潦作沴，或疠疫为灾，陛下忧劳太切，勤俭过中，乃至进菲薄之膳羞，御补浣之服饰，又复发廪减储，以馐济众，损民抑理，以粟爵人。"②可见，宋太宗对开封疫病的流行是相当重视的，并采取了派医诊治、赐药、罪己、减膳、赈济、发放粮食等措施。

淳化五年（994年）六月，"京师旱疫"，宋太宗"分遣医官煮药给病者"③，"遣太医和药救之"④。

咸平六年（1003年），京城发生疫病，五月癸丑宋真宗"分遣内臣赐药"⑤。景德元年（1004年）六月壬午，开封一带"暑甚"，宋真宗诏："罢京城工役，遣使赐渴者药。"⑥

天圣元年（1023年），京师大疫，宋仁宗"命太医和药"。皇祐元年（1049年）京师开封发生大疫，宋仁宗"命太医和药"，拿出贵重药材"通天犀"作为防疫药物。《宋史》卷一七八《食货志上六》载：

> 尝因京师大疫，命太医和药，内出犀角二本，析而视之。其一通天犀，内侍李舜举请留供帝服御。帝曰："吾岂贵异物而贱百姓？"竟碎之。又蠲公私僦舍钱十日。令太医择善察脉者，即县官授药，审处其疾状予之，无使贫民为庸医所误，夭阏其生⑦。

① ［宋］李焘：《续资治通鉴长编》卷34，淳化四年九月，北京：中华书局，2004年版，第753页。
② ［宋］李焘：《续资治通鉴长编》卷36，淳化五年八月，北京：中华书局，2004年版，第794页。
③ ［元］脱脱等：《宋史》卷5《太宗本纪二》，北京：中华书局，2007年版，第94页。
④ ［元］脱脱等：《宋史》卷62《五行志一下》，北京：中华书局，2007年版，第1370页。又见［元］马端临：《文献通考》卷304《物异考十》，第2396页。
⑤ ［元］脱脱等：《宋史》卷7《真宗本纪二》，北京：中华书局，2007年版，第122页。又见［宋］李焘：《续资治通鉴长编》卷54，咸平六年五月，北京：中华书局，2004年版，第1195页。
⑥ ［元］脱脱等：《宋史》卷7《真宗本纪二》，北京：中华书局，2007年版，第124页。
⑦ ［元］脱脱等：《宋史》卷178《食货志上六·振恤》，北京：中华书局，2007年版，第4338页。

秋七月己未,宋仁宗诏:"诸州岁市药以疗民疾。"①

至和元年(1054 年)春正月,"汴京疫"。正月壬申,宋仁宗再次碎"通天犀",和药以疗民疫。《续资治通鉴长编》卷一七六载:

> 至和元年春正月辛未,诏京师大寒,民多冻馁死者,有司为瘗埋之。壬申,碎通天犀,和药以疗民疾。时京师大疫,令太医进方,内出犀牛角二本,析而观之,其一通天犀也。内侍李舜卿请留供帝服御,帝曰:"吾岂贵异物而贱百姓哉。"立命碎之②。

犀角,即犀牛角,宋太祖年间官修《开宝本草》和宋仁宗年间官修《嘉祐本草》均认为:"味苦、咸、酸、寒、微寒,无毒。主百毒蛊疰,邪鬼,瘴气,杀钩吻、鸩羽、蛇毒,除邪,不迷惑魇寐。疗伤寒,瘟疫,头痛,寒热,诸毒气。久服轻身骏健。"③犀角最大的特性是本身具有强烈的寒凉特性,中医学上常用来治疗"热如火,烦闷,毒入心中,狂言乱语"等症状,是治疗温热病的一味重要药物。宋仁宗在疫病救治中两次拿出贵重药材通天犀救民疫的做法,深得宋代史家和后世史家的赞誉。如《钦定康济录》指出:"君之民,散于国;君之宝,藏于库。无宝不失其为令主,爱民则世称为圣君。仁宗深恤抱疾之众,不宝通天之犀,其识鉴岂不可与抵璧投珠之圣主共垂万世哉。"④

嘉祐五年(1060 年),京师民疫,五月戊子朔宋仁宗"选医给药以疗之"⑤,又诏:"京师大疫,贫民为庸医所误死者甚众,其令翰林医官院选名医于散药处参问疾状而给之。"⑥

元祐八年(1093 年),开封有疫病流行的迹象,鉴于"在京军民、难得医药",四月壬申宋哲宗发布《差医人散药诏》,让开封府查访疫情,令太医局派医生前往班直、军营、坊巷诊治,药钱从封桩钱内支付。《宋大诏令集》卷二一九载:

---

　　① [元]脱脱等:《宋史》卷 11《仁宗本纪三》,北京:中华书局,2007 年版,第 227 页。又见[宋]李焘:《续资治通鉴长编》卷 16,皇祐元年秋七月己未,第 4009 页。

　　② [宋]李焘:《续资治通鉴长编》卷 176,至和元年春正月壬申,北京:中华书局,2004 年版,第 4248 页。又见[元]脱脱等:《宋史》卷 12《仁宗本纪四》,第 236 页。

　　③ [宋]掌禹锡等撰,尚志俊辑校:《嘉祐本草》(辑复本)卷 15《兽禽部·兽中》,北京:中医古籍出版社,2009 年版,第 351 页。

　　④ [清]陆曾禹:《钦定康济录》卷 3 下《临事之政计·视存亡以惠急需》,李文海、夏明芳主编:《中国荒政全书》第 2 辑第 1 卷,北京:北京古籍出版社,2003 年版,第 358 页。

　　⑤ [元]脱脱等:《宋史》卷 12《仁宗本纪四》,北京:中华书局,2007 年版,第 245 页。

　　⑥ [宋]李焘:《续资治通鉴长编》卷 191,嘉祐五年五月戊子朔,北京:中华书局,2004 年版,第 4622 页。

访闻近日在京军民难得医药,令开封府体访,如委是人多病患,可措置于太医局选差医人,就班直军营坊巷,认地分诊治,本府那官提举合药,并日支食钱,于御前寄收封桩钱内等第支破,候患人稀少即罢。①

《续资治通鉴长编》卷四八三载:

〔四月〕壬申,诏曰:"访闻日近在京军民难得医药,令开封府体访,如委是人多病患,可措置于太医局选差医人就班直军营、坊巷,分认地分诊治,本府差官提举。合药并日支食钱,于御前寄收封桩钱内等第支破。患人稀少即罢。"《哲宗御集·医治军民病患诏》一道:"访闻日近在京军民病多有不安,难得医药,令开封府体访,如委是人多病患,可措置于太医局差医人就班直军营、坊巷,分认地分,看候医治。仍于吏部选差小使臣一十人,分头管押医治,本府差官提举,所有合药并官员医等日支食钱,于御前寄收封桩钱内等第支破。候患人稀少即罢,速与施行。"元祐八年四月二十六日下②。

《宋会要辑稿》亦载:

哲宗元祐八年四月二十六日,诏曰:"访闻近日在京军民难得医药,令开封府体访,如委是人多病患,可措置于太医局选差医人,就班直军营、坊巷,分认地分诊治。本府那官提举,合药并日支食钱,于御前寄收封桩钱内等支破。候患人稀少即罢。"③

可见,派医诊治和散药是政府采用的最重要的医学措施。

绍圣元年(1094年)闰四月,"京师疫,洛水溢,太原地震,河北水"。四月庚申,宋哲宗诏:"访闻在京军民疾病者众,令开封府关太医局取熟药疗治,逐厢使臣、学生并给钱有差。"④闰四月十二日,三省奏:"京师疾疫",随后宋哲宗诏:"太医局熟

---

① 〔宋〕宋哲宗:《差医人散药诏》,《宋大诏令集》卷219《政事七十二·医方》,北京:中华书局,1997年版,第843页。

② 〔宋〕李焘:《续资治通鉴长编》卷483,元祐八年四月壬申,北京:中华书局,2004年版,第11488页。

③ 〔清〕徐松辑:《宋会要辑稿》职官22之38,北京:中华书局,2006年版,第2879页。又见同书食货59之5,第5841页;〔清〕徐松辑、陈智超整理:《宋会要辑稿补编》,第813页。

④ 〔清〕徐松辑:《宋会要辑稿》职官22之38,北京:中华书局,2006年版,第2879页。又见〔元〕脱脱等:《宋史》卷18《哲宗本纪二》,第340页。

药所即其家诊视,给散汤药"①,"发京都粟振之"②。

元符三年(1100年),京师发生疫病。三月二十一日,宋徽宗"诏以太医局生,差医生分诣间巷医治"③。三月二十三日,"诏以疾疫,令太医局差医生分诣间巷医治"④。

大观二年(1108年),西京洛阳(治今河南洛阳)发生疫病。三月二十日,宋徽宗发布《依近例治疗西京城内外民庶疾疫诏》,让和剂局研制救疗药物,对西京地区的疫病加以救治。为了防止疫病向京城开封蔓延,宋政府派遣使臣到开封城内外散药,积极做好预防准备。《宋会要辑稿》食货五九之七载:

> 诏:"西京城内外日近民庶疾疫稍多,虑阙医药,有失治疗。宜下有司依近例疾速修合,应病汤药,差使臣管押医人自三月末旬后于京城内外遍到里巷看诊给散。要拯救疾苦,仍速施行。"⑤

但在该诏发布后不久,疫病随即传播到京城开封。三月三十日,宋徽宗发布《大观库支钱一万赴开封府就差散药诏》:"令大观库支钱一万赴开封府,令就差散药,使臣并逐厢地分,使臣每日量数支给。应死亡贫乏不能葬者,人给钱两贯,小儿一贯。"⑥从大观库支钱一万贯作为药费,派使臣到京城各地散药,积极对疫病加以救治。对疫死之家因贫穷不能埋葬的,由政府拨钱掩埋。

政和三年(1113年)七月十五日,陕西转运判官陈建奏:"窃见利州路文、龙二州系缘边州郡,所管外镇寨不少,相去州县三、二百里,各有民居寨户及商旅往还。并他州县有外镇,相去州县地远。设遇有疾病之人,本处无医药,往往损失者众。乞应州县外镇寨有置官处,并许于本州县取买熟药出卖。"宋徽宗"从之"⑦。

南宋绍兴十六年(1146年)夏六月,行都临安发生疫病。六月二十一日,宋高宗发布《差医官诣临安府城内外看诊诏》。

> 诏:"方此盛暑,切虑庶民阙药服饵,令翰林院差医官四员,遍诣临安

① 〔清〕徐松辑:《宋会要辑稿》职官27之15~16,北京:中华书局,2006年版,第2944页。
② 〔元〕脱脱等:《宋史》卷18《哲宗本纪二》,北京:中华书局,2007年版,第340页。
③ 〔清〕徐松辑:《宋会要辑稿》职官22之38,北京:中华书局,2006年版,第2879页。
④ 〔清〕徐松辑、陈智超整理:《宋会要辑稿补编》,北京:中华书局,1992年版,第813页。
⑤ 〔清〕徐松辑:《宋会要辑稿》食货59之7,北京:中华书局,2006年版,第5842页。又见同书食货68之116,第6311页;〔清〕徐松辑、陈智超整理:《宋会要辑稿补编》,第814页。
⑥ 〔清〕徐松辑:《宋会要辑稿》食货59之7,北京:中华书局,2006年版,第5842页。又见同书食货68之116,第6311页。
⑦ 〔清〕徐松辑:《宋会要辑稿》职官27之21,北京:中华书局,2006年版,第2947页。

府城内外看诊,合用药仰户部行下和剂局应副,置历支破,依例支给食钱。仍于本部辖下差拨担药兵士二名,候秋凉日住罢,每岁依此。"①

《建炎以来系年要录》卷一五五亦载六月己未宋高宗"分遣医官循行临安疗病者,至秋乃止,自是行之至今。"②

绍兴二十六年(1156年)夏,临安疫,宋高宗"出柴胡制药,活者甚众"③。《宋会要辑稿》食货五九之三三详细地记载了宋高宗赐药的情况。

> 二十六年六月二十一日,三省言:"初伏,差医官给散夏药。"上宣谕曰:"比闻民间春夏中多是热疾,如服热药及消风散之类,往往害人,唯小柴胡汤为宜。令医官揭榜通衢,令人预知,颇闻服此得效,所活者甚众。"沈该等曰:"陛下留神医药,其恤民疾苦可谓至矣。"④

"小柴胡汤"是一味中药方剂,最早出现于《伤寒杂病论》,用于治疗伤寒类疾病。宋代官修医书《太平圣惠方》、《太平惠民和剂局方》均有记载,其方剂组成为:"柴胡(二两,去苗)、黄芩(一两)、人参(一两,去芦头)、半夏(一两,汤浸七遍,去滑)、甘草(半两,炙微赤锉)。右件药,捣罗为散,每服四钱,以水一中盏,入生姜半分,枣三枚,煎至五分,去滓,不计时候热服。"⑤主要用于治疗,"阳明病发潮热,大便溏,小便自利,胸胁烦满不止",以及"伤寒六日身体热,恶风,颈项强,胁下满,手足温而渴,宜小柴胡汤。"⑥从药物组成来看,绍兴二十六年夏临安发生的传染病很可能为伤寒类疾病。

乾道元年(1165年),两浙路发生疾疫。二月十九日,宋孝宗发布《诊视医治临安府饥民诏》,派医诊治临安饥民,令和剂局发给救病药物。《宋会要辑稿》食货六〇之一四载:

---

① [清]徐松辑:《宋会要辑稿》职官36之106,北京:中华书局,2006年版,第3123页。又见同书食货59之31,第5854页;食货68之123,第6315页。

② [宋]李心传:《建炎以来系年要录》卷155,绍兴十六年六月己未,北京:中华书局,1956年版,第2508页。

③ [元]脱脱等:《宋史》卷62《五行志一下》,北京:中华书局,2007年版,第1370页。

④ [清]徐松辑:《宋会要辑稿》食货59之33,北京:中华书局,2006年版,第5855页。又见同书食货68之123~124,第6315页。

⑤ [宋]王怀隐、王光佑、郑奇等:《太平圣惠方》卷8《伤寒三阴三阳应用汤散诸方》,北京:人民卫生出版社,1959年版,第231页。

⑥ [宋]王怀隐、王光佑、郑奇等:《太平圣惠方》卷8《辨厥阴病形证》,北京:人民卫生出版社,1959年版,第220页。

诏:"临安府见行赈济饥民,访闻其间多有疾病之人,窃虑阙药服饵,令医官局于见赈济去处,美处各差医官二员,将病患之人诊视医治。其合用药于和剂局取拨,仍日具医治过人并用过药数申尚书(省)。"①

二月二十六日,监察御史程叔逵奏:

臣闻凡人平居无事,饥饱一失其节,且犹疾病随至,况于久饥之民,相比而集于城郭,春深候暖,其不生疾疫者几希,故自古饥荒之余,必继之以疫疠。熙宁中,浙西荒旱,取民于城而饘粥之,死者至五十余万。比尝奏乞,更于郊野设粥赈散。今饥民聚于城外,而就粥者不下数万人,颇闻渐有病者,有弊者("弊",本书食货六八之一四九作毙)。臣略问之,城内给棺敛者("敛",本书食货六八之一四九作殓),已至七十余人,窃虑驳驳不已。日者,常诏有司择空闲屋宇以安养之,又命医挟剂以疗治之,可谓德意周至矣。然臣窃以为众之所聚,疾势易成,转相渐染,难以复治。谓宜丞敕府县,亲行科择,多出文榜,凡有家可归、有乡可依者,许其自陈,给以粮米,使之各复归业。仍官给文引,俾就归业之处,请粥或米以存恤之。至于无所依归之人,乃令就病坊安养②。

宋孝宗"从之",令地方官吏加强赈恤,有病者送病坊救治。

二月二十九日,宋孝宗应中书门下所请,诏:"临安府见行赈济饥民,访闻其间多有疾病之人,窃虑阙药服饵,令医官局于见赈济去处,每处各差医官二员,将病患之人诊视医治。其合用药,于和剂局取拨。仍日具医治过人并用过药数,申尚书。"②

四月二十二日,宋孝宗发布《临安府疾病残废等人展限给散粥药养济诏》:"临安府城内外见今养疾饥民,已降指挥展至四月终。访闻其间多有疾病残废等人,深虑难以一概便行住罢。令姜诜、薛良朋、韩彦古同本府通判、漕司属官各一员遍诣散粥及病坊去处,公共措置,躬亲拣点,将委实疾病残废、癃老羸弱、鳏寡孤独不能自存、见在病坊之人,更展限半月给散粥药养济。"②又应中书、门下省所请,诏:"两浙州军去岁水涝,流移阙食人颇众,朝廷措置赈粜,存济甚多。比因疫气传染,间有死亡,深可悯怜。可令行在翰林院差医人八员,遍诣临安府城内外,每日巡门

---

① 〔清〕徐松辑:《宋会要辑稿》食货60之14,北京:中华书局,2006年版,第5871,5872页。

② 〔清〕徐松辑:《宋会要辑稿》食货60之14,北京:中华书局,2006年版,第5871页。

体问看诊，随证用药。其药令户部于和剂局应副。在外州军亦仰依法，州委驻泊医官、县镇选差善医之人，多方救治，药钱于逐州岁赐合药钱内、县镇于杂收钱内支给，务要实惠及民。并仰接续给散夏药，候秋凉日住罢。"①让翰林医官院派医 8 人前往临安城内外看诊，"随证用药"，让户部从和剂局划拨药品。其它州县也按临安的救济办法实行，驻泊医官、良医负责救治，州药钱从合药钱内支付，县镇药钱从杂收钱内支给。宋孝宗对该诏的执行非常重视，特意地强调"务要实惠及民"，并将散药的措施持续到夏秋时节。

五月六日，宋孝宗发布《支给官钱埋瘗两浙死亡饥民诏》，让地方官员检察，划拨官钱作为埋瘗费用。《宋会要辑稿》食货六八之一二六载："诏两浙路诸州县饥民多有疾疫，理宜矜恤。除下逐州守臣措置医治外，如有死亡遗弃在路之人，亦仰委官同巡尉检察，支给官钱埋瘗，不得令狼藉道路。"①五月二十三日，宋孝宗发布《放临安府全家患病贫民房钱一月诏》，减贫民房钱一月。《宋会要辑稿》食货六三之二四载："诏临安府内外有全家患病贫民，令本府差官抄劄，予放房钱一月，毋致失实作弊。"②

乾道三年（1167 年）四月二十三日，宋孝宗发布《给赐夏药诏》："两浙东路安抚使洪适、福建路安抚使王之望、四川安抚制置使汪应辰、前宰执知宁国府汪澈、知全州周葵，并依例赐夏药，令户部打造一百两银合四具、五十两银合一具。又四川安抚使吴璘，御前诸军都统制戚方、时俊、赵撙、王宣、王权、陈敏、任天锡、苗定、刘源、知阶州、节度本州屯驻军马吴拱，并御前诸军统制、统领、将佐官属，并依例赐夏药，户部打造一百两银合一具、三十两银合十具，赴御药院送纳，降付进奉院附递给赐。其逐军依年例，令近上统制官分赐，仍传宣抚问。"③

淳熙八年（1181 年）夏四月，临安府大疫，"禁旅多死"；宁国府（治今安徽宣城），"民疫死者尤众"。四月十一日，宋孝宗发布《诊视军民疾疫诏》，对临安的疫病加以救治。《宋会要辑稿》食货五八之一四载：

诏："军民多有疾疫，令医官局差医官巡门诊视，用药给散。殿前司十二人，马军司二人，步军司七人，临安府内外诸厢界二十人，各日支食

① [清]徐松辑：《宋会要辑稿》食货 68 之 126，北京：中华书局，2006 年版，第 6316 页。又见同书食货 59 之 42，第 5859 页。

② [清]徐松辑：《宋会要辑稿》食货 63 之 24，北京：中华书局，2006 年版，第 5998 页。

③ [清]徐松辑：《宋会要辑稿》礼 62 之 70，北京：中华书局，2006 年版，第 1729 页。

钱。所有药饵,令户部行下和剂局应副。仍各置历抄转医过人数,日具以闻。"①

四月十八日,宋孝宗发布《临安府作大冢丛葬遗弃骸骨诏》,对疫病中死亡的尸体加以掩埋。《宋会要辑稿》食货五八之一四载:

> 诏:"临安府于府城四门外相视隙地,作大冢各一所,每处委僧十人,童行三十人,凡遗弃骸骨,不问新旧,并行收拾丛葬。棺检之具并僧行食钱,令本府量行支给。仍出榜禁戢,今后如有发去旧冢之人,依掘冢法科罪。"①

《宋史》卷三五《高宗本纪三》也载夏四月丙辰,宋高宗"分命医官诊视军民。"②

嘉定二年(1209 年)三月,"都城疫"③。三月丁巳,宋宁宗发布《赈济临安病人殡葬亡者御笔》,从内藏库划拨 10 万贯钱作为掩埋尸体的费用。《宋会要辑稿》食货五八之二七载:

> 御笔:"访闻都城疾疫流行,细民死者日众,朕甚悯焉。官司抄割诊候,虑多文具,虽已委官措置,可更选差一二员相与协济。临安府委通判稽考医药,所有药材疾速科拨见钱付铺户收买,毋令减克。其有病死无力殡瘗,于内藏库拨钱一十万贯,别差官抄割,畀以棺椟。诸路州县或有疾疫去处,令监司守令叶心赈济,务在实惠及民,副朕恻怛之意。"④

三月庚申,宋宁宗"命浙西及沿江诸州给流民病者药。"⑤

四月八日,监行在登闻检院陈孔硕等奏:"承降指挥,置(拘)[局]修合汤药,给散病民。其间请药之人,类皆细民,一染疫气,即便废业,例皆乏食。其间亦有得药病愈之后,因出求趁,再以劳复病患,委是可悯。已具申朝廷,蒙给降会子二千贯、米一千石,除已措置支散外,所存不多,又有增添患民,必是支散不敷。乞照元申尽数给散钱、米,下局接续支散。"宋宁宗"诏令封桩库更支降会子三千贯,丰储

---

① [清]徐松辑:《宋会要辑稿》食货 58 之 14,北京:中华书局,2006 年版,第 5828 页。
② [元]脱脱等:《宋史》卷 35《孝宗本纪三》,北京:中华书局,2007 年版,第 675 页。
③ [宋]刘时举:《续宋编年资治通鉴》卷 14,《丛书集成初编》本,上海:商务印书馆,1939 年版,第 179 页。又见[宋]佚名著,汝企和点校:《续编两朝纲目备要》卷 11《宁宗》,北京:中华书局,1995 年版,第 205 页。
④ [清]徐松辑:《宋会要辑稿》食货 58 之 27,北京:中华书局,2006 年版,第 5834 页。
⑤ [元]脱脱等:《宋史》卷 39《宁宗本纪三》,北京:中华书局,2007 年版,第 752 页。

仓取拨米二千石,接续支散,毋得漏落泛滥。"①在疫病救治中,宋政府派遣医官一、二人参加临安府的救济,并划拨赈济资金收买药材。同时,政府还划拨 10 万贯钱作为病死之家无力掩埋的经费。尽管目前尚不清楚这次疫病究竟是何种疾病,但疫病持续的时间较长,一直到嘉定三年(1210 年)时仍在流行。

嘉定三年(1210 年)四月十二日,中书门下省奏:"临安府城内外细民因病或致阙食,实为可悯,理宜给济。"宋宁宗发布《赈济临安府病民诏》:"令丰储仓取拨米三千石,付临安府给散病民。仰守臣措置,选差通练诚实官属分明支借,毋容吏奸,以亏实惠,仍开具支散过实数申尚书省"②,从丰储仓划拨三千旦粮食作为赈济费用。

综上所述,派医巡诊和赐药散药,是政府应对京城疫病中通常采用的措施。由于京城乃天子治所,一有疫病发生,皇帝和中央各部都很重视,医学救治措施也能得到较好的执行。

1.2 地方诸路

对于地方诸路州县发生的疫病,宋政府采取了派医诊治、赐药、公布药方、拨钱、发放粮食、蠲免赋税、祭祀等措施,尤其重视派医诊治和赐药。如大中祥符三年(1010 年)陕西民疫,四月乙卯宋真宗"遣使赍药赐之"③。南宋时期,政府除继续采取派医、赐药、赐钱和发放粮食等措施外,要求"州县合选委明脉医官,各分坊巷、乡保医治。其合用药材,于所委官从实支给"④,地方州县和社会救济的力量有所加强。

明道二年(1033 年)春,江南地区发生大旱,随即疫病流行,波及南方大部分州县。关于这次疫病的起因,《宋史》卷二九四《苏绅传》载:"往者明道初,虫螟水旱,几遍天下。始之以饥馑,继之以疾疫,民之转流死亡,不可胜数。"⑤从宋仁宗的一系列应对诏令来看,这次疫病带来的后果十分惨重,"先是,南方大旱,种饷皆绝,人多流亡,困饥成疫气,相传死者十二三,官虽作粥糜以饲之,然得食辄死,村聚墟

---

① [清]徐松辑:《宋会要辑稿》食货 68 之 105,北京:中华书局,2006 年版,第 6306 页。
② [清]徐松辑:《宋会要辑稿》食货 58 之 28,北京:中华书局,2006 年版,第 5835 页。
③ [元]脱脱等:《宋史》卷 7《真宗本纪二》,北京:中华书局,2007 年版,第 143 页。
④ [清]徐松辑:《宋会要辑稿》食货 58 之 22~23,北京:中华书局,2006 年版,第 5832 页。
⑤ [元]脱脱等:《宋史》卷 294《苏绅传》,北京:中华书局,2007 年版,第 9812 页。

里几为之空"。六月,陕西路发生"饥疫,关中为甚"①。九月,梓州路发生"旱疫"②。

明道二年(1033 年)三月,刘太后崩,宋仁宗开始亲政,先后发布了数道应对全国范围内疾疫、大旱和蝗灾的诏令。

〔明道二年二月〕庚子,诏淮南、江南民被灾伤而死者,官为瘗埋,仍祭酹之。先是,南方大旱,种饷皆绝,人多流亡,困饥成疫气,相传死者十二三,官虽作粥糜以饲之,然得食辄死,村聚墟里几为之空③。

〔明道二年六月〕庚辰,诏开封府界、京东西、河北、河东、陕西蝗,其除民田租,仍免差官检覆,亟令改之④。

〔明道二年六月〕戊子,诏以旱蝗作沴,去尊号中"睿圣文武"四字,告于天地宗庙,令中外直言阙政。(李埴《十朝纲要》:京东西、河东、陕西蝗,食草木殆尽。《宋朝会要》:诏曰:"比年以来,蝗旱作沴,郡国交奏,日月相仍,岂朕德之不明,将天时之适尔?夙夜循省,咎实在予。向缘大礼之成,勉徇群公之请,增予以'睿圣'之号,加予以'文武'之称,内惟菲凉,非所堪克,其去'睿圣文武'四字,仍择日告於天地宗庙,仍令中外各直言极谏。")⑤

〔明道二年九月〕辛卯,诏梓州路仍岁旱疫,令转运使亲按所部民,蠲其租⑥。

〔明道二年十二月〕己酉,诏开封府界、京东西、河北、河东、陕西、江南、两浙、荆湖北路,贫民流移而遗弃幼老不能自存者,所在官司收养之,

①　[宋]李焘:《续资治通鉴长编》卷 112,明道二年六月,北京:中华书局,2004 年版,第 2626 页。又见[宋]蔡襄撰,吴以宁点校:《蔡襄集》卷 39《右班殿直监慈湖都铁冶务程君墓志铭》,上海:上海古籍出版社,1996 年版,第 713~715 页;[宋]范仲淹著,李勇先、王蓉贵校点:《范仲淹全集·范文正公文集》卷 14《资政殿大学士礼部尚书赠太子太师谥忠献范公墓志铭》,成都:四川大学出版社,2002 年版,第 347~353 页;[宋]范镇:《范忠献公雍神道碑》,[宋]杜大珪编:《名臣碑传琬琰之集》上卷 26,影印文渊阁《四库全书》本,第 450 册,第 214~217 页;[宋]范仲淹:《范忠献公雍墓志铭》,[宋]杜大珪编:《名臣碑传琬琰之集》中卷 10,影印文渊阁《四库全书》本,第 450 册,第 287~290 页。

②　[宋]李焘:《续资治通鉴长编》卷 113,明道二年九月,北京:中华书局,2004 年版,第 2637 页。

③　[宋]李焘:《续资治通鉴长编》卷 112,明道二年二月,北京:中华书局,2004 年版,第 2605 页。又见[元]脱脱等:《宋史》卷 294《苏绅传》,第 9812 页;[元]马端临:《文献通考》卷 301《物异考七》,第 2377 页;卷 304《物异考十》,第 2396 页。

④　[宋]李焘:《续资治通鉴长编》卷 112,明道二年六月庚辰,北京:中华书局,2004 年版,第 2622 页。

⑤　[宋]李焘:《续资治通鉴长编》卷 112,明道二年六月戊子,北京:中华书局,2004 年版,第 2627 页。

⑥　[宋]李焘:《续资治通鉴长编》卷 113,明道二年九月辛卯,北京:中华书局,2004 年版,第 2637 页。

勿令失所^①。

〔明道二年十二月〕甲寅,诏开封府及京东西、淮南、江东、河北、河东路,明道二年以前流民去乡里者,限一年令归业,仍蠲赋役一年,限满不至者,听人请佃之^②。

〔明道二年〕,诏督郡县开廪以济之,发徒以瘗之^③。

〔景祐元年四月〕丁巳,诏灾伤之民死而不能收敛者,官为埋瘗,仍祭酹之^④。

从上述8道诏令中可以看出,宋仁宗对这次疫病救治给予了高度的重视,并采取了官府赐药、掩埋尸体、减免租赋、施粥赈济、划拨粮食、收养遗弃幼老和下罪己诏等措施。景祐元年(1034年),疫病流行得到控制。

庆历八年(1046年)二月,南方大疫,宋仁宗拿出名贵药材"通天犀","命太医和药赐疫者"^⑤。

皇祐元年(1049年)二月,河北发生疫病。二月戊辰,宋仁宗"遣使颁药"^⑥;七月己未,宋仁宗"诏诸州岁市药,以疗民疾";十一月丙申,宋仁宗针对河北疫情再次下诏:"河北被灾民八十以上及笃疾不能自存者,人赐米一石、酒一斗。"^⑦

嘉祐二年(1057年)八月己酉,宋仁宗诏:"每岁赐诸道节镇、诸州钱有差,命长吏选官和药,以救民疾。"^⑧

宋神宗时期对疫病防治中派医诊治和赏赐药物也极为重视。熙宁九年(1076年)九月,宋神宗诏:"太医局合治瘴药三十种,遣使臣赍付安南行营总管司。"^⑨熙宁十年(1077年),广南西路"大热,病瘴者多,方屯兵未解,官吏将校,染病者甚多",六月丁酉宋神宗发布《选差医学三人赴桂州手诏》,对广南西路驻军中发生的疫病加以应对。《续资治通鉴长编》卷二八三载:

---

① 〔宋〕李焘:《续资治通鉴长编》卷113,明道二年十二月乙酉,北京:中华书局,2004年版,第2647页。

② 〔宋〕李焘:《续资治通鉴长编》卷113,明道二年十二月甲寅,北京:中华书局,2004年版,第2648页。

③ 〔宋〕蔡襄撰,吴以宁点校:《蔡襄集》卷39《右班殿直监慈湖都铁冶务程君墓志铭》,上海:上海古籍出版社,1996年版,第713~715页。

④ 〔宋〕李焘:《续资治通鉴长编》卷114,景祐元年四月丁巳,北京:中华书局,2004年版,第2674页。

⑤ 〔宋〕王应麟:《玉海》卷63《艺文·庆历善救方》,南京:江苏古籍出版社、上海:上海书店,1987年版,第1197页。

⑥ 〔元〕脱脱等:《宋史》卷11《仁宗本纪三》,北京:中华书局,2007年版,第226页。

⑦ 〔元〕脱脱等:《宋史》卷11《仁宗本纪三》,北京:中华书局,2007年版,第227页。

⑧ 〔元〕脱脱等:《宋史》卷12《仁宗本纪四》,北京:中华书局,2007年版,第241页。

⑨ 〔清〕徐松辑:《宋会要辑稿》职官22之37,北京:中华书局,2006年版,第2878页。

〔熙宁十年六月〕丁酉,手诏:"今岁岭外大热,病瘴者多。方屯兵未解,官吏、将校在彼者众,深虑难於医药,枉致死伤。医官院选差医学三人,赐绢五十匹,遣赴桂州,委赵卨分掣差使,候及一年差替,经略司具所愈人数保明闻奏。"①

让翰林医官院选派医学 3 人前往桂州给官吏、将校诊视瘴疾,并延长赵卨的换任时间,令广南西路经略司统计治愈的人数,作为考核官吏的依据。

元丰元年(1078 年)四月二十一日,宋神宗诏:"太医局选医生十人给官局熟药,秉驿诣曹村决河,医治见役兵夫。"②元丰六年(1083 年),应两浙路转运副使许懋的请求,正月戊戌宋神宗发布《四厢使臣各辖太医生二人诏》:"太医生八人,四厢使臣各辖二人,凡商旅与穷、独被病者,录名医治,会其全失为赏罚法。人月支合药钱二千。"③《宋会要辑稿》职官二二之三八亦载:"正月二十三日,诏太医局选医生八人,令四厢使臣各辖二人,凡商旅与穷、独被病者,录名医治,会其全失为赏罚法,人月支合药钱二千,从两浙转运副使许懋请也。"④

宋哲宗、宋徽宗时期,政府对疫病的预防较为重视。除颁布"十二月令"、"次年运历"和《政和圣济经》、《政和圣济总录》外,宋政府大量向各地颁赐药物。如元祐七年(1092 年)八月二日,宋哲宗"遣中使赐修河官兵特支茶药"⑤。元符三年(1100 年)八月戊戌,宋徽宗发布《州县委官监视医人遍诣闾巷给药诏》:"诏诸路应岁赐药钱处,遇民疾时,州县委官监视医人遍诣闾巷,随其脉给药。"⑥《宋史》卷一九《徽宗本纪一》亦载:"诏诸路遇民有疾,委官监医往视疾给药。"⑦明确规定,如果地方发生疫病,各路派官监视医生给民治病和散药。

南宋绍兴七年(1137 年),江南东路建康(治今江苏南京)疫盛,七月二十四日宋高宗诏:"建康府内外居民病患者,令翰林院差官四员分诣看诊。其合用药,令户部药局应副,仍置历除破。如有死亡,委实贫乏,令本府量度给钱助葬,仍具已

① 〔宋〕李焘:《续资治通鉴长编》卷 283,熙宁十年六月丁酉,北京:中华书局,2004 年版,第 6926,6927 页。
② 〔清〕徐松辑:《宋会要辑稿》职官 22 之 37,北京:中华书局,2006 年版,第 2878 页。
③ 〔宋〕李焘:《续资治通鉴长编》卷 332,元丰六年正月戊戌,北京:中华书局,2004 年版,第 8004 页。
④ 〔清〕徐松辑:《宋会要辑稿》职官 22 之 38,北京:中华书局,2006 年版,第 2879 页。
⑤ 〔宋〕李焘:《续资治通鉴长编》卷 476,元祐七年八月,北京:中华书局,2004 年版,第 11337 页。
⑥ 〔清〕徐松辑:《宋会要辑稿》食货 59 之 6,北京:中华书局,2006 年版,第 5841 页。
⑦ 〔元〕脱脱等:《宋史》卷 19《徽宗本纪一》,北京:中华书局,2007 年版,第 360 页。

支数申尚书省除破。"①《宋史》亦载绍兴七年"建康疫盛"，秋七月甲申宋高宗"遣医行视，贫民给钱，葬其死者，命疏决滞狱。"②

南宋隆兴二年（1164 年）冬，两浙东、西路发生水灾，引发流民朝的出现，随即疫病在两淮、两浙地区发生。《宋史》卷六二《五行志一下》载："隆兴二年冬，淮甸流民二三十万避乱江南，结草舍遍山谷，暴露冻馁，疫死者半，仅有还者亦死"③，死亡的人数在十五六万以上。南宋政府在得知两淮、江东疫病流行的情况后，采取了紧急的应对措施。隆兴元年（1163 年）五月二十八日，都省奏："和剂局逐年所支三衙官兵夏药二十余万贴，军身既已在外，切虑本局循例，就此支付本寨，理宜措置"，宋孝宗"诏令户部行下所属，将今岁合发三衙官兵暑药目下计置津发。先期差官，趁末伏以前到军前。枢密院差使臣一员管押，去都督府差官给散。其行在诸军夏药，亦合勘量修制支散"④。但疫病仍然随着流民很快传染到了两浙西路，"是岁，浙东西水灾，民大饥疫"⑤，两浙西路湖州（治今浙江湖州）"时水旱之余，疾疫大作，道殣相属"。疫病流行给两浙路带来了"饥民疫者尤众"⑥的惨状，宋孝宗随即"诏郡邑振济，选郎官察之"⑤。隆兴二年（1164 年）十二月二十六日，宋孝宗诏："两淮经虏人蹂践，流移之民饥寒暴露，渐有疾疫。令和剂局疾速品搭修合合用药四万帖，赴淮东、西总领所交割，枢密院差使臣一员管押前去。仰逐处委官遍诣两淮州县乡村，就差医人同共给散。"⑦乾道元年（1165 年），疫病仍旧在两浙西路临安（治今浙江杭州）、常州（治今浙江常州）、两浙东路绍兴府（治今浙江绍兴）和归安县（治今浙江归安）一带流行。隆兴乾道之际的疫病大流行，也引起官僚士大夫的关注，这一时期的文献中大量出现了"浙西大疫"⑧、"都下大疫"⑨的记载。如楼钥《攻媿集》卷九二《观文殿学士钱公行状》详细地记载了此次疫病流行带来的惨状：

---

① ［清］徐松辑：《宋会要辑稿》食货 59 之 29，北京：中华书局，2006 年版，第 5853 页。又见同书职官 36 之 103，第 3123 页；食货 68 之 123，第 6315 页。

② ［元］脱脱等：《宋史》卷 28《高宗本纪五》，北京：中华书局，2007 年版，第 531 页。

③ ［元］脱脱等：《宋史》卷 62《五行志一下》，北京：中华书局，2007 年版，第 1370 页。

④ ［清］徐松辑：《宋会要辑稿》职官 27 之 67，北京：中华书局，2006 年版，第 2970 页。

⑤ ［宋］周必大：《文忠集》卷 34《直敷文阁致仕鲁公甗墓志铭》，影印文渊阁《四库全书》本，第 1147 册，第 371～374 页。

⑥ ［元］脱脱等：《宋史》卷 62《五行志一下》，北京：中华书局，2007 年版，第 1370 页。

⑦ ［清］徐松辑：《宋会要辑稿》食货 59 之 41，北京：中华书局，2006 年版，第 5859 页。

⑧ ［宋］洪迈撰，何卓点校：《夷坚支戊》卷 2《孙大小娘子》，北京：中华书局，1981 年版，第 1066 页。

⑨ ［宋］楼钥：《攻媿集》卷 90《直秘阁知扬州薛公行状》，《四部丛刊》影印清乾隆武英殿聚珍本，上海：商务印书馆，1919 年版，第 18～23 页。

自完颜亮入寇,于今四年,天下不得休息,杀伤不可胜纪。疾疫者殆无虚日,官爵不足以充赏,钱谷不足以为用。内外急迫,上下煎熬,而议者不深维大计,惟空言以永虚誉,抵巇而要利权,国何赖焉?[①]

从绍兴三十一年(1161年)完颜亮南侵到乾道元年(1165年),疫病同战争一样,造成了大批人口的死亡,甚至连地方政府的官位都出现了空缺。

乾道元年(1165年)三月十四日,权发遣临安府薛良朋奏:"今来已是春深,正当农务,兼蚕麦将成,诸处流移饥民,利于日前赈济设粥('日',本书食货六八之一五〇作目),以致将来荒废农业,无所指望。今措置,诸处籴米设粥,欲自四月十五日住罢,仍谕期出榜告谕('谕',本书食货六八之一五〇作预),其壮健人,欲别给劄付与各人,仰州县不得拘催官私欠负,并仰田主各支种粮,务要安居,不致离散。其有疾病、羸弱未能行履之人,欲州踏逐寺院('州',本书食货六八之一五〇作别),散粥煎药,以待痊安,方可发遣回归乡贯。"宋孝宗"从之"[②]。

乾道二年(1166年)四月七日,臣僚奏:"民户岁各有丁身钱,州县按籍举催,虽一夫不可幸免。至逃亡死绝,自当开落。去岁二浙水涝,疾疫相仍,因而死亡,其数颇多。圣恩宽恤,已免当年丁钱。窃闻今岁州县起催,乃以虚名追寔钱,或老耄幼弱为之代输,或责保邻里为之偿纳。百姓饥饿之余,自纳身丁,已似不堪,而况更为他人输纳。剋所得甚微,而为细民之害不轻。欲乞行下诸州覆寔开落,仍令监司按察。"宋孝宗"从之"[③]。五月九日,臣僚奏:"两浙路去年百姓以疾疫死亡、以饥饿流移者至多,州县丁籍,自应亏减,今年开收,所宜从实。切闻州县至今往往未曾申闻销豁,按籍而催,尚仍故目。诚虑将来以年未及之人籍为成丁,或家计所亏之额,多取之于见存之人,或仰令保正长合力偿备。乞下两浙州县覆实流移死亡丁数保明申上,权行倚阁,侯流移归业,中小成丁渐次增补。"宋孝宗"从之"[④],下令两浙州县核实死亡丁数,渐次增补成丁。

1.3　修河处所

关于修河场所发生的疫病,以北宋政府的防治为主。如熙宁十年(1077年)七月,黄河在河北东路澶州曹村决口,宋政府随即采取治河措施。元丰元年(1078

---

①　[宋]楼钥:《攻媿集》卷92《观文殿学士钱公行状》,《四部丛刊》影印清乾隆武英殿聚珍本,上海:商务印书馆,1919年版,第1~29页。

②　[清]徐松辑:《宋会要辑稿》食货60之14,北京:中华书局,2006年版,第5871页。

③　[清]徐松辑:《宋会要辑稿》食货12之16,北京:中华书局,2006年版,第5015页。

④　[清]徐松辑:《宋会要辑稿》食货12之6,北京:中华书局,2006年版,第5010页。又见同书食货12之16~17,第5015,5016页。

年)夏,鉴于"塞河役众,阙医治疾"的情况,四月乙巳宋神宗"诏翰林医官院选医学二人,驰驿给券,往修开决河所"①。让翰林医学 2 人前去治疗,随即又"诏太医局选医生十人,给官局熟药,乘驿诣曹村河所医治见疫兵夫。"②从太医局抽调 10 名医生前往滑州曹村修河所治疗兵夫疫病。元祐七年(1092 年)八月,宋哲宗遣中使"赐修河官兵特支茶药"③。南宋时期,黄河中下游归金朝管辖,有关疫病流行的情况不见于南宋官方记载。

1.4 辽、夏、吐蕃、大理、金等地区

关于周边少数民族地区发生的疫病,宋政府主要采取赐药的方式间接予以救治。如景德三年(1006 年)五月,西凉吐蕃诸部发生疾病,应其首领铎督的请求,宋真宗"诏赐白龙脑、犀角、硫黄、安息香、白紫石英等药,凡七十六种"④。《宋会要辑稿》方域二一之二一~二二记载甚详:

> 时铎督又遣人上言部落多疾,乞赐蕃物白龙脑、犀角、硫黄、安息香、紫石英之类凡七十六种,并求弓矢,皆可之。药同而名异者,令译人辨之而给,来者感悦而去⑤。

这些药物均系名贵药材,大多来自海外。尤为可贵的是,对于药同而名异者,宋政府令译人详细辨明,用汉藏两种文字加以注解。

大中祥符二年(1009 年)夏,辽朝南部发生腮肿病,大批军民纷纷南迁进入河北路境内。四月,河北安抚司向朝廷报告:"北界人多病腮肿死,边民稍南徙避疫"⑥,宋真宗"诏医官院处方并药赐河北避疫边民"⑦。

大中祥符三年(1010 年),西凉府(治今甘肃威武)觅诺族发生"瘴疫",五月壬午宋真宗"赐首领温通等药"⑧。

大中祥符三年(1010 年)十二月五日,甘州回鹘宝物公主没孤氏上奏:"近被病

① [宋]李焘:《续资治通鉴长编》卷 289,元丰元年夏四月,北京:中华书局,2004 年版,第 7059 页。又见[清]徐松辑:《宋会要辑稿》职官 36 之 99,第 3121 页。
② [宋]李焘:《续资治通鉴长编》卷 289,元丰元年夏四月,北京:中华书局,2004 年版,第 7069 页。
③ [宋]李焘:《续资治通鉴长编》卷 476,元祐七年八月,北京:中华书局,2004 年版,第 11337 页。
④ [元]脱脱等:《宋史》卷 492《吐蕃传》,北京:中华书局,2007 年版,第 14158 页。
⑤ [清]徐松辑:《宋会要辑稿》方域 21 之 21~22,北京:中华书局,2006 年版,第 7671,7672 页。
⑥ [宋]李焘:《续资治通鉴长编》卷 71,大中祥符二年夏四月甲寅,北京:中华书局,2004 年版,第 1605 页。
⑦ [元]脱脱等:《宋史》卷 7《真宗本纪二》,北京:中华书局,2007 年版,第 140 页。
⑧ [元]脱脱等:《宋史》卷 492《吐蕃传》,北京:中华书局,2007 年版,第 14158 页。又见[清]徐松辑:《宋会要辑稿》方域 21 之 23,第 7672 页;[元]脱脱等:《宋史》卷 7《真宗本纪二》,第 140 页。

始愈,国中不产香药及小儿药、冷病药,望赐之。"宋真宗"诏并从其请"①。

1.5　南方瘴疫流行地区

对于南方地区发生的瘴疫,宋政府主要采取了派医官诊治、赐避瘴药、调整官员换任时间、颁布药方等措施。

北宋时期,政府已经认识到季节变化与瘴气流行的关系,并要求上任官员严格按照时令来确定赴任时间,以避开瘴疫发作强盛的时节。咸平元年(998 年)二月,广南东路转运使康戬奏:"新、恩、循、梅四州瘴有毒,请于江南州县官中就选知州",宋真宗"诏流内铨选荆湖、福建人注本州官,令知州事。"②景德四年(1007 年)四月癸酉,宋真宗"诏岭南官除赴以时,以避炎瘴。"③大中祥符元年(1008 年)正月己巳,宋真宗"诏黎、雅、维、贸四州官以瘴地二年一代。"④同时,政府还积极赏赐避瘴药,如大中祥符二年(1009 年)九月甲戌,宋真宗"遣使赐戎、泸军民辟瘴药。"⑤大中祥符三年(1010 年)正月,宋真宗"诏以泸州三月即苦瘴毒,如戎人尚未顺,量留兵阨其险路。令孙正辞、侍其旭、李怀岊、史崇贵自三月领兵分屯近郡,又遣使以辟瘴药驰赐之。"⑥

宋仁宗景祐三年(1036 年)二月甲子,宋政府"以广南兵民苦瘴毒",置"医药"⑦。庆历四年(1044 年)四月,宋政府派遣军队镇压湖南少数民族的反抗,时"方夏瘴热,罹疾者众",造成大批军士的死亡。这次因瘴疠流行而对行军作战造成的影响,使宋仁宗对瘴气与疫病流行的关系有了深切的认识。四月甲午,宋仁宗谓辅臣曰:"前调发军士,往湖南捕捉蛮贼,方夏瘴热,罹疾者众,宜令医官院遣医学一员,驰往诊视之"⑧,调查因瘴疠爆发而造成的死亡情况。庆历六年(1046年)四月甲寅,宋仁宗"遣使赐湖南戍兵方药"⑨。六月夏,宋仁宗还惦记着此事,认为"官军久戍南方,夏秋之交,瘴疠为虐,其令太医定方和药,遣使给之。"⑩

宋神宗元丰二年(1079 年)四月十七日,广南西路经略司奏:"宾州瘴疠,加以

---

①　[清]徐松辑:《宋会要辑稿》蕃夷 4 之 4~5,北京:中华书局,2006 年版,第 7715,7716 页。

②　[清]徐松辑:《宋会要辑稿》职官 47 之 3,北京:中华书局,2006 年版,第 3419 页。

③　[元]脱脱等:《宋史》卷 7《真宗本纪二》,北京:中华书局,2007 年版,第 133 页。

④　[元]脱脱等:《宋史》卷 7《真宗本纪二》,北京:中华书局,2007 年版,第 135 页。

⑤　[元]脱脱等:《宋史》卷 7《真宗本纪二》,北京:中华书局,2007 年版,第 141 页。

⑥　[清]徐松辑:《宋会要辑稿》兵 10 之 3,北京:中华书局,2006 年版,第 6920 页。

⑦　[元]脱脱等:《宋史》卷 10《仁宗本纪二》,北京:中华书局,2007 年版,第 201 页。

⑧　[宋]李焘:《续资治通鉴长编》卷 148,庆历四年四月甲午,北京:中华书局,2004 年版,第 3574 页。

⑨　[元]脱脱等:《宋史》卷 7《真宗本纪二》,北京:中华书局,2007 年版,第 221 页。

⑩　[元]脱脱等:《宋史》卷 493《蛮夷传》,北京:中华书局,2007 年版,第 14184 页。

兵火之后,难得官愿就,乞差殿中丞吴巘知宾州。"宋神宗"从之"①。

南宋绍兴三十二年(1162年)八月十三日,知沅州秦杲奏:"卢阳、黔阳、麻阳三县各接猺獠生界,及接广南系水土恶弱瘴烟之地,县令任满循两资。今乞比照本州幕职官与改合入官,或止依判司任满该磨勘,与减举主二员。"吏部勘当:"欲将三县县令依见行赏格推赏,如任满得替应磨勘改官人,任内不曾透漏蛮贼五人以上入界,即与依本州判司减举主二人,不愿减主者听与循资。"宋高宗"从之"②。

南宋孝宗乾道二年(1166年)十二月十二日,臣僚奏:"赣州并福建路广南等处,以烟瘴之地,许民间自造服药酒,以御烟瘴,谓之'万户酒'。小民无力酿造,榷沽之利,尽归豪户。乞将应造酒之家,将所造之酒经官税毕,然后出卖,仍将税钱桩发行在。"户部看详:"逐州军风俗不同,又事干财计,乞下江南西、福建、广南东、西路转运司从长相度。"宋孝宗"从之"③。乾道四年(1168年)五月二十六日,尚书省奏:"勘会二广州军多系荒僻瘴疠之地,无人愿就,有久阙守臣去处",宋孝宗"诏令诸路监司、帅臣依吏部破格外,于见任得替、待阙寄居官初任通判及第二任知县资序人内选辟,申朝廷给降付身。"④淳熙四年(1177年)十二月四日,知赣州彭演奏:"赣之为州,在江西之极南,实与岭南接境。龙南、安远二县瘴疠之气,视岭南他州县殆甚焉。乞将龙南、安远二县县令从邻县梅州程乡及惠州河源县例,许以举主二员,改合入官。仍许通用前任举主及免职司。或前任已有举主三员,亦并候三年终满,别无公私过犯,许提刑及守臣照改官状犯入己赃甘当同罪体式,连衔保奏,亦与改官。盖前任举主至于三员以上,即其人才必有可取;而本任之内并无公私过犯,其余莅官律己亦有足称;又令宪司、守臣连衔责其保任,则非出于一人之私意,而其言亦不苟矣。若京朝官以上任知县者,亦乞仿此优立赏格,庶几士夫欣慕而来,务修职业,以期荣进。"宋孝宗诏:"如京朝官愿就之人,候三年任满与转一官,更减二年磨勘。"⑤淳熙七年(1180年)二月癸未朔,宋孝宗诏"置广南烟瘴诸州医官"⑥。

南宋光宗绍熙元年(1190年)五月二日,知赣州郑汝谐奏:"龙南、安远两县最为烟瘴之地,自裁减赏典之后,无人肯就。照得惠州河源县令只用举主两员改合

① [清]徐松辑:《宋会要辑稿》职官47之14,北京:中华书局,2006年版,第3425页。
② [清]徐松辑:《宋会要辑稿》职官48之36,北京:中华书局,2006年版,第3473页。
③ [清]徐松辑:《宋会要辑稿》食货21之7,北京:中华书局,2006年版,第5147页。
④ [清]徐松辑:《宋会要辑稿》职官47之35,北京:中华书局,2006年版,第3435页。
⑤ [清]徐松辑:《宋会要辑稿》职官48之20,北京:中华书局,2006年版,第3465页。
⑥ [元]脱脱等:《宋史》卷35《孝宗本纪三》,北京:中华书局,2007年版,第672页。

入官,今龙南、安远去河源县界止二三百里,欲乞并与减举主二员,或职司一员。如注京官知县,与转一官,庶早得人管干县事。"吏部"欲将两县如系选人注授,候任满无过犯,从旧法任内有举主三员与改合入官。龙南县如系京官知县,于新格减二年磨勘,仍占射差遣一次上。安远县于新格减三年磨勘,仍占射差遣一次上,乞各更与减一等磨勘。"宋光宗"从之"[①]。绍熙三年(1192年)闰二月二十四日,权知沅州刘珪奏:"窃见沅州烟瘴之气,人多疾病,缘无良医诊治,拱手待毙,深可怜悯。乞依靖州例,差明脉医官一员充驻泊。"宋光宗"从之"[②],派遣医官驻泊。绍熙三年(1192年)七月七日,宰执进呈吏部勘当到赣州龙南县难以废罢,留正奏:"龙南有瘴,旧来只用两纸文字,所以有人愿就。后来朘削赏典几尽,故多阙官。"宋光宗曰:"岂可有无赏,与尽复典赏。"[②]

南宋宁宗嘉定九年(1216年)四月二日,臣僚奏:"二广气候恶弱,西广尤甚,今资格之合入县令者,必不肯深入瘴烟之地。今欲使文臣之为令者,不惮深入,以惠吾民,惟有减举员以示激劝耳。试以东广言之,循州之长乐、兴宁,新州之新兴,皆许用两纸常员荐状改官;梅之程乡只用一剳;南恩之阳春满考不用举状。今率是文臣之选人注授,往往皆能律己爱民,以希改秩,此已行之明验也。岂有行之广东而广西最僻绝之地,独不得援此为比乎?此覩二广守臣亦有以此为裕民五事之献者,融州守臣赵善淇乞以怀远邑令比附阳春、河源推赏,柳州守臣郑肃乞以马平、柳城、洛容比附东广诸邑推赏,皆乞量与减员。广西诸邑合减举员处颇多,如象之武仙、昭之立山、高之信宜、雷之徐闻、化之石城等邑,皆毒(务)[雾]熏蒸,民生婹悴,户口萧疏,不可不择人任抚安之寄。若推东广减员之令以示激劝。于选人恩数不为泛滥,而遐方小民实均被不赀之施。乞令广西诸司条具诸邑之最恶弱、久阙官去处申上,量与裁减荐员,以为作邑者之劝,庶几少苏岭海无告之民。"宋宁宗"从之"。[③]

综上所述,派医诊治、赏赐药物是宋代皇帝和政府在疫病应对中采取的最主要的医学措施,在一定程度上控制了疫病的进一步传播,对整个社会关注疫病起了积极地导向作用。

2. 新医学知识在疫病防治中的应用及其转变

在防治疫病的过程中,宋政府开始将新医学知识引入疫病救治,因而极大地

①　[清]徐松辑:《宋会要辑稿》职官48之43,北京:中华书局,2006年版,第3477页。
②　[清]徐松辑:《宋会要辑稿》职官36之125,北京:中华书局,2006年版,第3134页。
③　[清]徐松辑:《宋会要辑稿》职官48之22～23,北京:中华书局,2006年版,第3467页。

丰富了中医传染病学的内容。这些措施包括:一是政府确立了官修本草、方书著作在疫病救治中的指导地位;二是将运气学说纳入疫病预防;三是掩埋尸体,控制传染源等。

2.1 官修医学著作在疫病救治中的引入及其转变

宋代,政府将官修医学方书著作《太平圣惠方》、《神医普救方》、《庆历善救方》、《简要济众方》、《太平惠民和剂局方》等引入疫病救治。此外,官修本草学著作也被用作疫病救治,但并不常见。宋真宗时期,政府还将陈尧叟《集验方》向全国公布,便于民众掌握。南宋时期,政府在实用医方的整理方面大为减弱,但《太平惠民和剂局方》仍是政府应对疫病的主要医学著作。

开宝八年(975年),琼州(治今海南海口)奏:"俗无医,民疾病但求巫祝",十一月己巳朔宋太祖"诏以方书、本草给之"①。这里的方书内容不详,本草则是开宝七年(974年)政府刚刚修撰完毕的《开宝本草》。

淳化三年(992年),开封发生"大热","疫死者众",宋政府将刚刚修撰完毕的《太平圣惠方》用于疫病救治。此后,《太平圣惠方》就成为各级政府应对疫病的最重要的著作。② 大中祥符元年(1008年)二月,宋真宗"令川峡诸州敕医博士按《圣惠方》合本土所须药,以给兵戍"③。大中祥符二年(1009年)四月,河北北部一带腮肿流行,"人多腮肿而死",宋真宗"诏医官院处方并药赐河北避疫边民"④。庆历四年(1044年)春正月丙子,韩琦建议陕西路德顺军城(治今宁夏隆德)初建,"屯集师旅,而属极边之地,人皆不知医术",宋仁宗"赐德顺军《太平圣惠方》及诸医书各一部。"⑤

庆历八年(1048年)二月,为了改变"南方病毒者,乏方药"⑥的状况,宋政府又编辑了更加实用的《庆历善救方》,用于治疗蛊毒。国家对医药方书的重视影响了地方官吏的作为,皇祐元年(1049年)王安石将《庆历善救方》"谨以刻石,树之县门

① [宋]李焘:《续资治通鉴长编》卷16,开宝八年十一月己巳朔,北京:中华书局,2004年版,第349页。
② [宋]宋太宗:《行圣惠方诏》,《宋大诏令集》卷219《政事七十二·医方》,北京:中华书局,1997年版,第842页。
③ [宋]李焘:《续资治通鉴长编》卷68,大中祥符元年二月,北京:中华书局,2004年版,第1529页。
④ [元]脱脱等:《宋史》卷7《真宗本纪二》,北京:中华书局,2007年版,第140页。
⑤ [宋]李焘:《续资治通鉴长编》卷146,庆历四年春正月丙子,北京:中华书局,2004年版,第3532、3533页。
⑥ [宋]王应麟:《玉海》卷63《艺文·庆历善救方》,南京:江苏古籍出版社、上海:上海书店,1987年版,第1197页。

外左,令观赴者自得而不求有司。"①皇祐三年(1051年),针对诸路发生的饥疫,宋仁宗命翰林医官使周应编辑《简要济众方》,五月下诏颁行,"命州县长吏按方剂以救民疾"②,严格按方书制药、配药。同年五月,南方州军"连年疫疾瘴疠,其尤甚处,一州有死十余万人",宋政府令"秘阁所藏医书,委官选取要用者,校定一本,降付杭州开板模印",又"令逐路转运司,指挥辖下州府军监,如有疾疫瘴疠之处,于《圣惠方》内写录合用药方出榜晓示,及遍下诸县,许人抄劄",仍令"秘阁简《外台秘要》三两本,送国子监,见校勘医书官子细校勘"③,将《外台秘要方》加以简化,用于疫病救治。

熙宁八年(1075年)十二月,宋神宗"诏翰林医官院选治岚瘴药方五七种,下合药所修制。"④元祐七年(1092年)冬十月,政府给诸路军划拨药钱,令各地按朝廷所赐药方制药。《续资治通鉴长编》卷四七八载:"诏岁给诸路军药钱各有差,选官监督;医工随风物气候,依所降方论制药给散,不得留难,其当职官员勿给。"⑤

南宋时期,《太平惠民和剂局方》成为政府应对疫病的主要医学著作。绍兴二十一年(1151年)二月乙卯,宋高宗"诏诸州置惠民局,官给医书"⑥。十二月癸未,户部员外郎李涛面对,论:"近置诸州惠民局,虑四方药方差误,望以监本方书印给。"⑦宋高宗采纳其建议,"诏将太平惠民局监本药方印颁诸路"⑧。

2.2　运气学说纳入疫病预防

中国古代医学十分强调疾病的预防,主张顺应节气,预防疫病。早期儒家经典《礼记·月令》认为:孟春行秋令,"则其民大疫"⑨;季春行夏令,"则民多疾疫,时

---

① [宋]王安石著,唐式标校:《王文公文集》卷36《善救方后序》,上海:上海人民出版社,1974年版,第432页。

② [元]脱脱等:《宋史》卷12《仁宗本纪》,北京:中华书局,2007年版,第231页。

③ [唐]王焘撰,[宋]林億等校:《外台秘要方》卷首《宋刻外台秘要劄子》,北京:人民卫生出版社,1982年版,第25页。

④ [宋]李焘:《续资治通鉴长编》卷271,熙宁八年十二月,北京:中华书局,2004年版,第6648页。

⑤ [宋]李焘:《续资治通鉴长编》卷478,元祐七年冬十月,北京:中华书局,2004年版,第11388页。

⑥ [元]脱脱等:《宋史》卷30《高宗本纪七》,北京:中华书局,2007年版,第572页。

⑦ [元]佚名撰,李之亮点校:《宋史全文》卷22上《宋高宗一六》,哈尔滨:黑龙江人民出版社,2005年版,第1454页。

⑧ [清]徐松辑:《宋会要辑稿》职官27之67,北京:中华书局,2006年版,第2970页。又见[宋]王应麟:《玉海》卷63《艺文·熙宁太医局》,第1198页。

⑨ [汉]郑玄注,[唐]孔颖达疏:《礼记正义》卷14《月令第六》,[清]阮元校刻:《十三经注疏》,北京:中华书局,1980年版,第1357页。

雨不降"①;仲夏行秋令,"民殃于疫"②;孟秋行夏令,"民多疟疾"③。《周易》提出了"君子以思患而预防之"④的思想。《淮南子》认为:"良医者,常治无病之病,故无病。"⑤中医学经典《黄帝内经素问》认为:"是故圣人不治已病治未病,不治已乱治未乱,此之谓也。夫病已成形而后药之,乱成而后治之,譬犹渴而穿井,斗而铸兵,亦不晚乎?"⑥指出了中医学关于疾病"防患于未然"的重要意义。曹植《说疫气》载:"建安二十二年,疠气流行,家家有僵尸之痛,室室有号泣之哀,或阖门而殪,或覆族而丧,或以为疫者鬼神所作。人罹此者,悉被褐茹藿之子,荆室蓬户之人耳。若夫殿处鼎食之家,重貂累蓐之门,若是者鲜焉。此乃阴阳失位,寒暑错时,是故生疫,而愚民悬符厌之,亦可笑也。"⑦在这种思想的指导下,中国古代政府特别注意寻找防止疾病发生的原因,最高统治者治理国家时也要树立治病不如防病的思想,治未病包括"未病先防"和"既病防病"两个方面的内容。

宋初,政府已经认识到时令与疾病之间的关系。如淳化二年(991年)十二月十日,宋太宗诏:"地气方闭,不可起众兴作,以发天地之气,致生人之疾疫。应京城诸处力役土功,并宜权罢,以奉顺时令焉。"⑧景德四年(1007年)四月癸酉,宋真宗"诏岭南官除赴以时,以避炎瘴"。可知宋政府已充分认识到季节变化与瘴气流行的关系,并要求上任官员严格按照时令来确定上任时间。大中祥符元年(1008年)正月巳巳,宋真宗再次下诏对黎、雅、维、贸4州瘴气流行地区官员的换任时间作出规定,"以瘴地二年一代"⑨。

宋徽宗时期,政府大力推行"天运政治",运气学说盛行。何谓运气学说?其内容主要指推测"五运六气"的变化及其与疾病的发生、发展和治疗等关系的学

① [汉]郑玄注,[唐]孔颖达疏:《礼记正义》卷15《月令第七》,[清]阮元校刻:《十三经注疏》,北京:中华书局,1980年版,第1364页。

② [汉]郑玄注,[唐]孔颖达疏:《礼记正义》卷16《月令第八》,[清]阮元校刻:《十三经注疏》,北京:中华书局,1980年版,第1370页。

③ [汉]郑玄注,[唐]孔颖达疏:《礼记正义》卷17《月令第九》,[清]阮元校刻:《十三经注疏》,北京:中华书局,1980年版,第1380页。

④ [晋]王弼注,[唐]孔颖达撰:《周易正义》卷6《既济》,[清]阮元校刻:《十三经注疏》,北京:中华书局,1980年版,第72页。

⑤ [汉]高诱注,何宁集释:《淮南子集释》卷16《说山训》,北京:中华书局,1998年版,第1115页。

⑥ [唐]杨上善注,李克光、郑孝昌主编:《黄帝内经太素校注》卷2《摄生之二·顺养》,北京:人民卫生出版社,2005年版,第17页。

⑦ [魏]曹植:《说疫气》,[清]严可均辑:《全上古三代秦汉三国六朝文·全三国文》卷18,北京:中华书局,1985年版,第1152,1153页。

⑧ [清]徐松辑:《宋会要辑稿》刑法2之5,北京:中华书局,2006年版,第6498页。

⑨ [元]脱脱等:《宋史》卷7《真宗本纪二》,北京:中华书局,2007年版,第135页。

说。运气学说在中医学上具有重要的地位,其内容涉及天文、地理、气象、物候、音律、术数、医学等许多学科。运气学说始于东汉,但一直到宋初并未被政府广泛采用。嘉祐年间(1056—1063年)校正《内经》时,医学家郝允、庞安常、沈括、杨子建等开始将运气学说引入医学研究中,并用运气学说的理论来解释当时发生的各种疫病。熙宁年间,沈括对运气学说采取了肯定的态度,他在谈到运气学说与疾病防治的功能时认为:"医家有五运六气之术,大则候天地之变,寒暑风雨,水旱螟蝗,率皆有法;小则人之众疾,亦随气运盛衰。"①元符二年(1099年),朝散郎、太医学司业刘温舒写成了专门论述运气学说的专著——《素问入式运气论奥》,明确提出"气运最为补泻之要"②的观点。

运气学说的盛行及官僚士大夫依此理论解释疾病,受到宋政府的重视。王安石变法以后,宋政府把运气学说作为太医局考试医生的科目之一,供医学考试之用的《太医局诸科程文格》中,每卷均有一道运气题。在宋政府积极防御疾病思想的推动下,运气学说大为盛行,成为医家之必修科目,在医疗实践中广泛加以运用。政和七年(1117年),宋徽宗颁布《政和七年十月月令》,"以是月天运政治布告于天下"③,正式将运气学说用以疾病防治。在此思想的指导下,宋徽宗下令中央和地方提前预备好每年每月的防疫药物。随后,宋政府于政和九年、重和元年、重和二年、宣和元年、宣和二年和宣和三年,公布《月令》和《运历》,主张顺应节气,预防疾病④。政和年间宋徽宗下令廷臣修撰《圣济总录》时,开篇即以大量的篇幅,列入60年运气图,包括主运、客运、司天、在泉、客主加临的变化规律,对当时的医学和医家影响很大。严世芸认为,该理论"可以说影响到整个医界"⑤。随后,《政和圣济总录》、《政和圣济经》等有专篇论述运气,寇宗奭《本草衍义》、陈无择《三因极一方论》等亦对运气学说加以推崇,并将主岁主运的方药悉数列出。

运气学说的核心内容是东西南北中不同地理环境和四时气候的变化对人体的疾病和疫病流行产生的重要影响,这和现代医学认为气候和地理环境是形成流

---

① [宋]沈括著,胡道静校:《梦溪笔谈校证》卷7《象数一》,上海:上海古籍出版社,1987年版,第315页。

② [宋]刘温舒:《素问入式运气论奥》卷首《序》,裘沛然主编:《中国医学大成三编》第1册,长沙:岳麓书社,1994年版,第772页。

③ [宋]宋徽宗:《政和七年十月月令》,《宋大诏令集》卷126《典礼十一》,北京:中华书局,1997年版,第435,436页。

④ [宋]佚名:《宋大诏令集》卷126~133《典礼·明堂》,北京:中华书局,1997年版,第435~470页。

⑤ 严世芸:《宋代医家学术思想研究》,上海:上海中医学院出版社,1993年版,第12页。

行病的因素是一致的①。宋政府将"五运六气"学说引入疫病防治,对北宋中后期医学的发展产生深远影响,形成了一个新的解释疫病成因的理论——"五运六气"致病说②。该理论是宋政府为了积极预防疾病而采取的重要措施,对医者的临床制方用药,有一定的参考价值。但我们也应看到,医官和地方官吏在执行中不知变通的教条化倾向,使运气学说越来越偏离宋朝统治者的初衷。同时,提前预备好第 2 年的防疫药物,又增加了政府的财政压力,最终难以全面的施行。

2.3 重视民间新经验方的应用

在疫病防治的过程中,民间老百姓也积累了大量的宝贵经验,如认识到醴泉(指甘甜的泉水)可以有效的防治疾病等,其疗效经地方官吏总结并得到政府的许可后,又被以"验方"或"效方"重新颁行全国。

大中祥符元年(1008 年)二月,京西路蔡州(治今河南汝南)汝阳县凤源乡出醴泉,"有疾者饮之皆愈"。河北路相州(治今河南安阳)永安县韩陵山牧童掊地得泉,"深尺余,汲取不竭,饮者宿疾皆愈"。天禧二年(1018 年),醴泉出京师拱圣营,闰四月丁未宋真宗谓辅臣曰:"营卒初睹龟,建真武祠,今泉出其侧,有疾者饮之多愈。"闰四月甲寅,命王钦若建观,赐名"祥源"。九月乙酉,钱暖献《醴泉赋》,得到宋真宗的重视,诏"赐及第"③。十月辛卯成,题曰:"爱有神泉,涌兹福地,甘如饮醴,美可蠲痾"。宋仁宗时再次敕封重建,改为"醴泉观"④。

苏轼在《与王敏仲书》中提到治疗瘴疫的神奇药方为:"治瘴止用姜、葱、豉三物浓煮热呷,无不效者。"⑤沈括《梦溪笔谈》载柏叶可以治疗疫病,认为"颇有神效"⑥。丁特起《靖康纪闻》记载靖康二年(1127 年)三月,"太学疫气尤甚,于今年自春至夏,物故者二百人",凡"病疫发肿者,往往只于豆汤取效,由是太学盛传,服

---

① 顾婉生:《预防医学概论》,上海:上海科学技术出版社,1988 年版,第 105 页。
② 参见任应秋:《运气学说》,上海:上海科技出版社,1982 年版,第 9 页;马伯英:《中国医学文化史》,上海:上海人民出版社,1994 年版,第 554~563 页;范行准:《中国医学史略》,北京:中医古籍出版社,1986 年版,第 126~134 页;陈乐平:《出入"命门"——中国医学文化学导论》,上海:上海三联书店,1991 年版,第 114~120 页。
③ 〔清〕徐松辑:《宋会要辑稿》方域 13 之 2,北京:中华书局,2006 年版,第 7531 页。
④ 〔清〕徐松辑:《宋会要辑稿》方域 13 之 2,北京:中华书局,2006 年版,第 7531 页。又见〔宋〕李焘:《续资治通鉴长编》卷 91,咸平二年闰四月辛亥,第 2111,2112 页;〔宋〕高承撰,金圆、许沛藻点校:《事物纪原》卷 7《库务职局部·醴泉观》,第 367 页。
⑤ 〔宋〕苏轼著,孔凡礼点校:《苏轼文集》卷 56《与王敏仲书十三》,北京:中华书局,1986 年版,第 1694 页。
⑥ 〔宋〕沈括撰,胡道静校:《梦溪笔谈校证》卷 20《神奇》,上海:上海古籍出版社,1987 年版,第 665,666 页。

之者无不愈疾"。该方名"黑豆汤方",组成为"黑豆二钱(令炒香熟)、甘草二寸(炒黄色),右二味以水二盏煎一盏,时时服之自愈。①"

乾道二年(1166 年)十二月十二日,臣僚奏:"赣州并福建路广南等处,以烟瘴之地,许民间自造服药酒,以御烟瘴,谓之'万户酒'。小民无力酿造,榷沽之利,尽归豪户。乞将应造酒之家,将所造之酒经官税毕,然后出卖,仍将税钱桩发行在。"户部看详:"逐州军风俗不同,又事干财计,乞下江南西、福建、广南东、西路转运司从长相度。②"宋孝宗"从之",允许民间自造药酒以避瘴气。

庆元三年(1197 年)五月十六日,臣僚奏:"宜命太医局选民间所常用及已试有效简要可行之方,集为一部,颁之诸路监司,监司行之州县,州县又撮其要者,大书揭示于聚落要闹去处。③"宋宁宗"从之"。该方采集自民间,系当时常用的验方和效方。

这些地方官吏积累的民间经验良方、效方和验方,不仅在疫病防治中发挥了显著的作用,而且也被政府所采纳,经过验试之后编入官修医学方书之中,用于疾病救治。

3. 政府医学制度关于疫病救治的规定及调整

宋代,政府制定了较为完善的疾病救治制度,并得到了较好的贯彻执行。《宋史》卷四六一《方技传上》载:

> 自建隆以来,近臣、皇亲、诸大校有疾,必遣内侍挟医疗视,群臣中有特被眷遇者亦如之。其有效者,或迁秩、赐服色。边郡屯帅多遣医官、医学随行,三年一代。出师及使境外、贡院锁宿,皆令医官随之。京城四面,分遣翰林祗候疗视将士。暑月,即令医官合药,与内侍分诣城门寺院散给军民。上每便坐阅兵,有被金疮者,即令医官处疗④。

这则史料明确地规定了宋代医学制度关于社会各阶层疾病救治的情况。其主要内容包括:

一是疾病救治的对象。宋政府规定,国家医学优先关注的是皇室,其次是军队和近臣,最后才是普通民众。

二是巡诊制度。宋政府规定让翰林医官院(局)派医学人员定期前往皇亲、军

---

① [宋]丁特起:《靖康纪闻》,清宣宗道光十一年《学海类编》本,第 23 册,第 64 页。

② [清]徐松辑:《宋会要辑稿》食货 21 之 7,北京:中华书局,2006 年版,第 5147 页。

③ [清]徐松辑:《宋会要辑稿》食货 58 之 25,北京:中华书局,2006 年版,第 5833 页。

④ [元]脱脱等:《宋史》卷 461《方技传上》,北京:中华书局,2007 年版,第 13509,13510 页。

队、近臣中诊视,三年一次。

三是赐药制度。宋政府规定:太医局配制夏药、腊药及瘴药,熟药所、和剂局制造成药,翰林医官院颁赐给皇亲、军队、官吏、使者和普通民众。大中祥符四年(1011年)十一月一日,阎承翰等奏:"每年伴契丹使至,遣使传宣抚问人使汤药等,望定每年五七次,令内侍省差人押赐",宋真宗"诏内侍省与定五次,余令入内内侍省均匀定差"①,将赐药巡诊范围扩大到外交使节和随行人员,并形成一项固定制度。

四是设立"驻泊医官"制度。宋政府规定在京城外和边疆驻军中设立"翰林医官院驻泊医官",让翰林医官和翰林医学给边郡屯帅定期检查疾病。

五是磨勘制度。宋政府规定治病有功的翰林医官、翰林医学或太医局学生,按时予以奖励和升迁,并赐给他们象征地位和身份的官服。

这条医事制度自宋太祖建隆年间制定以来,一直作为政府预防和应对各种疾病的重要制度而坚持了下来。此后,宋政府对这条医事制度不断地进行补充和完善。景德四年(1007年)八月己亥,宋真宗发布《文武官被疾遣太医诊视诏》,再次对疾病救治的等级和对象作出规定。《续资治通鉴长编》卷六六载:

〔景德四年八月〕己亥,诏自今两省五品、尚书省四品、大将军、刺史已上、知杂御史、诸司使,被疾请告三日以上者,入内内侍省遣使将太医诊视之。旧制,文武官属疾,咸遣医疗治,颇有自陈微恙,请不命国医者,上不欲恩例有异,故定制焉②。

从宋真宗的诏令中可以看出,中书门下省五品、尚书省四品、大将军、刺史已上、知杂御史、诸司使等,凡有病请假3日以上者,由皇帝内庭机构入内内侍省派医官加以诊视和治疗,并形成为定制。入内内侍省系皇帝内庭宦官机构,承担皇帝、后妃的饮食、起居,沟通宫中(内庭)与省中(朝廷)的联系。入内内侍省(后省)由于比内侍省(前省)更亲近宫内,其地位很高,由入内内侍省派遣医官治疗,显示了皇帝对大臣疾病救治的重视。

南方地区瘴疫的流行及其带来的高病死率,迫使宋政府对瘴疫流行地区官员和军队的换任时间做出调整。咸平元年(998年)二月,广南东路转运使康戬奏:"新、恩、循、梅四州瘴有毒,请于江南州县官中就选知州",宋真宗"诏流内铨选荆

---

① [清]徐松辑:《宋会要辑稿》职官36之34,北京:中华书局,2006年版,第3088页。
② [宋]李焘:《续资治通鉴长编》卷66,景德四年八月己亥,北京:中华书局,2004年版,第1478页。

湖、福建人注本州官,令知州事。"①景德四年(1007 年)夏四月癸酉,宋真宗"诏岭南官除赴以时,以避炎瘴"②,要求瘴疫流行严重的岭南地区的官员严格按照时令上任,以减少瘴疫流行带来的危害。大中祥符元年(1008 年)正月己巳,宋真宗"诏黎、雅、维、茂四州官以瘴地二年一代"③,这是宋政府第一次对瘴疫流行较为严重的益州路黎州(治今四川汉源西北)、雅州(治今四川雅安)、威州(治今四川保宁)、茂州(治今四川茂县)等地官员的换任时间作出调整,推行"二年一代"的任职制度。南宋绍兴四年(1134 年)五月六日,广南东路提点刑狱公事曾统奏:"本路州县水土恶弱,多是阙官,至有差摄癃老疾病及疲懦不任事之人,令提刑司于本路见任官内选择,两易其任,见阙正官处令逐司奏辟。"宋高宗"诏依,如狥情移易及奏辟不实者,并依上书诈不实科罪"④。乾道三年(1167 年)四月四日,宋孝宗发布《诸路州军驻泊医官二年一替诏》:"应诸路州军驻泊医官,并以二年一替,其已过满人,不候替人罢任,今后不许陈乞奏辟再任。"⑤对各地驻泊医官的换任时间也采取"二年一替"的制度。淳熙四年(1177 年)十二月四日,宋孝宗采纳赣州知州彭演建议,"诏如京朝官愿就之人,候三年任满与转一官,更减二年磨勘。"⑥

综上所述,由于受南方地区瘴疫的影响,宋政府自大中祥符元年以后开始调整南方官吏的任职时间,"二年一替"逐渐成为北宋中后期和南宋时期地方官吏、军队驻防和驻泊医官换任的较普遍的时间。

4. 政府医学机构、临时医院和慈善机构在疫病防治中的积极参与

在疫病应对方面,宋政府建立的各级机构积极参与并发挥了显著的作用,体现了统治阶级体恤民众的"仁政"思想。宋前期的中书门下和元丰改制后的三省六部主要负责疫情的分析与判断,政策制定、组织协调与文书下达,以及信息渠道的沟通与保障等;翰林医官院掌全国的医政和派遣医官赐药、巡诊和救治;太医局肩负在京三学、军营或应钦差赴灾区治疗疾病;和剂局负责研制各类药物,熟药所(惠民局)负责买药;宋前期的三司和元丰新制后的户部负责救济钱粮的发放;尚书省礼部祠部司负责疫病流行期间度牒的发放和管理尸体掩埋;各州县建立的地方医院和临时救济机构主要负责安置病人和实施治疗,等等。

① 〔清〕徐松辑:《宋会要辑稿》职官 47 之 3,北京:中华书局,2006 年版,第 3419 页。
② 〔元〕脱脱等:《宋史》卷 7《真宗本纪二》,北京:中华书局,2007 年版,第 133 页。
③ 〔元〕脱脱等:《宋史》卷 7《真宗本纪二》,北京:中华书局,2007 年版,第 135 页。
④ 〔清〕徐松辑:《宋会要辑稿》职官 48 之 69,北京:中华书局,2006 年版,第 3490 页。
⑤ 〔清〕徐松辑:《宋会要辑稿》职官 36 之 119,北京:中华书局,2006 年版,第 3131 页。
⑥ 〔清〕徐松辑:《宋会要辑稿》职官 48 之 20,北京:中华书局,2006 年版,第 3465 页。

从政府发布的医事诏令来看,这些机构的职责通常包括:1.贯穿朝廷应对各类疫病的行政命令和措施,派医、颁方、赐药,为疫病应对提供医学救助;2.发放粮食、蠲勉租赋,发放度牒等,为疫病应对提供经济支持;3.建立临时医院和隔离场所,严防疫病扩散,安排有关机构掩埋尸体,支付费用,整治公共卫生,疏通沟渠等;4.奖励、考核和惩罚相关参与疫病救治的官员和医生等。总体上来看,政府设立的医学机构、临时医院和慈善机构,是宋政府应对疫病取得成效的保障和关键。地方政府和地方医学机构主要负责疫情的发现、报告、调查和初步治疗等。

从各级机构参与疾病救治的效果来看,北宋时期中央政府和地方政府在疫病救治方面发挥的作用较为明显,政府十分注重对地方机构进行引导和管理,并相应地投入一些钱粮和度牒作为资本,对地方和民间的疫病救助给予激励或推广全国,并选派官吏对地方和民间的救疫机构进行管理,使地方和民间救疫机构发挥政府"责任分担者和中转站的作用"①。南宋时期,中央政府在疫病应对方面发挥的作用有所减弱,而地方政府的救助则大大地加强,尤其在自然灾害和疫病流行最为严重的广大乡村地区,民办的救助机构因分散在村社,救助活动更为直接,发挥的效果也较为明显。

二、宋代政府应对疫病的经济措施

疫病的救治离不开国家财政的支持,否则,政府的救治无从谈起。在宋政府颁布的诏令中,有关经济性方面的诏令有 33 条,占整个疫病应对诏令的 17.7%。从这些诏令来看,经济财政救助是宋政府取得疫病应对的物质基础,主要内容包括以下三个方面:一是中央政府直接划拨专项救济货币资金和粮食的无偿性救助;二是发放度牒和减免州县民众赋役的蠲免性救助;三是借给灾区粮食、种子、钱物、农具和耕牛的低息放贷性救助。

1. 划拨专项救济资金和粮食的无偿性救助

疫病一旦发生,关乎整个社会。由中央政府直接划拨专项救济货币资金和粮食的无偿性救助,是宋政府应对疫病的一项重要经济政策。

景德三年(1006 年)七月壬子,宋政府拨给广南东路和广南西路"岁给钱五万,市药疗病者"②。

嘉祐四年(1059 年)春正月,开封发生疫病,"自去年雨雪不止,民疾寒,死道路

---

① 张涛:《中国传统救灾体系刍议》,载《中国社会科学院院报》2006 年 3 月 9 日。
② [元]脱脱等:《宋史》卷 7《真宗本纪》,北京:中华书局,2007 年版,第 131 页。

甚众"，正月丁酉宋仁宗"诏遣官分行京城，视孤穷老病者，人赐百钱，小儿五十，畿县委令佐，赈以糜粥"①。给京城孤、穷、老、病者，赐钱一百，小儿五十，并畿县委令佐，发放糜粥，帮助病人度过难关。嘉祐五年（1060 年）五月，开封地震，京城发生疾疫，五月乙未宋仁宗诏："京城疾疫，其蠲官私房钱十日。"②

治平二年（1065 年）春三月，京西路许州（治今河南许昌）发生大旱，饥疫并作。三月二十五日，朝廷始惊，开始调拨粮食救济，"乃运京仓与江淮所漕粟往赈之"③。

熙宁六年（1073 年）冬十月，江南东路发生疫病，宋神宗诏："赐江南东路常平米七万石，赈济灾疫。"④元丰二年（1079 年）九月，成都府路发生疾疫，成都府路转运副使、司封郎中李之纯为转运使，他的做法是"括户绝产未售者与死而未瘗者，命吏分瘗，调度出府库钱，不足，以常平钱佐之，售其产以偿，具以闻"。李之纯的做法得到宋政府的许可，九月己酉宋神宗"诏可之，著为令。"⑤

绍兴八年（1138 年）秋七月，江南东路建康（治今江苏南京）疫病流行严重，宋高宗"遣医行视，贫民给钱，葬其死者"⑥。绍兴二十一年（1151 年）六月辛巳，宋高宗"命岁给大理寺、三衙及州县钱，和药剂疗病囚。"⑦

庆元元年（1195 年）夏，临安因火灾引发"火疫"⑧，此次疫病一直持续到庆元三年（1197 年）。为此，宋政府采取了以下一些措施加以应对：庆元元年（1195 年）三月十三日，宋宁宗发布《给临安府疾病贫乏之家医药钱御笔》："访闻民间病疫大作，令内藏库日下支拨钱二万贯付临安府，多差官于城内外询问疾病之家贫不能自给者，量口数多寡支散医药钱，死而不能葬者，给与棺敛。务要实惠及民，毋得徒为文具。"⑨四月二十六日，宋宁宗发布《给散临安府贫病之家医药棺敛钱诏》："内藏库支钱二万贯付临安府，给散贫病之家医药棺敛钱，窃恐止据所降钱给散，不能遍及。可更切相度，如或支散不敷，速具闻奏，更当接续支降，务在均济。"⑩

---

　　①　[宋]李焘：《续资治通鉴长编》卷 189，嘉祐四年春正月丁酉，北京：中华书局，2004 年版，第 4547 页。又见[元]脱脱等：《宋史》卷 12《仁宗本纪四》，第 243，244 页。

　　②　[宋]李焘：《续资治通鉴长编》卷 191，嘉祐五年五月乙未，北京：中华书局，2004 年版，第 4625 页。

　　③　[宋]韩琦：《安阳集》卷 48《故许州观察推官曾君墓志铭》，明武宗正德九年张士隆刻本，第 1，2 页。

　　④　[宋]李焘：《续资治通鉴长编》卷 247，熙宁六年冬十月丙申，北京：中华书局，2004 年版，第 6031 页。

　　⑤　[宋]李焘：《续资治通鉴长编》卷 300，元丰二年九月己酉，北京：中华书局，2004 年版，第 7312 页。

　　⑥　[元]脱脱等：《宋史》卷 28《高宗本纪五》，北京：中华书局，2007 年版，第 531 页。

　　⑦　[元]脱脱等：《宋史》卷 30《高宗本纪七》，北京：中华书局，2007 年版，第 573 页。

　　⑧　[元]脱脱等：《宋史》卷 62《五行志一》，北京：中华书局，2007 年版，第 1371 页。又见[元]脱脱等：《宋史》卷 37《宁宗本纪一》，第 719 页；[元]佚名撰，李之亮点校：《宋史全文》卷 29 上《宋宁宗一》，第 2002 页。

　　⑨　[清]徐松辑：《宋会要辑稿》食货 58 之 22，北京：中华书局，2006 年版，第 5832 页。

　　⑩　[清]徐松辑：《宋会要辑稿》食货 68 之 100，北京：中华书局，2006 年版，第 6303 页。

《宋史》亦载四月戊辰临安大疫,宋宁宗诏:"出内帑钱为贫民医药、棺敛费及赐诸军疫死者家。"①四月壬午,宋宁宗"复出内帑钱赐诸军疾疫死者家"②。五月戊戌,宋宁宗"诏诫风俗"③。六月七日,宋宁宗发布《沈诜奏两浙饥疫答诏》:"诏令礼部给降度牒五十道,付沈诜自行措置,斟量支散,余依之。"④将度牒作为两浙地区疫病救治的药钱。六月十日,宋宁宗又诏:"疾疫未及,更于内藏库支拨钱一万贯接续支散。"⑤庆元三年(1197年)十二月丁丑,宋宁宗诏"蠲绍兴府贫民明年身丁、折帛绵绢。"⑥庆元五年(1199年)五月,以临安久雨,民多疫,五月十七日戊申宋宁宗发布《赈济临安府贫乏老病者诏》:"临安府守臣支给常平钱米,日下差官抄劄城内外实系贫乏老病及在旅店病患阙食之人,量行赈济。"⑦

嘉定元年(1208年),因淮甸疾疫而迁入江南的难民,饥与暑并作,"多疫死"。疫病于嘉定二年(1209年)三月传播到临安府,"都民疫死甚众"。疫病发生后,宋政府采取了以下一些措施:三月丁巳,宋宁宗发布《赈济临安病人殡葬亡者御笔》,让临安府划拨资金收买药材,并从内藏库拨钱10万贯作为棺椁费用。《宋会要辑稿》食货五八之二七载:"访闻都城疾疫流行,细民死者日众,朕甚悯焉。……其有病死无力殡瘗,于内藏库拨钱一十万贯,别差官抄劄,畀以棺椁。诸路州县或有疾疫去处,令监司守令叶心赈济,务在实惠及民,副朕恻怛之意"⑧;三月庚申,宋宁宗"命浙西及沿江诸州给流民病者药"⑨;三月壬戌,宋宁宗"出内库钱十万缗为临安贫民棺椁费"⑨;四月甲申,宋宁宗赐"行在诸军死者棺钱"⑩;四月八日,宋宁宗"诏令封桩库更支降会子三千贯,丰储仓取拨米二千石,接续支散,毋得漏落泛滥"⑪。嘉定三年(1210年)夏四月,杭州仍旧是"民多疫死",疫病仍未消退。夏四月戊辰,

---

① [元]脱脱等:《宋史》卷37《宁宗本纪一》,北京:中华书局,2007年版,第719页。
② [元]佚名撰,李之亮点校:《宋史全文》卷29上《宋宁宗一》,哈尔滨:黑龙江人民出版社,2005年版,第2002页。
③ [宋]刘时举:《续宋编年资治通鉴》卷12《宋宁宗一》,《丛书集成初编》本,上海:商务印书馆,1939年版,第147页。又见[宋]佚名著,汝企和点校:《续编两朝纲目备要》卷11《宁宗皇帝》,第205页。
④ [清]徐松辑:《宋会要辑稿》食货58之23,北京:中华书局,2006年版,第5832页。
⑤ [清]徐松辑:《宋会要辑稿》食货68之100,北京:中华书局,2006年版,第6303页。
⑥ [元]脱脱等:《宋史》卷37《宁宗本纪一》,北京:中华书局,2007年版,第723页。
⑦ [清]徐松辑:《宋会要辑稿》食货68之101,北京:中华书局,2006年版,第6304页。
⑧ [清]徐松辑:《宋会要辑稿》食货58之27,北京:中华书局,2006年版,第5834页。
⑨ [元]脱脱等:《宋史》卷39《宁宗本纪三》,北京:中华书局,2007年版,第752页。
⑩ [宋]佚名著,汝企和点校:《续编两朝纲目备要》卷5《宁宗皇帝》,北京:中华书局,1995年版,第92页。
⑪ [清]徐松辑:《宋会要辑稿》食货68之105,北京:中华书局,2006年版,第6306页。

宋宁宗"出内库钱二十三万缗赐临安军民","诏临安府给细民病者棺椁"①。四月己巳,宋宁宗发布《拨官会充临安府细民病死棺椁诏》,出内帑钱为贫民医药、棺敛费及赐诸军疫死者家。《宋会要辑稿》食货五八之二八载:"令封桩库支降官会三万贯,付临安府专充支给细民病死棺椁,委守臣措置,选差通练诚实官属分明给散,毋容吏奸,以亏实惠,仍开具支散过实数申尚书省。"②

嘉定三年(1210年)三月二十二日,应臣僚的请求,宋宁宗诏:"收捕峒寇阵亡官兵钱米,已支半年,更特支半年。内伤归栅身死,已支一季,更特支一季。暴露因病身死,已支两月,更特支两月。"③嘉定七年(1214年)十月一日,枢密院奏:"雨水连绵,殿前司、步军司各有昨来阵亡并孤遗妻口老小,及目今病患官兵,理宜存恤",宋理宗"诏令封桩库支拨会子一千五百贯付殿前司,六百贯付步军司。仰各司取见的实孤幼病患人数,斟酌照等例给散一次。"④

淳祐十一年(1251年),广南东路、广南西路、福建路、江南西路、荆湖南路发生疫疠,造成"州县人户有绝世"的惨状,十一月乙酉宋理宗发布《赈恤江东湖南福建二广灾伤瘴疠处诏》:"江东西、湖南北、二广有灾伤瘴疠去处,虽已赈恤,犹虑州县奉行不虔,可令监司守臣体认德意,多方拯救。"④疫病不仅给社会生产造成了破坏,又引起了户绝之家财产分割与继承的纠纷。淳祐十二年(1252年)春正月庚子,宋理宗"诏二广、福建、江西、湖南去岁疫疠州县人户有绝世者,令监司守臣稽其财产,即其族命继给之。远官身殁其家不能自归者,官为理遣,勿令财物有所隐失"⑤,从法律上制定了户绝之产分割和继承的办法。

2. 减免州县民众赋役和发放度牒的蠲免性救助

减免州县赋役和发放度牒,是宋政府应对疫病的又一项经济措施。明道二年(1033年)九月辛卯,梓州路旱疫,宋仁宗"诏梓州路仍岁旱疫,令转运使亲按所部民,蠲其租。"⑥蠲免梓州路全年的租赋,令梓州路转运使亲自实行。

至和元年(1054年)二月庚子,针对修河堤民疫死的情况,宋仁宗发布《蠲治河

---

①　[元]脱脱等:《宋史》卷39《宁宗本纪三》,北京:中华书局,2007年版,第752页。

②　[清]徐松辑:《宋会要辑稿》食货58之28,北京:中华书局,2006年版,第5835页。

③　[清]徐松辑:《宋会要辑稿》兵20之40,北京:中华书局,2006年版,第7121页。

④　[元]佚名撰,李之亮点校:《宋史全文》卷34《宋理宗四》,哈尔滨:黑龙江人民出版社,2005年版,第2297页。

⑤　[元]佚名撰,李之亮点校:《宋史全文》卷34《宋理宗四》,哈尔滨:黑龙江人民出版社,2005年版,第2299页。

⑥　[宋]李焘:《续资治通鉴长编》卷113,明道二年九月辛卯,北京:中华书局,2004年版,第2637页。

堤死者税一年或给其家钱三千诏》,蠲免修河堤死者之家租税一年,若雇佣并客户无税可蠲者,给其家钱三千。《宋会要辑稿》食货七〇之一六七载:

> 诏:"乃者调民治黄河堤,如闻疫死者众,其蠲田税一年;若雇佣并客户无税可蠲者,人给其家钱三千。"①

《续资治通鉴长编》卷一七六亦载宋仁宗诏:"乃者调民治河堤,疫死者众,其蠲户税一年;无户税者,给其家钱三千。"②

元丰二年(1079年),开封府及诸路"干旱少雨,宿种未长,重虞疾疫",三月庚午宋神宗"诏两浙路灾伤民负户绝田产价钱者,展限半年输官"③,将两浙路向朝廷交纳的户绝田产钱延期半年。

庆元五年(1199年)三月,两浙西路临安府"久雨,民多疾疫",宋宁宗"命临安府振恤之"④。五月十七日,宋宁宗发布《赈济临安府贫乏老病者诏》,让临安府用常平钱米加以赈济。《宋会要辑稿》食货六八之一〇一载:"临安府守臣支给常平钱米,日下差官抄劄城内外,实系贫乏老病及在旅店病患阙食之人,量行赈济。"⑤

开庆元年(1259年),湖北诸郡"旱潦饥疫",五月丁巳宋理宗诏:"湖北诸郡,去年旱潦饥疫,令江陵、常、澧、岳、寿诸州,发义仓米振籴,仍严戢吏弊,务令惠及细民。"⑥令荆湖北路江陵府(治今湖北荆州)、常德府(治今湖南常德)、澧州(治今湖南澧县)、岳州(治今湖南岳阳)、寿昌军(治今湖北鄂州)等地方官府发放义仓米赈济,并严惩各级官吏的舞弊行为。

度牒是宋政府发给僧道的证明身份的文件,也叫"戒牒"。宋代度牒不仅有法定的价格,而且它的价格还随使用范围的扩大与日俱增。元丰七年(1084年)规定度牒每道为钱百三十千,夔州路至三百千,以次减为百九十千,元祐间定价为三百千,南宋绍熙三年(1192年)定价为八百千。从元丰至绍熙年间,度牒价格增至6倍以上。其用途也越来越广泛,不仅可以作为货币来应用,而且还可以作为免丁

---

① [清]徐松辑:《宋会要辑稿》食货70之167,北京:中华书局,2006年版,第6454页。又见[宋]李焘:《续资治通鉴长编》卷176,至和元年二月庚子,第4253页。

② [宋]李焘:《续资治通鉴长编》卷176,至和元年二月庚子,北京:中华书局,2004年版,第4253页。

③ [宋]李焘:《续资治通鉴长编》卷297,元丰二年三月庚午,北京:中华书局,2004年版,第7217页。

④ [宋]刘时举:《续宋编年资治通鉴》卷12《宋宁宗一》,《丛书集成初编》本,上海:商务印书馆,1939年版,第147页。又见[宋]佚名著,汝企和点校:《续编两朝纲目备要》卷4《宁宗皇帝》,第205页;[元]佚名撰,李之亮点校:《宋史全文》卷29上《宋宁宗一》,第2024页。

⑤ [清]徐松辑:《宋会要辑稿》食货68之101,北京:中华书局,2006年版,第6304页。

⑥ [元]脱脱等:《宋史》卷44《理宗本纪四》,北京:中华书局,2007年版,第866页。

钱和徭役①。在疫病流行期间,宋政府通常采用发放度牒的方式,招募僧人掩埋尸体。

　　熙宁年间开封府发生疫疾,贫者不能葬。宋神宗诏:"令畿县各度官不毛之地三五顷,听人安厝,命僧人主之",并制定了详细的奖励措施。《宋史》卷一七八《食货志上六·振恤》载:

　　　　初,神宗诏:"开封府界僧寺旅寄棺柩,贫不能葬,令畿县各度官不毛地三五顷,听人安厝,命僧主之。葬及三千人以上,度僧一人,三年与紫衣;有紫衣,与师号,更使领事三年,愿复领者听之。"②

《续资治通鉴长编》卷二九七亦载:

　　　　〔陈〕向又乞选募僧守护,量立恩例,并从之。葬及三千人以上,度僧一人,三年与紫衣,有紫衣与师号,更令管勾三年,愿再住者准此。③

　　从宋神宗的诏令来看,葬及 3000 人以上,度僧 1 人;3 年与紫衣,有紫衣与师号,更令管勾 3 年。此次诏令发布后,开封府周边寺庙中贫不能葬的尸体很快得到掩埋。

　　崇宁三年(1104 年),宋政府正式命蔡京在各地建漏泽园,掩埋因贫困无以安葬的无主尸体。此后,各地均效仿这一制度,普遍建立漏泽园,以度牒作为费用,从而减少了由尸体繁殖传染病毒细菌的机会。

　　南宋时期,政府发放度牒的次数相当频繁,奖励也较优厚。如绍兴元年(1131年)六月,浙西大疫,平江府(治今江苏苏州)以北"流尸无算",绍兴府(治今浙江绍兴)连年大疫。宋政府募人煮粥药,凡"活及百人者度为僧"④。嘉定元年(1208年),淮甸大疫,"官募掩骼及二百人者度为僧。"⑤

3. 借给灾区粮食、种子、钱物、农具和耕牛的低息放贷性救助

　　在疫病流行时期,宋政府还常常实行低息放贷性的救助措施,以尽快恢复农

---

　　① 参见范午:《宋代度牒说》,载《文史杂志》1942 年第 4 期,第 45～52 页;田光烈:《度牒在宋代社会经济中的地位》,载《现代佛学》1962 年第 5、6 期;史旺成:《宋代经济财政中的"度牒"》,载《北京师院学报》1984年第 2 期,第 20～24 页;顾吉辰:《关于宋代"度牒"问题的探讨》,载《驻马店师专学报》1990 年第 4 期,第49～56页。
　　② 〔元〕脱脱等:《宋史》卷178《食货志上六·振恤》,北京:中华书局,2007 年版,第 4339 页。
　　③ 〔宋〕李焘:《续资治通鉴长编》卷 297,元丰二年三月辛未,北京:中华书局,2004 年版,第 7218 页。
　　④ 〔元〕脱脱等:《宋史》卷 62《五行志一下》,北京:中华书局,2007 年版,第 1370 页。
　　⑤ 〔元〕脱脱等:《宋史》卷 62《五行志一下》,北京:中华书局,2007 年版,第 1371 页。

业生产。如淳化五年（994 年），宋州（治今河南商丘）、亳州（治今安徽亳州）等数州牛疫，死者过半，"官借钱，令就江、淮市牛。"①

建炎绍兴年间，两浙路一带疫病盛行，绍兴二年（1132 年）四月宋高宗"诏两浙路收买牛具，贷淮东人户"②，由政府出租耕牛给佃户使用。

三、宋代政府应对疫病的政治措施

1. 疫病流行时期的信息渠道与督察

政府是否决定对疫病采取应对措施，关键在于地方官吏提供的信息是否及时和准确。这就要求建立健全的信息系统和信息流通渠道，包括疫情的收集、上报、接收、处理、传播和使用。对于政府来说，只有快速地了解和掌握疫情信息，才能在疫病救治中将整个社会的资源尽快的集中起来加以应对；只有准确地获取了疫情信息，才能在疫病救治中作出积极的防治措施，并控制谣言、迷信等对社会稳定造成的影响。有关这方面的诏令有 20 多条，每当大的疫病发生时，中央政府直接选派得力的官吏去救治、督察，并严令地方官吏将疫情信息上报中央，规定"如沿路有疾病、逃亡、事故之人，随处差填，逐州交替"③。

皇祐四年（1052 年）春正月，全国诸路疫病流行，但地方官吏的奏章却很少。这种不正常的现象引起宋仁宗的警觉，春正月丁亥宋仁宗发布诏令，询问政令传达和执行的情况。《续资治通鉴长编》卷一七三载：

〔皇祐四年春正月〕丁亥，诏曰："比诸路饥疫相仍，朕念徭赋科调之烦，百姓未获休息，庐巷疾苦，或不得闻，转运、提点刑狱亲民之官，其思所以救治之术，条列以闻。"庚寅，上谓辅臣曰："比日上封言政事得失者少，岂非言路壅塞所致乎？其下阁门、通进、银台司、登闻理检院、进奏院，自今州县奏请及臣僚表疏，毋得辄有阻留。"④

从这道诏令中可以看出，宋仁宗对地方官吏及时准确地上报疫情的情况极为重视。春正月庚寅，宋仁宗又担心文书收发程序不畅，对辅臣说："比日上封言政事得失者少，岂非言路壅塞所致乎？"于是改革文书收发程序，令"阁门、通进、银台

① ［元］脱脱等：《宋史》卷 173《食货志一上》，北京：中华书局，2007 年版，第 4159 页。
② ［元］脱脱等：《宋史》卷 173《食货志一上》，北京：中华书局，2007 年版，第 4170 页。
③ ［清］徐松辑：《宋会要辑稿》职官 41 之 136，北京：中华书局，2006 年版，第 3234 页。
④ ［宋］李焘：《续资治通鉴长编》卷 173，皇祐四年冬十月丁亥，北京：中华书局，2004 年版，第 4176 页。

司、登闻理检院、进奏院,自今州县奏请及臣僚表疏,毋得辄有阻留。"冬十月丁亥,又诏:"令转运使、提点刑狱、亲民官条陈救恤之术以闻"①。上述机构掌管中央和地方奏事的通进,但隶属于不同的中央机构。如东、西阁门司先后隶属于门下省、台察、中书省,通进司先后隶属于枢密院、中书门下、门下省,银台司隶属于枢密院,登闻理检院先后隶属于谏议大夫和谏院,进奏院是地方在京设立的奏事机构。宋政府通过规范这些机构的职责,保证中央和地方政令的顺利畅达。

治平二年(1065 年)夏,"天降雨水,涉秋不止,京畿东南十有余州,庐舍沈于深渊,浮苴栖于木末,老弱流离,捐瘠道路,妻儿之价,贱于犬豕。"②京西路许州(治今河南许昌)、颍州(治今安徽阜阳)一带"疫疠大作,弥数千里","亲戚相食,积尸成丘"。秋末,"获暴雨大至,都城之内,道路乘桴,官府民居,覆没殆尽,死于压溺者不可胜纪"。冬天,又适值无雪,"暖气如春,草木早荣,继以黑风"。频繁的水灾、疫灾和旱灾,迫使宋英宗"诏中外实封言事"③,"却尊号"④,允许官民直言朝政得失。随后,司马光、吕公著、韩琦等纷纷上书,直陈时弊,向朝廷汇报疫病流行情况,检讨朝政得失。

熙宁七年(1074 年)八月,成都府路和利州路发生疫病,宋神宗"诏成都府、利州路转运等司赈济饥疫,具次第以闻。"⑤要求当地政府将疫病救治和赈济的情况上报中央。熙宁八年(1075 年),针对永兴军路、河东路一带因"雪寒"导致饥民死伤甚众和地方政府"赈济饥民,多聚一处"可能导致"春生疫疠"的状况,正月壬子宋神宗发布《令永兴等路遣官收瘗僵尸诏》:"陕西近经雪寒,僵尸满道,深可悯伤,其令永兴、秦凤、河东路都转运司速分遣官收瘗,以三司钱给其费。"⑥正月甲寅,宋神宗发布《令永兴秦凤河东路救恤饥民诏》:"闻永兴、秦凤、河东路民饥死者相属,累戒监司给钱、谷赈济,而官吏未悉究心,其令逐路转运司及所差官诣所部州军救恤,具死亡埋瘗数上司农寺。"⑥二月己卯,宋神宗诏:"闻河东路赈济饥民,多聚一处,太原府舍以空营,约及万人。方春虑生疫疠,其令察访、转运司谕州县据人所

① [元]脱脱等:《宋史》卷12《仁宗本纪四》,北京:中华书局,2007年版,第233页。
② [宋]李焘:《续资治通鉴长编》卷206,治平二年夏,北京:中华书局,2004年版,第4985~4990页。
③ [宋]司马光:《温国文正司马公文集》卷25《上皇帝疏》,《四部丛刊初编》缩编本,第236~237页。又见[宋]李焘:《续资治通鉴长编》卷206,治平二年八月,第4985~4990页。
④ [宋]陈均编,许沛藻、金圆、顾吉辰等点校:《皇朝编年纲目备要》卷17,北京:中华书局,2006年版,第391页。
⑤ [宋]李焘:《续资治通鉴长编》卷255,熙宁七年八月戊寅,北京:中华书局,2004年版,第6236页。
⑥ [宋]李焘:《续资治通鉴长编》卷259,熙宁八年正月壬子,北京:中华书局,2004年版,第6319页。

授粮计日并给,遣归本贯,即自它州县流至而未能自归者,分散处之以闻。"①可见,宋政府已经吸取了庆历八年青州聚民众于一处而引发疫病大流行的教训。

崇宁五年(1106年)二月一日,宋徽宗发布《逐路监司察民间疾苦以闻诏》,下诏让地方察访民间疾苦。《宋会要辑稿》帝系五之二二载:"四方之远,视听岂能周遍?虑有民瘼壅于上闻,可诏逐路监司察民间疾苦,具实以闻。"②《宋史》卷一九亦载二月甲子朔宋徽宗"诏监司条奏民间疾苦"③。

乾道元年(1165年)四月二十二日,宋孝宗发布《临安府疾病残废等人展限给散粥药养济诏》:"临安府城内外见今养疾饥民,已降指挥展至四月终。访闻其间多有疾病残废等人,深虑难以一概便行住罢。令姜诜、薛良朋、韩彦古同本府通判、漕司属官各一员遍诣散粥及病坊去处,公共措置,躬亲拣点,将委实疾病残废、癃老羸弱、鳏寡孤独不能自存、见在病坊之人,更展限半月给散粥药养济。"④淳熙七年(1180年)三月九日,宋孝宗发布《监司郡守条具民间利病上闻诏》:"监司、郡守条具民间利病悉以上闻,无或有隐"⑤,要求地方政府积极做好疾病的上奏,不得隐瞒。

庆元三年(1197年)七月二十七日,臣僚奏:"大理寺左断刑,天下奏案之所聚,人命死生,刑名出入,皆于此决。一失其平,是非讹舛,生死倒置,冤滥可胜言哉!窃见州郡勘鞫大辟公事,除正犯人外,知证干连者又不知几人。自初勘以至圆结,有经涉一二年者。比至奏案到寺,定断行下,又须数月。若系川、广,即往反动涉年岁。每勘一大辟公事,自始至末,不下二三年,方得断遣。今闻大理寺遇有发下狱案,数目壅并,详断不及。吏辈虑恐省部催促问难,多是搜寻些少不圆情节,申乞取会,便将名件销豁,作已结绝之类。殊不知一经取会,远地往反又是一二年,是致州郡刑狱多有淹延,盛夏隆冬,饥寒疾疫,囚系者(瘦)[瘐]死,监留者失业,召民怨而伤和气,莫此为甚。"宋宁宗"从之",规定"法寺断狱自有条限明降指挥,今后大理寺遇有承受到狱案,须管照应条限定断。若大情未圆,亦须指定申部,委自郎官躬亲审究得委碍大情,即立限取会。若正系小节不圆,于大情别无相妨,即下本寺,限在三日内定断回报。其未圆小节,从本寺一面取会,续次行遣外,有本寺

---

① [宋]李焘:《续资治通鉴长编》卷260,熙宁八年二月己卯,北京:中华书局,2004年版,第6342页。
② [清]徐松辑:《宋会要辑稿》帝系5之22,北京:中华书局,2006年版,第203页。又见同书职官45之3,第3392页。
③ [元]脱脱等:《宋史》卷19《徽宗本纪一》,北京:中华书局,2007年版,第376页。
④ [清]徐松辑:《宋会要辑稿》食货60之14~15,北京:中华书局,2006年版,第5871,5872页。
⑤ [清]徐松辑:《宋会要辑稿》职官45之32,北京:中华书局,2006年版,第3407页。

断上刑部狱案,其间有问难不完情节,合退下寺,重别看详者,并限一日回申。仍委御史台不测取索本寺文簿点检,若所断狱案出违条限,及不应取会,而辄以小节不圆申乞照会者,并将当行人吏重断。甚者降名停勒,随所犯轻重,勘酌施行"①。尽可能的减少因淹延造成"盛夏隆冬,饥寒疾疫,囚系者瘐死"的发生。

可见,保证地方和中央信息渠道畅通,是宋政府应对疫病重要的行政手段之一。为此,政府通过一系列的诏令,改革文书收发程序,派遣官吏督察,允许官民上书言事等。

2. 罪己诏、祭祀与封神

中国古代皇权政治受儒家思想的影响,实行"天人合一"的统治方式。在疫病发生时,皇帝通常要发布"罪己诏",进行反省。此外,政府还通过颁布诏令的形式进行抚恤、祭祀和封神,重建被疫病流行破坏了的社会秩序。这方面的政府诏令有20多条,其中北宋时期10条,南宋时期10条。但北宋和南宋时期又有着很大的差别,北宋9帝在疫病流行期间发布的诏令大多是针对某一具体的疫病救治而采取的措施,而南宋皇帝发布的诏令中有关封神活动的内容日益增多,封神、祭祀成为南宋政府应对疫病的重要措施之一。

2.1 "罪己诏"

疫病流行时期皇帝的反省通常以"罪己诏"的形式出现,内容包括减膳、易服、避殿、决囚、赦天下、祭祀、改元、去尊号等。宋代多位皇帝,"一遇灾变,则避朝变服,损膳彻乐。恐惧修省,见于颜色;恻怛哀矜,形于诏旨"②。马端临称赞:"其德厚矣,灾之所被,必发仓廪赈贷,或平价以粜;不足,则转漕他路粟以给;又不足,则诱富人入粟,秩以官爵;灾甚,则出内藏,或奉宸库金帛,或鬻祠部度僧牒,东南则留发运司岁漕米或数十万或百万石济之。"③

淳化四年(993年),河南发生水灾,随即疫病流行。宋太宗"忧劳太切,勤俭过中,乃至进菲薄之膳羞,御补浣之服饰",进行深刻地的反省。随即"发廪减储,以饘济众,损民抑理,以粟爵人"④,实行赈济。

明道二年(1033年),全国大部分地区发生干旱、蝗灾和饥饿,接着疫病流行,尤以陕西路关中地区较为突出,"是岁饥疫,关中为甚"。六月戊子,宋仁宗"诏以

---

① 〔清〕徐松辑:《宋会要辑稿》职官24之41,北京:中华书局,2006年版,第2912页。
② 〔元〕脱脱等:《宋史》卷178《食货志上六·振恤》,北京:中华书局,2007年版,第4337页。
③ 〔元〕马端临:《文献通考》卷26《国用考四》,北京:中华书局,1986年版,第252页。
④ 〔宋〕李焘:《续资治通鉴长编》卷36,淳化四年八月,北京:中华书局,2004年版,第794页。

旱蝗作,去尊号中'睿圣文武'四字,告于天地宗庙,令中外直言阙政。"①但旱灾和疫病仍未消退,十二月丁巳(二十四日)宋仁宗发布《灾伤改景祐元年御札》。《宋会要辑稿》礼五四之六载:

> 朕钦膺骏命,临御中区,守三后之成基,为群黎之司牧。四隅底定,一纪于兹。乃至图任忠良,博询谠直,罔敢暇逸,务致隆平。自明道之建元,逮作噩之居岁,祲灾荐起,暵潦相仍,人多疠疫之伤,稼有虫螟之害。亦尝去溢美之号,损兼膳之珍。宵旰不遑,但虞于阙政;牲币靡爱,遍祷于群神。然而丰泽尚俭,和气犹郁,物价腾涌,编氓阻饥。常赋既蠲,廪粟皆振,岂恤隐之心弗至,致休若之应未臻。侧身内思,其咎安在?且夫阴阳之道叵测,变则能通;天地之戒甚明,顺则成福。消灾之理斯在,影飨之振可期。惟上春首祚之辰,及万物向荣之始,因举授时之典,载更纪岁之名。祇若灵心,庶迎丕贶。式布惟新之令,先申诞告之文,宜改明道三年为景祐元年。②

试图通过改元来控制灾害和疫病流行造成的影响。

2.2 祭祀

疫病流行期间,宋代皇帝还常常派遣官吏祭祀山川、祠庙、河神等。因此,建醮祈祷也是政府常用的避疫措施之一。

咸平三年(1000年),两浙路发生旱灾,农业歉收,接着引发饥饿和疫病的流行。疫病流行引起了宋真宗的"深所轸念",六月一日宋真宗"诏遣使祠两浙境内名山、大川、祠庙。先是,帝以其地灾疫,深所轸念,命三馆检讨祈福灵迹以闻,至是命使祷祭,以祈福应"③。《续资治通鉴长编》卷四七亦载宋真宗"以两浙灾疫,深所轸念,命三馆检讨灵迹以闻,于是遣使遍祭其山川祠庙,为民祈福"④,希望通过祭祀来消除灾异对两浙路的影响。

2.3 封神

宋代盛行的多神信仰崇拜也影响到政府的疫病救治,对于防疫中起到独特作用的"神灵"或"历史人物",宋政府多次给予加封,提高其祭祀地位。相较而言,南宋时期的封神活动次数较多,敕封地区较广,敕封人物较多。

---

① [宋]李焘:《续资治通鉴长编》卷112,明道二年六月戊子,北京:中华书局,2004年版,第2627页。
② [清]徐松辑:《宋会要辑稿》礼54之6,北京:中华书局,2006年版,第1575页。
③ [清]徐松辑:《宋会要辑稿》礼18之5,北京:中华书局,2006年版,第735页。
④ [宋]李焘:《续资治通鉴长编》卷47,咸平三年六月,北京:中华书局,2004年版,第1019页。

景德四年(1007年)二月,因"水旱疾疫,祷之多应",两浙路宜兴县(治今江苏宜兴)县令李若谷以修文宣王庙之余材,"葺县南长桥东之周处庙"。大中祥符六年(1013年)六月,宋真宗"闻其庙宇隘狭,命本州以官钱修葺"①,对周处庙重新予以修缮。周处,字子隐,东吴、西晋吴郡阳羡县(治今江苏宜兴)人,受名人陆机、陆云点化,曾除掉危害乡里的蛟龙、猛虎。入晋后,为官正派,刚正不阿,讨伐西北氐羌叛乱时遇害②。

天禧二年(1018年)夏闰四月,开封及周边地区疫病流行。这次疫病能得到救治,除政府施粥救济外,与真武祠旁泉水喷发、民饮洁净泉水有关。皇城司在得知此消息后,立即向宋真宗作了汇报:"拱圣营之西南,自去年营卒有见鬼蛇者,因就建真武祠,今泉涌祠侧,汲之不竭,疫疠者饮之多愈",认为该地适宜建道观。四月甲寅,宋真宗"诏即其地建道宫,以祥源为名"。宋仁宗继位后,又命名为"醴泉观"③。《宋会要辑稿》礼五之一四记载较为详细:

> 醴泉观,旧曰祥源。真宗天禧二年闰四月诏:"拱圣营醴泉,所宜度地立观,以祥源为名。命东染院使邓守恩督功兴建,宰相王钦若管勾。观在京城东南,本拱圣营。元年,营中有见龟蛇者,建真武堂。是年泉涌堂侧,民疾饮之多愈,故有是诏。"自后常令会灵观使都监掌之。五月,诏修建正殿及三小殿,余俟癸亥年兴葺上梁,赐将士器币。六月,诏加真武号曰"真武灵应真君"。十月,观成,凡三殿:正殿曰崇真,真武像也;东曰广圣,刻御制赞;西曰灵渊,即涌泉。是日,放士庶游观五日。四年九月,诏增修观。

此后,宋政府于天禧五年(1021年)五月、天圣二年(1024年)五月、至和元年(1054年)四月、元祐元年(1086年)三月十四日,多次下诏予以册封④。

熙宁八年(1075年),因"水旱疾疫,有求必祷",宋神宗诏封"惠安明应王庙"⑤。该庙是水府龙王庙,宋政府此后又多次加封。元丰中宋神宗赐"孚应庙额",元祐初"封灵符灵佑侯",政和年间加封"宁惠宁顺公",宣和年间进封"广惠广

---

① [清]徐松辑:《宋会要辑稿》礼21之57,北京:中华书局,2006年版,第879页。

② [唐]房玄龄等:《晋书》卷58《周处传》,北京:中华书局,1974年版,第1569~1571页。

③ [宋]李焘:《续资治通鉴长编》卷91,咸平二年闰四月辛亥,北京:中华书局,2004年版,第2111~2112页。又见[宋]高承撰,金圆、许沛藻点校:《事物纪原》卷7《库务职局部·醴泉观》,第367页。

④ [清]徐松辑:《宋会要辑稿》礼5之14,北京:中华书局,2006年版,第472页。

⑤ [宋]梁克家:《淳熙三山志》卷8《祠庙》,《宋元方志丛刊》第8册,北京:中华书局,2006年版,第7862,7863页。

顺王",绍兴二十五年封"广惠英显王广顺威显王"①。经过皇帝诏令的多次册封,孚应庙庙主从侯爵升为公爵,最后再上升为王爵,其地位发生了翻天覆地的变化。

崇宁四年(1105年)十一月二十二日,泾原路经略司奏:"平夏城三圣庙,土人言有三蜥蜴见,故谓之三圣。昔西贼寇边,大云梯瞰城甚危迫,祷于神,大风折梯,遂解平夏之围,乞加封爵。"宋徽宗认为:"龙蛇灵异之地,能救活人,即天录其功。如京师皮场庙神乃壁镜也,其质或白黑,有五足,疾病疕疡者造为其所,香火辄愈,盖救万民之病苦,以积功行也",于是"遂从其请",下诏封平夏城三圣庙②。

政和五年(1115年)八月十日,礼部奏:"湖州申:慈感院灵感观音圣像,四方祈求,或岁有水旱、疾(役)[疫]、飞蝗,州县祈祷感应,乞依熙宁七年杭州上天竺灵感观音院体例,每遇圣节,特与拨放童行一名。"宋徽宗诏:"每二年特与拨放一名。"③

南宋时期,政府封神活动的次数大大增加,不仅分封地区广泛,而且所封神灵众多。绍兴三十年(1160年),鉴于城隍庙"岁之丰凶,时之水旱,民之疾疫,求焉而必应"的情况,宋高宗发布《封保顺通惠侯敕》,册封杭州宝月山城隍庙庙主为"保顺通惠侯"。《咸淳临安志》卷七一《祠祀一·土神·城隍庙》载:

> 敕曰:"钱塘为郡尚矣,自版图归于我家逾二百年,维城与隍,必有神主之,况岁之丰凶,时之水旱,民之疾疫,求焉而必应者哉! 不知郡历几将,而无一牍之奏,以答神之休意者。聪明正直,交感于幽显之间,固自有时也。朕今驻跸于此,视之不异畿甸,重侯美号用疏不次之封。其歆其承,永妥尔祀,可特封'保顺通惠侯'。"④

此后,宋代皇帝屡次颁诏册封杭州城隍庙。乾道六年(1170年),宋孝宗颁诏"加封城隍庙"。咸淳八年(1272年),宋度宗发布《改封保顺通惠侯为辅正康济广德显圣王诏》,改为辅正康济广德显圣王⑤。

乾道八年(1172年),鉴于"水旱疫疠,祈祷辄应",宋孝宗接受谏议大夫姚宪奏请,诏赐东晋高僧帛道酞为"灵辉王"⑥,赐灵辉庙额。该庙位于两浙东路绍兴府嵊

---

① [宋]赵不悔修,罗愿纂:《新安志》卷10《宋神异》,《宋元方志丛刊》第8册,北京:中华书局,2006年版,第7763,7764页。

② [清]徐松辑:《宋会要辑稿》礼20之3,北京:中华书局,2006年版,第766页。

③ [清]徐松辑:《宋会要辑稿》道释1之31,北京:中华书局,2006年版,第7884页。

④ [宋]潜说友:《咸淳临安志》卷71《祠祀一·土神·城隍庙》,《宋元方志丛刊》第4册,北京:中华书局,2006年版,第3994,3995页。

⑤ [宋]潜说友:《咸淳临安志》卷71《祠祀一·土神·城隍庙》,《宋元方志丛刊》第4册,北京:中华书局,2006年版,第3995页。

⑥ [宋]沈作宾修,施宿等纂:《嘉泰会稽志》卷6《祠庙·嵊县》,《宋元方志丛刊》第7册,北京:中华书局,2006年版,第6807页。

县,同年又加封为"圆通妙智教院"①。

开禧元年(1205 年)九月二十三日,鉴于"凡旱干祷祈,暨民有疠疫,率蒙休答,一方攸赖",宋宁宗发布《敕昭州龙平县灵济庙神》,一次册封了昭州龙平县(治今广西昭州)灵济庙五位神。雍正《广西通志》卷九八载:

> 开禧元年九月二十三日,敕:"昭州龙平县灵济庙神君,以民为本,民以食为天,国有水旱,则时以无年,民斯苦病。桂岭之南,维昭州之属县丛祠,其神有五,顾自绍兴季年,赏锡庙称,凡旱干祷祈,暨民有疠疫,率蒙休答,一方攸赖。部使者以闻,爰嘉侯封。珠连阀次,号殊而应均,以示体庞,尚嘉惠乎有氓,斯为克称。可依前件。奉敕如右,牒到奉行。第一位神可特封金殿嘉应侯,第二位神可特封银殿显应侯,第三位神可特封梅殿昭应侯,第四位神可特封刘殿惠应侯,第五位神可特封柴殿通应侯。钦哉!"②

这五位神灵分别是金殿嘉应侯、银殿显应侯、梅殿昭应侯、刘殿惠应侯和柴殿通应侯,以表彰民有疠疫、率蒙休答之恩惠。

宝庆二年(1226 年),宋理宗下诏修建祠山张王行祠,"令周符、尉庄镐募众增广从屋,水旱疾疫,邑人必祷"③。张王行祠所崇奉的神祇张渤,一说吴兴乌程(治今浙江湖州)人,一说是武陵龙阳(治今湖南常德东)人,宋代张王被加封为最高的八字王(或八字真君),信众称之为张大帝,形成了一个以张王为中心的神祇群体,先后封赐 30 余次,受封神灵达 43 位,行祠散布于江南各地④。

宝庆二年(1226 年),新昌县乡民杨大椿等状称:"有隋诸生避难,没葬其地,水旱疾疫祷辄应,民请祠之"⑤,宋理宗下诏赐保应庙额。

德祐元年(1275 年)四月二十三日,宋恭帝发布《惠懿夫人诏》,封世忠庙神忠烈显惠灵顺善应公程灵洗妻董氏为"惠懿夫人"。弘治《休宁志》卷三一载:

---

　①　[宋]沈作宾修,施宿等纂:《嘉泰会稽志》卷 7《宫观寺院》,《宋元方志丛刊》第 7 册,北京:中华书局,2006 年版,第 6823 页。

　②　[清]金𬭚监修,钱元昌编纂:《雍正广西通志》卷 98《艺文·历朝诏》,影印文渊阁《四库全书》本,第568 册,第 32,33 页。

　③　[宋]胡榘修,罗浚等纂:《宝庆四明志》卷 17《神庙》,《宋元方志丛刊》第 5 册,北京:中华书局,2006年版,第 5217 页。

　④　皮庆生:《宋代民众祠神信仰研究》,上海:上海古籍出版社,2008 年版,第 34~98 页。

　⑤　[清]嵇曾筠、李卫等修,沈翼机、傅王露等纂:《雍正浙江通志》卷 221《祠祀》,上海:商务印书馆,1934 年版,第 3089 页。

敕:"世忠庙神忠烈显惠灵顺善应公程灵洗妻董氏,惟尔秉德之贞,
作神之配,以祔食于故乡之祠久矣。凡神之威灵赫奕,时雨旸而驱疫疠
者,系尔阴相之贤。肆颁命书,以从民请。尚时式享,永孚于休,可特封
惠懿夫人。奉敕如右,牒到奉行,德祐元年四月二十三日下。"①

世忠庙主程灵洗(514—568 年),字云涤,南朝新安郡海宁县(治今安徽休宁)
人,梁时拒侯景之乱,授谯州刺史。入陈朝后任兰陵太守,以讨伐战功拜都督,授
郢州刺史,封重安县公,治军号令分明,又躬勤耕稼。南宋嘉定年间敕建世忠庙,
追封广烈侯。其妻董氏,事迹不详。从宋恭帝的诏令来看,册封董氏的原因在于
"驱疫疠"、"从民请"。实际上,这一时期的南宋政府已处于风雨飘摇之中,政府封
神的根本目的在于如何维护宋王朝的统治。尽管宋恭帝先后下了数道封神的诏
令,但仍未能挽救南宋灭亡的命运。一年以后,南宋都城临安被元军攻占。

这些册封活动,一方面显示了宋政府积极利用宗教活动应对疫病流行,另一
方面则利用封神活动加强地方统治。

3. 掩埋尸体,隔离病人,清理河道

人的尸体如不及时掩埋,极易传播病毒,特别是疫病流行时期死亡的尸体,更
易于成为重要的传染源。中国历代政府极为重视对尸体的掩埋,然而在灾荒和战
乱之年,由于尸体太多和政府权力的弱化,大量的尸体来不及埋葬,从而引发大疫
流行。范行准在《中国预防医学思想史》一书中指出:"要想避免传染病的蔓延,在
预防接种未发明以前,与病人的隔离,虽然觉得有点消极,但不能不说是最彻底的
预防法。"②

关于对疫病传染源的认识及其采取的措施,宋代医事诏令也有所反映。这方
面的诏令有 9 条,其中北宋时期政府颁布的诏令有 6 条,南宋时期有 3 条。从诏令
内容来看,朝廷每于灾害过后必招募僧人或责令地方政府掩埋尸体,以防止疾病
的形成与传播。政府采取的措施主要有:一是建立官办医疗机构如安济坊、居养
院等,隔离病人,阻断传染源,并划拨钱粮、度牒和土地作为官办医疗机构的日常
经费和掩埋尸体之用;二是建立和完善漏泽园制度,及时掩埋尸体,组织和动员社
会各阶层,如地方州县官吏、僧人、犯人等,施送棺材,掩埋疫死病人尸体。南宋徐
元杰认为:"《记·月令》云:掩骼埋胔。注:谓惧死气逆生气,此又关民疾苦者之要

① [明]程敏政纂修,欧阳旦增修:《休宁志》卷 31,《北京图书馆古籍珍本丛刊》第 29 册,北京:书目文
献出版社,1988 年版,第 664 页。

② 范行准:《中国预防医学思想史》,上海:华东医务生活社,1953 年版,第 29 页。

务也"①。尽管掩埋尸体、建立漏泽园是政府从体恤民众的角度来考虑的,但快速掩埋尸体客观上减少了由尸体传播病毒、病菌的渠道。

乾德三年(965年)正月甲戌,宋太祖发布《收瘗伪蜀将士诏》,令所在州县迅速掩埋尸体。《宋大诏令集》卷二二二载:

> 蜀中自弔伐以来,有伪将士死于兵刃者,暴露原野,深所愍悼。况春气方至,掩骼是时。其令所在州县官吏,速与收瘗②。

宋太祖的诏令尽管有统治阶级体恤民众的思想,但政府已经认识到季节变化与尸体腐烂之间的关系。

淳化四年(993年)王小波、李顺发动起义,淳化五年(994年)起义被平定后,宋政府迅速采取措施掩埋战争中死亡的尸体。至道元年(995年)二月甲申,宋太宗发布《瘗剑南峡路遗骸诏》。《宋大诏令集》卷二二二载:

> 昨者巴蜀之间,寇盗蜂起,傲扰天纪,斩艾生民。既罹于锋镝,又因以饥馑,转死沟壑,轻去邱园,天灾流行,饿殍相望。达予闻听,深用惄伤。方属阳春布和,品物滋茂,宜推掩骼之旨,用伸罪己之心。应剑南、峡路管内州县,无主骸骨弃掷原野者,仰所在官吏,分遣收瘗③。

七月丙辰,宋太宗发布《收瘗遗骸诏》。《宋大诏令集》卷二二二载:

> 顷者盗起巴雍,民罹涂炭。自王师之弔伐,及凶党之剪除,蠢兹编氓,或陷非命。金革之用,盖不得已,沟壑转徙,可胜道哉!既遇祸于兵锋,遂暴骨于原野,朕为之父母,深切痛伤。宜征掩骼之文,用表葬枯之惠,庶营魂之有托,免行路之兴嗟。自前战阵亡殁,及饥馑疾疫至死,无主收瘗,并令所在州府,捃拾埋殡,仍遣使致祭,以致朕哀痛之意焉④。

从"阳春布和,品物滋茂,宜推掩骼之旨"来看,政府已经认识到春季最容易导致尸体腐烂和疾病传播。

明道二年(1033年)二月,南方旱疫,种饷皆绝,人多流亡,"困饥成疫气,相传死者十二三"。二月庚子,宋仁宗诏:"淮南、江南民被灾伤而死者,官为瘗埋,仍祭

① [宋]徐元杰著,[清]潘锡恩校:《楳埜集》卷9《与袁守札》,清道光二十八年泾县潘氏袁江节署求是斋刻潘锡恩辑《乾坤正气集》本,第19,20页。
② [宋]宋太祖:《收瘗伪蜀将士诏》,《宋大诏令集》卷222,北京:中华书局,1997年版,第859页。
③ [宋]宋太宗:《瘗剑南峡路遗骸诏》,《宋大诏令集》卷222,北京:中华书局,1997年版,第859页。
④ [宋]宋太宗:《收瘗遗骸诏》,《宋大诏令集》卷222,北京:中华书局,1997年版,第859页。

酹之。"①六月,宋仁宗再次"诏督郡县开廪以济之,发徒以瘗之"②,让郡县开仓放粮,对疫病之人加以拯救,并组织犯人瘗埋尸体。

至和元年(1054年)春正月,京师开封府大旱,饥疫相作。辛未,宋仁宗"诏京师大寒,民多冻馁死者,有司为瘗埋之"③,让有关机构掩埋尸体。

熙宁元年(1068年)正月九日,宋神宗发布《埋瘗无主收认骸骨诏》,"定掩骼令",规定:"诸州军每年春首,令诸县告示村耆,遍行检视,应有暴露骸骨无主收认者,并赐官钱埋瘗,仍给酒馔酬祭。"④熙宁三年(1070年),开封发生疾疫,贫者不能葬,宋神宗"诏开封府界僧寺旅寄棺柩,贫不能葬,令畿县各度官不毛地三五顷,听人安厝,命僧主之",并制定了详细的奖励措施:"葬及三千人以上,度僧一人,三年与紫衣;有紫衣,与师号,更使领事三年,愿复领者听之。"⑤

崇宁元年(1102年)八月二十日,权知开封府吴居厚奏:"乞诸路置将理院,兵马司差拨剩员三人、节级一名,一季一替,管勾本处应干事件,并委兵马司官提辖管勾,监司巡按点检。所建将理院,宜以病人轻重而异室处之,以防渐染。又作厨舍,以为汤药饮食人宿舍,及病人分轻重异室,逐处可修居屋一十间以来,令转运司计置修盖。"宋徽宗"诏置安济坊"⑥。

南宋绍兴元年(1131年)十二月十四日,宋高宗采纳绍兴府通判朱璞的建议,"诏每掩瘗及二百人,与给度牒一道,余依所乞。"⑦

淳熙八年(1181年)四月十八日,"以是岁多疾疫,已降指挥广差医官救疗。死者尚众,缘地主利于得钱,往往发旧改新,是致骸骨遗弃,不复收瘗",宋孝宗发布《临安府作大冢丛葬遗弃骸骨诏》:"临安府于府城四门外相视隙地,作大塚各一所,每处委僧十人、童行三十人,凡遗弃骸骨,不问新旧,并行收拾丛葬。棺检之具并僧行食钱,令本府量行支给。仍出榜禁戢,今后如有发去旧塚之人,依掘塚法

① [宋]李焘:《续资治通鉴长编》卷112,明道二年二月庚子,北京:中华书局,2004年版,第2605页。又见[元]马端临:《文献通考》卷301《物异考七》,第2377页;卷304《物异考十》,第2396页。

② [宋]蔡襄撰,吴以宁点校:《蔡襄集》卷39《右班殿直监慈湖都铁冶务程君墓志铭》,上海:上海古籍出版社,1996年版,第713~715页。

③ [宋]李焘:《续资治通鉴长编》卷176,至和元年春正月壬申,北京:中华书局,2007年版,第4248页。又见[元]脱脱等:《宋史》卷12《仁宗本纪四》,第236页。

④ [清]徐松辑:《宋会要辑稿》食货59之1,北京:中华书局,2006年版,第5839页。又见[清]徐松辑:《宋会要辑稿》食货68之112,第6309页。

⑤ [元]脱脱等:《宋史》卷178《食货志上六·振恤》,北京:中华书局,2007年版,第4339页。

⑥ [清]徐松辑:《宋会要辑稿》食货60之3,北京:中华书局,2006年版,第5866页。

⑦ [清]徐松辑:《宋会要辑稿》食货60之8,北京:中华书局,2006年版,第5868页。

科罪。"①

端平二年(1235年),蒙古分三路大军南侵,宋蒙战争爆发。战争期间,南宋成都府路、梓州路、夔州路、利州路、京西南路、荆湖北路、淮南西路、淮南东路等地先后发生疫病,造成大批军民死亡。淳祐四年(1244年)二月癸酉,宋理宗下诏"出封桩库缗钱各十万,命两淮、京湖、四川制司收瘗频年交兵遗骸,立为义塚。"②《宋史全文》卷三三《宋理宗三》亦载:"出封桩库十七界楮币各十万付京湖、四川、两淮制置司,收瘗频年交兵遗骸。"③淳祐七年(1247年)六月戊申,宋理宗诏:"旱势未释,两淮、襄、蜀及江、闽内地,曾经兵州县,遗骸暴露,感伤和气,所属有司收瘗之。"④六月已酉,宋理宗发布《收瘗遗骸诏》:"旱势日甚,怛于朕怀。变不虚生,厥有攸致。两淮、襄、蜀尝经贼入,江、闽内郡间因寇作,遗骸暴露,感伤和气,令所属州县收瘗之。"⑤

宋代,政府在疫病隔离方面采取了积极的措施,并取得显著的成效。熙宁九年(1076年)春,"是时旱疫被吴越,民饥馑疾疠,死者殆半,灾未有钜于此也",资政殿大学士、右谏议大夫、越州知州赵抃在越州(治今浙江绍兴)建立病坊,"处疾病之无归者。募僧二人,属以视医药饮食,令无失所恃。凡死者,使在处随收瘗之"⑥。元祐四年(1089年),苏轼在杭州设立"病坊"⑦,隔离防病机构有了进一步发展。北宋后期,宋徽宗下诏在各地建立"安济坊";专门收留病人,安济坊实际上演变成为隔离病人的医院⑧。崇宁三年(1104年),宋政府在各地设立"漏泽园",以掩埋因贫困无以安葬的无主尸体,减少疫病的播散。南宋以后,政府继承了北宋时期的做法,各地均效仿这一制度,普遍建立"漏泽园"。绍定四年(1231年),两浙西路姑苏(治今江苏苏州)春疫,七月,平江府知府吴渊"创济民一局,为屋三十有五楹,炮泽之所,修和之地,监临之司,库廪庖湢,炉砭鼎臼,翼然井然,罔不毕

① [清]徐松辑:《宋会要辑稿》食货58之14~15,北京:中华书局,2006年版,第5828页。

② [元]脱脱等:《宋史》卷43《理宗本纪三》,北京:中华书局,2007年版,第829页。

③ [元]佚名撰,李之亮点校:《宋史全文》卷33《宋理宗三》,哈尔滨:黑龙江人民出版社,2005年版,第2254页。

④ [元]脱脱等:《宋史》卷43《理宗本纪三》,北京:中华书局,2007年版,第838页。

⑤ [元]佚名撰,李之亮点校:《宋史全文》卷34《宋理宗四》,哈尔滨:黑龙江人民出版社,2005年版,第2277,2278页。

⑥ [宋]曾巩撰,陈杏珍、晁继周点校:《曾巩集》卷19《越州赵公救灾记》,北京:中华书局,2004年版,第316~318页。

⑦ [宋]李焘:《续资治通鉴长编》卷435,元祐四年十一月,北京:中华书局,2004年版,第10496页。

⑧ 冯汉镛:《祖国中古时代的医院——安济坊》,载《医学史与保健组织》1958年第2卷第2期,第144页。

具。"①济民局实际上成为隔离病人和治疗病人的医院。

南宋时期，对患伤寒等传染病死亡者实行隔离和火葬的措施，有利于防止疫病的扩散。洪迈《夷坚丁志》卷一五载："江吴之俗，指伤寒疾为疫疠，病者气才绝，即殓而寄诸四郊，不敢时刻留。临川民张珪死，置枢于城西广泽庵。庵僧了泰夜闻扑索有声，起而伺，则张枢中也。既不敢发视之，隔城数里，无由得言，但拱手而已，良久声息。迟明奔告，其家亦不问。至秋，将火葬。"②尽管洪迈的记载具有神魔传奇色彩，但从中可以看出南宋时期江南地区对患伤寒病死者实行隔离和火葬的措施。火化病尸，直接减少了病体传染源对活着的人群继续传染的几率。

南宋时期，随着时代的进步，人们逐渐认识到疾疫发生与公共卫生之间的关系，从而开始重视公共卫生事业。如南宋真德秀在福建泉州任职期间，看到泉州城内水沟湮阏岁久，"淤泥恶水，停蓄弗流，春秋之交，蒸为疠疫，州人病之，匪一日矣"③，乃作《开沟告诸庙祝文》，命人清理沟渠。又如吴芾于乾道二年（1166 年）知隆兴府（治今江西南昌），当地"旧有豫章沟，比久湮塞，民病途潦"，吴芾认为："沟洫不通，气郁不泄，疫疠所由生也"④，亟命疏浚，民得爽垲以居。

然而，政府在医学上一些有利于防止疫病隔离的做法，在道德上却遭到南宋士大夫的批判。朱翌在《猗觉寮杂记》中指出："江南病疫之家，往往至亲皆绝迹，不敢问疾，恐相染也。药饵食饮，无人主张，往往不得活。此何理也，死生命也。何畏焉？使可避而免，则世无死者矣。然此事其来已久。晋《王彪之传》云，永和末多疾疫。旧制，朝臣家有时疫，染易三人以上者，身虽无疾，百日不得入宫。国家且如此，况民间乎！此令一下，至今成风，不仁哉。"⑤朱熹也认为在强调避疫的同时，更应该加强"仁义"教化。在《偶读谩记》中，朱熹指出：

> 俚俗相传，疫疾能传染，人有病此者，邻里断绝，不通讯问，甚者虽骨
> 肉至亲，亦或委之而去，伤俗害理，莫此为甚。或者恶其如此，遂著书以
> 晓之，谓疫无传染，不须畏避。其意甚善矣，然其实不然，是以闻者莫之

---

① [宋]吴渊：《退庵先生遗集》卷 1《济民药局记》，[宋]陈起编：《江湖小集》卷 71，影印文渊阁《四库全书》本，第 1357 册，第 547 页。

② [宋]洪迈撰，何卓点校：《夷坚志丁志》卷 15《张硅复生》，北京：中华书局，1981 年版，第 666 页。

③ [宋]真德秀：《西山先生真文忠公文集》卷 48《开沟告诸庙祝文》，上海：商务印书馆，1937 年版，第 873 页。

④ [宋]朱熹：《晦庵先生朱文公文集》卷 88《龙图阁直学士吴公神道碑》，[宋]朱熹撰，朱杰人、严佐之、刘永翔主编：《朱子全书》第 24 册，上海：上海古籍出版社，合肥：安徽教育出版社，2002 年版，第 4113 页。

⑤ [宋]朱翌：《猗觉寮杂记》卷下，《笔记小说大观》第 6 册，扬州：江苏广陵古籍刻印社，1983 年版，第 55 页。

信也。予尝以为,诬之以无染而不必避,不若告之以虽有染而不当避也。盖曰无染而不须避者,以利害言也;曰虽染而不当避者,以恩义言也。告之以利害,则彼之不避者,信吾不染之无害而已,不知恩义之为重也。一有染焉,则吾说将不见信,而彼之避也,唯恐其不速矣。告之以恩义,则彼之不避者,知恩义之为重而不忍避也。知恩义之为重而不忍避,则虽有染者,亦知吾言之无所欺,而信此理之不可违矣。抑染与不染,似亦系乎人心之邪正,气体之虚实,不可一概论也。吾外大父祝公,少时邻里有全家病疫者,人莫敢亲。公为煮粥药,日走其家,遍饮病者而后归。刘宾之官永嘉时,郡中大疫,宾之日遍走视,亲为诊脉,候其寒温,人与药饵,讫事而去,不复盥手,人以为难。后皆无恙云①。

从朱翌、朱熹的记述来看,南宋时期普遍存在着避疫的风气,反映了人们对疫病怀有极大的恐惧感。疫病流行时期存在的"邻里断绝,不通讯问"、"家有疫病者,人莫敢亲"的作法,确实不合儒家伦理。但朱熹提倡"虽有染而不当避"的作法,亦不可取。

由此可见,宋政府在疫病救治过程中采取的施送棺木、掩埋尸体的做法,一方面稳定了民心,宣扬了儒家仁政教化;另一方面也起到阻断传染源,防止疫病进一步扩散的目的。南宋时期,政府和地方官吏已经认识到公共卫生条件的改善是防治伤寒病最根本、最有效的措施,其中饮用水的净化和公共卫生尤为关键。尽管疫病的平息有其自然流行的规律,但宋政府在这方面的举措值得肯定。

4. 政绩考核,奖惩官吏

由于疫病救治事关统治秩序,宋政府先后发布了数道诏令对参与疫病救治的官员进行考核,以决定其升迁和奖惩。目前遗留下来的政府诏令有 15 条,其中北宋时期有 7 条,南宋时期有 8 条。

明道二年(1033 年),陕西路关中发生"旱疫"。户部侍郎、陕州知州范雍"自减廪食以为民先,富人皆争出财助官贷,活数万人"②。在范雍的积极拯救下,陕西路京兆府(治今陕西西安)一带疫病流行的趋势得到控制。范雍的事迹上报朝廷后,深得宋政府的赞赏。范雍先后被宋政府提升为河阳知府,进吏部侍郎,徙应天府,

---

① ［宋］朱熹:《晦庵先生朱文公文集》卷 71《偶读谩记》,［宋］朱熹撰,朱杰人、严佐之、刘永翔主编:《朱子全书》第 24 册,上海:上海古籍出版社、合肥:安徽教育出版社,2002 年版,第 3417 页。

② ［宋］范镇:《范忠献公雍神道碑》,［宋］杜大珪编:《名臣碑传琬琰之集》上卷 26,影印文渊阁《四库全书》本,第 450 册,第 214～217 页。

又改河南府，知资政殿学士①。

庆历八年（1046年）六月，黄河在河北路商胡决口，引发饥饿和疫病同时流行，人多流弃。判大名府兼北京留守司、河北安抚使贾昌朝"置病坊给养之，全活者九十余万"②，宋政府提升他为"观文殿大学士、判都省"③。

庆历八年（1048年），河北、京东西大水，即又大饥，出现人相食的惨状。宋仁宗下诏："出二司钱帛振之"。流民入京东者不可胜数，前任青州知州由于采取的措施不当，造成大量民众的死亡。富弼新任青州知州后，采取了与前任官员完全不同的做法：一是"择所部丰稔者五州，劝民出粟，得十五万斛，益以官廪，随所在贮之"；二是准备"公私庐舍十余万区，散处其人"；三是给各级官吏按时发放俸禄，保证他们的生活来源，"官吏自前资待阙、寄居者，皆给其禄，使即民所聚，选老弱者廪之"；四是放宽政府禁令，允许民众自由生计，凡"山林河泊之利，有可取以为生者，听流民取之，其主不得禁"；五是上奏各级官吏的政绩，"皆书具劳约为奏请，使他日得以次受赏于朝"，并五日遣人以酒肉粮饭劳之，因此"人人为尽力"；六是将死亡尸体加以埋葬，谓之"丛冢"，亲自写文祭祀。在富弼的积极救治下，凡活五十余万人，募而为兵者又万余人。宋仁宗在得知富弼的做法后，"遣使慰劳，就迁其秩"，"复以为礼部侍郎，辞不受；迁大学士，徙知郑、蔡、河阳，加观文殿学士，改宣徽南院使判并州。"④

熙宁十年（1077年）秋七月十七日，黄河在澶州决口。元丰六年（1083年），都水使者范子渊向朝廷建议，发5万人开修温县大河陂直河，以使河水回流。但在开修的过程中，因"雨水、瘴疫继作"，造成大批修河民工的死亡。范子渊因救疗不力，得到宋政府的严厉惩罚。八月乙未，宋神宗诏："都水使者范子渊追一官，知河阳张问罚铜二十斤。"⑤

绍圣元年（1094年），淮南西路庐州（治今安徽合肥）发生饥荒，庐州知州朱服"守便宜振护，全活十余万口"。绍圣二年（1095年）继发大疫，朱服"课医持善药分拯之，赖以安者甚众"。宋徽宗即位，"加集贤殿修撰，再为庐州。越两月，徙广

① ［元］脱脱等：《宋史》卷288《范雍传》，北京：中华书局，2007年版，第9678,9679页。
② ［宋］王珪：《华阳集》卷56《贾昌朝墓志铭》，影印文渊阁《四库全书》本，第1093册，第409～415页。又见［宋］王珪：《贾文元公昌朝墓志铭》，［宋］杜大珪编：《名臣碑传琬琰之集》中卷17，第334～339页。
③ ［元］脱脱等：《宋史》卷285《贾昌朝传》，北京：中华书局，2007年版，第9613～9621页。
④ ［宋］苏轼著，孔凡礼点校：《苏轼文集》卷18《富郑公神道碑》，北京：中华书局，1986年版，第525～529页。又见［元］脱脱等：《宋史》卷313《富弼传》，第225页；［宋］苏轼：《富郑公弼显忠尚德之碑》，［宋］杜大珪编：《名臣碑传琬琰之集》上卷5，第38～48页。
⑤ ［宋］李焘：《续资治通鉴长编》卷338，元丰六年八月乙未，北京：中华书局，2004年版，第8152页。

州"①。元符元年(1098 年)六月,凤翔府户曹参军王之彦赴没烟峡宣劳,致病死,"赐其家绢二百疋"②。

绍兴四年(1134 年),福建路龙溪县(治今福建龙溪)发生旱疫,龙溪主簿卓先多方救治,全活甚多,被宋政府擢升为"建宁军节度推官"③。

绍兴六年(1136 年)十二月十五日,宋高宗诏:"四川去岁旱荒之后,继以疾疫('继',本书食货五七之一九作断),流亡甚众,深用恻然。其郡守、县令有能赒给困穷、抚存凋瘵、善状最著者,令席益体访诣实,保明来上,当议奖擢,以为能吏之劝。或废慢诏令,坐视不恤,按劾闻奏,亦当重寘典宪。"④下令奖励赈济有功的郡守和县令。

绍兴八年(1138 年),江南西路"连岁大旱"。江西转运判官兼知隆兴府龚茂良积极救治,"戒郡县免积税,上户止索逋,发廪振赡"。不久,江西再次"疫疠大作",龚茂良"命医治疗,全活数百万"。龚茂良因救治有功,得到宋政府的奖赏,"进待制敷文阁,赏其救荒之功"⑤。

绍兴三十二年(1162 年)五月辛亥,镇江府都统张子盖救海州(治今江苏连云港),军中"战士大疫"。医学家王克明(1112—1178 年)时在军中,医活者几万人。经张子盖奏闻,宋政府授予王克明"额内翰林医痊局,赐金紫"⑥。

乾道二年(1166 年)二月八日,权吏部侍郎陈之茂奏:"契勘本部待阙宫观计三百四十四人,见在窠阙计二百八十员,其间多是广南瘴疠,人所不愿注授。今岁黄甲约五百人,并特奏名上二等免铨试约二十余人,官有十倍而可注之阙无三分之一。窃见宫观、狱庙有堂除,有部差。堂除所得优厚,非有祖父恩例不许陈乞。至于部差,月得五十而贫者不足于用,然非西北流寓、江南无产业、父祖无人食禄,又不可得。此待阙之官所以积压尤多。今欲将一岁所差过员数随宜增添,量州郡大小,各置宫观、岳庙,立为定额。内以五分之一为堂除,以处恩例特旨者;余悉为部

①　[元]脱脱等:《宋史》卷 347《朱服传》,北京:中华书局,2007 年版,第 11004 页。

②　[清]徐松辑:《宋会要辑稿》礼 44 之 17,北京:中华书局,2006 年版,第 1440 页。

③　[清]李清馥:《闽中理学渊源考》卷 8《推官卓进之先生先》,影印文渊阁《四库全书》本,第 460 册,第 135 页。

④　[清]徐松辑:《宋会要辑稿》食货 59 之 29,北京:中华书局,2006 年版,第 5853 页。又见同书食货 57 之 19,第 5820 页;食货 66 之 59,第 6237 页。

⑤　[元]脱脱等:《宋史》卷 385《龚茂良传》,北京:中华书局,2007 年版,第 11843 页。

⑥　[元]脱脱等:《宋史》卷 462《方技传下·王克明传》,北京:中华书局,2007 年版,第 13531 页。又见[宋]叶适著,刘公纯等校:《叶适集·水心文集》卷 13《翰林医痊王君墓志铭》,北京:中华书局,1961 年版,第 243~245 页。

阙,次第注授。"宋孝宗"从之"①。

淳熙十四年(1187年),四川安抚制置司奏:"黎州三面与蕃蛮接境,先来本司措置,就形势控扼处建置寨栅,以为经久备御之计。内西南边置安静寨,系防吐蕃、青羌路;东南边置要冲城寨,系防邛部川等蛮路;西边置盘陀寨,系防五部落路并系紧靠边界瘴烟之地。除要冲城寨官已得旨许理为员(关)[阙],任满依关外四州官推赏外,余盘陀、安静两寨官皆未有推赏格法。内盘陀寨未准指挥理为员阙,所以久无官愿就。乞将黎州盘陀寨依要冲、安静城寨官体例,理作员阙,从运司应副请给。其盘陀、安静知寨仍乞许从本司选差,具申枢密院给降付身,任满日并依要冲城寨官体例,比附关外四州官赏格推赏。所贵边寨体均一,有以激劝。"宋宁宗采纳四川安抚制置司的建议,"诏黎州盘陀寨依安静、要冲城等体例施行"②,同意成都府路黎州汉源县盘陀寨、安静寨建立推赏条例。

开禧年间(1205—1207年),南宋北伐失败后军队后撤,荆湖北路江陵府(治今湖北荆州)"残毁饥馑,继以疾疫"。随之,安陆县(治今湖北安陆)"城中疠疫大作,老且病者醢猫以侑食"③。荆湖制置使李大性,"首议振贷,凡三十八万缗有奇。前官虚羡,凡十有四万五千缗,率蠲放不督,民流移新复业者,皆奏免征榷。"④在李大性的积极救助下,江陵、安陆一带的疫病流行逐渐得到控制。宋政府擢李大性为刑部尚书兼详定敕令,后又升兵部尚书。

嘉定五年(1212年)九月一日,臣僚奏:"往者江湖之寇,皆深据溪洞峻绝之地,缘崖触石,人迹罕到。惟有比近土豪隅官之家所养义丁与之相习,故能上下山阪,阄窥巢穴。连年官军虽暴露于外,而每每假土人以为乡导。至于死损人丁,丧失生业,亦可怜悯。间有一家父子兄弟之间连遭屠戮,又因冒寒暑、染疾疠,与其队伍相毙于军中者。今上自主帅,下至将校,皆次第蒙赏,而土豪隅官之徒捐躯于兵间者尚有所遗。乞下江西、湖南安抚司广加体访,仍许各人自陈,选委清强有心力官核实。应土豪隅官除曾系捕贼立功已擢赏外,其余实因讨捕受害阵亡之家,并与保明,具申朝廷,量与赏犒。"宋宁宗"从之",采纳了臣僚的推赏建议,犒赏阵亡之家。

5. 控制巫医,适时决狱

在疫病流行期间,巫医常常乘机作乱,蛊惑人心,发展秘密宗教,公开和政府

---

① [清]徐松辑:《宋会要辑稿》职官54之37,北京:中华书局,2006年版,第3595页。
② [清]徐松辑:《宋会要辑稿》职官48之89～90,北京:中华书局,2006年版,第3500页。
③ [宋]曹彦约:《昌谷集》卷14《开禧德安守城录序》,影印文渊阁《四库全书》本,第1167册,第180,181页。
④ [元]脱脱等:《宋史》卷395《李大性传》,北京:中华书局,2007年版,第12049页。
⑤ [清]徐松辑:《宋会要辑稿》兵20之15～16,北京:中华书局,2006年版,第6840页。

对抗。关于宋政府控制与改造巫医的措施,笔者有专门的章节加以论述,这里不再赘述。

监狱是关押犯人的地方,也是人口较为密集的地方。宋代文献中多次记载"盛暑疾气熏染,多死亡"、"盛夏隆冬,饥寒疾疫,囚系者瘐死"等惨状。为了减少疫病在监狱中的蔓延和流行,宋政府多次发布诏令,让各级政府按时决狱。从这些诏令来看,宋代皇帝的目的和意图有二:一是怕重要犯人因此而死亡,得不到更多的线索与证据;二是借此来歌颂自己统治的仁慈爱民,宋代皇帝诏令中的"虑囚"、"甚愍"、"亲录囚徒"等反映了这种思想。

元丰元年(1077 年),京城开封诸狱囚犯人数较多,"盛暑疾气熏染,多死亡",引发夏季监狱疫病流行,宋神宗为此下诏重建大理寺狱。《宋会要辑稿》职官二四之六载:

> 〔元丰元年〕十二月十八日,中书言:"奏诏开封府司录司及左右军巡院刑狱皆本府公事,而三司诸寺监等凡有禁系并送三院,系囚猥多,难以隔讯。又盛暑疾气熏染,多死亡。官司各执所见,吏属苦于咨禀,因缘留滞,动涉岁时,深为未便。参稽故事,宜属理官。今请复置大理狱,应三司及寺监等公事,除本司公人杖笞非追究者随处裁决,余并送大理狱结断。其应奏者并天下奏案,并令刑部审刑院详断。大理寺置卿一人,少卿二人,丞四人,专主推鞫,检法官二人,余悉罢。应合行事,委本寺详具以闻。"从之。以权知审刑院、尚书度支郎中崔台符为右谏议大夫,知大理卿事;屯田郎中、直史馆、权发遣江淮等路发运副使寒周辅,太常博士、权判都水监杨汲为少卿;丞及检法官,令举官以闻。初,上谓国初废大理狱非是,以问孙洙。洙对合旨。至是,命台符等作大理寺,工万七千,十七日而成。作于元年十二月之戊辰,讫于二年正月之甲申。以楹计凡三百六十有三,度地于驰道之西。宋用臣经其制,秦士禹司其役,史臣李清臣为记①。

《宋史》卷二〇一《刑法志三》亦载:

> 诏曰:"大理有狱尚矣。今中都官有所劾治,皆寓系开封诸狱,囚既猥多,难于隔讯,盛夏疾疫,传致瘐死,或主者异见,岁时不决,朕甚愍焉。其复大理狱,置卿一人,少卿二人,丞四人,专主鞫讯;检法官二人,主簿一人。应三司、诸寺监吏犯杖、笞不俟追究者,听即决,余悉送大理狱。

---

① ［清］徐松辑:《宋会要辑稿》职官 24 之 6,北京:中华书局,2006 年版,第 2895 页。

其应奏者,并令刑部、审刑院详断。应天下奏案亦上之。"①

为了避免监狱中囚徒数量过多可能导致疫病的发生,宋神宗下诏清理监狱,并置建大理寺狱。大理狱设大理寺卿1人,大理寺少卿2人,大理寺承4人,专主审讯和决断;又设大理寺检法官2人,大理寺主簿1人,将犯杖笞不俟追究者迁入大理狱,以减少开封监狱中因人数众多而引发疫病流行。

绍兴五年(1135年),尚书省奏:"州县治狱之吏,专事惨酷,待其垂死皆托之疫患杀之,未尝依条医治,乞举行岁终比较计分断罪法",建议政府加强对官员的监督和考核。同年,宋政府用"计分断罪法"评估宣州、衢州、福州的病死囚情况,并作出了奖惩措施,"无病死囚,当职官各转一官;舒州病死者及一分,惠州病死者二分六厘,当职官各特降一官。"②绍兴七年(1137年)秋七月,江南东路建康府"疫盛",七月甲申宋高宗"命疏决滞狱"③。绍兴二十一年(1151年)六月辛巳,宋高宗"命岁给大理寺、三衙及州县钱,和药剂疗病囚。"④

庆元五年(1199年)十二月二十四日,臣僚奏:"窃见广东一路十(月)[有]四州,惟英德府烟瘴最甚,有'人间生地狱'之号。诸司分在广、韶二州置司,英德介乎广、韶之间,故诸司凡以公事送狱者多送英德。人一闻生地狱之名,则心已惧。凡罪不致死与未必有罪之人,每至狱,则皆引伏,其意以为入于狱未必辩明而不免于死,不若亟就刑责,犹得以生。由是狱之欲速成者必之英德,而英德之吏以善治狱名。今一路之中,东有潮、惠,西有二庆,北有南雄、连州,皆风土之不甚恶者。乞行下本路诸司,应今后遇有公事,合送别州根勘者,不许送英德府,庶几狱无冤滥,人获生全。"⑤宋宁宗"从之",允许将犯人不送英德府,以减少瘴疾造成的死亡。

开禧三年(1207年)七月四日,臣僚奏:"狱者人命所系,不可以私置也。今农寺之排岸司,亦有狱焉。大率皆诸州县之欠纲运而不纳者,亦有所欠甚微而禁至数月者。且州县之狱,饮食、季点、虑囚、濯荡、医药各有其法。今排岸司无狱之规法,而有狱之桎梏。况寻丈之地,而聚百人之众,春夏之交,人气熏蒸,必有死于非命者矣。乞严禁不得擅置私狱。凡有纲欠至多,将合干人照条施行,仍下元州县捕发。其少欠者,与责保立限监纳;如更抵顽,则寄禁于赤县,照条惩戒。或更擅

---

① [元]脱脱等:《宋史》卷201《刑法志三》,北京:中华书局,2007年版,第5022页。又见[元]马端临:《文献通考》卷167《刑考六·刑制》,第1449,1450页。

② [元]马端临:《文献通考》卷167《刑考六·刑制》,北京:中华书局,1986年版,第1454页。

③ [元]脱脱等:《宋史》卷28《高宗本纪五》,北京:中华书局,2007年版,第531页。

④ [元]脱脱等:《宋史》卷30《高宗本纪七》,北京:中华书局,2007年版,第573页。

⑤ [清]徐松辑:《宋会要辑稿》职官5之58,北京:中华书局,2006年版,第2491页。

置私狱,仰司农寺常切觉察以闻,将排岸官吏重寘典宪。"①宋理宗"从之",严禁司农寺排岸司私置监狱,造成纲运之人的死亡。

嘉定三年(1210 年)四月二十六日,宋宁宗发布《以狱囚瘐死全活定赏罚诏》,规定:"诸路提司岁终择一路狱囚瘐死最大者必按劾,以惩不职;择一路医疗全活最多者必荐举,以劝其勤。刑部则总敷之。"②对管理监狱政绩突出的官员给以奖励。

综上所述,加强对监狱的管理和及时清狱,一方面减少了监狱中犯人聚集的人数,另一方面又避免了疫病发生和流行的可能。

第四节　宋代政府应对疫病的特点及存在的问题

疫病的发生、流行和防治是一个非常复杂的问题。总体上来看,宋代政府应对疫病的措施是较为成功的,它将政府、医家和民间的力量紧密地结合了起来。其采取的医学、经济和政治措施,不仅有利于控制疫病的传播,而且也将传统政府的作用发挥到极致。尤其是疫病防治中重视疫情信息的收集与上报,医学机构的建立与参与,病因病机的解释与应用,新方书的整理与刊行,防疫药物的研发与制造,患者的隔离与治疗,病尸的掩埋与火化,以及水源的保护与城市卫生的清洁等,是宋代应对疫病的一大显著特点,在传染病防治史上具有积极的作用。

然而由于对疫病的成因缺乏准确的认识,或者因为政治、社会等多方面的因素,宋代政府应对疫病过程中存在着一些问题。

首先,政府主导的疫病应对措施具有很强的等级性,宋代皇亲、政府各级官吏、军队等优先得到关注,广大普通民众得到的医疗条件有限。加之普通百姓对疫病的传染性认识不足,疫死人群最多的往往是普通民众,很少见到大量官吏死于疫病的记载。这种显著的不同,是"由于它们在一定社会经济结构中所处的地位不同"③所致。

其次,政府采取的施粥、建立病囚房等措施,由于管理不当,往往成为新一轮疫病传播的疫源地。如庆历八年(1048 年),京东路青州(治今山东青州)知州在疫病救治中,"皆聚民城郭中,煮粥食之,饥民聚为疾疫"。宋人也认为这种方法"名为救人而实杀之"④。这样的应对措施在宋代多次出现,说明当时也没有更好的救

---

①　[清]徐松辑:《宋会要辑稿》职官 26 之 35,北京:中华书局,2006 年版,第 2935 页。

②　[清]徐松辑:《宋会要辑稿》刑法 6 之 74,北京:中华书局,2006 年版,第 6730 页。

③　[苏]列宁:《列宁选集》第 4 卷《伟大的创举》,北京:人民出版社,1965 年版,第 10,11 页。

④　[宋]苏轼著,孔凡礼点校:《苏轼文集》卷 18《富郑公神道碑》,北京:中华书局,1986 年版,第 532 页。又见[宋]苏轼:《富郑公弼显忠尚德之碑》,[宋]杜大珪编:《名臣碑传琬琰之集》上卷 5,第 38～48 页。

济方法来改变这一措施。

再次，一些地方官吏的渎职、腐败、"匿灾不报"和指挥不力，使疫病救治常常流于形式，效果并不明显。如咸平三年（1000年）春，开封、江南、两浙数年干旱，农业歉收，疾疫频繁发作，宋政府尽管在疫病流行期间采取了应对措施，但地方官吏的执行似乎并不得力。吏部郎中、直集贤院、知泰州田锡的奏章恰好说明了这个问题。田锡说："臣又以江南、两浙，自去年至今，民饿者十八九，未见国家精求救疗之术。初闻遣使煮粥俵给，后来更不闻别行轸卹。"①更有甚者，一些官吏竟然克扣疫病救治中的药钱和药物，如大观二年（1108年）十二月八日宋徽宗发布《给散民药不如法徒一年诏》："天下每岁赐钱合药，以救民病。比闻州郡因循苟简，奸滑于请，不及贫病，惠靡逮下，吏慢弗察。可详立法，修制不依方，给散不如法，徒一年；当职冒请者，以自盗论。"②说明疫病救治中存在腐化行为。南宋时期，病囚院、养济院中的"冒滥"行为十分突出，如绍熙五年（1194年）九月十四日宋宁宗发布《明堂赦文》，对地方州县疾病救治中出现的贪污、腐化行为予以严惩。《宋会要辑稿》食货六〇之一载："在法，诸州每岁收养乞丐，访闻往往将强壮慵惰及有行业住家之人，计嘱所属冒滥支给，其委实老疾孤幼贫乏之人不沾实惠。仰今后须管照应条令，从实根括，不得仍前纵容作弊。其临安府仁和、钱塘县养济院收养流寓乞丐，亦仰依此施行，不得徒为文具。如有违戾去处，仰提举司平司觉察，按治施行。内有军人拣汰离军之后，残笃废疾，不能自存，在外乞丐之人，仰本军随营分措置收养，毋致失所。"③九月十四日，宋宁宗再次发布《明堂赦文》，强调："堪会在狱病囚，官给药物医治，病重责出，自有成宪。深虑州县循习苟简，不与救疗，及不照条责出，因致死亡，仰监司、知通常切觉察。"④

第四，政府在疫病救治中的封神活动，原本是统治者恢复、重建社会秩序的行为，但却导致了地方淫祠和庙宇的泛滥，客观上又为巫术的活动留下余地，以致统治者不得不发布"非敕额者并仰焚毁"⑤的诏令。这些都是宋代皇帝和政府所没有料到的，说明了在专制主义政治体制下，依靠皇帝个人努力和实行"人治"，是无法真正完成疫病防控措施的。

① ［宋］李焘：《续资治通鉴长编》卷46，咸平三年三月，北京：中华书局，2004年版，第1003,1004页。又见［元］马端临：《文献通考》卷304《物异考十》，第2407页。

② ［清］徐松辑：《宋会要辑稿》刑法2之49，北京：中华书局，2006年版，第6520页。

③ ［清］徐松辑：《宋会要辑稿》食货60之1，北京：中华书局，2006年版，第5865页。

④ ［清］徐松辑：《宋会要辑稿》刑法6之73，北京：中华书局，2006年版，第6730页。

⑤ ［宋］胡石壁：《非敕额者并仰焚毁》，中国社会科学院历史研究所宋辽金元史研究室校：《名公书判清明集》卷14《惩恶门·淫祠》，北京：中华书局，1992年版，第541页。

第五节　小　结

通过以上医事诏令的分析和研究,本章得出如下结论:

(1)宋代疫病的名称和分类进一步细化,如伤寒病、疟病的划分,较之以前更加精细。疫病的内容,既包括烈性传染病,也包括地方流行病。疫病的发生和流行,既有自然因素,也有社会因素。疫病流行对宋代社会产生重大影响,不仅造成人口的死亡、迁徙和流动,而且还影响到经济的发展和社会的稳定,甚至改变了部分战争的进程。

(2)宋代形成了以政府为主导、社会力量为辅助的疫病防治体系,从而将政府、医学家、宗教人士和社会民众等紧密地联系起来。宋代政府对疫病的传染性、流行性、危害性有着深刻的认识,将疫病提升为"四大灾害"之首,采取了医学、经济和政治的措施加以积极应对。从救治对象来看,国家医学优首先关注的是皇亲、政府官吏和军队,其次是普通民众,最后是与农业生产密切相关的牲畜。从救治的地区来看,国家医学优先关注的是京城,其次是军营,然后是经济发达的地区。从救治的效果来看,北宋较南宋更为成效显著。在应对疫病的过程中,政府的力量深入到传统官府从未到达的层次。

(3)宋代政府在疫病防治中对新医学知识的重视与引入,如病因病机的解释,医学方书的编撰,防疫药物的研制和发放,派遣医官诊治,隔离患者和掩埋、火化病尸,建立临时医院,保护饮用水源,以及改善城市公共卫生等,极大地丰富了中医传染病学的内容。两宋时期,官修医学方书著作《太平圣惠方》、《神医普救方》、《庆历善救方》、《简要集众方》、《太平惠民和剂局方》等被政府引入疫病救治,发挥了显著的作用。在疫病防治的过程中,政府和医学家对疾病病因的探讨非常兴盛。官私医书中有大量的篇幅介绍疾病的病因及其防疫药物,因而大大地促进了宋代传染病学理论和实践的发展。

总之,宋代政府采取的医学、经济和政治措施,将政府应对疫病的措施推进到空前的地步,在中国古代传染病防治史上占有一定的地位。

第五章　宋代政府建立和管理医学机构的措施

宋代医学取得前所未有的发展，与政府建立较为完整的医学机构和有效管理密切相关。在中央机构中，建有最高行政管理机构翰林医官院，药政管理机构尚药局和御药院，教育机构太医局和国子监医学，药品专卖机构熟药所、惠民局，制药机构和剂局，香药管理机构香药内外库和京师香药榷易院，内庭宫人疾病治疗机构保寿粹和馆，畜牧兽医机构群牧司及其所属机构牧养上下监等。在地方诸路，建有州县医学和驻泊医官。在军营驻地，建有军医院。在疫病流行地区，建有专门的临时医院和慈善机构等。这些机构成为宋政府有效管理医学的主要组织，也是执行政府医学政策、实施疾病救治和宣扬仁政的主要组织。

关于宋代的医学机构，龚纯《宋金元的卫生组织》、梁峻《中国古代医政史略》、廖育群等《中国科学技术史·医学卷》、龚纯《中国历代卫生组织与医学教育》、李经纬等《中国医学通史·古代卷》等论著，探讨了宋代医学机构的名称和建立等[①]。总体上来看，目前的研究大多是在通史性的著作中出现的，缺乏具体细节的考证。有关医学机构的运作和管理措施等，尚需进一步探讨。

本章探讨医事诏令中所反映的宋代政府建立和管理医学机构的措施，对医学发展中不同机构的参与及其发挥的作用有一个较为深入地认识和了解。

第一节　宋代中央医学行政机构的建立及管理

宋政府在中央设立的最高医学行政管理机构，主要为内庭机构翰林医官院。翰林医官院隶属于入内内侍省所属之翰林院，是全国最高医疗兼行政管理机构，宋代皇帝的诏令和政府的医学政策，大多通过翰林医官院来执行。元丰改官制后称翰林医官局，南宋沿置。此外，尚书省所属机构礼部祠部司和太常寺太医案，元

---

① 参见龚纯：《宋金元的卫生组织》，载《医学史与保健组织》1957 年第 2 期，第 138～143 页；龚纯：《中国历代卫生组织及医学教育》，北京：世界图书出版公司，1998 年版，第 35～70 页；梁峻：《中国古代医政史略》，呼和浩特：内蒙古人民出版社，1995 年版，第 85～102 页；廖育群等：《中国科学技术史·医学卷》，北京：科学出版社，1998 年版，第 302,303 页；李经纬、林昭庚：《中国医学通史·古代卷》，北京：人民卫生出版社，2000 版，第 315～398 页。

丰新制后也兼领部分医学行政事务，掌管全国医药政令和兼管臣僚的治病。表5-1是宋代中央医学机构设立及变化的情况。

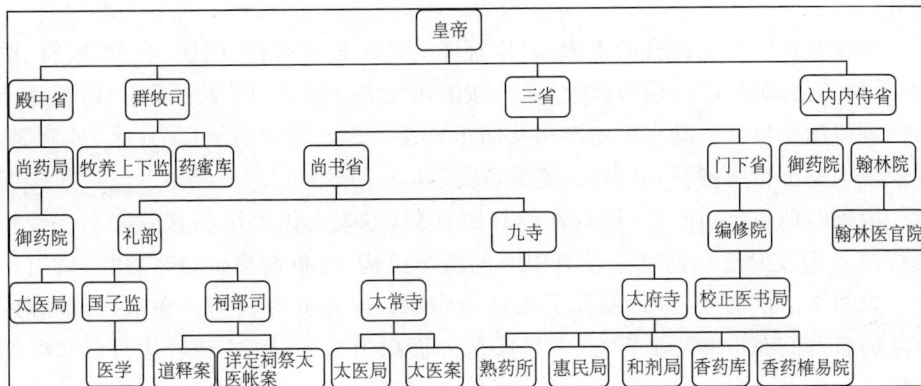

表 5-1　宋代中央医学机构设立及变化情况

```
                              皇帝
        ┌──────┬───────┬─────────────────┬──────────────┐
      殿中省   群牧司          三省                    入内内侍省
        │       │              │                        │
     尚药局  牧养上下监 药蜜库  尚书省      门下省   御药院  翰林院
        │     礼部              九寺        编修院          翰林医官院
     御药院    │                 │            │
        │                        │        校正医书局
   太医局 国子监 祠部司      太常寺   太府寺
              │    │          │        │
            医学 道释案    太医局 太医案 熟药所 惠民局 和剂局 香药库 香药榷易院
               详定祠祭太
               医帐案
```

说明：

① 宋初至元丰三年（1080年），中央机构包括中书门下、三省六部、枢密院、三司、宣徽院、学士院、崇文院、群牧司、三衙、殿中省、入内内侍省和内侍省，其中政府机构为中书门下。隋唐时期的政府机构三省六部，有名而无实权。元丰三年（1080年）改官制后，宋代中央机构包括三省六部、宰辅、枢密院、三衙、秘书省、御史台、学士院、殿中省和入内内侍省、内侍省，其中政府机构为三省六部。

② 宋初至元丰三年（1080年），中央高等医学教育机构太医局隶太常寺。熙宁九年不隶太常寺，直隶朝廷。元丰新制后改隶太常寺和礼部。宋徽宗时期在太医局之外新建国子监医学。

③ 宋初至崇宁二年（1103年），御药院隶属于入内内侍省，崇宁二年（1103年）后改隶于殿中省尚药局。

一、翰林医官院

1. 建制沿革

翰林医官院，内庭官司名，位于开封宣祐门内之东廊，隶入内内侍省所属之翰林院，是宋代中央级别的最高医疗兼行政管理机构。翰林医官院何时所置，文献记载不详，但最晚在雍熙二年（985年）已见置。①元丰五年（1082年）六月甲子，宋神宗诏："改翰林医官院为医官局"②；六月癸亥，宋神宗诏："翰林医官院改为翰林

---

① ［清］徐松辑：《宋会要辑稿》职官36之97，北京：中华书局，2006年版，第3120页。
② ［元］脱脱等：《宋史》卷16《神宗本纪三》，北京：中华书局，2007年版，第307页。

医官局,使、副以下如旧"①,规定"医官局掌以医药入侍及承诏诊疗治众疾,有使、副使、直局、〔尚〕药奉御、太医丞、医官、医学、祇候。副使以上,五年一迁。虽历东班使、副,亦兼领本资,其赐服、叙品、选任有法,而翰林院皆统隶焉。分案四,设吏五。"②

关于翰林医官院医官的组成,宋政府规定:"医官院有使、副使、直院、医官、医学、祇候。使、副使以尚药奉御充,或有加诸司使者。医官、医学加同正官,至尚药奉御者或加检校官。其直院则奉御及同正官皆为之。医学则加(化)〔流〕外簿尉。祇候未加命不得服袍笏,诸书艺、艺学、祇候亦同。"③

南宋时期在杭州沿置,称行在翰林医官局,但宋人仍沿用医官院旧名。翰林医官院是宋政府建立的唯一没有中断的医学机构,在贯彻皇帝诏令、执行政府医学政策和防治疾病等方面,发挥了积极的作用。廖育群等认为:"在宋代,翰林医官院的官员们在贯彻帝王旨意、发展医药方面出力甚多。"④这种看法符合当时的实际。

2. 机构编制

宋初至宝元二年(1039年)前,翰林医官院设有翰林医官使、翰林医官副使、直翰林医官院、翰林医官、翰林医学和翰林祇候,在外州府军监设驻泊医官。其中翰林医官使,领医官院医药等公事,七品,"居医官之首"⑤;翰林医官副使为翰林医官院的副贰,佐领院事,七品,以尚药奉御充。此外,宋政府还设立提举翰林医官院所,设提举翰林医官院1人,为差遣官,由内侍充,督领翰林医官院行政公事。

宝元二年(1039年)二月甲子,宋政府规定翰林医官院的编制是84人。《续资治通鉴长编》卷一二三载:

> 中书言:"翰林医官院医官使二人、直院七人、尚药奉御七人、医官三十人、医学四十人、祇候医人十三人,其员猥多。今定使副各二员、直院四员、尚药奉御六员,其额外将来毋得补人。"从之⑥。

宋仁宗批准了中书有关翰林医官院的编制,规定翰林医官使2人,翰林医官

① [宋]李焘:《续资治通鉴长编》卷327,元丰五年六月癸亥,北京:中华书局,2004年版,第7877页。
② [清]徐松辑:《宋会要辑稿》职官36之95,北京:中华书局,2006年版,第3119页。
③ [清]徐松辑:《宋会要辑稿》职官36之110,北京:中华书局,2006年版,第3126页。
④ 廖育群等:《中国科学技术史·医学卷》,北京:科学出版社,1998年版,第303页。
⑤ [宋]李焘:《续资治通鉴长编》卷57,景德元年八月庚申,北京:中华书局,2004年版,第1252,1253页。
⑥ [宋]李焘:《续资治通鉴长编》卷123,宝元二年二月甲子,北京:中华书局,2004年版,第2895页。

副使 2 人,直翰林医官院 4 人,尚药奉御 6 人,翰林医官 30 人,翰林医学 40 人,共 84 人。另外,翰林祗候 13 人,宝元二年(1039 年)前已建置,属医工行列,不列入医职。

　　嘉祐二年(1057 年)十月丙寅,宋仁宗诏:"翰林医官院,自直院以下自今以一百四十二人为额"①,定以 142 人为额,增加 58 人。从宝元二年(1039 年)以后至元丰年间,宋政府对翰林医官院的名额控制甚严,但后来由于大量的叙迁、荫补,医官院的名额有所冗滥。

　　政和二年(1112 年)九月二十九日,宋徽宗发布《改武选官名诏》:"医职新官:和安大夫、成和大夫、成安大夫、成全大夫,旧官军器库使;保和大夫,旧官西绫锦使;保安大夫,旧官榷易使;翰林良医,旧官翰林医官使;和安郎、成和郎、成安郎、成全郎,旧官军器库副使;保和郎,旧官西绫锦副使;保安郎,旧官榷易副使;翰林医正,旧官翰林医官副使。诏令吏部依此颁行。"②《宋大诏令集》卷一六三亦有相同记载,医官局编制为:和安大夫、成和大夫、成安大夫、成全大夫、保和大夫、保安大夫、翰林良医、和安郎、成和郎、成安郎、成全郎、保和郎、保安郎和翰林医官,共 14 阶,大夫定以 20 员,正郎定以 30 员③。

　　政和三年(1113 年)八月二十五日,礼部、翰林医官局奏:

　　　　奉诏,立医官额。使、副,元丰旧额共肆员,今自和安大夫至翰林医官凡十四阶,额外总一百十有七人。直局至祗候,元丰旧额共一百四十二人,今自医效至祗候,凡八阶,并不立额,见在职者总九百七十九人,冗滥莫此之甚。应额外人可特免改正,郎以三十员,大夫以二十员,医效至祗候以三百人,〔余〕并为额外人,依已降待诏等指挥例施行。见带遥郡人请给等,并应医官入品及依官户,并依元丰法。比附元丰法不该入品、依官户者,并改正。医效以下,分立员额,令礼部同翰林医官局条画闻奏。今条画到下项:一,今准指挥,医效至祗候以三百人为额。一,拟立下项人额,医效,元丰额四人,今以七人为额;医痊,元丰额六人,今定以十人为额;医愈、医证、医诊系创立阶,今并入医候至祗候额内,通作二百八十三人为额。以上通医效、医痊八阶,共立三百人为额。医效七人,医

　　①　[清]徐松辑:《宋会要辑稿》职官 36 之 98,北京:中华书局,2006 年版,第 3120 页。
　　②　[清]徐松辑:《宋会要辑稿》职官 52 之 25～26,北京:中华书局,2006 年版,第 3573 页。又见同书职官 56 之 35,第 3642 页。
　　③　[宋]佚名:《宋大诏令集》卷 163《政事十六·官制四》,北京:中华书局,1997 年版,第 620～625 页。

痤十人,大方脉兼风科一百五十三人,小方脉二十四人,针科一十四人,眼科一十六人,产科一十六人,疮肿科一十四人,金镞科三十二人,口齿兼咽喉科共一十二人①。

宋徽宗"从之",规定翰林医效至翰林祗候8阶,通额300人,其中翰林医效7人,翰林医痤10人,翰林医愈、医证、医诊、医候、医学、祗候通作283人。其差遣职事有医师、御医、驻泊医官等。这是宋代翰林医官局人数最多的时期,从中可以看出政府对医学的重视程度。政和四年(1114年)时,翰林医官局实际人数达到了1000人以上。

南宋初年,政府大力裁撤和精简机构。绍兴二年(1132年)四月二十五日,宋政府"定医官为八十五员,礼部请以四十三员为额"②。宋高宗同意礼部的建议,随即发布《医官填阙诏》,规定翰林医官局人数为43人。《宋会要辑稿》职官三六之一〇三载:

> 诏:"行在医官昨依礼部堪当,止以四十三员为额,令遇有阙日,依条以本色名次最先之人拨填入额。若见管额内医官有在今来均立到额数外之人,缘随驾祗应,可将拨不尽人以先后许借阙补填,作入额人数。"③

跟宋徽宗时期相比,翰林医官局的编制和人数大为减少,共计43人。宋政府设主管翰林医官局1员,和安大夫至翰林良医5员,和安郎至翰林医官4员,翰林医效2员,翰林医痤1员。翰林医愈至翰林祗候,充大方脉兼风科15员,小方脉科4员,针科2员,疮肿二科兼折伤科2员,金镞科兼书禁科3员,口齿科兼咽喉科1员。

绍兴十二年(1142年)十一月二十一日,宋高宗发布《医官局生员额依旧制诏》:"医官局生员额并依旧制,内局生请给,令户部措置,量行增添,申尚书省"④,规定翰林医官局的编制仍旧为40余人。绍兴十三年(1143年)二月五日,宋高宗发布《翰林医官局添后行贴司诏》:"翰林医官局各添后行二人、贴司二人,请给、补迁、出职,并依见管人体例条法。内贴司瞻家食钱乞依库务支破,以本局言所

---

① [清]徐松辑:《宋会要辑稿》职官22之39,北京:中华书局,2006年版,第2879页。
② [宋]王应麟:《玉海》卷63《艺文·熙宁太医局》,南京:江苏古籍出版社、上海:上海书店,1987年版,第1198页。
③ [清]徐松辑:《宋会要辑稿》职官36之103,北京:中华书局,2006年版,第3123页。
④ [清]徐松辑:《宋会要辑稿》职官22之40,北京:中华书局,2006年版,第2880页。

掌。"①对翰林医官局临时补充人员及其经费进行了规定。可见,绍兴十三年(1143年)二月以后,翰林医官局还增加了后行、贴司各2人,并规定了他们的职责。

翰林医官院最重要的职责是以医药入侍皇帝及承诏为皇室、军队、大臣诊疗疾病。为此,医官院从本院中选拔最优秀的人才组成御医、入内内宿医官,专门为皇帝治病。宋人赵升说:"此名医中选,差充诊御脉,内宿祗应。此是翰林金紫医官。"②元丰旧法,内宿医官以选保试补,极为重视医技才能。政和三年(1113年)十二月二十一日,提举入内医官曹孝忠奏:"奉诏编修入内医官应约束条令,候成书日进呈取旨颁降。"③宋徽宗"诏依",颁布《详定编修入内内宿医官敕令》,规范、约束御医和入内医官。

南宋时期,入内内宿医官仍有一定的编制。乾道三年(1167年)三月六日,宋孝宗诏:"御医、内宿医官,大方脉五员,小方脉三员,风科、口齿科、眼科、针科、疮肿科、产科各二员,通二十员为额。诊御脉四员,入内看医三员。在内溢额人且令依旧,今后并不作阙差人。其在外职事人内,除德寿宫六员,殿前左右班宿直四员,国子监、大理寺、和剂局、杂买务各一员,大宗正司各一员,许存留外,余人并在局祗应直日。太医局及局生、医生并罢,今后更不试补"④,内宿医官人数约为35人。乾道九年(1173年)十二月十六日,宋孝宗发布《定内宿诊御脉大方脉医官额诏》:"内宿诊御脉、大方脉医官额管五员,内二员见差赴德寿宫祗应,内宿关人应奉,可于元额内添置二员,通以七员为额。"⑤将大方脉增加2人,以7人为额。

3. 职责管理

宋政府规定,翰林医官院"掌供奉医药及承诏视疗众疾之事。使、副领院事,以尚药奉御充,或有加诸司使者。直院、医官、医学,无定员。医官、医学以服色为差。加同正官至尚药奉御者,或加检校官,其直院、奉御及同正官皆为之,多自医官特奖命授,又有祗候之名"⑥。其职责主要是为皇帝、后宫、宗室治疗疾病和用药,承诏为大臣、百官及众人治疾;掌国家医药政令和民间医学;派医为军营、学校、修河处所、修陵处所、外交使团治病和发放药物等⑦。宋政府发展医学的措施,

① [清]徐松辑:《宋会要辑稿》职官36之104,北京:中华书局,2006年版,第3123页。

② [宋]赵升编,王瑞来校:《朝野类要》卷2《国医》,北京:中华书局,2007年版,第61页。

③ [清]徐松辑:《宋会要辑稿》职官36之101～102,北京:中华书局,2006年版,第3122页。

④ [清]徐松辑:《宋会要辑稿》职官36之119,北京:中华书局,2006年版,第3131页。

⑤ [清]徐松辑:《宋会要辑稿》职官36之106,北京:中华书局,2006年版,第3124页。

⑥ [清]徐松辑:《宋会要辑稿》职官36之97,北京:中华书局,2006年版,第3120页。

⑦ [清]黄本骥:《历代职官表》卷3《太医院》,上海:上海古籍出版社,1984年版,第167～169页。

大多通过翰林医官院来执行。从医事诏令来看,宋政府对翰林医官院的管理主要
有以下五个方面:

3.1　派医为皇室、军队和近臣治疗疾病和发放药物

为最高统治阶级治疗疾病和配制药物,是翰林医官院最主要的职责。建隆四
年(963年)颁行的法律文书《宋刑统》中,曾制定专门的条文加以规范。如《名例
律·十恶·大不恭》条规定:"合和御药,误不如本方及封题误;若造御膳,误犯食
禁"①。《职制律·合和御药误》条规定:"诸合和御药,误不如本方及封题误者,医
绞。料理拣择不精者,徒一年。未进御者,各减一等。监当官司各减医一等。"②可
见,翰林医官院选派的医师,不仅要熟悉医药经典和用药处方,而且要严格按处方
和奉旨用药;否则,将招致严重后果,处以极刑。除了法律文书外,皇帝诏令中大
量记载了翰林医官院派医为皇帝、军队和朝臣治病的事例。

治平四年(1067年)二月,宋神宗诏:"提举医官院试堪诊御脉者六人"③,为皇
室挑选精通脉科的医师。

熙宁九年(1076年)十月乙巳,宋神宗发布御批:"已差入内供奉官梁从政赍文
字往崑州宣抚司,闻将士被疾者极众,可下医官院选习知治瘴者五七人,令从政率
领之,乘驿速往,如治疗多愈,当不次优赏"④,让翰林医官院派遣治瘴方面的医师5
至7人前往广南西路崑州(治今广西南宁)治疗军中瘴疫。元丰元年(1078年)夏
四月,宋神宗"诏翰林医官院选医学二人,驰驿给券,往修开决河所"⑤,让翰林医官
院派翰林医学2人前往修河场所治病。

绍兴七年(1137年)七月二十四日,宋高宗诏:"建康府内外居民病患者,令翰
林院差官四员分诣看诊。其合用药,令户部药局应副,仍置历除破。如有死亡,委
实贫乏,令本府量度给钱助葬,仍具已支数申尚书省除破。"⑥绍兴十二年(1142
年)正月二十九日,宋高宗发布《御辇院差拨医官一名诏》:"御辇院令翰林院差拨
医官一名,每月支给合药钱七贯文。后有阙,准此。"⑦让翰林医官院派翰林医官1

---

① 〔宋〕窦仪等撰,薛梅卿点校:《宋刑统》卷1《名例律·十恶》,北京:法律出版社,1999年版,第10页。
② 〔宋〕窦仪等撰,薛梅卿点校:《宋刑统》卷9《职制律·合和御药误》,北京:法律出版社,1999年版,第
170页。
③ 〔元〕脱脱等:《宋史》卷14《英宗本纪》,北京:中华书局,2007年版,第264页。
④ 〔宋〕李焘:《续资治通鉴长编》卷278,熙宁九年十月乙酉,北京:中华书局,2004年版,第6803页。
⑤ 〔宋〕李焘:《续资治通鉴长编》卷289,元丰元年夏四月,北京:中华书局,2004年版,第7059页。
⑥ 〔清〕徐松辑:《宋会要辑稿》食货59之29,北京:中华书局,2006年版,第5853页。又见同书职官36
之103,第3123页;食货68之123,第6315页。
⑦ 〔清〕徐松辑:《宋会要辑稿》职官19之18,北京:中华书局,2006年版,第2819页。

员前往御辇院当值,每月支给合药钱七贯。

绍兴十六年(1146年)六月二十一日,临安盛暑,宋高宗发布《差医官诣临安府城内外看诊诏》,让翰林医官局派医官4员前往临安城内外巡诊。《宋会要辑稿》职官三六之一〇六载:

> 诏:"方此盛暑,切虑庶民阙药服饵,令翰林院差医官四员,遍诣临安府城内外看诊,合用药仰户部行下和剂局应副,置历支破,依例支给食钱。仍于本部辖下差拨担药兵士二名,候秋凉日住罢。每岁依此。"①

此4人承担临安府城内外疫病的巡诊和救治,所需药物由户部从和剂局支付。

乾道元年(1165年)二月十九日,宋孝宗发布《诊视医治临安府饥民诏》,让翰林医官局派医官2人在临安府诊治因水灾而涌入京城的饥民,药品由和剂局支给。《宋会要辑稿》食货六〇之一四载:

> 诏:"临安府见行赈济饥民,访闻其间多有疾病之人,窃虑阙药服饵,令医官局于见赈济去处,每处各差医官二员,将病患之人诊视医治。其合用药于和剂局取拨,仍日具医治过人并用过药数申尚书。"②

然而,四月时疫病流行的范围进一步扩大,此前派去的医官数量则明显不足。四月二十二日,应中书门下之请,宋孝宗再次发布《医治流民疾疫诏》,让翰林医官局派医8人诊治临安府城内外发生的疾疫。《宋会要辑稿》食货六八之一二六载:

> 诏:"两浙州军去岁水涝,流移阙食人颇众,朝廷措置赈粜,存济甚多。比因疫气传染,间有死亡,深可悯怜。可令行在翰林院差医人八员,遍诣临安府城内外,每日巡门体问看诊,随证用药,其药令户部于和剂局应副。在外州军亦仰亦法,州委驻泊医官、县镇选差善医之人,多方救治,药钱于逐州岁赐合药钱内、县镇于杂收钱内支给,务要实惠及民。并仰接续给散夏药,候秋凉日住罢。"③

此8人承担临安府城内外疫病的巡诊和救治,所需药物由户部从和剂局支

---

① [清]徐松辑:《宋会要辑稿》职官36之104,北京:中华书局,2006年版,第3123页。又见同书食货59之31,第5854页;食货68之123,第6315页。

② [清]徐松辑:《宋会要辑稿》食货60之14,北京:中华书局,2006年版,第5871页。

③ [清]徐松辑:《宋会要辑稿》食货68之126,北京:中华书局,2006年版,第6316页,又见同书食货59之42,第5859页。

付。至于地方州府,则由翰林医官局驻泊医官负责治疗,县镇由善医之人负责治疗,药钱从逐州岁赐合药钱、县镇于杂收钱内支给。

淳熙八年(1181年)四月十一日,宋孝宗发布《诊视军民疾疫诏》,让翰林医官局派遣医官沿门巡诊临安城内外军民中发生的疫病,赐药救治。《宋会要辑稿》食货五八之一四载:

> 诏:"军民多有疾疫,令医官局差医官巡门诊视,用药给散。殿前司十二人,马军司二人,步军司七人,临安府内外诸厢界二十人,各日支食钱。所有药饵,令户部行下和剂局应付。仍各置历抄转医过人数,日具以闻。"①

此次派出的翰林医官达41人,专门为殿前司、马军司、步军司和临安府内外诸厢界患病人员治病,所需药物由户部从和剂局支付。

此外,翰林医官院还负责向国子监、大理寺、和剂局、杂买务、大宗正司等机构派遣医官,以救急病。如"(大)[太]学体例,有医官二名,以为坐斋诸生缓急疗治之备","分番宿直,每名除本监月支审粮钱五贯文外,有合药等钱,系属左藏库帮支"②。

可见,派医治疗皇亲、军队、各部官员及京师民众的疾病,发放夏药、腊药、瘴药和疫药,是翰林医官院的一项基本任务。

3.2 派医前往太医局讲学

庆历四年(1044年)三月二十五日,宋仁宗发布《选医师讲说素问难经诏》,让翰林医官院派遣精通《素问》、《难经》的医师前往太医局所在地武成王庙讲学,以提高京城习医学生的医学水平。《宋会要辑稿》职官二二之三五载:

> 诏:"国子监于翰林医官院选能讲说医书三、五人为医师,于武成王庙讲说《素问》、《难经》等文字,召京城习学生徒听学。"③

武成王庙本是供奉姜尚等武将的祭祀场所,其旁设太医局。宋政府让翰林医官院派医在武成王庙讲解《素问》、《难经》等医学典籍,可谓用心良苦,参加听讲者主要为京城习医的学生和各地推荐的医学人员。

3.3 研制治病药方

宋朝皇帝常常下诏让翰林医官院挑选药方,配制夏药、腊药、瘴药和防治疫病

---

① [清]徐松辑:《宋会要辑稿》食货58之14,北京:中华书局,2006年版,第5828页。
② [清]徐松辑:《宋会要辑稿》崇儒1之26,北京:中华书局,2006年版,第2175页。
③ [清]徐松辑:《宋会要辑稿》职官22之35,北京:中华书局,2006年版,第2877页。

的药品,让和剂局制造。其掌管的良方、秘方、效方和验方等,成为官修医学方书的重要来源之一。

大中祥符二年(1009 年)夏四月,河北安抚司奏:"北界人多病腮肿死,边民稍南徙避疫",宋真宗"诏医官院处方并药之。"①庆历六年(1046 年)四月甲寅,宋仁宗谓辅臣曰:"蛮猺未平,兵久留戍,南方夏秋之交,常苦瘴雾,其令医官院定方和药,遣使给之。"②熙宁八年(1075 年)十二月,宋神宗诏:"翰林医官院选治岚瘴药方五七种,下和药所修制。"③可见,朝廷赏赐的药品,其处方来源于翰林医官院。

3.4　出使国外

派遣医生随使者出使辽、西夏、金朝、蒙古、大理、高丽等,亦是翰林医官院的一项职责。这些医学人员一方面充当政府使节的角色,另一方面负责为沿途使节和出使国皇帝治病。

景德三年(1006 年)十二月,契丹使耶律阿括有疾不入,宋真宗"遣医官副使霍炳等诊视之",时阿括不赴得上寿及斋筵,深自愧恨,宋真宗曰:"所差医官,止令诊(胗)〔脉〕处方,如有药饵,令自和合,其使、副又须求药饵,得即对面服之。虽相示不疑,然悠久或有不可疗者。自今朝廷宜以医官随行,则彼亦必使医官同至也。"④正式在出使团中派遣医官随行。

庆历六年(1046 年)二月十一日,国信使杨察奏:"自来只凭本院轮差,不惟缘路无医,兼恐贻外国轻笑",于是宋仁宗诏:"医官院令差入国医官,不以名次选人,如两次医较人数稍多,别无遗阙,与改转酬奖。"⑤

淳熙九年(1182 年)三月二十日,宋孝宗发布《差奉使金国上节内医官诏》,让翰林医官局选择大方脉医官随宋使前往金朝。《宋会要辑稿》三六之一〇六载:

> 诏:"以降指挥,奉使金国上节内医官一名,吏部于大小使臣内差拨承代色名。自今令翰林医官局将在局大方脉医官依资定姓名申枢密院,输差一名随逐前去。"⑥

---

①　[宋]李焘:《续资治通鉴长编》卷71,大中祥符二年夏四月甲寅,北京:中华书局,2004 年版,第 1605 页。

②　[宋]李焘:《续资治通鉴长编》卷158,庆历六年四月甲寅,北京:中华书局,2004 年版,第 3825 页。

③　[宋]李焘:《续资治通鉴长编》卷271,熙宁八年十二月,北京:中华书局,2004 年版,第 6648 页。

④　[清]徐松辑:《宋会要辑稿》蕃夷 1 之 38,北京:中华书局,2006 年版,第 7691 页。

⑤　[清]徐松辑:《宋会要辑稿》职官 36 之 98,北京:中华书局,2006 年版,第 3120 页。

⑥　[清]徐松辑:《宋会要辑稿》职官 36 之 106,北京:中华书局,2006 年版,第 3124 页。

三月二十一日,又诏:"自今奉使金国上节内医官一员,令翰林医官局将在局大方脉医官依资次籍定姓名,申枢密院轮差。"①

3.5 差医官验视托疾请假的官员

翰林医官院还负责派遣医官验视因病请假的官员,作为是否准假的依据。这方面的政府诏令较多,多为防范托疾请假的官员。

北宋时期,朝中官吏出现假借疾病而不参加朝会或祀典的情况。尤其是朝廷大祀,"一岁三十有四,中祀九,小祀三,太庙朔祭、荐飨、奏告不与焉"②,官员缺勤现象严重。如大中祥符二年(1009年)八月十二日,侍御史知杂事赵湘奏:"伏见常参文武官每日趋朝,多不整肃,请颁条制以儆之。旧制:每日早赴待漏院,候开内门齐入。伏缘逐日辰时以来放朝,以故后时方入。望许令知班驱使官二人常在正衙殿门管勾,有入晚者,具名申奏。遇风雨寒暑稍甚,即多称疾请假。望自今委御史台酌度闻奏,遣医(轸)[诊]视。如显诳妄,即具弹奏。"③宋真宗"从之",令医官院遣医诊视,如发现托疾之人,准予弹奏。

天圣二年(1024年)五月庚子,户部郎中、史馆修撰石中立等33人托疾不赴横行,宋仁宗发布《遣医官验视起居横行日请假百官诏》:"百官遇起居、横行日辄请假者,并遣医官验视以闻。"④

南宋时期,朝中官吏"被差行事,临时托故请假者过半"②,因而政府严令翰林医官院验视,严惩假托之人。如隆兴二年(1164年)二月一日,大宗正司奏:"太常寺报到差南班宗室太庙行事官,本司置籍轮差,往往称疾请假。虑至期误事,遇有请假,欲从本司差以次官行事外,依原降指挥宣医。如见得托疾,从宣医官径申朝廷,乞赐行遣。"宋孝宗"从之"⑤。

嘉定二年(1209年)八月二十五日,宋宁宗发布《中外官僚忌行香请假事诏》:"中外官僚遇国忌行香而为患请假者,必先差医官验视,然后给放。讲官惟上讲免行香,其余不免。外官到阙,先令赴台参出给关子收执,以凭参部。"⑥

4. 考核与磨勘

宋政府对翰林医官和医学生的技能极为重视,制定了严格的考核与磨勘程

---

① [清]徐松辑:《宋会要辑稿》职官52之4,北京:中华书局,2006年版,第3561页。
② [清]徐松辑:《宋会要辑稿》礼14之117,北京:中华书局,2006年版,第645页。
③ [清]徐松辑:《宋会要辑稿》仪制8之27,北京:中华书局,2006年版,第1980页。
④ [宋]李焘:《续资治通鉴长编》卷102,天圣二年五月庚子,北京:中华书局,2004年版,第2357页。
⑤ [清]徐松辑:《宋会要辑稿》职官20之32,北京:中华书局,2006年版,第2836页。
⑥ [清]徐松辑:《宋会要辑稿》职官79之21,北京:中华书局,2006年版,第4220页。

序。大中祥符五年(1012年)六月,翰林医官院见缺医学祗候医人,宋真宗"诏令召方脉医五人,伤折一人,仍精加考择"①,准许招收方脉科医人5人,伤折科医人1人。

庆历二年(1042年)五月丙辰,宋仁宗发布《翰林医官有劳者止迁本院官诏》:"翰林医官有劳者止迁本院官,毋得换右职及别兼差遣。"②《宋史》卷一一一《仁宗本纪三》亦载五月丙辰宋仁宗诏:"医官毋得换右职。"③规定翰林医官不得转迁武职,以防人才流失。

为了保证翰林医官院人才队伍的精良,庆历三年(1043年)九月丙寅宋仁宗发布《补太医诏》:"诏天下选善医者赴阙,当较试方术,以补太医。"④皇祐三年(1051年)十一月丙寅,宋仁宗发布《翰林医官名额诏》:"翰林医官院,自今选年四十以上无过犯者,以三十二人为额,仍分三番入宿院中。寻又诏无得员外置医官。因谓辅臣曰:医官愈人之疾,乃其职尔,而治后宫及宗室疾愈,辄侥幸以求迁,故条约之。"⑤对翰林医官院的录取标准作出规定,年龄在40岁以上,无过失者可进入翰林医官院,以32人为额。至和二年(1055年)九月戊辰,宋仁宗发布《提举医官院试医官条制诏》,规定了医官考核的范围和内容,"至今试医官,并问所出病源,令引医经本草、药之州土、主疗及性味畏恶、修制次第、君臣佐使、轻重奇偶条对之。每试十道,以六通为合格。"⑥考试内容为病源学和药物学的知识,凡达到60%以上为合格,予以升迁。

熙宁五年(1072年)五月壬辰,宋神宗诏:"妃主臣僚为医官乞恩,毋得至直翰林医官院以上。先是,陈国长公主奏乞太医丞李永昌迁直翰林医官院,诏与一子医学,仍别立法,遂定此制。"⑦《宋会要辑稿》职官三六之九八亦载宋神宗诏:"应妃主臣僚等不得奏尚药奉御、太医丞、乞转直翰林医官院已上名目。先是,陈国长公

①　[清]徐松辑:《宋会要辑稿》职官36之97,北京:中华书局,2006年版,第3120页。
②　[宋]李焘:《续资治通鉴长编》卷136,庆历二年五月丙辰,北京:中华书局,2004年版,第3260页。
③　[元]脱脱等:《宋史》卷11《仁宗本纪三》,北京:中华书局,2007年版,第214页。
④　[宋]李焘:《续资治通鉴长编》卷143,庆历三年九月丙寅,北京:中华书局,2004年版,第3430页。又见[清]徐松辑:《宋会要辑稿》职官36之98,第3120页。
⑤　[宋]李焘:《续资治通鉴长编》卷171,皇祐三年十一月丙寅,北京:中华书局,2004年版,第4117页。又见[清]徐松辑:《宋会要辑稿》职官36之109,第3120页。
⑥　[宋]李焘:《续资治通鉴长编》卷181,至和二年九月戊辰,北京:中华书局,2004年版,第4371页。又见[元]脱脱等:《宋史》卷12《仁宗本纪四》,第238页;[清]徐松辑:《宋会要辑稿》职官36之113,第3128页。
⑦　[宋]李焘:《续资治通鉴长编》卷233,熙宁五年五月壬辰,北京:中华书局,2004年版,第5657~5658页。

主奏太医丞李永昌用药有效,乞转直翰林医官院名目,止与儿男一名充医学,仍别立法,遂定此制。"六月十九日,歧王赵颢奏:"试国子四门助教张延年换额外翰林医学",宋神宗诏:"特与依例免试换额外医学。今后应陈乞医人换医官院职名,并依条不许免试。时奏荐医官皆乞免试,上虑方技不精,容有幸进,故申严旧制,以革其弊。"①强调注重医技,限制升迁过快。

熙宁八年(1075年)六月甲午,宋神宗诏:"翰林医官使、副使并五年一磨勘。医官副使以上,旧无磨勘法,副使遇推恩即改正使,至是立法,以资迁东班诸司使、副使,仍旧兼医官使、副使,其副使迁至军器库副使,乃迁医官使。"②规定翰林医官使、副使5年一磨勘,以资迁东班诸司使、副使。

宣和四年(1122年)六月十三日,宋徽宗发布《医官转至翰林医痊已上曾经入额方许为官户诏》,规定:"医官自翰林医学以上曾经入额人尽为官户,比元丰旧制颇多,闻有营利、侵民、免差科者,实为侥幸。可自今转至翰林医痊以上曾经入额,方许为官户,已充者并改正。"③

淳熙十五年(1188年)九月十日,宋孝宗诏:"命内外白身医士,经礼部先附铨闻,试脉义一场三道,取其二通者赴次年省试,经义三场一十二道,以五通为合格,五取其一补医生,俟再赴省试升补,八通翰林医学,六通祗候,其特补、荐补并停。"④规定五通为合格,六通者补翰林祗候,八通者补翰林医学。

可见,两宋政府较为重视翰林院医官的技能。其考核内容,北宋时重视医术、病源和药物学知识,南宋时重视脉义和经义。

二、礼部祠部司

祠部司隶属于尚书省礼部。宋前期大部职掌为它司所侵,本司仅掌祠祭日期,定休假之令,僧道名册,发放度牒等。元丰新制后,其职权有所扩大,成为全国最高政务管理机构。祠部郎中、员外郎,"掌天下祀典、道释、祠庙、医药之政令","凡宫观、寺院道释,籍其名额,应给度牒,若空名者毋越常数。初补医生,令有司

---

① [清]徐松辑:《宋会要辑稿》职官36之98,北京:中华书局,2006年版,第3120页。
② [宋]李焘:《续资治通鉴长编》卷265,熙宁八年六月甲午,北京:中华书局,2004年版,第6485页。又见[清]徐松辑:《宋会要辑稿》职官36之99,第3121页。
③ [清]徐松辑:《宋会要辑稿》职官36之115,北京:中华书局,2006年版,第3129页。
④ [元]脱脱等:《宋史》卷157《选举志三》,北京:中华书局,2007年版,第3689页。

试艺业,岁终校全失而赏罚之"①,开始参与医学的管理。

祠部司的编制,政府亦有规定。宋前期,设判祠部司事 1 人为差遣官,由无职事朝官充。吏额有令史 4 人②。元丰新制后,设祠部郎中 1 人,祠部员外郎 1 人。南宋建炎三年(1129 年),祠部郎官 1 员兼领膳部。隆兴元年(1163 年),礼部、祠部只置 1 员郎官兼领②。祠部司的办事机构有道释案、详定祠祭太医帐案、制造案、知杂司和开拆司等。其中详定祠祭太医帐案,"凡医官磨勘八品、驻泊差遣、太医局生试补,祠祭奏告、奉安、祈祷,应道释神祠加封赐额,诸色人陈乞庙令、养老,侍从等除受,奏举医人越试,宰执初除罢政遇大礼及知州带安抚使、学士及管军观察使以上陈乞太医助教等,拘催诸路僧道帐籍,皆属之"。制造案,"掌制造、书写、勘合绫纸度牒、紫衣师号及度牒库官吏替上申请事"②,负责度牒、师号、衣赐的发放与管理。

两宋时期,水灾、旱灾、疫灾和战乱不断,死亡尸骸增多。因此,通过发放度牒、增加僧籍名额来埋瘗尸体,成为祠部司的一项重要工作。有关礼部祠部司发放度牒招募僧人掩埋病尸的诏令,数量非常庞大,尤以南宋政府发布最多。如绍兴三年(1133 年)七月十一日,宋高宗发布《令真扬楚泗承州埋瘗遗骸诏》:"访闻真、扬、楚、泗、承州道路尚多遗骸暴露,令礼部给降逐州空名各一十道,付逐州专委通判召募童行如法埋瘗,仍仰往来按视。每及二百人,即验实申州,书填度牒一道给付。"③令礼部发给五州空名度牒各十道,允许当地募童行掩埋尸体。七月二十二日,宋高宗发布《令浙西埋瘗露骸诏》:"昨缘兵马,闻山谷沟渠暴骨尚多,令礼部给降两浙西路空名度牒十道,委临安府召募僧行收瘗,不得有暴露。"③从医学的角度来看,迅速掩埋尸体,有利于防止疫病的传播。

三、太常寺太医案

太常寺下辖的医学机构有太医局和太医案。其中太医局为中央医学教育机构,负责医学人才培养。太医案为元丰改制后太常寺办事机构之一,"掌臣僚陈乞医人,补充太医助教等"④,即承办文武臣僚申请医人诊治,补充太医、助教等。

---

①　[元]脱脱等:《宋史》卷 163《职官志三》,北京:中华书局,2007 年版,第 3853 页。又见[清]徐松辑:《宋会要辑稿》职官 13 之 3,第 2665 页。

②　[清]徐松辑:《宋会要辑稿》职官 13 之 16,北京:中华书局,2006 年版,第 2672 页。

③　[清]徐松辑:《宋会要辑稿》食货 68 之 121,北京:中华书局,2006 年版,第 6314 页。

④　[元]脱脱等:《宋史》卷 164《职官志四》,北京:中华书局,2007 年版,第 3884 页。

第二节　宋代药政机构尚药局和御药院的建立及管理

宋政府建立的药政机构主要是尚药局和御药院,专门负责为皇帝治病,兼管行幸扶持皇帝左右、奉行礼仪、御试举人、臣僚夏药给赐、传宣诏命及奉旨督视等事。两宋时期,尚药局和御药院的职能变化较大,有些职事又与翰林医官院重叠,但各自的功能还是有所不同。

一、尚药局的建立及管理

1. 尚药局的置废

尚药局,官司名,隶殿中省,为殿中省六尚局之一。尚药局在北齐时已设置,属门下省。隋文帝时,尚药局属门下省,隋炀帝时隶殿内省。唐代,尚药局隶殿中省。宋朝沿袭唐制,但北宋前期尚药局空存其名,职事归翰林医官院。宋仁宗、宋英宗时,尚药局一度并归翰林医官院。元丰改官制时,未做变动。

崇宁二年(1103年)二月十二日,宋徽宗下诏全面恢复殿中省六尚局,尚药局亦在复建之中,诏令规定:"尚药局掌供奉御药、和剂、诊候之事。"五月九日,宋徽宗诏:"供到汤药事厘归尚药局"①。五月十一日,宋徽宗诏:"差两制二员选试尚药局医官,并依试诊御脉医官条例施行。"②

靖康元年(1126年)八月十九日,宋钦宗诏:"六尚局既罢,其格内岁贡品物万数极多,尚为民害,非祖宗旧法,可并除之"③,尚药局亦在罢废之中。

2. 尚药局的编制

宋前期尚药局的编制,文献记载不详。崇宁二年(1103年)二月十二日宋徽宗诏令有详细的人数,共89人。其编制为:"典御二人,奉御四人,监门二人,医师二人,御医四人,医正四人,医佐四人,药童二十人,封人三人,药工十人,掌库二人,库典七人,局长一人,典事二人,局史四人,直史四人,书吏三人,贴书十人。"④其中管勾殿中省尚药局,差遣官名,为本局监领官。医师、御医、医正,伎术官名,侍奉皇上疾病诊治、配方、和药等事。医佐参掌供御汤药、疹候等事。药童,公吏名,掌

---

① [清]徐松辑:《宋会要辑稿》职官19之14,北京:中华书局,2006年版,第2817页。
② [清]徐松辑:《宋会要辑稿》职官19之8,北京:中华书局,2006年版,第2814页。
③ [清]徐松辑:《宋会要辑稿》职官21之6~7,北京:中华书局,2006年版,第2855,2856页。
④ [清]徐松辑:《宋会要辑稿》职官19之5,北京:中华书局,2006年版,第2813页。

供差使煎熬、制作、奉送药饵、汤药等杂事。药工,公吏名,掌秤药、捣碾草药等杂役。局长,公吏名,掌本局行遣文字的点检。封人,公吏名,掌药方等文书、实封之类。酒人,公吏名,掌炊造酒料与酿酒。

尚药局接受各地进献珍贵药材,为皇帝制造汤药。宋初,地方州县须向朝廷上贡物品,内容多为土产、药材、珍禽和异宝,其中尤以药材居多,数量庞大。关于各地进贡药材的名称、种类和性状,太平兴国年间(976—983年)成书的官修地理学著作《太平寰宇记》和元丰三年(1080年)成书的《元丰九域志》等有详细的记载。

为了保证药材的质量,宋政府多次下诏予以规范。景德四年(1007年)闰五月宋真宗下诏,"定逐年土贡,剑州等六十六处特与减放,夔州等二十七处更不进物,每至贺正,只具表闻奏。是余并令依旧,仍仰官吏休认。朝廷务便于民,特与蠲免。今后不得以土贡为名,妄有配率,致令烦扰。"[①]治平四年(1067年)四月二十四日,宋神宗发布手诏:"罢诸道入贡之物"[②]。但在熙宁元年(1068年)十二月,尚书户部"上诸道府土产贡物"[③],又予以恢复。

宣和七年(1125年)六月二十六日,宋徽宗诏:"近命有司考不急之务,无名之费,特加裁定,允协厥中。然化自内始,政由身率,乃克有济。仰惟熙宁诏书,首罢四方岁贡,明训具在,祗若先猷,蔽自朕躬,理宜损益。应殿中省六尚局诸路贡物,可止依今来裁定施行"。其中规定进贡尚药局的药材,其州府、品种和数量如下。

广州:丁香母一十斤,补骨脂二斤。辰州:芙蓉砂一斤。雄州:人参一百五十斤,白附子一十斤。温州:干姜二十斤。江宁府:陈橘皮二十斤,露蜂房五斤。潞州:赤石脂一十斤。陕州:白胶香二斤,瓜蒌根一十斤。冀州:生地黄四十斤。兖州:伏神一十斤,松脂一斤,赤箭二斤。三门白波辇运司:寒水石十斤。邢州:京三棱六斤。商州:腻粉三斤,枳壳二斤。单州:菟丝子五斤,紫草五斤。归州:厚朴一十斤。南剑:土茴香一十斤。澧州:香附子一十斤。开封县:龙脑薄荷一十斤。祥符县:龙脑薄荷一十斤。颖昌府:苍术五斤,茯苓五斤。代州:石膏五斤,五味子三斤。越州:牵牛六斤,麦冬三斤。江州:白梅三斤。贴黄州:白僵蚕五斤。北京:干山药二斤,鹅梨五十颗。真定府:地骨皮五斤。河间府:元参三斤。卫州:槁木五斤,葳灵仙一斤。汝州:枳实二斤。京西路转运

---

① 〔清〕徐松辑:《宋会要辑稿》食货56之9~10,北京:中华书局,2006年版,第5777页。

② 〔清〕徐松辑:《宋会要辑稿》食货56之12~13,北京:中华书局,2006年版,第5778,5779页。又见〔清〕徐松辑:《宋会要辑稿》崇儒7之56~58,第3316,3317页。

③ 〔清〕徐松辑:《宋会要辑稿》食货41之40~41,北京:中华书局,2006年版,第5556,5557页。

司:槐白皮二斤。金州:黄蘗二斤。南京:药薄荷五斤,脱蚕蛾一斤。永兴军:甘菊花三斤。成州:秦皮三斤。泽州:桔梗四斤,芍药四斤,黄芩二斤,苦参三斤。晋州:白矾二斤。海州:山茱萸二斤。镇江府:丹参二斤。荆门军:蛇退一斤。衡州:大括蒌二十个。宜州:生豆蔻二斤,草豆蔻五斤。雷州:高良姜二斤。郁林州:缩砂六斤,蓬莪茂二斤。昌化军:高良姜三斤①。

这些药材均为各地盛产的名贵药材,品种丰富,是尚药局为宫廷制药的主要来源。

3. 尚药局的考核与磨勘

崇宁二年(1103 年)九月十五日,宋徽宗下诏依"三舍法"考试、选拔太医局医师,中格高等者充尚药局医师以下职。其考试内容,"第一场问三经大义五道;次场方脉试脉证、运气大义二道,针、疡试小经大义三道,运气大义二道;三场假令治病法三道。中格高等,为尚药局医师以下职,余各以等补官,为本学博士、正、录及外州医学教授。"②

宣和三年(1121 年)闰五月一日,宋徽宗诏:"尚药局医佐、内宿医官并(医)〔依〕元丰法试补。医佐阙,委尚药医职同选保(由)〔申〕殿中省;内宿医官阙,委医师选保申翰林院。试合格者,从上差填。"③

二、御药院的建立及管理

1. 建制沿革

御药院,官司名,隶入内内侍省。至道三年(997 年),宋太宗诏置御药院于崇政殿后,直接为皇帝负责④。大中祥符八年(1015 年),宋真宗诏:"移〔御药院〕于崇政殿门外东华门南。"宝元二年(1039 年)九月,宋仁宗诏:"复移于殿后东庑,皆按局秘方合和御药,专奉禁中之用,及别供御膳。若御试举人,别(长)〔掌〕颁示考官等条贯,监弥(政)〔封〕之事。初以入内内侍三人勾当,(政)〔后〕参用士人。"⑤可

---

① 〔清〕徐松辑:《宋会要辑稿》崇儒 7 之 59~61,北京:中华书局,2006 年版,第 2318,2319 页。
② 〔元〕脱脱等:《宋史》卷 157《选举志三》,北京:中华书局,2007 年版,第 3689 页。又见〔元〕脱脱等:《宋史》卷 164《职官志四》,第 3885,3886 页。
③ 〔清〕徐松辑:《宋会要辑稿》职官 36 之 102,北京:中华书局,2006 年版,第 3122 页。
④ 〔清〕徐松辑:《宋会要辑稿》职官 19 之 13,北京:中华书局,2006 年版,第 2817 页。又见〔宋〕李焘:《续资治通鉴长编》卷 104,天圣四年二月戊申,第 2401 页。
⑤ 〔清〕徐松辑:《宋会要辑稿》职官 19 之 13,北京:中华书局,2006 年版,第 2817 页。

见,御药院的主要职责是合和汤药,供奉禁中;同时,还兼供职行幸扶持左右、奉行礼仪、御试举人、臣僚夏药给赐、传宣诏命及奉使督视等事。御药多由内侍充,实为皇帝近习亲信。何郯、司马光说:"御药一职,最为亲密"①。

北宋中后期,政府对御药院进行了若干改革。元丰三年(1080 年)六月二十二日,宋神宗诏:"医官使以下诊御脉并御药院祗应者隶御药院。"②崇宁二年(1103 年)二月十二日,宋徽宗下诏并入殿中省尚药局,"今以御药院凡供御汤药之事厘为尚药局,余事分厘入他局外,御药院旧无监官,今供药饵,事体为重,增置内臣监官四员为奉御。以医官使上名有功效者为医师,医官使为御药,副使为医正,医官为医佐,杂役、秤子、捣碾之类为药工,检点文字为局长,押司官为典事,前行为局史,后行为直史,贴司为书吏,守阙贴司为贴书,封角人为封人"③。靖康元年(1126 年)罢殿中省,又归入内内侍省。南宋仍置御药院④。

2. 编制与组成

御药院的编制,宋真宗时期置勾当御药院、上御药、上御药供奉和御药院祗候以及御药院典事、药童、封题学生和书写崇奉祖宗表词待诏等。其中勾当御药院以入内内侍省内侍充,通领御药院公事,并皇帝坐朝时,侍立左右或殿角,以供随时召唤。天圣四年(1026 年)二月,宋仁宗诏:"置上御药及上御药供奉,多至九人,后皆罢之,今止以入内供奉四人通领,有药童十二人。"⑤规定入内供奉 4 人,药童12 人。

元丰改制后,宋神宗诏置勾当御药院 4 人,御药院典事 8 人,药童 11 人,作匠7 人,局史、书史、贴书、守阙贴书等若干名。元丰三年(1080 年)六月癸丑,宋神宗发布《医官隶属诏》:"医官使以下诊御脉,并御药院祗应者隶御药院,其入内祗应并看验病症,医官隶内东门司"⑥,将诊御脉医官并入御药院。

南宋时期,仍置干办御药院、御药院祗候以及御药院典事、药童、封题学生和书写崇奉祖宗表词待诏等。淳熙十三年(1186 年)十二月九日,宋孝宗诏:"御药院减缕

①　[宋]何郯:《上仁宗论不宜贷何诚业》,[宋]赵汝愚主编,邓广铭等点校:《宋朝诸臣奏议》卷 61《百官门·内侍上》,上海:上海古籍出版社,1999 年版,第 671 页;[宋]司马光:《上神宗论御药王中正乞尽罢寄资令补外官》,[宋]赵汝愚主编,邓广铭等点校:《宋朝诸臣奏议》卷 62《百官门·内侍中》,第 689 页。

②　[清]徐松辑:《宋会要辑稿》职官 19 之 14,北京:中华书局,2006 年版,第 2817 页。

③　[清]徐松辑:《宋会要辑稿》职官 19 之 5,北京:中华书局,2006 年版,第 2813 页。

④　[宋]王应麟:《玉海》卷 121《唐殿中省》,南京:江苏古籍出版社、上海:上海书店,1987 年版,第 2236,2237 页。

⑤　[清]徐松辑:《宋会要辑稿》职官 19 之 13,北京:中华书局,2006 年版,第 2817 页。

⑥　[宋]李焘:《续资治通鉴长编》卷 305,元丰三年六月癸丑,北京:中华书局,2004 年版,第 7428 页。

金作、头冠作、戎具作各一人，腰带作、小木作各一人"①，精简御药院官吏5名。

御药院所属机构有生熟药案、杂事案、开拆司和合行案。其中生熟药案为御药院办事机构之一，掌日常承办皇帝所索取的汤药，及制作赏赐臣僚的夏药、腊药，筹备供奉宫中后妃、皇室宗亲生日、时节宣赐的各种物事等。杂事案为御药院办事机构之一，掌殿试时所有人事、物品等传唤、催办与安排。郊祀大典时，大礼使等赴阙，筹办筵宴；及朝中诸司当行各种礼仪等有关事宜的书写；《御览》修写的筹备；崇奉祖宗表祠的书写；制造与供进御服、御裹腰、束带等皇帝日常用品应奉等事。开拆司为御药院办事机构之一，收受各种投进文书，付合行案。合行案为御药院办事机构之一，将开拆司所付文字分类发放有关诸司办理②。

3. 职责管理

3.1 负责给皇帝治病

合和御药，供奉禁中，是御药院最主要的职能，宋政府制定了严格的管理措施。建隆四年(963年)成书的《宋刑统》卷9《职制律·合和御药误》规定："合和御药，须先处方，依方合和，不得差误。若有差误，不如本方，谓分量多少不如本方法之类。合成仍题封其上，注药迟驶、冷热之类，并写本方俱进。若有误不如本方及封题有误等，但一事有误，医即合绞。"其制药的详细过程和监管措施为："料理，谓应熬、削、洗、渍之类。拣择，谓去恶留善，皆须精细之类。有不精者，徒一年。其药未进御者，各减一等，谓应绞者，从绞上减；应徒者，从徒上减，是名'各减一等'。监当官司，依令：'合和御药，在内诸省，省别长官一人，并当上大将军、将军、卫别一人，与尚药、奉御等监视。药成，医以上先尝。'除医以外，皆是监当官司，并于已进、未进上各减医罪一等。"③既有详细的拣择、合药、尝药规范，又有严厉的监督和处罚措施。

天圣四年(1026年)二月戊申，宋仁宗诏："御药院掌按验秘方、和剂药品以进御，及供奉禁中之用"，"其品秩比内殿崇班，专用内侍"④。嘉祐元年(1056年)十二月八日，御药院奏："(珍)[诊]御脉医官使张昭明差出曹州看医，勘会条制不得差出，乞自今后如差医官出外宣医者，乞于不系诊御脉医官内差拨，所贵不致阙人

① [清]徐松辑：《宋会要辑稿》职官19之15，北京：中华书局，2006年版，第2818页。
② [清]徐松辑：《宋会要辑稿》职官19之13，北京：中华书局，2006年版，第2817页。
③ [宋]窦仪等撰，薛梅卿点校：《宋刑统》卷9《职制律·合和御药误》，北京：法律出版社，1999年版，第170,171页。
④ [宋]李焘：《续资治通鉴长编》卷104，天圣四年二月戊申，北京：中华书局，2004年版，第2401页。又见[元]脱脱等：《宋史》卷164《职官志四》，第3881页。

祗应。"①宋仁宗"从之",规定诊御脉医官不得随便外出,只能为皇帝治病。

元丰三年(1080年)六月二十二日,宋神宗诏:"医官使以下诊御脉并御药院祗应者隶御药院。"②将原来隶属于翰林医官院的诊御脉并御药院祗应者改隶御药院。元丰四年(1081年)三月十七日,宋神宗诏:"幹当御药院窦仕宣等押领医官,本殿祗候老宗元等减磨勘年有差,以皇太后服药累月康复也。"②

崇宁二年(1103年)五月九日,宋徽宗《内药局主行事务诏》规定:"御药院,可候(省)[殿]中省六尚建局日,除供御汤药事厘归尚药局,又供应御衣等厘归尚衣局外,其崇恩宫等处供应及排办香表、国信礼物、御试举人、臣僚夏药,并自来应干事务等,并依旧主行,仍改名(内)[尚]药局。其见勾当官已系六尚职事者,令兼勾当,依旧禁中供职,今后新差到官准此。"③

绍兴十二年(1142年)四月二十四日,宋高宗发布《增御医员额御批》,令御药院增加诊御脉医员人数。《宋会要辑稿》职官三六之一〇四载:"皇太后非晚还阙,见今诊御脉医员数少,虑妨应奉。自今后诊御脉十人为额,御医十人为额,分番应奉。"④可见,御药院中的诊御脉和御医专门负责为皇亲治病。绍兴三十一年(1161年)十一月四日,御药院奏:"今来车驾巡幸,如缓急遇有修合汤药,合用火烛烘焙药材等,乞下提点六宫事务所权暂请火赴院,事毕洒熄。缘今来提点六宫事务官未曾差置,止有主管大内公事。今欲乞将行宫本院合用火烛报本处请领,事毕洒熄",宋高宗"从之"⑤。

淳熙九年(1182年)五月二十五日,宋孝宗诏:"御药院诸工匠系专一应奉乘舆服御等物色,特与依制造御前军器处例,不得追呼于他处官司造作,并诸般科敷行役等"⑤,严禁为他司机构治病。

3.2 派遣御药院官员祭祀

御药院还奉旨派医官前往州县祭祀,或作水陆道场。如熙宁六年(1073年)冬十月丁酉,宋神宗发布《遣使瘗熙河遗骸御批》:"熙河一路,自用兵以来,诛斩万计,遗骸暴野,游魂无依。朝廷子视四海,所宜哀矜。可遣勾当御药院李舜举往收瘗吊祭之,仍设水陆斋,为死者营福焉。"⑥派遣皇帝侍臣勾当御药院使李舜举前往

① [清]徐松辑:《宋会要辑稿》职官19之13,北京:中华书局,2006年版,第2817页。
② [清]徐松辑:《宋会要辑稿》职官19之14,北京:中华书局,2006年版,第2817页。
③ [清]徐松辑:《宋会要辑稿》职官19之8,北京:中华书局,2006年版,第2814页。
④ [清]徐松辑:《宋会要辑稿》职官36之104,北京:中华书局,2006年版,第3123页。
⑤ [清]徐松辑:《宋会要辑稿》职官19之15,北京:中华书局,2006年版,第2818页。
⑥ [宋]李焘:《续资治通鉴长编》卷247,熙宁六年十月丁酉,北京:中华书局,2004年版,第6032页。又见[清]徐松辑:《宋会要辑稿》食货59之1,第5839页;[清]徐松辑:《宋会要辑稿》食货68之112,第6309页。

新收复的熙河路祭祀，显示了政府对掩埋遗骸的重视。

元丰二年（1079 年）十月壬子，宋神宗发布《以太皇太后不豫度僧尼道士诏》："以太皇太后不豫，度在京宫观寺院童行年四十、长发童子年三十五以上、三帐及十年者为僧尼道士，令御药院于启圣院作大会，以度牒授之。"①

绍兴十五年（1145 年）四月二十五日，宋高宗发布《御药院修设大会钱止输送诸寺院斋僧诏》，规定："御药院今后修设大会钱，止输送诸寺院斋僧，更不修设大会。"②

3.3　行使御试医学、升补学生之职

御药院还参与政府举行的科举考试。如景祐元年（1034 年）三月十六日，宋仁宗诏："御试进士三题，据出处义理，令御药院随题目雕印，至日各赐一纸，更不令解元上请。"③熙宁三年（1069 年）正月二十八日，宋神宗诏："将来于集英殿御试举人，其臣僚及考校并诸司幕次，依今来御药院图子内相度贴定去处，应合行事件，令御药院检举施行。"④同年三月五日，宋神宗又诏："中书门下令别定御试举人封弥式样送御药院，仍仰本院誊录两本，分送初、覆考官。"④

南宋时期，御药院参与科举考试的范围进一步扩大，甚至拟定殿试考中者名次，供皇帝参阅。如绍兴十一年（1141 年）七月四日，礼部奏："将来御试新科明法，合赐出身。御药院拟定第一等本科及第，第二等本科出身"，宋高宗"从之"⑤。

3.4　掌管御药院进汤药方，严禁传录

御药院掌管皇帝健康信息和所进汤药药方，编辑的方书有《御药院方》。据《重修政和经史证类备用本草》所引书传，该书在北宋时已出现，此后多次增补⑥。该方书是皇家御用秘方和效方，内容包括治风药门、治伤寒门、治一切气门、治痰饮门、补虚损门、治积热门、治杂病门、治咽喉口齿门、治眼目门、治疮肿折伤门和治妇人诸疾门等。该方书仅供皇室使用，秘不传世⑦。

---

①　[宋]李焘：《续资治通鉴长编》卷 300，元丰二年十月壬子，北京：中华书局，2004 年版，第 7312 页。

②　[清]徐松辑：《宋会要辑稿》职官 19 之 15，北京：中华书局，2006 年版，第 2818 页。

③　[清]徐松辑：《宋会要辑稿》选举 8 之 32，北京：中华书局，2006 年版，第 4390 页。又见[清]徐松辑：《宋会要辑稿》选举 1 之 4，第 4232 页。

④　[清]徐松辑：《宋会要辑稿》职官 19 之 13，北京：中华书局，2006 年版，第 2817 页。

⑤　[清]徐松辑：《宋会要辑稿》选举 14 之 4，北京：中华书局，2006 年版，第 4484 页。又见[清]徐松辑、陈智超整理：《宋会要辑稿补编》，第 828 页。

⑥　[宋]唐慎微：《重修政和经史证类备用本草》卷首《所出经史方书》，北京：人民卫生出版社，1982 年版，第 4 页。

⑦　[元]许国祯编撰，王淑民、关雪点校：《御药院方》卷首《原序》，北京：人民卫生出版社，1992 年版，第 1 页。

宋政府严禁传录该书，以防信息外泄。如绍兴二十年（1150年）七月二十七日，宋高宗发布《不许传录御药院供进汤药方书诏》："御药院供进汤药、方书，不许传录出外。如违，徒二年。干办官不觉察，同罪。许人告捉，赏钱五百贯"①，处罚极为严厉。乾道七年（1171年）五月十八日，宋孝宗发布《御药院取索钱物事诏》，规定："今后得旨取索钱物，于元取索日子内系写，御药院官印押。仍令御药院置往回历，分明批写所取物色名件、斤两数目，及本库批上'已支'，同依照会。"①

4. 考核与磨勘

由于御药院负责为皇帝治病，因而宋政府对其考核与磨勘极为重视。景祐二年（1035年）九月二十二日，宋仁宗发布《内臣改官事诏》："内臣不得投进文字及御前陈乞转官，如入仕三十年已上，曾累有劳效，经十年不曾迁转，勘会取旨。御药院勾当转官及五周年，与转一资。如自转官后来更在院勾当及三周年，不因过犯差替出院者，亦特与转一资。"②《续资治通鉴长编》卷一一七亦载景祐二年九月壬寅宋仁宗诏："勾当御药院，自今选内臣入仕三十年以上，经十年不迁而累有劳者为之，候五年与迁一资，仍留在院；非过犯而三年替者，迁一资，自余不得辄乞改官；其内东门、龙图天章阁并入内内侍省选差人。"③同年（1035年）十二月三日，宋仁宗诏："前后殿都知、押班亲戚不得差勾当御药院。"④

嘉祐五年（1060年）十一月辛卯，御史中丞赵概奏："勾当御药院有迁官至遥领团练、防御使者，谓之阁转，若不别立规制，窃虑干冒恩泽，寖不可止"，宋仁宗采纳其建议，诏："勾当御药院内臣如当转出外而特留者，俟其出，计所留岁月优迁之，更不许累寄所迁资序。非勾当御药院而留者，其出更不推恩。"⑤

熙宁八年（1075年）八月三日，宋神宗诏："勾当御药院李舜举服勤左右，多历年所，检身奉上，最为悫谨，令依旧御药院供职。仍候将来南郊，特许依见寄官资序奏一子官，余人不得援例。"同年（1075年）九月六日，宋神宗诏："今后勾当御药

---

① ［清］徐松辑：《宋会要辑稿》职官19之15，北京：中华书局，2006年版，第2818页。
② ［清］徐松辑：《宋会要辑稿》职官11之12，北京：中华书局，2006年版，第2628页。又见［宋］李焘：《续资治通鉴长编》卷117，景祐二年九月壬寅，第2757页。
③ ［宋］李焘：《续资治通鉴长编》卷117，景祐二年九月壬寅，北京：中华书局，2004年版，第2757页。
④ ［清］徐松辑：《宋会要辑稿》职官19之13，北京：中华书局，2006年版，第2817页。
⑤ ［清］徐松辑：《宋会要辑稿》职官19之13～14，北京：中华书局，2006年版，第2817页。

院使臣满五周年,与转一官,仍不隔磨勘。"①元丰四年(1081年)三月十七日,宋神宗诏:"幹当御药院窦仕宣等押领医官,本殿祗候老宗元等减磨勘年有差,以皇太后服药累月康复也。"②

元祐六年(1091年)闰八月十四日,宋哲宗诏:"今后管勾御药院使臣年满合该转官,如未系皇城使者,非有特旨,不许改转遥郡。"③亦即医官不得改转武官,但皇城使管勾御药院者可以迁转。

绍兴十一年(1141年)九月八日,御药院典事王俦等奏:"本院元丰令干办官差出及解罢,不得奏(讫)[乞]本院未经试中吏人恩泽各转一资,共不得过三人。自来本院官每遇解罢,遵依上条具奏,与曾经差使人各转一资,不得过三人。欲乞许依旧遵用本院元丰条法体例,将解罢恩泽陈乞收使施行。"宋高宗"从之"④。绍兴十三年(1143年)正月二十八日,宋高宗诏:"御药院封题书艺学李升,依御书院旧法满十年出职补保义郎。缘渡江之后,无已前年代干照文字,出职未得,今为书写崇奉祖宗表词等,在院已实及二十三年有余,特与依已降指挥递减一官,补授名目出职,今后封题学生转至书艺学祗应十年,依此补授出职。"⑤

对于不称职的御药院医师,政府常常给予严惩。如绍兴十五年(1145年)五月二十一日,宋高宗诏:"干办御药院王溥职事全不用心,可送吏部与合入差遣"⑥,予以除名。

第三节　宋代熟药所、惠民局与和剂局的建立及管理

惠民局与和剂局,是宋政府建立的售药机构和制药药厂。其中惠民局变化较大,宋初至熙宁九年(1076年)前称熟药库、合药所和卖药所,熙宁九年(1076年)后至崇宁二年(1103年)前称熟药所,崇宁二年(1103年)后至南宋时期更名为惠

①　[清]徐松辑:《宋会要辑稿》职官19之14,北京:中华书局,2006年版,第2817页。又见[宋]李焘:《续资治通鉴长编》卷268,熙宁八年九月乙丑,第6561页。
②　[清]徐松辑:《宋会要辑稿》职官19之14,北京:中华书局,2006年版,第2817页。又见同书职官36之99,第3121页。
③　[清]徐松辑:《宋会要辑稿》职官19之14,北京:中华书局,2006年版,第2817页。
④　[清]徐松辑:《宋会要辑稿》职官19之15,北京:中华书局,2006年版,第2818页。
⑤　[清]徐松辑:《宋会要辑稿》职官19之15,北京:中华书局,2006年版,第2818页。
⑥　[清]徐松辑:《宋会要辑稿》职官19之15,北京:中华书局,2006年版,第2818页。

民局。二局均隶于太府寺,由太府寺药案管理,"掌催促点检杂买务、收买药材所、和剂局修和汤药,应副诸局给卖,和剂局、杂买务、药材所隶焉"①。

一、太医局熟药所

熟药所,监当局名,隶尚书省所属之太府寺。宋初至熙宁九年(960—1076年),宋政府建立熟药库、合药所和卖药所等机构,但当时药材和药品的出售尚未实行国家专卖,主要由药商经营,大多质量较差,盈利现象十分严重。

熙宁五年(1072年),宋政府颁布"市易法"。按王安石变法"市易法"的内容,药材归国家专卖,由新设机构"市易务卖药所"经营,严禁商人或私人制造或贩卖②。熙宁九年(1076年)五月十四日,宋神宗诏:"罢熟药库合药所,其应御前诸处取索俵散药等,及所减人吏,并隶合卖药所。本所仍改入太医局,以光禄寺丞程公孙、三班奉职朱道济管勾合卖太医局药。"③正式撤销合并旧有的熟药库、合药所和卖药所,在太医局下成立制造和出售药材、成药的专门机构——太医局熟药所,或称修和卖药所,通称药局,由新设监官程公孙、朱道济掌熟药所公事。这是中国历史上最早的国营制药厂和国营药店。虽然熟药所在当时有增加国家财政的一面,但同时也体现了政府"拯民瘝,施实惠"的惠民作用,随即产生巨大的经济效益。元丰元年(1078年)四月二十四日,三司奏:"(大)[太]医局熟药所熙宁九年六月开局,至十年六月收息钱二万五千余缗,计倍息",宋神宗诏:"监官、光禄寺丞程公孙、殿直朱道济减磨勘三年,依条给赏,自今二年一比较"④。卖药所以药品质量较好深得群众的好评,又为政府增加了财政收入,因而得到宋政府的重视,不仅将熟药所中的监官提级,而且还扩大了熟药所的经营范围和规模。

崇宁二年(1103年),宋徽宗诏:"买药所增至五所,修和药所两所"⑤,正式将制药与售药分开经营。其中卖药所增至五所,专营药品买卖。修合所增至二所,专门负责药材的加工和中成药的生产。政和四年(1114年)四月十一日,尚书省奏:"两修合药所,五出卖药所,盖本《周官》医官,救万民之疾苦。今只以都城东

　　① [清]徐松辑:《宋会要辑稿》职官27之1,北京:中华书局,2006年版,第2937页。
　　② 漆侠:《王安石变法》,《漆侠全集》第2卷,保定:河北大学出版社,2008年版,第137~141、245、246页。
　　③ [清]徐松辑:《宋会要辑稿》职官22之37,北京:中华书局,2006年版,第2878页。
　　④ [清]徐松辑:《宋会要辑稿》职官27之12,北京:中华书局,2006年版,第2942页。又见同书职官19之3,第2812页。
　　⑤ [清]徐松辑:《宋会要辑稿》职官19之4,北京:中华书局,2006年版,第2812页。

壁、西壁、南壁、北壁并商税院东出卖熟药所名之,甚非元创局惠民之意。刽今局事不隶太医所,欲乞更两修合药所曰医药和剂局,五出卖药所曰医药惠民局。"宋徽宗"从之"①,采纳尚书省建议,改五买药所为医药惠民局,两修合药所为医药和剂局。

太医局熟药所的建立,加大了政府对药品安全的监督与管理,不仅生产的药品质量有了较大提高,而且还带来了巨额的利润。宋徽宗时期,政府将其推广到地方州县。崇宁二年(1103年)五月九日,吏部尚书何执中奏:"太医熟药所,其惠甚大,当(摧)[推]之天下,凡有市易务置处外局以监官兼领。"宋徽宗"从之"②,允许各地建立熟药所。政和二年(1112年)七月十五日,陕西运判陈建奏:"窃见利州路文、龙二州系缘边州郡,所管外镇寨不少,相去州县三、二百里,各有民居寨户及商旅往还。并他州县有外镇,相去州县地远。设遇有疾病之人,本处无医药,往往损失者众。乞应州县外镇寨有置官处,并许于本州县取买熟药出卖。"宋徽宗"从之"③,准许在边远镇寨建立买药所。大观三年(1109年)三月十九日,宋徽宗发布《诸路会府依旧复置熟药所诏》:"诸路会府依旧复置熟药所,仍差抵当库监官兼管药材。有阙,即(开)[关]和剂局修合应副。"④至此,宋政府在全国大部分州县建立了熟药所,售卖药材和成药。

二、太平惠民局

南宋绍兴六年(1136年)正月四日,应户部侍郎吴昊之请,宋高宗发布《置药局诏》:"置药局,以惠行在太医局熟药东、西、南、北四所为名,内降药局一所以和剂局为名。"⑤仿北宋之制,正式在杭州建立太医局熟药所。随后,宋高宗又诏:"熟药所各差小使臣或选人一员,除请受外,月支钱一十二贯,遇入局日,支食钱二百五十文。"⑥绍兴十年(1140年)三月二十三日,宋高宗发布《熟药所监官添给钱诏》,规定:"熟药所监官依编估局,每月各添给钱一十贯,于本部一文息钱内支给。"⑦

① [清]徐松辑:《宋会要辑稿》职官27之21,22,北京:中华书局,2006年版,第2947页。
② [清]徐松辑:《宋会要辑稿》职官27之17,北京:中华书局,2006年版,第2945页。
③ [清]徐松辑:《宋会要辑稿》职官27之21,北京:中华书局,2006年版,第2947页。
④ [清]徐松辑:《宋会要辑稿》职官27之20,北京:中华书局,2006年版,第2946页。
⑤ [清]徐松辑:《宋会要辑稿》职官27之66,北京:中华书局,2006年版,第2969页。又见[宋]李心传:《建炎以来系年要录》卷97,第1597页。
⑥ [清]徐松辑:《宋会要辑稿》职官27之66,北京:中华书局,2006年版,第2969页。又见[宋]谢维新:《古今合璧事类之后集》卷50《京局门·监太平惠民局》,影印文渊阁《四库全书》本,第940册,第173页。
⑦ [清]徐松辑:《宋会要辑稿》职官27之67,北京:中华书局,2006年版,第2970页。

绍兴十八年(1148 年)闰八月二十三日,宋高宗朝旨:"熟药所依在京改作太平惠民局"①。南宋五惠民局之南、西、北三局,由监官职掌;南外、北外二局,由所处税官兼领②。其中监行在太平惠民和剂局,为南宋京师局务官,总领太平惠民局、和剂局之事。此后直至宋亡,太平惠民局未再改名③。

绍兴二十一年(1151 年)二月乙卯,宋高宗"诏诸州置惠民局,官给医书"④。同年闰四月二日,宋高宗诏:"诸路常平司行下会府州军,将熟药所并改作太平惠民局"⑤,下令将地方诸路、州、府、军、县的熟药所全部更名为"太平惠民局"。十二月十七日,户部员外郎李涛面对,论:"近置诸州惠民局,虑四方药方差误,望以监本方书印给。"宋高宗"从之"⑥,"诏将太平惠民局监本药方印颁诸路"⑦。此处之监本方书,即国子监刊刻的《太平惠民和剂局方》。

绍兴三十一年(1161 年)正月十八日,淮东总领司总领朱夏卿奏:"大军仓独员而药局职事简省",于是宋高宗发布《淮东总领司太平惠民药局监官兼监镇江府大军仓诏》,规定:"淮东总领司太平惠民药局监官兼监镇江府大军仓,如遇本仓给纳,即令前去管干。"⑧

此外,宋政府还允许地方建立药局,负责药品买卖。如淳熙元年(1174 年)三月十日,京西运判胡仰奏:"襄阳居民繁多,乞下本路常平司置药局一所,依免役令,以抵当务官兼,计置药材,修制出卖。"宋孝宗"从之"⑨,准许创建襄阳药局。

从以上对熟药所、惠民局的管理来看,宋政府极为重视药材、药品的出卖和管理,因而大大地促进了海外香药的传入、局方医学的兴盛和中成药的发展。⑩

---

① 〔清〕徐松辑:《宋会要辑稿》职官 27 之 67,北京:中华书局,2006 年版,第 2970 页。又见〔宋〕王应麟:《玉海》卷 63《艺文·熙宁太医局》,第 1198 页。

② 〔宋〕谢维新:《古今合璧事类之后集》卷 50《京局门·监太平惠民局》,影印文渊阁《四库全书》本,第 940 册,第 173 页。又见〔宋〕王应麟:《玉海》卷 63《艺文·熙宁太医局》,第 1198 页。

③ 〔宋〕潜说友:《咸淳临安志》卷 9《太平惠民局》,《宋元方志丛刊》第 4 册,北京:中华书局,2006 年版,第 3436 页。

④ 〔元〕脱脱等:《宋史》卷 30《高宗本纪七》,北京:中华书局,2007 年版,第 572 页。

⑤ 〔清〕徐松辑:《宋会要辑稿》职官 27 之 67,北京:中华书局,2006 年版,第 2970 页。

⑥ 〔元〕佚名撰,李之亮点校:《宋史全文》卷 22 上《宋高宗一六》,哈尔滨:黑龙江人民出版社,2005 年版,第 1454 页。

⑦ 〔清〕徐松辑:《宋会要辑稿》职官 27 之 67,北京:中华书局,2006 年版,第 2970 页。又见〔宋〕王应麟:《玉海》卷 63《艺文·熙宁太医局》,第 1198 页。

⑧ 〔清〕徐松辑:《宋会要辑稿》职官 41 之 50,北京:中华书局,2006 年版,第 3191 页。

⑨ 〔清〕徐松辑:《宋会要辑稿》职官 43 之 40,北京:中华书局,2006 年版,第 3293 页。

⑩ 韩毅:《唐宋时期阿拉伯农业和药材品种在中国的传入》,载《古今农业》2005 年第 4 期,第 22～29 页。

三、和剂局

1. 建制沿革

和剂局，监当局名，隶尚书省所属之太府寺，是宋政府建立的专门负责药材加工和成药生产的机构，由政府专营，民间不许私配私造。崇宁二年（1103年），宋徽宗下诏建立"修和药所两所"①，是为独立置局之始。政和四年（1114年）四月十一日，宋徽宗采纳尚书省建议，诏"改两修和所为医药和剂局"②。绍兴六年（1136年）正月四日，宋高宗应户部侍郎吴昊之请，"置行在和剂局，给卖熟药用"③。宋孝宗年间，改行在和剂局为惠民和剂局。

和剂局的主要职责是配方制药，供惠民局出卖和备朝廷宣赐臣僚夏药、腊药、瘴药等。同时，还负责收集本局经验良方、效方，编成著名的《和剂局方》。南宋绍兴年间，更名为《太平惠民和剂局方》，此后多次予以增补。

和剂局的编制，官额有监官2员，文臣以京朝官充，武臣以大使臣充；修和官1员，掌监管本局配料制药。吏额有专知官1人，守分2人，库子1名，秤子1名，书手2名。巡防兵士、节级10人，搬担药材、熟药少壮兵士15人，节级1人④。

和剂局制药所用药材，均由政府划拨。政和二年（1112年）七月八日，宋徽宗发布《措置和剂局岁用药材诏》："今后和剂局岁用药材，并先于在京官库据见在数取拨。如无及不足，即前一年春季计度一岁所用之数，招诱客人以出产堪好材料令兴贩前来申卖。至年终买不足，即据所阙数令户部下出产处以封桩钱和买，限当年冬季以前附纲起发到大观库送纳，听本局据合用数取拨。"⑤为了防止生产假药和假冒官府药品，绍兴六年（1136年）十月八日宋高宗发布《和剂局诸事诏》，严厉规定："撰合假药，伪造帖子、印记作官药货卖，并依伪造条法"，"药局印记：'和剂局记'，四字为文，熟药东、西、南、北四所各以'之记'六字为文"⑥。

———————————

① ［清］徐松辑：《宋会要辑稿》职官19之4，北京：中华书局，2006年版，第2812页。
② ［清］徐松辑：《宋会要辑稿》职官22之21，北京：中华书局，2006年版，第2947页。
③ ［宋］李心传：《建炎以来系年要录》卷97，绍兴六年春正月壬申，北京：中华书局，1956年版，第1597页。又见［宋］潜说友：《咸淳临安志》卷9《惠民和剂局》，《宋元方志丛刊》第4册，北京：中华书局，2006年版，第3436页。
④ ［清］徐松辑：《宋会要辑稿》职官27之66～67，北京：中华书局，2006年版，第2969,2970页。
⑤ ［清］徐松辑：《宋会要辑稿》职官27之20，北京：中华书局，2006年版，第2946页。
⑥ ［清］徐松辑：《宋会要辑稿》职官27之67，北京：中华书局，2006年版，第2970页。

2. 和剂局的职责

宋政府对和剂局的管理，主要有：一是派遣京朝官或大使臣担任监官；二是规范药品生产程序；三是注重药品质量监管；四是制造成药供熟药所之用或朝廷宣赐；五是加强药品运送环节，以防药品被替换等。

2.1 派遣京朝官或大使臣担任监官

绍兴六年（1136年）正月四日，宋高宗发布《置药局诏》："和剂局置监官文武各一员，差京朝官或大使臣，依杂卖场请给。"①官额由京朝官或大使臣充任，显示了政府对和剂局的重视。

关于和剂局官吏的俸禄，绍兴六年（1136年）七月十六日宋高宗发布《和剂局熟药所合行事件诏》，规定："和剂局、熟药所监官，每月从本部于一文息钱内添支犒设钱一十贯文"①，规定和剂局监官每月添支钱为10贯。绍兴六年（1136年）十月四日，宋高宗发布《和剂局熟药所事诏》，详细地制定了和剂局吏额的编制和俸禄。《宋会要辑稿》职官二二之六六载：

> 诏："和剂局差专知官一名、手分二人、书手二名，生熟药库子、秤子各一名；熟药所各差专知官一名、书手一名、卖药库子三人，依法召募。内专知官于校、副尉内踏逐，其请给并依杂卖场见请则例，专知官添给钱一十五贯，每日食钱三百文，手分料钱一十二贯，每日食钱二百文，书手、库子每月料钱八贯，每日食钱一百八十文。并推行仓法，内专知官与理当重格。"①

规定和剂局吏额设专知官1名，每月添给钱15贯，每日食钱300文。手分2名，每月料钱12贯，每日食钱200文。书手2名，生熟药库子1名，秤子1名，每月料钱8贯，每日食钱180文。

为了进一步加强对和剂局的管理，宋政府派遣士兵充当搬运和巡防。绍兴六年（1136年）三月六日，宋高宗发布《选差兵士节级赴和剂局充般担杂用诏》："和剂局令步军司更行选差少壮兵士一十五人、节级一人赴局充般担杂用，每人日支钱五十文。内东所添作七十文，西所一百文，于本局降到料次内支给。"①让步军司挑选少壮兵士15人、节级1人到和剂局充当杂用，费用从和剂局内支给。同年七月十六日，宋高宗发布《和剂局熟药所合行事件诏》，规定："熟药局并和剂局令临安府差拨兵级巡防，内和剂局各一十人，卖药局各四人。"①

① ［清］徐松辑：《宋会要辑稿》职官27之66，北京：中华书局，2006年版，第2969页。

2.2 加强对和剂局药材加工和药品生产的管理

由于药品生产事关重大,宋政府多次发布诏令,加强和剂局药材加工和药品生产的管理,并制定了严格的措施。

首先,严禁药品生产中使用毒药。大观三年(1109年)九月二十五日,宋徽宗发布《禁用砒霜等合药诏》:"经大制炼砒霜、硫黄、朱砂等药,已令不得入皇城门。即今医药和剂局见修合汤药,如有合使上件药物之类,宜行止绝,庶使疾病服药者免为熟药所毒,不致横夭,其利甚大"①,严禁在药品生产中使用烈性毒药,伤人性命。绍兴二十年(1150年)八月十九日,太医局奏:"《本草》玉石部中有砒霜一味,委有大毒,并无起病之功。望令出产州军今后不许收采,商旅不得依前货卖,见在者并令烧毁。重立断罪,许人告捉施行。"②宋高宗"从之",严禁砒霜入药和入贡。

其次,派遣专门人员收买上等药材。如政和二年(1112年)七月八日,宋徽宗发布《措置和剂局岁用药材诏》:"今后和剂局岁用药材,并先于在京官库据见在数取拨。如无及不足,即前一年春季计度一岁所用之数,招诱客人以出产堪好材料令兴贩前来申卖。至年终买不足,即据所阙数令户部下出产处以封桩钱和买,限当年冬季以前附纲起发到大观库送纳,听本局据合用数取拨"③,让在京官库选拔和剂局所用的药材。

第三,让杂卖务购买和剂局所用的药材,其它机构不得收买。绍兴六年(1136年)二月四日,宋高宗发布《和剂局药材令杂卖务收买诏》。《宋会要辑稿》食货五九之一八载:

> 绍兴六年二月四日,诏:"和剂局药材令杂卖务收买,仍就令太府寺准备差使,杂卖务监门机察钱物出入。除本身请给外,每月添支和剂局监门官日支食钱一色。"
>
> 同日诏:"杂卖务收买药材,除旧额专副手分攒司库子外,添置手分一名,书手一名。"
>
> 同日诏:"杂卖务收买药材,依杂卖务例,每贯收头子钱二十文省,市例钱五文足,应付脚剩等杂支使用,置历收支,年终将剩数并入息钱。所有熟药所纳钱看搞,并依左藏库条法。其纳到钱除纳支药材价钱外,见在钱并行桩管。"

① [清]徐松辑:《宋会要辑稿》刑法2之50,北京:中华书局,2006年版,第6520页。
② [清]徐松辑:《宋会要辑稿》刑法2之152,北京:中华书局,2006年版,第6571页。
③ [清]徐松辑:《宋会要辑稿》职官27之20,北京:中华书局,2006年版,第2946页。

同日诏:"杂卖务令临安府输差兵士一十五人,充把门搜检、巡防等役使。"①

此诏规定,杂买务收买药材的人员由太府寺差遣,临安府派兵把门搜检和巡防。

第四,完善和剂局药材、药品生产的程序,注重药品质量。绍兴六年(1136年)十月八日,宋高宗发布《和剂局诸事诏》,再次对和剂局的事务作出详细的规定。《宋会要辑稿》职官二七之六六载:

是年十月八日,朝旨:"和剂局专副知、手分并日支食钱三百文,书手二百五十文,库子、秤子二百五十文;熟药所专、库、书手等并依此则例。"并从太府寺请增添也。

同日诏:"杂卖务收买药材,依杂卖场例,每贯收头子钱二十文省,市例钱五文足,应副脚剩钱等杂支使用,置历收支,年终将剩数并入息钱。所有熟药所纳钱看�,并依左藏库条法。其纳到钱就支药材价钱外,余并行桩管。"

同日诏:"和剂局合用工钱,每料五百贯文,申太府寺降帖下杂卖务支给。"

同日诏:"药局印记'和剂局记'四字为文,熟药东、西、南、北四所各以'之记'六字为文。"

同日诏:"撰合假药,伪造帖子、印记作官药货卖,并依伪造条法。"

同日诏:"熟药所、和剂局监专公吏输留宿直。遇夜,民间缓急贩药,不即出卖,从杖一百科罪。"

同日诏:"药局作匠并不得占使。如违,从杖一百科罪;经时乃坐,许诸色人经部越诉。"

同日诏:"和剂局药材令杂卖务收买,仍就令太府寺准备差使兼杂卖务监门,机察钱物出入。除本身请给外,每月添支和剂局监门官日支食钱一色。"②

这是南宋政府有关和剂局管理最详细的诏令,包括官吏请给、药材来源、药材收买、防止伪造等措施。

为了保证药材质量,宋政府置辨验药材官,负责辨识药材真伪。绍兴六年

---

①　[清]徐松辑:《宋会要辑稿》食货59之18,北京:中华书局,2006年版,第5757页。

②　[清]徐松辑:《宋会要辑稿》职官27之66～67,北京:中华书局,2006年版,第2969,2970页。

(1136年)十月二十五日,宋高宗发布《令户部申差药局修合并辨验药材官诏》:"药局修合并辨验药材官,令本部于医官局并有官人及在外有名目医流内踏逐申差,其请给〔衣〕[依]和剂局监官例,添破茶汤钱八贯文,如系有官人,亦与理为资任。"①让户部从翰林医官局选取辨验药材官到和剂局差使,监管药材质量。绍兴二十六年(1156年)十一月八日,宋高宗发布《令翰林官保明申差和剂局官诏》,规定和剂局修合官、杂卖务辨验药材官从翰林院内挑选。《宋会要辑稿》职官二七之六七载:

> 诏:"和剂局修合官、杂卖务辨验药材官,下翰林院于近工医官内选差,保明申户部审实申差。和剂局修合官一员,杂卖务辨验药材官一员,请给、人从、理任、酬赏,并依辨验官见行条法。如或所辨验药材伪滥,修合粗弱不如法,并从省寺点检,申取朝廷指挥。见任文臣候选差医官日并罢,内正官依省罢法。"①

从宋高宗的诏令来看,政府对修合官和辨验官的技能十分重视,并中止了见任文臣调选医官的做法。

第五,严禁买卖假药,重者予以严惩。为了维护和剂局的声誉,宋政府对市场上借和剂局之名盗卖假药的不法行为予以严惩。绍兴六年(1136年)二月二十三日,宋高宗发布《太府寺置牙人收买和剂局药材诏》:"太府寺置牙人四名,收买和剂局药材,每贯支牙钱五文,于客人卖药材钱内支。如入中,依市值定价,责牙人辨验无伪滥堪充修合状,监官再行审验,定价收买。如受情中卖伪滥,并例外收买钱物,许人告,每名支赏钱五十贯,并依伪滥律断罪;及官知情,各与同罪,不觉察,减二等。"②把"伪滥律"作为惩治牙人的法律依据,如牙人辨验有误,即以此律断罪。

由于药材药品的高额利润,一些官员往往挺身犯险、倒卖药材,政府对这种犯罪行径予以严惩。绍兴二十六年(1156年)十月十九日,宋高宗发布《禁修合货卖假药诏》,对街市货卖熟药之家的图利行为进行打击。《宋会要辑稿》刑法二之一五四载:

> 诏:"访闻街市货卖熟药之家,往往图利,多用假药,致服者伤生,深为恻然。自今后卖药人有合用细色药敢以他物代者,许其家修合人陈

---

① [清]徐松辑:《宋会要辑稿》职官27之67,北京:中华书局,2006年版,第2970页。
② [清]徐松辑:《宋会要辑稿》食货64之43,北京:中华书局,2006年版,第6121页。又见[清]徐松辑:《宋会要辑稿》食货59之18,第5757页。

首;如隐蔽却因他人告首者,与货药人一等断罪,并追赏钱三百贯,先以官钱代支。其犯人不理有官及荫赎,并依不如本方杀伤人科罪,令临安府及诸路州县出榜晓谕。"①

将卖药人与货药人一并列为犯罪,许人告发。

隆兴元年(1163 年)五月二十八日,宋孝宗发布《专典作匠公吏等食用和剂局肉药赏罚条约诏》:"和剂局所管药材,内有贵细物,除偷出门一节已有监官、亲事官搜检罪赏外,其局内有肉、药之类,若专典、作匠、公吏等缘事入局,辄将食用者,许人告,赏钱二十贯。监临不觉察,同罪。"②严惩偷窃和食用局内药材、食物的行为,并允许人告发,赏钱为 20 贯;如果局内监官没有发现违法行为,一同定罪。

2.3　加强药品运送环节,以防药品被替换

绍兴六年(1136 年)二月二十三日,宋高宗发布《和剂局药事诏》,规定:"和剂局般担药至熟药所,并输差巡防兵士,令本局量破脚钱,以药息钱支给。"③让军队担任护送任务,运送人员的费用从"药息钱"中支给。

关于陈损旧药,宋政府规定予以毁弃,不许买卖。绍兴二十六年(1156 年)十月二十一日,太府少卿林觉奏:"监专畏避陪偿,不肯依条申请",于是宋高宗诏:"惠民、和剂局,令户部委官相验,将陈损旧药并行毁弃。"②

2.4　备好药品以供熟药所之用或朝廷宣赐

备好药品以供熟药所之用或朝廷宣赐,是和剂局的重要职责。如绍兴十六年(1146 年)六月二十一日,宋高宗发布《差医官诣临安府城内外看诊诏》:"方此盛暑,切虑庶民阙药服饵,令翰林院差医官四员,遍诣临安府城内外看诊,合用药仰户部行下和剂局应副,置历支破,依例支给食钱。仍于本部辖下差拨担药兵士二名,候秋凉日住罢,每岁依此。"④绍兴二十八年(1158 年)六月八日,宋高宗发布《差医看诊病民给药诏》:"时当盛暑,恐细民阙药服饵。令翰林院差医官四员遍诣临安府城内外看诊居民,合用药令户部于和剂局支拨应付,候秋凉日罢。"⑤

隆兴元年(1163 年)五月二十八日,宋孝宗《杂卖库收买药材事诏》规定:"杂卖务收买药材并收支钱,专置库眼。盛时,及临安府税务遇有客旅贩到药材,关报和

---

①　[清]徐松辑:《宋会要辑稿》刑法 2 之 154,北京:中华书局,2006 年版,第 6572 页。

②　[清]徐松辑:《宋会要辑稿》职官 27 之 67,北京:中华书局,2006 年版,第 2970 页。

③　[清]徐松辑:《宋会要辑稿》职官 27 之 66,北京:中华书局,2006 年版,第 2969 页。

④　[清]徐松辑:《宋会要辑稿》职官 36 之 104,北京:中华书局,2006 年版,第 3123 页。

⑤　[宋]潜说友:《咸淳临安志》卷 40《诏令》,《宋元方志丛刊》第 4 册,北京:中华书局,2006 年版,第 3723 页。

剂局，依市价收买。仍令和剂局约度月用数目，除行在库务并市舶务见在名件取拨应副外，据实缺数报杂卖务收买。遇有药物入门，令临安府与免收税。"①

乾道元年（1165年）二月二十九日，应中书门下之请，宋孝宗发布《诊视医治临安府饥民诏》："临安府见行赈济饥民，访闻其间多有疾病之人，窃虑阙药服饵，令医官局于见赈济去处，每处各差医官二员，将病患之人诊视医治。其合用药于和剂局取拨，仍日具医治过人并用过药数申尚书〔省〕。"②乾道五年（1169年），宋政府以盛夏细民缺药，"令翰林医官院差医官四员，遍诣临安府城内看诊，其合用药于和剂局置历支破，候秋凉日罢。"③

淳熙十四年（1187年）正月二十七日，宋孝宗发布《俵散汤药诏》："军民多有疾病之人，可令和剂局取拨合用汤药，分下三衙并临安府，各就本处医人巡门俵散。"④

可见，政府所赐臣僚春药、夏药、瘴药和防治各类疾病的药物，均由和剂局制造，这方面的诏令以南宋时期较多。

3. 考核与磨勘

宋政府对和剂局官吏的考核、监督与磨勘也很重视，先后发布了数道诏令加以规范。如绍兴九年（1139年）二月五日，宋高宗发布《和剂局熟药所监官等减磨勘转官诏》，规定："和剂局、熟药所监官任满，京朝官、使臣并减二年磨勘，选人循一资；监门官、辨验药材官任满，诸局所专副界满，并减一年磨勘。如监官、监门、医官任内有碍赏罪名及专副有旷缺事件，并不推赏。若不满任，即比附推赏。"①

绍兴二十年（1150年）六月十六日，宋高宗发布《令户部检坐选官监视修合药条法行下诸路诏》："令户部检坐条法，申严行下诸路州军遵守奉行，务行实惠，毋致灭裂"，要求诸路军州遵行。

四、南宋时期惠民局、和剂局的腐化行为

南宋时期，统治阶级内部部分官吏的贪婪、腐败，使得惠民局、和剂局逐渐变成"盈利"的机构，普通民众越来越无法从中获得实惠，这些是由专制主义中央集

---

① 〔清〕徐松辑：《宋会要辑稿》职官27之67，北京：中华书局，2006年版，第2970页。

② 〔清〕徐松辑：《宋会要辑稿》食货60之14，北京：中华书局，2006年版，第5871页。又见〔清〕徐松辑：《宋会要辑稿》食货68之150，第6328页。

③ 〔清〕徐松辑：《宋会要辑稿》职官22之39，北京：中华书局，2006年版，第2879页。

④ 〔清〕徐松辑：《宋会要辑稿》食货58之17，北京：中华书局，2006年版，第5829页。

权制度的弊病造成的。

淳祐十年(1250年),俞文豹《吹剑录外集》批评了这种弊端。

> 朝廷置惠民局、太医局,所以达济利之心,赞仁寿之治也。今惠民局以药材贵而药价廉,名虽存而实则泯。职其事者太府丞也,非惟药材不能通晓,而骤迁倏易亦不暇究心职业。所谓四局官,止于受成坐肆而已,惟吏辈寝处其间,出入变化,皆在其手。药材既苦恶,药料又减亏稍贵,细药则留应权贵之需,四局所卖者惟泛常粗药,缺者多而赎者亦罕。一局输费,为数不赀,民受其名,吏享其实。故都人谓"惠民局"为"惠官局","和剂局"为"和吏局"[①]。

从俞文豹的批评来看,掌管惠民局的太府寺丞,由于职位变动频繁,根本无暇顾及药材事务。致使药局在贪官污吏和药生的操控下,细药留归权贵,粗药卖给百姓。加之药料偷减,造成药价虚高。

祥兴二年(1279年)后,周密在《癸辛杂识别集》中也批评了这种腐化行为。

> 和剂惠民药局,当时制药有官,监造有官,监门又有官。药药成,分之内外,凡七十局,出售则又各有监官,皆以选人经任者为之,谓之京局官,皆为异时朝士之储,悉属之太府寺。其药价比之时直损三之一,每岁糜户部缗钱数十万,朝廷举以偿之,祖宗初制,可谓仁矣。然弊出百端,往往为诸吏药生盗窃,至以樟脑易片脑,台附易川附,囊橐为奸,朝廷莫之知,亦不能革也。凡一剂成,则又皆为朝士及有力者所得,所谓惠民者,元未尝分毫及民也。独暑药、腊药分赐大臣及边帅者,虽隶御药,其实剂局为之。稍精致若至宝丹、紫雪膏之类,固非人间所可办也。若夫和剂局方,乃当时精集诸家名方,凡经几名医之手,至提领以从官内臣参校,可谓精矣。然其间差讹者亦自不少,且以牛黄清心丸一方言之,凡用药二十九味,其间药味寒热讹杂,殊不可晓[②]。

从时人讽刺"惠民局"为"惠官局","和剂局"为"和吏局"来看,二局已成为各级官吏"赢利"的工具,越来越远离了统治阶级当初制定的"惠民"政策。

---

① [宋]俞文豹:《吹剑录外集》,《知不足斋丛书》第24册,民国十年上海古书流通处影印本,第77,78页。

② [宋]周密撰,汝企和点校:《癸辛杂识别集》卷上《和剂药局》,北京:中华书局,1997年版,第225,226页。

第四节 宋代医疗救济机构、临时医院和慈善机构的建立及管理

为了体现政府体恤民众和加强地方统治,宋政府在地方建立了一些医疗救济机构、临时医院和慈善机构,并划拨专门的钱粮作为经费支持。这些机构灵活简便,快速有效,成为宣扬仁政、救治灾害、预防暴动和对抗巫医的重要机构,因而受到宋代社会的普遍重视,成为沟通政府与社会关系的桥梁。

一、安济坊

早在南北朝时期,政府设立病坊,收容贫困无靠之人,给予医药救济。唐代,政府设立悲田养病坊以收容病人①。宋代,病坊制度有了较大的发展。元祐五年(1090 年)杭州大旱,引发饥饿和疫病流行,杭州知州苏轼建立病坊(后改名安乐坊,宋徽宗赐名安济坊),作为救治病人的临时医院。元祐六年(1091 年)八月乙已,应苏轼之请,宋哲宗发布《杭州管病坊僧人赐紫衣等诏》:"杭州管病坊僧人每三年医较千人以上,特赐紫衣及度牒一道"②,对"病坊"的作用给予充分肯定。

崇宁元年(1102 年)八月二十日,权知开封府吴居厚奏:"乞诸路置将理院,兵马司差拨剩员三人、节级一名,一季一替,管勾本处应干事件,并委兵马司官提辖管勾,监司巡按点检。所建将理院,宜以病人轻重而异室处之,以防渐染。又作厨舍,以为汤药饮食人宿舍,及病人分轻重异室,逐处可修居屋一十间以来,令转运司计置修盖。"宋徽宗采纳吴居厚的建议,诏:"置安济坊养民之贫病者,仍令诸郡县并置。"③正式在开封及诸路州县创建安济坊,并制定了具体的管理措施:"安济坊亦募僧主之,三年医愈千人,赐紫衣、祠部牒各一道。医者人给手历,以书所治痊失,岁终考其数为殿最。诸城、砦、镇、市户及千以上有知监者,依各县增置居养院、安济坊、漏泽园"④。同年(1102 年),宋徽宗下诏:"给常平米,厚至数倍。差官卒充使令,置火头,具饮膳,给以衲衣絮被。州县奉行过当,或具帷帐,雇乳母、女使,靡费无艺。"④

崇宁元年(1102 年)十一月辛卯,河北都转运司奏:"乞县置安济坊,令、佐提

---

① [后晋]刘昫:《旧唐书》卷 18 上《武宗本纪上》,北京:中华书局,1975 年版,第 607 页。

② [宋]李焘:《续资治通鉴长编》卷 464,元祐六年八月乙已,北京:中华书局,2004 年版,第 11084 页。

③ [元]脱脱等:《宋史》卷 19《徽宗本纪一》,北京:中华书局,2007 年版,第 364 页。又见[宋]陈均编,许沛藻、金圆、顾吉辰等点校:《皇朝编年纲目备要》卷 26,第 664 页。

④ [元]脱脱等:《宋史》卷 178《食货志上六》,北京:中华书局,2007 年版,第 4339 页。

辖."宋徽宗"从之"①,"置河北安济坊"②。

崇宁二年(1103 年)五月二十六日,两浙转运司奏:"苏轼知杭州日,城中有病坊一所,名'安乐',以僧主之。三年医愈千人,与紫衣。乞自今管勾病坊僧三年满所医之数,赐紫衣及祀部牒各一道。"③宋徽宗"从之",将苏轼在杭州创办的"安乐坊"赐名为"安济坊"。

崇宁四年(1105 年)十月六日,宋徽宗发布《开封府置居养安济御笔手诏》:"京师根本之地,王化所先。鳏寡孤独与贫而无告者,每患居养之法施于四海而未及京师,殆失自近及远之意。今京师虽有福田院,所养之数未广,祈寒盛暑,穷而无告及疾病者,或失其所,朕甚悯焉。可令开封府依外州法居养鳏寡孤独,及置安济坊,以称朕意。"④准许开封府所属州县建立"安济坊"。

崇宁四年(1105 年)十二月二十八日,宋徽宗发布《令立条居养癃老疾废人诏》,向全国各地推行安济坊制度。《宋会要辑稿补编》载:

> 诏:"自京师至外路,皆行居养法及置安济坊。犹虑虽非鳏寡孤独,而癃老疾废委是贫乏,实不能自存,缘拘文,遂不与居养,朕甚悯焉!可立条,委当职官审察谄实,许与居养,速著文行下。其安济坊医者仍给手历,以书所治疗瘥失,岁终考会人数以为殿最,仍立定赏罚条格。或他司奉行不谨,致德泽不能下究,外路委提举常平司,京畿委提点刑狱司常切检察,外路仍兼许他司分巡,皆得受诉,都城内仍许御史台纠劾。"⑤

至此,全国诸路州县均建立了"安济坊"。从诏令中可以看出,宋徽宗体恤民众的思想极为浓厚。在宋政府的大力支持下,北宋末期流民和病人出现"贫者乐而富者扰"⑥的局面。

绍兴十三年(1143 年)十月十四日,臣寮奏:"欲望行下临安府钱塘、仁和县,踏逐近城寺院充安济坊。遇有无依倚病人,令本坊量支钱、米养济,轮差医人一名,

---

① 〔清〕徐松辑:《宋会要辑稿》食货 60 之 3,北京:中华书局,2006 年版,第 5866 页。又见同书食货 68 之 129,第 6318 页。

② 〔元〕脱脱等:《宋史》卷 19《徽宗本纪一》,北京:中华书局,2007 年版,第 365 页。

③ 〔清〕徐松辑:《宋会要辑稿》食货 68 之 130,北京:中华书局,2006 年版,第 6318 页。又见同书食货 60 之 4,第 5866 页。

④ 〔清〕徐松辑:《宋会要辑稿》食货 60 之 4,北京:中华书局,2006 年版,第 5866 页。又见同书食货 68 之 130,131,第 6318 页。

⑤ 〔清〕徐松辑,陈智超整理:《宋会要辑稿补编》,北京:中华书局,1992 年版,第 309 页。又见〔清〕徐松辑:《宋会要辑稿》食货 60 之 4,第 5866 页。

⑥ 〔元〕脱脱等:《宋史》卷 178《食货志上六》,北京:中华书局,2007 年版,第 4339 页。

专切看治。所用汤药,太医熟药局关请(请:原脱,据本书食货六八之一四〇补)。或有死亡,送旧漏泽园埋瘗。"于是户部奏:"今欲乞行下临安府并诸路常平司,仰常切检察所部州县,遵依见行条令,将城内外老疾贫乏不能自存及乞丐之人,依条养济。每有病人,给药医治。如奉行灭裂违例('例',本书食货六八之一四〇作戾),即仰按治,依条施行。"①宋高宗"从之",准许将临安府钱塘、仁和县近城寺院充"安济坊"。

绍兴十六年(1146 年)十一月五日,宋高宗宣谕辅臣曰:"居养、安济、漏泽,先帝之仁政。居养、安济已行之矣。"②十二月十四日,给事中段拂奏:"仰惟国朝爱育元元者,垂意甚备。以居养名院,而穷者有所归;以安济名坊,而病者有所疗;以漏泽名园,而死者有所葬。行之累年,存殁受赐。望申饬有司,讲明居养、安济、漏泽之政,酌中措置。令可久行,务使寔惠,均被远迩。"宋高宗"诏令户部看详,措置申尚书省"③。说明了南宋初年,"安济坊"仍旧是政府用作收留病人、隔离病人和治疗病人的重要机构。

二、病囚院

监狱是人口相对集中和流动频繁的地方,也是疫病频发的地区之一,政府多有留意。淳化三年(993 年),宋太宗诏:"囚有病者,勾官医人看治,省视汤药,日具增损由及。"④

咸平四年(1001 年)二月,淮南路黄州(治今湖北黄冈)知州王禹偁奏:"病囚院每有患时疾者,交相浸染,或致死亡。请自令持伏劫劫贼、徒流以上,有疾即于病牢将治。其斗诉户婚,杖以下得情款者,许在外责保看医,俟瘥日区分。"⑤宋真宗"从之",准王禹偁之奏,"令诸路置病囚院,持仗劫贼徒流以上有疾者处之,余悉责保于外"⑥。

---

① [清]徐松辑:《宋会要辑稿》食货 60 之 9,北京:中华书局,2006 年版,第 5869 页。又见同书食货 68 之 140,第 6323 页。

② [清]徐松辑:《宋会要辑稿》食货 60 之 10,北京:中华书局,2006 年版,第 5869 页。又见同书食货 68 之 142,第 6324 页。

③ [清]徐松辑:《宋会要辑稿》食货 60 之 10,北京:中华书局,2006 年版,第 5869 页。

④ [清]徐松辑:《宋会要辑稿》职官 55 之 4,北京:中华书局,2006 年版,第 3600 页。

⑤ [清]徐松辑:《宋会要辑稿》刑法 6 之 52,北京:中华书局,2006 年版,第 6719 页。又见[清]徐松辑:《宋会要辑稿》刑法 6 之 1,第 6694 页。

⑥ [宋]李焘:《续资治通鉴长编》卷 48,咸平四年春二月,北京:中华书局,2004 年版,第 1052 页。又见[元]脱脱等:《宋史》卷 199《刑法志一》,第 4972 页;[元]马端临:《文献通考》卷 166《刑考五》,第 1445 页。

大中祥符七年(1014 年)十二月乙卯,宋真宗发布诏令,对犯罪病人的救治情况再次作出规定。《续资治通鉴长编》卷八三载:

> 诏:"自今诸州部送罪人赴阙及往他州者,并所在为券给以粮,仍令依程而行,不得非理繁扑,倍道进发。病者,牒所至州县遣医疗治;死者,检视无他故,即以公验付部送吏,违者所在官司劾罪以闻。"先是,淄州部送系囚赴阙,道多死者,上悯之,特命条约①。

从宋真宗的诏令可以看出,只要犯罪之人有病,不论行经何处,凭牒到任何州县均可得到治疗。

景祐四年(1037 年),光禄寺主簿苏舜卿(1008—1048 年)向朝廷建议,请求在州郡建立"悲田养病坊",作为收留地方有病之人的场所。这一建议上报朝廷后得到宋政府的采纳,宋仁宗诏"置悲田养病坊,州郡并以曹官领之。"②

三、福田院

宋初至嘉祐八年(1063 年)前,宋政府建立京师东西"福田院","以廪老疾孤穷丐者",但规模较小。嘉祐八年(1063 年)十二月庚寅,宋英宗发布诏令建立京师南北"福田院",作为收容城市中病人的机构。《续资治通鉴长编》卷一九九载:

> 〔嘉祐八年十二月〕庚寅,诏:"京师老疾孤穷丐者,虽有东、西福田院,给钱米者才二十四人。可别置南、北福田院,并东、西各盖屋五十间,所养各以三百人为额。岁出内藏五千贯给之。"其后又赐以泗洲大圣塔施利钱,增为八千贯③。

《宋史》卷一七八《食货志六》亦载:"英宗命增置南、北福田院,并东、西各广官舍,日廪三百人。岁出内藏钱五百万给其费,后易以泗州施利钱,增为八百万。"④至此,开封的福田院增至 4 个,收容救济老、疾、孤、穷及乞丐 1200 人,每年支出内藏库钱 5000 贯,后增至 8000 贯。此后,宋政府多次下诏予以关照。

熙宁二年(1069 年)闰十一月二十五日,京师雪寒,宋神宗诏:"京城内外,值此

---

① 〔宋〕李焘:《续资治通鉴长编》卷 83,大中祥符七年十二月乙卯,北京:中华书局,2004 年版,第 1905 页。
② 〔宋〕苏舜卿:《苏学士文集》卷 11《乞纳谏疏》,《四部丛刊初编》缩编本,第 179 册,第 65,66 页。
③ 〔宋〕李焘:《续资治通鉴长编》卷 199,嘉祐八年十二月庚寅,北京:中华书局,2004 年版,第 4841 页。
④ 〔元〕脱脱等:《宋史》卷 178《食货志上六》,北京:中华书局,2007 年版,第 4338,4339 页。

寒雪,应老疾孤幼无依乞丐者,令开封府并拘收,分擘于四福田院住泊,于见今额定人数外收养。仍令推判官、四厢使臣依福田院籍贯看验,每日特与依额内人例,支给与钱赈济,无令失所。至立春后天气稍暖日,申中书省住支。所有合用钱,于左藏库见管福田院钱内支拨。"①《宋史》卷一七八《食货志上六》亦有相同记载②。很明显,此道诏令在嘉祐八年(1063年)宋英宗诏令的基础上做出适当的调整,大幅增加了四个"福田院"的钱额。

熙宁三年(1070年)十二月八日,宋神宗诏:"京城里外雪寒,应老疾孤幼无依乞丐者,令开封府并分擘于四福田院住泊,于额外收养。仍令推判四厢使臣依旧福田院条约看验,每日依额内人给钱养活,无令失所。其钱于左藏库见管福田院钱内支给,候春暖即申中书住支。"③《续资治通鉴长编》卷二一八亦载宋神宗诏:"开封府收京城内外贫寒、老疾、孤幼无依乞丐者,分送四福田院,额内人日给钱,候春暖,申中书罢。"④

熙宁六年(1073年)十一月丙寅,宋神宗发布《京畿收养老弱冻馁者诏》:"开封府雪寒,京城内外老疾幼孤无依者,并收养四福田院,自今准此。"⑤

大观四年(1110年)八月二十五日,宋徽宗发布《居养院等并遵守元符令诏》:"开封府创置坊院悉罢,见在人并归四福田院,依旧法施行。遇岁歉大寒,州县申监司,在京申开封府,并闻奏听旨。内遣弃小儿委实须乳者,所在保明,听依崇宁元年法雇乳。"⑥

可见,"福田院"的主要职责是收养京城内老、疾、孤、幼、无依、乞丐之人,提供食物、医疗、住宿等,经费从内藏库中支付。

四、居养院

宋英宗、宋神宗年间建立的四个"福田院",因其规模有限,难以体现政府体恤民众的思想。崇宁元年(1102年)九月戊子,宋徽宗诏:"京师置居养院以处鳏寡孤

---

① [清]徐松辑:《宋会要辑稿》食货60之3,北京:中华书局,2006年版,第5866页。
② [元]脱脱等:《宋史》卷178《食货志上六》,北京:中华书局,2007年版,第4339页。
③ [清]徐松辑:《宋会要辑稿》职官37之9~10,北京:中华书局,2006年版,第3139页。
④ [宋]李焘:《续资治通鉴长编》卷218,熙宁三年十二月甲子,北京:中华书局,2004年版,第5296页。
⑤ [宋]李焘:《续资治通鉴长编》卷248,熙宁六年十一月丙寅,北京:中华书局,2004年版,第6051页。
⑥ [清]徐松辑:《宋会要辑稿》食货68之133,北京:中华书局,2006年版,第6320页。又见同书食货60之5~6,第5867页。

独,仍以户绝财产给养"①,规定"给常平米,厚至数倍。差官卒充使令,置火头,具饮膳,给以衲衣絮被。州县奉行过当,或具帷帐,雇乳母、女使,糜费无艺,不免率敛,贫者乐而富者扰矣"②。这是北宋政府在"福田院"以外建立的又一个重要的收养鳏、寡、孤、独之人的机构。宋政府对"居养院"的管理,主要表现在以下几方面:

首先,担负京师"鳏寡孤独与贫而无告者"的医疗和救治。

崇宁四年(1105年)十月六日,宋徽宗发布《开封府置居养安济御笔手诏》。《宋大诏令集》卷一八六载:

> 京师根本之地,王化之所先。鳏寡孤独与贫而无告者,居养之法,施于四海而未及京师,殆失自近及远之意。今虽有福田院,所养之数未广,祁寒盛暑,穷而无告及疾病者或失其所,朕甚悯焉。可令开封府依外州法,居养鳏寡孤独及置安济坊,以称朕意③。

《宋会要辑稿》亦有相同的记载④。可见,原有的四个"福田院","所养之数未广,祁寒盛暑,穷而无告及疾病者或失其所",是建立"居养院"的主要原因,而宣扬"仁政"和"王化"才是宋徽宗建立"居养院"的根本原因。

政和元年(1111年)九月二十二日,宋徽宗发布《开封府收养寒冻倒卧无衣赤露乞丐人诏》。《宋会要辑稿》食货六八之一三四载:

> 诏:"今岁节令差早,即今天气稍寒。令开封府自今巡觑收养寒冻倒卧并无衣赤露乞丐人。"⑤

准许"居养院"收留京城地区寒冻倒卧、无衣、赤露、乞丐之人。

其次,担负全国诸路"鳏寡孤独及病人"的医疗和救治。

崇宁四年(1105年)十二月十九日,利州路兴元府(治今陕西汉中)奏:"窃惟朝廷置居养院,安养鳏寡孤独,及置安济坊,医理病人,召有行业僧管勾外,有见管簿历,自来止是令厢典抄转收支,难责以出纳之事。今欲乞差军典一名,除身分月粮

---

① [元]脱脱等:《宋史》卷19《徽宗本纪一》,北京:中华书局,2007年版,第365页。

② [元]脱脱等:《宋史》卷178《食货志上六》,北京:中华书局,2007年版,第4339页。

③ [宋]宋徽宗:《开封府置居养安济御笔手诏》,《宋大诏令集》卷186,北京:中华书局,1997年版,第680,681页。

④ [清]徐松辑:《宋会要辑稿》食货60之4,北京:中华书局,2006年版,第5866页。又见同书食货68之131,第6319页。

⑤ [清]徐松辑:《宋会要辑稿》食货68之134,北京:中华书局,2006年版,第6320页。又见同书食货60之6,第5867页。

外,与比附诸司书手、文字军典,每月添支米、酱菜钱一贯文。有犯,依重禄法,并于常平钱米支给。所有纸笔之用,量行支破。其外县,差本县手分一名兼管抄转收支,一年一替。如蒙施行,乞下有司,颁降诸路常平仓司施行。"宋徽宗"从之"①,允许在"居养院"内设军典一名,协助出纳之事。

崇宁五年(1106 年)十月九日,淮东提举司奏:"安济坊、漏泽园,并已蒙朝廷赐名。其居养鳏寡孤独等,亦乞特赐名称,以昭惠泽。"户部契勘:"已降都省批奏('奏',本书食货六八之一三二作状),京西北路提举司申请以'居养院'称呼。"宋徽宗"诏依所申,以'居养院'为名,诸路准此"②,将"居养院"制度推广到全国。

大观元年(1107 年)三月十八日,宋徽宗发布《鳏寡孤独老者并年五十以上许行收养诏》,对收养"居养院"的年龄作出规定,凡年龄在五十以上的鳏、寡、孤、独老者方可进入"居养院"。《宋会要辑稿补编》载:"居养鳏寡孤独之人,其老者并年五十以上,许行收养,诸路依此。"③同年闰十月,宋徽宗发布《遇冬寒雨雪无衣赤露人并收入居养院诏》,将乞丐列入收养对象。《宋会要辑稿》食货六八之一三二载:"在京遇冬寒,有乞丐人无衣赤露,往往倒于街衢。其居养院止居鳏寡孤独不能自存之人,应遇冬寒雨雪有无衣服赤露人,并收入居养院,并依居养院法。"④这样,"居养院"中收容的对象和范围大大增加,政府的目的初步达到。

为了保证"居养院"的正常运作,宋政府给予较多的优惠政策。政和元年(1111 年)正月二十九日,宋徽宗发布《居养人遇歉岁或大寒别加优恤诏》。《宋会要辑稿》食货六八之一三四载:

> 诏:"居养鳏寡孤独等人,昨降指挥并遵守元符令,自合逐年依条施行,不须闻奏听旨外,如遇歉岁或大寒,合别加优恤,若须候闻奏得旨施行,窃恐后时,仰提举司审度施行讫奏。诸路依此。"⑤

规定在旱灾或寒冷时期,优先保证"居养院"的供应,诸路依此法施行。

---

① [清]徐松辑:《宋会要辑稿》食货 60 之 4,北京:中华书局,2006 年版,第 5866 页。

② [清]徐松辑:《宋会要辑稿》食货 60 之 5,北京:中华书局,2006 年版,第 5867 页。又见同书食货 68 之 132,第 6319 页。

③ [清]徐松辑,陈智超整理:《宋会要辑稿补编》,北京:中华书局,1992 年版,第 309 页。又见[清]徐松辑:《宋会要辑稿》食货 60 之 5,第 5867 页;食货 68 之 132,第 6319 页。

④ [清]徐松辑:《宋会要辑稿》食货 68 之 132,北京:中华书局,2006 年版,第 6319 页。又见同书食货 60 之 5,第 5867 页。

⑤ [清]徐松辑:《宋会要辑稿》食货 68 之 134,北京:中华书局,2006 年版,第 6320 页。又见同书食货 60 之 6,第 5867 页。

政和元年(1111年)十一月十九日,宋徽宗发布《居养安济漏泽园事许转运提刑监香司按举诏》:"自今居养、安济、漏泽园事,转运、提刑、监香司并许按举,在京委御史台弹奏"[1],加强对三院的管理。十二月二十四日,宋徽宗发布《收恤孤寡饥民诏》:"居养、安济,仁政之大者。方冬初寒,宜务收恤。诸州郡或弛废,当职官停替,开具供申,并令开封府依此检察"[2],明确地提出举办"居养院"的目的和意义在于"仁政"。

政和五年(1115年)二月十七日,宋徽宗发布《居养院展限居养诏》,将"居养院"中居养之人的时限予以延长。《宋会要辑稿》食货六〇之六载:"居养院见居养居,合止此月二十日住罢,可更展限十日。"[3]宣和二年(1120年)六月十七日,宋徽宗发布诏令,对居养院中之人日给粳米或粟米一升,钱十文省,十一月至正月加柴炭,五文省,小儿减半。《宋史》卷一七八《食货志六》载:

> 宣和二年,诏:"居养、安济、漏泽可参考元丰旧法,裁立中制。应居养人日给粳米或粟米一升,钱十文省,十一月至正月加柴炭,五文省,小儿减半。安济坊钱米依居养法,医药如旧制。漏泽园除葬埋依见行条法外,应资给若斋醮等事悉罢。"[4]

从宋徽宗诏令来看,"居养院"中之人的生活较为优厚,远胜于普通百姓。

再次,担负"过往军民有寒冻僵仆之人"的救治。

政和八年(1118年)七月十二日,宋徽宗诏:"诸州县镇寨及乡村道路,遇寒月,过往军民有寒冻僵仆之人,地分合干人即时扶舁,送近便居养院,量给钱、米救济。不愿入院者,津遣出界。违而不送者,委令、佐及本地方当职官觉察,监司巡历所至点检。"[5]

第四,承担南宋时期病人的救治和鳏寡孤独的收留。

绍兴十六年(1146年)十一月五日,宋高宗宣谕辅臣曰:"居养、安济、漏泽,先帝之仁政。居养、安济已行之矣。"[6]嘉泰元年(1200年)三月十一日,宋宁宗同意

---

① [清]徐松辑、陈智超整理:《宋会要辑稿补编》,北京:中华书局,1992年版,第310页。又见[清]徐松辑:《宋会要辑稿》食货60之6,第5867页;食货68之134,第6320页。

② [清]徐松辑:《宋会要辑稿》食货68之134,北京:中华书局,2006年版,第6320页。又见同书食货60之6,第5867页。

③ [清]徐松辑:《宋会要辑稿》食货60之6,北京:中华书局,2006年版,第5867页。

④ [元]脱脱等:《宋史》卷178《食货志上六》,北京:中华书局,2007年版,第4340页。

⑤ [清]徐松辑:《宋会要辑稿》食货60之7,北京:中华书局,2006年版,第5868页。

⑥ [清]徐松辑:《宋会要辑稿》食货60之10,北京:中华书局,2006年版,第5869页。又见同书食货68之142,第6324页。

淮南西路和州的请求,准许"创建居养院,根括到鳏寡(狐)[孤]独无依倚人六十九口"①。嘉泰三年(1203年)十一月庚寅,宋宁宗诏:"复置福田、居养院,命诸路提举常平司主之"②,在全国建立"居养院"。

"居养院"在救治病人和收容鳏寡孤独方面发挥了积极的作用。政和六年(1116年)正月五日,知福州赵靖奏:"鳏寡孤独居养、安济之法,自崇宁以来,每岁全活者无虑亿万"③,说明其发挥的作用还是相当显著的。

然而,专制主义中央集权政治的弊端,使得地方官吏在执行政策时常常出现迎合皇帝旨意而奉行太过的情况。从大观三年(1109年)四月二日宋徽宗《居养安济漏泽禁奉行太过手诏》来看,地方官在办理"居养院"、"安济坊"、"漏泽园"过程中铺张浪费的行为十分严重,以致政府不得不发布诏令加以纠正。《宋会要辑稿》食货六八之一三三载:

> 手诏:"居养、安济、漏泽为仁政先,欲鳏寡孤独养生送死,各不失所
> 而已。闻诸县奉行太过,甚者至于设供张备酒馔,不无苛扰。其立法禁
> 止,无令过有姑息。"④

同年十二月十六日,三省奏:"户部奏:'诏居养、安济日来官司奉法太过,致州县受弊,可申明禁止,务在适中。看详自降元符法,节次官司起请增添。若依旧遵用,虑诸路奉法不一。欲依元符令并崇宁五年秋颁条施行。'"宋徽宗诏:"改昨颁条注文内'疾废'作'废笃疾'('疾废':本书食货六八之一三三作癃老),并依所奏与罢。"⑤

大观四年(1110年),居养院中再次出现"或置蚊帐,给酒肉食,祭醮加赠典。日用既广,靡费无艺。少且壮者游惰无图,禀食自若,官弗之察,弊孰甚焉"的情况。八月二十五日,宋徽宗发布《居养院等并遵守元符令诏》,再次对"居养院"、"安济坊"、"漏泽园"的置办作出规范,并以元符条令执行。《宋会要辑稿》食货六八之一三三载:

> 诏:"鳏寡孤独,古之穷民,生者养之,病者药之,死者葬之,惠亦厚

① [清]徐松辑:《宋会要辑稿》食货60之1~2,北京:中华书局,2006年版,第5865页。
② [元]脱脱等:《宋史》卷38《宁宗本纪二》,北京:中华书局,2007年版,第735页。又见[宋]佚名著,汝企和点校:《续编两朝纲目备要》卷7《宁宗皇帝四》,第134页;[宋]刘时举:《续宋编年资治通鉴》卷13《宋宁宗二》,第163页。
③ [清]徐松辑:《宋会要辑稿》食货60之6,北京:中华书局,2006年版,第5867页。
④ [清]徐松辑:《宋会要辑稿》食货68之133,北京:中华书局,2006年版,第6320页。又见同书食货60之5,第5867页。
⑤ [清]徐松辑:《宋会要辑稿》食货60之5,北京:中华书局,2006年版,第5867页。

矣。比年有司观望，殊失本指。至或置蚊帐，给酒肉食，祭醵加赠典。日
用既广，靡费无艺。少且壮者游惰无图，禀食自若，官弗之察，弊孰甚焉。
应州县以前所置居养院、安济坊、漏泽园许存留外，仰并遵守元符令，余
更不施行。开封府创置坊院悉罢，见在人并归四福田院，依旧法施行。
遇岁歉大寒，州县申监司，在京申开封府，并闻奏听旨。内遗弃小儿委实
须乳者，所在保明，听依崇宁元年法雇乳。"①

为了加强管理，宋政府将开封府创置的坊院全部罢免，病人并归四个"福田院"，依
旧法施行。

政和二年（1112 年）五月二十五日，宋徽宗发布《居养依大观三年四月以前指
挥御笔》，再次对官吏的腐败行为加以整饬。《宋大诏令集》卷一八六载：

> 鳏寡孤独有院以居养，疾病者有坊以安济，死者有园以葬，王道之本
> 也。诏令具在，而吏不奉法，观望废弛，至或彻屋鬻器，播弃孤老，甚失惠
> 养元元之意。其令转运、提刑司条具废弛事状及违法官吏以闻。自今敢
> 有废法，以违制加二等论。即不得接便过为骚扰，仍并依大观三年四月
> 以前指挥施行②。

政和四年（1114 年）二月一日，两浙转运司奏："镇江府在城并丹徒县居养院、安
济坊，并不置造布絮衲被，给散孤老屡弱之人，未副惠养之意。兼用布絮被支费钱数
不多，即非过有滥支钱物。欲应居养院、安济坊寒月许置布絮被给散盖卧。"宋徽宗
"诏依所乞，许置，诸路依此。"③二月二日，臣僚奏："访闻诸路民之实老而正当居养、
实病而真欲安济者，往往以亲戚识认为名，虚立案牍，随时遣逐，使法当收恤者复被
其害。官吏相蒙，无以检察。欲令今后州县居养、安济人，遇有亲戚识认处，委不干碍
官一员验实，若诈冒及保明不实，与同罪。仍不以赦降去官原免。"宋徽宗"从之"④。

宣和元年（1119 年）五月九日，宋徽宗诏："居养、安济等法，岁久寖隳，吏滋不
虔。可令诸路监司、廉访使者分行所部，有不虔者，劾之，重寘于法。"⑤

---

①　[清]徐松辑：《宋会要辑稿》食货 68 之 133，北京：中华书局，2006 年版，第 6320 页；又见同书食货 60
之 5～6，第 5867 页。又见[清]徐松辑，陈智超整理：《宋会要辑稿补编》，第 310 页。

②　[宋]宋徽宗：《居养依大观三年四月以前指挥御笔》，《宋大诏令集》卷 186，北京：中华书局，1997 年
版，第 681 页。

③　[清]徐松辑：《宋会要辑稿》食货 60 之 6，北京：中华书局，2006 年版，第 5867 页。

④　[清]徐松辑：《宋会要辑稿》食货 60 之 6，北京：中华书局，2006 年版，第 5867 页。

⑤　[清]徐松辑：《宋会要辑稿》食货 60 之 7，北京：中华书局，2006 年版，第 5868 页。又见同书食货 68
之 136，第 6321 页。

宣和二年(1120 年)六月十九日,宋徽宗发布《居养安济漏泽参考元丰惠养乞丐旧法裁立中制诏》,批评居养院、安济坊、漏泽园官吏"奉行失当"和"资给过厚"的行为,对居养人的生活最高标准加以限制。《宋会要辑稿补编》载:

> 诏:"居养、安济、漏泽之法,本以恤惠困穷,有司不明先帝之法,奉行失当,如给衣被器用、专顾乳母及世使之类,皆资给过厚,常平所入,殆不能支。天下穷民饱食暖衣,犹有余峙,而使军旅之士廪食不继,或致逋逃四方,非所以为政之道。可参考元丰惠养乞丐旧法裁立中制。应居养人日给秔米或粟米一升,钱十文,自十一月至正月加柴炭钱五文,小儿并减半。安济坊钱米依居养法,医药如旧制。漏泽园除葬埋依见行条法外,余三处应资给斋醮等事悉罢。吏人、公人等员额及请给酬赏,并令户部右曹裁定以闻。"①

可见,宋政府已经意识到问题的严重性,规定用"元丰惠养乞丐法"来对待乞丐,应居养人"日给秔米或粟米一升,钱十文,自十一月至正月加柴炭钱五文,小儿并减半"。

宣和二年(1120 年)七月三日,宋徽宗诏:"在京乞丐人,大观元年闰十月依居养法指挥更不施行"②,废除大观元年(1107 年)的优厚待遇。七月十四日,宋徽宗采纳户部建议,"诏依,旧酬赏并不施行"②,放弃对置办官吏的优厚奖励。

五、养济院

绍兴元年(1131 年)秋冬,绍兴府连年大疫,南宋政府除了在粮食、药物等方面予以救济外,十二月十四日宋高宗采纳绍兴府通判朱璞的奏议,下诏建立"养济院"③,规定:"无依倚流移病患之人,发入养济院"③。绍兴六年(1136 年)十一月二日,宋高宗诏:"令临安府自今月十一日为始,依年例养济施行","养济院"遂成为南宋政府收留和医治无依倚及流移病患之人的主要机构。其后,"每岁降诏,并同此制"③。

绍兴十三年(1143 年)九月十五日,宋高宗对臣僚说:"诸处有癃老废疾之人,

---

① [清]徐松辑,陈智超整理:《宋会要辑稿补编》,北京:中华书局,1992 年版,第 310 页。又见[清]徐松辑:《宋会要辑稿》食货 60 之 7,第 5868 页;食货 62 之 136,第 6321 页。
② [清]徐松辑:《宋会要辑稿》食货 60 之 7,北京:中华书局,2006 年版,第 5868 页。
③ [清]徐松辑:《宋会要辑稿》食货 60 之 8,北京:中华书局,2006 年版,第 5868 页。

可依临安府例,令官司养济。此穷民之无告者,王政之所先也。"①十月十四日,臣寮奏:"欲望行下临安府钱塘、仁和县,踏逐近城寺院充安济坊。遇有无依倚病人,令本坊量支钱、米养济,轮差医人一名,专切看治。所用汤药,太医熟药局关请('请':原脱,据本书食货六八之一四〇补)。或有死亡,送旧漏泽园埋瘗。"于是户部奏:"今欲乞行下临安府并诸路常平司,仰常切检察所部州县,遵依见行条令,将城内外老疾贫乏不能自存及乞丐之人,依条养济。每有病人,给药医治。如奉行灭裂违例('例',本书食货六八之一四〇作戾),即仰按治,依条施行。"宋高宗"从之"②。

　　嘉泰元年(1200年)三月十一日,淮南西路和州(治今安徽和县)上奏朝廷,请求置办事宜。《宋会要辑稿》食货六〇之一载:

　　　　以本路提举韩挺申请,置居养院,收养孤老残疾不出外乞食之人,起造屋宇,支给钱米,拣选僧行看管轸恤。本州去年二月,于城西路逐买到民田,修筑墙围五十三丈九尺,创建居养院,根括到鳏寡孤独无依倚人六十九口,每人日支米一升,至岁终,共支米一百七十二石八斗五升。今来已行收买材植物料,起造到养济院一所,计瓦屋二十五间,置造应干合用床荐、什物、器用之属,约可存养一百余人。计支用钱三千二百余贯、米二十石,并系撙节那融支使,即不敢支破朝廷钱物。乞行下提举常平司及本州,照会常切遵守。如遇歉岁阙乏,许于本州别项米内借拨,候丰年拘收拨还。轮差僧行各一名,主掌点检粥食,分差兵士充火头,造饭煮粥、洒扫杂使、把门使唤;轮差医人诊候病人,用药调治。有过往人卧病在道路、店肆不能行履,许抬舁入院,官给钱米、药饵,候安可日,再给钱米,津遣还乡。以养济一百人为率,一岁约用米四百七十余石、钱六百贯文。根括到含山县桐城、度安、湘城、太浦四圩课子米,令项置籍拘催。委自历阳知县,令大军仓交受置历收附,专一拨充养济院支用。如有余剩,即充给散贫民,或散施贫病药饵之用。专差巡辖兼监,知县检点,通判提督③。

　　和州的奏章中提出了有关置办"养济院"的经费及具体事宜。宋宁宗"从之",

　　①　[清]徐松辑:《宋会要辑稿》食货60之9,北京:中华书局,2006年版,第5869页。又见[宋]熊克:《中兴小记》卷31,上海:商务印书馆,1937年版,第360页。
　　②　[清]徐松辑:《宋会要辑稿》食货60之9,北京:中华书局,2006年版,第5869页。
　　③　[清]徐松辑:《宋会要辑稿》食货60之1~2,北京:中华书局,2006年版,第5865页。

采纳了其建议。

养济院建立以后,在救治病人方面发挥了积极的作用。绍兴十四年(1144年)十二月三日,尚书户部员外郎边知白奏:"伏观陛下惠恤穷民,院有养济、给药,惟恐失所。岁所存活,不可数计。"宋高宗认为:"此乃仁政所先,可令临安府先次措置申尚书省,行下诸路州军,一体施行。"①从边知白和宋高宗的对话来看,养济院所医病人,"岁所存活,不可数计"。其实施"仁政所先"的目的,已初步达到。

宋孝宗时期,政府对养济院的管理仍较为重视。隆兴元年(1163年)十月十四日,宋孝宗诏:"天气尚寒,其街市饥冻、乞丐之人,合行措置养济。可令临安府自十一月一日为始,其合用钱、米并约束事件,并依节次指挥。每岁饥冻乞丐之人,令临安府措置养济,率以十月十五日抄札,十一月一日为始俵散钱、米,至次年二月终住支。大人日支米一升、钱一十文足,小儿减半",后又以二月天气尚寒,"降指挥又展半月,逐年遂为常例"②。

嘉泰三年(1203年)十一月十一日,宋宁宗发布《明堂赦文》:"在法,诸州县每岁收养乞丐,访闻往往将强壮慵惰及有行业住家之人,计嘱所属冒滥支给,其委实老疾孤幼贫乏之人不沾实惠。仰今后须管照应条令从实根括,不得仍前纵容作弊。其临安府仁和、钱塘县养济院收养流寓乞丐,亦即依此施行,不得徒为文具。如有违戾去处,仰提举常平司觉察,按治施行。内有军人(练)[拣]汰离军之后残笃废疾不能自存、在外乞丐之人,仰本军随营分措置收养,毋致失所。"③该诏令一方面强调官吏不得作弊,另一方面又强调收留军人拣汰离军之后残笃废疾不能自存、在外乞丐之人,措置收养。

六、漏泽园

"漏泽园"是宋政府建立的专门掩埋病尸的重要机构和场所。宋初至熙宁二年,政府虽未建立专门的掩尸机构,但必于灾害过后招募僧人掩埋尸体,以度牒作为奖励,此方面的诏令较多。

崇宁三年(1104年)二月三日,宋政府采纳中书省的建议,正式创建"漏泽园"。《宋会要辑稿》食货六〇之四载:

> 中书言:"州县有贫无以葬或客死暴露者,甚可伤恻。昨元丰中,神

---

① [清]徐松辑:《宋会要辑稿》食货60之9,北京:中华书局,2006年版,第5869页。
② [清]徐松辑:《宋会要辑稿》食货60之12,北京:中华书局,2006年版,第5870页。
③ [清]徐松辑:《宋会要辑稿》食货60之17,北京:中华书局,2006年版,第5873页。

宗皇帝常诏府界以官地收葬枯骨。今欲推广先志,择高旷不毛之地,置漏泽园。凡寺观寄留棺椁之无主者,若暴露遗骸,悉瘗其中。县置籍,监司巡历检察。"

宋徽宗"从之",下诏在全国建立漏泽园,掩埋贫困或无以安葬的无主尸体。

二月四日,中书省复奏:"诸以漏泽园葬瘗,县及园各置图籍,今厅置柜封锁('今',本书食货六八之一三〇作令)。令佐替移('佐',原脱,据本书食货六八之一三〇补),以图籍交授监司巡历,取图籍点检。应葬者,人给地八尺,方瓶二口,以元寄所在及月日、姓名若其子孙、父母、兄弟、今葬字号、年月日,悉镌讫,瓶上立峰记识如上法。无棺椁者,官给。已葬而子孙亲属识认,今乞改葬者,官为开葬,验籍给付。军民贫乏,亲属愿葬漏泽园者,听指占葬地,给地九尺。无故若放牧,悉不得入。仍于中量置屋,以为祭奠之所,听亲属享祭追荐。并著为令。"①宋徽宗"从之"。此后,各地均效仿这一制度,普遍建立漏泽园,作为掩埋尸体的场所。

崇宁五年(1106年)六月十一日,宋徽宗发布《监司分按居养安济漏泽诏》,对漏泽园管理中出现的问题予以规范。《宋大诏令集》卷一八六载:

> 朕述追先志,作新法度。昨缘星变,恐惧修省,不敢自以为是,乃诏有司,审量可否,详度利害,改其未便者,以承天休。访闻小人乘间观望,全不尊奉,已行之令,公然弛废,怀奸害政。如居养鳏寡孤独、漏泽圆、安济坊之类,成宪具在,辄废不行,监司坐视,不复按举。天之穷民,朕所矜恤,颇闻失所,其何以上当天心乎?仰监司分按本道,举行如法。有违慢观望不修厥职者,按罪以闻,必罚无赦;监司失于按举,令御史台弹奏。故兹诏示,想宜知悉②。

要求监司分按本道,举行如法,如不奉行,按罪处罚。同年八月十一日,宋徽宗发布《诸漏泽园安济坊以无病及已葬人充者杖一百诏》:"诸漏泽园、安济坊,州县辄限人数,责保正长以无病及已葬人充者,杖一百,仍先次施行"③,对地方州县漏泽园、安济坊限制病人的做法给予严惩。

---

　　①　[清]徐松辑:《宋会要辑稿》食货60之4,北京:中华书局,2006年版,第5866页。又见同书食货68之130,第6318页。

　　②　[宋]宋徽宗:《监司分按居养安济漏泽诏》,《宋大诏令集》卷186,北京:中华书局,1997年版,第681页。

　　③　[清]徐松辑:《宋会要辑稿》食货68之131,北京:中华书局,2006年版,第6319页。又见同书食货60之4,第5866页;[清]徐松辑,陈智超整理:《宋会要辑稿补编》,第160,309页。

崇宁五年(1106年)八月二十一日，尚书省奏："新差江南西路转运判官祖理奏：'窃见漏泽园州县奉行尚或灭裂，埋瘗不深，遂致暴露，未副陛下所以爱民之意。望询访州县，凡漏泽园收瘗遗骸，并深三尺。或不深三尺而致暴露者，宜令监司觉察，按劾以闻。'"宋徽宗"从之"①，将深3尺作为掩埋尸体的深度，并推广全国。

崇宁五年(1106年)九月二日，宋徽宗发布《提举常平司倍加提按居养院等诏》："居养院、安济坊、漏泽园以惠天下穷民，比常申饬，闻稍就绪。尚虑州县怠于奉行，失于检察，仁津未究。仰提举常平司倍加提按，毋致文具灭裂。城寨镇市户及千以上有知监者，许依诸县条例增置，务使惠及无告，以称朕意。"②让提举常平司加强对居养院、安济坊、漏泽园的管理。

南宋时期，政府对漏泽园的管理也很重视。绍兴十四年(1144年)十二月乙卯，户部郎官边知白"乞临安及诸郡复置漏泽园"，宋高宗认为"此仁政所先"③，"诏临安府及诸郡复置漏泽园"④，"命诸郡收养老疾贫乏之民，复置漏泽园，葬死而无归者"⑤。正式在全国复建漏泽园，收埋尸体。

绍兴十五年(1145年)六月二十三日，潭州奏："崇宁间推行漏泽园，埋瘗无主死人，所降条格，棺木、絮纸、酒仵作行下工食钱，破砖镌记死人姓名、乡贯，以千字文为号。遇有识认，许令给还。每年三元、春冬醮祭。缘逐件条格烧毁不存，乞明降指挥施行。"于是户部奏："今欲下诸路州县，如委系无主，即于常平司钱内，量行支给。仍每人不得过三贯文省，如法埋瘗，无令合干人作弊科扰。并令本司常切不住检察，如违，亦仰按治施行。"⑥宋高宗"从之"，采纳潭州和户部的建议，规定如系无主尸体，埋于漏泽园内，遇节祭祀；如尸体有主，许令给还。

淳熙元年(1174年)八月九日，宋孝宗发布《临安府漏泽园埋瘗遗骸诏》"临安府以卖到北上门外杨□桥东地充漏泽园，埋瘗遗骸，及日后无主死亡军民，亦听埋瘗。"⑦同年九月二十六日，应殿前司之请，宋孝宗发布《临安府东青门外驹子院地

① [清]徐松辑：《宋会要辑稿》食货60之4～5，北京：中华书局，2006年版，第5866，5867页。
② [清]徐松辑：《宋会要辑稿》食货60之5，北京：中华书局，2006年版，第5867页。又见[清]徐松辑，陈智超整理：《宋会要辑稿补编》，北京：中华书局，1992年版，第160，309页。
③ [宋]熊克：《中兴小纪》卷31，《丛书集成初编》本，上海：商务印书馆，1937年版，第368页。
④ [宋]李心传：《建炎以来系年要录》卷152，绍兴十四年十二月己卯，北京：中华书局，1956年版，第2458页。
⑤ [元]脱脱等：《宋史》卷30《高宗本纪七》，北京：中华书局，2007年版，第562页。
⑥ [清]徐松辑：《宋会要辑稿》食货60之10，北京：中华书局，2006年版，第5869页。
⑦ [清]徐松辑：《宋会要辑稿》食货60之16，北京：中华书局，2006年版，第5872页。

一半充漏泽园诏》:"临安府东青门外驹子院地将一半充漏泽园,拨付殿前司埋瘗亡殁军民。"[1]将临安府东青门外驹子院地作为漏泽园,用以埋瘗殿前司亡殁军民。同年十一月十日,宋孝宗发布《埋瘗归正死亡人诏》:"昨来归正之人,窃虑其间遇有死亡人口,无力营办葬地。可令诸州军每州踏逐城外附近寺观空闲地段,从便埋瘗,专委同行一名看管,候及三年,给降度牒仍令支钱埋殡。内大使臣以上支钱五十贯,小使臣以下支钱三十贯,父、祖并母、妻并各减半,小口又减半。文臣无力之家,比附支给,以为棺椁之费。"[2]允许诸州军在城外附近、寺观空闲地段置办漏泽园,派专门人员加以管理。同时,宋政府还允许收取一定的棺椁费用。

在政府的重视与支持下,一些地方官员也建立漏泽园,南宋政府及时予以肯定。如淳熙三年(1176年)六月十九日,宋孝宗发布《开赵庵舍赐名广惠禅院诏》:"归正人东南别无业,虽已优补官资,添差差遣,其间虑有贫乏之人不幸身故,无身埋瘗,昨已等第支降钱物,使其营办葬事,及优恤其家。今来添差两浙西路马步军副总管开赵置到山地建造庵舍,特赐名'广惠禅院'。仍令常平司拨赐官田五百亩充常任。"[2]将"开赵庵舍"赐名为"广惠禅院",令常平司拨赐官田500亩,用以掩埋病死之人。淳熙三年(1176年)九月三日,开赵于平江府买山立义坟,埋瘗西北人,并建造庵舍,左司员外郎陈损奏"费当出朝廷",于是宋孝宗发布《命平江府给还开赵所创义冢僧庵元费钱物诏》:"平江府守臣陈岘取会开赵所创义冢及僧庵元费用钱物,申朝廷给还,并赐庵名'广济禅院',给田五百亩。"[1]可见,政府对地方官员的行为常常给以道义上的支持,并予以赐名,划拨漏泽园田作为奖励。

七、慈幼局

"慈幼局"是宋政府建立的收养遗弃儿童的机构。崇宁三年(1104年),宋徽宗"诏建慈幼局",凡"遗弃小儿,雇人乳养,仍听宫观、寺院养为童行"者,悉为收养。[3]靖康二年(1127年),开封慈幼局遭到破坏。

淳祐九年(1249年)春正月癸亥,宋理宗下诏:"给官田五百亩,命临安府创慈幼局,收养道路遗弃初生婴儿,仍置药局疗贫民疾病。"[4]正式在杭州重建"慈幼局",收养遗弃婴儿,划拨慈幼局官田500亩,置乳母喂养,无子女者可来领养。

---

① 〔清〕徐松辑:《宋会要辑稿》食货60之16,北京:中华书局,2006年版,第5872页。

② 〔清〕徐松辑:《宋会要辑稿》兵16之6,北京:中华书局,2006年版,第7031页。

③ 〔元〕脱脱等:《宋史》卷178《食货志上六》,北京:中华书局,2007年版,第4339,4340页。

④ 〔元〕脱脱等:《宋史》卷43《理宗本纪三》,北京:中华书局,2007年版,第840页。

针对慈幼局运行中出现的一些问题，宝祐五年（1257年）十一月壬戌宋理宗下了一道严厉的诏令加以约束。《戒谕恤民诏》规定："朕轸念军民，无异一体。尝令天下诸州建慈幼局、平粜仓、官药局矣，又给官钱付诸营，置库收息济贫乏，奈何郡守奉行不谨，所惠失实，朕甚悯焉。更有毙于疫疠水灾与夫殁于阵者，遗骸暴露，尤不忍闻也。可行下各路，清强监司，严督诸守臣；宣制安抚，严督主兵官，并要遵照元降指挥。如慈幼则必使道路无啼饥之童，平粜则必使小民无艰食之患，官药则剂料必真，修合必精，军库收息则以时支给，不许稽违，务要公平而不许偏徇，庶若民若军皆蒙实惠，仍令召幕诸寺观，童行有能瘗遗骸及百副者，所在州县保明，备申尚书省，给度牒一道，以旌其劳。可备坐指挥，各令知悉。"①

八、保寿粹和馆

"保寿粹和馆"是北宋政府建立的治疗宫人疾病的场所，宫人即妃嫔、宫女的通称。政和四年（1114年）七月四日，宋徽宗发布《置保寿粹和馆以养居宫人有疾者诏》，在宫城西北隅建立了一个特殊的机构——保寿粹和馆，专门负责治疗妃嫔、宫女所患疾病。《宋会要辑稿》后妃四之一一载：

> 诏："于宫城西北隅创建馆宇，专充掖庭宫人养疾之所，以'保寿粹和'为名，仍差同知入内内侍省事李谷提举。所有差置官属胥徒、选医治疗、典掌汤剂、立考覆殿最之格，核存亡、劝沮之法，并仰提举所条具闻奏。"先是，宫人疾患，例于妙法广福之寺医治，见至鲜有生者。盖尼徒上下幸其物，故丧葬赙赠及其私财。上知其弊，故有是诏②。

《宋史》卷二一《徽宗本纪三》亦载七月丁丑宋徽宗诏："置保寿粹馆以养宫人有疾者。"③由同知入内内侍省事（即入内内侍省副都知）李谷任提举，选医治疗，掌管汤剂，有功者予以升迁。保寿粹和馆的设置，改变了此前患病宫人在妙法广福寺医治时死亡较多的弊端，显示了政府对内庭低级女性阶层的重视。

该馆建立后，宋政府随即下诏对其运作进行规范。政和四年（1114年）九月二十六日，宋徽宗发布《有疾宫人今年十月一日往保寿粹和馆居养手诏》："创建保寿粹和馆，已设官置吏，肇新条式。可自今年十月一日奉行新法，更不往广福、妙法

---

① ［元］佚名撰，李之亮点校：《宋史全文》卷35《宋理宗五》，哈尔滨：黑龙江人民出版社，2005年版，第2340、2341页。

② ［清］徐松辑：《宋会要辑稿》后妃4之11，北京：中华书局，2006年版，第270页。

③ ［元］脱脱等：《宋史》卷21《徽宗本纪三》，北京：中华书局，2007年版，第393页。

等院。其见在逐院者,仰一面结绝,不候覆奏。"①十一月七日,宋徽宗发布《保寿粹和馆病人亡殁申入内内侍省手诏》:"比者创修保寿粹和馆,充掖庭宫人养疾之所。建官设属,一新条法,革去尼寺宿弊,又选择良医治其沉痼,仍置典掌剂疗人以供药饵,庶无夭枉之患。尚以管幹养病使臣未能革心,利于必死,岂有厚利,未副仁政之本意。可自今第六等已下差养病使臣,若病人亡殁,即时申入内内侍省并提举保寿粹和馆所,别差官管幹殡葬。"②

宣和七年(1125 年)十二月二十一日,宋徽宗诏:"保寿粹和馆官吏并罢,宫人依旧法往尼寺养病,地归军器所。"③该机构正式罢废,此后直至宋亡未再建立。

第五节　宋代医学机构管理的特点及存在的问题

宋代医学的发展和进步,与医学机构的建立和有效管理密切相关。而医学机构的置废,则与皇帝的重视和政府财政支持密切相关,是宋代加强专制主义中央集权的重要措施之一,有效地宣扬了"医乃仁政"的思想。宋政府在中央和地方建立的医学机构,分司详细,功能齐全,涵盖了医政、药政、医学教育、疾病防治、药品生产和药品买卖等领域,在贯彻政府政策和发展医学方面出力较多,这是宋代医学机构的一个显著特点。相比较而言,北宋时期医学机构的设置较为完整,经费来源充足。南宋时期,随着政府财政的紧缺,北宋时期建立的一些医学机构相继被罢废。

然而,统治阶级内部的贪婪本性和腐化行为,又使医学机构的管理出现了许多弊端。这些是由君主专制主义中央集权制度的弊端所造成的。

首先,皇帝个人的兴趣爱好和统治阶级内部的政治斗争,常常决定了一个机构的设置及其命运。如宋徽宗年间国子监医学的"三置三废",南宋时期太医局的"两置一废",就是这方面的反应。唐志炯在《唐宋的医事律令》一文中指出:"这不单是说明统治者对医学(也包括其他科学)不重视,没有足够的认识,其实质上是表现着政治局面的动荡和统治阶级内部的矛盾,相互争斗相互侵轧而已。"④

其次,宋代官制的复杂性造成部分医学机构职责重复。如翰林医官院和御药院,尚药局和和剂局,太医局和国子监医学,其功能大同小异,既浪费了政府人力

---

① [清]徐松辑:《宋会要辑稿》后妃 4 之 11,北京:中华书局,2006 年版,第 270 页。
② [清]徐松辑:《宋会要辑稿》后妃 4 之 11~12,北京:中华书局,2006 年版,第 270 页。
③ [清]徐松辑:《宋会要辑稿》后妃 4 之 13,北京:中华书局,2006 年版,第 271 页。
④ 唐志炯:《唐宋的医事律令》,载《医学史与保健组织》1958 年第 4 期,第 309 页。

和财力,又造成办事效率低下,人员冗滥的现象。同时,政府为贫民而建的一些救济救济、慈善机构,却在贪官污吏的破坏下,往往变为敛财和扰民的机构。为了保证它的正常运转,政府不得不花费大量的精力,发布数量众多的诏令规范官员们的行为。这样的事件,暴露出政府干预在目标与其手段和能力之间的矛盾,给当时政府带来了很大的困扰。

最后,部分官吏利用管理医学机构的机会,趁机倒卖药材药品,收取贿赂,霸占公共资源。如大观二年(1108 年)六月十六日,尚书省奏:"安济坊本意以养疾病细民,访闻诸路官员将带送还般家等人,妄作病患名目寄留在安济坊,希觊日支官米以给口食,欲今后并以违制论。"①此事引起宋徽宗的高度重视,十二月八日宋徽宗发布《给散民药不如法徒一年诏》:"天下每岁赐钱合药,以救民病。比闻州郡因循苟简,奸滑于请,不及贫病,惠靡逮下,吏慢弗察。可详立法,修制不依方,给散不如法,徒一年;当职冒请者,以自盗论。"②政和四年(1114 年)二月二日,臣僚奏:"访闻诸路民之实老而正当居养,实病而真欲安济者,往往以亲戚识认为名,虚立案牍,随时遣逐,使法当收恤者复被其害,官吏相蒙,无以检察。欲令今后州县居养、安济人遇有亲戚识认处,委不干碍官一员验实。若诈冒及保明不实,与同罪,仍不以赦降去官原免。"③南宋时期,此类现象亦较为严重。

上述事实告诉我们:为什么政府在一个机构设立初期往往管理得较好,而在后期却往往走向反面?政府究竟发挥何种作用才能保证一个医学机构正常地运转? 这是一个值得深思的问题。

第六节 小 结

通过对以上医事诏令的分析与研究,本章得出以下结论:

(1)宋政府开展的医学活动,主要通过医学机构来实施。翰林医官院是宋代中央最高医疗兼行政管理机构,在贯彻皇帝旨意、落实政府医学政策、派医治疗各地疫病等方面发挥了积极的作用。元丰改制后,礼部祠部司的职权有所扩大,掌管部分医药政令。尚药局和御药院负责为皇帝治病,侍奉汤药。

(2)宋政府对药品机构的建立和管理给予了高度的重视。建立了独立的制药

---

① [清]徐松辑:《宋会要辑稿》刑法 2 之 48,北京:中华书局,2006 年版,第 6519 页。
② [清]徐松辑:《宋会要辑稿》刑法 2 之 49,北京:中华书局,2006 年版,第 6520 页。
③ [清]徐松辑:《宋会要辑稿》食货 68 之 135,北京:中华书局,2006 年版,第 6321 页。

机构和剂局,出卖成药的机构熟药所、惠民局,管理海外香药的机构香药库和"香药権易院",从而实现了将政府所需、药方研制、药品制造和药品出卖的完整的组合,这是宋代医学进步的一个重要标志。政府药局生产和销售的药品,不仅促进了成药标准化的发展,而且还给政府带来巨额的利润。尽管南宋政府多次精简医学机构,但和剂局和惠民局始终未被废除,而且规模还一度有所发展。

(3)宋政府建立了安济坊、福田院、居养院、养济院、病囚院、漏泽园、慈幼局和保寿粹和馆等临时机构和慈善机构。这些机构以北宋政府所建较多,管理相对完善,经费来源充足。它一方面宣扬了"仁政之大者"[①]的惠民作用,另一方面又收留了大量病人和贫穷无力救助之人,防止饥民暴动,进而强化对社会基层的控制。

总之,宋政府对医学机构的建立和管理,体现了皇帝和政府是整个医学活动的组织者、参与者和领导者。这些机构在宋代医学发展中,成为政府政策重要的执行机关,在相当长一段时间内发挥了积极的作用。然而,统治阶级内部的专权、斗争和腐败,使得医学机构在正常运行一段时间以后,越来越背离统治阶级的初衷而被作罢。

---

① 〔清〕徐松辑:《宋会要辑稿》食货 60 之 6,北京:中华书局,2006 年版,第 5867 页。

第六章　宋代政府发展和改革医学教育的措施

　　宋政府建立的太医局,主要负责中央医学教育。太医局,宋初名太医署,淳化三年(992年)改名为太医局,以医学教养学生、试选医官为主,兼以选派太医局学生为在京三学与诸军治病,或应皇帝诏命赴灾区治病、送药。此外,崇宁三年至宣和二年(1104—1120年)设置的国子监医学亦是教育机构。

　　宋代医学教育,与政府推行的教育改革措施密切相关,曾发生四次较大的变化。关于宋代的医学教育与考试制度,龚纯《王安石变法与北宋的医学教育》、《南宋的医学教育》和王振国主编《中国古代医学教育与考试制度研究》等著作有一定的介绍①。

　　本章探讨医事诏令中所反映的宋代政府发展和改革中央医学教育和地方医学教育的措施及其变化,分析医学教育的内容、职责及其功能。

第一节　宋初政府发展医学教育的措施

一、"访医术优长者诏"的发布与初步规范医学教育

　　宋初沿袭唐制,在京城建太医署。太医署,官司名,隶太常寺,主要负责医学教育。但宋初太医署的人才多来自地方推荐,自身培养人才的属性不太明确。为此,政府多次发布诏令,从民间选拔医人充实太医署。

　　乾德元年(963年)闰十二月己酉朔,宋太祖诏:"校医官,黜其艺不精者二十二人"②。《宋史》卷四六一《方技传上·刘翰传》亦载乾德初,"令太常寺考较翰林医官艺术,以翰为优,绌其业不精者二十六人。"③虽然罢黜不精者的人数有所不同,但政府极为重视医学人才技能的考核。

---

　　① 龚纯:《南宋的医学教育》,载《中华医史杂志》1981年第11卷第3期,第137,138页;王振国主编:《中国古代医学教育与考试制度研究》,济南:齐鲁书社,2006年版,第195~310页。

　　② [元]脱脱等:《宋史》卷1《太祖本纪一》,北京:中华书局,2007年版,第16页。

　　③ [元]脱脱等:《宋史》卷461《方技传上·刘翰传》,北京:中华书局,2007年版,第13505页。

开宝四年(971年)三月戊子,宋太祖发布《访医术优长者诏》,从全国访求医学人才以充实太医署。《宋大诏令集》卷二一九载:

> 《周礼》有疾医,掌万民之病;又汉置本草待诏,以方药侍医。朕每于行事,必法前王,思得巫咸之术,以实太医之署。其令郡国,求访医术优长者,咸籍其名,仍量赐装钱,所在厨传给食,速遣诣阙。[①]

此道诏令规定,地方州县负责优秀医学人才的推荐,并提供前往开封沿途的伙食费用。朝廷给予"医术优长者"一定的钱物奖励,考校合格者在太医署学习,期满后授予医学官职;不合格者,遣返原州县。此道诏令规定的奖励原则,为宋代历朝皇帝所遵循。

雍熙四年(987年)五月丁亥,宋太宗"诏诸州送医术人校业太医署"[②]。淳化三年(992年)五月,太医署在开封疫病防治中发挥了积极的作用,受到宋政府的重视,改名为太医局。

庆历三年(1043年)七月,范仲淹(989—1052年)任参知政事,主持"庆历新政",推行教育改革和第一次兴学运动。庆历四年(1044年)三月,范仲淹上《奏乞在京并诸道医学教授生徒》,建议政府大力发展医学教育。《范文正公政府奏议》卷下载:

> 臣观《周礼》有"医师,掌医之政令","岁终考其医事,以振其禄"。是先王以医事为大,著于典册。我祖宗朝,置天下医学博士,亦其意也,即未曾教授生徒。今京师生人百万,医者千数,率多道听,不经师授,其误伤人命者日日有之。臣欲乞出自圣意,特降敕命,委宣徽院选能讲说医书三五人为医师,于武成王庙讲说《素问》、《难经》等文字,召京城习医生徒听学,并教脉候及修合药饵,其针灸亦别立科教授,经三年后方可选试,高等者入翰林院,充学生祗应。仍指挥今后不由师学,不得入翰林院。如在外面私习得医道精通,有近上朝臣三人奏举者,亦送武成王庙比试,更委宣徽院覆试。取医道精深高等者,方得入翰林院祗应。如内中及诸宫院使,不经官学,百姓医人有功效者,只与支赐。如祗应十年以上累有效者,即与助教或殿侍、三司军大将安排,即不得入翰林院。所有诸道州府已有医学博士,亦令逐处习生徒,并各选官专管,仍指挥转运

① [宋]宋太祖:《访医术优长者诏》,《宋大诏令集》卷219,北京:中华书局,1997年版,第842页。
② [元]脱脱等:《宋史》卷5《太宗本纪二》,北京:中华书局,2007年版,第80页。

使、提点刑狱、转运判官所到点检其学医生徒,候念得两部医书精熟,即与免户下诸般差配。如祗应州府累有功效者,即保明闻奏,与助教安排。所贵天下医道各有源流,不致枉人性命,所济甚广,为圣人美利之一也①。

范仲淹的奏章,包含了医学生的身份与来源,课程设置与医学分科,以及医学生的考试与选任等内容。宋仁宗采纳了其建议,"诏宣徽院并依奏施行。"②

庆历四年(1044年)三月二十五日,宋仁宗采纳国子监的建议,正式下诏令太医局教习学生,培养医师,具体事务由太常寺负责。范仲淹奏章中提到的宣徽院,"掌总领内诸司及三班、内侍之籍、郊祀、朝会、宴飨、供帐之事,应内外进奉,悉检视其名物"③,不再参与医学教育"覆试"内容。《宋会要辑稿》职官二二之三五载:

> 诏:"国子监于翰林院选能讲说医书三、五人为医师,于武成王庙讲说《素问》、《难经》等文字,召京城习学生徒听学"。本监奏:"以儒者讲学之地,不宜令医官讲说对列。窃见唐制,太常寺有八局,太医隶焉,有博士以教之。其考试登用,如国子监之法。乞令太常寺管勾施行,所有合借经书,即令本寺移文,于当监取索应付。"诏付太常寺施行④。

此道诏令规定了北宋中期中央医学教育发展的诸多内容:

一是太医局隶属太常寺,负责医学生的教学、考试、课程设置,以及选派医学生为在京三学及诸军营治疗疾病等。此时的太医局,才真正具备了医学教育的功能。

二是太医局的医师由翰林医官院委派,宋仁宗下诏差遣尚药奉御孙用和、赵从古"充医师"⑤。学生学习的教材为《黄帝内经素问》、《难经》、《诸病源候论》和《太平圣惠方》等。

三是太医局学生的考试,仿国子监之法。该方法规定,学生考试分三种:一是旬试,于旬假前举行,试10日内所学课程内容;二是岁试,于年终举行,考1年所学课程内容;三是毕业考试,于所学课程期满且成绩及格时举行。成绩合格者,方可参加在国子监举行的发解考试,称监试,但触犯法纪、品行不端之人不允许参加考试。解试时,分科分场进行,逐场定去留,候终场,按中央分给国子监的解额,择优

① [宋]范仲淹:《范文正公政府奏议》卷下《奏乞在京并诸道医学教授生徒》,[清]范能濬编集,薛正兴校点:《范仲淹全集》,南京:凤凰出版社,2004年版,第580,581页。
② [宋]李焘:《续资治通鉴长编》卷147,庆历四年三月,北京:中华书局,2004年版,第3569,3570页。
③ [元]马端临:《文献通考》卷58《职官考十二》,北京:中华书局,1986年版,第525,526页。
④ [清]徐松辑:《宋会要辑稿》职官22之35,北京:中华书局,2006年版,第2877页。
⑤ [宋]张方平撰,郑涵校:《张方平集》卷25《乞比试医人》,郑州:中州古籍出版社,2000年版,第389页。

录取,合格者称解士。解士可参加尚书省礼部在春季主持的省试,合格者称贡士。贡士可参加次年三月举行的由皇帝主持的殿试,按成绩高低赐进士及第、赐进士出身、赐同进士出身三个等级,分等授官。宋政府规定,凡医师未经太医局师学,不得入翰林院。

四是关于太医局的场地,庆历四年(1044年)八月二十二日太常寺奏:"近置太医局,领属本寺,昨令权就鼓吹局讲说。今招到诸科生徒已八十余人,其鼓吹局三间窄隘,兼逼南郊,每日教乐,讲说不便,欲乞移就武成王庙"①。宋仁宗"从之",允许太医局从鼓吹局迁至武成王庙置局。

五是关于太医局的官额,宋政府设太医局令和太医局正掌公事。太医局令,职事官,为太医局长官,领太医局事,宋初不常置。太医局正,职事官,宋英宗朝置。治平元年(1064年)四月十一日,宋英宗采纳太常寺建议,"诏申及甫依所请,武泰、(候)[侯]昱差太医局正"②,是为置太医局正之始。学生员额约80人,此后增加较快,嘉祐五年(1060年)时达到161人。

尽管"庆历新政"因守旧派阻挠而未果,但太医局未被废除。在政府的重视及有效管理下,宋仁宗以后医学教育获得了巨大的发展。

二、制定医学分科、医学教材和医学考试的内容

嘉祐五年(1060年)四月二十六日,宋仁宗采纳太常寺的建议,详细地规定了太医局的学生人数、考试范围、医学分科和升迁等。《宋会要辑稿》职官二二之三五载:

> 嘉祐五年四月二十六日,太常寺言:"准诏,详定太医局学生人数永额。勘会先试中学生新旧人共一百六十一人,请以百二十人为额。数外有四十一人,又以经中试见在人数,今具额内及守阙人数以闻。仍乞今后年十五以上,方许投名充医生。虽在局听读及一周年,须候额内本科有阙,即选试收补。又自来考试,唯问《难经》、《素问》、《巢氏》、《圣惠方》大义十道,今详《神农本草》于医经中最为切用,自来多不习读。欲乞自今后每遇考试,于问义十道中兼问《本草》大义三两道。如虽通他经,于《本草》全不通者,亦不预收补。仍令本局常切讲习。又眼、疮肿、口齿、针、书禁五科,所习医全少,比之大、小方脉医书,颇为侥幸。欲乞今后对义及七通已上方为合格。其金镞、书禁、伤折并为一科。"并从之。大方

---

① [清]徐松辑:《宋会要辑稿》职官22之35,北京:中华书局,2006年版,第2877页。
② [清]徐松辑:《宋会要辑稿》职官22之36~37,北京:中华书局,2006年,第2878页。

脉以四十人为额,有三十五人,阙七人;风科以三十人为额,有六十六人,余三十六人补充守阙;小方脉三十人为额,有三十八人,余八人补充守阙;产科以四人为额,有一人,缺三人;眼科以六人为额,有五人,缺一人;疮肿科以四人为额,有八人,余四人补充守缺;口齿、咽喉科以四人为额,有六人,余二人补充守缺;金镞兼书禁科以一名为额,见有一名;金镞兼伤折以一名为额,有三人,余二人补充守缺①。

此道诏令包含以下一些重要内容:

一是宋初分医学教育为九科,即大方脉科、小方脉科、风科、产科、眼科、疮肿科、口齿咽喉科、金镞兼伤折科和金镞兼书禁科。北宋后期以后,分科进一步细化。崇宁二年(1103年)九月,分三大科通习十三事。三大科为方脉科、针科、疡科;十三事为方脉科通习大方脉、小方脉、风科、产科,针科通习针灸、口齿、咽喉、眼科、耳科,疡科通习疮肿、伤折、金镞、书禁。这些学科反映了中医的整体治疗观念,除书禁科外,其他诸科均是临床医学领域。根据宋代官修医学方书《太平圣惠方》、《简要济众方》、《政和圣济总录》和《太平惠民和剂局方》的记载,其详细内容如表6-1所示。

表6-1 宋代医学诸科内容

医学分科	主治疾病
大方脉科	主内科、伤寒、温病、疫病及一切杂病,包括五脏疾病、伤寒病、时气病、热病、虚损、头痛、咳嗽、胃病、痰饮、癫冷、泻痢、疟病、三消病、水病、淋病、脚气病、霍乱、黄病、疫病和解毒等
小方脉科	主小儿疾病,包括小儿诸疳、小儿发热、小儿伤寒、小儿急惊、小儿疥疮、小儿腹痢、小儿诸淋等
风科	主风疾,包括一切风病、偏风病、急风病、大风癫疾等
产科	主妇人、生产疾病,包括妇人中风、妇人虚损、妇人月水不通、妇人带下、妇人漏下、妊娠、胎教、产难、产后中风、产后伤寒、产妇将护等
眼科	主眼疾及时疫眼病,包括眼赤、眼内障、眼痛、眼坠睛、眼流脓、目晕、目内生疮等
耳科	主耳疾,包括耳聋、耳鸣、耳肿、耳内生疮、耳疼痛、耳疔、冻耳、百虫入耳等
疮肿科	主恶疮、癫疥、疮肿,包括恶疮、毒肿、气肿、风肿、咬伤、痈疽病、疥癣、肉刺、瘰疬结肿等
口齿科	主口齿疾病,包括牙疼、齿疼、齿黑黄、牙齿动摇、牙齿出血、牙齿脱落、牙齿不出、虫蚀牙齿、齿风肿痛、齿断肿等
咽喉科	主咽喉疾病,包括咽喉闭塞、喉痹、咽喉疼痛、咽干、骨鲠、喉瘤等

___

① [清]徐松辑:《宋会要辑稿》职官22之35,北京:中华书局,2006年版,第2878页。

（续表）

医学分科	主治疾病
伤折科	主跌打压伤及诸虫兽伤等，包括筋骨伤折疼痛、伤折腹中瘀血、火烧疮、痔疮等
金镞科	主金属所伤，包括金疮血不止、箭伤、刀伤、恶刺、竹木刺伤肌肉不出等
针灸科	以针灸治疗为主，包括骨图、奇经八脉、针刺、艾灸等
书禁科	主镇邪、驱鬼、辟毒，包括符箓、咒语、禁忌等内容

二是规定太医局学生的名额为 120 人，其中大方脉科 40 人，风科 30 人，小方脉科 30 人，产科 4 人，眼科 6 人，疮肿科 4 人，口齿咽喉科 4 人，金镞兼书禁科 1 人，金镞兼伤折科 1 人。跟唐代医学分医科、针课、按摩科和咒禁科相比，宋代医学在分科上更加细化，也更加科学。据李经纬《论唐代医学教育》一文的研究，宋代太医局的学生，其规模远远地超过了唐代 44 人的规模①。

三是规定医学生的资格，凡年 15 岁以上，方许投名充医生，经朝臣、医官或州县官吏奏荐，在太医局听读及一周年，须候额内本科有阙，即选试收补，成为局生。

四是增加医学生学习和考试的教材，在原有《难经》、《素问》、《诸病源候论》、《太平圣惠方》基础上，新增《神农本草经》一书。

五是规定医学生的考试时间、考试内容和录取条件。每年春季举行考试，凡10 道试题中回答 5 道以上者即为合格，由太常寺发给太医局牒，充为太医局学生。至和二年（1055 年）九月戊辰，宋仁宗发布《提举医官院试医官条制诏》："自今试医官，并问所出病源，令引医经、本草，药之州土、主疗及性味畏恶、修制次第、君臣佐使、轻重奇偶条对之。每试十道，以六通为合格。"②增加了病源学和药物学知识，以 6 通为合格。医学生的学习和考试分医学理论与临床实践两种，学生治病时"各给印纸，书其状，岁终稽其功绪"。年终按成绩评为太医局上等学生、太医局中等学生和太医局下等学生。学制 3 年，学习期满和考核通过后，高等学生被选为尚药奉御，差等生补为本学教授等。

① 李经纬：《论唐代医学教育》，《中国医学之辉煌——李经纬文集》，北京：中国中医药出版社，1998 年版，第 22 页。

② [宋]李焘：《续资治通鉴长编》卷 181，至和二年九月戊辰，北京：中华书局，2004 年版，第 4371 页。又见[元]脱脱等：《宋史》卷 12《仁宗本纪四》，第 238 页；[清]徐松辑：《宋会要辑稿》职官 36 之 113，第 3128 页。

三、重视培养医学生的临床实践

为了培养医学生的临床实践,宋政府规定太医局学生须轮流前往京城三学、军营、河堤等地治疗疾病,按治愈人数加以录用和升迁,这个传统一直延续到宋末。如淳化三年(992 年)五月戊申,开封大热,疫死者众,宋太宗诏:"太医署良医视京城病者,赐钱五十万具药,中黄门一人按视之。"①

第二节　北宋中期政府改革医学教育的措施

熙丰年间的第二次兴学运动是王安石、宋神宗变法的主要内容之一②。王曾瑜先生指出,这一时期教育改革最大的变化是"完成了经学、教育和科举三位一体的紧密结合,因而将教育的功能简单地、狭隘地与仕途相联系,这就孕育着此后中国教育转向落后的因素"③。改革的重点在于制度上的变更,强调学校教育的地位和作用,因而对宋代中期医学教育的发展产生了重大的影响。

从这一时期发布的医事诏令来看,宋政府扩大了太医局的职能,制定《太医局式》,完善太医局编制,新建太医局场地,采用三等制教学法,将熟药库、合药所划归太医局,作为实习药物学的场所。其具体措施,包括以下几方面的内容。

一、调整太医局隶属和增加医学生的俸禄

熙宁九年(1076 年)五月癸亥,宋神宗下诏调整太医局的隶属,大幅增加医学生的俸禄。《续资治通鉴长编》卷二七五载:

> 诏:"太医局不隶太常寺,专置提举一员、判局一员,其判局选知医事者为之。每科置教授一员,选翰林医官以下及上等学生为之,亦许本局察举在外医人素有名实者以闻。愿充学生者略试验收补,勿限员。常以春试,取合格者,以三百人为额。太学、律学、武学生,诸营将士疾病,输差学生往治,各给印纸,令本学官及本营将校书其所诊疾状、病愈及死,经本局官押;或诊言不可治,即别差人往治,候愈或死,各书其状以为功过。岁终比校为三等,上中书取旨,等第收补,上等月给钱十五千,毋过

① [元]脱脱等:《宋史》卷5《太宗本纪二》,北京:中华书局,2007 年版,第 89 页。
② 毛礼锐、沈灌群主编:《中国教育通史》第三卷,济南:山东教育出版社,1995 年版,第 21 页。
③ 王曾瑜:《宋代文明的历史地位》,载《河北学刊》2006 年第 5 期,第 94～96 页。

二十人;中等十千,毋过三十人;下等五千,毋过五十人。其失多者,本局量轻重行罚,或勒出局。其受军营钱物,以监临强乞取论,其诸学病人愿与者听受,毋得邀求。"①

《宋史》卷一六四《职官志》也有相同的记载:

　　诏:"勿隶太常寺,置提举一,判局二,判局选知医事者为之。科置教授一,翰林医官以下与上等学生及在外良医为之。学生常以春试,取合格者三百人为额。太学、律学、武学生、诸营将士疾病,轮往治之。各给印纸,书其状,岁终稽其功绪,为三等第补之。上等月给钱十五千,毋过二十人;中等十千,毋过三十人;下等五千,毋过五十人。失多者罚黜之。受兵校钱物者,论如监临强乞取法。"②

此道诏令包含以下重要内容:

一是规定太医局从太常寺中分离出来,有禀奏事,直达于上。但在元丰五年(1082年)实行新官制时,又规定"太医局隶太常、礼部③"。

二是新设提举太医局1员,掌领本局公事。另设判太医局1员,管勾太医局1员,太医局科教授9员,太医局丞1员,知太医局丞公事1员。仍设太医局令1员、太医局正1员,吏人若干。并规定判局必须由翰林良医、上等学生或在外良臣担任。

三是制定太医局的课程内容和学生名额。课程设置仍为9科,医学生的名额为300人,分上等、中等、下等3个等级。关于科目内容和人员组成,元丰三年(1082年)毕仲衍《中书备对》载:"太医局九科,学生额三百人。大方脉一百二十人,风科八十人,小方脉二十人,眼科二十人,疮肿兼折伤二十人,产科十人,口齿兼咽喉科十人,针兼灸科十人,金镞兼书禁科十人。"④

四是规定太医局学生考试的时间仍为春天,医学生须轮流前往太学、律学、武学、诸营等治疗疾病。

五是增加医学生的月钱,规定上等生月给钱15千,毋过20人;中等生10千,

　　① 　[宋]李焘:《续资治通鉴长编》卷275,熙宁九年五月癸亥,北京:中华书局,2004年版,第6724页。

　　② 　[元]脱脱等:《宋史》卷164《职官志四》,北京:中华书局,2007年版,第3885,3886页。又见[元]脱脱等:《宋史》卷15《神宗本纪二》,第290页。

　　③ 　[清]徐松辑:《宋会要辑稿》职官22之38,北京:中华书局,2006年版,第2879页。

　　④ 　[宋]程迥:《医经正本书·本朝医政第二》,《丛书集成初编》本,上海:商务印书馆,1939年版,第2页。

毋过 30 人;下等生 5 千,毋过 50 人。①此次改革使医学生的收入大为改观,当时上等生的月钱,和五千户以上县令、县丞、州录事参军、四京军巡判官、留守推官、京府推官等相同;中等生的月钱,和七千户以上县主簿、县尉、京府诸曹参军、大理评事、内侍省内常侍、中书令史、枢密院令史等相同;下等生的月钱,和司天监丞、司天监主簿、左右班殿直、内侍省殿头、中书守当官、枢密院守当官等相同。

六是加强对医学生的奖励和处罚。本局量轻重行罚,或勒出局,如其接受军营钱物,以监临强乞取论。

此后,宋代中央和地方医学教育均获得较大的发展,不但太医局的社会地位有了很大的提高,而且太医局所培养的学生也掌握了较高的医学知识和医疗技术。

二、完善太医局的建制

熙丰年间,宋神宗下诏进一步完善太医局的建制,新设提举太医局所,置建新局并增加房屋,将熟药库、合药所划归太医局。

关于太医局的机构设置,熙宁四年(1071 年)四月丙子宋神宗诏:"置太医丞,请给、佩鱼视殿中省尚药奉御,班叙其下,以处医官之产科、小方脉者"②,新设太医局丞 1 名。熙宁八年(1075 年)十二月,提举太医局、大理寺丞单骧奏:"本局系朝廷创置,所有合申请事件,乞许申中书。而太常寺言,乞立提举太医局所为额"③,宋神宗"从之",下诏设立提举太医局所,允许太医局可以直接向中书省申请事宜,不必请示太常寺。熙宁九年(1076 年)三月五日,宋神宗诏:"以秀州华亭县主簿陈应之管勾太医局"。同年(1076 年)五月,宋神宗诏:"中书礼房修《太医局式》,候修定,即市易务卖药所往彼看详。太医局今更不隶太常寺,别置提举一员,判局二员,其判局选差知医事者充。"③

关于太医局的教学场地,熙宁五年(1072 年)七月太常寺奏:"太医局以武成王庙建武学,合徙置他处,遂相城西扁鹊庙,可就置局"③,宋神宗"从之",在城西扁鹊庙建新局。熙宁九年(1076 年)五月,宋神宗诏"令修葺旧司农寺充医学公宇。有司相度,寺屋兴修浩大,乞将旧朝集院修盖"④,增加新的公宇场所。

关于太医局的教学制度,实行三等制教学法。熙宁九年(1076 年)五月癸亥,

---

① [清]徐松辑:《宋会要辑稿》职官 22 之 37,北京:中华书局,2006 年版,第 2878 页。

② [宋]李焘:《续资治通鉴长编》卷 222,熙宁四年四月丙子,北京:中华书局,2004 年版,第 5410 页。又见[清]徐松辑:《宋会要辑稿》职官 22 之 37,第 2878 页。

③ [清]徐松辑:《宋会要辑稿》职官 22 之 37,北京:中华书局,2006 年版,第 2878 页。

④ [清]徐松辑:《宋会要辑稿》职官 22 之 35~36,北京:中华书局,2006 年版,第 2877,2878 页。

宋神宗下诏将太医局学生分为上等学生、中等学生和下等学生,按三等制教学。该教学方法和"太学三舍法"有相似之处。

为了医学教学的需要,熙宁九年(1076年)五月十四日宋神宗诏:"罢熟药库合药所,其应御前诸处取索傣散药等及所减人吏,并隶合卖药所。本所仍改入太医局,以光禄寺丞程公孙、三班奉职朱道济管勾合卖太医局药。"[②]将熟药库、合药所划归太医局,作为学生实习药物学的场所。

三、验试医方,编辑医书

对政府征集的医方进行验试,是太医局的重要职能之一。宋政府规定,凡经过验证有效的药方,方可编入官修医学方书之中。元丰五年(1082年),宋神宗诏:"天下高手医各以得效秘方进,下太医局验试,依方制药鬻之,仍模传于世。"[①]该方书即《太医局方》,后来经过重修和增补,成为影响宋元300余年的《太平惠民和剂局方》。

四、选派医学生为在京三学、河堤及诸军营治病

选派医学生为在京三学及诸军治病,或应皇帝诏命赴灾区治病、送药,藉以提高太医局学生的临床实践技能,是"熙丰变法"期间政府极为重视的内容之一。宋神宗诏令规定:"太学、律学、武学生、诸营将士疾病,轮往治之。"[②]熙宁九年(1076年)九月,宋神宗诏:"太医局合治瘴药三十种,遣使臣赍付安南行营总管司。"[②]元丰元年(1078年)四月二十一日,宋神宗诏:"太医局选医生十人,给官局熟药,乘驿诣曹村决河,医治见役兵夫。"[②]元丰六年(1083年)正月二十三日(戊戌),应两浙转运副使许懋所请,宋神宗发布《四厢使臣各辖太医生二人诏》:"太医局选医生八人,令四厢使臣各辖二人,凡商旅与穷、独被病者,录名医治,会其全失为赏罚法,人月支合药钱二千。"[③]

北宋中期王安石、宋神宗对医学教育的改革及其制定《太医局式》,符合当时社会发展的需要,医学教育政策得到进一步落实。

---

① [宋]晁公武撰,孙猛校正,《郡斋读书志校证》卷15《医家类·太医局方三卷》,上海:上海古籍出版社,1990年版,第729页。又见[元]马端临:《文献通考》223《经籍考五十·太医局方十卷》,第1797页。

② [清]徐松辑:《宋会要辑稿》职官22之37,北京:中华书局,2006年版,第2878页。

③ [清]徐松辑:《宋会要辑稿》职官22之38,北京:中华书局,2006年版,第2879页。又见[宋]李焘:《续资治通鉴长编》卷332,元丰六年正月戊戌,第8004页。

第三节　北宋末期政府发展医学教育的措施

　　北宋末期的第三次兴学运动是宋哲宗、宋徽宗年间蔡京支持下发动的,其政策和措施影响到北宋后期乃至南宋时期国家医学教育的发展。元祐八年(1094年),太皇太后高氏病死,宋哲宗亲政,任命章惇为尚书左仆射,负责恢复王安石、宋神宗变法的内容,"凡元祐所革一切复之"①。绍圣三年(1096年)蔡京制定《新修太学敕令格式》,经详定颁行。崇宁元年(1102年)蔡京又制定《州县学敕令格式》,将"三舍法"全面推广到地方学校。北宋后期,政府对医学教育的改革与管理表现为以下几个方面。

一、推行"太学三舍法"

　　崇宁初年,宋徽宗较为重视医学教育,命"讲仪司"专门研究如何提高医学教育水平的问题。崇宁二年(1103年)九月十五日,讲仪司经过调研后,向政府提出具体的应对建议。《宋会要辑稿》崇儒三之一五载:

　　　　崇宁二年九月十五日,讲仪司奏:"昨奉圣旨,令议医学,臣等窃考熙宁,追通三代,遂诏兴建太医局,教养生员,分治三学、诸军疾病,为惠甚博,然未及推行天下,继述其事,正在今日,所有医工,未有奖进之法,盖其流品不高,士人所耻,故无高识清流习尚其事。今欲别置医学,教养上医。切考熙宁、元丰置局,以隶太常寺,今既别兴医学,教养上医,难以更隶太常寺,欲比三学,隶于国子监。仿三学之制,欲制博士四员,分科教导,纠行规矩,欲立上舍四十人,内舍六十人,外舍二百人,逐斋、长谕各一人。令参酌修定,设三科通十三事。教诸生一十人,通习大、小方脉。一、风科;一、针科,通习针灸、口齿、咽喉、眼、耳;一痛科,通习疮肿、伤折、金疮、书禁。其试补考察,仿太学立法。"②

　　宋徽宗采纳了讲仪司的建议,诏:"览所修格目,条析周尽,意义显明,宜令遵守实行。"③讲仪司的奏章和宋徽宗诏令包含了以下一些重要内容:

　　一是肯定了熙宁以来政府在医学教育方面取得的成绩,但亦指出不足,"所有

---

① [元]脱脱等:《宋史》卷471《章惇传》,北京:中华书局,2007年版,第13711页。
② [清]徐松辑:《宋会要辑稿》崇儒3之11~12,北京:中华书局,2006年版,第2213页。
③ [清]徐松辑:《宋会要辑稿》崇儒3之15,北京:中华书局,2006年版,第2215页。

医工,未有奖进之法,盖其流品不高,士人所耻,故无高士清流习尚其事"。

二是建议宋徽宗在太医局之外新设"医学",将其与太学、律学、武学列为同等的地位,直隶国子监。并建议中央医学设三大科通十三事,即方脉科通习大方脉、小方脉、风科和产科,针科通习针灸、口齿、咽喉、眼科和耳科,疡科通习疮肿、伤折、金镞和书禁。

三是建议三科学生的课程教材、考试内容、录取原则、奖进之法、兴建药园等。这些措施后来均得到实行。

政和五年(1115年)正月十八日,宋徽宗采纳曹孝忠等建议,进一步规范了"三舍法"的升补年限、考试标准、差遣授官和经费来源等。《宋会要辑稿》崇儒三之一六～一七载:

> 提举入内医官、编类《政和圣济经》曹孝忠等奏:尚书劄子,勘会太医学依仿两学措置贡士法并钱粮,具状申尚书省。本学除具下项:
>
> 一、诸路贡士,与本学内舍同试上舍,三岁其取下项合格人数,升补上舍,以(下)[上]、中等一百人为额。上等阙,于中等补;中等阙,以下等升补,并附文士引见释褐。下等不该升补人,贡士补内舍,元内舍与理考察。贡士不中选,听还本学外舍。第一年,上等一十人,中等二十人,下等三十人。第二年,上等一十人,中等二十人,下等三十人。第三年,谓大比,上等一十五人,中等二十五人,下等四十人。
>
> 一、诸路贡士,同本学内舍就试上舍,若不满二百人,即每十人取二人合格。零数及三人,听取一人。以合格人十分为率,一分六厘为上等,二分四厘为中等,五分为下等,余分从多数。谓三等各有余分,就三余分中等,从数多之等取一人。若两等余分,各从其等,而共理取一人者,听从优。
>
> 一、契勘医学上舍推恩,依格上等从事郎,中等登仕郎,下等将仕郎。依旧在学满三季日,不犯学规第二等以上罚者,发遣赴吏部,依两学上舍法,注受差遣。
>
> 一、乞两学于朝廷封桩钱内,支拨本钱十万贯,付开封府检校库,依两学法抵当。据每年收息数,以十分为率,将五分充本学支用。
>
> 一、乞于抽买石炭场岁给石炭三万秤。
>
> 一、乞将两浙路州县学费,目今见在及自今后逐年余剩钱物粮斛,计数椿留七分,祗备本路支用外,三分限春季内差因便纲船一起附带,赴学送纳。仍委本路学事司管勾文字官计置,催督津遣。见今本学支费钱粮,并乞依元降指挥,日于国子监支拨。候将来两浙路支拨到今来所乞

钱粮日，本学足用，即报国子监（支拨候将来两浙路支拨到今来所乞钱粮日，于本学足用，即报国子监）住之①。

宋徽宗"从之"，规定外舍生 200 人，学期 1 年，经私试、公试合格后升入内舍。内舍生 60 人，学期 2 年，和诸路贡士一起参加舍试，合格者升入上舍。上舍生 40 人，学期 2 年，经考试合格者授予医学官职。此外，还规定医学教育的经费从朝廷封桩钱利息内支付。

政和七年（1117 年）七月三十日，太医学奏："契勘先承朝旨，本学生既依三舍法，其应缘事务，并依太学、辟雍、国子监条法施行。内事有不同者，从本学逐旋条具，申尚书省。今切见太学、辟雍、国子监所行三舍生等事，尽隶礼部。即今太医三舍生事务，只依伎术隶属祠部。所有选试注授工济等职事隶祠部外，其两学、诸路学法若有增损条文，礼部既系所隶，自可誊报在学遵守，参照行遣，贵免所行三舍学法不致抵牾。"②宋徽宗"从之"，同意继续实行三舍考选法。

二、颁布《太医局敕令格式》

北宋后期，宋徽宗采纳讲议司的建议，下诏颁布《太医局敕令格式》，将太医局教育以法律的形式确立下来。崇宁三年（1104 年）六月二十日，讲议司奏："契勘熙宁九年诏旨，兴置太医局，教养生员，分治三学、诸军病患，岁终比较等第支给食钱，激励生员，责其成效。元祐裁减浮费，遂行废罢。今来除别置医学教养上医外，所有本局并合兴复熙宁、元丰旧法。今参酌删润，修立到敕令格式并对修条，乞颁付太医局施行"③。宋徽宗"从之"，同时增加了太医局学生的食钱，以资激励。

宋政府还进一步完善了太医局令、正、丞的请给和序位。政和元年（1111 年）五月十二日，详定重修敕令所奏："太医局状，奉议郎、太医局正程容（程）[陈]乞请给、序位、人从比附寺监丞体例施行。户部勘当，已得朝旨，依少府、将作、军器、都水监丞则例支破。所有立班序位，欲比拟在都水监丞之下。"④宋徽宗"从之"，规定了太医局正的请给和序位。政和元年（1111 年）八月十八日，中书省奏："太医局令、正、丞系创置，旧法并朝廷差选士人，即非吏部员阙。除令已降指挥，今后并朝

---

① ［清］徐松辑：《宋会要辑稿》崇儒 3 之 16,17,北京：中华书局,2006 年版,第 2215,2216 页。
② ［清］徐松辑：《宋会要辑稿》崇儒 3 之 21,北京：中华书局,2006 年版,第 2218 页。
③ ［清］徐松辑：《宋会要辑稿》职官 36 之 100,北京：中华书局,2006 年版,第 3121 页。又见［清］徐松辑：《宋会要辑稿》职官 22 之 38,第 2879 页。
④ ［清］徐松辑：《宋会要辑稿》职官 22 之 38,北京：中华书局,2006 年版,第 2879 页。

廷差人外，丞未有指挥"，于是宋徽宗诏："太医局丞今后朝廷差人。"[2]

三、"三置三废"医学

崇宁三年至宣和二年（1104—1120 年），宋政府在太医局之外建立专门的教育机构"国子监医学"，隶尚书省礼部，成为与太学、武学、律学、算学、艺学并重的官学之一。其职责主要是教养上医，为州县输送医学教授等专门人才。《宋史》卷一五七《选举志三》载：

> 崇宁间，改隶国子监，置博士、正、录各四员，分科教导，纠行规矩，立上舍四十人，内舍六十人，外舍二百人，斋各置长、谕一人。其考试：第一场问三经大义五道；次场方脉试脉证、运气大义各二道，针、疡试小经大义三道，运气大义二道；三场假令治病法三道。中格高等，为尚药局医师以下职，余各以等补官，为本学博士、正、录及外州医学教授[1]。

宋徽宗诏令包含以下几方面的内容：

一是国子监医学的编制。官额设医学博士 4 员，医学正 4 员，医学录 4 员。医学生 300 人，立上舍 40 人，内舍 60 人，外舍 200 人，斋各置长、谕 1 人。

二是国子监医学的专业，设方脉科、针刻、疡科和风科，其中方脉科以《素问》、《难经》、《脉经》为大经，《诸病源候论》、《龙树论》、《千金翼方》为小经，针、伤科则去《脉经》而增《黄帝三部针灸经》。

三是国子监医学的考试分三场：第一场问三经大义五道；第二场方脉试脉证、运气大义各二道，针、疡试小经大义三道，运气大义二道；第三场假令治病法三道。

四是国子监医学生的录用程序，中格高等授予尚药局医师以下职，余各以等补官，为本学博士、正、录及外州医学教授。

然而，统治阶级内部的政治斗争，使国子监医学出现"三置三废"的情况，未能走上独立发展的道路。

医学的"一置一废"。崇宁二年（1103 年）九月十五日，讲议司建议"别置医学，教养上医"[2]。崇宁三年（1104 年）六月二十日，宋徽宗颁布"敕令格式并对修条"[3]，付太医局施行，正式建立国子监医学，培养医学生。崇宁五年（1106 年）四月十二日，宋

①　[元]脱脱：《宋史》卷157《选举志三》，北京：中华书局，2007 年版，第 3689 页。又见[元]脱脱：《宋史》卷164《职官志四》，第 3885，3886 页。

②　[清]徐松辑：《宋会要辑稿》职官 22 之 38，北京：中华书局，2006 年版，第 2879 页。

③　[清]徐松辑：《宋会要辑稿》职官 36 之 100，北京：中华书局，2006 年版，第 3121 页。

徽宗诏:"书、画、算、医四学并罢,更不修盖。其官私宅舍屋宇,并依旧修盖给还。已到官据资任,与先次差遣,人吏归元来去处。系召募到者,放停。"①此次罢废可能与崇宁五年蔡京罢相有关,医学仅存在了一年零十个月左右的时间。

医学的"二置二废"。大观元年(1107年)二月十七日,宋徽宗诏:"医学可令复置。其合行事件,并依崇宁四年十二月已前指挥施行。"②大观三年(1109年),又下诏复医学教育设施。大观四年(1110年)三月庚子,宋徽宗发布《医算书画学生并入太医等局诏》,规定"医学生并入太医局"③。此次存在了3年左右的时间。

医学的"三置三废"。政和三年(1113年)闰四月戊午,宋徽宗采纳太医局令裴宗元的建议,"复置医学"④,并接受尚书省的建议,改医学为太医学,"依大观已行条例施行"⑤。宣和二年(1120年)七月二十一日,宋徽宗诏:"罢在京医、算学"⑥,医学三舍生并入太学。七月己未,宋徽宗诏:"先帝董正治官,太医局丞教授学生员额成宪具存。今医局之外复建医学,既违元丰旧制。舍选之法,本示教养,今又医学生赐第之后,尽官州县,不复(贵)[责]以医术,平昔考选,遂成虚文,在京医学可并罢。应医学三舍生,旧系内外学籍,愿入学者,上内舍并特令于见医学舍额上降一舍。外舍许通理医学,校定入学。令礼部国子监限五日条具闻奏,官吏依(旨)[省]罢法,合当除者,别与差遣。文籍、田产、应干钱物,并併归国子监。"⑦七月二十九日,宋徽宗诏:"太医学俟成殿试人,特许赴来年特奏名试"。此次存在了7年左右的时间,此后,国子监医学再也未能建立。

四、重视培养医学生的实践能力

元祐八年(1093年)四月壬申,针对京城"在京军民、难得医药"的状况,宋哲宗发布《差医人散药诏》,让太医局选派医生加以救治。《宋大诏令集》卷二一九载:"访闻近日在京军民,难得医药。令开封府体访,如委是人多病患,可措置于太医局选差医人,就班直军营坊巷,认地分诊治,本府那官提举合药,并日支食钱,于

① [清]徐松辑:《宋会要辑稿》崇儒3之1,北京:中华书局,2006年版,第2208页。
② [清]徐松辑:《宋会要辑稿》崇儒3之27,北京:中华书局,2006年版,第2221页。
③ [元]脱脱等:《宋史》卷20《徽宗本纪二》,北京:中华书局,2007年版,第384页。
④ [元]脱脱等:《宋史》卷20《徽宗本纪二》,北京:中华书局,2007年版,第391页。
⑤ [清]徐松辑:《宋会要辑稿》职官22之38～39,北京:中华书局,2006年版,第2879,2880页。
⑥ [清]徐松辑:《宋会要辑稿》崇儒3之25,北京:中华书局,2006年版,第2220页。
⑦ [清]徐松辑:《宋会要辑稿》职官22之39,北京:中华书局,2006年版,第2879页。

御前寄收封椿钱内等第支破,候患人稀少即罢。"①元符三年(1100 年)三月二十一日,宋徽宗诏:"以太医局生差医生分诣间巷医治。"②

　　为了增强太医局学生辨识药材的能力,崇宁二年(1103 年)九月十五日讲仪司奏:"今来太医局欲依《唐典》,近城置药园种莳。其医学生员,亦当诣园,辨识诸乐。"请求置建药园。宋徽宗诏:"览所修格,目条析周尽,意义显明,宜令遵守施行。"③但是否真的置建太医局药园,文献记载不详。

　　总的来看,北宋末期的医学教育,其规模远远地超过了前两次,取得的实际效果也较明显,医学的地位得到很大提高,地方办学空前兴盛,培养了大批儒医。

第四节　南宋时期政府发展医学教育的措施

　　南宋时期,太医局教育出现了以下三方面的变化:一是南渡后太医局阙额严重;二是政府财政紧缺,曾出现罢废太医局的情况;三是南宋皇帝的认识发生变化。南宋政府发展医学教育的措施,虽不及北宋,但在规范考试制度和考试程式方面,仍取得了重大的进步。

一、重建太医局及其罢废情况

　　绍兴十七年(1147 年)九月己卯,宰执奏修太医局事,随后宋高宗下诏:"建太医局于临安府,依在京旧制修建神应王殿宇"④。正式在杭州通江桥北建立太医局,修建神应王扁鹊庙,培养医学生。

　　宋孝宗年间,政府对医学采取了两项极端的措施:一是裁减医官员额,乾道三年(1167 年)三月辛亥宋孝宗"诣德寿宫恭请裁定医官员额"⑤,规定以 20 员为额;二是罢废太医局,乾道三年(1167 年)三月十九日宋孝宗发布《罢太医局诏》,废除太医局。《宋会要辑稿》职官二二之四〇～四一载:

　　　　诏:"除十四日已将指挥立额诸医官存留外,余人并在局祇应直日。太医局及(生局)[局生]、医生并罢,今后更不试补。"先是,宰执进呈国用

　　① ［宋］宋哲宗:《差医人散药诏》,《宋大诏令集》卷 219,北京:中华书局,1997 年版,第 843 页。
　　② ［清］徐松辑:《宋会要辑稿》职官 27 之 38,北京:中华书局,2006 年版,第 2879 页。
　　③ ［清］徐松辑:《宋会要辑稿》崇儒 3 之 11～13,北京:中华书局,2006 年版,第 2213,2214 页。
　　④ ［清］徐松辑:《宋会要辑稿》礼 20 之 132～133,北京:中华书局,2006 年版,第 830 页。又见［清］徐松辑:《宋会要辑稿》礼 21 之 21,第 861 页。
　　⑤ ［元］脱脱等:《宋史》卷 34《孝宗本纪二》,北京:中华书局,2007 年版,第 640 页。

事,数内一项,医官请钱甚多。上曰:"此辈最无用,亦可省减。"故有是命①。

《宋史》卷一五七《选举志三》亦载:"罢局而存御医诸科,后更不置局而存留医学科,令每举附省闱别试所解发,太常寺掌行其事。"②《宋史》卷一六四《职官志四》载宋孝宗"省并医官而罢局生。续以虞允文请,依旧存留医学科,逐举附试省试别试所,更不置局,权令太常寺掌行"③。这是太医局建立以来第一次被公开罢废,其原因在于宋孝宗的认识发生转变和资金不足所致。

宋孝宗盲目下诏废除太医局后,断了部分学医之人的仕途,因而遭到朝中大臣如洪迈、虞允文等反对,他们纷纷上书,请求复建太医局。乾道七年(1171年)十二月二十三日,宰执进呈太医局生乞附省试试补,右仆射、同中书门下平章事兼枢密使虞允文(1110-1174年)等奏:"医人入仕之路三,有试补,有荫补,有荐补。今独试补之法废,恐庶民习医者无进取之望,不复读医书。且局生请给,岁不过四千缗,国用司省之过矣。"宋孝宗曰:"然",于是诏:"更不置局,依旧存留医学科,可令逐举附试。"④乾道八年(1172年)春正月辛未,礼部、大理寺状:"臣僚言(乙)[乞]置太医局及医生试补之法"⑤,宋孝宗未予采纳。并于正月二日发布《太医局更不置局依旧存留医学科诏》,不得不对罢局后的医学教育作出调整,规定"太医局更不置局,依旧存留医学科。逐学许行赴试,权令太常寺掌行,其试捕约束等依已降指挥"⑥。这是南宋时期太医局的"一置一废"情况,在宋孝宗看来太医局及医官已经"无用"于国,跟此前宋代皇帝相比,最高统治者的认识发生较大的变化。

宋光宗继位后,第二次下诏复置太医局。绍熙二年(1191年)秋七月十九日,宋光宗诏:"复置太医局"⑦。太医局复局后,宋政府随即采取一系列的措施,加快建局的步法。

绍熙二年(1191年)八月二十三日,宋光宗发布《复置太医局事诏》,确定太医局的编制和规模。《宋会要辑稿》职官二二之四一载:

---

① [清]徐松辑:《宋会要辑稿》职官22之40~41,北京:中华书局,2006年版,第2880页。

② [元]脱脱等:《宋史》卷157《选举志三》,北京:中华书局,2007年版,第3689页。

③ [元]脱脱等:《宋史》卷164《职官志四》,北京:中华书局,2007年版,第3885~3886页。

④ [清]徐松辑:《宋会要辑稿》职官22之41,北京:中华书局,2006年版,第2880页。又见[清]徐松辑:《宋会要辑稿》职官36之121~122,第3132页;[元]脱脱等:《宋史》卷34《孝宗本纪二》,第652页。

⑤ [宋]留正:《增入名儒讲义皇宋中兴两朝圣政》卷51《孝宗皇帝十三》,《续修四库全书》第348册,上海:上海古籍出版社,1996年版,第601页。

⑥ [清]徐松辑:《宋会要辑稿》职官22之41,北京:中华书局,2006年版,第2880页。

⑦ [清]徐松辑:《宋会要辑稿》职官22之41,北京:中华书局,2006年版,第2880页。又见[元]脱脱等:《宋史》卷36《光宗本纪》,第701页。

礼部言:"太常寺检照太医局旧法下项:本局官二员,朝官充判,京官为主管,选人为丞。未罢局之前,止差一员,教授四员,于翰林医官内差权。吏额四人,未罢局之前,系前行一人,手分一人。后来权令(大)[太]常寺掌行,存留一人行遣。局生以三百人为额,裁减作一百三十一人。未罢局之前,八十五人。铜印壹颗,乞以'绍熙太医局记'六字为文。"诏:"和安大夫、诊御脉周昭判太医局,太医丞可于选人内选差。教授、翰林良医、诊御脉能蒙,翰林医证李九龄、高永年提举翰林院,李宗回差主管太医局。吏额依未罢局前人数,局生以一百人为额。余并依。"①

《宋史》卷一六四《职官志四》也载绍熙二年(1191年)"复置太医局,局生以百员为额,余并依未罢局前体例,仍隶太常寺"②。其铨试依旧格,"省试三场,以第一场定去留,墨义、大义等题仿此。"③铨试法是宋代考试任用医官中,影响广泛、意义重大的一项制度。

绍熙二年(1191年)八月三十日,宋光宗诏:"入内侍省东头供奉官、主管太医局邓晓可改作提点太医局。"④十月十四日,宋光宗采纳礼部、御史台的奏章,对太医局复局后的具体事务作出规定。《宋会要辑稿》职官二二之四一～四二载:

礼部言:"太常寺看详到太医局申请下项:一,乞以提点太医局为名,铸造印记。今欲止令就用目今所领本职印(许)[记],不必别行铸造。一,乞差人吏三人,点检文字一名。今欲令提点官遇有行移文字,就用所领本职人吏兼行。或止用本局人吏,亦不致阙事。一,乞差破贵擎案牍兵士四人,乞止令于步军司差破兵士二人。一,乞将太医局应有行移申请事节,并申提点官取旨施行。一,乞将提点官月给职钱等,依太医局主管局官则例,帮勘支破。不隶省、台、曹、部、寺、监等处,今乞依国朝典故,太医局隶太常、礼部。遇有申请合行事件及取索供报,并照应未罢局前体例施行。"从之。

既而御史台言:"近降指挥,提点太医局申请事节,并申提点官取旨施行,与不隶省、台、曹、部、寺、监等处,取索簿籍供报。今若不隶三省,则将来试选医官、补授太医、助教等事,亦可不由朝省,径自施行。独以

① [清]徐松辑:《宋会要辑稿》职官22之41,北京:中华书局,2006年版,第2880页。
② [元]脱脱等:《宋史》卷164《职官志四》,北京:中华书局,2007年版,第3886页。
③ [元]脱脱等:《宋史》卷157《选举志三》,北京:中华书局,2007年版,第3689页。
④ [清]徐松辑:《宋会要辑稿》职官22之41,北京:中华书局,2006年版,第2880页。

不隶省、台、曹、部、寺、监一事，有碍成法，诚不可行。"从之。①

此道诏令内容较为详细，规定了太医局的印记、吏人、兵士和职钱，并再次规定太医局隶属太常寺和礼部。

关于太医局医官和医学生的考试与选补，绍熙三年（1192年）四月十二日宋光宗发布《复置太医局诏》："今已复置太医局，从旧格法试补医人，其淳熙十五年九月十五日试补医人指挥更不施行，判局以下三年为任，教授以下二年为任。如教授数内教导有方，可令太医局保明，存留再任。余并依未罢局前已将指挥。"②规定判局以下3年为任，教授以下2年为任。

关于太医局场地、什物和神庙建设，宋政府亦予以复置。绍熙二年（1191年）九月三日，宋光宗诏："封桩库地一段空闲，令（展）［转］运使修盖，充太医局"③。绍熙三年（1192年）十一月二十日，宋光宗发布《制造太医局缺少什物诏》："太医局缺少什物，令取会本局数目，差人计料制造。"①绍熙四年（1193年）九月二日，宋光宗发布《太医局奉安神应王善济公事诏》："太医局奉安神应王、善济公，每遇春秋二祭，太常寺差官行事，并九月九日神应王生日，令临安府支钱二百贯文充祠祭斋醮使用，逐年准此。"①规定太医局供奉神应王扁鹊和善济公岐伯二神，每年春秋时节由太常寺差官祭祀。

这是南宋政府罢废太医局24年之后，第二次复建太医局。此后直至宋亡，未再见到有关废除太医局的诏令。尽管规模不如北宋，但南宋官方医学教育仍得以继续存在并进一步发展。

二、缩减太医局的编制与规模

关于太医局的编制与规模，医事诏令有详细的记载。太医局的官额，南宋政府设判太医局1员，主管太医局1员（后于绍熙二年十月十四日改为提点太医局），太医局丞1员，太医局教授4员。北宋时期设立的太医局令、太医局正、提举太医局等职，全被罢去。太医局的学生规模，宋孝宗隆兴元年（1163年）定为290人，宋光宗绍熙二年（1191年）定为100人，宋宁宗庆元四年（1198年）定为60人，宋理宗年间定为250人。

关于太医局学生的名额，宋孝宗时期进行大幅度缩减。隆兴元年（1163年）八

---

① ［清］徐松辑：《宋会要辑稿》职官22之41～42，北京：中华书局，2006年版，第2880,2881页。
② ［清］徐松辑：《宋会要辑稿》职官22之42，北京：中华书局，2006年版，第2881页。
③ ［清］徐松辑：《宋会要辑稿》职官22之41，北京：中华书局，2006年版，第2880页。

月十四日,太医局状:"依指挥,条具并省本局医官八十八人,医生一百一人,并欲减半。据本局稍除无医官外,止有诸科局生,大方脉科一百二十人,见管三十四人;风科八十人,见管四十七人;小方脉科二十人,见管六人;眼科二十人,见管五人;疮肿兼伤折科二十人,见管一人;产科十人,见管一人;口齿兼咽喉科一十人,见管三人;针灸科一十人,全阙;金镞兼书禁科一十人,见管一人。乞将大方脉科见管人为额,小方脉已下科目元额并减半。"①宋孝宗"从之",定学生名额为290人,实际上仅有98人,阙额较为严重。

绍熙二年(1191年)八月二十三日,宋光宗再次下诏对太医局学生名额进行缩减,诏:"和安大夫、诊御脉周昭判太医局,太医丞可于选人内选差。教授、翰林良医、诊御脉能蒙,翰林医证李九龄、高永年提举翰林院,李宗回差主管太医局。吏额依未罢局前人数,局生以一百人为额。"②定学生名额为100人。

庆元四年(1198年)二月八日,太常寺奏:"令承指挥,将太医局元立局生一百人为额减去四分,以六十人立为定额。本局今欲分拨大方脉科、风科各以二十人,小方脉科以五人,产科、眼科、口齿兼咽喉科各以三人,疮肿兼伤折科,针兼灸科,金镞兼书禁科各以二人。已上计六十人为额。"③宋宁宗采纳太常寺建议,规定学生生员为60人。

宋理宗时期(1224—1264年),政府对医学教育又有所重视。宋理宗御书太医局匾额"神应殿"和"正纪殿"。太医局编制,"判局一,教授四,生员二百五十,冠带出入,月书季考,大略视学校。"太医局斋舍有八,"曰守一、全冲、精微、立本、慈幼、致用、深明、稽疾。"④仍置提举官1人,以内侍充。这是南宋后期太医局学生编制规模最大的时期,生员达到250人,仿太学之制。此后,再也未见到有关太医局编制的诏令和史料。

三、颁布《太医局诸科程文格》

嘉定五年(1212年)十月十四日,南宋政府颁布《太医局诸科程文格》,作为医学生考试的标准。《太医局诸科程文格原牒》载:

---

① [清]徐松辑:《宋会要辑稿》职官22之40,北京:中华书局,2006年版,第2880页。
② [清]徐松辑:《宋会要辑稿》职官22之41,北京:中华书局,2006年版,第2880页。
③ [清]徐松辑:《宋会要辑稿》职官22之43,北京:中华书局,2006年版,第2881页。又见[宋]潜说友:《咸淳临安志》卷12《行在所录·太医局》,《宋元方志丛刊》第4册,北京:中华书局,2006年版,第3480页。
④ [宋]潜说友:《咸淳临安志》卷12《行在所录·太医局》,《宋元方志丛刊》第4册,北京:中华书局,2006年版,第3480页。

准，尚书省札子礼部，申据太常寺，申据太医局，申承成安大夫、特差判太医局何大任公文，照对本局，自来依准指挥，以十三科取医士，其文体格式，并系用崇宁之制，迄今遵行。然契勘从前脱离场屋及见今蒙被教养者，大抵止皆京邑辅郡之人，甚非圣朝设科立学以待天下医士之意。盖缘居常中选程文及诸科当习篇目，未尝流布，是以外方之士不知蹊径，虽欲从之而不可得。大任不才，具员深愧无补，每感于斯，遂率本局教官，搜括从来合格程文，拔颖取尤，每科各列三场，仍分类诸科，当治之经冠于篇首。大任今欲开板流传，庶使外方之士知所矜式，翕然肯来，上可无负朝廷待遇之意。今录草本一部，随状见到，伏乞寺廷缴申省部，备申朝廷听候指挥，以凭遵守施行，申寺候指挥。本寺所据太医局，备据判局成安何大夫所乞事理，备录在前，并程文，草本一部五册，随状缴连见到。伏乞省部备申朝廷，取自指挥施行。申部候指挥，上所据太常寺，申到事理，备录在前。本部今勘会，如蒙朝廷从本官所乞，径札下本局施行上件事理，伏乞朝廷指挥施行，候指挥右札付太医局从所申事理施行。准此。①

牒，文书名，用于平级官司之文书。此牒规定了尚书省与礼部、太常寺、太医局之间的统属关系，以及各自执行《太医局诸科程文格》的责任。

《太医局诸科程文格》是宋代太医局考试命题及标准答案的汇编，包含了医学基础知识、临床实践知识和运气学知识，在中国古代医学教育史上占有突出的地位。全书共9卷，分6大类，87道问答试题，每道题后均有标准答案。其内容为：一是墨义，为基础医学及相关学科知识，共9道题；二是脉义，为脉学及诊断学知识，共6道题；三是大义，为病因、病机及脏腑学说，共37道题；四是论方，为方剂学知识，共8道题；五是假令，为假设临床案例，要求准确剖析辨证论治，共18道题；六是运气，为五运六气基础知识及60甲子中某年的运气分析及预防治疗方案，共9道题。试题中尤重医学经典著作、五运六气和临床诊断及用药知识等。此书不仅对南宋医学教育产生影响，而且也极大地促进了医学标准化考试的发展。永乐六年(1408年)抄入《永乐大典》，乾隆十年(1745年)从《永乐大典》辑出刊印，乾隆四十七年(1782年)抄入《四库全书》。

---

① 〔宋〕何大任编，李顺保校注：《太医局诸科程文格注释》卷首《太医局诸科程文格原牒》，北京：学苑出版社，2007年版，第7、8页。

四、完善医学教学和医学考试的规则

南宋时期,政府多次发布诏令,完善医学教学和科举考试的规则。

一是重视考试官的选派。乾道元年(1165 年)二月十六日,宋孝宗发布《考校医生医官等事诏》,规定:"太医局选试医生,并臣僚奏试医补、医官名目,差大方脉科、风科共四员,通行出题考校,支破公使钱二百五十贯。"①考试官由大方脉科、风科医官 4 人组成,出通行试题。

二是严禁宰执奏试医人。淳熙六年(1179 年)四月二日,宋孝宗发布《宰执等不许奏试医人诏》,规定:"自今宰执、使相、侍从等,不许奏试医人,其已奏试中人,不得作有官人取诸路转运司文解。"②

三是严惩考试作弊者。庆元元年(1195 年)二月二十六日,应太常寺之请,宋宁宗发布《太医局试选医官不许携带经书入试诏》:"太医局教导生员,试选医官,性命所系,岂宜苟简?见行试法带入经方数部,许就试所检阅,因此诸生都不记念,其弊寝久,今后并不许携带经书入试"③,严禁考试中的舞弊行为。

四是规范医学生的学习年限。嘉泰三年(1203 年)九月二十四日,宋宁宗采纳礼部奏章,发布《医生省试事诏》:"医生试中日,即理为给贴月日,实及三年,方试就省试。"④规定学生学习的年限为 3 年,方许参加礼部举行的省试。

南宋医学教育的发展,与宋代皇帝对太医局认识的转变和政府财政紧缺密切相关。尽管南宋政府在中央和地方建立了相关医学机构,但由于财政经费短缺,政府在医学教育的实施及名额设置等方面远不如北宋。

第五节　宋代政府管理地方州县医学教育的措施

北宋时期,政府在地方州县推行医学教育,并在人员编制、课程设置、学生考核等方面制定了详细的管理措施。南宋时期,未见有政府发展地方州县医学教育的诏令。

---

① ［清］徐松辑:《宋会要辑稿》职官 22 之 40,北京:中华书局,2006 年版,第 2880 页。
② ［清］徐松辑:《宋会要辑稿》职官 36 之 124,北京:中华书局,2006 年版,第 3133 页。
③ ［清］徐松辑:《宋会要辑稿》职官 22 之 42,北京:中华书局,2006 年版,第 2881 页。
④ ［清］徐松辑:《宋会要辑稿》职官 22 之 43,北京:中华书局,2006 年版,第 2881 页。

一、规范地方医学编制、课程设置与医学人员升迁

北宋初年,政府管理地方医学的措施,史料记载不详。嘉祐六年(1061年)二月一日,宋仁宗采纳太常寺的建议,下诏对地方医学考试、教材、升迁、人员数额等做出详细的规定。《宋会要辑稿》职官二二之三六载:

> 太常寺言:"知亳州李徽之乞下外州军选试医学,救疗军民疾病事。检会太医局敕,应在京习医人欲本局听(局)[读]者,许于本寺投家状,召命官使臣或翰林医官、医学一员保明,仍令三人已上结为一(条)[保],候听读及一年,试问经义十道,内得五道者,即本寺给牒,补充本局学生。兼准近条,以一百二十人为额。今看详,欲乞诸道州府比副太医局例,召习医生徒,以本州军投纳家状,召命官或医学博士、助教一员保明,亦三人已上结为保。逐处选官管勾,令医学博士教习医书。后及一年,委官比试经义,及五道者,本州给贴,补充学生,与免州县医行祗应。大郡以十(年)[人]为额,内小方脉三人。小郡七人,内小方脉三人。仍与官屋五七间,充讲习学。候本州医学博士、助教有缺,即选医业精熟、累有功效者差补。如不经官学试中者,更不得充医学博士、助教。如此,(只)[足]激劝外郡习学之人稍知方学,医疗生民。"①

宋仁宗"从之"。规定地方医学的编制:上州及节度州以10人为额,余州以7人为额,无论大州小州须有小方脉科3人,由医学博士或医学助教讲授课程,地方州县提供学习场所。地方医学教育实行科举考试,其录取原则是在所习诸科医书内共问义10道,以5道已上为合格。这是宋政府较早发布的有关地方州县医学教育管理最详细的诏令,体现了政府对儿科及小儿疾病防治的重视。

元丰六年(1083年)六月壬戌,宋神宗采纳京东东路登州知州赵偶的建议,在诸路州县增补医学人员。《续资治通鉴长编》卷三三五载:

> 知登州赵偶乞诸县主客不及万户补医学一人,万户以上二人,每及万户增一人,至五人止。除合习医书外,兼习张仲景《伤寒方书》,委本州差官补试,依得解举人例免丁赎罪。诏礼部立法。其后,礼部奏:"诸医生,京府、节镇十人,内小方脉三人;余州七人,小方脉二人;县每一万户一人,至五人止,三人以上小方脉一人。遇阙许不犯真决人投状召保,差

---

① [清]徐松辑:《宋会要辑稿》职官22之36,北京:中华书局,2006年版,第2878页。

官于所习方书试义十道，及五道者给贴补之。犯公罪杖以下听赎。大方脉习《难经》、《素问》、张仲景《伤寒论》兼《巢氏病源》二十四卷，小方脉习《难经》兼《巢氏病源》六卷、《太平圣惠方》十二卷。遇医学博士、助教阙，选医生术优效著者充。"①

宋神宗"从之"，除继续维持上州及节度州以 10 人为额、余州以 7 人为额的编制外，又在县每一万户设 1 人，至 5 人止，3 人以上须有小方脉 1 人。地方医学学习和考试的内容，大方脉科为《难经》一部、《素问》一部和《诸病源候论》二十四卷；小方脉科为《难经》一部、《诸病源候论》六卷、《太平圣惠方》十二卷。州县医学由医学博士或医学助教讲授课程，如遇阙额，由医术优长者教授。

崇宁三年（1104 年），宋徽宗诏"许诸州军置医学，处见任官通医术能文者一员，兼权医学教授"②。准许每州、军设立医学教授一员，教养医生。医学教授又分权医学教授和正医学教授，为专职教官。地方医学博士改称"职医"，掌诊疗等事，非教官，从九品下③。

政和元年（1111 年）八月二十六日，宋徽宗下诏对地方医学人员的编制予以调整。《宋会要辑稿》崇儒三之一五载：

> 八月二十六日，臣僚言："伏见诸路郡守许补医学博士、助教，明著格令。京府、上中州，各一人；下州一人，选本州医生，以次选补。仍许依禄，令供本州医职。岂容额外补授，滥纡命服，以散居他郡？臣体访诸路州军不遵条格，名以守阙为名，或酬私家医药之劳，或徇亲知非法之请，违法补授，不可胜数。况贡举条制，有官锁试，而医学博士、助教与焉。若与贡附试辟雍，如入中、上等，乃有升二等差遣及免省之优命，岂容医学博士、助教旋求补牒，妄希仕进，以败坏学制，检会下项元符格，置医学博士、助教，京府及上中等州，医学博士、助教各一人；下州医学博士一人。医生人数，京府、节镇一十人，余州七人。试所习方书，试义十道。元符令：诸州医学博士、助教阙，于本州县医生内，选术优效者人充；无其人，选能者比试，虽非医生，听补。诏令诸州军，遵依条格施行。仍令提

---

①　[宋]李焘：《续资治通鉴长编》卷 335，元丰六年六月壬戌，北京：中华书局，2004 年版，第 8084，8085 页。

②　[清]徐松辑：《宋会要辑稿》崇儒 3 之 15，北京：中华书局，2006 年版，第 2215 页。

③　[清]徐松辑：《宋会要辑稿》崇儒 3 之 22～25，北京：中华书局，2006 年版，第 2218～2220 页。又见[宋]孙逢吉：《职官分纪》卷 40《总州牧》，第 734～737 页。

举学事司常切觉察,点检得钤辖司自大观元年已来,前后知州补过医助教丘仁杰、李德赡、陈居、熊安、刘明、万处仁等六人,充钤辖司助教名目,皆依条随曹官参集,受公使库供给。检会从初并无专一条格许令补授,又无条格不许补授。有此疑虑。乞今有司契勘,立法施行。"从之。其江西钤辖司补过医助教丘仁杰等,并改正①。

宋徽宗的诏令表明,政府在地方医学的设置上有所发展。表现在:一是京府及上、中州设医学博士1人,助教1人;下州设医学博士1人。医生人数,京府节镇10人,其它州7人。诸州医学博士、助教阙,由本州医生中选医术精良者补充。若无合格人员时,选能医者通过考试录用;二是采用贡举条制,将医学博士、医学助教的选拔纳入解试制度,参加礼部举行的考试。

政和三年(1113年)闰四月一日,宋政府将地方州县分为8等,医分为8科,按等分科教授。尚书省奏:

> 诸路州军有大小远近之殊,而医有大、小方脉、产、眼、口齿、针、(产)〔疡〕、金镞之别。今以州郡分为八等,以医分为八科。下项:三京七人,大方脉二人,小方脉、产、眼、针、疡各一人;帅府六人,大方脉二人,小方脉、产、眼各一人;上州四人,大方脉二人,小方脉、产各一人;中州三人,大方脉二人,小方脉一人;下州三人,大方脉二人,小方脉一人;次远二人,大方脉一人,小方脉一人;远二人,大小方脉各一人。医职医工医治吏军民,任满比较,瘥安八分以上,以下项医过人数十分为率:千人以上,或起死得生十人以上,虽不及八分免试,仍减三年磨勘。愿以磨勘改换服色者听。五百人以〔上〕免试,仍升注官一等;三百人以上,升注官一等,愿换免试者听。死失三分以上,以下项医治过人数十分为率:千人以上,展一年磨勘;五百人以上,展二年磨勘;不满五百人,展三年磨勘。一、应见在翰林院自祗候以上,许就试注官,于翰林院投状,牒送医学,类聚阙,贡院较试,出榜申奏,于礼部注授。一、诸州书医职医工历不验实,冒妄虚伪者杖一百,吏人勒停;有情弊者加二等,吏人编管五百里。乞取者以自盗论②。

宋徽宗"从之",将州郡分为三京、帅府、上州、中州、下州、次远、远州8等,医

---

① [清]徐松辑:《宋会要辑稿》崇儒3之14,北京:中华书局,2006年版,第2214页。
② [清]徐松辑:《宋会要辑稿》职官22之38~39,北京:中华书局,2006年版,第2878,2879页。

分为大方脉科、小方脉科、产科、眼科、口齿科、针科、疮肿科和金镞科等8科。其人员分配,三京7人,大方脉2人,小方脉、产、眼、针、疮各1人;帅府6人,大方脉2人,小方脉、产、眼各1人;上州4人,大方脉2人,小方脉、产各1人;中州3人,大方脉2人,小方脉1人;下州3人,大方脉2人,小方脉1人;次远2人,大、小方脉1人,小方脉1人;远2人,大小方脉各1人。其磨勘重视医愈患者人数。

政和五年(1115年)正月十八日,宋徽宗采纳提举入内医官、编类《政和圣济经》曹孝忠的建议,详细地制定了地方医学的学生来源、考试规则、医学教材、医学教授、差遣补授和医学管理等内容,将地方医学纳入科举贡士法的考选范畴。《宋会要辑稿》崇儒三之一七～一九载:

曹孝(思)[忠]等奏承尚书省劄子云云,本学今参详,条具下项:

一、乞诸州县并置医学,各于学内别为斋教养,隶于州县学,开封隶府学。

一、乞县学补试,以文理稍通,并取及一季,谓上三月。不犯学规第二等罚者,令(左)[佐]保明申州学,赴岁升试,合格人补外舍。

一、应公私试合格分数,并月引试,分月关书。考选、校定、升降舍、除籍、规矩、讲解、假告、给依、差补职事及应干事件,并依诸州县学法,公私试并附州学公私试院。

一、出题考校,县委令、佐,州军委教授,仍逐路提举学事司选差本州见任官通医术能文者一员,开封府选开、祥两县官兼权医学教授,并依正教授条法。

一、应曾系州学生及曾得解人,依条格合赴补试者,与免县学试。法行之初,恐士人兼习医术者未广,难以逐州立额,欲乞每路量立逐岁贡额。今(此)[比]仿诸州县学格内文士三年所贡人数,十分中以一分五厘人数,创立诸路医学贡[额],分为三年。内岁供不及五人处,添作五人,并不近州军类试不得过三。附州学,公试院其所取合格并升补分数仍通取。

一、医学教授,讲一经,谓《素问》《难经》。其讲义,逐月付县。学生分三科,兼治五经内一经。方脉科,通习大、小方脉、风、产。针科,通习针灸、口齿、咽喉、眼、耳。疡科,通习疮肿、伤折、金镞、书禁。

一、三科学生,各习七书。方脉科:《黄帝素问》《难经》《巢氏病源》《补注本草》《千金方》《王氏脉经》、张仲景《伤寒论》。针科:《黄帝素问》《难经》《巢氏病源》《补注本草》《千金方》《黄帝三部针灸经》、

《龙本论》。疡科:《黄帝素问》、《难经》、《巢氏病源》、《补注本草》、《千金方》、《黄帝三部针灸经》、《千金翼方》。

一、诸州县学及提举学事司试法,县学补试《素问》义一道,《难经》义一道,运气义一道,假令病法一道,儒经义一道,谓五经内治一经。州学岁升试,依县学补试道数。私试,孟月,《素问》、《难经》义三道,儒经义二道。仲月,运气义一道,处方义一道。季月,假令病法三道。公试二场,第一场,《素问》、《难经》义二道,运气义一道,儒经义二道。第二场,处方义一道,假令病法二道。学事司所在州,试上舍三场,第一场《素问》、《难经》义三道,儒经义二道。第二场运气义一道,处方义二道。第三场,假令病法三道。

一、出题,儒经、《素问》、《难经》,并于本经内出;运气义,于《素问》内出。临时指问五运六气、司天在泉、太过不及、平气之纪,上〔下〕加临、时问胜复("时问胜复",《群书考索后集》卷三〇作治淫胜腹)、所掌病疾,随岁所宜,如何调治。或设问病(设)〔证〕,于今运岁如何理疗。处方义,于所习经方内出。假令病法,方脉科于《千金翼》、《外台》、《圣惠方》治杂病门中出。针科于《三(都)〔部〕针经》、《千金翼》、《外台》、《圣惠方》、《龙本论》治杂病及口齿、咽喉、眼目门中出。疡科于《三部针灸经》、《千金翼》、《外台》、《圣惠方》治疮疡门中出。

一、医学应合干行事,本路提举学事司、州知、通、博士、教授、县令(左)〔佐〕、学长,并通管。

一、本学贡士法初行,窃恐天下州县未能一一谙晓奉行,兼所出题目,或有异同。欲乞逐路并置医学教谕一员,以今来本学上舍出身人差充。仍从提举学事司,差往点对。

一、路、州、县医学事,其请给人从叙位,并依本路州教授除医学〔管〕勾。

宋徽宗"从之"①。这是宋政府发展州县医学教育最详细的内容,包含建学、补试、分数、考校、立额、教授、分科、考试内容、出题、管理、贡士法、俸禄、序位等十二方面的内容,可操作性强。学生学习考试及格升为贡士,贡士可依科举贡士法到京师太医局参加考试,合格者补外舍。外舍生学习期满后,经过考试升入内舍。内舍生学习期满后,经过考试升入上舍。上舍生考试成绩优异者直接授官。

---

① 〔清〕徐松辑:《宋会要辑稿》崇儒3之17～19,北京:中华书局,2006年版,第2216,2217页。

二、加强对地方州县医学和民间医生的管理

宋初,政府在地方州县普遍设立驻泊医官,作为翰林医官院管理地方医学的官吏。驻泊医官,差遣名,宋初已置,由翰林医官院选派。其地位和职责,宋政府也有规定,如宣和四年(1122年)十月四日,宋徽宗发布《诸州驻泊医官序位在州县官之下诏》:"诸州驻泊医官序位在州县官之下,非缘医药,不许与见任官往来,违者以违制论"①,规定驻泊医官序位在州县官以下。同年十二月十一日,宋徽宗发布《诸州驻泊医官依元丰法差注诏》:"诸州驻泊医官并依元丰法差注,内无人愿就去处,许奏辟;又无人奏辟,听阙。其不愿就人令致仕,或放归田里。在外医人不愿赴医官局公参者依此,赴局公参人方许理磨勘差使。"②从诏令来看,宋政府在全国州县一级的地区中都设置了驻泊医官,负责地方军队和民众疾病的救治,但驻泊医官的地位低于州县官,且不得与见任官往来。

宋徽宗时期,政府设立州县医学教授管勾公事。政和五年(1115年)六月二十四日,荆湖北路岳州(治今湖南岳阳)奏:"承朝旨,州县并置医学,遂专切委用教授措置。据教授申,县学补试,除已有教谕处,自合教谕出题考校,如未有上上舍出身人处,即合有出身人管勾学事,令、佐试补。州司已即时分门定夺,行下诸县遵守去讫"。宋徽宗采纳岳州的建议,诏:"医学选试,如无通医术文臣,许于本处医长、医职、医工内选差一员,同州县有出身官出题考校。如阙医长等,即选(大)〔本〕处有出身管勾学事官管勾。"③

南宋时期,政府是否继续推行州县医学教育,史料记载不详。但政府对民间医生的管理,文献多有记载。乾道初年,宋孝宗下诏对民间医生的升迁与职责做出规定。程迥《医经正本书·本朝医政》载:

乾道令:"诸州职医阙,迁助教充;助教阙,于本州县医生内选术优效著者充;无其人,选能者比试,虽非医生听补。诸医生每三人内置小方脉一名,止有二人亦置一名。有阙者,许不曾犯罪经决人,投家状,召品官或职医助教一名保明,仍三人以上为保,就本州差官,试所习方书议,以五通为合格。二粗比一通,给贴,补充免医行祗应。诸职医助教医生,艺业不精,治疗多失者,长吏验实,听行别补。诸医原充太医局学生者,如

---

① 〔清〕徐松辑:《宋会要辑稿》职官36之116,北京:中华书局,2006年版,第3129页。
② 〔清〕徐松辑:《宋会要辑稿》职官36之116,北京:中华书局,2006年版,第3129页。
③ 〔清〕徐松辑:《宋会要辑稿》崇儒3之19~20,北京:中华书局,2006年版,第2217页。

不曾犯罪经决,许经所属投家状,试其艺业。诸州县医药方书,州职医、县医生掌之。置印历,听借人传录。"①

从宋孝宗的诏令来看,京府及上中州置职医1人,助教1人。医生数额,京府节镇10人,余州7人;万户县3人,每万户增1至5人,其余县2人。诸州职医阙,提升助教充任;助教阙,于本州县医生中选医术精良入补。诸医生,每3人置小方脉1人,只有2人者也置1名。有阙者,就本州差官考试所习方书,以五通为合格,3人中取1人,给帖补充。诸职医、助教、医生医术不精,治疗多失误者,经上级查验属实,另选合格者充任。

总之,宋政府通过建立地方医学,使医学教育延伸到全国诸路州县,地方医学教育实际上成为中央政府宣传仁政和构建社会秩序的有力工具之一。

第六节 小 结

通过对以上医事诏令的分析与研究,本章得出如下结论:

(1)医学教育作为宋代最高统治阶级的意志和工具,贯彻和维护了宋代国家的利益。它一方面宣扬了政府的"仁政"思想;另一方面推广、普及了医学知识,培养了大批医学专科人才,成为政府选拔医官的重要来源。医学教育与宋代皇帝的重视、三次兴学运动以及政治变革等密切相关。自北宋中期以后,医学教育逐渐向科举化的方向发展,教育的功能与仕途的关系日益紧密。宋政府先后颁布了《太医局敕》、《太医局式》、《太医局敕令格式》等,将医学教育以法律的形式确定下来。宋宁宗时期颁布医学生考试的程式《太医局诸科程文格》,有利于医学知识的标准化发展。重视医学生的理论学习和临床实践的应用,派遣医学生轮流前往太学、律学、武学和诸营治疗疾病。医学生的考试之法,宋前期采用国子监之法,熙宁以后至南宋时期采用"太学三舍法"。

(2)宋代医学教育经历了从9科到13科的变化,即方脉科通习大方脉、小方脉、风科、产科,针科通习针灸、口齿、咽喉、眼科、耳科,疡科通习疮肿、伤折、金镞、书禁。医学分科的进一步细化,极大地促进了专科医学知识的发展。

(3)宋政府规定医学生考试的时间为春季,医学生学习的教材为《难经》、《素问》、《脉经》、《诸病源候论》、《太平圣惠方》、《神农本草经》、《龙树论》和《黄帝针灸

---

① [宋]程迥:《医经正本书·本朝医政第二》,《丛书集成初编》本,上海:商务印书馆,1939年版,第2,3页。

甲乙经》等。熙宁九年(1076 年)以后,宋政府规定 3 大科每科通习 7 门课程,其中方脉科的教材为《黄帝素问》、《难经》、《诸病源候论》、《嘉祐补注本草》、《千金方》、《脉经》和《伤寒论》;针科的教材为《黄帝素问》、《难经》、《诸病源候论》、《嘉祐补注本草》、《千金方》、《黄帝三部针灸经》和《龙本论》;疡科的教材为《黄帝素问》、《难经》、《诸病源候论》、《嘉祐补注本草》、《千金方》、《黄帝三部针灸经》和《千金翼方》。元丰六年(1083 年),宋政府规定地方医学学习的教材,大方脉科为《难经》一部、《素问》一部和《诸病源候论》二十四卷;小方脉科为《难经》一部、《诸病源候论》六卷和《太平圣惠方》十二卷。

(4)宋代太医局学生的人数和地点曾发生几次大的变化。关于太医局学生的规模,宋仁宗嘉祐五年(1060 年)定为 120 人,宋神宗熙宁九年(1076 年)定为 300 人,宋徽宗崇宁三年(1104 年)在原有太医局学生 300 人基础上新增国子监医学生 300 人,宋孝宗隆兴元年(1163 年)定为 290 人(实际仅有 98 人),宋光宗绍熙二年(1191 年)定为 100 人,宋宁宗庆元四年(1198 年)定为 60 人,宋理宗年间(1124—1264 年)定为 250 人。关于太医局教学的地点,经历了从鼓吹局、武成王庙、扁鹊庙到杭州的变迁。

总之,医事诏令极大地促进了宋代医学教育的发展,培养了大批有一定技能的医学人才,成为国家选任医官的重要来源,在治疗疾病、校正前代医书、编撰本草方书、发展医学理论和丰富临床实践等方面发挥了显著的作用。关于太医局培养的医学生的水平,元祐八年(1093 年)夏五月五日翰林学士兼侍讲范祖禹(1041—1098 年)指出:"太医局学生系已试中之人,久经治病。其医生是初入学之人,未曾试中。"[1]南宋丞相留正(1129—1206 年)指出:"国初设太医令,盖循汉唐之旧,而置局始于庆历四年。当是时,治安之日久,圣人所以仁天下者,于是备举。至熙宁增置丞及提举官,崇宁置学以仿两学之盛,则其流广极矣。"[2]但也应该看到,统治阶级内部的政治斗争和腐败,一定程度上又制约了医学教育的发展,如医学的"三置三废",医学生名额的数次缩减,不仅断了部分习医之人的仕途,而且也不利于医学的常态化发展。

---

①　[宋]范祖禹:《范太史集》卷 24《救疾疫札子》,影印文渊阁《四库全书》第 1100 册,第 15 页。
②　[宋]留正:《增入名儒讲义皇宋中兴两朝圣政》卷 51,《续修四库全书》第 348 册,上海:上海古籍出版社,2002 年版,第 604 页。

第七章　宋代政府选任和管理医官的
制度及措施

宋代,医人入仕之路有三,"有试补,有荫补,有荐补"①;医官补授有四色,"曰特补,曰奏荐,曰臣僚奏试,曰局生锁试"②。宋政府对医学人员的选任极为重视,宋太宗认为:"国家选才,最为切务,人君深居九重,何由遍识,必须采访。苟称善者多,即是操履无玷,若择得一好人,为益无限……朕孜孜访问,止要求人,庶得良才以充任使也。"③宋徽宗更是认为:"政事之原,莫大于官制"④,充分认识到人才在国家政权中的作用。

宋代医官的选任,形成以科举试补法为主,荐补法和荫补法为辅的方式。其措施包括:一是通过太医局教育,以科举考试的方式选拔大批不同专业领域的医学人员到政府医学机构任职,这是宋代医官选任的主流;二是采取荐补、荫补的辅选方式,从民间选拔部分有一定才能的医学人员;三是制定医职迁转官阶和考课磨勘制度,为医人入仕创造条件。通过上述措施,宋政府选拔了大批有一定技能的医学人员,使医人由以往分散的、民间的状态向规范化、官方化的形式转化。

关于宋代医官的选任与管理,学术界关注甚少。20 世纪以来,宋史学界对官员选任和管理制度的研究,如邓广铭、龚延明等对"宋代官制"⑤的研究,王曾瑜、朱瑞熙、邓小南、穆朝庆、曾小华、苗书梅、赵冬梅等对宋代文武官"选任制度"⑥的研究,贾志扬、张

---

① [清]徐松辑:《宋会要辑稿》职官 22 之 41,北京:中华书局,2006 年版,第 2880 页。又见[清]徐松辑:《宋会要辑稿》职官 36 之 121~122,第 3132 页;[元]脱脱等:《宋史》卷 34《孝宗本纪二》,第 652 页。

② [清]徐松辑:《宋会要辑稿》职官 22 之 42~43,北京:中华书局,2006 年版,第 2881 页。

③ [宋]李焘:《续资治通鉴长编》卷 24,太平兴国八年六月戊申,北京:中华书局,2004 年版,第 547 页。

④ [清]徐松辑:《宋会要辑稿》职官 56 之 31,北京:中华书局,2006 年版,第 3640 页。

⑤ 邓广铭:《〈宋史·职官志〉考证》,《邓广铭全集》第 11 卷,石家庄:河北教育出版社,2005 年版,第 1~80 页;龚延明:《宋史职官志补正》,杭州:浙江古籍出版社,1991 年版,第 597~621 页。

⑥ 王曾瑜:《从岳飞及其部将的仕历看南宋前期武官的升迁资序》,《岳飞和南宋前期政治与军事研究》,开封:河南大学出版社,2002 年版,第 298~318 页;朱瑞熙:《宋代官员致仕制度概述》,载《南开学报》1983 年第 3 期,第 33~41 页;邓小南:《北宋文官磨勘制度初探》,载《历史研究》1986 年第 6 期,第 117~129 页;邓小南:《宋代文官选任制度诸层面》,石家庄:河北教育出版社,1993 年版,第 1~234 页;穆朝庆:《论宋代官员的致仕制度》,载《许昌学院学报》1989 年第 2 期,第 31~36 页;曾小华:《宋代磨勘制度研究》,徐规主编:《宋史研究辑刊》,杭州:浙江古籍出版社,1986 年版,第 162~191 页;苗书梅:《宋代官员选任和管理制度》,开封:河南大学出版社,1996 年版,第 1~543 页;赵冬梅:《文武之间:北宋武选官研究》,北京:北京大学出版社,2010 年版,第 1~402 页。

希清、何忠礼等对"宋代科举"①的研究,为笔者提供了借鉴。

本章探讨医事诏令所反映的宋政府在医官选任与管理方面采取的措施,分析选官制度、除授制度、考课制度、磨勘制度、黜降制度、俸给制度以及医职官阶的内容、作用及其缺陷。

第一节　宋代医官选任制度及其措施

宋代,政府制定了以科举试补法为主,荐补法和荫补法为辅的医官选任制度。其中科举试补法以学校考试法为主,庆历四年(1044年)实行"国子监之法",熙宁九年(1076年)实行"三等制法",崇宁二年(1103年)以后实行"太学三舍法",南宋沿之。

一、北宋政府选任医官的制度及措施

1. 科举试补法

宋代,中国古代科举考试获得了巨大的发展并日趋完善定型,形成解试(州县主持的考试)、省试(礼部主持的考试)和殿试(皇帝主持的考试)三级考试体制。考试方式也进一步完善,普遍采用试卷弥封、誊录、锁试、严禁挟书等制度,这些措施对宋代医官选任制度产生了直接的影响。

宋代医官选任普遍采用科举考试法,宋仁宗以后成为国家选任医官的主流。其人员大多来源于太医局、国子监医学和州县医学培养的医学生,以及地方官吏推荐的名医等。北宋前期由太常寺主持考试,元丰改制后由太常寺、礼部共同主持考试,以成绩决定去留。医学出官,"则补医职,注受京寺、监修合官、辨验官及诸州军驻泊医官"②等。

北宋前期,政府是否通过科举考试从太医署中选拔医官,文献记载不详。庆历四年(1044年)三月二十五日,国子监奏:"以儒者讲学之地,不宜令医官讲说对列。窃见唐制,太常寺有八局,太医隶焉,有博士以教之。其考试登用,如国子监之法。乞令太常寺管勾施行,所有合借经书,即令本寺移文,于当监取索应付。"宋

---

① [美]贾志扬:《宋代科举》,台北:东大图书公司,1999年版,第1~341页;何忠礼:《科举与宋代社会》,北京:商务印书馆,2006年版,第1~648页;张希清:《北宋的科举取士与学校选士》,载《宋史研究论文集》,保定:河北大学出版社,2002年版,第183~203页。

② [宋]赵升编,王瑞来校:《朝野类要》卷2《出官》,北京:中华书局,2007年版,第62页。

仁宗采纳其建议,"诏付太常寺施行"①。正式在太医局教育中实行科举考试,依照当时最高学府国子监之法选拔人才。宋神宗时期,政府大力改革太医局教育,不仅增加医学生名额,而且还扩大录取名额,提高医学生待遇。

北宋后期,州县医学中全部实行科举考试。同时,为了放宽医学资格和扩大录取人数,政府又推行"科举贡士法",不仅免除州县学试,而且还创立医学贡额。政和三年(1113 年)十二月乙卯,"诏天下贡医士"②。政和四年(1114 年)八月四日,宋徽宗采纳尚书省的建议,"许诸州内外舍通医术学生,已降指挥,许津遣贡,赴太医学在京学生同试。"③规定州县医学生和太医局医学生、国子监医学生一起参加科举考试,统一录取。政和五年(1115 年)正月己丑,宋徽宗诏:"令诸州、县置医学,立贡额"④,允许地方招收医学生。政和五年(1115 年)六月二十四日(癸亥),宋徽宗发布《医学选试诏》:"医学选试,如无通医术文臣,许于本处医长、医职、医工内选差一员,同州县有出身官出题考校。如阙医长等,即选大处有出身管勾学事官管勾。"⑤明确强调通医术的文臣是政府选试的重点,如无通医术的文臣,可从本处医长、医职、医工内选差一员。凡学习年满 1 年以上,以五通者为合格,充为京师太医局学生,亦可充为州县医学教授、医学博士(崇宁三年改为职医)或医学助教等。上州及节度州以 10 人为额,余州以 7 人为额;县每 1 万户设 1 人,至5 人止;3 人以上,须有小方脉 1 人。

宋徽宗时期,政府对选拔儒医极为重视,并在省试和殿试中增加医经内容。政和三年(1113 年)闰四月九日,宋徽宗发布敕文:"建学之初,务欲广得儒医"③,儒医在北宋后期医学队伍中逐渐占据重要地位。政和七年(1117 年)八月十日,臣僚奏:"伏观朝廷,兴建医学,教养士类,使习儒术者通《黄素》,明诊疗,而施于疾病,谓之儒医,甚大惠也",于是宋徽宗"诏令尚书省立法",规定:"今后太医学生已行推恩,即于诊疗之际,量行试用,校其全失,以为参部注官。又近之期则学生未入仕者,知其必用,不待考察,而自知勉励于诊疗。庶使医学平昔所养,皆有所用。"⑥宣

① [清]徐松辑:《宋会要辑稿》职官 22 之 35,北京:中华书局,2006 年版,第 2877 页。
② [元]脱脱等:《宋史》卷 21《徽宗本纪三》,北京:中华书局,2007 年版,第 392 页。
③ [清]徐松辑:《宋会要辑稿》崇儒 3 之 15,北京:中华书局,2006 年版,第 2215 页。
④ [元]脱脱等:《宋史》卷 21《徽宗本纪三》,北京:中华书局,2007 年版,第 394 页。
⑤ [清]徐松辑:《宋会要辑稿》崇儒 3 之 19~20,北京:中华书局,2006 年版,第 2217 页。又见[宋]李焘撰,[清]黄以周辑注,顾吉辰点校:《续资治通鉴长编拾补》卷 34,政和五年六月癸亥,第 1095 页;[宋]杨仲良撰,李之亮点校:《皇宋通鉴长编纪事本末》卷 135,第 2286~2290 页。
⑥ [清]徐松辑:《宋会要辑稿》崇儒 3 之 20~21,北京:中华书局,2006 年版,第 2217,2218 页。

和元年(1119 年),宋徽宗"亲取贡士卷考定,能深通《内经》者,升之以为第一"①。宋徽宗主持的此次殿试,内容为《黄帝内经》及其他医学基础理论。

关于入内内宿医官的选任,采取了严格选择、保荐和考试相结合的方法。入内内宿医官分医师、御医、诊御脉、入内看医等,人员较多,分大方脉科、小方脉科、风科、口齿科、眼科、疮肿科、针科、产科等各科医官,以及诊御脉、入内看医等科目。医师和御医均由翰林医官院差遣,其中医师在宫内宿值,侍候御前医药;御医值宿宫内,分科祗应医药事。元丰旧法,内宿医官"以选保试补",既注重推荐者的技能,又注重考试的成绩。如宣和二年(1120 年)三月十八日,宋徽宗发布御笔:"内宿医官今后并依元丰法选保试补,仍依太医局生差官法就别试所附试,所有医生听御笔差填,御医已下缺即递迁。虽奉特旨传宣宣押等,仰医官局东门司执奏不行,违者以违制科罪。"②明确规定内宿医官依太医局生之法,参加考试,听候皇帝差遣。宣和三年(1121 年)闰五月一日,宋徽宗再次下诏:"尚药局医佐、内宿医官并(医)[依]元丰法试补,医佐阙委尚药医职同选保(府)申殿中省,内宿医官阙委医师选保申翰林院,试合格者,从上差填。"③再次强调考试的重要性,依成绩高低差遣。

总之,科举考试法选拔医学人才贯穿了整个宋代,其中尤以学校考试法取得的成就最大,这是中国古代医学进步的一个重要标志。通过这一措施,宋政府不仅选拔了大批出身寒微的医学人才,而且也开辟了一条新的入仕之途,引起世人对医学的关注。

2. 太学三舍法

熙宁四年(1071 年),宋神宗采纳王安石建议,在太学实行"三舍考选法",成为学校教育中选拔人才的重要制度。其最大的优越性有三:一是实现了分科教学和分层选拔;二是重视德行和才能;三是学生有一定的学习场所和食钱。但是否于当年应用于医学考试,文献记载不详。

熙宁九年(1076 年),宋神宗下诏置提举太医局所,掌领本局公事。学生 300 人,分三等,即太医局上等学生、太医局中等学生、太医局下等学生。考试以专业考试成绩和治愈患者人数为准,成绩优秀者,下等生可以升为中等生,中等生可以升为上等生,上等生则授予医学官职。

崇宁二年(1103 年)九月十五日,宋徽宗采纳讲仪司建议,在医官选任和考课

---

① ［元］脱脱等:《宋史》卷 157《选举志三》,北京:中华书局,2007 年版,第 3668 页。

② ［清］徐松辑:《宋会要辑稿》职官 36 之 103,北京:中华书局,2006 年版,第 3123 页。

③ ［清］徐松辑:《宋会要辑稿》职官 36 之 102,北京:中华书局,2006 年版,第 3122 页。

领域全面推行"太学三舍法"。诏令规定:①医学仿三学之制,置博士4员,分科教导,纠行规矩。立上舍40人,内舍60人,外舍200人,逐斋、长谕各1人。②设三大科,风科、针科和疡科,通习大、小方脉。③其试补考察"仿太学立法",三科各习七书:公共课为《黄帝素问》、《难经》、《诸病源候论》、《嘉祐补助神农本草》和《千金方》。其中,大小方脉科兼习王叔和《脉经》,张仲景《伤寒论》。针科兼习《黄帝三部针灸经》、《龙本论》。疡科兼习《黄帝三部针灸经》、《千金翼方》。④其考试内容,第1场三经大义5道;第2场诸科脉证大义3道,运气大义2道,针、疡试小经大义3道,运气大义2道;第3场假令治病法3道。⑤其录取标准,分上中下三等,十全为上,十失一为中,十失二为下。若入上等内舍生试上舍,虽平等,听升补。及上舍但一人上等,听保明推恩。若入中、下等,如该考察,方得升补,或保明推恩。全愈不及七分,降舍;失及五分,屏出学。⑥其除授之法,"宜视诸学赐出身,以待清流,庶有激励。今欲试补考察充上舍生,赐医学出身。除七等选人,阶官依格注授差遣,上舍生高出伦辈之人,选充尚药局医师以次医职。上等从事郎,除医学博士、正、录;中等登仕郎,除医学正、录或外州大藩医学教授;下等将仕郎,除诸州军医学教授"①。《宋史》卷一五七《选举志》亦载:"中格高等,为尚药局医师以下职,余各以等补官,为本学博士、正、录及外州医学教授。"②

3. 荐补法

荐补法包含了自荐和他荐两种形式,是宋政府选任医官的辅助方式之一。当宋代皇帝急需专业医人时,常常会颁布诏令,从全国各地选拔医人。医人自己前往应聘者,称自荐;朝臣或地方官吏推荐者,称他荐。无论是自荐或他荐,医技水平高低和治愈患者人数是衡量荐补之人能否得到任用的最重要的因素。

宋初,经过晚唐五代的长期战乱,太医署及其他医学机构中医人匮乏。为了改变这一状况,政府制定了"访求"和"考校"相结合的原则,以荐举的方式从全国各地选拔医学人才。乾德元年(963年)闰十二月巳酉朔,宋太祖发布诏令,"校医官,黜其艺不精者二十二人"③。《宋史》卷四六一《方技传上·刘翰传》记载甚详:

> 乾德初,令太常寺考较翰林医官艺术,以翰为优,绌其业不精者二十六人。自后,又诏诸州访医术优长者籍其名,仍量赐装钱,所在厨传给

① [清]徐松辑:《宋会要辑稿》崇儒3之11~13,北京:中华书局,2006年版,第2213页。又见[清]徐松辑:《宋会要辑稿》职官19之8,第2814页。
② [元]脱脱等:《宋史》卷157《选举志三》,北京:中华书局,2007年版,第3689页。
③ [元]脱脱等:《宋史》卷1《太祖本纪一》,北京:中华书局,2007年版,第16页。

食,遣诣阙①。

这是宋政府较早颁布考核医学人员的诏令。通过考核,淘汰了业务不精的医学人员 20 余人。

开宝四年(971 年)三月戊子,宋太祖发布《访医术优长者诏》,积极地从全国各地访求医术优长之人。《宋大诏令集》卷二一九载:

> 《周礼》有疾医,掌万民之病;又汉置本草待诏,以方药侍医。朕每于
> 行事,必法前王。思得巫咸之术,以实太医之署。其令郡国,求访医术优
> 长者,咸籍其名。仍量赐装钱,所在厨传给食,速遣诣阙②。

《续资治通鉴长编》卷一二亦载三月戊子宋太祖"令诸州访名医转送赴阙"③。宋太祖诏令透露出以下三点信息:一是宋代初年太医署中的医学人员相当紧缺,没有达到政府所希望借助医学来宣扬"仁政"的目的;二是宋太祖效法前代帝王搜求人才的办法,命令地方州县推荐医学专业人才,充实中央医学机构;三是制定了严格的选任和考核程序。

宋太宗时期,政府继续下诏让地方州县推荐优秀医学人员,但同时加强了对荐补医人的考校。雍熙四年(987 年)五月丁亥,宋太宗发布《求艺术精练医人诏》,再次从全国大规模地访求医学人才。《太宗皇帝实录》卷四一载:

> 诏曰:"俞、扁之方,人命所系,岂无至术,宜在精求。应诸道医人艺
> 术精练为众所推者,仰本处举送,令太医署考校以闻。"④

《宋史》卷五《太宗本纪二》亦载:"诏诸州送医术人校业太医署"⑤。在宋太宗看来,医学人员关乎人命所系,务要精求。因此,此次选拔比较注重医学人员的实际水平——"艺术精练、为众所推",并以太医署的考试成绩作为最终录取的结果。同年九月癸亥,宋政府对这些医学人员加以任用,"优者为翰林学士"⑥。翰林学士为差遣名、职事官名,正三品,在学士院内供职,掌撰内制,俸禄优厚。

---

①　[元]脱脱等:《宋史》卷 461《方技传上·刘翰传》,北京:中华书局,2007 年版,第 13505 页。

②　[宋]宋太祖:《访医术优长者诏》,《宋大诏令集》卷 219《政事七十二·医方》,北京:中华书局,1997 年版,第 842 页。

③　[宋]李焘:《续资治通鉴长编》卷 12,开宝四年三月戊子,北京:中华书局,2004 年版,第 263 页。

④　[宋]钱若水撰,燕永成点校《宋太宗实录》卷 41,雍熙四年五月丁亥,兰州:甘肃人民出版社,2005 年版,第 104 页。

⑤　[元]脱脱等:《宋史》卷 5《太宗本纪二》,北京:中华书局,2007 年版,第 80 页。

⑥　[元]脱脱等:《宋史》卷 5《太宗本纪二》,北京:中华书局,2007 年版,第 81 页。

至道二年(996年),礼部侍郎兼起居监察贾黄中患中风眩卒,宋太宗深为痛惜,切责诸医,下诏:"大搜京城医工,凡通《神农本草》、《黄帝难经》、《素问》及善针灸、药饵者,校其能否,以补翰林医学及医官院祇候。"①这次搜求的范围主要在京城,条件是精通《神农本草经》、《难经》、《素问》和擅长针灸、药饵的医人,授予翰林医学和翰林祇候的官位。咸平六年(1003年),万安太后不豫,十二月甲戌宋真宗"诏求良医"②。

庆历三年(1043年)九月丙寅,宋仁宗发布《补太医诏》:"天下选善医者赴阙,当较试方术,以补太医。"③至和三年(1056年)四月十七日,同知太常礼院兼寺丞王起奏:"乞下诸路州军提刑、转运司,各令博访有艺医人委可保用者,约道里远近,与盘缠,发令赴阙,送本局,校其艺能。或显有学术,堪任录用者,即优与安排,以广医道。或类聚一书,上辅圣朝忧人爱物之心。窃虑其间安于乡间,规避赴阙者,其所属处亦不得盖庇。如无,即具结罪供报。"宋仁宗"从之"④,采纳了太常寺有关地方诸路州军提刑、转运司推荐医人的建议。嘉祐八年(1063年)十一月庚戌,宋英宗诏:"州军长吏举精于医术者令赴阙。"⑤

熙宁六年(1073年),郓州杜壬以医术闻名于京东,经郓州知州邵亢(1014—1074年)推荐入京师,试于御药院,成绩出众,诸医称其能。十月二十一日,宋神宗诏:"以郓州医人杜壬为翰林医学,仍赐绯。"⑥元丰元年(1078年)正月乙丑,太皇太后口齿有病,宋神宗发布《太皇太后病令访众所见效口齿科赴阙诏》:"以太皇太后圣体久未康平,其令开封府及诸路访众所见效口齿科,给装钱乘驿赴阙"⑦,令开封府及诸路访求口齿兼咽喉科方面的人才。元丰八年(1085年)二月庚午,宋神宗发布《访通医术者赴阙诏》:"河南、大名、颖昌府、郓、青、扬、郑州守臣访诸通医术者,乘驿赴阙"⑧,从京西路、京东路、淮南路等地访求"通医术"的人才。

可见,当皇帝、太皇太后、皇太后、皇子、公主等身患疑难杂病,国医又无法诊

① [宋]江少虞:《宋朝事实类苑》卷48《太宗校医人》,上海:上海古籍出版社,1981年版,第637,638页。

② [元]脱脱等:《宋史》卷7《真宗本纪二》,北京:中华书局,2007年版,第122页。

③ [宋]李焘:《续资治通鉴长编》卷143,庆历三年九月丙寅,北京:中华书局,2004年版,第3430页。

④ [清]徐松辑:《宋会要辑稿》职官22之35~36,北京:中华书局,2006年版,第2877,2878页。

⑤ [宋]李焘:《续资治通鉴长编》卷199,嘉祐八年十一月庚戌,北京:中华书局,2004年版,第4832页。

⑥ [清]徐松辑:《宋会要辑稿》职官36之98~99,北京:中华书局,2006年版,第3120,3121页。

⑦ [宋]李焘:《续资治通鉴长编》卷287,元丰元年正月乙丑,北京:中华书局,2004年版,第7017页。又见[元]脱脱等:《宋史》卷15《神宗本纪二》,第294页。

⑧ [宋]李焘:《续资治通鉴长编》卷351,元丰八年二月庚午,北京:中华书局,2004年版,第8407页。

治的情况下,政府会下诏从民间选拔医人,令朝臣或地方官吏推荐医人,考校合格者授予一定的官职和钱物奖励。

4. 荫补法

荫补法是宋政府选任医学人员的辅助方式之一,是特权的象征。荫补制即官僚世袭制,"是与选贤任能的原则相悖的"①。然而,由于医学具有世代相传的性质,所以荫补制选官曾多次予以实行。皇帝通常在医官治愈皇亲、国戚或朝臣等疑难杂病有功后,授予其子孙官职。

嘉祐元年(1056年)十一月丙申,宋仁宗采纳知制诰王珪(1019—1085年)的建议,发布《伎术官奏荫事诏》:"伎术官合奏荫者止授以伎术官,仍一次而止。其封赠,初以副率,次正率,次小将军,毋得隔资而授。"②允许伎术官的子孙可以荫补为官,但只授予伎术官,不得改授他官。

元丰元年(1078年)八月二十六日,宋神宗诏:"翰林医官使朱有章治知枢密院事冯京疾有劳,可特与一子翰林医学。"③元丰二年(1079年)正月己卯,宋神宗再次发布《医官朱有章等推恩诏》:"太皇太后服药有效,医官朱有章、秦迪、亢常、沈士安各与一子若孙官。"④元丰二年(1079年)七月二日,医官熊日严治嘉王赵頵疾有劳,宋神宗诏:"翰林医官院(能)[熊]日严与一子医学。"⑤这是宋代医官子孙致仕荫补的典型事例,其所授翰林医学,医职名,九品,隶翰林医官院,供奉医学或外任差遣。

宣和四年(1122年)六月二十七日,宋徽宗诏:"医官曹孝忠二子见任文臣,伎术杂流,玷辱士类,可换医官,不得换授文资,令尚书省遵守"⑥,将曹孝忠二子由文臣转为医官。

荫补出身的官员,经过"铨试",合格者方可授予官职。其法出现于宋初,全面推广于熙宁年间,南宋时期广泛应用于医学考试。相比较而言,宋代较重视科举考试入仕的医人,而不重用恩荫任子为官者。具体表现在:一是所授官阶较低,多

①　王曾瑜:《〈宋代荫补制度研究〉序》,游彪:《宋代荫补制度研究》,北京:中国社会科学出版社,2001年版,第1页。又见王曾瑜:《丝毫编》,保定:河北大学出版社,2009年版,第546页。

②　[清]徐松辑:《宋会要辑稿》职官36之113,北京:中华书局,2006年版,第3128页。又见[宋]李焘:《续资治通鉴长编》卷184,嘉祐元年十一月丙申,第4455页。

③　[清]徐松辑:《宋会要辑稿》职官36之99,北京:中华书局,2006年版,第3121页。

④　[宋]李焘:《续资治通鉴长编》卷296,元丰二年正月己卯,北京:中华书局,2004年版,第7197页。

⑤　[清]徐松辑:《宋会要辑稿》职官36之99,北京:中华书局,2006年版,第3121页。

⑥　[清]徐松辑:《宋会要辑稿》职官36之115,北京:中华书局,2006年版,第3129页。

为翰林医学或翰林祗候,为最末一等,升迁较慢;二是医官子孙只能除授医官,不能授予文官或武官;三是恩荫医官如想继续升迁,还需参加太常寺、礼部举行的考试。

经过"试补"、"荐补"和"荫补"相结合的方式,政府选拔了大批有一定技能的医学人员。宋初有翰林医官刘翰、陈昭遇、赵自化、冯文智,道士马志、王怀隐等。宋仁宗时期有针灸科专家王惟一,脉科专家宋安道、孙兆和单骧,僧医释洪蕴、释法坚,道医苏澄隐、赵自然、贺兰栖真,草泽医许希、刘巽等。宋神宗时期有翰林医官使陈易简,尚药奉御秦迪、李舜举,翰林医官朱有章、亢常、沈士安,翰林医学杜壬,草泽医钱乙和孙用和等。宋徽宗时期有伤寒论专家朱肱,本草学专家曹孝忠,草泽医杨介、何澄、臧中立等。这些医人均得到政府的重用,先后参加了政府举行的一系列医学活动。

二、南宋政府选任医官的措施及其发展

南宋时期,政府对医学人员的选任,继续采用试补、荐补和荫补相结合的方式。为了防止徇私作弊,南宋政府完善了各种考场办法,以便应举人公平竞争。

1. 完善锁院制度,以防请托

锁院之制创立于淳化三年(992年),不仅实行于省试,也推广于解试和殿试。宋代各级重要考试,如试补太学生、四门学生、复考举人试卷和转运司漕试等,主考官皆须赴指定处锁宿,通常由礼部长贰或皇帝临时派遣官吏担任。这样,就隔断了考官、考生与其他臣僚的联系,"使权臣近侍等人的请托难以得逞"①。

医学考试,春季举行,赴礼部贡院锁试。考试共3场,于《难经》、《素问》、《脉经》、《本草》、《伤寒论》、《太平圣惠方》、《诸病源候论》七经内出题。第1场考墨义三道,脉义二道。第2场考大义三道,假令论方义一道。第3场考假令法二道,运气一道。其录取方法,"如前试补,中则曰局生、学生,入学次第试补,迁改职事,如庠序例。"②南宋赵升《朝野类要》指出:"比之士人,止不赴殿试,其举业亦为科场"③。

绍兴二十年(1150年)十二月二十五日,宋高宗发布《试医人并太医局生附试事诏》,要求在太医局中单独实行锁试。《宋会要辑稿》职官二二之四○载:

---

① 张希清:《中国科举考试制度》,北京:新华出版社,1993年版,第53页。
② [宋]赵升编,王瑞来校:《朝野类要》卷2《局生医生》,北京:中华书局,2007年版,第61页。
③ [宋]赵升编,王瑞来校:《朝野类要》卷2《试补》,北京:中华书局,2007年版,第61页。

〔绍兴〕二十年十二月二十五日,诏:"将来臣僚言试医人并太医局生附试,可令就本局专一锁试,务要严格弊倖。应合行事件,令条具申尚书省。"①

此诏规定,医人及太医局局生参加的各类考试,需在太医局"锁试",以防范舞弊。

2. 实行通行试卷,保证成绩公平合理

通行试题具有标准化考试的性质,避免了因试题不一而造成的标准差异问题,便于学生答题和评卷者审阅。乾道元年(1165 年)二月十六日,宋孝宗发布《考校医生医官等事诏》:"太医局选试医生,并臣僚奏试医补、医官名目,差大方脉科、风科共四员,通行出题考校,支破公使钱二百五十贯。"①派遣大方脉科和风科医官4 人出通行试题考校太医局医生、医官。

3. 实行挟书之禁,严防作弊

该制度实行于宋初,专门设监门、巡铺等官吏,进行搜索、巡查,一旦查获,即严加处罚。庆元元年(1195 年)二月二十六日,应太常寺之请,宋宁宗发布《太医局试选医官不许携带经书入试诏》:"太医局教导生员,试选医官,性命所系,岂宜苟简?见行试法带入经方数部,许就试所检阅,因此诸生都不记念,其弊寝久,今后并不许携带经书入试。"②严禁挟带医书入试,是太医局选试医官新出现的又一项措施。

4. 继续实行六通合格制度

绍兴二十一年(1151 年)正月二十五日,宋高宗发布《翰林局医生并奏试人考试格诏》:"翰林局医生并奏试人,并令试经义十二道,以六通为合格,与补翰林医学。"③规定经义达标的标准为 60%,合格者授予翰林医学。对于医术平庸的医官,政府也给予了相应的处罚措施,如绍兴二十二年(1152 年)十月七日宋高宗发布《杨师道仇师愈各降一官诏》:"额内翰林医效御医杨师道、额内翰林医痊御医仇师愈医术浅陋,不识病源,可各降一官。"④二人被降官的理由是医术浅陋,不识病源,没有达到六通的条件。

---

① 〔清〕徐松辑:《宋会要辑稿》职官 22 之 40,北京:中华书局,2006 年版,第 2880 页。

② 〔清〕徐松辑:《宋会要辑稿》职官 22 之 42,北京:中华书局,2006 年版,第 2881 页。

③ 〔宋〕李心传:《建炎以来系年要录》卷 162,绍兴二十一年正月丁酉,北京:中华书局,1956 年版,第2628 页。

④ 〔清〕徐松辑:《宋会要辑稿》职官 36 之 104,北京:中华书局,2006 年版,第 3123 页。

南宋时期选拔的医学人才,较为著名的有眼科医师皇甫坦,内科医师王继先,针灸科专家王克明,风科医师杜楺、郭良,伤寒论医师许叔微,大方脉科赵确、何滋、汤公材、周昭,小方脉科郭师谅,巫医吴端等,先后得到政府的重用。

三、医官选拔制度与冗官问题

宋政府通过科举试补法、荐补法和荫补法,选拔了大批不同专业的医学人员到政府医学机构任职。医官人员数额,宝元二年(1039 年)以前定为 97 人,宝元二年(1039 年)后略有减少,嘉祐二年至元丰时期为 146 人,政和三年(1113 年)为979 人,宣和初年(1119 年)达到 1096 人,宣和二年(1120 年)减至 350 人,绍兴二年(1132 年)缩减至 43 人,淳熙元年(1174 年)再次缩减至 25 人,绍熙元年(1190年)增至 48 人,庆元二年(1196 年)为 45 人,庆元二年以后至宋亡不详。宋代官方医学之所以能够取得前所未有的发展,与这些不同时期选任的医学人员是分不开的。

然而,由于选官制度中存在弊端,尤其是荐补法和荫补法的实施,致使医官出现冗滥的问题。宋仁宗时期,医官选官中已出现冗滥现象。张方平(1007—1091年)《请立医官定员》指出:

> 臣按《官品令》:尚药奉御四员。国朝故事:翰林医官院虽无定员,然至奉御者,率不过三数员而已。今点勘本台班簿,医官使、副八员,直医官院七员,尚药奉御十二员,合二十七员。自余医官、医学祗候辈,故不胜其冗且滥也①。

可见,医官编制已经超出《官品令》的规定,人员较多。其中宫省嫔御、宗室戚里、内外臣僚的奏荐,是造成医官膨胀的重要原因。

政和、宣和年间,政府制定医官 22 阶,医官人数大量增加,达到宋代历史上人数最多的时期。据政和三年(1113 年)八月十八日礼部、翰林医官局奏:"奉诏,立医官额。使、副,元丰旧额共肆员,今自和安大夫至翰林医官凡十四阶,额外总一百十有七人。直局至祗候,元丰旧额共一百四十二人,今自医效至祗候,凡八阶,并不立额,见在职者总九百七十九人,冗滥莫此之甚。"②共计医官 1096 人,其中额外 117 人,在职 979 人。此外,未有差遣等医官 400 余员,"端闲并无职事"。政和

---

① [宋]张方平撰,郑涵校:《张方平集》卷 25《请立医官定员》,郑州:中州古籍出版社,2000 年版,第380 页。

② [清]徐松辑:《宋会要辑稿》职官 22 之 39,北京:中华书局,2006 年版,第 2879 页。

二年(1112年)全国官员总数为43000员,医官约占全国官员总数的2.5%。①

关于地方州县医职人员的冗滥,宣和二年(1120年)七月二十三日宋徽宗《罢诸路差置医职等诏》称:"近岁诸路差置医职等,请给、白直、公廨并视州县官,至为冗滥,增破雇钱,有害后法,可并罢。见任者依省罢法,旧合差医官去处,并依元丰法。"②

关于医官冗滥现象出现的原因,洪迈(1123—1202年)在《容斋随笔》中进行了反思,他指出:"宣和中,自和安大夫至翰林医官,凡一百十七人,直局至祗候,凡九百七十九人,冗滥如此。三年五月,始诏大夫以二十员,郎以三十员,医效至祗候以三百人为额,而额外人免改正,但不许作官户,见带遥郡人并依元丰旧制,然竟不能循守也。"③可见,皇帝不能"循守"制度而随意授官,是造成医官"冗滥"的根本原因。

南宋时期,受编制影响,出现个别医官所授职务与专业不符的现象。如淳熙十年(1183年),内宿医官金大亨的专业为疮肿科,然而翰林医管局"以本局疮肿科人数已多,内宿不可复益,遂改为口齿科"。八月十八日,臣僚奏:"大亨平日止以疮肿为业,一旦改为口齿咽喉,但知徼冀内宿增俸,而不量艺术空疏。"④

第二节　宋代医官除授、考课、磨勘、黜降、俸禄制度及其措施

医官除授、考课、磨勘、黜降、俸禄是宋代官吏管理制度的重要内容,适应了宋代统治者重视医学、发展医学的政治需要。它奉行"资历至上"的原则,注重医官的医德和医技,一定程度上体现了平等、开方的特色。

一、宋代医官的除授

宋代医官的除授,与文官、武官的除授有所不同,主要有皇帝特旨除授,太常寺、礼部、翰林医官院的除授,以及诸司的特补、奏荐、奏试等。

1. 皇帝特旨除授

宋代皇帝常常亲自提拔和任用医官,称为"特旨除授",或称"御笔除授"、"旨

---

① [宋]陈均编,许沛藻等点校:《皇朝编年纲目备要》卷28,北京:中华书局,2006年版,第707页。
② [清]徐松辑:《宋会要辑稿》职官36之115,北京:中华书局,2006年版,第3129页。
③ [宋]洪迈撰,孔凡礼点校:《容斋三笔》卷16《医职冗滥》,北京:中华书局,2005年版,第619页。
④ [清]徐松辑:《宋会要辑稿》职官36之106,北京:中华书局,2006年版,第3124页。

授"、"御批"等,在宋代较为频繁。翰林医官院、太医局、御药院、和剂局等机构中的提举官,大多由皇帝除授内侍担任。职事官如太医局令、太医局正、太医局丞等,亦由皇帝降旨除授。这些官员的任免,都要由皇帝亲下圣旨,翰林学士起草制词,称为特旨除授。

此外,医官子孙恩荫入仕和民间医人进入政府医学机构为官,也是皇帝特旨除授的结果。如绍兴七年(1137年)四月二日,宋高宗诏:"百姓医人曾守淳特补额外翰林医学,以供应汤药累有劳效故也。"[①]翰林医学在南宋医官22阶中,位于第21阶,从九品,领有一定的俸禄。

特旨除授制度是专制主义皇权在人事任免权方面的体现,有利于打破资格限制,从不同地区、不同专业选拔国家急需的医学人才,在破格用人方面有一定的意义。

2. 翰林医官院(局)、太常寺、礼部、吏部等机构的除授

宋代,翰林医官院(局)掌管国家医药政令,负责入内内宿医官、监司宿值医官、诸州驻泊医官等除授,掌管除医学教育外的所有医学行政事务。绍兴十三年(1143年)二月五日,翰林医官局(院)曾对本局的职责有详细的说明,"所掌自祗候至和安大夫二十二阶医官,宿直看验、诸般差使、奏荐封赠、磨勘酬奖、升改服色、致仕遗表、臣寮举试医人、注拟诸州驻泊、去失审实、叙理官资等类"[②]。

关于医学教育有关的医官除授,北宋前期由太常寺太医案负责"补充太医、助教"[③]等。元丰改制后,由太常寺和礼部共同负责。其中礼部祠部司所属详定祠祭太医帐案,负责"医官磨勘八品、驻泊差遣、太医局生试补"、"侍从等除受,奏举医人越试,宰执初除罢政遇大礼及知州带安抚使、学士及管军观察使以上陈乞太医助教"[④]等。

关于医学"三舍法"中上舍生的推恩,政和五年(1115年)规定,凡学满3年,又不犯学规者,"发遣赴吏部,依两学上舍法,注受差遣"[⑤]。这些医人多为赴州县任职的中下级医官,由吏部注拟差遣,称"吏部差注"。

3. 诸司的特奏与奏辟

在宋代医官选任制度中,作为推择才能的一种选拔机制,特奏、奏辟等具有特

① [清]徐松辑:《宋会要辑稿》职官36之103,北京:中华书局,2006年版,第3123页。
② [清]徐松辑:《宋会要辑稿》职官36之104,北京:中华书局,2006年版,第3123页。
③ [元]脱脱等:《宋史》卷164《职官志四》,北京:中华书局,2007年版,第3884页。
④ [清]徐松辑:《宋会要辑稿》职官13之16,北京:中华书局,2006年版,第2672页。
⑤ [清]徐松辑:《宋会要辑稿》崇儒3之16,北京:中华书局,2006年版,第2215页。

殊重要的意义,有利于调动朝臣、州县官吏、转运使、漕臣等发现优秀医人,并推荐至朝廷为官。

关于特奏名,北宋时即已实行,属科举考试中的一种特殊规定,即在正常贡举考试制度之外特别奏明录用士人的制度。凡医学生参加殿试多次不中者,另造册上奏,经许可附试,特赐本科出身。但特奏名殿试比正奏名殿试所考内容简单,录取标准较低。如宣和二年(1120年)七月二十九日,宋徽宗诏:"太医学俟殿试人,特许赴来年特奏名试。"①绍兴初年,规定:"医官局答(默)[墨]义数篇而已",考试内容简单,录取条件宽松。特奏名虽然录取人数较多,但所授官职一般较低,多为翰林医学或翰林祗候。

关于奏辟,也称奏举、辟差、选辟等,北宋时已实行,是诸司、地方州县向朝廷荐举为官的一种制度,"州郡官属,皆长吏自行奏辟,姓名未闻於朝,已先莅职。"②在发现杰出医人,以及在条件差、瘴疾流行严重地区的职位"无人愿注"时,奏辟法能打破礼部、太常寺繁琐的审核程序,较快地为朝廷推荐到备用人选。宋政府规定,臣僚奏试医人,"与局生并附贡院,一(休)[体]出题,赴试三场合格,方许出官。"③被奏辟者需是政府已任官吏,非政府官吏,不得奏辟。奏辟者需赴礼部贡院参加省试,三场合格者授予官职。

淳熙十五年(1188年)九月十日,宋孝宗发布《试补医官诏》,规定了奏辟医人的考试内容和录取标准。《宋会要辑稿》职官三六之一〇六载:

> 诏:"比年医官少精方脉,可自来年为始,令内外州县白身医人各召文武臣选人医官一员委保,具状经礼部陈乞,于省试前一年附铨试场,随科目试脉义一场三道,以二通为〔合〕格,就本所拆卷,出给公据照会,赴次年省试场,试经义三场共一十二道,将五通为合格,以五人取一名,令礼部给贴补充习医生,候次举再赴省试场,试经义三场共一十二道,以五人取一名,八通补翰林医学,六通补祗候。今后待补,许有司执奏不行,其臣僚已奏试医人,更不收试。仍仰礼部、太常寺更参照太医局试补旧法,条具申尚书省取旨。"④

《宋史》卷一五七《选举志三》亦有相同的记载:

① [清]徐松辑:《宋会要辑稿》崇儒3之25,北京:中华书局,2006年版,第2220页。
② [宋]王栐撰,诚刚校:《燕翼诒谋录》卷4,北京:中华书局,2007年版,第42页。
③ [清]徐松辑:《宋会要辑稿》职官22之42~43,北京:中华书局,2006年版,第2881页。
④ [清]徐松辑:《宋会要辑稿》职官36之106,北京:中华书局,2006年版,第3124页。

命内外白身医士,经礼部先附铨闱,试脉义一场三道,取其二通者赴次年省试,经义三场一十二道,以五通为合格,五取其一补医生,俟再赴省试升补,八通翰林医学,六通祗候,其特补、荐补并停①。

这里的"白身医士",指未经授官的医人。南宋政府这次访求的医人是精通"方脉科"方面的人才,其中大方脉科主内科,小方脉科主小儿科。选拔的标准是"白身医人"需先到礼部指定的考试场所"铨闱"进行考试,如果脉义达标 66.6%,方许参加次年省试;经义达标 41.6%,方许参加次年省试。八通合格者补翰林医学,六通合格者补翰林祗候。同时,停止特补和荐补的选官方式。翰林医学在南宋医学 22 阶官中位于第 21 阶,从九品,属于官户。翰林祗候是第 22 阶,无品,不为官户。被奏辟的医官,接受礼部、太常寺的考课和监督。

宋代驻泊医官的差遣,由翰林医官局负责,元丰年间有详细的规定。绍兴二十七年(1157 年)十二月十一日,宋高宗下诏采用奏辟制,"诸州驻泊医官,并依元丰法差注。内无人愿就去处,许奏辟。又无人奏辟,听缺。其不愿就人令致仕,或放归田里。在外医人不愿赴医官局公参者依此,赴局公参人方许理磨勘差使。"②乾道三年(1167 年)四月四日,宋孝宗发布《诸路州军驻泊医官二年一替诏》:"应诸路州军驻泊医官,并以二年一替,其已过满人,不候替人罢任,今后不许陈乞奏辟再任。"③将"二年一替"作为驻泊医官的换任时间。

庆元元年(1195 年)九月二十九日,翰林医候管震奏:"医官补授有四色,曰特补,曰奏荐,曰臣僚奏试,曰局生锁试。自局生出官者,系经三场试中,号为广场人,许充试官。其特补、奏荐、奏试,绍兴初间止就医官局答(默)[墨]义数篇而已,故不为广场人。比年以来,既将臣僚奏试之人与局生并附贡院,一(休)[体]出题,赴试三场合格,方许出官,此谓广场可也。本局循习旧例,每差试官,止以局生补授为广场人,其余不得预差。殊不知向来以局生补授者,历年既久,事故死亡,目今止有十数辈,往往可以(偏)[遍]嘱,殊非公道。今乞将比年奏试曾与局生一例三场赴试合格出官之人,通为广场人数,如遇有试,令医官局尽其员数,备申朝廷点差,以绝私弊。"④宋宁宗"从之",将太医局局生与奏试之人一并定为"广场人",三场考试合格者,许充医官。

---

① [元]脱脱等:《宋史》卷 157《选举志三》,北京:中华书局,2007 年版,第 3689 页。
② [清]徐松辑:《宋会要辑稿》职官 36 之 116,北京:中华书局,2006 年版,第 3129 页。
③ [清]徐松辑:《宋会要辑稿》职官 36 之 119,北京:中华书局,2006 年版,第 3131 页。
④ [清]徐松辑:《宋会要辑稿》职官 22 之 42~43,北京:中华书局,2006 年版,第 2881 页。

二、宋代医官的考课与磨勘

考课与磨勘是宋代医官管理制度的重要内容,被广泛运用于医官铨选制度中。宋政府根据有关条例,对医官的德行、技能、劳绩等定期进行考评,作为奖惩、升迁、任免的依据。宋代医官磨勘制度不看重门第观念,但极为重视医德、医术、治愈患者人数和违纪情况,并将此作为升迁的主要因素。

关于医官的考核,宋政府有详细的规定:一是日常考核,由中央发给印纸、历子,记录平时功过绩效。《宋史》卷一五五《选举志》称:"考课虽密,而莫重于官给历纸,验考批书"[①]。二是官府主持的考试成绩。至和二年(1055 年)九月戊辰,宋仁宗诏:"提举医官院自今试医官,并问所出病源,令引医经、本草,药之州土,主疗及性味畏恶,修制次第,君臣佐使,轻重奇偶条对之,每试十道,以六通为合格。"[②]考核工作由提举翰林医官院负责,考核范围包括病源、医经、本草、药物等内容,明确要求精熟的内容达 60% 以上。这条诏令规定的考核内容和达标要求,宋代时一直实行。

关于医官的磨勘,包括磨勘的时限、内容、资迁等,宋初未有明确规定。如天禧元年(1017 年)八月二十二日,宋真宗《伎术人不在磨勘之例诏》规定:"伎术人虽任京朝官,审官院不在磨勘之例。"[③]

熙宁八年(1075 年)六月甲午,宋神宗下诏制定医官磨勘条例。《续资治通鉴长编》卷二六五载:

> 诏翰林医官使、副使并五年一磨勘。医官副使以上,旧无磨勘法,副使遇推恩即改正使,至是立法,以资迁东班诸司使、副使,仍旧兼医官使、副使,其副使迁至军器库副使,乃迁医官使[④]。

这是宋政府首次为翰林医官使、副使磨勘年限及资迁作出的条例。此诏规定翰林医官使、副使 5 年一磨勘,以资迁东班诸司使、副使阶,并将军器库使、西绫锦使、榷易使、军器库副使、西绫锦副使、榷易副使作为医官迁转的官阶。在地方诸

①　[元]脱脱等:《宋史》卷 155《选举志》,北京:中华书局,2007 年版,第 3604 页。
②　[清]徐松辑:《宋会要辑稿》职官 36 之 98,北京:中华书局,2006 年版,第 3120 页。又见[元]脱脱等:《宋史》卷 12《仁宗本纪四》,第 238 页。
③　[清]徐松辑:《宋会要辑稿》职官 11 之 7,北京:中华书局,2006 年版,第 2626 页。又见[宋]李焘:《续资治通鉴长编》卷 90,天禧元年八月丁亥,第 2077 页。
④　[宋]李焘:《续资治通鉴长编》卷 265,熙宁八年六月甲午,北京:中华书局,2004 年版,第 6485 页。又见[清]徐松辑:《宋会要辑稿》职官 36 之 99,第 3121 页。

州、军,政府设正医学教授、权医学教授、医博士等职,从地方现任官中选拔通医术并能文者,即授以此职①。这道诏令扩大了医官的迁转官阶,此后翰林医官使、副使均带此阶。

政和三年(1113年)闰四月一日,宋徽宗采纳尚书省建议,将治愈患者人数作为医官考课和磨勘的依据。《宋会要辑稿》职官二二之三八～三九载:

> 三年闰四月一日,尚书省言:"……医职、医工,医治吏军民,任满比较痊安。八分以上,以下项医过人数十分为率。千人以上或起死得生十人以上,虽不及八分免试,仍减三年磨勘,愿以磨勘改换服色者听。五百人以〔上〕免试,仍升注官一等;三百人以上升注官一等,愿换免试者听。死失三分以上,以下项医治过人数十分为率,千人以上展一年磨勘,五百人以上展二年磨勘,不满五百人展三年磨勘。一、应见在翰林院自祗候以上,许就试注官,于翰林院投状,牒送医学,类聚阙,贡院较试,出榜申奏,于礼部注授。一、诸州书医职医工历不验实,冒妄虚伪者杖一百,吏人勒停;有情弊者加二等,吏人编管五百里。乞取者以自盗论。"从之②。

此诏规定的内容极为详尽,一是将治愈患者人数作为医官磨勘的重要凭证;二是翰林祗候以上的医人,经参加礼部主持的贡院考试,成绩合格者由礼部注授官职;三是加强诸州记录医人业绩的印纸、历子的监督和审核,违者予以处罚。

可见,宋政府极为重视医官的医德、医术和参加疾病救治的过程,从而保证了医人来源的多途和统治阶级内部官僚体制的稳定。

三、宋代医官除授、迁转的特殊情况

宋代皇帝常常亲自提拔和任用医官,称为"特旨除授",或称"御笔除授"。除授予医人医官外,皇帝还常常发布诏令,授予医官本职之外官衔的情况,如武阶遥郡官、武阶正任官、检校官、文臣寄禄官等。常见者有"使、副领院事,以尚药奉御充,或有加诸司使者","加同正官至尚药奉御者,或加检校官,其直院奉御及同正官皆为之,多自医官特奖命授"③。

1. 遥郡官

宋代,遥郡官分节度观察留后、观察使、防御使、团练使和刺史,属武官升擢的

---

① 〔清〕徐松辑:《宋会要辑稿》崇儒3之20～22,北京:中华书局,2006年版,第2218,2219页。
② 〔清〕徐松辑:《宋会要辑稿》职官22之38～39,北京:中华书局,2006年版,第2879,2880页。
③ 〔清〕徐松辑:《宋会要辑稿》职官36之97,北京:中华书局,2006年版,第3120页。

虚衔,"遥郡五阶为美职"①。医官如供应汤药有功,经皇帝特旨,可以升转遥郡刺史、遥郡观察使和遥郡团练使等。宋代医官所授遥郡官中,以遥郡刺史为多。遥郡刺史,遥郡武阶名,为遥郡官之第5阶。

皇祐四年(1052年),谏官、御史并奏:"医官栢温恭不合除遥郡刺史",宋仁宗诏"今后伎术官更不得除遥郡"②。可知,宋初已有医官除授遥郡刺史的先例。尽管宋仁宗此诏试图阻止伎术官授予遥郡官的情况,但产生的效力并不大。因为皇帝常常自己打破惯例,给医官授予遥郡官。

元丰二年(1079年)正月己卯,宋神宗发布《医官朱有章等推恩诏》:"太皇太后服药有效,医官朱有章、秦迪、亢常、沈士安各与一子若孙官,陈易简授遥郡刺史。"③元丰三年(1080年)闰九月二十二日,宋神宗诏:"入内东头供奉官、幹当御药院李舜举左右岁久,清谨寡过,可文思使、遥郡刺史、带御器械。"④

由于授予遥郡刺史的情况越来越普遍,崇宁元年(1102年)五月四日宋徽宗下诏,试图将遥郡五阶作为医官正常迁转的官阶。《宋会要辑稿》职官三六之一〇〇载:

> 徽宗崇宁元年五月四日,诏:"今后医官供应汤药有劳、特旨令改转者,授皇城使须实及五年已上,方许除遥郡刺史;授遥郡刺史须及七年已上,方许除遥郡团练使;授遥郡团练使须实及十年已上,方许除遥郡防御使止。已上如勘当得理年未满,止许将恩泽回授与本色有官有服亲以改转。"⑤

此道诏令规定:医官供汤药有功,可以转至皇城使,5年以上除遥郡刺史;7年以上,许除遥郡团练使;10年以上,许除遥郡防御使。从皇城使迁至遥郡防御使,共计22年。此诏打破了历代政府规定的技术官不得转授武官的律令,因而遭到朝臣的反对。宣和四年(1122年)八月四日,宋徽宗又下诏改变了这一规定,"诸伎术官非随龙及有战功者,不得换授右职。内医官仍转至和安大夫止,不得转遥郡刺史以上。"⑥

南宋高宗时期,遥郡刺史仍用于有功医官的特殊迁转。绍兴二年(1132年)八

① [元]脱脱等:《宋史》卷389《尤袤传》,北京:中华书局,2007年版,第11927页。
② [清]徐松辑:《宋会要辑稿》职官36之113,北京:中华书局,2006年版,第3128页。
③ [宋]李焘:《续资治通鉴长编》卷296,元丰二年正月己卯,北京:中华书局,2004年版,第7197页。
④ [清]徐松辑:《宋会要辑稿》职官34之12,北京:中华书局,2006年版,第3044页。
⑤ [清]徐松辑:《宋会要辑稿》职官36之100,北京:中华书局,2006年版,第3121页。
⑥ [清]徐松辑:《宋会要辑稿》职官36之115,北京:中华书局,2006年版,第3129页。

月，医官樊彦端因进汤药有功，宋高宗御笔："特转遥郡刺史，免执奏。"①绍兴九年（1139年）四月二十三日，宋高宗发布《王继先特于遥郡上转一官诏》："昨晚服药，王继先医治有功，可特于遥郡上转一官，余人不得援例。"②绍兴二十三年（1153年）二月二十七日，宋高宗诏："保安大夫潘士忠医治有劳，特与转遥郡刺史。"③

南宋孝宗时期，医官还有迁转至遥郡观察使、遥郡防御使者，实为恩宠有加。如乾道元年（1165年）十一月二十九日，臣僚上奏："医官（能）[熊]诚已系遥郡观察使，陈孝廉已系遥郡团练使，李师尧系和安大夫，合转遥刺，若将今来转一官便转行遥郡，则是前日碍止法人以两官转行，而今日止以一官转行，今日一官恩例却与前日两官恩例无异。欲望圣慈特赐行下，遇有转行两官，方许于碍止法上转行一官。其转一官恩例，止令回授。"宋孝宗"诏依，再因转官日，通作一官收使，遥郡上转行。"④医官熊诚所带之遥郡观察使，为遥郡官之第2阶，位在遥郡节度观察留后之下，遥郡防御使之上。陈孝廉所带之遥郡团练使，为遥郡官之第4阶，位在遥郡防御使之下，遥郡刺史之上。

医官迁转至遥郡刺史以上，打破了此前医官不许除受授郡刺史以上的规定，受到朝中大臣的激烈反对。淳熙三年（1176年）十一月二十九日，宋孝宗发布《医官不得带遥郡诏》："医官带遥郡，非祖宗旧制，自今不得转授。"⑤淳熙十五年（1188年）正月辛酉，宋孝宗谕皇太子（即宋光宗）曰："祖宗朝医官无除遥郡者，不可不知。"⑥此后，未再见授予医官遥郡刺史的情况。

2. 团练使、观察使、武功大夫等

团练使，正任武阶名、遥郡官阶名，无职事，为武臣、宗室、内侍等迁转官阶。宋代医官有功，经皇帝特旨，可以迁转至此官阶，实为恩宠。如雍熙二年（985年）三月，翰林医官使、检校户部郎中刘翰，因医治武成军节度使刘遇无效，受到宋太宗责罚，送中书簿责降职，"授和州团练使"⑦。

观察使，正任武阶名、遥郡官阶名，无职事，为武臣、宗室、内侍迁转官阶。元丰改制后，定为正五品。其序位，在正任官中位在节度观察留后之下，防御使之

---

① [宋]熊克：《中兴小记》卷13，上海：商务印书馆，1937年版，第158,159页。

② [清]徐松辑：《宋会要辑稿》职官36之104，北京：中华书局，2006年版，第3123页。

③ [清]徐松辑：《宋会要辑稿》职官36之104～105，北京：中华书局，2006年版，第3123,3124页。

④ [清]徐松辑：《宋会要辑稿》职官36之118，北京：中华书局，2006年版，第3130页。

⑤ [清]徐松辑：《宋会要辑稿》职官36之123，北京：中华书局，2006年版，第3133页。

⑥ [元]佚名撰，李之亮点校：《宋史全文》卷27下《宋孝宗八》，哈尔滨：黑龙江人民出版社，2005年版，第1928页。

⑦ [清]徐松辑：《宋会要辑稿》职官36之97，北京：中华书局，2006年版，第3120页。

上。如乾道三年(1167年)正月二十四日,随龙医官平和大夫、阶州团练使潘攸差判太医局,"请给依(能)[熊]诚例支破"。臣僚提出反对意见:"在于禄令,固无伎术官请真奉之文。按(能)[熊]诚系和安大夫、潭州观察使,月请米麦百余石、钱百千,春冬衣绵绢之属比他人十倍。今潘攸官秩虽降诚两级,然其所得亦已多矣。以医职而授观察、团练使厚俸,何以别将帅、勖旧哉!欲望睿旨将潘攸合得请给,令户部照条支破。"宋孝宗被迫"从之"①,依平和大夫阶支给俸禄。

武功大夫,武阶名,正七品,为诸司正使八阶列,政和二年(1112年)由皇城使改,绍兴年间厘定为入品武阶52阶之第15阶。建炎四年(1130年)六月己丑,医官、开州团练使王继先遇登极,"特许不转防御,换武功大夫",给事中富直柔(1084—1156年)封还录黄,奏:"侍医当还本色官,何与武功?宜惜名器,以励战士。"三省亦奏:"伎术官法不许换前班。"但宋高宗不顾朝臣反对,坚决授予其武功大夫阶,说:"朕于言无不从,但顷冒海气,继先诊视有功,彼未尝请,皆朕意尔。直柔抗论不挠,朕当屈意从之。"②王继先遂授武功大夫。

3. 检校官

检校官,职官之一,宋代为虚衔,表示迁转经历和尊崇地位,不掌其职事,宋初规定自检校太师至水部员外郎共19阶。③医官进汤药有功,经皇帝特旨,"加同正官至尚药奉御者,或加检校官"。如太平兴国四年(979年),宋太宗"命(刘翰)为翰林医官使,再加检校户部郎中"④。咸平六年(1003年),翰林医官副使冯文智随宋真宗祀汾阴,"加检校主客员外郎"⑤。

4. 其他官职

医官授予其他官职者,以宋初为多,有少府监主簿、少府监丞、光禄寺丞、鸿胪寺丞、朝散大夫等,均为文臣迁转官阶。

少府监主簿和少府监丞,阶官名、职事官名,从七品下,宋前期无职事,为文臣迁转官阶。如端拱初(988年),宋太宗授予冯文智"少府监主簿,逾年转医官,加少府监丞"⑤。

光禄寺丞,宋前期为寄禄官名,无职事,从六品上,为文臣迁转官阶。元丰改制后为职事官名,参领本寺祠祭礼料等事。如乾兴元年(1022年)五月,中书门下

---

① 〔清〕徐松辑:《宋会要辑稿》职官36之119,北京:中华书局,2006年版,第3131页。
② 〔宋〕熊克:《中兴小记》卷8,上海:商务印书馆,1937年版,第102页。
③ 〔元〕脱脱等:《宋史》卷169《职官志九》,北京:中华书局,2007年版,第4063页。
④ 〔元〕脱脱等:《宋史》卷461《方技传上·刘翰传》,北京:中华书局,2007年版,第13506页。
⑤ 〔元〕脱脱等:《宋史》卷461《方技传上·冯文智传》,北京:中华书局,2007年版,第13509页。

奏:"翰林医官、图画、琴棋待诏,旧制转官止于光禄寺丞,如遇恩泽,止加阶、勋。"宋真宗"从之"①,医官经特旨可以转至光禄寺丞。

这些特殊的授官现象说明:宋朝最高统治者时常打破惯例授予医人本职之外官职,体现了皇帝和政府对医官的重视。但从另一方面来看,皇帝违反旧例授予医官文、武官阶,正是专制主义皇权制度干预医学的结果,"是一项严重的社会痼疾"②。

四、宋代医官的黜降

黜降制度是宋代官员管理制度中的一项重要内容。医官大多是通过科举试补或荐补、荫补进入中央,进而因医治皇帝或皇室疾病有功而得以升迁。然而,一旦误诊或治疗失败,即刻遭到政府的严厉处罚,计有除名、勒停、编管、放罢、追官等。这方面的医事诏令较多,下面举两例加以说明。

元符二年(1099年)闰九月丁酉,医官卓顺之等人因医治皇子赵茂无效而遭到宋哲宗严厉的惩罚,不仅将他们除名,而且充军发配。宋哲宗《医治皇子无效责罚卓顺之等诏》规定:"医官卓顺之等六人,医治皇子无效,并除名勒停。卓顺之送衡州,李士爽永州,张倚全州,王周道随州,李士奭徐州,胡宗唐州,并编管。"③共有6人受到惩处,并被除名停职。

乾道三年(1167年),擅长风科的翰林医官杜楫、郭良和秦铸,因医治皇太子赵愭无效遭到严厉惩处。七月十一日,宋孝宗诏:"成全郎、入内看医杜楫除名勒停,送琼州编管;翰林医诊御脉郭良降两官,送兴国军编管;翰林医诊、入内内宿秦铸降两官,送处州编管。皆以供应庄文太子汤药无效故也。"④七月十四日,臣僚上奏:"医官杜楫祗应皇太子汤药无效,可降两官,送袁州编管。臣切见皇太子本以伏暑微疾,未至膏,而医非其人,投药失当,议者谓陛下当取数人断其腰领,以快天下冤忿。俟命两日,不过贬黜杜楫一人,而所谓主病元恶如郭良者,盖偃然自若也。欲望圣断,将郭良、杜楫等明正典刑。纵未有肆诸市朝,犹当黥配海外,永不放还。"宋孝宗诏:"杜楫专充皇太子医官,最先用药无效,可除名勒(亭)[停],送韶州编管。郭良可降两官,送兴国军编管。风科秦铸可降两官,送处州编管。"不知何故,当天宋孝宗又发布《郭良免编管诏》:"郭良与免编管,仍追官勒(亭)[停],仍

① [清]徐松辑:《宋会要辑稿》职官36之111,北京:中华书局,2006年版,第3127页。
② 王曾瑜:《〈宋代荫补制度研究〉序》,《丝毫编》,保定:河北大学出版社,2009年版,第547页。
③ [宋]李焘:《续资治通鉴长编》卷516,元符二年闰九月丁酉,北京:中华书局,2004年版,第12290页。
④ [清]徐松辑:《宋会要辑稿》职官71之18,北京:中华书局,2006年版,第3980页。

且令临安府居住,听候德寿宫使唤。"①对七月十一日的诏令加以修正,让郭良在太上皇宋高宗德寿宫处听候使唤。

可见,最高统治者的好恶决定了医官们的前途和命运,他们只有为专制皇权服务,才能得到提拔和任用。否则,将受到严厉的惩处,甚至被除去医官之名。

五、宋代医官的俸给

俸给是国家支付给医官的报酬,包括料钱、衣赐和禄粟,以及添支钱、职钱和公用钱等,是宋代官吏管理制度的重要内容之一,内容较为复杂。在医官岁支方面,宋政府投入了大量的财政经费,不仅增加医官的俸禄,而且还给医学生发放食钱。医官及其家属卒后,政府还发放给一定的抚恤钱、衣物、食物等。

1. 医官俸禄

北宋初至元丰新制前,医官如迁转至东班诸司使、副使阶,料钱每月25千,春绢7匹,冬绢10匹,绵30两,罗1匹。遥郡刺史,料钱每月50千,禄粟25石。殿中省尚药奉御,料钱每月18千,春、冬绢各7匹,罗1匹,冬绵30两。元丰新制至北宋末期,太医局太医令职钱每月行25千,守22千,试20千,以行给之。医学生的食钱,太医局上等学生每月15千,中等学生每月10千,下等学生每月5千。

南宋时期,医官岁支较详。庆元三年(1197年)九月二十五日,臣僚奏:"窃惟国家财用之计,以南渡所入,较之祖宗盛时,已数倍于前……医官,淳熙元年二十五人,岁支一万三千贯有畸;绍熙元年增至四十八人,岁支二万一千贯有畸;庆元二年四十五人,岁支二万一千贯有畸。以前数项参较之,有员数虽小减,而俸给不减于旧",宋宁宗"诏令侍从、台谏、两省官集议闻奏"②。参见表7-1。这是南宋时

表 7-1　南宋医官岁支情况

时间	医官人数	医官岁支	参考文献
淳熙元年(1174年)	25人	13000贯	[清]徐松辑:《宋会要辑稿》食货56之72,第5808页
绍熙元年(1190年)	48人	21000贯	[清]徐松辑:《宋会要辑稿》食货56之72,第5808页
庆元二年(1196年)	45人	21000贯	[清]徐松辑:《宋会要辑稿》食货56之72,第5808页

---

① 〔清〕徐松辑:《宋会要辑稿》职官36之120,北京:中华书局,2006年版,第3131页。

② 〔清〕徐松辑:《宋会要辑稿》食货56之72,北京:中华书局,2006年版,第5808页。

期有关医官岁支最详细的记载。淳熙元年(1174年)编制为25人,医官岁支约13000贯,平均每人520贯;绍熙元年增至48人,医官岁支约21000贯,平均每人437.5贯;庆元二年为45人,医官岁支约21000贯,平均每人466.6贯。其中医官最高阶和安大夫、成和大夫和成安大夫,从六品,与文臣朝请大夫、朝散大夫、朝奉大夫官阶相同,料钱每月35千,春、冬绢各15匹,春罗1匹,冬绵30两。

2. 医官赏赐

宋初,政府规定:"国朝凡郊祀,每至礼成,颁赉群臣衣带、鞍[勒]马、器币,下洎军校缗、帛有差"。熙宁中,"始诏编定,遂著为式,凡郊祀赏赐,亚献三献"①。医官的赏赐,也颇为丰厚。如太平兴国九年(984年)五月规定,翰林医官、翰林医学"差随军诸州及驻泊看医,二月后支罗衫一,绢十匹。十月后大绫绵旋襕一,绢十匹"②。

熙宁七年(1074年),宋神宗"命官参酌旧例,著为新式,付之有司。旧例所载不备,今并其数俱存之新式",医官及其家属卒后,政府发给一定的抚恤金。规定:"翰林医官使、副使卒,钱五十贯,绢五十疋,或止钱百贯,酒十瓶,羊五口。新式:医官使绢五十疋,酒各三瓶,羊三口。医官副使绢减一十疋,酒、羊各减一。医官使父母,绢减十疋,酒、羊同。迁葬,钱百贯。尚药奉御及医官卒,钱五十贯,酒五瓶,羊五口或无之。"③

元丰元年(1078年),毕仲衍《中书备对》卷三下《大礼赏赐》载:御药院自药童副指挥使至裹幞头帽子(祇)[祗]应,自二两、五匹至二(定)[匹]、二千为差。翰林医官院手分,一匹,一千④。群牧司、牧养监、买马务,指挥使至长行,自二两、三千至一两、一千,凡四等⑤。牧养监指挥使至剩员,自二两、三千至一两、一千,凡四等⑥。

---

① [清]徐松辑:《宋会要辑稿》礼25之1~14,北京:中华书局,2006年版,第955~961页。又见[清]徐松辑:《宋会要辑稿》礼25之25~28,第966~968页。

② [清]徐松辑:《宋会要辑稿》礼62之19,北京:中华书局,2006年版,第1704页。

③ [清]徐松辑:《宋会要辑稿》礼44之10~11,北京:中华书局,2006年版,第1437页。

④ [宋]毕仲衍撰,马玉臣辑校:《〈中书备对〉辑佚校注》卷3下《大礼赏赐》,开封:河南大学出版社,2007年版,第279页。又见[清]徐松辑:《宋会要辑稿》礼62之17~24,北京:中华书局,2006年版,第1702~1706页。

⑤ [宋]毕仲衍撰,马玉臣辑校:《〈中书备对〉辑佚校注》卷3下《大礼赏赐》,开封:河南大学出版社,2007年版,第282页。又见[清]徐松辑:《宋会要辑稿》礼62之17~24,北京:中华书局,2006年版,第1702~1706页。

⑥ [宋]毕仲衍撰,马玉臣辑校:《〈中书备对〉辑佚校注》卷3下《大礼赏赐》,开封:河南大学出版社,2007年版,第284页。又见[清]徐松辑:《宋会要辑稿》礼62之17~24,北京:中华书局,2006年版,第1702~1706页。

3. 公使(用)钱

公使钱,也叫公用钱,是宋政府划拨给翰林医官院、太医局、熟药所等医学机构的一项特殊经费,主要用于日常事务活动或重大医学活动,"皆岁月给受,如俸禄焉"。北宋旧制,"分科差官及合破公使钱三百六十贯",元丰指挥,"省作三百五十贯"①。元丰元年(1078 年),毕仲衍《中书备对》卷二下载太医局公使钱,每月十五贯。②元丰二年(1079 年)三月八日,宋神宗诏"给官庄司、熟药所钱共三万缗,公用钱二百千"③。

南宋公使钱的数额有所减少,如给出题的 4 名医官,通常划拨公用钱 150 贯。绍兴三十一年(1161 年)宋高宗诏:"太医局选试医生,差大方脉科或风科共四员通行出题考校,支破公使钱一百五十贯。"旧制,"分科差官及四破公使三百六十贯,至是省之"④。乾道元年(1165 年)二月十六日,宋孝宗发布《考校医生医官等事诏》:"太医局选试医生,并臣僚奏试医补、医官名目,差大方脉科、风科共四员,通行出题考校,支破公使钱二百五十。"④给出题考校医学生的 4 名医官支公使钱 250 贯,较绍兴三十一年增加 100 贯。乾道九年(1173 年),宋孝宗诏:"太医局选试医生,差大方脉或风科共四员通行出题考校,支破公使钱一百五十贯。"⑤此后,出题医官的公用钱基本维持在 150 贯左右。

可以看出,宋代医官的俸禄还是较为优厚,这也是吸引大批医人积极入仕的重要原因之一。

第三节　宋代政府制定医官官阶及其改革

伎术官,职官总名,又称技术官,是官吏磨勘迁转的重要渠道。伎术官之名始于唐代,凡从事天文、音乐、医术、阴阳、膳食等官为伎术官。宋沿唐制,规定以翰林医官院、太医局、司天监(太史局)、翰林天文院(局)、翰林图画院(局)、翰林御书

①　[清]徐松辑:《宋会要辑稿》职官 22 之 41,北京:中华书局,2006 年版,第 2880 页。又见[清]徐松辑:《宋会要辑稿》职官 22 之 40,第 2880 页。

②　[宋]毕仲衍撰,马玉臣辑校:《〈中书备对〉辑佚校注》卷 2 下《公使》,开封:河南大学出版社,2007 年版,第 258 页。又见[清]徐松辑:《宋会要辑稿》礼 62 之 23～30,北京:中华书局,2006 年版,第 1707～1709 页。

③　[清]徐松辑:《宋会要辑稿》方域 15 之 4,北京:中华书局,2006 年版,第 7561 页。

④　[清]徐松辑:《宋会要辑稿》职官 22 之 40,北京:中华书局,2006 年版,第 2880 页。

⑤　[清]徐松辑:《宋会要辑稿》职官 22 之 41,北京:中华书局,2006 年版,第 2880 页。

院（局）等医学、天文、图画、书艺、音乐官员为伎术官。①医官官阶属技术官范畴，不入文、武官迁转阶列，另立迁转之途。

一、宋代的医官官阶及其变化

表7—2依据《宋大诏令集》卷一六三《官制四》、《宋会要辑稿》职官三六之一一五的记载，列出宋代医官迁转官阶，分析其在两宋时期的变化。

表7-2　宋代医官迁转官阶表

阶官顺序	宋初至政和二年前			政和二年以后至南宋时期			
	医职阶官名	阶品	设置时间	医职阶官名	阶品	是否理为官户	设置时间
1				和安大夫	从六品	理为官户	政和二年九月二十五日
2				成和大夫	从六品	理为官户	政和二年九月二十五日
3				成安大夫	从六品	理为官户	政和二年九月二十五日
4	军器库使	东班诸司使、副使阶列，正七品	宋初置，武臣、伎术官阶	成全大夫	正七品	理为官户	政和二年九月二十五日
5	西绫锦使	东班诸司使、副使阶列，正七品	宋初置，武臣、伎术官阶	保和大夫	正七品	理为官户	政和二年九月二十五日置，宣和元年改平和大夫
6	榷易使	东班诸司使、副使阶列，正七品	宋初置，武臣、伎术官阶	保安大夫	正七品	理为官户	宣和元年二月十二日
7	翰林医官使	七品	宋初置	翰林良医	正七品	理为官户	政和二年九月二十五日
8				和安郎	从七品	理为官户	政和二年九月二十五日
9				成和郎	从七品	理为官户	政和二年九月二十五日

①　［清］徐松辑：《宋会要辑稿》职官36之110，北京：中华书局，2006年版，第3126页。

（续表）

阶官顺序	宋初至政和二年前			政和二年以后至南宋时期			
	医职阶官名	阶品	设置时间	医职阶官名	阶品	是否理为官户	设置时间
10				成全郎	从七品	理为官户	政和二年九月二十五日
11	军器库副使	东班诸司使、副使阶列，从七品	宋初置，武臣、伎术官阶	保和郎	从七品	理为官户	政和二年九月二十五日置，宣和元年改平和郎
12	西绫锦副使	东班诸司使、副使阶列，从七品	宋初置，武臣、伎术官阶	平和郎	从七品	理为官户	政和二年九月二十五日
13	榷易副使	东班诸司使、副使阶列，从七品	宋初置，武臣、伎术官阶	保安郎	从七品	理为官户	政和二年九月二十五日
14	翰林医官副使	七品	宝元二年二月三日	翰林医正	从七品	理为官户	政和二年九月二十五日
15	直翰林医官院		元丰五年改称直翰林医官局	翰林医效	从七品	理为官户	政和三年八月二十五日
16				翰林医愈	从七品	理为官户	政和三年八月二十五日
17	尚药奉御		宋初置	翰林医痊	从八品	不理为官户	政和三年八月二十五日
18				翰林医证	从八品	不理为官户	政和三年八月二十五日
19				翰林医诊	从八品	不理为官户	政和三年八月二十五日
20	翰林医官		宋初置	翰林医候	从八品	不理为官户	政和三年八月二十五日
21	翰林医学		宋初置	翰林医学	从九品	不理为官户	政和三年八月二十五日
22	翰林祗候	吏额	宋初置	翰林祗候	无品	不理为官户	政和三年八月二十五日

1. 宋初至政和二年前的医官官阶

宋初,自皇城使以下至翰林医官正使、副使为东班诸司使、副使,省称东班。东班三十八阶正使、副使名称为:翰林、尚食、御厨、军器库、仪鸾、弓箭库、衣库、东绫锦、西绫锦、东八作、西八作、牛羊、香药库、榷易、毡毯、鞍辔库、酒坊、法酒库、翰林医官使、副使。东班诸司使、副使,"初犹有正官充,其后但以检校官为之,或领观察防御、团练使、刺史"①,更后则成为武臣、伎术官的迁转官阶。如天禧四年(1020年)闰十二月,宋真宗诏:"翰林医官使霍炳为榷易使,兼翰林医官使,仍给见俸,他人不得引为例。"②康定元年(1040年)九月丁卯,香药库使、兼医官使姚可久,"权落医官使赴陕西体量蕃部公事"③。这里的榷易使、香药库使为官阶名,既可授予武官,也可授予伎术官,说明宋初未能建立一套独立于文、武官阶的医官官阶。

关于宋初医官的编制,宝元二年(1040年)二月甲子中书奏章和宋仁宗诏令有详细的记载。《续资治通鉴长编》卷一二三载:

> 〔二月〕甲子,中书言:"翰林医官院医官使二人、直院七人、尚药奉御七人、医官三十人、医学四十人、祗候医人十三人,其员猥多。今定使副各二员、直院四员、尚药奉御六员,其额外将来毋得补人。"从之④。

此道诏令包含以下两点内容:一是宋初至宝元二年,宋政府定翰林医官使2人,翰林医官副使2人,直翰林医官院4人,尚药奉御6人,翰林医官30人,翰林医学40人,翰林祗候13人,共97人;二是宝元二年(1040年)二月甲子以后,鉴于医官数量"其员猥多",宋仁宗采纳中书拟定的新编制计划,适当地压缩了医官数量。但此后人数又有所增加,嘉祐二年(1057年)冬十月丙寅宋仁宗诏:"翰林医官院自直院以下定以一百四十二人为额"⑤,加之正、副使4人,医官达到146人。

熙宁八年(1075年),宋神宗下诏规定,东班诸司使、副,除皇城使、副以外,翰林以下三十八阶正使、副使,止授予伎术官,成了伎术官阶。诸司正使正七品,副

---

① [宋]孙逢吉:《职官分纪》卷44《横行东西班大小使臣》,北京:中华书局,1988年版,第814~819页。又见龚延明:《宋代官制辞典》,北京:中华书局,1997年版,第37页。
② [清]徐松辑:《宋会要辑稿》职官52之23,北京:中华书局,2006年版,第3572页。
③ [宋]李焘:《续资治通鉴长编》卷128,康定元年九月丁卯,北京:中华书局,2004年版,第3042页。
④ [宋]李焘:《续资治通鉴长编》卷123,宝元二年二月甲子,北京:中华书局,2004年版,第2895页。
⑤ [宋]李焘:《续资治通鉴长编》卷186,嘉祐二年冬十月丙寅,北京:中华书局,2004年版,第4493页。又见[清]徐松辑:《宋会要辑稿》职官36之98,第3120页。

使从七品①。其中医职官阶有军器库使、西绫锦使、榷易使、翰林医官使、军器库副使、西绫锦副使、榷易副使、翰林医官副使、直翰林医官院、尚药奉御、翰林医官、翰林医学和翰林祗候医人,共 13 阶。如元丰元年(1078 年)四月庚戌,宋神宗以"太皇太后服药康复,医官、内侍供奉有劳,可推恩",诏:"军器库使兼翰林医官使陈易简等五人,入内东头供奉官、勾当御药院李舜举等四人,各转一官。易简与今年上路衣袄,舜举等四人听寄资,余减磨勘年及与中下路衣袄共二十二人。"②元丰七年(1084 年)正月十一日,宋神宗诏:"军器库使兼翰林医官使李永昌、张昭文各追三官,免勒停,以治申国公主疾无状也。"③元祐三年(1088 年)七月六日,宋哲宗诏:"贬榷易副使兼翰林医官副使(能)[熊]日严而下六人,坐医荆王不效。"④这里的军器库使、榷易副使为医官迁转官阶,其中军器库使为最高阶。

2. 政和二年至南宋时期的医职官阶

宋徽宗继位以后,政府对医职官阶加以改革,建立了一套独立于文、武官阶的医学迁转官阶,医学家的社会地位有了极大的提高。

首先,限制医官管勾宫观,专一从事医学。崇宁五年(1106 年)二月四日,宋徽宗诏:"医官兼宫观可并罢,今后更不得差管勾宫观。"④二月九日,宋徽宗又诏:"省内外冗官,罢医官兼宫观者。"⑤

其次,宋徽宗于政和二年(1112 年)九月二十五日正式发布《改武选官名诏·医职》,制定了详细的医学迁转官阶,"既易武阶,遂改医官之名,凡十有四阶"⑥。规定医职自和安大夫至翰林医正,共 14 阶。《宋会要辑稿》职官五二之二五~二六载:

> 诏曰:"昔[在]神考,董正治官,肇建文阶,以禄多士,联职合治,各有等差,名实既宾,以克用义……医职新官:和安大夫、成和大夫、成安大夫、成全大夫,旧官军器库使。保和大夫,旧官西绫锦使。保安大夫,旧官榷易使。翰林良医,旧官翰林医官使。和安郎、成和郎、成安郎、成全郎,旧官军器库副使。保和郎,旧官西绫锦副使。保安郎,旧官榷易副

---

① [宋]李焘:《续资治通鉴长编》卷 265,熙宁八年六月甲午,北京:中华书局,2004 年版,第 6485 页。又见[清]徐松辑:《宋会要辑稿》职官 36 之 99,第 3121 页。

② [宋]李焘:《续资治通鉴长编》卷 289,元丰元年四月庚戌,北京:中华书局,2004 年版,第 7066 页。

③ [清]徐松辑:《宋会要辑稿》职官 36 之 99,北京:中华书局,2006 年版,第 3121 页。

④ [清]徐松辑:《宋会要辑稿》职官 36 之 100,北京:中华书局,2006 年版,第 3121 页。

⑤ [清]徐松辑:《宋会要辑稿》职官 36 之 114,北京:中华书局,2006 年版,第 3128 页。

⑥ [元]脱脱等:《宋史》卷 169《职官志九》,北京:中华书局,2007 年版,第 4059 页。

使。翰林医正,旧官翰林医官副使。诏令吏部依此颁行。"①

《宋大诏令集》卷一六三《官制四》亦有相同记载。② 此道诏令具有极高的史料价值,不仅保存了医职新阶和旧阶的对照与变化,而且重要的是,新职中的大夫阶取代了原先的军器库使、西绫锦使和榷易使之职,郎官阶取代了原先的西绫锦副使、榷易副使之职。医职官阶有了自己的名称和序列,不再采用原先的东班诸司使、副阶。

再次,宋徽宗于政和三年(1113 年)八月二十五日采纳礼部、翰林医官局的奏章,下诏立定翰林医效至翰林祇候共 8 阶。于是,医职新阶增至 22 阶,其差遣职事有医师、御医、驻泊医官等。《宋会要辑稿》职官二二之三九载:

> 〔政和三年〕八月二十五日,礼部、翰林医官局言:"奉诏,立医官额。使、副,元丰旧额共肆员,今自和安大夫至翰林医官凡十四阶,额外总一百十有七人。直局至祇候,元丰旧额共一百四十二人,今自医效至祇候,凡八阶,并不立额,见在职者总九百七十九人,冗滥莫此之甚。应额外人可特免改正,郎以三十员,大夫以二十员,医效至祇候以三百人,〔余〕并为额外人,依已降待诏等指挥例施行。见带遥郡人请给等,并应医官入品及依官户,并依元丰法。比附元丰法不该入品、依官户者,并改正。医效以下,分立员额,令礼部同翰林医官局条画闻奏。今条画到下项:一,今准指挥,医效至祇候以三百人为额。一,拟立下项人额:医效,元丰额四人,今以七人为额;医痊,元丰额六人,今定以十人为额;医愈、医证、医诊系创立阶,今并入医候至祇候额内,通作二百八十三人为额。以上通医效、医痊八阶,共立三百人为额。医效七人,医痊十人。大方脉兼风科一百五十三人,小方脉二十四人,针科一十四人,眼科一十六人,产科一十六人,疮肿科一十四人,金镞科三十二人,口齿兼咽喉科共一十二人。"从之。③

至此,宋政府建立了一套不同于文、武官的医官迁转官阶。新官阶包括:和安大夫、成和大夫、成安大夫、成全大夫、保和大夫(宣和元年改平和大夫)、平和大

---

① 〔清〕徐松辑:《宋会要辑稿》职官 52 之 25～26,北京:中华书局,2006 年版,第 3573 页。又见同书职官 56 之 35,第 3642 页。

② 〔宋〕宋徽宗:《改武选官名诏·医职》,《宋大诏令集》卷 163《官制四》,北京:中华书局,1997 年版,第 625 页。

③ 〔清〕徐松辑:《宋会要辑稿》职官 22 之 39,北京:中华书局,2006 年版,第 2879 页。

夫、翰林良医、和安郎、成和郎、成安郎、保和郎（宣和元年改平和郎）、翰林医正、翰林医效、翰林医愈、翰林医痊、翰林医证、翰林医诊、翰林医学至翰林祗候，共 22 阶。其中和安大夫为从六品，其官阶和文官朝请大夫、朝散大夫、朝奉大夫，以及武官拱卫大夫、左武大夫、右武大夫相当。其医官数额，和安大夫至翰林医官 117 人，翰林医效至翰林祗候 979 人，共计 1096 人。礼部、翰林医官局建议压缩编制，翰林医效 7 人，翰林医痊 10 人，翰林医效至祗候 300 人。其科目人员分配，大方脉兼风科 153 人，小方脉 24 人，针科 14 人，眼科 16 人，产科 16 人，疮肿科 14 人，金镞科 32 人，口齿兼咽喉科共 12 人。

政和新医职官阶的实行，造成医官数量大增。政和四年（1114 年）十月二十二日，臣僚上奏：

> 臣伏见今翰林医官员数比之熙、丰旧额增溢倍多。熙丰医官使二人，今自医官已上三十三人；副使二人，今自医正已上六十二人；直局二人，今二十人；太医丞六人，今四十八人；医官、医学、祗候、医人一百三十二人，今自医官至祗候七百三十二人。总计方脉诸科几一千人，数之增溢如此，不亦多乎？夫郎与医正视郎，而良医与大夫视大夫，直局与丞视升朝官，其请给、恩数略等，下至祗候、医人，皆有常秩，秦何不为限节而使日滋月益，且至于不可胜计矣。臣按宝元、康定立法甚严，而政和二年指挥，非批降特与者不许转行。比来恩泽，往往侥求转行，例皆特与。方陛下稽古建法，慎惜名器，如武臣横行、遥郡等悉关宸虑，已有定制。臣以谓兹事亦不可缓[①]。

共计医官 895 人。宋徽宗诏："元额各增一倍，额外不许奏荐。内有请受人，仍只支半俸。"

为了遏制冗滥和保证医官质量，宣和二年（1120 年）八月庚辰宋徽宗不得不下诏"减定医官额"[②]，对医官人员因迁转过快而造成的人员膨胀加以调整。《宋会要辑稿》职官三六之一〇二～一〇三载：

> 诏："先帝董正治官，立医官员额。元丰旧额共四员，今自和安大夫至翰林医官凡十四阶，额内外总一百十有七人。直局至祗应凡八阶，并不立额，见在职者总九百七十九人，冗滥莫此之甚。应额外人可特免改

---

① ［清］徐松辑：《宋会要辑稿》职官 36 之 102，北京：中华书局，2006 年版，第 3122 页。
② ［元］脱脱等：《宋史》卷 22《徽宗本纪四》，北京：中华书局，2007 年版，第 406 页。

正,郎以三十员,大夫以二十员,医效至祗候以三百人,并为额。(外额)
[额外]人依已降待诏等指挥例施行。见带遥郡人请给等并应医官入品
及依官户,并依元丰法。比附元丰法不该入品依官户者,并改正。医效
已下,分立员额。"

定郎官为 30 员,大夫为 20 员,翰林医效至翰林祗候为 300 人,共 350 人,人员
大为减少。

宣和二年(1120 年)九月十八日,宋徽宗发布《医职官请给依条例施行诏》,严
令按照医学迁转官阶来升迁,不得越职。诏令规定:"医职初官,两迁便至升朝,因
依侥幸,遂添医证、医痊三阶,然请给恩数,一同朝官,显为太优,自今请给并依医
候条例施行。"①同年十一月四日,中书省、尚书省奏:"外州军奏补医职无立定人
数,随场试补医学祗候,未审合与不合依今年八月十三日指挥,依待诏等指挥例,
候销及额,方得收补",宋徽宗"诏外州军奏补医职罢"②。

第四,立医官额,完善"医学官户"③制度。宣和三年(1121 年)闰五月八日,宋
徽宗诏:"医官和安大夫至翰林医学额外人,除曾经入额人外,不许作官户。"④宣和
四年(1122 年)六月十三日,宋徽宗发布《医官转至翰林医痊已上曾经入额方许为
官户诏》:"医官自翰林医学以上曾经入额人尽为官户,比元丰旧制颇多,闻有营
利、侵民、免差科者,实为侥幸。可自今转至翰林医痊已上曾经入额,方许为官户,
已充者并改正。"⑤规定和安大夫至翰林医愈理为官户,翰林医痊至翰林祗候不理
为官户。

至此,宋代医职官阶达到了较为完备的程度,成为医官磨勘迁转的重要渠道。
但宋徽宗时期毫无节制的"特补"、"荐补"等措施,造成医职人员"冗滥",增加了政
府财政的压力。

南宋沿用政和之制,但大力缩减编制。⑥绍兴二年(1132 年)四月二十五日,宋
高宗发布缩减医官人员诏。《宋会要辑稿》职官三六之一○三载:

四月二十五日,诏:"行在医官昨依礼部勘当,止以四十三员为额,今

① [清]徐松辑:《宋会要辑稿》职官 22 之 39,北京:中华书局,2006 年版,第 2879 页。
② [清]徐松辑:《宋会要辑稿》职官 22 之 39~40,北京:中华书局,2006 年版,第 2879,2880 页。
③ [元]脱脱等:《宋史》卷 23《徽宗本纪五》,北京:中华书局,2007 年版,第 408 页。
④ [清]徐松辑:《宋会要辑稿》职官 36 之 102~103,北京:中华书局,2006 年版,第 3122,3123 页。
⑤ [清]徐松辑:《宋会要辑稿》职官 36 之 115,北京:中华书局,2006 年版,第 3129 页。
⑥ [宋]李心传撰,徐规点校:《建炎以来朝野杂记乙集》卷 14《进纳授官人多名田之利》,北京:中华书
局,2006 年版,第 763 页。

遇有阙日依条以本色名次最先之人拨填入额。若见管额内医官有在今来均立到额数外之人，缘随驾祗应，可将拨不尽人以先后许借阙补填，作入额人数。"以翰林院乞将旧额于行在权拟定医官以八十五员为额，礼部言有碍元降指挥故也。和安大夫至良医元额二十员，今五员；和安郎至医官元额三十员，今四员；医效元额七员，今二员；医痊元额一十员，今一员；医愈至祗候、大方脉兼风科元额一百五十三员，今一十五员；小方脉元额二十四员，今四员；针科元额一十四员，今二员；疮肿科兼折伤科元额一十四员，今二员；眼科元额一十六员，今二员；产科元额一十八员，今二员；金镞科兼书禁科元额三十二员，今三员；口齿科兼咽喉科元额一十二员，今一员[①]。

绍兴二年(1132年)诏令规定的医官员额仅为43人，翰林院初拟85人，但遭礼部反对，人员减少了一半。其人员组成和专业分布情况，和安大夫至翰林良医5人，和安郎至翰林医官4人，翰林医效2人，翰林医痊1人，翰林医愈至翰林祗候、大方脉兼风科15人，小方脉科4人，针科2人，疮肿科兼折伤科2人，眼科2人，产科2人，金镞科兼书禁科3人，口齿科兼咽喉科1人。

二、宋代医官的章服和佩带

章服和佩带作为医职官阶身份等级的标志，宋政府有严格的规定。北宋前期，规定三品以上常服服紫，佩金鱼袋；四品、五品常服服绯，佩银鱼袋；六品、七品常服服绿；八品、九品常服服青；吏胥、庶人等服黑及穿白衣。元丰改制后，规定四品以上服紫佩金鱼，五品以上绯服佩银鱼，八品、九品去青不用[②]。医官多在六品以下，常服为服绿或服青，未有佩鱼。《元丰令》规定："诸医官将恩例等改换服色者，候本色服及五年以上，方许改换。"[③]宋人赵升说："医官并太史官，谓之文官头、武官尾。盖初入仕著绿，及格则换紫并红鞋带。又及和安、春官大夫，则或特转之类。而医官有特赐金带者。"[④]医官若进汤药有功，经皇帝特许，可赐紫金鱼袋或赐绯银鱼袋。如景祐三年(1036年)八月五日，宋仁宗诏："殿中省尚药奉御赐紫徐安

① [清]徐松辑:《宋会要辑稿》职官36之103,北京:中华书局,2006年版,第3123页。
② [元]脱脱等:《宋史》卷153《舆服志》,北京:中华书局,2007年版,第3561~3579页。
③ [清]徐松辑:《宋会要辑稿》职官36之117~118,北京:中华书局,2006年版,第3130页。又见[清]徐松辑:《宋会要辑稿》职官36之105,第3124页。
④ [宋]赵升编,王瑞来校:《朝野类要》卷3《技术官服色》,北京:中华书局,2007年版,第74页。

仁特许佩鱼。"①

南宋时期,医官最高品位为正六品,如服紫或服绯,只能依靠皇帝的特赐。如绍兴元年(1131年)九月二十八日,宋高宗诏:"医官史演特赐绯服色,以祗应汤药有劳故也。"②绍兴十二年(1142年)正月二十八日,宋高宗诏:"翰林医证、入内内宿、赐绯仇师颜特赐紫服色,以医治有劳故也。"③乾道五年(1169年)六月二十日,翰林院奏:"太上皇帝圣旨,医官赵确为医药有劳,特与依朱仲谦例赐紫服色",宋孝宗"诏为系德寿宫祗应,特依今来指挥,内紫服色依例于祗候库取赐。"④乾道六年(1170年)十二月二十日,翰林院到医官局勘验后,提出不同意见:"赵见系翰林医学大方脉科,服绿至今未及五年,未曾赐绯,兼有碍宣和二年四月执奏指挥",但宋孝宗坚持认为赵确"系德寿宫祗应,特依今来指挥"⑤,主张予以赐紫服色。

第四节 从《宋史·方技传》看宋代医官的选任与磨勘

宋政府选拔医学人员最大的一个特点是重视医学专业特长而不看重门第出身,重视科举考试和荐补、荫补相结合的选拔途径。这些政策和魏晋隋唐以来重视门第观念的倾向有着较大的不同,医技成为衡量医学人员才能最重要的标准,也是宋代医学发展和进步的重要标志之一。北宋时期,翰林医官院、太医局等在选任和培养医学人员方面,发挥了显著的作用。南宋时期,由于政府实行缩减医学机构的措施,致使官府培养的医学人员数量大为减少,不得不下诏从民间招收草泽医。

《宋史·方技传》记载了两宋政府选任不同阶层、不同专业领域医学人员为官的珍贵资料,其出身、履历和奖惩反映了政府对医学人员的认识和态度。在国家医学体系中,医学人员最重要最核心的一项任务是如何治疗和预防皇室家族的疾病和健康问题,此外,还要承担统治阶级内部其他阶层的疾病治疗。这些医官大多具有较高的医术和医德,对于推动医学"儒学化"作出了一定的贡献,政府通过考课磨勘制度,对参与皇室、军队和官僚群体疾病救治的医学人员给予一定的升迁和奖励。相反地,有关治疗普通民众疾病而获得政府奖励的医学人员则非常稀少,《宋史·方技传》仅载一人。由于政府与道教的特殊关系,道医及其所提倡的

① [清]徐松辑:《宋会要辑稿》舆服6之20,北京:中华书局,2006年版,第1835页。
② [清]徐松辑:《宋会要辑稿》职官36之103,北京:中华书局,2006年版,第3123页。
③ [清]徐松辑:《宋会要辑稿》职官36之104,北京:中华书局,2006年版,第3123页。
④ [清]徐松辑:《宋会要辑稿》职官36之105,北京:中华书局,2006年版,第3124页。
⑤ [清]徐松辑:《宋会要辑稿》职官36之121,北京:中华书局,2006年版,第3132页。

养生学在北宋时期获得高度的重视,并先后被编入官修医书《太平圣惠方》、《政和圣济经》和《政和圣济总录》之中。

表7-3依据《宋史·方技传》记载,列出两宋政府选任医学人员的情况。

表 7-3　《宋史·方技传》所载两宋政府选任医学人员的情况

类别	姓名	时代	医学特长	医学活动	授予官职情况	文献出处
医人	刘翰	宋太祖 宋太宗	世习 医业	编修《开宝本草》	授朝散大夫、鸿胪寺丞、尚药奉御、检校工部员外郎、翰林医官使和检校户部郎中等,赐银器、缯钱、鞍勒马	[元]脱脱等:《宋史》卷461《方技传上·刘翰传》,第13505~13507页
	陈昭遇	宋太祖	医术尤精验	编修《开宝本草》	授光禄寺丞,赐金紫	[元]脱脱等:《宋史》卷461《方技传上·陈昭遇传》,第13508页
	赵自化	宋太宗	以医术称	治愈秦国长公主疾	授翰林医学、尚药奉御、翰林医官副使等	[元]脱脱等:《宋史》卷461《方技传上·赵自化传》,第13508,13509页
	冯文智	宋太宗	世以方技为业	治愈折御卿和明德太后疾病	授翰林医学、乐源县主簿、少府监主簿、翰林医官、少府监丞、尚药奉御和翰林医官副使等,赐金紫	[元]脱脱等:《宋史》卷461《方技传上·冯文智传》,第13509页
	阎文显	宋真宗	金簇科	治愈箭伤	授翰林医官,赐绯	[元]脱脱等:《宋史》卷461《方技传上·阎文显传》,第13510页
	庞安时	宋仁宗	脉科、产科、伤寒	著《伤寒总病论》六卷		[元]脱脱等:《宋史》卷462《方技传上·庞安时传》,第13520~13522页
	刘赟	宋真宗	金簇科	治愈箭伤	授翰林医官,赐白金	[元]脱脱等:《宋史》卷461《方技传上·刘赟传》,第13510页
	钱乙	宋仁宗	儿科、产科	治愈长公主之女和皇子病;治疗难产	授翰林医学、太医局丞,赐金紫	[元]脱脱等:《宋史》卷462《方技传下·钱乙传》,第13522~13524页
	皇甫坦	宋高宗	眼科	医治显仁皇太后眼疾	赐"清静庵"名,诏绘其像于禁中	[元]脱脱等:《宋史》卷462《方技传下·皇甫坦传》,第13530页
	王继先	宋高宗	内科	治疗宋高宗"瘘腐病"	授和安大夫、右武大夫、荣州防御使和华州观察使等	[元]脱脱等:《宋史》卷470《佞幸传·王继先传》,第13686页

（续表）

类别	姓名	时代	医学特长	医学活动	授予官职情况	文献出处
医人	王克明	宋高宗 宋孝宗	针灸科	治愈海州军中大疫	授翰林医官、额内翰林医痊局,赐金紫	[元]脱脱等:《宋史》卷462《方技传下·王克明传》,第13530,13531页
僧医	释洪蕴	宋太祖 宋太宗	以医术知名,精方药	治愈朝中大臣;献方书	赐紫方袍,号广利大师;授右街首座、左街副僧录	[元]脱脱等:《宋史》卷461《方技传上·释洪蕴传》,第13510,13511页
	释法坚	宋真宗	以善医著名	久游京师	赐紫方袍,号广济大师	[元]脱脱等:《宋史》卷461《方技传上·释洪蕴传附释法坚传》,第13510,13511页
	释智缘	宋神宗	脉诊	随王韶军开拓青唐	授右街首坐	[元]脱脱等:《宋史》卷462《方技传上·释智缘传》,第13524页
道士、道医	王怀隐	宋太宗	善医诊,汤剂	编修《太平圣惠方》	授尚药奉御、翰林医官使	[元]脱脱等:《宋史》卷461《方技传上·王怀隐传》,第13507,13508页
	苏澄隐	宋太祖	养生学	给宋太祖讲解养生之学	赐茶百斤,绢二百匹;赐紫衣一袭、银器五百两、帛五百匹	[元]脱脱等:《宋史》卷461《方技传上·苏澄隐》,第13511页
	丁少微	宋太宗	丹药	给宋太宗献金丹、巨胜、南芝、玄芝		[元]脱脱等:《宋史》卷461《方技传上·丁少微传》,第13512页
	赵自然	宋太宗	养生学	给宋太宗讲养生之道	赐道士服,改名自然,赉钱三十万;赐紫衣,改"青华观"为"延禧观"	[元]脱脱等:《宋史》卷461《方技传上·赵自然传》,第13512页
	郑荣	宋真宗	风科	以医术救人,所传药能救大风疾	赐名自清,度为道士,居上清宫	[元]脱脱等:《宋史》卷461《方技传上·赵自然传附郑自清传》,第13513页
	赵抱一	宋真宗	养生学	在京城讲解养生之术	诏赐名,度为道士,令居太一宫	[元]脱脱等:《宋史》卷461《方技传上·赵自然传附赵抱一传》,第13513页
	柴通玄	宋太宗 宋真宗	养生学	给宋真宗讲养生之道	诏为修道院,蠲其田租,度弟子二人	[元]脱脱等:《宋史》卷462《方技传下·柴通玄传》,第13516页

（续表）

类别	姓名	时代	医学特长	医学活动	授予官职情况	文献出处
道士、道医	贺兰栖真	宋真宗	养生学	给宋真宗讲养生之道	赐号"宗玄大师"，赍以紫服、白金、茶、帛、香、药，特蠲观之田租，度其侍者	［元］脱脱等：《宋史》卷462《方技传下·贺兰栖真传》，第13515,13516页
	甄栖真	宋真宗	以药术济人	建隆观道士		［元］脱脱等：《宋史》卷462《方技传下·甄栖真传》，第13517页
草泽医	刘巽	宋真宗	本草学	以经传讲授	授大理评事，赐绿袍、笏、银带	［元］脱脱等：《宋史》卷462《方技传下·刘巽传》，第13516页
	许希	宋仁宗	针灸科	治愈宋仁宗病	授翰林医官、殿中省尚药奉御，赐绯衣、银鱼及器币	［元］脱脱等：《宋史》卷461《方技传下·许希传》，第13520页

一、"以医为业"之人的选任和磨勘

以医为业之人，指世代从事医学的民间草泽医或太医局培养的专业医学人员，他们精于医术，具有较强的临床实践，是政府选任医官的主体。其选任途径，主要以科举试补法为主，荐补和荫补法为辅。

刘翰（919—990年），河北路沧州临津（治今河北临津）人，"世习医业"。后周显德初，刘翰向周政府献《经用方书》三十卷、《论候》十卷、《今体治世集》二十卷，受到周世宗的奖励，授翰林医官、卫尉寺主簿等职。建隆初年，刘翰受到宋政府的重用，授朝散大夫、鸿胪寺丞，"时太祖求治，事皆核实，故方技之士必精练"。乾德初年（963年）闰十二月己酉朔，宋太祖"令太常寺考较翰林医官艺术，以翰为优"[①]。开宝五年（972年），刘翰与马志奉宋太祖之命，治愈宋太宗疾病，十二月甲寅"转尚药奉御，赐银器、缗钱、鞍勒马"[②]。开宝六年（973年），刘翰与道士马志、翰林医官翟煦、张素、吴复圭、王光佑、陈昭遇等参加《开宝本草》的修订，以刘翰有功，"加检校工部员外郎"。太平兴国四年（979年），"命为翰林医官使，再加检校户部郎中"。雍熙二年（985年），滑州刘遇疾，宋太宗"诏翰驰往视之"，因医治无效而

---

　　① ［元］脱脱等：《宋史》卷461《方技传上·刘翰传》，北京：中华书局，2007年版，第13505页。又见［宋］李焘：《续资治通鉴长编》卷4，第112页；［元］脱脱等：《宋史》卷1《太祖本纪一》，第16页。
　　② ［元］脱脱等：《宋史》卷461《方技传上·刘翰传》，北京：中华书局，2007年版，第13505页。又见［宋］李焘：《续资治通鉴长编》卷13，第292页。

遭贬，授和州团练副使。端拱元年（988 年），起为尚药奉御。淳化元年（990 年），复为翰林医官使。刘翰从一名普通的翰林医官，一直迁转至尚药奉御、翰林医官使，加检校工部员外郎、检校户部郎中等，说明其医术高超。

陈昭遇，字归明，广南东路南海（治今广东广州）人，出身医学世家，"医术尤精验"，"于药术无所不究，诊脉对证，多奇验"，"所治疾多愈，世以为神医"①。开宝初年，时军中士兵患病者甚多，陈昭遇日治百人，风劳气冷诸疾治疗无不愈者，医名日盛。经人推荐至京师，授翰林医官，领温水主簿。开宝六年（973 年）参加修撰《开宝本草》，太平兴国三年（978 年）参加编修《太平圣惠方》，被宋政府授予光禄寺丞，赐金紫②。光禄寺丞在宋初为文臣迁转官阶，寄禄官，领有丰厚的俸禄。

赵自化（949—1005 年），河北路德州平原（治今山东平原）人，著《名医显秩传》三卷、《汉沔诗集》五卷和《四时养颐录》一卷等。赵自化"习经方名药之术"，宋太宗年间经他人推荐，治愈"秦国长公主疾"，被宋政府授予翰林医学，加尚药奉御。淳化五年（994 年），授翰林医官副使。景德元年（1004 年）八月，鲁国长公主上奏，乞授翰林医官赵自化为尚食使兼医官院事，遭宋真宗拒绝③。景德二年（1005 年）赵自化卒，遗表以所撰《四时养颐录》为献，宋真宗改名《调膳摄生图》，亲为制序。④赵自化担任之翰林医官副使，七品，位次于正使，以尚药奉御充，是翰林医官院医官使的副贰，佐领院事。

冯文智（953—1012 年），河东路并州（治今山西太原）人，"世以方技为业"。太平兴国中通过自荐，被宋政府召试补翰林医学，加乐源县主簿。端拱元年（988年），授少府监主簿，逾年转翰林医官，加少府监丞。淳化五年（994 年），河东路府州折御卿患疾，冯文智诊疗获愈，经折御卿上表推荐，宋太宗下诏赐绯，加光禄寺丞。咸平三年（1000 年），冯文智治愈明德太后的疾病，"加尚药奉御，赐金紫"。大中祥符元年（1008 年）十月，宋真宗东封泰山，转冯文智为翰林医官副使。大中祥符四年（1011 年）三月，宋真宗祀汾阴，又加冯文智为检校主客员外郎⑤。

王惟一（987—1067 年），名惟德，擅长针灸科，宋仁宗时任翰林医官、朝散大夫、殿中省尚药奉御、骑都尉，赐紫金鱼袋。著有《明堂针灸图经》三卷、《铜人腧穴

---

① ［宋］江少虞：《宋朝事实类苑》卷 48《占相医药》，上海：上海古籍出版社，1981 年版，第 637 页。

② ［元］脱脱等：《宋史》卷 461《方技传上·陈昭遇传》，北京：中华书局，2007 年版，第 13508 页。

③ ［宋］李焘：《续资治通鉴长编》卷 58，景德元年八月庚申，北京：中华书局，2004 年版，第 1252，1253页。

④ ［元］脱脱等：《宋史》卷 461《方技传上·赵自化传》，北京：中华书局，2007 年版，第 13508，13509 页。

⑤ ［元］脱脱等：《宋史》卷 461《方技传上·冯文智传》，北京：中华书局，2007 年版，第 13509 页。

针灸图经》三卷等,集注校订《黄帝八十一难经》。天圣四年(1026年),宋仁宗因"针砭之法,传述不同",诏令王惟一"考明气血经络之会,铸铜人式,又纂集旧闻,订正讹谬,为《铜人腧穴针灸图经》"[1]。天圣五年(1027年)十月壬辰,翰林医官院上所铸腧穴铜人式二,宋仁宗诏:"一置医官院,一置大相国寺仁济殿"[2]。天圣七年(1029年)闰二月乙未,宋仁宗"赐诸州"。

宋安道、孙兆和单骧,"以医术知名",擅长方脉科,经人推荐任入内内宿医官诊御脉。嘉祐八年(1063年)宋仁宗患病,宋安道医治无效,三月甲辰宋仁宗诏:"前郓州观察推官孙兆,邠州司户参军单骧诊御脉"[3]。三月壬戌,诏:"孙兆为殿中丞,单骧为中都令,仍令校正医书。封神应候扁鹊为神应公。皇城使、巴州刺史宋安道等皆降官。"[4]然而嘉祐八年(1063年)宋仁宗去世后,四月甲戌宋英宗下诏:"兆编管池州,骧峡州"[5],同时责降者12人。

朱有章、秦迪、亢常、沈士安和陈易简,宋仁宗年间任翰林医官。因医治太皇太后有功,受到宋政府的奖励。元丰二年(1078年)正月己卯,宋神宗发布《医官朱有章等推恩诏》:"以太皇太后服药有效,医官朱有章、秦迪、亢常、沈士安各与一子若孙官,陈易简授遥郡刺史。"[6]遥郡刺史为北宋前期遥郡五阶中的最后一阶,在宋代属于"美官"[7]。

王克明(1112—1178年),字彦昭,江南东路饶州乐平(治今江西乐平)人,后徙两浙西路湖州乌程县。绍兴、乾道间名医,"以术行江、淮,入苏、湖,针灸尤精"。在长期的行医中,他治好了魏安行妻的风痿病、胡秉妻的病气秘腹胀、庐州知州王安道的中风病、金使黑鹿谷的伤寒病、海州战士之疫病。王克明初试礼部中选,累任翰林医官,后迁至额内翰林医痊局,赐金紫[8]。

上述以医为业之人之所以受到宋政府的重用,在于他们治好了皇帝、皇后、公

---

①　[宋]王应麟:《玉海》卷63《艺文·天圣针经》,江苏古籍出版社、上海书店,1987年版,第1196,1197页。

②　[宋]夏竦:《新刊补注铜人腧穴针灸图经序》,[宋]王惟一:《新刊补注铜人腧穴针灸图经》卷首,北京:人民卫生出版社,1956年版,第5页。

③　[宋]李焘:《续资治通鉴长编》卷198,嘉祐八年三月甲辰,北京:中华书局,2004年版,第4790页。

④　[宋]李焘:《续资治通鉴长编》卷198,嘉祐八年三月壬戌,北京:中华书局,2004年版,第4792页。

⑤　[宋]李焘:《续资治通鉴长编》卷198,嘉祐八年四月甲戌,北京:中华书局,2004年版,第4795页。

⑥　[宋]李焘:《续资治通鉴长编》卷296,元丰二年正月己卯,北京:中华书局,2004年版,第7197页。

⑦　[宋]谢惟新:《古今合璧事类后集》卷62《武阶》,影印文渊阁《四库全书》本,第940册,第233～235页。又见[宋]谢深甫等纂:《庆元条法事类》卷4《职制门》,《续修四库全书》第861册,上海:上海古籍出版社,2002年版,第80～95页。

⑧　[元]脱脱等:《宋史》卷462《方技传下·王克明传》,北京:中华书局,2007年版,第13530,13531页。

主、王子、文臣、武将和士兵的疑难杂病,因而获得入仕之途。

二、"军医"的选任和磨勘

宋代军队中设有军医,一般由金镞科特长的医学人员充任,《宋史·方技传》载有2人。阎文显,主金镞科,擅长治箭伤、枪伤及刀斧铁器伤。咸平中,任翰林医官,有军士尝中流矢,自颊贯耳,"众医不能取",阎文显以药敷之,将箭镞取出,因而受到宋真宗的奖励,"命赐绯"①。

刘赟,主金镞科,咸平中任翰林医学。天武右厢都指挥使韩晟跟随宋太祖征晋阳,弩矢贯左髀,镞不出几三十年。景德元年(1004年),宋真宗遣刘赟治病。刘赟"以药出之",韩晟遂"步履如故"。宋真宗特赐刘赟白金,迁翰林医官。②

三、"僧医"的选任和奖惩

僧医出身佛门,精通中土医学和佛教医学,《宋史·方技传》载有3人。释洪蕴(936—1004年),本名姓蓝,荆湖南路潭州(治今湖南长沙)人。释洪蕴在云游京师时,"以医术知名","尤工诊切,每先岁时言人生死,无不应。汤剂精至,贵戚大臣有疾者,多诏遣诊疗"③。因而受到宋太祖的召见,赐紫方袍,号"广利大师"。太平兴国三年(978年),宋太宗下诏购求医方,释洪蕴录古方数十以献,又以方药谒见宋真宗。咸平初年(998年),宋真宗诏补右街首座,累转左街副僧录。右街首座,僧官名,始置于北宋太平兴国中,职掌"演讲经论"。左街副僧录,僧官名,负责"演讲经论"④。

释法坚,生卒年不详,江西庐山僧人,"以善医著名",久游京师,赐紫方袍,号"广济大师"。景德元年(1004年),宋真宗"诏沙门洪蕴、僧法坚,以其医术知名京师,尝赐紫方袍"⑤,给予二僧佛教中最高的礼遇。

释智缘,生卒年不详,京西南路随州(治今湖北随州)人,擅长脉学。嘉祐末,宋仁宗召至京师,居于大相国寺。每察脉,"知人贵贱、祸福、休咎,诊父之脉而能

---

① [元]脱脱等:《宋史》卷461《方技传上·阎文显传》,北京:中华书局,2007年版,第13510页。
② [元]脱脱等:《宋史》卷461《方技传上·刘赟传》,北京:中华书局,2007年版,第13510页。
③ [元]脱脱等:《宋史》卷461《方技传上·僧洪蕴传》,北京:中华书局,2007年版,第13510,13511页。
④ [清]徐松辑:《宋会要辑稿》道释1之11,北京:中华书局,2006年版,第7874页。
⑤ [元]脱脱等:《宋史》卷461《方技传上·僧洪蕴传附僧法坚传》,北京:中华书局,2007年版,第13510,13511页。

道其子吉凶,所言若神,士大夫争造之"①。熙宁年间受到王安石的赏识,熙宁五年(1072年)宋神宗下诏释智缘随王韶军前往青唐,经略熙河地区,遂称"经略大师"。因有功,被宋政府升为"右街首坐"。

上述僧医得到宋政府的重用,在于他们精通医术,并以治愈朝中大臣疾病和进献古方而受到奖励。

四、"道医"的选任和奖惩

宋代皇帝和道教的特殊关系,使道士受到重用,养生学得到较大的发展。北宋初年,道士马志、王怀隐等奉诏编撰《开宝本草》和《太平圣惠方》等。北宋后期,宋徽宗重视道教,道医受到空前的尊重,参加了《政和圣济经》、《政和圣剂总录》的编撰和《黄帝内经》的校勘。

马志,宋初道士,"得海上方,深察药性,治疗辄效",被宋政府授翰林医官院御医,值宿宫内,侍候御前医药事。马志因参与修撰《开宝详定本草》和《开宝复位本草》有功,开宝五年(972年)十二月甲寅,宋太祖"赐道士玄祕大师马志通议大夫阶,仍各赐器币及鞍马"②。通议大夫为文散官阶,正四品下,"人以为荣"③。

王怀隐,京东路宋州睢阳(治今河南商丘南)人,宋初道士,住京城建隆观,"善医诊"和"汤剂进事"。太平兴国元年(976年),宋太宗"诏归俗,命为尚药奉御,三迁至翰林医官使"。太平兴国三年(978年),王怀隐与翰林医官陈昭遇、王佑、郑奇等奉宋太宗之命编修医药方书《太平圣惠方》。同年,吴越王遣其子钱惟浚入朝,钱惟浚得疾,宋太宗"诏怀隐视之"④。雍熙三年(986年)六月十五日,"赐翰林医官使王怀隐宅一区"⑤。经过14年努力,王怀隐等于淳化三年(992年)二月完成《太平圣惠方》。宋太宗亲自作序,题书名为《太平圣惠方》,令镂板于天下,诸州各置医博士掌之。

苏澄隐,字栖真,河北路真定(治今河北真定)人,宋初道士,住龙兴观,得"养生之术",年八十余仍不衰老。宋太祖征太原还,驻跸镇阳,召见行宫,询问养生之道。苏澄隐回答:"臣之养生,不过精思练气尔,帝王养生即异于是。老子曰:'我无为而民自化,我无欲而民自正。'无为无欲,凝神太和,昔黄帝、唐尧享国永年,得

---

① 〔元〕脱脱等:《宋史》卷461《方技传上·僧智缘传》,北京:中华书局,2007年版,第13524页。
② 〔宋〕李焘:《续资治通鉴长编》卷13,开宝五年十二月甲寅,北京:中华书局,2004年版,第292页。
③ 〔宋〕王栐撰,诚刚点校:《燕翼诒谋录》卷1,北京:中华书局,1997年版,第3页。
④ 〔元〕脱脱等:《宋史》卷461《方技传上·王怀隐传》,北京:中华书局,2007年版,第13507页。
⑤ 〔清〕徐松辑:《宋会要辑稿》方域4之22,北京:中华书局,2006年版,第7381页。

此道也。"①宋太祖大悦,"赐紫衣一袭、银器五百两、帛五百匹"。

丁少微(? —981年),淮南路亳州(治今安徽亳州)真源人,宋初道士,持斋戒,奉科仪尤为精至,隐华山潼谷,与陈抟齐名。丁少微"善服气,多饵药,年百余岁,康强无疾"②,太平兴国三年(978年)"召赴阙",以金丹、巨胜、南芝、玄芝为献。

赵自然,本名王九,淮南路太平州繁昌(治今安徽繁昌)人,少时学得道家养生之气,著《元道歌》,言修炼之要。知州王洞向朝廷表其事,宋太宗"召赴阙,亲问之,赐道士服,改名自然,赉钱三十万"。月余遣还,住青华观。大中祥符二年(1009年),宋真宗诏曰:"如闻自然颇精修养之术,委发转使杨覃访其行迹,命内侍武永全召至阙下,屡得对,赐紫衣,改青华观曰'延禧'。"③

郑荣,本禁军,戍守利州路壁州(治今四川通江)还,夜遇神人谓曰:"汝有道气,勿火食。"因授以医术救人,所传药能愈大风疾,民多求之。大中祥符七年(1014年),宋真宗"赐名自清,度为道士,居上清宫"④。

赵抱一,生卒年不详,秦凤路秦州(治今甘肃天水)民家子,常牧羊田间,偶得道家养生之术。大中祥符四年(1011年)至京师开封,宋真宗"诏赐名,度为道士","自是间岁或一至京师,常令居太一宫,与人言多养生事焉。"⑤

贺兰栖真(897—1010年),淮南路亳州谯县(治今安徽亳州)人,道士,"善服气,不惮寒暑,往往不食",颇得道家养生之术。景德二年(1005年),宋真宗诏:"师栖身岩壑,抗志烟霞,观心众妙之门,脱屣浮云之外。朕奉希夷而为教,法清静以临民,思得有道之人,访以无为之理。久怀上士,欲觌真风,爰命使车,往申礼聘。师其暂别林谷,来仪阙庭,必副招延,无惮登涉。今遣入内内品李怀赟召师赴阙。"既至,真宗作二韵诗赐之,号"宗玄大师","赉以紫服、白金、茶、帛、香、药,特蠲观之田租,度其侍者"⑥。

甄栖真(? —1022年),字道渊,自号神光子,京东路单州(治今山东单县)人。早年博涉经传,长于诗赋,进士不举后,遂弃其业,读道家书以自乐。初访道于牢

---

① [元]脱脱等:《宋史》卷461《方技传上·苏澄隐传》,北京:中华书局,2007年版,第13511页。

② [元]脱脱等:《宋史》卷461《方技传上·丁少微传》,北京:中华书局,2007年版,第13512页。

③ [元]脱脱等:《宋史》卷461《方技传上·赵自然传》,北京:中华书局,2007年版,第13512页。

④ [元]脱脱等:《宋史》卷461《方技传上·赵自然传附郑自清传》,北京:中华书局,2007年版,第13513页。

⑤ [元]脱脱等:《宋史》卷461《方技传上·赵自然传附赵抱一传》,北京:中华书局,2007年版,第13513页。

⑥ [元]脱脱等:《宋史》卷462《方技传下·贺兰栖真传》,北京:中华书局,2007年版,第13515,13516页。

山华盖先生,久之出游京师,入建隆观为道士。甄栖真"以药术济人,不取其报",精养生之术,著有《还金篇》二卷。大中祥符中,宋真宗"诏修晋州紫极宫道院,蠲其田租,度弟子二人"①。

朱旦,江南西路临江军玉笥山(治今江西峡江)人,道士,"善医术"。天圣八年(1030年)九月二十六日,宋仁宗"赐临江军玉笥山人朱旦'善济处士'","召至京师访问"②。

皇甫坦(？—1178年),字履道,一说京东路淄州人,一说成都府路嘉州夹江人,"善医术"。绍兴二十七年(1157年),显仁皇太后患目疾,"国医不能疗",经临安守臣张俸推荐,在慈宁殿以"嘘呵布气"法治愈太后眼疾,呼为"师父仙",受到宋高宗的厚赐,但"一无所受"。宋高宗诏问长生久视之道,对以"清虚寡欲为先"、"丹经万卷,不如守一"。上嘉叹之,"赐以御书《道德》、《黄庭》、《阴符》诸经,以归青城山"。后诏命皇甫坦前往青城山祭祀,后又诏令移居庐山,为其筑室,御书"清静"二字以名其庵,"诏绘坦像,御赞之"③。隆兴元年(1163年),太上皇御札诏曰:"自退处则宫,日以颐神养志为事。思见风采,款亲道话。幸早命驾,少同闲适。专信奉迢,用伸至怀。"乾道九年(1173年),宋孝宗赐"御书'清虚之鹰'四字为门额,仍岁赐粉蝶度道士以奉香火。"④

上述道士的选拔与任用,在于他们提倡的养生学观点,迎合了统治阶级追求长生不老和无为而治的思想,故而受到重用。

五、"草泽医"的选任

"草泽医"大多来源于民间,也称民间医生,医德、医术参差不齐。相对于"官医"而言,他们的医疗实践和医疗经验较为丰富,部分草泽医还撰有大量的医学著作。他们的身份也并不是一成不变,一旦应诏通过翰林医官院、太医局或御药院的考试,或者治愈皇室宗亲、政府官吏或武将群体的疾病,受到皇帝诏旨或朝中要员推荐,他们就能进入翰林医官院等医学机构任职,转变为医官。下面介绍几位与皇帝有关的名医。

许希,生卒年不详,开封人,"以医为业",通针灸之学,著《神应针经要诀》三卷行于世。景祐元年(1034年),宋仁宗患病,侍医数进药,不效,人心忧恐。冀国大

---

① ［元］脱脱等:《宋史》卷462《方技传下·甄栖真传》,北京:中华书局,2007年版,第13517页。
② ［清］徐松辑:《宋会要辑稿》崇儒6之29,北京:中华书局,2006年版,第2283页。
③ ［元］脱脱等:《宋史》卷462《方技传下·皇甫坦传》,北京:中华书局,2007年版,第13530页。
④ ［元］赵道一:《历世真仙体道通鉴续篇》卷3《皇甫坦》,张继禹主编:《中华道藏》第47册,北京:华夏出版社,2004年版,第599～601页。

长公主推荐许希，希诊曰："针心下包络之间，可亟愈"。左右争以为不可，诸黄门祈以身试，试之，无所害。遂以针进，而帝疾愈。宋仁宗诏命其为"翰林医官，赐绯衣、银鱼及器币"，后又被授予"殿中省尚药奉御"①，录其子许宗道，迁至内殿崇班。

孙用和，河北路卫州（治今河南汲县）人，后避事居于京西路孟州河阳（治今河南孟县），行医民间，通晓经学，精于医道，著有《传家秘宝方》三卷。据邵伯温记载，天圣元年（1023 年）光献曹皇后疾，国医久治不效，皇后忆及当年在民间有病时服用孙用和药有效。宋仁宗立即下诏，召孙用和治病。《邵氏闻见录》卷二载：

> 仁宗皇帝初纳光献后，后有疾，国医不效。帝曰："后在家用何人医？"后曰："妾随叔父官河阳，有疾服孙用和药辄效。"寻召用和，服其药果验；自布衣除尚药奉御，用和自此进用。用和本卫人，以避事客河阳，善用张仲景法治伤寒，名闻天下。二子奇、兆，皆登进士第，为朝官，亦善医②。

曹皇后服其药后，果然痊愈。宋仁宗下诏授予孙用和宣德郎、尚药奉御、太医局令等职。其子孙奇、孙兆，亦是进士出身，精通医学，授尚药奉御、殿中丞等职。嘉祐二年（1057 年），孙用和奉宋仁宗之命校正医书，计有《伤寒杂病论》《金匮要略》《金匮玉函经》《千金要方》《千金翼方》和《外台秘要方》等。

钱乙（1032—1113 年），字仲阳，京东路郓州（治今山东郓城）人，儿科专家，父子均为名医。钱乙以《颅囟方》出名，著有《伤寒论指微》五卷、《婴孺论》百篇等，皆散佚不存。现存《小儿药证直诀》三卷，由他的学生阎季忠于宣和二年（1119 年）编成，记述了多种初生小儿疾病的防治，是我国现存最早的系统完整的儿科学专著。元丰元年（1078 年），宋神宗"诏钱乙至京师，视长公主女疾"③，授翰林医学。后来，钱乙又以"黄土汤"治愈宋神宗第九子赵佖所患瘈疭病（属风病，指手足痉挛），擢太医局丞，赐金紫。

臧中立，两浙路常州毗陵（治今江苏常州）人，草泽医。崇宁三年（1104 年）王皇后病重，宋徽宗"诏求良医"，臧中立应诏至京，"以布衣麻履见"。宋徽宗"命之入诊"，皇后之病"不一月获安"。宋徽宗下诏对臧中立给予奖励。明凌迪知《万姓统谱》卷五一《臧中立》载：

> 臧中立，毗陵人。元丰间客鄞南湖时，抱病求疗者日数十人，中立胗治如神。崇宁中，徽宗后病甚，诏求良医，中立应诏，以布衣麻履见。上

① ［元］脱脱等：《宋史》卷 462《方技传下·许希传》，北京：中华书局，2007 年版，第 13520 页。
② ［宋］邵伯温撰，李剑雄、刘德权点校：《邵氏闻见录》卷 2，北京：中华书局，1997 年版，第 15 页。
③ ［元］脱脱等：《宋史》卷 462《方技传下·钱乙传》，北京：中华书局，2007 年版，第 13522～13524 页。

命之入胗,出而问曰:"卿胗得何证?"中立对曰:"臣所胗脾脉极虚,殆呕
泄之疾作楚"。和药以进,且曰:"服此,得睡为效"。至夜半,果思粥食,
不一月获安。赐归,诏出官帑,市地为室南湖以居焉,因名"迎凤坊"①。

清魏之琇《续名医类案》卷六亦有相同的记载②。这是中医治疗呕吐病的典型
病案。

何澄,草泽医。宣和三年(1121年),东宫皇太子赵桓(即宋钦宗)有疾,"国医
不能治",于是宋徽宗诏:"召草泽医",何澄"应诏进剂",皇太子服药而愈,赐官、
钱。张杲《医说》载:"东宫得疾,国医不能治。有诏召草泽医,澄乃应诏,进剂而
愈。朝廷赐钱三千贯与初品官,自后医道盛行京师,号为'何药院家'。"③

杨介,字吉老,淮南东路泗州(治今江苏盱眙)人,治病多奇效,撰《四时伤寒总
病论》六卷、《存真环中图》一卷等。据《本草纲目》卷五记载,宋徽宗因食冰太过,
患脾疾。国医不能治,召杨介诊之。杨介用"大理中丸"治之,上曰:"服之屡矣",
杨介回答:"疾因食冰,臣因以冰煎此药,是治受病之原也。"宋徽宗服之,"果愈"④。

南宋时期,政府数次发布诏令,从全国各地访求人才。据《本草纲目》卷二五
引《爱竹谈薮》所载,宋宁宗为郡王时患淋病,日夜凡三百起。国医罔措,或举孙琳
治之。孙琳用蒸饼、大蒜、淡豆豉三物捣丸,令以温水下三十九。孙琳说:"今日进
三服,病当减三之一,明日亦然,三日病除,已而果然。"宋宁宗赐以千缗。或问其
说,孙琳回答:"小儿何缘有淋,只是水道不利,三物皆能通利故尔。"⑤

景定五年(1264年)十月丙寅,宋理宗病重,发布《求医诏》,从民间访求草泽
医。《宋史全文》卷三六载:

> 诏:"朕体违和,服药未效。如草泽有能治疗,得或瘥者,白身除节度
> 使,有官人及愿就文资者,并与比附推恩外,更支赐钱十万贯、田五百
> 顷。"三省出榜晓谕,许径赴丽正门外自陈,差内侍二员收接文字,即时
> 闻奏。⑥

---

① [明]凌迪知:《万姓统谱》卷51《下平声·臧中立》,成都:巴蜀书社,1995年版,第783页。

② [清]魏之琇:《续名医类案》卷6《呕吐》,北京:人民卫生出版社,1982年版,第137页。

③ [宋]张杲:《医说》卷10《医不贪色》,裴沛然主编:《中国医学大成三编》第12册,长沙:岳麓书社,
1988年版,第205,206页。

④ [明]李时珍:《本草纲目》卷5《水部·夏冰》,北京:人民卫生出版社,2012年版,第395页。

⑤ [明]李时珍:《本草纲目》卷25《谷部四·蒸饼》,北京:人民卫生出版社,2012年版,第1542页。

⑥ [元]佚名撰,李之亮点校:《宋史全文》卷36《宋理宗六》,哈尔滨:黑龙江人民出版社,2005年版,第
2394页。

由于是为宋理宗治病,南宋政府对"草泽医"的奖励规格很高,如能治愈,授予节度使的官衔。节度使为武官阶正任官之首,不列入常调磨勘,俸禄丰厚,殊不易得,素有"贵品"之称,是宋代的"贵官"。对于推荐之人也给予丰厚的奖励,赐钱十万贯,田五百顷。是否有"草泽医"应聘,尚不得知,但第二天(十月丁卯)宋理宗就病故了。

从上述医案、病案来看,宋政府在大力培养官医的同时,多次下诏访求"草泽医",以补国医之不足。民间"草泽医"也大多是在国医不能医治的情况下登上历史舞台,并以治愈皇帝疑难杂病等经典病例,记录在官修历史之中。

第五节　宋代医官选任与管理的特点及存在的问题

宋政府通过医事诏令,以科举试补法、荐补法和荫补法相结合的方式,选拔了大批有一定才能的医学人员,将以往分散的医学研究集中到中央和地方州县,反映了官方选仕制度的优越性。

一、宋代医官选任与管理的特点

表7-4根据历代《方技传》的记载和吴彤《自组织还是他组织》[①]一文的研究,列出《历代〈方技传〉中医学人员为官情况》,分析宋代政府选任医官的特点。

首先,在宋政府组织的科学活动中,与国家关系密切的天文历法和医学,在宋代获得巨大的发展。宋代方技者为官的比例接近50%,其中天文历法占52%,居首位;医药养生占43%,居第二位;技术工匠占5%,居第三位。《宋史》中记载的前三类为官者的比例为100%,为历史之最。这表明,与国家关系密切的天文学、医学在政府的重视下优先得到发展。由于医学关乎统治阶级的健康和实现儒家"仁政"治国的思想,医学在宋代获得了巨大的发展。宋代皇帝认为,医学家宣扬的"道符济国、志在救人"、"常怀拯物之心,并救含灵之苦"、"为医之道、尽善尽美、触事皆通"[②]和"以急世用、而救民疾"、"祐天下之至神"[③]的作法,符合统治阶级提倡的"仁政"思想,这是宋政府大力选任医学人员藉以扩大统治阶级队伍的主要原因

---

① 吴彤:《自组织还是他组织?——从一种复杂系统演化的观点看中国知识落后的原因》,宋健主编:《中国科学技术回顾与展望》,北京:中国科学技术出版社,2003年版,第52页。

② [宋]王怀隐等:《太平圣惠方》卷1《叙为医》,北京:人民卫生出版社,1959年版,第1页。

③ [宋]宋徽宗等:《圣济总录》卷首《御制政和圣济总录序》,北京:人民卫生出版社,1962年版,第3页。

之一。尤其是新型儒医群体的出现,更是宋政府推动的结果。政和三年(1113年)闰四月九日,宋徽宗发布敕令:"建学之初,务欲广得儒医。"①政和七年(1117年)八月十日,宋徽宗下诏实施讲仪司制定的有关提高"医学"规格的奏章,明确规定"教养士类,使习儒术者,通黄素、明诊疗,谓之儒医,甚大惠也"②。这种皇帝明令提倡儒生必须学习医学经典的作法,极大地改变了医学家"流品不高"、"士人所耻"的社会风气,使医人成为儒家之外弘扬"仁政"的新型群体。经过宋代皇帝和政府的长期努力,医学家的社会地位在北宋末年发生了显著的变化。

表7-4　历代《方技传》中医学人员为官情况

资料来源	天文历算		医药养生		造物技术		仙异巫术		前三类为官者		为官者总数	记载总人数	占全部术数者(%)
	人数	为官比例	人数	为官比例	人数	为官比例	人数	为官比例	人数	为官比例			
三国志魏书	1	25.0	0	0	1	25.0	2	50.0	2	50.0	4	5	80.0
后汉书	4	31.0	2	15.0	0	0	7	54.0	6	46.0	13	34	38.2
晋书	4	40.0	0	0	0	0	6	60.0	4	40.0	10	23	43.5
北史	8	22.0	10	27.0	5	14.0	13	36.0	23	64.0	36	48	75.0
隋书	6	60.0	0	0	0	0	4	40.0	6	60.0	10	14	71.4
旧唐书	4	25.0	5	31.0	2	13.0	5	31.0	11	69.0	16	24	66.7
宋史	11	52.0	9	43.0	1	5.0	0	0	21	100	21	43	48.8
金史	3	75.0	1	25.0	0	0	0	0	4	100	4	5	80.0
元史	2	20.0	0	0	7	70.0	1	10.0	9	90.0	9	11	90.9
明史	1	7.0	8	53.0	0	0	6	40.0	9	60.0	15	28	53.6

其次,从汉代至宋代医学养生为官者的比例一直处于上升阶段,两宋时期达到第一个高峰。《宋史·方技传》中医学人物为官者所占的比例高达43%,表明宋政府将大量与医学活动有关的优秀人才吸收到中央,纳入到官僚体系之中。宋政府通过扩大和完善医学机构编制,改革太医局教育,为不同阶层、不同专业的医学人员到翰林医官院、太医局、御药院、尚药局、太医局、熟药所、惠民局等机构任职

---

① [清]徐松辑:《宋会要辑稿》崇儒3之14～15,北京:中华书局,2006年版,第2214,2215页。

② [清]徐松辑:《宋会要辑稿》崇儒3之20～21,北京:中华书局,2006年版,第2217,2218页。

提供了条件。翰林医官院和太医局在医学人才的选拔和培养方面,发挥了重要的作用,客观上促进了医学向规范化、制度化的方向发展。

再次,宋政府制定了较为健全和完整的医学人员选拔制度、致仕制度、差遣制度、酬劳制度和磨勘制度。宋代医学人员选拔,以科举试补法为主,荐补法和荫补法为辅,从而在一定程度上保证了公平竞争,从社会下层选拔了大批出身寒微的医学人才。致仕和差遣制度以考试为主,以自荐、他荐为辅,一经考试合格,即予以差遣。酬劳制度包括官品、官阶、章服、爵、勋、功臣、俸禄、休假、谥号等内容,由于政府实行"益俸"、"优俸"政策,宋代医官俸禄优厚,且一直不断上涨,"入仕者不复以身家为虑,各自勉其治行"[①],这也是大批医学人员积极入仕的关键条件之一。磨勘考课制度是医官升迁的一条重要途径,有较为完整的迁转官阶,宋代磨勘重资历而不重门阀,在防范任人唯亲、门阀政治方面起了积极的作用。宋政府选任的医学人员种类多样,从出身来看,有世医、僧医、道医、草泽医等;从医学分科上来看,有大方脉科、小方脉科、风科、口齿科、咽喉科、眼耳科、疮肿科、折疡科、针灸科、妇产科、金镞科和书禁科等。宋代官医和民间"草泽医"人才辈出,医术精湛,涌现出一大批对后世产生重大影响的医学家及其医学著作。

第四,宋代官僚士大夫对医家的认识和态度的转变,客观上促进了政府有关医学人员选任措施的施行。宋代名臣范仲淹在"庆历新政"前从文人士大夫的角度对政府重视医学做出回应,指出:"夫能行救人利物之心者,莫如良医。果能为良医也,上以疗君亲之疾,下以救贫民之厄,中以保身长年。在下而能及小大生民者,舍夫良医,则未之有也"[②],这就是后世极为推崇之"不为良相,愿为良医"的由来。范仲淹的看法,代表了当时儒家士大夫普遍的认识,反映了在"崇文抑武"国策下宋代文化的某些深层次变化——医家提倡的"上医医国、中医医人、下医医病"[③]与儒家"仁政"教化功能的一致性。对于医家"儒学化"和儒家"医学化"的变化,宋政府做出积极的肯定,并在科举制度和医职官阶迁转方面给予大力照顾。关于儒家士大夫医学化的倾向,李经纬、林昭庚在《中国医学通史·古代卷》一书中指出:"北宋历朝皇帝对医学之重视,是史无前例的,特别是在他们的影响下,一些文臣武将也多关注,如掌禹锡、欧阳修、王安石、曾公亮、富弼、韩琦、夏竦、宇文

① [清]赵翼著,王树民校证:《廿二史劄记校证》卷25《宋制禄之厚》,北京:中华书局,1984年版,第534页。

② [宋]吴曾:《能改斋漫录》卷13《文正公愿为良医》,上海:上海古籍出版社,1979年版,第381页。

③ [宋]王怀隐等:《太平圣惠方》卷1《叙为医》,北京:人民卫生出版社,1959年版,第1页。

虚中也都参加古医书之整理。苏轼、沈括、陈尧叟、孙用和均有个人收集的医方著述。"①

二、宋代医官选任与管理中存在的问题

中国古代专制主义中央集权制度,决定了政府在医学人员的选拔上常常采取直接干预、控制的方式,因而在一定程度上不仅不利于人才的选任,而且还会扼杀医学人才和医学知识发展的活力和多样性。其最大的弊端是统治阶级内部的越级指挥和特殊、复杂的官僚体制,使得许多医学人才进入官府后只能模仿或秉承皇帝旨意办事而不能创新,因而制约了主流医学知识进一步分支演化的可能。同时,这种弊端还在于,医学人员的研究活动大多是在政府许可的框架内进行,不能随意改变,因此,一旦医学赖以存在的外部环境发生变化——皇帝个人兴趣爱好的转变、激烈的政治斗争或民族政权冲突,医学人员的研究活动首当其冲地遭到破坏。

首先,尽管政府制定了较为完整的医职迁转官阶,但医官品位较低。宋初至政和二年(1112 年)前医学官阶中的最高阶——翰林医官使、副使,为七品,再往上只得迁转东班诸司使、副使阶,该阶既是技术官阶,也是武官阶。政和二年(1112年)以后至南宋时期医学阶官中的最高阶——和安大夫,为从六品。无论是北宋还是南宋,医职人员迁转又时常受政府的制约。宋政府规定:"应伎术官不得与士大夫齿",地位较文、武官为低,非战功及随龙人不得换武职,医官迁至和安大夫止,不得转遥郡刺史以上,磨勘时重年限不重才能等。翰林医官、翰林医学和翰林祗候在宋代医学官阶中处于较低地位,在翰林医官院供奉医学或外任差遣,但政府多次限制他们的升迁。乾兴元年(1022 年)夏四月,宋仁宗采纳中书门下的建议,"限伎术官"②。天圣六年(1028 年)七月乙未,翰林医官院奏:"医学李诚十年当改转,其人凶顽,尝有负犯,请不迁改。自今后医学祗候医人如补授十年有过犯一度者,并不在补转之限。"③宋仁宗"从之",发布《医学祗候有过十年不迁诏》:"翰林院,自今医学祗候尝有过者,及十年毋得迁。"④景祐三年(1036 年)四月辛未,宋仁宗发布《翰林医官迁官事诏》:"翰林医官自今非迁尽同正官,毋得迁尚药奉御及直院。"⑤庆历二年(1042 年)五月丙辰,宋仁宗发布《翰林医官有劳者止迁本院官

---

①　李经纬、林昭庚主编:《中国医学通史·古代卷》,北京:人民卫生出版社,2000 年版,第 315 页。

②　[宋]陈均著,许沛藻等点校:《皇朝编年纲目备要》卷 8,北京:中华书局,2006 年版,第 175 页。

③　[清]徐松辑:《宋会要辑稿》职官 36 之 97,北京:中华书局,2006 年版,第 3120 页。

④　[宋]李焘:《续资治通鉴长编》卷 106,天圣六年七月乙未,北京:中华书局,2004 年版,第 2475 页。

⑤　[宋]李焘:《续资治通鉴长编》卷 118,景祐三年四月辛未,北京:中华书局,2004 年版,第 2782 页。

诏》:"翰林医官有劳者止迁本院官,毋得换右职及别兼差遣"①,限制翰林医官迁至武职或其他官职。关于驻泊医官,政府亦有限制性的规定。如宣和四年(1122 年)十月四日宋徽宗颁布《诸州驻泊医官序位在州县官之下诏》:"诸州驻泊医官序位在州县官之下,非缘医药,不许与见任官往来,违者,以违制论"②,明确规定驻泊医官位在县官之下。这样的诏令很多,为此,王栐批评道:"应伎术官不得与士大夫齿,贱之也。"③

其次,政府医学机构中的行政官,大多由皇帝内侍(宦官)充任提举官,而真正精通医学事务的职事官却不能管理医官院或太医局的政务,造成职事重叠和资源浪费。提举翰林医官院所和提举太医局所,大多由内侍充,系行政官,督领院、局公事,有自己的治所。这样,翰林医官院、太医局等机构的行政事务被牢牢地控制在皇帝的手中。翰林医官院实际负责人翰林医官使和太医局实际负责人太医局令等,只能管理本院医药事务而不能过问行政事务,造成行政效率低下,医学人员积极性和创造性难以得到发挥。如绍兴四年(1134 年)二月二十五日,宋高宗诏:"差入内内侍省官一员主管医官局,今后准此。"④

第三,经学、教育与科举的紧密结合,使部分医官热衷于仕途活动。医官补授中特补、奏荐和臣僚奏试的存在,为部分医官通过皇族或朝中大臣向朝廷要官创造了条件,"每治后宫及宗室愈,辄侥幸以迁"⑤,以致政府不得不发布诏令加以制止。如天圣元年(1023 年)闰九月二十六日,宋仁宗发布《禁伎术官干请皇族要官论荐诏》,规定:"应翰林医官院、司天监、天文、图画院,但系艺术官等处,今后更不得妄进文字并告讬皇族国亲形势官员请求干黩,乞行奏荐改转明目服色,及夹带实封文字希求恩泽。如违,据所降出求恩泽人姓名,科违制之罪。或有所进文状者,仍令阁门承进常切点检,别无违碍,方得进入。"⑥

南宋初年医官王继先的投身活动,就是医官热衷于仕途的典型案例。王继先(1098—1181 年),开封人。建炎初,"以医得幸,其后浸贵宠,世号王医师"⑦。建

① [宋]李焘:《续资治通鉴长编》卷 136,庆历二年五月丙辰,北京:中华书局,2004 年版,第 3260 页。又见[元]脱脱等:《宋史》卷 11《仁宗本纪三》,第 214 页。

② [清]徐松辑:《宋会要辑稿》职官 36 之 116,北京:中华书局,2006 年版,第 3129 页。

③ [宋]王栐撰,诚刚点校《燕翼诒谋录》卷 2,北京:中华书局,1997 年版,第 14 页。

④ [清]徐松辑:《宋会要辑稿》职官 36 之 103,北京:中华书局,2006 年版,第 3123 页。

⑤ [清]徐松辑:《宋会要辑稿》职官 36 之 98,北京:中华书局,2006 年版,第 3120 页。

⑥ [清]徐松辑:《宋会要辑稿》刑法 2 之 14,北京:中华书局,2006 年版,第 6502 页。又见[清]徐松辑:《宋会要辑稿》职官 36 之 111,第 3127 页。

⑦ [元]脱脱等:《宋史》卷 470《佞幸传·王继先传》,北京:中华书局,2007 年版,第 13686～13688 页。

炎年间,宋高宗避乱于江都,"方有所御幸,而张浚告变者遝至,蹙然惊惕,遂病董腐。故明受妲后,绝孕"①,王继先因医治董腐病有功,受到宋高宗数次破格提拔,授予"和安大夫、开州团练使"、"武功大夫"、"遥郡刺史"、"右武大夫、荣州防御使"、"华州观察使"和"昭庆军承宣使"等职。宋政府规定,技术官不得授武阶,王继先显然是个例外。王继先权势极大,"诸大帅承顺下风,莫敢少忤,其权势与秦桧埒",他"富埒王室,子弟通朝籍,总戎寄,姻戚党与盘踞要途,数十年间,无能摇之者"②。王曾瑜先生在《城狐社鼠——宋高宗时的宦官与医官王继先》一文中指出,王继先的投机行为实际上是"宋高宗朝专制腐败政治的一个侧面和一大特色"②。受王继先的影响,他主编的《绍兴本草》也不为宋人所重视,时遭讥讽。乾道六年(1170 年)四月二日,鉴于"宰执医人只是量试补官,既得医官名目,走赴转运司解试,便作有官人取解"的情况,宋孝宗诏:"自今宰执使相待从等不许奏试医人,其已奏试中人不得作有官人取诸路转运司文解。"③

第六节　小　结

通过对以上医事诏令的分析与研究,本章得出如下结论:

(1)宋政府建立了以科举试补法为主,荐补法和荫补法为辅的医官选任制度。北宋初年,政府选任医官主要以荐补法为主,重视医官技能的考核。宋仁宗庆历年间以后,太医局培养的医学生成为政府选任医官最主要的来源,其考选之法仿照"国子监考察法"和"太学三舍考选升补法"。南宋时期,政府完善了太医局考选中的锁院制度、通行试题制度、挟书之禁制度和六通合格制度。从而实现了经学、教育和科举三位一体化的趋势,选拔了大批出身寒微的医学人才,在一定程度上保证了公平竞争。新兴儒医群体的出现,是宋政府重视和推动的结果。

(2)宋政府建立了一套较为完整和完善的医官选拔制度、致仕制度、除授制度、考课制度、磨勘制度和俸禄制度,这套新官阶明显地和文、武官迁转官阶不同。翰林医官院负责荐补医人、入内内宿医官和驻泊医官的考选,太常寺、礼部负责太医局医学生和州县医学生的考选,礼部祠部司详定祠祭太医帐案负责八品以上医官资格审查、太医助教的除授与磨勘等。其迁转官阶,宋初至政和二年(1112 年)

---

① ［宋］无名氏:《朝野遗记》,清道光十一年《学海类编》本,第 26 册,第 3,4 页。

② 王曾瑜:《城狐社鼠——宋高宗时的宦官与医官王继先》,载《四川大学学报》1995 年第 2 期,第 71～82 页。又见王曾瑜:《岳飞和南宋前期政治与军事研究》,开封:河南大学出版社,2002 年版,第 567～591 页。

③ ［清］徐松辑:《宋会要辑稿》职官 36 之 124,北京:中华书局,2006 年版,第 3133 页。

前定为军器库使、西绫锦使、榷易使、翰林医官使、军器库副使、西绫锦副使、榷易副使、翰林医官副使、直翰林医官院、尚药奉御、翰林医官、翰林医学和翰林祗候医人,共 13 阶。政和二年(1112 年)九月,定为 14 阶。政和三年(1113 年)八月新增 8 阶,共定为 22 阶,南宋沿之,其序列为和安大夫、成和大夫、成安大夫、成全大夫、保和大夫(宣和元年改平和大夫)、平和大夫、翰林良医、和安郎、成和郎、成安郎、保和郎(宣和元年改平和郎)、翰林医正、翰林医效、翰林医愈、翰林医痊、翰林医证、翰林医诊、翰林医学和翰林祗候。同时,宋政府还规定伎术官非战功及随龙人不许换武职,不得转遥郡刺史以上。

(3)宋政府选任的医学人员,涵盖了当时医学各个学科。从出身来看,有世医、儒医、僧医、道医、草泽医等。从医学分科上来看,有大方脉科、小方脉科、风科、口齿兼咽喉科、眼耳科、疮肿兼折伤科、针灸科、产科、金镞兼书禁科等,其中儿科、风科和产科等是宋代新出现的医学学科。这些分科反映了宋代专科医学的发展,以及对疾病的认识和防治的水平。

总之,宋政府有关医官的选任与管理制度,在中国医学史上是较为成功的。这些医学人员先后参加了政府组织的医学文献校正、本草方书编撰、针灸铜人铸造、疾病治疗和医学理论探讨等活动,为宋代医学的发展做出了一定的贡献,极大地宣扬了“医乃仁政”的思想。绍兴十三年(1143 年),李光(1078—1159 年)在评价宋代医学家的成就及其水平时说:“本朝儒医,博学能文,精通医术”[①]。但是,也应该看到,在整个官僚体系中,医职官阶较文、武官阶,还是较为低下。皇帝的越级提拔,医官补授中特补、奏荐和臣僚奏试的存在,为部分医官通过皇族或朝中大臣向朝廷要官,或授受本职之外官职创造了条件,这些完全是由专制主义中央集权制度的弊端所造成的。

---

① [宋]李光:《庄简集》卷 17《跋再刊初虞世必用方》,影印文渊阁《四库全书》本,第 1128 册,第 618 页。

第八章　宋代政府控制和改造巫医的措施

巫医是专门用咒禁、符箓、占卜、草药和魔法治病、驱邪除祟的人,其中医术是实现其手段的有效途径之一。在宋代医学体系中,"书禁科"不仅是医学九科的重要内容之一,而且还是治疗疾病的主要手段之一,但巫医的"伪科学"、"伪技艺"[①]特性,使它的知识体系及操作仪式披上了神秘的外衣。在宋代各种官私史书中,巫医是作为破坏性的、恶毒的角色出现的,他们始终与政府提倡的主流医学知识和价值观相对立,成为宋政府推行儒家伦理道德和强化中央集权的威胁。北宋以来,巫术在全国大部分地区的流行及其向民间秘密宗教形式的演化,对国家正统医学知识传播与地方统治秩序构成严重的挑战,引起宋代皇帝、中央政府和地方官吏的广泛关注与重视。为此,宋政府颁布了一系列的诏令,对巫医的知识和活动采取了控制和改造的措施,成为国家发展官方医学的外部动力。

学术界关于中国古代巫医的研究,首推廖育群《中国科学技术史·医学卷》和《医者意也:认识中医》两书。在相关内容中,廖育群对巫术中咒禁疗法在医学中的地位、咒禁疗法的作用力与转移方式、咒禁疗法与宗教等问题给予了探讨,纠正了学术界目前将咒禁疗法视同于心理学的一些误解,这是迄今为止关于中国古代巫医特点及基本范畴最系统、最明确的论述[②]。日本学者木村明史《宋代民间医疗与巫觋观——地方官取缔巫觋的一个侧面》,讨论了宋代"巫觋观"的变化对民间治疗实践产生的影响[③]。关于宋代巫术的通论性研究,学者们的关注较多,如史继刚《宋代的惩"巫"扬"医"》[④]、杨倩描《宋朝禁巫述论》[⑤]、肖忠文《论宋代巫术》[⑥]、李小红《宋代尚巫之风及其危害》、《宋代"信巫不信医"问题探析》、《宋代民间"信巫

---

① [英]詹·乔·弗雷泽(J. G. Frazer)著,徐育新等译,汪培基校:《金枝——巫术与宗教之研究》(*The Golden Bough: a Study in Magic and Religion*),北京:大众文艺出版社,1998年版,第32页。

② 廖育群、傅芳、郑金生:《中国科学技术史·医学卷》,北京:科学出版社,1998年版,第3~18页。又见廖育群:《医者意也:认识中医》,桂林:广西师范大学出版社,2006年版,第72~90页。

③ [日]木村明史:《宋代の民間医療と巫覡観——地方官による巫覡取締の一側面》,载《东方学》第101辑,2001年1月,第89~104页。

④ 史继刚:《宋代的惩"巫"扬"医"》,载《西南师范大学学报》1992年第3期,第65~68页。

⑤ 杨倩描:《宋朝禁巫述论》,载《中国史研究》1993年第1期,第76~83页。

⑥ 肖忠文:《论宋代巫术》,载《天府新论》2001年第3期,第83~86页。

不信医"现象探析》①、刘黎民《论宋代民间淫祠》②等文,从历史学的角度研究了宋代巫术活动的危害、特点、朝廷的禁巫举措及巫术盛行的原因等。范荧《宋代的民间巫术》③和刘黎明《宋代民间巫术研究》④则专门对宋代民间巫师、民间巫术活动中的呪语与符额、民间巫术的类型、民间巫术与宋代社会政治、民间巫术与宋代社会文化等进行了探讨。王章伟《在国家与社会之间——宋代巫觋信仰研究》一书,参考了大量现代有关民间信仰和市民社会的著作和理论,从国家与社会的角度论述了宋代巫觋信仰的相关问题,如民众对医疗的需求、巫觋通神的技艺、结社和祭祀的场所、巫术传承和传播的方式以及政府的政策等。⑤ 上述学者的论述,涉及了巫术、巫医等内容,为笔者提供了很有价值的素材。

本章探讨医事诏令所反映的宋代政府与地方官吏控制和改造巫医的措施,考察政府禁止地方巫术的动因和官方医学知识在巫医流行地区确立、传播的过程,并对宋代巫医的流行变化、地域分布以及巫医在宋代部分地区禁而不绝的原因进行解释。

第一节　宋代巫医的流行变化、地域分布及其特点

在中国古代社会,巫术和医学之间有着密切的关系,尤其是在中央政府控制比较薄弱和汉文化影响较小的地区,巫医的存在不仅合法而且非常盛行,"医疗艺术浸染着巫术的气味并且控制在巫师的手中"⑥。从这个意义上说,巫医"是建立在文化的基础上的,因为它基于对自然界及其运作方式的一种特定的观点",巫术信仰"反映出人类深层次的渴望或者焦虑",它的本质就是"尝试着解释厄运,随之而来的就是希望可以避免厄运"⑦。巫医的职业,主要是用咒语、符箓、占卜、草药

① 李小红:《宋代"信巫不信医"问题探析》,载《四川大学学报》2003 年第 6 期,第 106～112 页;李小红:《宋代民间"信巫不信医"现象探析》,载《学术研究》2003 年第 7 期,第 94～99 页;李小红:《宋代尚巫之风及其危害》,载《史学月刊》2002 年第 10 期,第 96～101 页。

② 刘黎民:《论宋代民间淫祠》,载《四川大学学报》2004 年第 5 期,第 95～101 页。

③ 范荧:《宋代的民间巫术》,张其凡、陆勇强主编:《宋代历史文化研究》,北京:人民出版社,2000 年版,第 130～136 页。

④ 刘黎明:《宋代民间巫术研究》,成都:巴蜀书社,2004 年版,第 1～393 页。

⑤ 王章伟:《在国家与社会之间——宋代巫觋信仰研究》,香港:中华书局,2005 年版,第 1～120 页。

⑥ [德]G·文士麦著,马伯英译:《世界医学五千年史》,北京:人民卫生出版社,1985 年版,第 3 页。

⑦ [英]罗宾·布里吉斯(Robin Briggs)著,雷鹏、高永宏译:《与巫为邻:欧洲巫术的社会和文化语境》(*Witches & Neighbors: The Social and Cultural Context of European Witchcraft*),北京:北京大学出版社,2005 年版,第 3 页。

和魔法等治病、驱邪除祟,他们与巫师的最大不同是,巫医掌握了一定的医学知识,而巫师仅仅是以装神弄鬼、替人祈祷为职业。在宋代京西路、荆湖北路、荆湖南路、两浙路、福建路、梓州路、益州路、夔州路、利州路、广南东路和广南西路一带,巫术非常盛行。由于巫术的活动大多是与疾病救治联系在一起,其知识体系、治病仪式对一个地方民风习俗的形成产生了直接的影响。巫术的思维方式和古代医学的相通之处,"构成了巫术、宗教、科学间的复杂关系与不确定性"[①]。对于政府来说,巫医的思想和实践与儒家伦理道德格格不入,它的存在对国家势力扩张和社会秩序重构造成了潜在的威胁,尤其是中国历史上假借巫术之名爆发的农民起义,对宋朝最高统治阶级带来强烈的震动。

一、从 1023 年的一道奏章和政府应对诏令谈起

下面,我们以天圣元年江南西路洪州(治今江西南昌)知州夏竦向朝廷的一道奏章及宋仁宗的应对诏令谈起,分析宋代巫医活动的变化及特点。天圣元年(1023 年),夏竦(985—1051 年)出任江南西路洪州知州,他向朝廷上奏了一道宋代医学史上著名的奏章——《洪州请断祅巫奏》,系统地阐明了巫术在宋代的发展变化及其对社会带来的影响,建议政府全面禁巫。《文庄集》卷一五载:

> 臣闻:左道乱俗,祅言惑众,在昔之法,皆杀无赦。盖以奸臣逆节,狂贼乱规,多假鬼神,摇动耳目。汉之张角,晋之孙恩,偶失防闲,遂至屯聚。国家宜有严制,以肃多方。窃以当州东引七闽,南控百粤,编氓右鬼,旧俗尚巫。在汉栾巴,已尝翦理。爰从近岁,传习滋多。假托禨祥,愚弄黎庶,剿绝性命,规取货财,皆于所居塑画魑魅,陈列幡帜,鸣击鼓角,谓之"神坛"。婴孺褓褓,已令寄育,字曰"坛留"、"坛保"之类,及其稍长,则传习祅法,驱为童奴。民之有病,则门施符术,禁绝往来,斥远至亲,屏去便物。家人营药,则曰神不许服;病者欲食,则云神不听飨。率令疫人死于饥渴,洎至亡者服用,又言余祟所凭,人不敢留,规以自入。若幸而获免,家人所资,假神而言,无求不可。其间有孤子单族、首面幼妻,或绝户以图财,或害夫而纳妇。浸淫既久,习熟为常,民被非辜,了不为怪。奉之愈谨,信之益深,从其言甚于典章,畏其威重于官吏。奇神异像,图绘岁增;邪篆祅符,传写日多。小则鸡豚致祀,敛以还家。大则歌

---

① 廖育群、傅芳、郑金生:《中国科学技术史·医学卷》,北京:科学出版社,1998 年版,第 8 页。

舞聚人,食其余胙。婚葬出处,动必求师。劫盗斗争,行须作水。蠹耗衣食,眩惑里闾,设欲扇摇,不难连结。在于宪典,具有章条。其如法未胜奸,药弗瘳疾,宜颁峻典,以革袄风。当州师巫一千九百余户,臣已勒令改业归农及攻习针灸之脉。所有首纳到袄妄、神像、符箓、神衫、神杖、魂巾、魂帽、钟角、刀筊、纱罗等一万一千余事,已令焚毁,及纳官讫。伏乞朝廷严赐条约,所冀屏除巨害,保宥群生,杜渐防萌,少裨万一①。

王珪《华阳集》卷四七《夏文庄公竦神道碑铭》亦载:

> 洪之风俗,右鬼尚巫,所居设坛场,陈旗帜,依神以卜祸福。病者辄屏去,亲爱死于饥渴,则规罔寡孤,惟其意所出。公索其部中,凡得千九百余家;妖符、怪箓、神衣、鬼帽、钟角、刀筊之类以万计,悉令燔毁之。乃言汉晋张角、孙恩之乱,不可不察。朝廷为下诏更立重法,自江浙以南,悉禁绝之②。

张镃《皇朝仕学规范》卷一五《莅官》也载:

> 夏文庄公竦徙寿州,历安、洪二州。洪州俗尚巫病者,辄屏去亲爱,其医药饮食一听于神,以故饥渴死者不可胜计。竦索部中,凡得千九百余家,毁其淫祠。朝廷因下令,江浙以南悉禁绝之③。

夏竦的禁巫论在当时产生较大影响,宋人著述中多次加以记载和介绍。如《续资治通鉴长编》④、《宋朝诸臣奏议》⑤、《宋文鉴》⑥、《续文章正宗》⑦等亦有相同的记载。

---

① [宋]夏竦:《文庄集》卷15《洪州请断袄巫奏》,影印文渊阁《四库全书》本,第1087册,第184页。又见[清]徐松辑:《宋会要辑稿》礼20之11~12,第770页。

② [宋]王珪:《华阳集》卷35《夏文庄公竦神道碑》,《丛书集成初编》本,北京:中华书局,1985年版,第449~453页。又见[宋]杜大珪编:《名臣碑传琬琰之集》上卷22,第177~181页。

③ [宋]张镃:《皇朝仕学规范》卷15《莅官》,《北京图书馆古籍珍本丛刊》第68册,北京:书目文献出版社,1998年版,第603页。

④ [宋]李焘:《续资治通鉴长编》卷101,天圣元年十一月戊戌,北京:中华书局,2004年版,第2340页。

⑤ [宋]夏竦:《上仁宗乞断袄巫》,[宋]赵汝愚撰,邓广铭等点校:《宋朝诸臣奏议》卷98,上海:上海古籍出版社,1999年版,第1056页。

⑥ [宋]夏竦:《洪州请断妖巫》,[宋]吕祖谦编,齐治平校:《宋文鉴》卷43《奏疏》,北京:中华书局,1992年版,第652,653页。

⑦ [宋]真德秀原著,[宋]倪澄重编,[宋]胡松增订:《西山先生真文忠公续文章正宗》卷7《端明殿学士蔡公墓志铭》,影印文渊阁《四库全书》本,第1356册,第134~137页。

据曾敏行(1118—1175 年)《独醒杂志》记载,这次上奏很可能跟夏竦和医人的一次对话有关。

> 夏英公帅江西日,时豫章大疫,公命医制药分给居民。医请曰:"药虽付之,恐亦虚设。"公曰:"何故?"医曰:"江西之俗尚鬼信巫,每有疾病,未尝亲药饵也。"公曰:"如此则民死于非命者多矣,不可以不禁止。"遂下令捕为巫者杖之,其著闻者黥隶他州。一岁,部内共治一千九百余家,江西自此淫巫遂息①。

从夏竦向宋仁宗的奏章和夏竦与医学家的对话中可以看出,北宋时期巫术的内容、组织机构、传播方式和社会影响发生了较大的变化。具体表现在:

一是巫术的传播形式在宋代发生较大的变化,逐渐向民间和秘密宗教的形式演化,社会影响力空前扩大。尽管巫术奉行多神崇拜,但他们有一定的目的——驱走鬼怪、治病救人,有一定的仪式,有一定的咒禁口词,有一个"权威"的主持人。在治疗疾病的过程中,常常伴有神秘的、类似于宗教的复杂仪式,如神像、符篆、神衫、神杖、魂巾、魂帽、钟角、刀笏、纱罗等,以获得某种超自然的力量。巫医有自己崇奉的经典,有严格的组织发展系统。孩童在襁褓时,"已令寄育,字曰'坛留'、'坛保'之类,及其稍长,则传习袄法,驱为僮奴",可以看出,他们有"家传"的性质。他们左右着地方的疾病治疗、婚丧嫁娶、社会治安、经济生活等,势力十分嚣张。宋代巫师人数众多,洪州所辖七县师巫就达 1900 余户,若一户之家按 5 人计算,师巫人数则多达万人。如果加上邻近州县的人数,师巫的人数还要庞大。这些说明,巫术已从汉唐时期的上层社会向宋代的民间社会下移,在地方和民间的影响力空前增强。俄国学者沙利·安什林认为:"巫术是许多行为的总合,它起源于世界的同样的重复,并表明对联想或模拟的能动性的信仰"②。宋代的巫医,既从事巫术活动,又进行疾病治疗,它熔医疗、宗教与一体,身份较为复杂。

二是"信巫不信医"成为宋代的社会习俗,巫医在疾病救治过程中的消极因素极为突出,乃至走上了与国家法制对立的局面。在这一转变过程中,巫医利用自己的独特身份,"不仅为有产者服务,本身参与了剥削,积累私有财产,逐渐脱离生产劳动"③,而且巫医的权力已不限于治病本身,甚至涉及到国家的经济和政治领

---

① [宋]曾敏行著,朱杰人校:《独醒杂志》卷 2《夏英公帅江西日禁巫》,上海:上海古籍出版社,1986 年版,第 13 页。

② [俄]沙利·安什林著,杨永等译:《宗教的起源》,北京:三联书店,1966 年版,第 66 页。

③ 宋兆麟:《巫觋——人与鬼神之间》,北京:学苑出版社,2001 年版,第 18 页。

域。他们使用一系列"超自然的医疗技术"，控制着地方民众的信仰，并对其他人造成伤害，如民之有病，"则门施符篆，禁绝往还，斥远至亲，屏去便物"；病人用药，"则曰神不许服"；病人欲食，"则云神不听殡率"，导致病人死于饥渴。一旦病人幸而获免，巫医便"假神而言，无求不可"，索取钱物。更有甚者，"绝户以图财，或害夫而纳妇"，触犯法律禁忌。同时，师巫还通过贩卖神像大敛钱财。巫术的盛行还影响到当地的社会生活，如婚葬嫁娶，"动必求师"；劫盗斗争，"行须作水"；百姓有病，"药弗瘳疾"。巫医的知识及其活动，与宋政府提倡的儒家伦理道德和加强中央集权的措施格格不入。在巫术盛行的地区，官方医学知识很难到达这里。距离洪州不远的江南西路虔州(治今江西赣州)，"俗尚巫鬼，不事医药"；民有疾病，"屏去医官，惟巫觋是信"①。可见，北宋初年"信巫不信医"习俗在江南西路较为盛行。

三是巫术流行地区的普通民众，非常惧怕巫师及其势力，"从其言甚于典章，畏其威重于官吏"。这些对国家统治秩序构成严重的挑战，引起政府中有识之士对巫术危害性的关注，并将它与历代农民起义紧密地联系在一起，认为巫医的行为已成为关乎国家政权稳定的一件政治大事。

夏竦的奏章在朝廷引起很大的轰动，同年(1023年)十一月戊戌宋仁宗发布《禁巫觋挟邪术害人诏》。《宋会要辑稿》礼二〇之一二载：

> 诏："宜令江南东西、荆湖南北、广南东西、两浙、福建路转运司遍行指挥辖下州府军监县镇：今后师巫以邪神为名，屏去病人衣食、汤药，断绝亲识看承，若情涉于陷害及意望于病苦者，并同谋之人，引用咒诅律条比类断遣；如别无僧('僧'，《长编》卷一〇一作僧)疾者，从违制失决放；因而致死者，奏取敕裁。如恣行邪法，不务悛改，及依前诱引良家男女传教妖法为弟子者，特科违制定断；其和同受诱之人，减等科罪；余并检会前后条法，详酌断遣。情理巨蠹、别无刑名科断者，即收禁具案奏裁。仰粉壁晓示，仍半年一度举行约束，仍赐敕书褒谕。"②

此道诏令在宋代产生较大影响，宋人著述中多有记载。李焘《续资治通鉴长编》卷一〇一载：

> 〔天圣元年十一月〕戊戌，诏江南东西、荆湖南北、广南东西、两浙、福建路转运司：自今师巫以邪神为名，屏去病人衣食、汤药，断绝亲识，意涉

---

① 〔元〕脱脱等：《宋史》卷334《刘彝传》，北京：中华书局，2007年版，第10729页。
② 〔清〕徐松辑：《宋会要辑稿》礼20之12，北京：中华书局，2006年版，第770页。

陷害者,并共谋之人,并比类咒咀律条坐之。非憎嫉者,以违制失论。其诱良男女传教妖法为弟子者,以违制论。和同受诱之人,减等科之。情理巨蠹者,即具案取裁①。

陈均《皇朝编年纲目备要》卷九亦载:

〔天圣元年〕冬十一月,禁江南诸路巫邪。江西俗尚鬼,多为巫觋以惑民,病者不服药,而听命于神,虽欲饮食,若曰神未许,则宁忍饥以待,故病人多死。凡已之所资,假神而言,无求不可。时夏竦知洪州,索部中得一千九百余家,勒令还农,毁其淫祠,且以上闻。故诏禁之②。

宋仁宗的诏令主要有以下四方面的内容:①对于情节严重者并共谋之人,依《宋刑统》之"咒咀律条比类断遣";②对于引诱男女传教妖法为弟子者,"以违制论";③一同参与之人,量罪定刑;情理巨蠹者,即具案取裁;④将审判巫医的结果公开示众,每半年检查一次执行的情况。诏令中的法律惩处措施,来源于建隆四年(963年)颁布的《宋刑统》和历代皇帝制定的《敕令格式》,如"医药故误伤杀人律"③等,多次用于给巫医定罪。

从夏竦的奏章和宋仁宗的诏令可以看出,"信巫不信医"之风普遍存在于江南西路、江南东路、荆湖南路、荆湖北路、广南东路、广南西路、两浙路和福建路一带。

二、宋代巫医的活动地域及其特点

英国著名人类学家 J. G. 弗雷泽(James George Frazer,1854—1941 年)在《金枝:巫术与宗教研究》(*The Golden Bough:a Study in Magic and Religion*)一书中,将巫术分为"理论巫术"(伪科学)和"应用巫术"(伪技艺)两大类。理论巫术,就是指通常所说的巫术意识。弗雷泽认为,这种意识可分为两类,一类是相信"同类相生","把彼此相似的东西看成是同一个东西";另一类是相信"物体一经互相接触,在中断实体接触后还会继续远距离的互相作用"。前者可称之为"相似律",后者可称作"接触律"或"触染律"。应用巫术又可分为"积极的巫术或法术"和"消极巫术或禁忌"④两大类。弗雷泽提出的这两类巫术,涵盖了人类的全部巫术

① ［宋］李焘:《续资治通鉴长编》卷101,天圣元年十一月戊戌,北京:中华书局,2004年版,第2340页。
② ［宋］陈均编,许沛藻、金圆、顾吉辰等点校:《皇朝编年纲目备要》卷9,北京:中华书局,2006年版,第182页。
③ ［宋］窦仪等撰,薛梅卿点校:《宋刑统》卷26《杂律》,北京:法律出版社,1999年版,第466页。
④ ［英］詹·乔·弗雷泽著,徐育新等译,汪培基校:《金枝——巫术与宗教之研究》,北京:大众文艺出版社,1998年版,第32页。

行为。

从宋代文献的记载来看,巫医的活动主要有两种基本手段:一是用各种咒禁,请神驱鬼,认为鬼去病除;二是利用简单的医药知识治疗各种疾病,但这种医药知识是在"理论巫术"指导下进行的,是为咒禁疗法服务的,与真正的医学治疗(如物理、化学或心理学治疗)尚有一定的差距。也就是说,在广大的乡村,巫除了祈祷驱逐疾病外,有时也兼用药物来治疗,但以巫术形式为主。可见,咒禁巫术疗法仍是宋代医学构成中的重要组成部分,其地位与运用范围"并不因医学理论及其他各种确有实效之医疗技艺的发展而下降或萎缩"①。

1. 宋代"信巫不信医"习俗的盛行与分布

宋代,广泛存在着"信巫不信医"②或"氓疾不治,谒巫代医"③的现象。根据宋代文献记载,列出表 8—1《宋代巫医流行及地域分布情况》。

表 8-1　宋代巫医流行及地域分布情况

宋代地区		年代	巫医流行状况	文献出处
京西路	陈州	宋太宗时期	"其俗事巫。"	[宋]乐史:《太平寰宇记》卷 10《河南道十·陈州》,第 56 页
京东路	宋州睢阳	北宋时期	"里俗尚鬼而信巫,有以疠疫死者,必累月乃敢发丧。"	[宋]杨时:《龟山集》卷 31《陈君玉墓志铭》,第 392 页
荆湖北路	荆湖北路	两宋时期	"北路农作稍惰,多旷土,俗薄而质。归、峡信巫鬼,重淫祀。"	[元]脱脱等:《宋史》卷 88《地理志四》,第 3201 页
	荆湖北路	北宋时期	"江汉之俗多禨鬼,故其民尊巫而淫祀,虽郡异而县不同,其大略不外是矣。"	[宋]黄庭坚著,刘琳等点校:《宋黄文节公全集·正集》卷 12《江西道院赋》,第 296,297 页
	峡州	宋太宗时期	"其信巫鬼,重淫祀,与蜀同风。"	[宋]乐史:《太平寰宇记》卷 147《山南东道六·峡州》,第 273 页
	江陵府	治平元年(1064 年)	"其人尚鬼,病者先巫后药。"	[宋]刘挚撰,裴汝诚点校:《忠肃集》卷 10《荆南府图序》,第 558 页

① 廖育群:《医者意也:认识中医》,桂林:广西师范大学出版社,2006 年版,第 73 页。
② [宋]唐慎微:《重修政和经史证类备用本草》卷 1《序例上》,北京:人民卫生出版社,1982 年版,第 31 页。又见[宋]张杲:《医说》卷 2《医书·病有六不治》,第 37 页。
③ [宋]王安石撰,唐武标校:《王文公文集》卷 87《虞部郎中晁君墓志铭》,上海:上海古籍出版社,1974 年版,第 923,924 页。

（续表）

宋代地区		年代	巫医流行状况	文献出处
荆湖北路	岳州	宋徽宗时期	"疾病不事医药,惟灼龟、打瓦,或以鸡子占卜,求祟所在,使俚巫治之。亲族不相视病,而邻里往往问劳之,谓亲戚视之则传染,邻里则否。死者多不埋葬,或暴露风日,或置之木杪,谓之死丧祥葬,多举乐饭僧。"	[宋]范致明:《岳阳风土记》,第489页
	荆湖北路	南宋时期	"荆楚之俗尚鬼,病者不药而巫,死者不瘗而火。"	[宋]蔡戡:《定斋集》卷1《荐鄂州通判刘清之状》,第12页
	鄂州	南宋孝宗年间	"鄂俗利而尚鬼,家贫子壮则出赘,习为当然,而尤谨奉大洪山之祠,病者不药而听于巫,死则不葬而畀诸火。"	[元]脱脱等:《宋史》卷437《刘清之传》,第12954页
荆湖南路	衡州安仁县	南宋宁宗、理宗时期	"吴楚之旧,春夏疫作,率惟巫是听。虽骨肉,绝不相往来。"	[宋]真德秀:《西山先生真文忠公文集》卷44《叶安仁墓志铭》,第796页
	常德府	南宋理宗嘉熙年间	"信鬼而好巫。"	[宋]祝穆撰,祝洙增订,施和金点校:《方舆胜览》卷30《荆湖北路·常德府》,第534页
	沅州	南宋理宗嘉熙年间	"俗好巫鬼。"	[宋]祝穆撰,祝洙增订,施和金点校:《方舆胜览》卷31《沅州》,第553页
	荆湖南路	南宋时期	"荆楚之俗,自古信师巫,然而近世为尤盛……有疾病,不敢求医药,专信其下禁。"	[宋]王师愈:《乞禁止师巫疏》,[明]黄淮、杨士奇:《历代名臣奏议》卷214,第2809页
江南东路	宣州	宋仁宗时期	"民素尚巫鬼,病者不医,以事祈禳。"	[宋]韩琦:《安阳集》卷49《故尚书祠部郎中集贤校理致仕赵君墓志铭》,第5~9页
	江宁府溧水县	北宋时期	"民信巫鬼,重淫祀,畏法奉公。"	[宋]周应合:《景定建康志》卷42《风土志一》,第2010页
	饶州安仁县	宋徽宗建中靖国初(1101年)	"俗好巫,疫疠流行,病者宁死不服药。"	[元]脱脱等:《宋史》卷356《蒋静传》,第11211,11212页
	江宁府江宁县	南宋光宗时期	"江宁巫风为盛。"	[元]脱脱等:《宋史》卷334《刘彝传》,第10729页

（续表）

宋代地区		年代	巫医流行状况	文献出处
江南西路	江南西路	宋仁宗时期	"江西之俗尚鬼信巫,每有疾病,未尝亲药饵也。"	[宋]曾敏行:《独醒杂志》卷2《夏英公帅江西日禁巫》,第13页
	洪州	天圣元年(1023年)	"民之有病,则门施符术,禁绝往来,斥远至亲,屏去便物。家人营药,则曰神不许服;病者欲食,则云神未听殄;率令疫人死于饥渴,洎至亡者。"	[宋]夏竦:《文庄集》卷15《洪州请断袄巫奏》,第184页
	虔州	宋神宗时期	"俗尚巫鬼,不事医药。"	[元]脱脱等:《宋史》卷334《刘彝传》,第10729页
	虔州雩都县	宋仁宗时期	"雩都之俗,疾病不医,一诿于鬼君。"	[宋]范镇:《陈少卿希亮墓志铭》,[宋]杜大珪编:《名臣碑传琬琰之集》中卷31,第439~442页
	江南西路	宋徽宗政和七年(1117年)六月二十五日	"江南风俗,循楚人好巫之习。闾巷之民,一有疾病,屏去医官,惟巫觋之信。亲戚邻里,畏而不相往来,甚者至于家人尤远之而弗顾,食饮不时,坐以致毙。"	[清]徐松辑:《宋会要辑稿》刑法2之67,第6529页
江浙之间	江浙之间	南宋高宗绍兴十六年(1146年)二月三日	"近来淫祠稍行,江浙之间,此风尤炽。一有疾病,唯妖巫之言是听,亲族邻里不相问劳,且曰此神所不喜,不求治于医药,而屠宰牲畜以祷邪魅。至于罄竭家资,略无效验而终不悔。"	[清]徐松辑:《宋会要辑稿》刑法2之152,第6571页
淮南西路	蕲州蕲水县	宋仁宗时期	"蕲俗右鬼,有病用巫不用医。"	[宋]苏颂撰,王同策等点校:《苏魏公文集》卷58《朝散大夫累赠户部侍郎赵公墓志铭》,第883~886页
	舒州桐城县	北宋时期	"桐城民俗惑巫,不信药。"	[宋]陈振孙撰,徐小蛮、顾美华点校:《直斋书录解题》卷13《医书类》,第390页

（续表）

宋代地区		年代	巫医流行状况	文献出处
两浙路	润州	庆历六年（1046年）	"吴俗信巫，郡官妻病，巫俾出钱十万，祷神请命。"	[宋]苏颂撰，王同策等点校：《苏魏公文集》卷52《钱起居神道碑》，第788～796页
	润州	北宋中期	"吴楚之俗，大抵信谶祥而重淫祀。润介其间又益甚焉，民病且忧，不先医而先巫。"	[宋]苏颂撰，王同策等点校：《苏魏公文集》卷64《润州州宅后亭记》，第980,981页
	温州	北宋时期	"温为郡并海，俗信巫祝禁忌，至使良民陷于不义。方春病瘟，邻里亲戚绝不相问讯，死辄置棺他室，密封固弃去。百日乃启，为丧事。谓不尔且相传以死，有司不知禁，民习莫敢犯。"	[宋]周行己撰，周梦江点校：《周行己集》卷7《沈子正墓志铭》，第144页
	衢州	宋仁宗时期	"俗尚巫鬼，民毛氏、柴氏二十余家世蓄蛊毒，值闰岁，害人尤多，与人忿争辄毒之。"	[元]脱脱等：《宋史》卷426《高赋传》，第12703页
	台州宁海县	南宋时期	"巫以淫祀惑民。"	[宋]陆游：《陆放翁全集·渭南文集》卷32《宋右朝散大夫陆公墓志铭》，第198页
	吴越	南宋绍兴年间	"吴越之俗，喜奉佛僧，信禨祥。至诱男女，昏夜聚为妖，有司严赏捕，莫能禁。人有疾病，巫史入门，屏医却药，断除酒肉，一听于神，不敢有触。"	[宋]孙觌：《鸿庆居士集》卷41《宋故刘府君墓表》，第335页
	常州	南宋宁宗庆元元年（1195年）春夏间	"此邦东岳行宫后有一殿，士人奉事瘟神，四巫执其柄。凡有疾者，必使来致祷，戒令不得服药，故虽府中给施而不敢请。"	[宋]洪迈：《夷坚志支戊》卷3《张子智毁庙》，第1074页
福建路	福建路	北宋时期	"其俗信鬼尚祀，重浮屠之教，与江南、二浙略同。"	[元]脱脱等：《宋史》卷89《地理志五》，第2230页
	福州	庆历六年（1046年）	"闽俗左医右巫，疾家依巫作祟，而过医之门，十才二三，故医之传益少。"	[宋]蔡襄撰，陈庆元、欧明俊、陈贻庭校注：《蔡襄全集》卷26《〈圣惠方〉后序》，第583页
	南剑州沙县	北宋后期	"俗不饵药，唯以巫祝为尚。"	[宋]陈渊：《默堂集》卷21《陈伯瑜宣义行状》，第517页

（续表）

宋代地区	年代	巫医流行状况	文献出处
广南东路	广南东路 / 景德年间	"广南风土不佳,人多死于瘴疠。其俗又好巫尚鬼,疾病不进药饵,惟与巫祝从事,至死而后已,方书药材未始见也。"	[宋]曾敏行撰,朱杰人校:《独醒杂志》卷3《广南人多死于瘴疠》,第27页
	梅州 / 北宋时期	"其俗信巫尚鬼。"	[宋]祝穆撰,祝洙增订,施和金点校:《方舆胜览》卷36《广南东路·梅州》,第650页
	南雄州 / 绍兴十九年(1149年)六月辛酉	"岭南无医,凡有疾病,但求巫祝、鬼,束手待毙。"	[宋]李心传:《建炎以来系年要录》卷159,第2587页
广南西路	琼州 / 开宝八年(975年)十一月	"琼州言俗无医,民疾病但求巫祝。"	[宋]李焘:《续资治通鉴长编》卷16,第349页
	广南西路 / 宋真宗时期	"岭南风俗,病者祷神不服药。"	[元]脱脱等:《宋史》卷284《陈尧叟传》,第9584～9588页
	邕州 / 开宝四年(971年)冬十月	"俗重祠祭,被病者不敢治疗,但益杀鸡豚,徼福于淫昏之鬼。"	[宋]李焘:《续资治通鉴长编》卷12,第271页
	邕州 / 雍熙二年(985年)九月	"风俗乖异……病不求医,杀人祭鬼。"	[宋]李焘:《续资治通鉴长编》卷26,第599页
	邕州 / 北宋时期	"骆越风俗殊,有疾皆勿药。束带趋祀房,瞽史巫纷若。"	[宋]秦观撰,徐培均笺注:《淮海集笺注》卷6《雷阳书事》,第232页
	桂州 / 宋太宗时期	"信巫鬼,重淫祀。"	[宋]乐史:《太平寰宇记》卷162《岭南道六·桂州》,第286页
	柳州 / 北宋时期	"病且忧,则聚巫师用鸡卜。始则杀小牲;不可,则杀中牲;又不可,则杀大牲;而又不可,则诀亲戚饬死事,曰'神不置我,已矣。'因不食,蔽面死。"	[宋]祝穆撰,祝洙增订,施和金点校:《方舆胜览》卷38《广南西路·柳州》,第693,694页
	海南岛 / 北宋时期	"以巫为医,以牛为药。间有饮药者,巫辄云:'神怒,病不可复治'。亲戚皆为却药,禁医不得入门,人、牛皆死而后已。"	[宋]苏轼撰,孔凡礼点校:《苏轼文集》卷66《书柳子厚牛赋后》,第2058页
	万安军 / 两宋时期	"信尚巫鬼。"	[宋]祝穆撰,祝洙增订,施和金点校:《方舆胜览》卷43《海外四州·万安军》,第785页
	黔南地区 / 雍熙元年(984年)	"溪峒夷獠疾病,击铜鼓、沙锣以祀神鬼。"	[清]徐松辑:《宋会要辑稿》蕃夷5之74,第7803页

（续表）

宋代地区		年代	巫医流行状况	文献出处
川峡地区	川峡地区	皇祐元年（1049年）秋七月	"川、峡之俗，多蛊毒中人，死者盖十八九。"	[宋]李焘：《续资治通鉴长编》卷167，第4009页
		北宋时期	"巴楚之地，俗信巫鬼，实自古而然。当五气相沴，或致疠疫之苦，率以谓天时被是疾，非医药所能攻。故请祷鬼神无少暇，鸡豚鸭羊之荐，唯恐不丰。迨其不能，则莫不自咎事鬼神之未至。或幸而愈，乃曰由祷之勤也，荐之数也，不然乌能与天时抗乎？又有治之不早，其疾气之毒，日相熏灼，一家之人，皆至乎病。故虽亲友之厚，百步之外，不敢望其门庐。以至得病之家，惧相迁染，子畏其父，妇避其夫。若富财之人，尚得一巫觋守之；其穷匮者，独僵卧呻吟一室而已。如是则不特绝医药之馈，其饮食之给，盖亦阙如，是以死者未尝不十八九，而民终不悟。"	[宋]龚鼎臣：《述医》，[宋]吕祖谦编，齐治平校：《宋文鉴》卷127《杂著》，第1780，1781页
		南宋孝宗年间	"俗信巫鬼，实自古而然。"	[宋]吕祖谦：《定斋集》卷1《荐鄂州通判刘清之状》，第12页
夔州路	夔州路	北宋时期	"夔居重山之间，壅蔽多热，又地气噫泄而常雨，土人多病瘴疟、头痛、脾泄，略与岭南相类。他处药材皆不至，市无药肆，亦无学医者，其俗信巫而不求医。"	[宋]李复：《潏水集》卷6《夔州药记》，第64～65页
		南宋时期	"硖中之郡，十有三皆尚鬼而淫祀，若施与黔其尤焉。而涪于二邦为近，故其俗延及于外。"	[宋]晁公遡：《嵩山集》卷50《定慧院记》，第277页
	涪州涪陵县	两宋时期	"涪陵之民尤尚鬼俗，有父母疾病，多不省视医药。"	[元]脱脱等：《宋史》卷89《地理志五》，第2230页
		开宝年间	"民尚淫祀，疾病不疗治，听命于巫。"	[宋]李焘：《续资治通鉴长编》卷24，第567页
		开宝年间	"蜀民尚淫祀，病不疗治，听于巫觋。"	[元]脱脱等：《宋史》卷267《李惟清传》，第9216～9218页

(续表)

宋代地区		年代	巫医流行状况	文献出处
夔州路	万州	天圣八年 (1030年)	"土风人物,不与华类,有疾勿药,惟巫是仰,率以病死,免者百一。"	[宋]富弼:《富秦公言墓志铭》,[宋]杜大珪编:《名臣碑传琬琰之集》中卷39,第498~500页
		南宋嘉泰二年(1202年)	"峡路民居险远,素习夷风,易惑以诈,易煽以恶,致使淫巫得肆簧鼓。凡遇疾病,不事医药,听命於巫,决卜求神,杀牲为祭,虚费家财,无益病人,虽或抵死,犹谓事神之未至。故凡得疾,十死八九。又其俗以不道千富祀诸昏淫之鬼,往往用人侥冀作福,流为残忍,不可备言。"	[清]徐松辑:《宋会要辑稿》刑法2之133,第6562页
		南宋理宗时期	"尚鬼信巫。"	[宋]祝穆:《方舆胜览》卷59《夔州路·万州》,第1043页
	涪州乐温县	北宋时期	"有疾则谢医却药,刲羊豕,以请于神,甚者用人为牲以祭。"	[宋]晁公遡:《嵩山集》卷50《定慧院记》,第277页
	开州开江县	咸平三年 (1000年)	"蜀人疾病,不知医药疗治,祠鬼神求佑助而已。"	[宋]刘敞:《彭城集》卷36《尚书驾部员外郎曹君墓表》,第486页
	南平军	南宋时期	"尚鬼信巫。"	[宋]祝穆:《方舆胜览》卷60《夔州路·南平军》,第1062页
梓州路	戎州	宋真宗时期	"其俗尚巫,有病辄不医,皆听巫以饮食,往往不得愈。"	[宋]李元纲:《厚德录》卷3,第9页
	广安军	北宋时期	"俗信巫,疾病不加医药。"	[宋]范镇:《东斋记事》卷4,第36页
利州路	巴州	宋仁宗时期	"巴俗尚鬼而废医,惟巫言是用,虽父母之疾,皆弃去弗视。"	[宋]程颐:《二程集·河南程氏文集》卷4《华阴侯先生墓志铭》,第504~507页
			"巴俗尚鬼而废医,唯巫言是用。"	[元]脱脱等:《宋史》卷456《侯可传》,第13406页
陕西路	泾州	咸平五年 (1002年)八月乙酉	"泾州民毛密,以禁术疗民妻,绳缚手足,桃杖击之,自除夕至二鼓死。"	[宋]李焘:《续资治通鉴长编》卷52,第1148页

（续表）

宋代地区		年代	巫医流行状况	文献出处
陕西路	邠州	大中祥符四年（1011年）春正月	"城东有灵应公庙，傍有山穴，群狐处焉，妖巫挟之为人祸福，风俗尤信向，水旱疾疫悉祷之，民语为之讳狐。"	[宋]李焘：《续资治通鉴长编》卷75，第1707页
			"城东有灵应公庙，傍有山穴，群狐处焉，妖巫挟之为人祸福，民甚信向，水旱疾疫悉祷之，民语为之讳'狐'音。前此长吏皆先谒庙，然后视事。"	[元]脱脱等：《宋史》卷287《王嗣宗传》，第9647～9652页

从表8—1中统计来看，巫医在宋代大部分地区都有活动，即使距离京城开封较近的地区，也有巫医活动。如京西路陈州（治今河南淮阳），宋太宗年间成书的地理学著作《太平寰宇记》载"其俗事巫"[1]。京东路睢阳（治今河南商丘）在北宋后期也是"里俗尚鬼而信巫，有以疠疫死者，必累月乃敢发丧"[2]。不过跟其他地区相比，开封周边地区巫医的影响相对较小。开封府界、京东路、京西北路、河北路以及河东路，目前尚未发现有关巫医大规模活动的记载。

宋代西部地区益州路、利州路、梓州路和夔州路，是"信巫不信医"之俗盛行最严重的地区。宋仁宗时期，龚鼎臣（1009—1086年）在《述医》一文中详细地记载了川峡地区巫医盛行的情况及其原因。《宋文鉴》卷一二七载：

> 巴楚之地，俗信巫鬼，实自古而然。当五气相沴，或致疠疫之苦，率以谓天时被是疾，非医药所能攻，故请祷鬼神无少暇，鸡豚鸭羊之荐，唯恐不丰。迨其不能，则莫不自咎事鬼神之未至。或幸而愈，乃曰由祷之勤也，荐之数也，不然乌能与天时抗乎？又有治之不早，其疾气之毒，日相熏灼，一家之人，皆至乎病。故虽亲友之厚，百步之外，不敢望其门庐。以至得病之家，惧相迁染，子畏其父，妇避其夫。若富财之人，尚得一巫觇守之；其穷匮者，独僵卧呻吟一室而已。如是则不特绝医药之馈，其饮食之给，盖亦阙如，是以死者未尝不十八九，而民终不悟[3]。

可见，川峡一带"信医不信巫"有着深厚的历史渊源，"川、峡之俗，多蛊毒中

---

① [宋]乐史：《太平寰宇记》卷10《河南道十·陈州》，北京：中华书局，2000年版，第56页。

② [宋]杨时：《龟山集》卷31《陈君玉墓志铭》，影印文渊阁《四库全书》本，第1125册，第392页。

③ [宋]龚鼎臣：《述医》，[宋]吕祖谦编，齐治平校《宋文鉴》卷127《杂著》，北京：中华书局，1992年版，第1780,1781页。

人,死者盖十八九"①。夔州路是川峡地区乃至宋代巫医流行最严重的地区,该地"居重山之间,壅蔽多热,又地气噎泄而常雨,土人多病瘴疟、头痛、脾泄,略与岭南相类。他处药材皆不至,市无药肆,亦无学医者,其俗信巫而不求医"②。夔州路涪州涪陵县(治今四川涪陵),"尤尚鬼俗,有父母疾病,多不省视医药,及亲在多别籍异财"③。涪州乐温县(治今重庆长寿),据晁公遡《定慧院记》载:"乐温亦然,有疾则谢医却药,召巫师,刲羊豕,以请于神,甚者用人为牲以祭。不可则云神所遣,弗置也,即卧不食,俟期以死。世相传为常,不之怪,吏亦不能禁,是以一方大蒙其害,民用鲜少。"④咸平三年(1000年),知夔州路开江县(治今四川开县)曹宪说:"蜀人疾病,不知医药疗治,祠鬼神求佑助而已。"⑤天圣八年(1030年),富言说夔州路万州(治今重庆万州),"土风人物,不与华类,有疾勿药,惟巫是仰,率以病死,免者百一"⑥。梓州路广安军(治今四川广安),"俗信巫,疾病不加医药"⑦。梓州路戎州(治今四川宜宾一带),"其俗尚巫,有病辄不医,皆听巫以饮食,往往不得愈"⑧。利州路巴州化城县(治今四川巴中),"巴俗尚鬼而废医,惟巫言是用,虽父母之疾,皆弃去弗视"⑨。南宋时期,川峡地区"信巫不信医"的风俗仍旧没有发生大的变化,如嘉泰二年(1202年)十二月九日夔州路权知万州(治今四川万县)赵师作向朝廷上奏:"峡路民居险远,素习夷风,易惑以诈,易煽以恶,致使淫巫得肆簧鼓。凡遇疾病,不事医药,听命於巫,决卜求神,杀牲为祭,虚费家财,无益病人。虽或抵死,犹谓事神之未至。故凡得疾,十死八九。又其俗以不道千富祀诸昏淫之鬼,往往用人侥冀作福,流为残忍,不可备言。"⑩南宋祝穆《方舆胜览》卷五九亦

① [宋]李焘:《续资治通鉴长编》卷167,皇祐元年秋七月,北京:中华书局,2004年版,第4009页。
② [宋]李复:《潏水集》卷6《夔州药记》,影印文渊阁《四库全书》本,第1121册,第64,65页。
③ [元]脱脱:《宋史》卷89《地理志五》,北京:中华书局,2007年版,第2230页。
④ [宋]晁公遡:《嵩山集》卷50《定慧院记》,影印文渊阁《四库全书》本,第1139册,第277页。
⑤ [宋]刘攽:《彭城集》卷36《尚书驾部员外郎曹君墓表》,北京:中华书局,1985年版,第486页。
⑥ [宋]富弼:《富秦公言墓志铭》,[宋]杜大珪编:《名臣碑传琬琰之集》中卷39,影印文渊阁《四库全书》本,第450册,第498~500页。
⑦ [宋]范镇撰,汝沛点校:《东斋记事》卷4,北京:中华书局,1997年版,第36页。
⑧ [宋]李元纲:《厚德录》卷3,民国十六年武进陶氏涉园刻南宋左圭辑《百川学海》本,第9页。又见[宋]张镃:《皇朝仕学规范》卷15《莅官》,《北京图书馆古籍珍本丛刊》第68册,北京:书目文献出版社,1998年版,第604页。
⑨ [宋]程颐:《河南程氏文集》卷4《华阴侯先生墓志铭》,[宋]程颢、程颐著,王孝鱼点校:《二程集》,北京:中华书局,2004年版,第504~507页。又见[元]脱脱等:《宋史》卷456《侯可传》,北京:中华书局,2007年版,第13406页。
⑩ [清]徐松辑:《宋会要辑稿》刑法2之133,北京:中华书局,2006年版,第6562页。

载万州"尚鬼信巫"①。夔州路南平军(治今重庆綦江),也是"尚鬼信巫"②。

宋代荆湖南、北路地区,是巫医流行较为严重的又一地区。关于荆湖北路地区,《宋史》称"北路农作稍惰,多旷土,俗薄而质。归、峡信巫鬼,重淫祀,故尝下令禁之。"③黄庭坚(1045—1105 年)指出:"江汉之俗多機鬼,故其民尊巫而淫祀。虽郡异而县不同,其大略不外是矣。"④嘉祐四年(1059 年)七月二十日龚鼎臣说:"巴楚之地,俗信巫鬼,实自古而然。"⑤荆湖北路峡州(治今湖北宜昌),"其信巫鬼,重淫祀,与蜀同风"⑥。治平元年(1064 年)江陵府(治今湖北荆州),"其人尚鬼,病者先巫后药"⑦。南宋时,荆湖北路"信巫不信医"的现象依旧存在,提点刑狱公事蔡戡(1141—1182 年)指出:"荆楚之俗尚鬼,病者不药而巫,死者不葬而火。"⑧宋孝宗年间,荆湖北路鄂州(治今湖北鄂州),"鄂俗计利而尚鬼,家贫子壮则出赘,习为当然,而尤谨奉大洪山之祠,病者不药而听于巫,死则不葬而畀诸火。"⑨关于荆湖南路地区,范致明《岳阳风土记》载:"荆湖民俗……疾病不事医药,惟灼龟、打瓦,或以鸡子占卜,求祟所在,使俚巫治之。亲族不相视病,而邻里往往问劳之,谓亲戚视之则传染,邻里则否。死者多不埋葬,或暴露风日,或置之木杪,谓之死丧祥葬,多举乐饭僧。"⑩衡州安仁县(治今湖南安仁),南宋时期"春夏疫作,率惟巫是听,虽骨肉,绝不相往来。"⑪常德府(治今湖南常德)"信鬼而好巫"⑫。沅州(治今湖

　　① 〔宋〕祝穆撰,祝洙增订,施和金点校:《方舆胜览》卷 59《夔州路·万州》,北京:中华书局,2003 年版,第 1043 页。

　　② 〔宋〕祝穆撰,祝洙增订,施和金点校:《方舆胜览》卷 60《夔州路·南平军》,北京:中华书局,2003 年版,第 1062 页。

　　③ 〔元〕脱脱等:《宋史》卷 88《地理志四》,北京:中华书局,2007 年版,第 2201,2202 页。

　　④ 〔宋〕黄庭坚著,刘琳、李勇先、黄蓉贵点校:《宋黄文节公全集·正集》卷 12《江西道院赋》,成都:四川大学出版社,2001 年版,第 296～297 页。

　　⑤ 〔宋〕龚鼎臣:《述医》,〔宋〕吕祖谦编,齐治平校:《宋文鉴》卷 127《杂著》,北京:中华书局,1992 年版,第 1780,1781 页。

　　⑥ 〔宋〕乐史:《太平寰宇记》卷 147《山南东道六·峡州》,北京:中华书局,2000 年版,第 273 页。

　　⑦ 〔宋〕刘挚撰:裴汝诚点校:《忠肃集》卷 10《荆南府图序》,北京:中华书局,2002 年版,第 211,212 页。

　　⑧ 〔宋〕吕祖谦:《定斋集》卷 1《荐鄂州通判刘清之状》,《丛书集成续编》第 130 册,台北:新文丰出版公司 1988 年版,第 12 页。

　　⑨ 〔元〕脱脱等:《宋史》卷 437《刘清之传》,北京:中华书局,2007 年版,第 12954 页。

　　⑩ 〔宋〕范致明:《岳阳风土记》,《丛书集成新编》第 95 册,台北:新文丰出版公司,1985 年版,第 489 页。

　　⑪ 〔宋〕真德秀:《西山先生真文忠公文集》卷 44《叶安仁墓志铭》,上海:商务印书馆,1937 年版,第 796 页。

　　⑫ 〔宋〕祝穆撰,祝洙增订,施和金点校:《方舆胜览》卷 30《荆湖北路·常德府》,北京:中华书局,2003 年版,第 534 页。

南芷江),"俗好巫鬼"①。黄震(1213—1280年)在《黄氏日抄》中亦认为荆湖南路地区,"夫好淫祠,尚巫鬼,楚越之俗然也"②。王师愈在《乞禁止师巫疏》中亦认为:"荆楚之俗,自古信师巫,然而近世为尤盛……有疾病,不敢求医药,专信其下禁"③。可见,南宋时期荆湖南、北路以西地区仍是巫医流行的主要区域。

宋代东南地区江南东路、江南西路、淮南东路、淮南西路、两浙路和福建路,是宋代经济、文化发达的地区,但亦存在着"信巫不信医"之风。《宋会要辑稿》载:"江南风俗,循楚人好巫之习,闾巷之民,一有疾病,屏去医官,惟巫觋之信。亲戚邻里,畏而不相往来,甚者至于家人尤远之而弗顾,饮食不时,坐以致毙。"④王安石也说整个南方地区"氓疾不治,谒巫代医"⑤。关于江南西路地区,《独醒杂志》卷二载:"江西之俗尚鬼信巫,每有疾病,未尝亲药饵也。"⑥江南西路虔州(治今江西赣州),"俗尚巫鬼,不事医药"⑦。天圣元年(1023年)江南西路洪州(治今江西南昌),"民之有病,则门施符术,禁绝往来,斥远至亲,屏去便物。家人营药,则曰神不许服;病者欲饭,则云神未听殽,率令疫人死于饥渴。"⑧江南西路虔州雩都县(治今江西于都),"雩都之俗,疾病不医,一诿于鬼君。"⑨关于江南东路,江宁府溧水县(治今江苏溧水)"民信巫鬼,重淫祀,畏法奉公"⑩。宣州(治今安徽宣城)"民素尚巫鬼,病者不医,以事祈禳"⑪。饶州安仁县(治今江西余江县锦江镇),建中靖国初

① [宋]祝穆撰,祝洙增订,施和金点校:《方舆胜览》卷31《沅州》,北京:中华书局,2003年版,第553页。
② [宋]黄震:《黄氏日抄》卷74《申明五·申诸司乞禁社会状》,影印文渊阁《四库全书》本,第708册,第748页。
③ [宋]王师愈:《乞禁止师巫疏》,[明]黄淮、杨士奇编:《历代名臣奏议》卷214,上海:上海古籍出版社,1989年版,第2809页。
④ [清]徐松辑:《宋会要辑稿》刑法2之67,北京:中华书局,2006年版,第6529页。
⑤ [宋]王安石撰,唐式标校:《王文公文集》卷87《虞部郎中晁君墓志铭》,上海:上海古籍出版社,1974年版,第923,924页。
⑥ [宋]曾敏行著,朱杰人校:《独醒杂志》卷2《夏英公帅江西日禁巫》,上海:上海古籍出版社,1986年版,第13页。
⑦ [元]脱脱等:《宋史》卷334《刘彝传》,北京:中华书局,2007年版,第10729页。
⑧ [宋]夏竦:《文庄集》卷15《洪州请断袄巫奏》,影印文渊阁《四库全书》本,第1087册,第184页。
⑨ [宋]范镇:《陈少卿希亮墓志铭》,[宋]杜大珪编:《名臣碑传琬琰之集》中卷31,影印文渊阁《四库全书》本,第450册,第439~442页。
⑩ [宋]周应合:《景定建康志》卷42《风土志一》,《宋元方志丛刊》第8册,北京:中华书局,2006年版,第2010页。
⑪ [宋]韩琦:《安阳集》卷49《故尚书祠部郎中集贤校理致仕赵君墓志铭》,明武宗正德九年张士隆刻本,第5~9页。

(1101年)所载"俗好巫,疫疠流行,病者宁死不服药"①。南宋光宗绍熙年间,江宁府江宁县(治今江苏南京)"巫风为盛"②。关于淮南路地区,北宋时期蕲州蕲水县(治今湖北浠水)"蕲俗右鬼,有病用巫不用医"③。舒州桐城县(治今安徽桐城)"民俗惑巫,不信药"④。关于福建路,《宋史》卷八九《地理志五》称:"其俗信鬼尚祀,重浮屠之教,与江南、二浙略同"⑤,蔡襄(1012—1067年)也说该地"俗左医右巫,疾家依巫作祟,而过医之门,十才二三,故医之传益少"⑥,"多以蛊毒害人"⑦。南剑州沙县(治今福建沙县)"俗不饵药,唯以巫祝为尚"⑧。关于两浙路,宋仁宗时期润州(治今江苏镇江)"民病且忧,不先医而后巫"⑨。苏州(治今江苏苏州),宋仁宗时期"吴俗信巫,郡官妻病,巫俾出钱十万,祷神请命"⑩。温州(治今浙江温州)"为郡并海,俗信巫祝禁忌,至使良民陷于不义。方春病瘟,邻里亲戚绝不相问讯,死亟置棺他室,密封固弃去。百日乃启,为丧事。谓不尔且相传以死,有司不知禁,民习莫敢犯"⑪。衢州(治今浙江衢县)"俗尚巫鬼,民毛氏,柴氏二十余家世蓄蛊毒。值闰岁,害人尤多,与人忿争辄毒之"⑫。南宋时期,两浙路成为全国政治、经济和文化中心,绍兴年间距离杭州较近的两浙西路吴越,"人有疾病,巫史入门,屏医却药,断除酒肉,一听于神,不敢有触"⑬。两浙东路台州宁海县(治今浙江宁海)"巫

---

① [元]脱脱等:《宋史》卷356《蒋静传》,北京:中华书局,2007年版,第11211,11212页。

② [元]脱脱等:《宋史》卷334《刘彝传》,北京:中华书局,2007年版,第10729页。

③ [宋]苏颂撰,王同策等点校:《苏魏公文集》卷58《朝散大夫累赠户部侍郎赵公墓志铭》,北京:中华书局,2004年版,第883~886页。

④ [宋]陈振孙撰,徐小蛮、顾美华点校:《直斋书录解题》卷13《医书类·伤寒救俗方一卷》,上海:上海古籍出版社,1987年版,第390页。

⑤ [元]脱脱等:《宋史》卷89《地理志五》,北京:中华书局,2007年版,第2210页。

⑥ [宋]蔡襄撰,陈庆元、欧明俊、陈贻庭校注:《蔡襄全集》卷26《〈圣惠方〉后序》,福州:福建人民出版社,1999年版,第583页。

⑦ [宋]李焘:《续资治通鉴长编》卷163,庆历八年春二月癸酉,北京:中华书局,2004年版,第3916,3917页。又见[元]脱脱等:《宋史》卷11《仁宗本纪三》,第225页。

⑧ [宋]陈渊:《默堂集》卷21《陈伯瑜宣义行状》,影印文渊阁《四库全书》本,第1139册,第516,517页。

⑨ [宋]苏颂撰,王同策等点校:《苏魏公文集》卷64《润州州宅后亭记》,北京:中华书局,2004年版,第980,981页。

⑩ [宋]苏颂撰,王同策等点校:《苏魏公文集》卷52《钱起居神道碑》,北京:中华书局,2004年版,第788,796页。

⑪ [宋]周行己撰,周梦江点校:《周行己集》卷7《沈子正墓志铭》,上海:上海社会科学院出版社,2002年版,第144页。

⑫ [元]脱脱等:《宋史》卷426《高赋传》,北京:中华书局,2007年版,第12703页。

⑬ [宋]孙觌:《鸿庆居士文集》卷41《宋故刘府君墓表》,《丛书集成续编》第137册,台北:新文丰出版公司,1988年版,第335页。

以淫祀惑民"①。绍兴十六年(1146 年)二月三日,两浙路地方官向朝廷上奏:"近来淫祠稍行,江浙之间,此风尤炽。一有疾病,唯妖巫之言是听。亲族邻里不相问劳,且曰此神所不喜。不求治于医药,而屠宰牲畜以祷邪魅,至于馨竭家资,略无效验而终不悔。"②

宋代岭南地区广南东路和广南西路,巫医活动也较为频繁。北宋时期的文献中多次记载"岭南风俗,病者祷神不服药"③,"风俗乖异……病不求医,杀人祭鬼"④。宋真宗景德年间,《独醒杂志》卷三载:"广南风土不佳,人多死于瘴疠。其俗又好巫尚鬼,疾病不进药饵,惟与巫祝从事,至死而后已,方书药材未始见也。"⑤广南东路梅州(治今广东梅州),"其俗信巫尚鬼"⑥。广南西路邕州(治今广西南宁),开宝四年时记载"俗重祠祭,被病者不敢治疗,但益杀鸡豚,徼福于淫昏之鬼"⑦。广南西路雷州(治今广西海康),元符二年(1099 年)秦观(1049—1100 年)《雷阳书事三首》载:"骆越风俗殊,有疾皆勿药。束带趋祀房,用史巫纷若。弦歌荐茧粟,奴主洽觞酌。呻吟殊未央,更把鸡骨灼。"⑧桂州(治今广西桂林),"信巫鬼,重淫祀"⑨。柳州(治今广西柳州),"风俗与全、永不相远,风气与中州不甚异……聚巫用卜","病且忧,则聚巫师用鸡卜。始则杀小牲;不可,则杀中牲;又不可,则杀大牲;而又不可,则诀亲戚饬死事,曰'神不置我,已矣。'因不食,蔽面死。"⑩海南岛大部分地区,"以巫为医,以牛为药。间有饮药者,巫辄云:'神怒,病不可复治'。亲戚皆为却药,禁医不得入门,人、牛皆死而后已"⑪。琼州(治今海南

---

① [宋]陆游:《陆放翁全集・渭南文集》卷 32《宋右朝散大夫陆公墓志铭》,北京:中国书店,1991 年版,第 198 页。

② [清]徐松辑:《宋会要辑稿》刑法 2 之 152,北京:中华书局,2006 年版,第 6571 页。

③ [元]脱脱等:《宋史》卷 284《陈尧叟传》,北京:中华书局,2007 年版,第 9584~9588 页。

④ [宋]李焘:《续资治通鉴长编》卷 26,雍熙二年九月,北京:中华书局,2004 年版,第 599 页。

⑤ [宋]曾敏行著,朱杰人校:《独醒杂志》卷 3《广南人多死于瘴疠》,上海:上海古籍出版社,1986 年版,第 27 页。

⑥ [宋]祝穆撰,祝洙增订,施和金点校:《方舆胜览》卷 36《广南东路・梅州》,北京:中华书局,2003 年版,第 650 页。

⑦ [宋]李焘:《续资治通鉴长编》卷 12,开宝四年冬十月,北京:中华书局,2004 年版,第 271 页。

⑧ [宋]秦观撰,徐培均笺注:《淮海集笺注》卷 6《雷阳书事三首》,上海:上海古籍出版社,2000 年版,第 232 页。

⑨ [宋]乐史:《太平寰宇记》卷 162《岭南道六・桂州》,北京:中华书局,2007 年版,第 286 页。

⑩ [宋]祝穆撰,祝洙增订,施和金点校:《方舆胜览》卷 38《广南西路・柳州》,北京:中华书局,2003 年版,第 693,694 页。

⑪ [宋]苏轼撰,孔凡礼点校:《苏轼文集》卷 66《书柳子厚牛赋后》,北京:中华书局,1986 年版,第 2058 页。

海口),开宝八年(975年)十一月己巳载"俗无医,民疾病但求巫祝"①。万安军(治今海南万宁),"信尚巫鬼"②。南宋绍兴十九年(1149年),知南雄州朱同任满后向朝廷的奏章也说明:"岭南无医,凡有疾病,但求巫祝鬼,束手致毙。"③

宋代西北地区陕西路泾州(治今甘肃泾川),咸平五年(1002年)发生巫医毛密"以禁术疗民妻,绳缚手足,桃杖击之,自初夕至二鼓死"④的重大案件,引起朝廷震动。大中祥符四年(1011年)春正月,王嗣宗知陕西路邠州兼邠、宁、环、庆路都部署,邠州(治今陕西邠县)城东有灵应公庙,傍有山穴,有群狐出入,"妖巫挟之为人祸福,风俗尤信向,水旱疾疫悉祷之,民语为之讳狐。"⑤这一风俗的盛行影响到地方官吏的行政事务,"前此长吏皆先谒庙,然后视事"⑥,气焰十分嚣张。

上述巫医的活动说明:巫医在宋代社会有广泛的影响,无论是经济发达的东南地区,还是交通不便、经济方式落后的夔州路、广南西路一带,"信巫不信医"之俗广泛存在。

2. 宋代巫医的变化及其特点

从政府诏令和官僚士大夫的记载来看,宋代巫医的活动及其分布出现了一些新的变化和特点。

首先,宋代巫术虽然没有形成全国性的统一的组织,但在局部地区有较强的势力和影响。宋代巫术分布的总趋势是:若以淮河划界,则淮河以北的北方地区不如淮河以南的南方地区流行广泛,即北不如南。如果以峡州为中心,北至商雒山区秦岭,南出沅、湘而达海南岛,划一南北直线,在这条线的左侧——宋代西部地区,包括川峡四路,荆湖南北路以西地区及广南西路,巫医流行地区远远大于该线右侧——宋代广大东方地区,即西大于东。

北宋时期,巫医流行最严重的地区是川峡四路,其次是荆湖南北路、广南东西路、江南西路、两浙路和淮南西路等。大体上来看,北宋时期巫医影响较大的荆湖南北路西部、广南西路、夔州路、福建路等地区,是宋以前中央势力和汉文化影响

---

① [宋]李焘:《续资治通鉴长编》卷16,开宝八年十一月己巳朔,北京:中华书局,2004年版,第349页。

② [宋]祝穆撰,祝洙增订,施和金点校:《方舆胜览》卷43《海外四州·万安军》,北京:中华书局,2003年版,第785页。

③ [宋]李心传:《建炎以来系年要录》卷159,绍兴十九年六月辛酉,北京:中华书局,1956年版,第2587页。

④ [宋]李焘:《续资治通鉴长编》卷52,咸平五年八月乙酉,北京:中华书局,2004年版,第1148页。

⑤ [宋]李焘:《续资治通鉴长编》卷75,大中祥符四年春正月,北京:中华书局,2004年版,第1707页。

⑥ [元]脱脱等:《宋史》卷287《王嗣宗传》,北京:中华书局,2007年版,第9647～9652页。

较弱的地区,也是全国经济文化发展较为落后的地区之一。经过北宋政府长时期的治理和改造,南宋时期出现于史书中的记载大大地减少。

南宋时期,巫医流行主要集中在荆湖南北路西部、川峡四路和广南西路一带,这里主要是少数民族聚居的地区,当地经济形态落后,与外界交往闭塞,原始巫术盛行,医学知识尚未普及,政府力量影响甚弱。巫医的活动及其地域分布,一定程度上反映了唐宋以来中原中央王朝势力在这些地区的进退盛衰。

其次,巫医的内容和仪式逐渐向秘密宗教和邪教的形式演化,违法活动和违法案件增多。

北宋初年,李觏(1009—1059 年)率先对"巫医"骗取钱财,扰乱社会秩序的行为进行了揭露,指出:"今也巫医卜相之类,肩相摩,毂相击也。或托淫邪之鬼,或用亡验之方,或轻言天地之数,或自许人伦之鉴,迁怪矫妄,猎取财物,人之信之若司命焉。此又不在四民之列者也。"[1]李觏是宋学复兴的代表人物之一,他的言论对宋代儒家士大夫产生了广泛的影响,有关"巫医不在四民之列"的观点,被宋儒广泛加以介绍和引用。宋代巫师的数量非常惊人,且不断增长,宋仁宗时江南西路洪州(治今江西南昌)一地达"一千九百户"[2],宋神宗时江南西路虔州(治今江西赣州)有"三千七百家"[3],如果加上其他州县的师巫,这一群体的数量相当庞大。据刘敞(1019—1068 年)估计,当时巫祝"略计天下常百万人"[4],数量相当巨大。

南宋前期,江南西路吉州安福县(治今江西安福),春夏之交,"疾疫大作,间有家死数人,疾犹未艾",但由于巫觋的干涉和扰乱,致使大批民众因不服药而死亡。安福县丞彭龟年(1142—1206 年)经过调差,认为原因有二:一是"尝考其俗,皆因不服药所致";二是"则云神实禁之"。他对巫医干预和扰乱地方的行为,予以严厉地揭露,"此皆由巫觋之徒,欲假是以神其利已之术,而俗医用药多不得其当,往往不能起疾,则举而归之神,以逃其杀人之名,而谓神实然,非某所敢知也。"[5]地方官僚士大夫的关注,不仅使巫术流行的文献记载大量增加,而且也加深了政府对巫

① [宋]李觏著,王国轩点校:《李觏集》卷 16《富国策第四》,北京:中华书局,1981 年版,第 138~140 页。
② [宋]夏竦:《文庄集》卷 15《洪州请断祅巫奏》,影印文渊阁《四库全书》本,第 1087 册,第 184 页。又见[宋]夏竦:《上仁宗乞断祅巫》,[宋]赵汝愚撰,邓广铭等点校:《宋朝诸臣奏议》卷 98《刑赏门》,第 1056,1057 页;[宋]李焘:《续资治通鉴长编》卷 101,天圣元年十一月戊戌,第 2340 页。
③ [元]脱脱等:《宋史》卷 334《刘彝传》,北京:中华书局,2007 年版,第 10729 页。
④ [宋]刘敞:《公是集》卷 38《重黎绝地天通论》,北京:中华书局,1985 年版,第 450 页。
⑤ [宋]彭龟年:《止堂集》卷 15《安福县祭疫疠神文》,北京:中华书局,1985 年版,第 181 页。

术"祸根不除,将为大害"①的认识,有效地配合了政府的"禁巫"措施。

南宋中后期,江东提刑蔡久轩在《莲堂传习妖教》中,将巫师的违法行为总结为七大罪状。《名公书判清明集》卷一四《惩恶门》载:

> 今详案款,其罪有七:传习魔教,诈作诵经,男女混杂,罪一;巧立名色,胁取钱米,假作献香,强人出售,罪二;自称尊长,自号大公,聚众罗拜,巍然高坐,罪三;布置官属,掌簿掌印,出牒陞差,无异官府,罪四;假作御书,诳惑观听,以此欺诈,多取民财,罪五;甚至撰为魔术,阴设奸谋,疾病不得服药,祖先不得奉祀,道人于不孝,陷人于罪戾,罪六;擒打僧徒,藏匿锁缚,呼啸侪侣,假作军装,横行外地,自己可骇,公然管押入京,出没都下,罪七①。

从这七大罪状中可以看出,巫师的行为已走上了与政府对立的局面,给地方统治造成一定的威胁。

第三,巫医对国家统治秩序带来严重挑战,引起宋代皇帝、中央政府和地方官吏的普遍反对。巫术流行不但破坏了政府的"崇文"政策,而且危及到政府的统治秩序。其危害性说明:伴随着宋代新儒学的复兴和中央集权的强化,宋朝政府试图用儒家伦理道德规范整个社会秩序。因此,对与儒家学说相违背的巫医的打击和改造,便是自然而然的了。

巫医频繁活动地区盛行的"杀人祭鬼"、"病者信巫不信医"之俗,以及巫术控制下"男不耕,女不蚕,起而相随,以事神为俗,无父子之亲,无君臣之节,下者乃为巫祝"的巨大力量和"略计天下常百万人"的庞大数量,不仅与宋代法典《宋刑统》和宋代皇帝诏令相矛盾,而且也与儒家伦理道德严重相冲突,成为宋政府推行文教政策和普及医学知识的严重障碍,遭到了宋代皇帝、政府官吏和儒家知识分子的普遍反对。

宋代的巫术,处在一个从汉唐时期的上层社会向两宋时期的民间社会转型的阶段,并和部分地区的传统习俗相融合,其隐秘性、危害性和破坏性超过了以往任何时代。虽然没有形成全国性的反抗政府的组织,但在局部地区仍有较大的势力和影响,尤其是巫医蛊惑人心、践视生命、抵制官方医学的行径,遭到地方士大夫和医学家的痛恨。北宋初年,李觏在《闻女子疟疾偶书二十四韵寄示》诗中写道:

---

① 〔宋〕蔡久轩:《莲堂传习妖教》,《名公书判清明集》卷14《惩恶门》,北京:中华书局,1992年版,第536页。

昨日家人来,言汝苦寒热。想由卑湿地,颇失饮食节。脾官骄不治,气马瘸如绁。乃致四体烦,故当双日发。江南此疾多,理不忧颠越。顾汝仅毁齿,何力禁喘喧?寄书诘医师,有药且嚼啜。方经固灵应,病根终翦灭。但恐祟所为,尝闻里中说。兹地有罔两,乘时相胃结。嗟哉鬼无知,何于我为孽?我本重修饰,胸中拘冰雪。祸淫虽甚苛,无所可挑抉。疑是饕餮魂,私求盘碗设。尽室唯琴书,何路致荤血?无钱顾越巫,刀剑百斩决。徒恣彼昏邪,公然敢抄撮。吾闻上帝灵,网目匪疏缺。行当悉追捕,汝苦旦夕歇。慈爱早有加,忆念今逾切。尘劳差可畏,归计又云辍。所生能劬劳,祖母矧聪哲。赢卧纵未苏,抚视谅非拙。勉勉多自安,风来信勿绝①。

在李觏看来,此病系由"寒热"、"卑湿"和"饮食不节"引起,为南方常见病之一,只要对症服药,即可疗治。但巫师从中作梗,不让服药,着实可恶,主张予以严厉的打击。

宋徽宗时期,经济、文化发达的南方地区,民间奉行巫医之风仍很盛行。《宣和书谱》卷六载:"南方风俗,病者不食药而敦信巫觋,至垂死而恬然尚鬼,其利人之财者以蛊毒之,积年以为患。"②宋代官修本草学著作《政和新修经史证类备用本草》,对巫医的危害性亦有着深刻的认识,从医药学的角度重申"信巫不信医"可导致病人死亡。

仓公有言曰:"病不肯服药,一死也;信巫不信医,二死也;轻身薄命,不能将慎,三死也。"夫病之所由来虽多端,而皆关於邪。邪者,不正之因,谓非人身之常理,风、寒、暑、湿、饥、饱、劳、逸,皆各是邪,非独鬼气疫疠者矣③。

指出疾病是由六大外感病邪(风、寒、暑、湿、燥、火)和内伤病因(瘀、郁、痰、食)引起,与鬼神无关。

南宋时期,《名公书判清明集》记载了官僚士大夫对巫医知识及其行径的担忧。

---

① [宋]李觏著,王国轩点校:《李觏集》卷35《闻女子疟疾偶书二十四韵寄示》,北京:中华书局,1981年版,第392页。

② [宋]佚名撰,桂第子译注:《宣和书谱》卷6《蔡襄》,长沙:湖南美术出版社,1999年版,第119页。

③ [宋]唐慎微:《重修政和经史证类备用本草》卷1《序例上》,北京:人民卫生出版社,1982年版,第31页。

若不扫除,则女不从父从夫而从妖,生男不拜父拜母而拜魔王,灭天理,绝人伦,究其极则不至于黄巾不止①。

因此,对巫医予以严厉地打击、控制和改造,已成为宋代政府和官僚士大夫重建儒家伦理道德的重要步骤。

巫医或从事巫术研究的知识分子对地方事务的干预,以及占卜、预测、治病、秘密结社和部分地方官吏的相互勾结,不仅破坏了宋代地方统治秩序,而且与宋王朝加强中央集权的措施背道而驰,尤其是部分地区"巫觋示威权"②的做法,引起宋政府的高度警惕。除前所述的江南西路洪州的巫医广泛参与社会活动外,其他各路的巫医也广泛参与社会活动,尤其是民有疾病"惟巫觋是信"和地方官员"皆先谒庙然后视事",动摇了中央政府在地方的威信,使得官方正统医学知识难以在地方发挥作用。如夔州路一带,"有疾则谢医却药,召巫师,刲羊豕,以请于神。甚者,用人为牲以祭,不可则云神所遣弗置也。即卧不食,俟期以死。世相传为,常不之怪,吏亦不能禁",成为地方的一大灾害,连官府也无能为力,"是以一方,大蒙其害,民用鲜少"。

南宋孝宗乾道年间,宣教郎、知长沙县王师愈(1122—1190 年)直接向朝廷上了一道奏章《乞禁止师巫疏》,请求政府全面禁巫。《历代名臣奏议》卷二一四载:

臣窃闻荆楚之俗,自古信师巫,然而近世为尤甚。其最为害者,有所谓把门师也,言一家之事皆由其掌握也。有嫁娶,不暇问媒约,专信其勘婚,稍奉之不至,则离间两家,致嫁娶失时者多矣。有疾病,不敢求医药,专信其下禁,稍奉之不至,则恐动其亲属,不令侍奉,至有饥渴而死者多矣。比起死亡,则专掌其择地、选日,稍奉之不至,则托以山川之不吉、年月之未利,动经数岁,不获埋葬。钤制其家嫁娶者又多矣。愚民无知,信其邪说,甘受此害而不悟,惟恐奉之不厚。以是师巫家,无非温户,甚可切齿③。

王师愈的奏章说明,"巫师"有很大的"权力",控制着当地的婚丧嫁娶、疾病治疗、占卜吉凶等,成为宋代地方和民间社会不可忽视的一股重要势力。

---

① 〔宋〕吴雨岩:《痛治传习事魔等人》,《名公书判清明集》卷 14《惩恶门》,北京:中华书局,2002 年版,第 537 页。

② 〔宋〕李昭玘:《乐静集》卷 3《戏赠阎汉臣庙令》,影印文渊阁《四库全书》本,第 1122 册,第 263 页。

③ 〔宋〕王师愈:《乞禁止师巫疏》,〔明〕黄淮、杨士奇编:《历代名臣奏议》卷 214《法令》,上海:上海古籍出版社,1989 年版,第 2809 页

南宋庆元元年(1195年)春夏间，两浙西路常州(治今江苏常州)"疫气大作"，"民病者十室而九"，当地"四巫执其柄，凡有疾者必使来致祷，戒令不得服药，故虽府中给施而不敢请"①，严重地干扰了国家医疗政策的正常运行。这些潜在的威胁，破坏了国家统治秩序在地方的正常运作。因此，对巫医的打击、控制和改造，是宋政府加强中央集权的重要措施之一。

宋代官僚士大夫多出自社会下层，对与社会民生密切相关的巫术及其危害性有着深刻的认识，并在《劝农文》、《谕俗文》、《诫俗文》以及文集、语录、笔记、奏章中进行了详细的记载，积极向朝廷提出应对建议。地方官僚士大夫的关注，不仅使巫术流行的文献记载大量增加，而且也加深了政府对巫术"祸根不除，将为大害"的认识，有效地配合了政府的"禁巫"措施。

总之，巫医奉行的"无父子之亲，无君臣之节"②的做法，与宋政府加强中央集权、重振儒学的措施严重相冲突。巫医流行地区盛行的杀人祭鬼、崇尚淫祠、蛊毒害人、病不求医的习俗，以及民众"从其言甚于典章，畏其威重于官吏"和地方官员"皆先谒庙，然后视事"的局面，威胁到宋代中央集权和地方社会秩序的稳定。大多数民众对其深信不疑——"至于馨竭家资，略无效验而终不悔"③，不仅使巫师通过神秘的宗教仪式控制民众信仰和垄断地方医学知识，而且也加大了政府控制和改造巫医的难度。《名公书判清明集》清楚地指出了巫医的"伪科学"和"伪技艺"本质，"古先圣王，岂乐于杀人哉，盖以其邪说诐行，足以反道败常，诡计奸谋，足以阶乱稔祸，故不容不严为之禁也"④。因此，如何扭转"医夺于巫鬼"和"方术不治"⑤的局面，宣传官方医学知识和重建地方统治秩序，是宋政府面临的一项长期的任务。

第二节　宋代政府控制和改造巫医的措施

宋代政府对巫医的控制与改造，包含了中央政府和地方政府两个层面。其根本目的在于加强中央集权和维护地方社会稳定，创造有利于医学发展的新环境，

---

① [宋]洪迈撰，何卓点校：《夷坚志支戊》卷3《张子智毁庙》，北京：中华书局，1981年版，第1074页。
② [宋]刘敞：《公是集》卷38《重黎绝地天通论》，北京：中华书局，1985年版，第450页。
③ [清]徐松辑：《宋会要辑稿》刑法2之152，北京：中华书局，2006年版，第6571页。
④ [宋]胡石壁：《巫觋以左道疑众者当治士人惑于异者亦可责》，《名公书判清明集》卷14《惩恶门》，北京：中书书局，2002年版，第547,548页。
⑤ [宋]苏辙著，陈宏天、高秀芳校：《苏辙集·栾城后集》卷5《和子瞻次韵陶渊明劝农诗并引》，北京：中华书局，1990年版，第944页。

为传播官方正统知识清除障碍。

一、宋代皇帝和中央政府控制与改造巫医的措施

从宋代太医局教育设立"书禁科"和《政和五礼新仪》对"大傩仪"[1]的规定来看,书禁科在宋代是合法存在的,也就是说,官方正统医学体系中包含有咒禁疗法类巫术。相应地,太医局九科教育中亦设有巫医,主要负责驱鬼除祟、施药救人等,其中祭祀礼仪是其最主要的职责,对政府统治不构成威胁。

宋代,真正对国家统治构成威胁的是民间巫医,其假借疾病治疗而秘密组建社团、预测占卜、杀人祭鬼、抵制官府医学活动和干预地方行政事务等违法行径,深为政府所警惕。为了应对巫医可能造成的威胁,宋政府采取了以下五方面的措施:一是改革落后旧俗,禁"弃去病者之俗";二是以法律监督,促其改造;三是明令禁止,加以取缔;四是颁布医方,发放药物,推行官方医学知识,以医抗巫;五是规范民间医学,防止妄施汤药,敛财害人。根据宋代文献,列出表8-2《宋代政府控制和改造巫医活动的措施》。

表 8-2　宋代政府控制和改造巫医活动的措施

年代	地区分布	巫医流行状况	皇帝	政府诏令应对情况	文献出处
乾德元年（963年）七月戊午	京西路唐州、邓州	武胜军节度使张永德上言:"当道百姓家有疾病者,虽父母亲戚例皆舍去,不供饮食医药,疾患之人多以饥渴而死。习俗既久,为患实深。已喻今后有疾者,不计尊劝,并须骨肉躬亲看视,如更有违犯,并坐严科。"	宋太祖	"从之。"	[清]徐松辑:《宋会要辑稿》刑法2之1,第6496页
乾德元年（963年）七月己未	京西路唐州、邓州	"唐、邓之俗,家有病者,虽父母亦弃去弗省视,故病者辄死。"	宋太祖	诏:"民有疾而亲属遗去者罪之。"	[元]脱脱等:《宋史》卷1《太祖本纪》,第14页

---

① [宋]郑居中:《政和五礼新仪》卷163《军礼·大傩仪》,影印文渊阁《四库全书》本,第647册,第719、720页。

（续表）

年代	地区分布	巫医流行状况	皇帝	政府诏令应对情况	文献出处
乾德三年（965年）五月丁丑	西川路、峡西路	"父母骨肉疾病,多不省视医药。"	宋太祖	诏:"蜀郡敢有不省父母疾者罪之。"	[元]脱脱等:《宋史》卷2《太祖本纪二》,第24页
乾德四年（966年）五月十三日	西川路、峡西路	"夔居重山之间,壅蔽多热,又地气噎泄而常雨,土人多病瘴疟,头痛脾泄,略与岭南相类。他处药材皆不至,市无药肆,亦无学医者,其俗信巫而不求医。"	宋太祖	诏曰:"如闻西川诸色人移置内地者,仍习旧俗,有父母骨肉疾病,多不省视医药。宜令逐处长吏,常加觉察,仍下西川管内,并晓谕禁止。"	[清]徐松辑:《宋会要辑稿》刑法2之1,第6496页
开宝八年（975年）十一月己巳朔	广南西路琼州	"俗无医,民疾病但求巫祝。"	宋太祖	"诏以《方书》、《本草》给之。"	[宋]李焘:《续资治通鉴长编》卷16,第349页
太平兴国六年（981年）夏四月丙戌	西川路、峡西路	"蜀人疾病,不知医药疗治,祠鬼神求佑助而已。"	宋太宗	"禁西川诸州白衣巫师。"	[元]脱脱等:《宋史》卷4《太宗本纪一》,第66页
雍熙元年（984年）	广南西路黔南地区	黔南言:"溪峒夷獠疾病,击铜鼓、沙锣以祀神鬼。"	宋太宗	"诏释其铜禁。"	[清]徐松辑:《宋会要辑稿》蕃夷5之74,第7803页
雍熙二年（985年）九月乙未	广南西路邕州	"杀人祭鬼,病不求医。"	宋太宗	诏:"岭南诸州民嫁娶、丧葬、衣服制度,委所在长吏渐加诫厉,俾遵条例;其杀人祭鬼,病不求医,僧置妻孥等事,深宜化导,使之悛革。无或峻法,以致烦扰。"	[宋]李焘:《续资治通鉴长编》卷26,第599页
淳化三年（992年）十一月巳未	两浙路	"两浙诸州,先有衣绯裙、中单,执刀吹角,称治病巫。"	宋太宗	诏:"两浙诸州,先有衣绯裙、中单,执刀吹角,称治病巫者,并严加禁断,吏谨捕之。犯者以造妖惑众论,置于法。"	[清]徐松辑:《宋会要辑稿》刑法2之5,第6498页

（续表）

年代	地区分布	巫医流行状况	皇帝	政府诏令应对情况	文献出处
咸平五年（1002年）八月乙酉	陕西路泾州	"泾州民毛密,以禁术疗民妻,绳缚手足,桃杖击之,自除夕至二鼓死。"	宋真宗	诏:"医师疗疾,当按方论。若辄用邪法,伤人肤体者,以故杀伤论。"	［宋］李焘:《续资治通鉴长编》卷52,第1148页
景德中（1004—1007年）	广南西路	"广南风土不佳,人多死于瘴疠。其俗又好巫尚鬼,疾病不进药饵,惟与巫祝从事,至死而后已,方书药材未始见也。"	宋真宗	"皆从其请,岁给钱五百缗。今每岁夏至前,漕臣制药以赐一路之官吏,盖自晔始。"	［宋］曾敏行:《独醒杂志》卷3《广南人多死于瘴疠》,第27页
天圣元年（1023年）十一月戊戌	江南东西路、荆湖南北路、广南东西路、两浙路、福建路	"民之有病,则门施符术,禁绝往来,斥远至亲,屏去便物。家人营药,则曰神不许服;病者欲食,则云神未听殣,率令疫人死于饥渴。"	宋仁宗	诏:"宜令江南东西、荆湖南北、广南东西、两浙、福建路转运司遍行指挥辖下州府军监县镇:今后师巫以邪神为名,屏去病人衣食、汤药,断绝亲识看承,若情涉于陷害及意望于病苦者,并同谋之人,引用咒诅律条比类断遣;若别无僧('僧',《长编》作憎)疾者,从违制失决放;因而致死者,奏取敕裁。如恣行邪法,不务悛革,及依前诱引良家男女传妖法为弟子者,特科违制定断;其和同受诱之人,减等科罪;余并检会前后条法,详酌断遣。情理巨蠹,别无刑名科断者,即收禁具案奏裁。仰粉壁晓示,仍半年一度举行约束,仍赐敕书褒谕。"	［清］徐松辑:《宋会要辑稿》礼20之12,第770页
			宋仁宗	诏:"江南东西、荆湖南北、广南东西、两浙、福建路转运司:自今师巫以邪神为名,屏去病人衣食、汤药,断绝亲识,意涉陷害者,并共谋之人,并比类咒诅律条坐之。非憎嫉者,以违制失论。其诱良男女传教妖法为弟子者,以违制论。和同受诱之人,减等科之。情理巨蠹者,即具案取裁。"	［宋］李焘:《续资治通鉴长编》卷101,第2340页

(续表)

年代	地区分布	巫医流行状况	皇帝	政府诏令应对情况	文献出处
			宋仁宗	"禁两浙、江南、荆湖、福建、广南路巫觋挟邪术害人者。"	[元]脱脱等:《宋史》卷9《仁宗本纪一》,第179页
天圣三年(1025年)四月二十三日	淮南路	淮南江浙荆湖发运司言:"昨高邮军有师巫起张使者庙宇神像,煽惑人民。知军国子博士刘龟从己行断绝,拆除一十处庙像。收到材木钱物,盖造作系官使用。见今户口安居。窃知洪州曾有师巫造作妖妄,蠹害风俗,知州夏竦奏闻朝廷,降敕江南、荆湖、广(昌)[南]、两浙、福建路条约断绝。今来淮南乞降敕命,依例止绝。"	宋仁宗	"从之。"	[清]徐松辑:《宋会要辑稿》礼20之12,第770页
康定元年(1040年)十一月四日	西川、陕西、广南、福建、荆湖、江淮地区	知万州马元颖言:"乞下川陕、广南、福建、荆湖、江淮,禁民畜蛇毒蛊药,杀人祭妖神。其已杀人者,许人陈告,赏钱随处支铜钱及大铁钱一百贯。"	宋仁宗	"从之。"	[清]徐松辑:《宋会要辑稿》刑法2之25,第6508页
庆历八年春(1048年)二月癸酉	福建路	"闽俗左医右巫,疾家依巫作祟,而过医之门,十才二三,故医之传益少。"	宋仁宗	"颁《庆历善救方》。上始阅福建奏狱,多以蛊毒害人者,福建医工林士元能以药下之,遂诏录其方,又命太医集诸方之善治蛊者为一编,诏参知政事丁度为序而颁之。"	[宋]李焘:《续资治通鉴长编》卷163,第3916,3917页
政和七年(1117年)六月二十五日	江南诸路	前提点江南东路刑狱周邦式奏:"江南风俗,循楚人好巫之习。闾巷之民,一有疾病,屏去医官,惟巫觋之信。亲戚邻里畏而不相往来,甚者至于家人尤远之而弗顾,食饮不时,坐以致毙。乞立法责邻保纠告,隐蔽而不言者坐之。"	宋徽宗	"诏令监司守令禁止。"	[清]徐松辑:《宋会要辑稿》刑法2之67,第6529页
			宋徽宗	"诏禁巫觋。"	[元]脱脱等:《宋史》卷21《徽宗本纪三》,第398页

（续表）

年代	地区分布	巫医流行状况	皇帝	政府诏令应对情况	文献出处
绍兴十二年（1142年）夏四月己未	夔州路	"夔路有杀人祭鬼之事。"	宋高宗	上谓宰执曰："此必有大巫倡之，治巫则此自止。西门豹投巫于河，以救河伯娶妇，盖知此道也。"	［宋］李心传：《建炎以来系年要录》卷145，第2328页
绍兴十六年（1146年）二月三日	江南东西路、两浙路	臣僚奏："近来淫祠稍行，江浙之间，此风尤炽，一有疾病，唯妖巫之言是听，亲族邻里不相问劳，且曰此神所不喜，不求治于医药，而屠宰牲畜以祷邪魅，至于罄竭家赀，略无效验而终不悔。欲望申严条令，俾诸路监司、郡守重行禁止。"	宋高宗	诏："令礼、刑部坐条行下，如不系祀典，日下毁去。"	［清］徐松辑：《宋会要辑稿》刑法2之152，第6571页
绍兴十九年（1149年）六月辛酉	广南东路南雄州	右朝奉郎朱同知南雄州代还，言："岭南无医，凡有疾病，但求巫祝、鬼，束手待毙，望取古名方治瘴气者，集为一书，颁下本路。"	宋高宗	"从之。"	［宋］李心传：《建炎以来系年要录》卷159，第2587页
绍兴二十三年（1153年）秋七月戊申	湖、广、夔、峡、浙、川等路	将作监主簿孙寿祖面对："论湖广夔峡多杀人而祭鬼，近又寖行于他路。浙路有杀人而祭海神，川路有杀人而祭盐井者，望饬监司州县严行禁止，犯者乡保连坐，仍毁巫鬼淫祠，以绝永害。"	宋高宗	"从之。"	［宋］李心传：《建炎以来系年要录》卷165，第2693页
嘉泰二年（1201年）十二月九日	两浙路	"南方信鬼，虽至父母疠疫，子弃不敢侍。"	宋宁宗	诏："仰本路提刑严切禁止，务要尽绝，如有违犯，重作施行。"	［清］徐松辑：《宋会要辑稿》刑法2之133，第6562页

1. 改革落后旧俗，禁"弃去病者之俗"

宋初，巫医流行地区普遍存在的遗弃亲属的旧俗，与宋政府加强中央集权和重建儒家纲常伦理的措施严重相冲突。为此，政府曾多次发布诏令，对巫医流行地区遗弃父母、亲属的行径加以禁止，或以法律的手段予以取缔。

京西路唐州、邓州一带，"家有病者，虽父母亦弃去弗省视，故病者辄死"①。这一习俗与儒家伦理道德严重相违背，遭到宋代君臣和儒家士大夫的普遍反对。建隆四年（963年）七月九日，武胜军节度使张永德（928—1000年）上奏："当道百姓

---

① ［宋］李焘：《续资治通鉴长编》卷4，乾德元年七月戊午，北京：中华书局，2004年版，第98页。

家有疾病者,虽父母亲戚例皆舍去,不供饮食医药,疾患之人多以饥渴而死。习俗既久,为患实深。已喻今后有疾者,不计尊幼,并须骨肉躬亲看视,如更有违犯,并坐严科。"①宋太祖"从之",采纳了张永德建议,"降诏褒答"。乾德元年(963年)七月己未,宋太祖诏:"民有疾而亲属遗去者罪之。"②这个诏令的颁布有着积极的意义,它揭开了宋政府在地方重建儒家纲常伦理秩序的序幕。

为了彻底改变这一社会陋习,宋政府从法律的角度制定了严厉的惩处措施,将百姓患病而其家属遗弃的行为定性为犯罪,为政府此后处理类似事件提供了法律依据。乾德三年(965年),在西川路、峡西路发现有类似遗弃父母的情况后,宋太祖于同年五月丁丑发布诏令:"诏蜀郡敢有不省父母疾者罪之。"③乾德四年(966年)五月十三日,宋太祖再次发布《禁西川民不省父母疾病诏》。《宋会要辑稿》刑法二之一载:

> 诏曰:"如闻西川诸色人移置内地者,仍习旧俗,有父母骨肉疾病,多不省视医药。宜令逐处长吏,常加觉察,仍下西川管内,并晓谕禁止。"④

在宋政府的多次干预下,文献中有关遗弃有病父母的记载便越来越少,整个社会的伦理道德有了很大的提高。

2. 以法律监督,促其改造

以法律手段监督、改造医师的非法行为,改变当地落后习俗,是宋政府控制和改造巫医的一大措施。雍熙二年(985年)九月乙未,宋太宗阅读广南西路邕州(治今广西南宁)知州范旻(936—981年)所著《邕管杂记》一书,鉴于邕州一带风俗乖异,颁诏命地方官以法律作为监督,改造其旧俗。《宋会要辑稿》刑法二之三载:

> 雍熙二年闰九月二十四日,诏曰:"岭峤之外,封域且殊,盖久隔于华风,乃染成于污俗。朕常览传记,备知其土风、饮食、男女之仪,婚姻丧葬之制,不循教义,有亏礼法。昔汉之任延理九真郡,遂变邅陋之地,而成礼义之俗。是知时无古今,人无远近,问化之如何耳,岂有弗率者乎!应邕、容、桂、广诸州,婚嫁丧葬、衣服制度,并杀人以祭鬼,病不求医药及僧置妻孥等事,并委本郡长吏多方化导,渐以治之,无宜峻法,以至烦扰。"

① [清]徐松辑:《宋会要辑稿》刑法2之1,北京:中华书局,2006年版,第6496页。
② [元]脱脱等:《宋史》卷1《太祖本纪一》,北京:中华书局,2007年版,第14页。
③ [元]脱脱等:《宋史》卷2《太祖本纪二》,北京:中华书局,2007年版,第24页。
④ [清]徐松辑:《宋会要辑稿》刑法2之1,北京:中华书局,2006年版,第6496页。

初，帝览《邕管记》，知其俗陋，故下是诏①。

《续资治通鉴长编》卷二六亦载：

> 上览《邕管杂记》，叹其风俗乖异。乙未，诏岭南诸州民嫁娶、丧葬、衣服制度，委所在长吏渐加诫厉，俾遵条例；其杀人祭鬼，病不求医，僧置妻孥等事，深宜化导，使之悛革。无或峻法，以致烦扰②。

宋太宗要求岭南诸州官员对群众进行教育，揭露巫师骗人的实质，引导人们提高认识，督促杀人祭鬼的巫师悔改。

咸平五年（1002年），陕西路转运使刘综（955—1015年）向朝廷上奏，泾州民毛密"以禁术疗民妻，绳缚手足，桃杖击之，自初夕至二鼓死"。这是巫师治病时采用巫术而致人于死亡的典型案例，因而引起宋真宗的重视。八月乙酉，宋真宗颁布《禁医师勿用邪法诏》，规定："医师疗疾，当按方论。若辄用邪法，伤人肤体者，以故杀伤论。"③将医师不按医方而用邪法伤人的行为定性为故意伤人罪，从而为政府打击巫医滥用邪法制定了法律依据。

大观元年（1107年）二月六日，臣僚上奏开封府参军、太医局丞曹焰假借方伎，交结权臣，收取钱物，乞求严加禁止。《宋会要辑稿》职官二二之三八载：

> 伏见开封府参军曹焰虽是门荫，止有医治，尝以罪改官，无因自进，遂假方伎，交结权要，为进取之谋。行术京师，以药笥自随，哀取遗谢，非士人之比，不可责以廉隅。今预缙绅之列，名实未正，士论耻之。参军以议法律、治狱讼为职，而焰见兼太医局丞，条禁与官不同。（望伏）［伏望］还（诏）［焰］太医而罢其府官，庶几巫医卜相之徒，亦安分守。

宋徽宗诏："曹焰罢前件差遣，依旧太医局丞"④，严禁其以巫医的手段行术京师。

3. 明令禁止，加以取缔

明令禁止，加以取缔，是宋政府采取的最严厉的禁巫措施。建隆四年（963年）颁行的《宋刑统》卷一八《贼盗律》，设有专门的针对巫术的法律条文。如《造畜蛊毒律》规定："诸造畜蛊毒及教令者，绞"；"诸以毒药药人及卖者，绞"；"诸有所憎

---

① ［清］徐松辑：《宋会要辑稿》刑法2之3，北京：中华书局，2006年版，第6497页。
② ［宋］李焘：《续资治通鉴长编》卷26，雍熙二年九月乙未，北京：中华书局，2004年版，第599页。
③ ［宋］李焘：《续资治通鉴长编》卷52，咸平五年八月乙酉，北京：中华书局，2004年版，第1148页。
④ ［清］徐松辑：《宋会要辑稿》职官22之38，北京：中华书局，2006年版，第2879页。

恶,而造厌魅及造符书咒诅,欲以杀人者,各以谋杀论,减二等。以故致死者,各依本杀法。欲以疾苦人者,又减二等。"①《造祆书及祆言律》规定:"诸造祆书及祆言者,绞",凡"自造休咎,及鬼神之言,妄说吉凶,涉于不顺者。传用以惑众者,亦如之",均被处以绞刑。至于罪行较轻之人,"其不满众者,流三千里;言理无害者,杖一百。即私有祆书,虽不行用,徒二年;言理无害者,杖六十。"②

太平兴国六年(981 年)夏四月丙戌,宋太宗下诏"禁西川诸州白衣巫师。"③淳化三年(992 年)十一月己未,宋太宗发布了中国医学史上著名的《禁两浙诸州治病巫诏》,对巫医的活动明令加以取缔。《宋会要辑稿》刑法二之五载:

> 十一月二十九日,诏曰:"两浙诸州,先有衣绯裙、中单,执刀吹角,称治病巫者,并严加禁断,吏谨捕之。犯者以造妖惑众论,寘于法。"④

《宋史》卷五《太宗本纪二》亦载十一月己未"禁两浙诸州巫师"⑤。诏令中的"治病巫者",即为巫医。是什么原因促使宋太宗下诏对两浙地区的巫医加以严厉地取缔呢? 这是因为北宋时期的两浙路,巫医之俗盛行,朝廷不断地收到地方官员关于巫医违法乱纪的报告。如润州(治今江苏镇江),"民病且忧,不先医而先巫"⑥。衢州(治今浙江衢县),"俗尚巫鬼,民毛氏、柴氏二十余家世蓄蛊毒,值闰岁,害人尤多,与人忿争,辄毒之"⑦。温州(治今浙江温州),"为郡并海,俗信巫祝禁忌,至使良民陷于不义。方春病瘟,邻里亲戚绝不相问讯,死辄置棺他室,密封固弃去。百日乃启,为丧事。谓不尔且相传以死,有司不知禁,民习莫敢犯"⑧。台州宁海县(治今浙江宁海),"巫以淫祀惑民"⑨,等等。从宋太宗的诏令中可以看出,宋政府已经意识到巫医对社会秩序造成的危害,于是通过政府诏令予以取缔。

---

① [宋]窦仪等撰,薛梅卿点校:《宋刑统》卷 18《贼盗律》,北京:法律出版社,1999 年版,第 320～323 页。

② [宋]窦仪等撰,薛梅卿点校:《宋刑统》卷 18《贼盗律》,北京:法律出版社,1999 年版,第 329 页。

③ [元]脱脱等:《宋史》卷 4《太宗本纪一》,北京:中华书局,2007 年版,第 66 页。

④ [清]徐松辑:《宋会要辑稿》刑法 2 之 5,北京:中华书局,2006 年版,第 6498 页。

⑤ [元]脱脱等:《宋史》卷 5《太宗本纪二》,北京:中华书局,2007 年版,第 90 页。

⑥ [宋]苏颂撰,王同策等点校:《苏魏公文集》卷 64《润州州宅后亭记》,北京:中华书局,2004 年版,第 980,981 页。

⑦ [元]脱脱等:《宋史》卷 426《高赋传》,北京:中华书局,2007 年版,第 12703 页。

⑧ [宋]周行己撰,周梦江点校:《周行己集》卷 7《沈子正墓志铭》,上海:上海社会科学院出版社,2002 年版,第 144 页。

⑨ [宋]陆游:《陆放翁全集·渭南文集》卷 32《宋右朝散大夫陆公墓志铭》,北京:中国书店,1991 年版,第 198 页。

天圣元年（1023 年）十一月戊戌，夏竦（985—1051 年）上书《洪州请断袄巫奏》，建议政府全面禁巫。宋仁宗发布《禁巫觋挟邪术害人诏》，严令江南东路、江南西路、荆湖南路、荆湖北路、广南东路、广南西路、两浙路和福建路转运司加强对巫师的管理，对违法之人给予法律追究。① 天圣三年（1025 年）四月二十三日，宋仁宗又根据淮南江浙荆湖发运司的请求，将此诏令实施于整个淮南路。《宋会要辑稿》礼二○之一二载：

> 天圣三年四月二十三日，淮南江浙荆湖发运司言："昨高邮军有师巫起张使者庙宇神像，扇惑人民。知军国子博士刘龟从己行断绝，拆除一十处庙像。收到材木钱物，盖造作系官使用。见今人户安居，窃知洪州曾有师巫造作妖妄，蠹害风俗，知州夏竦奏闻朝廷，降敕江南、荆湖、广（昌）[南]、两浙、福建路条约断绝。今来淮南乞降敕命，依例止绝。"从之②。

这样，政府的"禁巫"措施基本上推行到了整个南方地区。应当说，这些诏令在控制巫医的非法活动，传播官方正统医学知识，以及确立国家统治秩序方面，发挥了积极的作用。

康定元年（1041 年）十一月四日，知夔州路万州马元颖奏："乞下川陕、广南、福建、荆湖、江淮，禁民畜蛇毒蛊药，杀人祭妖神。其已杀人者，许人陈告，赏钱随处支铜钱及大铁钱一百贯。"宋仁宗"从之"③。

政和七年（1117 年）六月二十五日，前提点江南东路刑狱周邦式向朝廷上奏："江南风俗，循楚人好巫之习。闾巷之民，一有疾病，屏去医官，惟巫觋之信。亲戚邻里畏而不相往来，甚者至于家人尤远之而弗顾，食饮不时，坐以致毙。乞立法责邻保纠告，隐蔽而不言者坐之。"宋徽宗采纳其建议，"诏令监司守令禁止"④。《宋史》卷二一《徽宗本纪三》亦载政和七年六月壬午宋徽宗"诏禁巫觋"⑤，对男性巫师彻底加以取缔。

南宋时期，政府对民间巫医的控制仍很严厉。绍兴十二年（1142 年）夏四月己未，言官奏："夔路有杀人祭鬼之事，乞严禁之"，宋高宗对宰执说："此必有大巫倡

---

① ［清］徐松辑：《宋会要辑稿》礼 20 之 12，北京：中华书局，2006 年版，第 770 页。又见［宋］李焘：《续资治通鉴长编》卷 101，天圣元年十一月戊戌，第 2340 页；［元］脱脱等：《宋史》卷 9《仁宗本纪一》，第 179 页。
② ［清］徐松辑：《宋会要辑稿》礼 20 之 12，北京：中华书局，2006 年版，第 770 页。
③ ［清］徐松辑：《宋会要辑稿》刑法 2 之 25，北京：中华书局，2006 年版，第 6508 页。
④ ［清］徐松辑：《宋会要辑稿》刑法 2 之 67，北京：中华书局，2006 年版，第 6529 页。
⑤ ［元］脱脱等：《宋史》卷 21《徽宗本纪三》，北京：中华书局，2007 年版，第 398 页。

之,治巫则此自止。西门豹投巫于河,以救河伯娶妇,盖知此道也"①,主张予以严厉打击。

绍兴十六年(1146年)二月三日,臣僚奏:"近来淫祠稍行,江浙之间,此风尤炽,一有疾病,唯妖巫之言是听,亲族邻里不相问劳,且曰:'此神所不喜'。不求治于医药,而屠宰牲畜以祷邪魅,至于罄竭家赀,略无效验而终不悔。欲望申严条令,俾诸路监司、郡守重行禁止。"宋高宗诏:"令礼、刑部坐条行下,如不系祀典,日下毁去。"②

绍兴二十三年(1153年)秋七月戊申,将作监主簿孙寿祖上奏:"湖广夔峡多杀人而祭鬼,近又浸行于他路,浙右有杀人而祭海神,川路有杀人而祭盐井者,望饬监司州县严行禁止,犯者乡保连坐,仍毁巫鬼淫祠,以绝永害。"宋高宗"从之"③,采纳了他的建议,对湖、广、夔、峡一带"杀人祭鬼"的风俗加以打击和改造。

嘉泰二年(1201年)十二月九日,权知夔州路万州赵师作上奏朝廷,请求禁巫。《宋会要辑稿》刑法二之一三三载:

> 峡路民居险远,素习夷风,易惑以诈,易煽以恶,致使淫巫得肆箦鼓。凡遇疾病,不事医药,听命于巫,决卜求神,杀牲为祭,虚费家财,无益病人。虽或抵死,犹谓事神之未至。故凡得疾,十死八九。又其俗以不道千富祀诸昏淫之鬼,往往用人侥冀作福,流为残忍,不可备言。乞行下本路,先禁师巫,俾之改业,严结保伍,断绝禁咒及祭鬼器用,庶几拔本塞源,不致滋长④。

宋宁宗采纳其建议,发布《禁巫医诏》:"仰本路提刑严切禁止,务要尽绝,如有违犯,重作施行。"对两浙路一带的巫医进一步加以规范。

南宋中后期,政府法律文书《名公书判清明集》中保留了宋政府打击、控制和改造巫医的卷宗。胡石壁《巫觋以左道疑众者当治士人惑于异者亦可责》一文,详细地揭露了巫师的"伪科学"本质及其对社会带来的危害,并将其斥为"异端"。《名公书判清明集》卷一四载:

---

① [宋]李心传:《建炎以来系年要录》卷145,绍兴十二年夏四月己未,北京:中华书局,1956年版,第2328页。

② [清]徐松辑:《宋会要辑稿》刑法2之152,北京:中华书局,2006年版,第6571页。

③ [宋]李心传:《建炎以来系年要录》卷165,绍兴二十三年秋七月戊申,北京:中华书局,1956年版,第2693页。

④ [清]徐松辑:《宋会要辑稿》刑法2之133,北京:中华书局,2006年版,第6562页。

王制曰:执左道以乱政,杀;假于鬼神疑众,杀。古先圣王,岂乐于杀人哉,盖以其邪说诐行,足以反道败常,诡计奸谋,足以阶乱稔祸,故不容不严为之禁也。楚俗尚鬼,其来已久,而此邦为尤甚。当职正欲极攘却诋排之力,毁淫昏妖厉之祠,开明人心,变移旧习,庶几道德一,风俗同,庶民安其田里,无或诪张为幻,以干先王之诛。而黄六师者,乃敢执迷不悛,首犯约束。观其所犯,皆祀典之所不载,有所谓通天三娘,有所谓盂公使者,有所谓黄三郎,有所谓太白公,名称怪诞,无非魑魅魍魉之物,厌胜咀呪,作孽兴妖,若此者,真所谓执左道,假鬼神,乱政疑众者矣。若不诛锄一二,以警动其余,则异时传习日滋,妖讹者甚,埋桐人以造蛊,用生人以代犧,何所不至哉!宜伸国禁,毋俾世迷。姑以榜示之初,恐未闻,知之未遍,未欲重作施行,且从轻杖一百,编管邻州。其乌龟大王庙,帖县日下拆毁,所追到木鬼戏面等,并当庙劈碎,市曹焚烧。但李学谕既为士人,当晓义理,岂不知人之疾病,或因起居之失节,或因饮食之过伤,或因血气之衰,或因风邪之袭,但当惟医药之是急,不当于鬼神而致疑。而乃谓其父病之由,起于师巫之呪,钉神之胁,则父之痛在胁,钉神之心,则父之痛在心,此何等齐东野人之语,而发于学者之口哉!当职于其初祠,已尝训以博奕之事,尚不通晓,而又见之所供。胸中所存,亦可知矣,其何以训谕诸生乎?以其昏昏,使人昭昭,无乃不可乎?牒学且与罢职,请教授勉令笃志学问,无使复为异端所惑[1]。

这是宋代地方官吏严惩巫医的一起典型案件。胡石壁,又名胡颖,字叔献,荆湖南路潭州湘潭县人,绍定五年(1232年)中进士。据《宋史》卷四一六《胡颖传》载,"性不喜邪佞,尤恶言神异,所至毁淫祠数千区,以正风俗。衡州有灵祠,吏民夙所畏事,颖撤之,作来谂堂奉母居之"[2]。这次案件可能是胡石壁任提举湖南常平时审判的记录。在这起案例中,胡石壁认为以黄六师为首的巫师,其所作所为"皆祀典之所不载",他们打着各种神灵的旗号,杀人祭祀,乱政疑众。为了破除巫医利用治病方式诈骗钱财,胡石壁一方面严惩犯罪的巫医,将其罪行张榜宣示,轻杖一百,编管邻州,并拆除其聚众的场所乌龟大王庙;另一方面又对疾病的病因给予科学的解释,指出:"人之疾病,或因起居之失节,或因饮食之过伤,或因血气之

---

① [宋]胡石壁:《巫觋以左道疑众者当治士人惑于异者亦可责》,《名公书判清明集》卷14《惩恶门》,北京:中书局,2002年版,第547,548页。

② [元]脱脱等:《宋史》卷416《胡颖传》,北京:中华书局,2007年版,第12479页。

衰,或因风邪之袭。"他进一步建议:"当惟医药之是急,不当于鬼神而致疑"。

在严惩巫医的同时,南宋政府加强地方州县医学人员的管理,严惩私自信奉巫术或用巫术手段治病。《名公书判清明集》卷一四中对医学教授李学谕的处置,就是典型的案例。宋政府认为,李学谕的做法违背了政府以医药学改变巫术的意愿,不足以担当"训谕诸生"的重任,李学谕因此丢掉了地方医学教授的职务。

4. 颁布医方,发放药物,推行正统医学知识

颁布医方,发放药物,推行官方正统医学知识,以医抗巫,是宋政府控制和改造巫医的一项新措施。开宝八年(975年)十一月己巳朔,广南西路琼州(治今海南海口)奏:"俗无医,民疾病但求巫祝",宋太祖"诏以《方书》、《本草》给之。"①将政府刚刚修撰的《开宝本草》推广到广南地区,希望通过颁布医药书籍,督促当地官吏和百姓学习医药知识,改变有病但求巫祝而不求医药的落后状况。

咸平五年(1002年),陕西路泾州(治今甘肃泾川)发生巫医毛密以禁术疗民妻致死案。陕西路转运使刘综向朝廷上奏其事,八月乙酉宋真宗颁布《禁医师勿用邪法诏》,严令各地医师按《太平圣惠方》、《神医普救方》等方书治病,如伤及性命,将予以严惩。《续资治通鉴长编》卷五二载:

> 〔咸平五年八月〕乙酉,诏:"医师疗疾,当按方论。若辄用邪法,伤人肤体者,以故杀伤论。"时泾州民毛密以禁术疗民妻,绳缚手足,桃杖击之,自初夕至二鼓死。陕西转运使刘综言其事,故条约之②。

可见,"当按方论"是政府对抗巫医治法及其活动的关键所在。

景德年间(1004—1007年),邵晔(949—1011年)任光禄卿、交趾安抚国信使,兼领广南西路漕事。鉴于广南西路巫祝盛行,请求朝廷赏赐医书和药材。曾敏行《独醒杂志》卷三载:

> 广南风土不佳,人多死于瘴疠。其俗又好巫尚鬼,疾病不进药饵,惟与巫祝从事,至死而后已,方书药材未始见也。景德中,邵晔出为西帅,兼领漕事,始请于朝,愿赐《圣惠方》与药材之费,以幸一路。真宗皆从其请,岁给钱五百缗。今每岁夏至前,漕臣制药以赐一路之官吏,盖自

---

① [宋]李焘:《续资治通鉴长编》卷16,开宝八年十一月己巳朔,北京:中华书局,2004年版,第349页。

② [宋]李焘:《续资治通鉴长编》卷52,咸平五年八月乙酉,北京:中华书局,2004年版,第1148页。

晔始①。

邵晔的建议得到宋真宗的采纳,所赐医书为官修《太平圣惠方》。此后,颁布医学方书和发放药物成为政府对抗巫医最重要、最有效的手段。

庆历八年(1048 年),福建路转运使蔡襄(1012—1067 年)奏:"闽俗左医右巫,疾家依巫作祟,而过医之门,十才二三,故医之传益少"②,宋仁宗于是下诏颁《庆历善救方》。《续资治通鉴长编》卷一六三载:

> 颁《庆历善救方》。上始阅福建奏狱,多以蛊毒害人者,福州医工林士元能以药下之,遂诏录其方,又命太医集诸方之善治蛊者为一编,诏参知政事丁度为序而颁之③。

翰林医官院所编《庆历善救方》成为北宋政府抗衡福建路"以蛊毒害人"的重要方书。

皇祐元年(1049 年)秋七月,知夔州路云安军(治今四川云阳)、屯田员外郎王端奏:"川、峡之俗,多蛊毒中人,死者盖十八九。去年朝廷颁《善救方》,其惠甚大。然所用药,或本土所无有,而民间不能致,请官为给钱和药与民。"宋仁宗"既从其请,仍令诸路准此"④,可知《庆历善救方》已于庆历八年(1048 年)颁行到此地。

南宋绍兴十九年(1149 年)六月辛酉,右朝奉郎、知广南东路南雄州(治今广东南雄)朱同任满,他向朝廷上奏:"岭南无医,凡有疾病,但求巫祝鬼,束手待毙。望取古今名方治瘴气者,集为一书,颁下本路。"宋高宗"从之"⑤,采纳了朱同的建议,向广南地区颁布《治瘴气名方》。

总之,政府官修医学本草《开宝本草》(974 年)、《嘉祐本草》(1060 年)、《图经本草》(1061 年)、《大观本草》(1108 年)、《政和本草》(1116 年)和《绍兴本草》(1159 年),以及方书著作《太平圣惠方》(992 年)、《雍熙神医普救方》(987 年)、《庆历善

---

① [宋]曾敏行著,朱杰人校:《独醒杂志》卷 3《广南人多死于瘴疠》,上海:上海古籍出版社,1986 年版,第 27 页。

② [宋]蔡襄撰,陈庆元、欧明俊、陈贻庭校注:《蔡襄全集》卷 26《〈圣惠方〉后序》,福州:福建人民出版社,1999 年版,第 583 页。

③ [宋]李焘:《续资治通鉴长编》卷 163,庆历八年春二月癸酉,北京:中华书局,2004 年版,第 3916,3917 页。又见[元]脱脱等:《宋史》卷 11《仁宗本纪三》,第 225 页。

④ [宋]李焘:《续资治通鉴长编》卷 167,皇祐元年秋七月,北京:中华书局,2004 年版,第 4009 页。

⑤ [宋]李心传:《建炎以来系年要录》卷 159,绍兴十九年六月辛酉,北京:中华书局,1956 年版,第 2587 页。

救方》(1048年)、《皇祐简要济众方》(1051年)、《太医局方》(1085年)、《太平惠民和剂局方》(1110年,1157年)和《政和圣剂总录》(1118年)等,在消除巫医影响、传播官方医学知识等方面,发挥了积极的作用。

5. 规范民间医疗,防止妄施汤药

宋代,政府对民间医药的管理极为严格,制定了"医药故误伤杀人律",作为惩治民间医生治疗失职的行为。《宋刑统》卷二六《杂律》载:"诸医为人合药及题疏、针刺,误不如本方,杀人者,徒两年半。其故不如本方,杀伤人者,以故杀伤论;虽不伤人,杖六十。即卖药不如本方,杀伤人者,亦如之。"[①]

绍兴二十五年(1155年)十月,宋高宗发布《戒饬民间医药诏》,规范民间医学,防止妄施汤药,被巫医所利用。《咸淳临安志》卷四〇载:

> 绍兴二十五年十月,诏:"访问今岁患时气,人皆缘谬医,例用发汗性热等药,及有素不习医、不识脉证,但图目前之利,妄施汤药,致死者甚众,深可悯怜。据医书所论,凡初得病患,头痛、身热、恶风、肢节痛者皆须发汗。缘即今地土气令不同,宜服疏涤邪毒,如小柴胡汤等药,得大便快利,其病立愈。临安府可出榜,晓示百姓通知。"[②]

宋高宗的诏令要求,民间医家治病当按方论,不可图目前之利,滥施汤药,并命临安府出榜公布治疗药方,严防巫医趁机作梗。

二、宋代地方官吏对政府"禁巫"措施的回应

在政府的重视和支持下,地方官吏也采取了积极的回应措施。主要有:一是贯穿朝廷政令,禁止巫医的非法活动;二是揭露巫医诈钱扰民的行径;三是发放医药,推广本草、方书著作,公布治病药方;四是强制巫医改学官方医学知识或农业技艺。根据宋代文献,列出表8-3《宋代地方官吏控制与改造巫医的措施》。

---

① [宋]窦仪等撰,薛梅卿点校:《宋刑统》卷26《杂律》,北京:法律出版社,1999年版,第466页。
② [宋]宋高宗:《戒饬民间医药诏》,[宋]潜说友:《咸淳临安志》卷40《诏令一》,《宋元方志丛刊》第4册,北京:中华书局,2006年版,第3723页。

表 8-3　宋代地方官吏控制与改造巫医的措施

年代	地区	巫医流行情况	姓名和职务	地方官吏的"禁巫"措施	文献出处
开宝四年（971 年）冬十月	广南西路邕州	"俗重祠祭，被病者不敢治疗，但益杀鸡豚，徼福于淫昏之鬼。"	范旻，邕州知州	"出俸钱市药物，亲为和合，民有言病者给之。获痊愈者千计，乃以方书刻石寘置厅壁，部内化之。"	［宋］李焘：《续资治通鉴长编》卷 12，第 271 页
开宝中（968—976 年）	夔州路涪州涪陵县	"民尚淫祀，疾病不疗治，听命于巫。"	李惟清，涪陵县尉	"禽大巫笞之，民以为必及祸。他日，又加箠焉，民知不神。然后教以医药，稍变其风俗。"	［宋］李焘：《续资治通鉴长编》卷 24，第 567 页
		"蜀民尚淫祀，病不疗治，听于巫觋。"	李惟清，涪陵县尉	"擒大巫笞之，民以为及祸。他日，又加棰焉，民知不神。然后教以医药，稍变风俗"	［元］脱脱等：《宋史》卷 267《李惟清传》，第 9216～9218 页
咸平三年（1000 年）	夔州路开州开江县	"蜀人疾病，不知医药疗治，祠鬼神求佑助而已。"	曹宪，开江县令	"为出私钱，市药剂。有病者，辄遣吏烹煎，临饮之。民初强从，既稍有瘳，全活者十七八，于是开人始知信医药。"	［宋］刘攽：《彭城集》卷 36《尚书驾部员外郎曹君墓表》，第 486 页
大中祥符四年春正月（1011 年）	陕西路邠州	"邠州城东有灵应公庙，傍有山穴，群狐处焉。妖巫挟之为人祸福，风俗尤信向，水旱疾疫悉祷之，民语为之讳狐。"	王嗣宗，邠州知州	"及嗣宗至，熏而逐之，尽塞其穴，淫祀遂息。"	［宋］李焘：《续资治通鉴长编》卷 75，第 1707 页
		"城东有灵应公庙，傍有山穴，群狐处焉，妖巫挟之为人祸福，民甚信。向水旱、疾疫，悉祷之。民语为之讳狐音。前此长吏，皆先谒庙然后视事。"	王嗣宗，邠州知州	"嗣宗毁其庙，熏其穴，得数十狐，尽杀之，淫祀遂息。"	［元］脱脱等：《宋史》卷 287《王嗣宗传》，第 9647～9652 页
咸平初年（998 年）	广南西路	"岭南风俗，病者祷神不服药。"	陈尧叟，广南西路转运使	"有《集验方》，刻石桂州驿。"	［元］脱脱等：《宋史》卷 284《陈尧叟传》，第 9584～9588 页

（续表）

年代	地区	巫医流行情况	姓名和职务	地方官吏的"禁巫"措施	文献出处
景德年间（1004—1007年）	广南西路	"广南风土不佳,人多死于瘴疬。其俗又好巫尚鬼,疾病不进药饵,惟与巫祝从事,至死而后已。方书药材,未始见也。"	邵晔,广南西路西帅兼领漕事	"景德中,邵晔出为西帅兼领漕事,始请于朝,赐《圣惠方》与药材之费,以幸一路。真宗皆从其请,岁给钱五百缗。今每岁夏至前,漕臣制药以赐一路之官吏,盖自晔始。"	[宋]曾敏行:《独醒杂志》卷3《广南人多死于瘴疬》,第27页
宋真宗时期	梓州路戎州	"其俗尚巫,有病辄不医,皆听巫以饮食,往往不得愈。"	周湛,戎州通判	"禁俗之习为巫者,又刻方书于石,自是始用医,病者得活。"	[宋]李元纲:《厚德录》卷3,第9页。又见[元]脱脱等:《宋史》卷300《周湛传》,第9966,9967页
皇祐元年（1049年）秋七月	夔州路云安军	"川、峡之俗,多蛊毒中人,死者盖十八九。"	王端,云安军知军、屯田员外郎	"请官为给钱和药与民。既从其请,仍令诸路准此。"	[宋]李焘:《续资治通鉴长编》卷167,第4009页
天圣元年（1023年）	江南西路洪州	"江西之俗尚鬼信巫,每有疾病,未尝亲药饵也。"	夏竦,洪州知州	"夏英公帅江西日,时豫章大疫,公命医制药分给居民。……遂下令捕为巫者杖之,其著闻者黥隶他州。"	[宋]曾敏行:《独醒杂志》卷2《夏英公帅江西日禁巫》,第13页
		"当州师巫一千九百余户。"	夏竦,洪州知州	"改业归农及攻习针灸、方脉。"	[宋]夏竦:《文庄集》卷15《洪州请断袄巫奏》,第184页
庆历六年（1046年）	福建路福州	"闽俗左医右巫,疾家依巫作崇,而过医之门,十才二三,故医之传益少。"	蔡襄,福建路转运使	"下令禁止,至于巫觋主病、蛊毒杀人之类,皆痛断绝之。其子弟有不率教者,条其事作《五戒》以训敕之。"	[宋]李焘:《续资治通鉴长编》卷187,第4516页
				"取其本膳载于版,列衙门之左右。"	[宋]蔡襄:《蔡襄全集》卷26《〈圣惠方〉后序》,第583页

（续表）

年代	地区	巫医流行情况	姓名和职务	地方官吏的"禁巫"措施	文献出处
庆历六年（1046年）	两浙路润州	"吴俗信巫，郡官妻病，巫俾出钱十万祷神请命。"	钱彦远，润州知州	"公竟坐巫诈欺，境内神祠非祀典者，期一月毁撤，率诸巫习医自业。"	［宋］苏颂撰，王同策等点校：《苏魏公文集》卷52《钱起居神道碑》，第788～796页
皇祐元年（1049年）	两浙路明州鄞县		王安石，鄞县县令	"谨以刻石，树之县门外左，令观赴者自得而不求有司。"	［宋］王安石撰，唐式标校：《王文公文集》卷36《善救方后序》，第432页
宋仁宗时期	江南东路宣州	"宣民素尚巫鬼，病者不医，以事祈禳。"	赵子渊，宣州知州	"为择方书之验者，刻石示之。复出公帑缗为药剂，以时拯救，民脱横夭，因变其俗。"	［宋］韩琦：《安阳集》卷49《故尚书祠部郎中集贤校理致仕赵君墓志铭》，第5～9页
宋仁宗时期	江南西路虔州雩都县	"巫觋岁敛民财祭鬼，谓之春斋，否则有火灾，民讹言有绯衣三老人行火。"	陈希亮，雩都县县令	"希亮禁之，民不敢犯，火亦不作。毁淫祠数百区，勒巫为农者七十余家。"	［元］脱脱等：《宋史》卷298《陈希亮传》，第9917～9923页
宋仁宗时期	两浙路衢州	"俗尚巫鬼，民毛氏、柴氏二十余家世蓄蛊毒，值闰岁，害人尤多，与人忿争辄毒之。"	高赋，衢州知州	"〔高〕赋悉擒治伏辜，蛊患遂绝。"	［元］脱脱等：《宋史》卷426《高赋传》，第12703页
宋仁宗时期	利州路巴州化城县	"巴俗尚鬼而废医，惟巫言是用，虽父母之疾，皆弃去弗视。"	侯可，巴州化城县令	"诲以义理，严其禁戒，或亲至病家，为视医药，所活既众，人亦知化。"	［宋］程颐：《河南程氏文集》卷4《侯可墓志铭》，第504～505页
		"巴俗尚鬼而废医，唯巫言是用。"	侯可，巴州化城县令	"〔侯〕可为约束，立制度，违者有罪，几变其习。"	［元］脱脱等：《宋史》卷456《侯可传》，第13406页

（续表）

年代	地区	巫医流行情况	姓名和职务	地方官吏的"禁巫"措施	文献出处
宋仁宗时期	夔州路忠州	"俗畜蛊杀人。"	赵尚宽，忠州知州	"尚宽揭方书市中，教人服药，募索为蛊者穷治，置于理，大化其俗。"	[元]脱脱等：《宋史》卷426《赵尚宽传》，第12701，12702页
宋仁宗时期	淮南路蕲州蕲水县	"蕲俗右鬼，有病用巫不用医。"	赵温瑜，蕲水县令	"公为教诸巫使习诊病，又择经方揭石于衢肆，由是人知用药，稍革旧俗。"	[宋]苏颂撰，王同策等点校：《苏魏公文集》卷58《朝散大夫累赠户部侍郎赵公墓志铭》，第883～886页
宋仁宗时期	江南东路饶州	"巫医之罔民。"	李宽，饶州县令	"至则禁巫医之罔民，案畜蛊者，遂以无事。"	[宋]王安石撰，唐式标校：《王文公文集》卷95《广西转运使李君墓志铭》，第985，986页
熙宁年间	淮南西路舒州桐城县	"桐城民俗，惑巫不信药。"	罗适，桐城县尉	"以药施人，多愈，遂以方书召医参校，刻石以救迷俗。"	[宋]陈振孙撰，徐小蛮、顾美华点校：《直斋书录解题》卷13《医书类·伤寒救俗方一卷》，第390页
熙宁二年（1069年）	江南西路虔州	"俗尚巫鬼，不事医药。"	刘彝，虔州知州	"著《正俗方》以训，斥淫巫三千七百家，使以医易业，俗遂变。"	[元]脱脱等：《宋史》卷334《刘彝传》，第10729页
建中靖国元年（1101年）	江南东路饶州安仁县	"俗好巫，疫疠流行，病者宁死不服药。"	蒋静，安仁县令	"悉论巫罪，聚其所事淫像，得三百躯，毁而投诸江。"	[元]脱脱等：《宋史》卷356《蒋静传》，第11211，11212页

（续表）

年代	地区	巫医流行情况	姓名和职务	地方官吏的"禁巫"措施	文献出处
南宋时期	淮南西路无为军无为县	"南方信機，虽至父母疾疫，子弃不敢侍。"	李忠，无为县县令	"公责以大义且曰：'冬伤于寒，春必病瘟理也，尔乃不问医而问巫，愚亦甚矣。'故时有疫则必家至，与之善剂，日候其安否。其贫不能自存与死无以自葬者，皆悉力营给之，恶俗为变。"	[宋]王之道撰，沈怀玉、凌波点校：《相山集》卷29《故李公孝先墓志》，第237～255页
南宋时期	两浙东路台州宁海县	"巫以淫祀惑民。"	陆寀，宁海县丞	"悉捕实拵法，习俗为变。"	[宋]陆游：《陆放翁全集·渭南文集》卷32《宋右朝散大夫陆公墓志铭》，第198页
南宋孝宗时期	荆湖北路鄂州	"鄂俗计利而尚鬼，家贫子壮则出赘，习为当然，而尤谨奉大洪山之祠，病者不药而听于巫，死则不葬而畀诸火。"	刘清之，鄂州通判	"清之皆谕止之。"	[元]脱脱等：《宋史》卷437《刘清之传》，第12954页
	荆湖北路鄂州	"荆楚之俗尚鬼，病者不药而巫，死者不葬而火。"	刘清之，鄂州通判	"清之力禁止之，而又斥淫昏之祠，表烈女之墓，抑告讦之风，使民知向屡摄郡事，邦人宜之。"	[宋]蔡戡：《定斋集》卷1《荐鄂州通判刘清之状》，第12页
南宋孝宗时期	两浙东路温州瑞安县	"巫觋诳惑。"	黄度，瑞安县尉	"岁大疫，挟医巡问，人给之药，而严巫觋诳惑之禁，全活者众。"	[宋]袁燮：《絜斋集》卷13《龙图阁学士通奉大夫尚书黄公行状》，第210页
南宋绍熙元年（1190年）	江南东路建康府江宁县	"江宁巫风为盛。"	刘宰，江宁县尉	"下令保伍互相纠察，往往改业为农。"	[元]脱脱等：《宋史》卷401《刘彝传》，第12176页
南宋庆元元年（1195年）春夏	两浙西路常州	"此邦东岳行宫后有一殿，土人奉祀瘟神，四巫执其柄。凡有疾者，必使来致祷，戒令不得服药，故虽府中给施而不敢请。"	张子智，常州知州	"即拘四巫还府，而选二十健卒，饮以酒，使往击碎诸象，以供器分诸刹，时荐福寺被焚之后，未有佛殿，乃拆屋付僧，使营之。扫空其处，杖巫而出诸境。蚩蚩之民，意张且贻奇谴，然民病益瘳，习俗稍革。"	[宋]洪迈：《夷坚志支戊》卷3《张子智毁庙》，第1074页

（续表）

年代	地区	巫医流行情况	姓名和职务	地方官吏的"禁巫"措施	文献出处
南宋庆元元年（1195 年）	福建路漳州		傅伯成,漳州知州	"创惠民局,济民病,以革禨鬼之俗"	[元]脱脱等:《宋史》卷 415《傅伯成传》,第 12441,12442 页
南宋嘉定十五年（1222 年）	荆湖南路	"巫觋兴妖,本以自利。"	真德秀,荆湖南路安抚使,潭州知州	《劝农文》:"凡曰有神,正直而聪;非道求富,岂神所容?巫觋兴妖,本以自利;尔顾惑之,可谓不智。禁汝医药,以戕尔躯;诱汝祭赛,以空尔庐。甚至采牲,以人为畜;险汝于刑,殒身覆族。"	[宋]真得秀:《西山先生真文忠公文集》卷 40《劝农文》,第 719,720 页
南宋宁宗时期	荆湖南路衡州安仁县	"吴楚之旧,春夏疫作,率惟巫是听,虽骨肉绝不相往来。"	叶安仁,安仁县令	"君为文镌晓,选医往视,随其证以疗,或扶病来告,则亲问而药之。贫不能自给者,赒以钱若粟,所全活甚众。"	[宋]真德秀:《西山先生真文忠公文集》卷 44《叶安仁墓志铭》,第 795～797 页

1. 贯穿朝廷政令,打击巫医在地方的违法活动

贯穿朝廷政令,打击、限制和禁止巫医在地方的违法犯罪活动,藉以加强中央集权和整饬社会风俗,推行官方正统医学知识,是地方官吏采取的重要措施之一。

开宝中（968—976 年）,李惟清（943—998 年）任涪州涪陵县（治今四川涪陵）县尉,涪陵"民尚淫祀,疾病不疗治,听命于巫",李惟清采取了严厉地打击措施,"禽大巫笞之,民以为必及祸。他日,又加箠焉,民知不神。然后教以医药,稍变其风俗"①。《宋史》卷二六七《李惟清传》亦有相同的记载:"蜀民尚滛祀,病不疗治,听于巫觋。惟清擒大巫笞之,民以为及祸。他日又加棰焉,民知不神。然后教以医药,稍变风俗。"②

大中祥符四年（1011 年）春正月,王嗣宗（944—1021 年）知陕西路邠州兼邠宁环庆路都部署。邠州（治今陕西邠县）城东有灵应公庙,傍有山穴,群狐处焉,"妖巫挟之为人祸福,风俗尤信向,水旱疾疫悉祷之,民语为之讳狐","前此长吏皆先

---

① [宋]李焘:《续资治通鉴长编》卷 24,太平兴国八年,北京:中华书局,2004 年版,第 567 页。
② [元]脱脱等:《宋史》卷 267《李惟清传》,北京:中华书局,2007 年版,第 9216～9218 页。

谒庙,然后视事。"巫师在当地有很大的权力,就连当地官府也惧怕它。王嗣宗到达后,"熏而逐之,尽塞其穴,淫祀遂息"①。《宋史》卷二八七《王嗣宗传》亦载:"城东有灵应公庙,傍有山穴,群狐处焉,妖巫挟之为人祸福,民甚信向,水旱疾疫悉祷之,民语为之讳'狐'音。前此长吏,皆先谒庙然后视事。嗣宗毁其庙,熏其穴,得数十狐,尽杀之,淫祀遂息。"②

宋仁宗时期,侯可(1007—1079年)任利州路巴州化城县(治今四川巴中)县令,巴俗"尚鬼而废医,惟巫言是用,虽父母之疾,皆弃去弗视",侯可"诲以义理,严其禁戒,或亲至病家,为视医药"。在他的治理下,"所活既众,人亦知化"③。

天圣元年(1023年),夏竦(985—1051年)知江南西路洪州(治今江西南昌),"江西之俗尚鬼信巫,每有疾病,未尝亲药饵也"。时洪州大疫,夏竦一方面上奏朝廷,汇报疫情;另一方面"命医制药分给居民","下令捕为巫者杖之,其著闻者黥隶他州。"④经过一年多治理,"部内共治一千九百余家,江西自此淫巫遂息"。

景祐元年(1034年)九月二十五日,广南西路转运使夏侯或奏:"潭州妖妄小民许应于街市求化,呼召鬼神,建五瘟神庙,已令毁拆,收到材木六万三千余,修天庆观讫,乞下本州止绝",宋仁宗诏"奏可"⑤。

庆历六年(1046年),蔡襄(1012—1067年)任福建路转运使,鉴于"闽俗左医右巫,疾家依巫作祟,而过医之门,十才二三,故医之传益少"的局面,蔡襄"下令禁止,至于巫觋主病、蛊毒杀人之类,皆痛断绝之。其子弟有不率教令者,条其事作《五戒》以训敕之。"⑥

庆历六年(1046年),钱彦远(994—1050年)知两浙路润州(治今江苏镇江),"吴俗信巫",当地"郡官妻病,巫俾出钱十万祷神请命",钱彦远"竟坐巫诈欺,境内神祠非祀典者,期一月毁撤,率诸巫习医自业。"⑦

宋仁宗时期,李宽知江南东路饶州(治今江西上饶),"禁巫医之罔民,案畜蛊

① [宋]李焘:《续资治通鉴长编》卷75,大中祥符四年春正月,北京:中华书局,2004年版,第1707页。
② [元]脱脱等:《宋史》卷287《王嗣宗传》,北京:中华书局,2007年版,第9647~9652页。
③ [宋]程颐:《河南程氏文集》卷4《华阴侯先生墓志铭》,[宋]程颢、程颐著,王孝鱼点校:《二程集》,北京:中华书局,2004年版,第504~507页。
④ [宋]曾敏行著,朱杰人校:《独醒杂志》卷2《夏英公帅江西日禁巫》,上海:上海古籍出版社,1986年版,第13页。
⑤ [清]徐松辑:《宋会要辑稿》礼20之12,北京:中华书局,2006年版,第770页。
⑥ [宋]李焘:《续资治通鉴长编》卷187,嘉祐三年秋七月癸酉,北京:中华书局,2004年版,第4516页。
⑦ [宋]苏颂撰,王同策等点校:《苏魏公文集》卷52《钱起居神道碑》,北京:中华书局,2004年版,第788~796页。

者,遂以无事"①。高赋在知两浙路衢州(治今浙江衢县)时,"俗尚巫鬼,民毛氏、柴氏二十余家世蓄蛊毒,值闰岁,害人尤多,与人忿争辄毒之",高赋"悉擒治伏辜,蛊患遂绝"②。

建中靖国元年(1101年),蒋静担任江南东路饶州安仁县(治今江西余江县锦江镇)县令,当地"俗好巫,疫疬流行,病者宁死不服药",蒋静"悉论巫罪,聚其所事淫像,得三百躯,毁而投诸江"③,打击甚为严厉。张镃《皇朝仕学规范》卷一七亦载:"蒋待制静……移饶州安仁令,江南俗信巫,病不饵药。静力禁之,遂革其俗。"④

南宋高宗、孝宗时期,李忠任淮南西路无为军无为县(治今安徽无为县)县令,"南方信禨,虽至父母疫,子弃不敢侍",李忠责以大义且曰:"冬伤于寒,春必病瘟理也,尔乃不问医而问巫,愚亦甚矣","故时有疫则必家至,与之善剂,日候其安否。其贫不能自存与死无以自葬者,皆悉力营给之,恶俗为变。"⑤陆宷任两浙东路台州宁海县(治今浙江宁海)县丞时,当地"巫以淫祀惑民",陆宷"悉捕寘抧法,习俗为变"⑥。

宋孝宗时期,刘清之(1134—1190年)任荆湖北路鄂州(治今湖北鄂州)通判,"鄂俗计利而尚鬼,家贫子壮则出赘,习为当然,而尤谨奉大洪山之祠,病者不药而听于巫,死则不葬而畀诸火"⑦,刘清之"力禁止之,而又斥淫昏之祠,表烈女之墓,抑告讦之风,使民知向屡摄郡事,邦人宜之。"⑧宋孝宗隆兴年间黄度任两浙东路温州瑞安(治今浙江瑞安)县尉,"岁大疫,挟医巡问,人给之药,而严巫觋诳惑之禁,全活者众。"⑨

宋宁宗庆元元年(1195年),两浙西路常州(治今江苏常州)发生严重的疫病,

---

① [宋]王安石撰,唐式标校:《王文公文集》卷95《广西转运使李君墓志铭》,上海:上海人民出版社,1974年版,第985,986页。

② [元]脱脱等:《宋史》卷426《高赋传》,北京:中华书局,2007年版,第12703页

③ [元]脱脱等:《宋史》卷356《蒋静传》,北京:中华书局,2007年版,第11211,11212页。

④ [宋]张镃:《皇朝仕学规范》卷17《莅官》,《北京图书馆古籍珍本丛刊》第68册,北京:书目文献出版社,1998年版,第608页。

⑤ [宋]王之道撰,沈怀玉、凌波点校:《相山集》卷29《故李公孝先墓志》,北京:北京图书馆出版社,2006年版,第237~255页。

⑥ [宋]陆游:《陆放翁全集·渭南文集》卷32《宋右朝散大夫陆公墓志铭》,北京:中国书店,1991年版,第198页。

⑦ [元]脱脱等:《宋史》卷437《刘清之传》,北京:中华书局,2007年版,第12954页。

⑧ [宋]吕祖谦:《定斋集》卷1《荐鄂州通判刘清之状》,《丛书集成续编》第130册,台北:新文丰出版公司,1988年版,第12页。

⑨ [宋]袁燮:《絜斋集》卷13《龙图阁学士通奉大夫尚书黄公行状》,北京:中华书局,1985年版,第210页。

知州张子智积极加以救治，散发药物，但由于巫师的干预，百姓不敢领药。洪迈《夷坚志支戊》卷三《张子智毁庙》载：

> 张子智贵谟知常州，庆元乙卯春夏间，疫气大作，民病者十室而九。张多治善药，分诸坊曲散给，而求者绝少，颇以为疑。询于郡士，皆云："此邦东岳行宫后有一殿，士人奉祀瘟神，四巫执其柄。凡有疾者，必使来致祷，戒令不得服药，故虽府中给施而不敢请。"

从洪迈的记载可以看出，巫师在常州有很大的号召力，即使州府施药，百姓也不敢领取。张子智在充分调查了巫师的罪行后，"即拘四巫还府，而选二十健卒，饮以酒，使往击碎诸象，以供器分诸刹。时荐福寺被焚之后，未有佛殿，乃拆屋付僧，使营之。扫空其处，杖巫而出诸境。蚩蚩之民，意张且贻奇谴，然民病益瘳，习俗稍革。"[1]不久，宋政府提升张子智为吏部郎中。

南宋中后期，胡石壁任荆湖北路某地郡守，当地"卜疾病者，谓实沈台骀为崇，入山泽者，唯魑魅魍魉是逢，神降于莘，石言于晋，民神杂揉，疵厉荐臻，用人于此睢者有之，娶女为山姬者有之，民听一滥，何所不至"，胡石壁"首以禁绝淫祠为急，计前后所毁除者，已不啻四、五百处"[2]。叶安仁任荆湖南路安仁县令，当地发生疫病，但"吴楚之旧，春夏疫作，率惟巫是听。虽骨肉，绝不相往来"，叶安仁于是"为文镌晓，选医往视，随其证以疗，或扶病来告，则亲问而药之。贫不能自给者，赒以钱若粟，所全活甚众。"[3]

上述禁巫措施说明：宋代地方官吏已经认识到巫医的危害性，并积极贯穿政府诏令，在各自辖区范围内采取措施，严厉打击巫医的违法行为，树立政府权威和正常社会秩序。但大部分生活在偏远地区的民众，由于受医学和经济条件的影响，似乎对巫医仍很相信。

2. 揭露巫医的本质及其社会危害性

揭露巫医的知识体系及其社会危害性，传播官方医学知识，是宋代地方官吏、儒家士大夫和医学家的一项职责。北宋初年，著名学者李觏（1009—1059年）对巫

---

① ［宋］洪迈撰，何卓点校：《夷坚志支戊》卷3《张子智毁庙》，北京：中华书局，1981年版，第1074页。

② ［宋］胡石壁：《不为刘舍人庙保奏加封》，《名公书判清明集》卷14《惩恶门》，北京：中华书局，2002年版，第540页。

③ ［宋］真德秀：《西山先生真文忠公文集》卷44《叶安仁墓志铭》，《丛书集成初编》本，上海：商务印书馆，1937年版，第795～797页。

术的知识体系进行了批判,认为"巫觋其术近乎怪"①,是一种邪说。

北宋后期至南宋初年,储泳(约 1101—1165 年)对巫师携医骗人的行径进行了揭露。《祛疑说》载:

> 向有行雷法者,以夜游、艾纳数药合而为香,每烧则烟聚炉上,人身鸟翼,恍如雷神。所至敬向,不知其为药术也,师巫多挟术以欺世。向见一女巫,应有祈祷,必纳香钱,使自投于净盂中,随即不见,人多神之。后得其术,乃用莣荠、水银、杂草药数种,埋之地中,七七药成,每密投少许于水中,钱入即化。挟邪术、托鬼神以欺世,如此类者甚多,不欲尽纪。姑叙数端,以祛后来者之惑②。

从巫医利用夜游、艾纳、莣荠、水银和杂草药数种来看,巫医掌握了某些药物学知识和化学知识。不过在储泳看来,医学知识在这里已成为巫师骗人和敛钱的工具,这种行径理应加以揭露和批判。

南宋时期,地方官吏和儒家士大夫进一步揭露巫医骗财害人的本质。绍兴六年(1136 年),曾慥在《类说》一书中将巫术列为"七害"之一,认为:"巫蛊左道、诱惑良民者,必止之。"③黄莘(1151—1211 年)批评:"信巫不信医,此愚俗之病。"④陈郁(1184—1275 年)认为:"巫觋之妖,为民害也。"⑤

南宋后期,江南西路吉州安福县(治今江西安福)发生疫病,但由于巫觋的干预和扰乱,致使大批民众因不服药而死亡,安福县丞彭龟年(1142—1206 年)为此撰写了《安福县祭疫疠神文》,揭露社会陋习和有病不服药带来的弊病。《止堂集》卷一五载:

> 某惟此邑,春夏之交,疫疾大作,间有家死数人,疾犹未艾。尝考其俗,皆因不服药所致。徐诘其所以,则云神实禁之。夫天地钟至和而为人,其饥而食,寒而衣,疾病而药,无一不取足于天地。天地予人之药,以卫其生,而谓神禁人之服,而致之死,有是理乎?此皆由巫觋之徒,欲假是以神其利己之术,而俗医用药多不得其当,往往不能起疾,则举而归之

---

① [宋]李觏著,王国轩点校:《李觏集》卷 29《原正》,北京:中华书局,1981 年版,第 327 页。

② [宋]储泳:《祛疑说·烧香召雷神、钱入水即化》,民国十六年武进陶氏涉园刻南宋左圭辑《百川学海》本,第 12 册,第 7 页。

③ [宋]曾慥:《类说》39《七书孙子·七害》,《北京图书馆古籍珍本丛刊》第 62 册,北京:书目文献出版社,1988 年版,第 670 页。

④ [宋]袁燮:《絜斋集》卷 14《秘阁修撰黄公行状》,北京:中华书局,1985 年版,第 233 页。

⑤ [宋]陈郁:《藏一话腴甲集》卷下,民国三年乌程张钧衡《适园丛书》刻本,第 4 页。

神,以逃其杀人之名,而谓神实然,非某所敢知也。俗惑既深,单词难释。
今命医者行视诸坊之病,而官给药以治,率举神辞焉,用是不敢不告。惟
神血食此地,亦犹某等禄食此邑。其念斯人之心,必无幽明之间也,惟神
相之[①]。

彭龟年认为,疫病流行时安福县普通百姓大批死亡,原因在于不服药所致。
其根源皆由巫觋之徒假借神灵之名和用药不当所致,公开揭露巫医和医师相互勾
结骗人的行径。

淳熙元年(1174 年),张栻(1133—1180 年)知广南西路静江府(治今广西桂
林),"访闻管下旧来风俗不美",写有《谕俗文》,规劝民众不要相信巫医。《南轩
集》卷 15 载:

> 一、访闻愚民无知,遇有灾病等事,妄听师巫等人邪说,辄归罪父祖
> 坟墓不吉,发掘取棺栖寄它处,谓之"出祖",动经年岁不得归土。契勘在
> 法,犯他人坟墓刑禁甚重。岂有自己祖先既已归土,妄谓于已不利,自行
> 发掘,于天理人情,岂不伤害? 榜到日,如有"出祖"未归土者,仰限一月,
> 各复收葬;过限不葬及今后有犯上项事节,并许人陈告,依条施行。
>
> 一、访闻愚民无知,病不服药,妄听师巫,滥祀謟祷,因循至死,反谓
> 祈祷未至,曾不之悔。甚至卧病在床,至亲不视,极害义理。契勘疾病,
> 生于寒暑冲冒,饮食失时,自合问医,用药治疗。亲戚之间,当兴孝慈之
> 心,相与照管。其邻里等人,亦合时来存问。至于师巫之说,皆无是理,
> 只是撰造恐动,使人离析亲党,破损钱物,枉坏性命。上件诳惑百姓之
> 人,本府已出榜禁止,捉押决定,依条重作施行。[②]

可见,"愚民无知,病不服药"和"妄听师巫,因循至死"是造成当地老百姓死亡
的根本原因。张栻指出,人之患病,是由"寒暑冲冒,饮食失时"引起,只要问医用
药,自可疗治,与师巫无关。为此,他一方面规劝父老族长,教劝子弟,共行遵依,
以善风俗;另一方面颁布禁令,将罪行严重者逮捕入狱,依法惩处。

嘉定十五年(1222 年),真德秀(1178—1235 年)任荆湖南路安抚使,撰写《劝
农文》,公开规劝民众不要相信"巫觋"的骗人行径。《西山先生真文忠公文集》卷
四〇载:

---

① ［宋］彭龟年:《止堂集》卷 15《安福县祭疫疠神文》,北京:中华书局,1985 年版,第 181 页。
② ［宋］张栻:《南轩集》卷 15《谕俗文》,影印文渊阁《四库全书》本,第 1167 册,第 551～553 页。

凡曰有神,正直而聪;非道求富,岂神所容? 巫觋兴妖,本以自利;尔顾惑之,可谓不智。禁汝医药,以戕尔躯;诱汝祭赛,以空尔庐。甚至采牲,以人为畜;险汝于刑,殒身覆族。凡此数者,蓄害之基①。

真德秀认为,巫觋的所作所为是为自己谋取私利,其提倡的"禁汝医药,以残尔躯"做法,实际上是一种妖魔邪道,实不可取。

咸淳七年(1271 年)七月,黄震(1213—1280 年)也痛斥"伎术师巫,游手末作"②,不在"四民"之列,建议政府在司法中设立专门惩处巫医的门类,以便"应有词诉"。

可见,揭露巫医的疗法及其假借医术敛财、骗人的行径,规劝乡民有病视药,是地方官吏采取地一项措施。

3. 发放药物,刊刻方书,积极宣传官方正统医学知识

发放药物,刊刻方书,以官方医药学知识取代巫医在广大乡村的影响,是宋代地方官吏采取的又一措施。在这一过程中,地方官吏一方面积极地宣传、推广官修医药方书《太平圣惠方》、《神医普救方》、《庆历善救方》、《简要济众方》和《太平惠民和剂局方》等,另一方面又按照各地实际,亲撰实用医学方书,介绍药物学知识。

开宝四年(971 年)冬十月,范旻(936—981 年)知邕州(治今广西南宁),当地"俗重祠祭,被病者不敢治疗,但益杀鸡豚,徼福于淫昏之鬼"。范旻下令禁止,"出俸钱市药物,亲为和合,民有言病者给之。获痊愈者千计,乃以方书刻石寘置厅壁,部内化之"③。这是宋代地方官吏第一次用药物学知识和方书改变当地有病求巫之俗的开始。

咸平三年(1000 年),曹宪任峡西路开州开江县令,"蜀人疾病,不知医药疗治,祠鬼神求佑助而已",曹宪"出私钱,市药剂。有病者,辄遣吏烹煎,临饮之。民初强从,既稍有瘳,全活者十七八,于是开人始知信医药"④。

景德年间,邵晔(949—1011 年)任交趾安抚国信使兼领广南西路漕事,应其请

---

① [宋]真得秀:《西山先生真文忠公文集》卷 40《劝农文》,《万有文库》本,上海:商务印书馆,1937 年版,第 719,720 页。

② [宋]黄震:《黄氏日抄》卷 78《公移·绍兴府·词诉约束》,影印文渊阁《四库全书》本,第 708 册,第 801,802 页。

③ [宋]李焘:《续资治通鉴长编》卷 12,开宝四年冬十月,北京:中华书局,2004 年版,第 271 页。

④ [宋]刘敞:《彭城集》卷 36《尚书驾部员外郎曹君墓表》,北京:中华书局,1985 年版,第 486 页。

求,宋真宗赐《太平圣惠方》与药材之费,"以幸一路"①。天禧年间,周湛(990—1060年)任梓州路戎州通判,"戎州俗不知医,病者以祈禳巫祝为事",周湛"取古方书刻石教之,禁为巫者"②。张镃《皇朝仕学规范》卷一五《莅官》亦载:"周谏议湛通判戎州,其俗尚巫,有病辄不医,皆听巫以饮食,往往不得愈。湛严禁俗之习为巫者,又刻方书于石。自是人始用医药,病者更得活。"③从此,戎州"其俗尚巫"的习俗发生变化,"自是始用医,病者得活"④。

庆历四年(1044年),蔡襄以右正言、直史馆出知福州。庆历六年(1046年)秋,改任福建路转运使。鉴于"闽俗左医右巫,疾家依巫作祟,而过医之门,十才二三,故医之传益少"的状况,蔡襄一方面亲撰《太平圣惠方后序》,下令刻碑立于"府堂右",将"旧所赐书以示于众",另一方面又让何希彭选编《圣惠选方》,得6096方,"取其本膳载于版,列衙门之左右",教人专门学习医学知识,依方治病。《续资治通鉴长编》卷一八七载:

> 〔蔡〕襄下令禁止。至于巫觋主病、蛊毒杀人之类,皆痛断绝之。其子弟有不率教令者,条其事作《五戒》以训敕之。及襄去,闽人为立德政碑⑤。

欧阳修在《端明殿学士蔡公墓志铭》中记载了至和三年(1056年)蔡襄第二次知福州时采取的措施。

> 闽俗重凶事,其奉浮图,会宾客,以尽力丰侈为孝,否则深自愧恨,为乡里羞。而奸民、游手、无赖子,幸而贪饮食,利钱财,来者无限极,往往至数百千人。至有亲亡,秘不举哭,必破产办具而后敢发丧者。有力者乘其急时,贱买其田宅,而贫者立券举债,终身困不能偿。公曰:"弊有大于此邪!"即下令禁止。至于巫觋主病蛊毒杀人之类,皆痛断绝之,然后择民之聪明者教以医药,使治疾病。其子弟有不率教令者,条其事,作五

① 〔宋〕曾敏行著,朱杰人校:《独醒杂志》卷3《广南人多死于瘴疠》,上海:上海古籍出版社,1986年版,第27页。

② 〔元〕脱脱等:《宋史》卷300《周湛传》,北京:中华书局,2007年版,第9966,9967页。

③ 〔宋〕张镃:《皇朝仕学规范》卷15《莅官》,《北京图书馆古籍珍本丛刊》第68册,北京:书目文献出版社,1998年版,第604页。

④ 〔宋〕李元纲:《厚德录》卷3,民国十六年武进陶氏涉园刻南宋左圭辑《百川学海》本,第9页。

⑤ 〔宋〕李焘:《续资治通鉴长编》卷187,嘉祐三年秋七月癸酉,北京:中华书局,2004年版,第4516页。又见〔宋〕王称撰,孙言诚、崔国光点校:《东都事略》卷75《蔡襄传》,刘晓东等点校:《二十五别史》,济南:齐鲁书社,2000年版,第648页。

戒以教谕之，久之，闽人大便。公既去，闽人相率诣州，请为公立德政碑，吏以法不许谢，即退而以公善政私刻于石，曰："俾我民不忘公之德。"①

在蔡襄看来，打击巫祝的骗人行为，宣扬正统医药学知识，使巫医的活动回归到国家提倡的法制中来，是"所以道圣主无穷之泽，沦究于下。又晓人以依巫之谬，使之归经常之道"的重要措施，也是"刺史之要职"②。对于蔡襄的举措，宋代皇帝和官僚士大夫给予了积极的评价。南宋朱熹称赞："余念蔡忠惠公之守长乐，疾巫觋主病、蛊毒杀人之奸，既禁绝之，而又择民之聪明者教以医药，使治疾病，此仁人之心也。"③

皇祐元年（1049年）二月二十八日，王安石（1021—1086年）任两浙路明州鄞县（治今浙江宁波鄞州区）县令，将庆历八年（1048年）政府刚刚颁布的《庆历善救方》，"谨以刻石，树之县门外左，令观赴者自得而不求有司"④，积极在鄞县推广官方医学知识。

宋仁宗时期，赵尚宽（995—1052年）知夔州路忠州（治今重庆忠县），"俗畜蛊杀人"，赵尚宽"揭方书市中，教人服药，募索为蛊者穷治，置于理，大化其俗"⑤。赵子渊知江南东路宣州（治今安徽宣城县），"宣民素尚巫鬼，病者不医，以事祈禳"，赵子渊"择方书之验者，刻石示之，复出公帑缗为药剂，以时拯救，民脱横夭，因变其俗"⑥。赵温瑜（997—1057年）任淮南路蕲州蕲水县令时，"蕲俗右鬼，有病用巫不用医"，赵温瑜"为教诸巫使习诊病，又择经方揭石于衢肆，由是人知用药，稍革旧俗"⑦。

宋徽宗时期，针对福建路南剑州沙县"俗不饵药，唯以巫祝为尚"的情况，陈伯瑜"储金石草木之可以疗疾者，依古方和之，散以予民"。当疫疠发生时，"前后所

① [宋]欧阳修著，李逸安点校：《欧阳修全集·居士集》卷35《端明殿学士蔡公墓志铭》，北京：中华书局，2001年版，第520～523页。
② [宋]蔡襄撰，陈庆元、欧明俊、陈贻庭校注：《蔡襄全集》卷26《〈圣惠方〉后序》，福州：福建人民出版社，1999年版，第583页。
③ [宋]朱熹撰，戴扬本、曾抗美点校：《晦庵先生朱文公文集》卷83《跋郭长阳医书》，朱杰人、严佐之、刘永翔主编：《朱子全书》第24册，上海：上海古籍出版社，合肥：安徽教育出版社，2002年版，第3930页。
④ [宋]王安石撰，唐式标校：《王文公文集》卷36《善救方后序》，上海：上海人民出版社，1974年版，第432页。
⑤ [元]脱脱等：《宋史》卷426《赵尚宽传》，北京：中华书局，2007年版，第12701，12702页。
⑥ [宋]韩琦：《安阳集》卷49《故尚书祠部郎中集贤校理致仕赵君墓志铭》，明武宗正德九年张士隆刻本，第5～9页。
⑦ [宋]苏颂撰，王同策等点校：《苏魏公文集》卷58《朝散大夫累赠户部侍郎赵公墓志铭》，北京：中华书局，2004年版，第883～886页。

全活甚众，乡人德之"①。

南宋时期，地方官吏打击、改造巫医的活动仍在持续进行，许多医学家在其著作中纷纷对各类疾病的病因、病症加以科学的解释，揭露巫医"伪知识""伪技艺"的根源和本质。如绍兴二十六年（1156年），太医局刊行佚名撰儿科学著作《小儿卫生总微论方》论述"小儿疳病"的病症和病因时，对巫医的"非科学"认识和治疗方法——"飞禽致病说"进行了批判，认为："是必巫觋假以鬼名而伪言者也，今详其证而对其病，实乃疳疾之候耳，特为破其邪说，以祛惑乱矣。"②宋孝宗时期，黄度（1138—1213年）任两浙东路温州瑞安县（治今浙江瑞安）县尉，岁大疫，黄度"挟医巡问，人给之药，而严巫觋诳惑之禁，全活者众"③。庆元元年（1195年），傅伯成（1143—1226年）知福建路漳州（治今福建漳州），"创惠民局，济民病，以革機鬼之俗"④。

除了大力宣扬、推广政府所颁医书之外，一些精通医学的地方官吏甚至亲撰医书，介绍药物学知识。宋真宗时期，陈尧叟（961—1017年）任广南西路转运使，著《集验方》，"刻石桂州驿"⑤，后经宋真宗作序，刊行全国。熙宁二年（1069年），刘彝（1017—1086年）知江南西路虔州（治今江西赣州），集医作《正俗方》，"专论伤寒之疾"⑥。元丰时期，朝散大夫罗适（1029—1101年）精内科，著《伤寒救俗方》一书。在任淮南西路舒州桐城县（治今安徽桐城）县尉时，"民俗惑巫，不信药"，罗适一方面"以药施人"，另一方面"以方书召医参校，刻石以救迷俗"⑦，患者多愈。

4. 强制巫医改学官方医学知识或农业技艺

强制巫医改学官方医学知识或农业技艺，是宋代地方官吏采取的一项新措施。其意义在于，它一方面改变了巫术的知识体系和治疗实践；另一方又解决了

---

① ［宋］陈渊：《默堂集》卷21《陈伯瑜宣义行状》，影印文渊阁《四库全书》本，第1139册，第516,517页。

② ［宋］佚名：《小儿卫生总微论方》卷12《五疳论》，《中国医学大成》第32册，上海：上海科学技术出版社，1990年版，第4页。

③ ［宋］袁燮：《絜斋集》卷13《龙图阁学士通奉大夫尚书黄公行状》，北京：中华书局，1985年版，第210页。

④ ［宋］刘克庄：《后村先生大全集》卷167《龙学行隐傅公行状》，民国上海涵芬楼《四部丛刊》影印明赐砚堂钞本，上海：商务印书馆，1919年版，第1～14页。又见［元］脱脱等：《宋史》卷415《傅伯成传》，第12441,12442页。

⑤ ［元］脱脱等：《宋史》卷284《陈尧叟传》，北京：中华书局，2007年版，第9584～9588页。

⑥ ［元］脱脱等：《宋史》卷334《刘彝传》，北京：中华书局，2007年版，第10729页。

⑦ ［宋］陈振孙撰，徐小蛮、顾美华点校：《直斋书录解题》卷13《医书类·伤寒救俗方一卷》，上海：上海古籍出版社，1987年版，第390页。

巫医的生活出路,维护了社会的稳定。

天圣元年(1023 年),夏竦知江南西路洪州,勒令师巫 1900 余户,"改业归农及攻习针灸、方脉"①。庆历六年(1046 年),钱彦远(994—1050 年)知两浙路润州(治今江苏镇江),"竟坐巫诈欺,境内神祠非祀典者,期一月毁撤,率诸巫习医自业"②,让巫医改学方脉科和针灸科知识,以医为业。陈希亮(999—1063 年)任江南西路虔州雩都县(治今江西于都)县令,"毁淫祠数百区,勒巫为农者七十余家"③,"而民始得近医药"④。

熙宁二年(1069 年),刘彝(1017—1086 年)知江南西路虔州(治今江西赣州),著《正俗方》以训,斥淫巫 3700 多家,"使以医易业,俗遂变"⑤。宋神宗对刘彝改造巫师的行为非常赞赏,授予"直史馆"。南宋陈振孙指出:《正俗方》一卷,知虔州长乐刘彝执中撰。以虔俗信巫,无医药,集此方以教之。"⑥宋人曾敏行对刘彝的此举亦给予了高度评价,称其"以医为业"乃"政术之一端"。《独醒杂志》卷三亦载:

> 刘执中彝知虔州,以其地近岭下,偏在东南,阳气多而节候偏,其民多疫,民俗不知,因信巫祈鬼。乃集医作《正俗方》,专论伤寒之疾,尽籍管下巫师,得三千七百余人勒之,各授方一本,以医为业。楚俗大抵尚巫,若州郡皆仿执中此举,亦政术之一端也⑦。

从宋神宗、陈振孙和曾敏行的赞誉来看,刘彝对巫医的改造较为成功,他不仅宣传了官方医学知识,而且也解决了巫医的就业之路,实为一举两得。

南宋绍熙元年(1190 年),刘宰(1167—1240 年)任江南东路建康府江宁县尉,

① [宋]夏竦:《文庄集》卷 15《上仁宗乞断袄巫奏》,影印文渊阁《四库全书》本,第 1087 册,第 184 页。又见[宋]夏竦:《上仁宗乞断袄巫》,[宋]赵汝愚撰,邓广铭等点校《宋朝诸臣奏议》卷 98《刑赏门》,第 1056,1057 页;[宋]李焘:《续资治通鉴长编》卷 101,天圣元年十一月戊戌,第 2340 页。

② [宋]苏颂撰,王同策等点校:《苏魏公文集》卷 52《钱起居神道碑》,北京:中华书局,2004 年版,第 788~796 页。

③ [元]脱脱等:《宋史》卷 298《陈希亮传》,北京:中华书局,2007 年版,第 9917~9923 页。又见[宋]苏轼撰,孔凡礼点校:《苏轼文集》卷 13《陈公弼传》,第 415~419 页;[宋]范镇撰,汝沛点校:《东斋记事》卷 3,第 25 页;[宋]王偁:《东都事略》卷 75《陈希亮传》,第 628~629 页。

④ [宋]范镇:《陈少卿希亮墓志铭》,[宋]杜大珪编:《名臣碑传琬琰之集》中卷 31,影印文渊阁《四库全书》本,第 450 册,第 439~442 页。

⑤ [元]脱脱等:《宋史》卷 334《刘彝传》,北京:中华书局,2007 年版,第 10729 页。

⑥ [宋]陈振孙撰,徐小蛮、顾美华点校:《直斋书录解题》卷 13《医书类·正俗方一卷》,上海:上海古籍出版社,1987 年版,第 389 页。又见[元]马端临:《文献通考》卷 223《经籍考五十·正俗方一卷》,第 1798 页。

⑦ [宋]曾敏行著,朱杰人校:《独醒杂志》卷 3《广南人多死于瘴疠》,上海:上海古籍出版社,1986 年版,第 28 页。

江宁巫风为盛,刘宰"下令保伍互相纠察,往往改业为农"。有持妖术号"真武法"、"穿云子"、"宝华主"者,"皆禁绝之"①,也是改造和打击措施并举。

综上所述,地方官吏是政府"禁巫"措施的实际执行者。在贯彻执行政府政策、打击巫医以邪术害人以及改造巫医知识体系等方面,与政府的配合较为密切,发挥的作用也较为明显。在宋政府和地方官吏的长期治理下,宋初以来巫医较为盛行的地区出现"以医为业"、"以农为业"的新变化,社会风俗发生较大变化,官方医学知识和国家统治秩序得以顺利地延伸到地方州县和边远地区。

第三节　宋代政府控制和改造巫医的特点及存在的问题

在宋代皇帝、中央政府和地方官吏的长期控制与改造下,宋初以来"信巫不信医"的社会习俗逐渐向"有病视药"的新风尚转变,官方医学知识得到一定程度的推广,政府倡导的社会秩序和伦理道德得到一定程度的确立。在这一过程中,宋政府主要是通过控制巫医的发展规模、禁止巫医的犯罪行为、改变巫医的知识体系等措施来完成。

一、宋代政府控制和改造巫医的特点

1. 政府倡导的社会秩序得到一定程度的确立

宋政府控制和改造巫医的目的,是为推广官方正统医学知识清除障碍,进而确立国家所提倡的社会秩序——"以儒家伦理道德和政府法律规范整个社会"②。

在宋代皇帝和政府的强力控制和改造下,原先从事巫术研究的知识分子逐渐转向官方提倡的医学知识和农业技艺,学习内容为大方脉科、小方脉科、针灸科和农学等,因而极大地改变了巫术的发展方向——从"伪科学"和"伪技艺"向自然科学发展的轨迹转进。一些从事巫术治病的人员,通过政府的医学人才选拔措施进入中央医学机构,转变为医官。其他人员经过政府的控制和改造,慢慢地变为州县医职人员或精通农学的人员,从而将他们纳入到国家行政允许的知识体系和行为准则中来,儒家伦理道德和政府权威得到一定程度的确立。

2. 官方医学知识得到推广,社会习俗发生较大变化

北宋初期,全国各地均有"信巫不信医"之俗。北宋中期至南宋时期,文献记

---

① [元]脱脱等:《宋史》卷401《刘宰传》,北京:中华书局,2007年版,第12167页。
② 郭东旭:《宋代法制研究》,保定:河北大学出版社,2000年版,第1～13页。

载中较为严重的川峡四路、荆湖南北路、福建路、广南东西路、两浙路、淮南东西路和江南东西路,社会习俗发生了较大的变化,许多州县出现"有病视药"、"按方治病"的新情况,官方医学知识得到一定程度的推广。

宋代东南六路是"信巫不信医"之俗发生变化最大的地区,也是宋代经济文化最发达的地区。如两浙路润州,经过钱彦远的治理,"诸巫习医自业"①。两浙西路常州,庆元元年(1195 年)经过张子智的治理,"民病益瘳,习俗稍革"②。两浙东路台州宁海县,南宋时期经过宁海县丞陆寀的治理,"习俗为变"③。江南东路宣州,经过赵子渊"择方书之验者刻石示之,复出公帑缗为药剂","因变其俗"④。江南东路饶州安仁县,建中靖国元年(1101 年)经过蒋静"悉论巫罪,聚其所事淫像,得三百躯,毁而投诸江"⑤的治理,"遂革其俗"⑥。淮南西路蕲州蕲水县"俗右鬼,有病用巫不用医",宋仁宗时期经过赵温瑜"为教诸巫,使习诊病。又择经方,揭石于衢肆"的治理,"由是人知用药,稍革旧俗"⑦。淮南西路无为军无为县,南宋时期经过李忠的治理,"恶俗为变"⑧。江南西路虔州"俗尚巫鬼,不事医药",熙宁二年(1069年)刘彝著《正俗方》以训,斥淫巫 3700 多家,"使以医易业,俗遂变"⑨。江南西路虔州雩都县"疾病不医,一诿于鬼君",经过陈希亮的治理,"民始得近医药"⑩。福建路福州,庆历六年(1046 年)经过蔡襄的治理,"故一方安堵而宿弊涤"⑪。

宋代广南东、西路地区,巫医盛行的风俗发生一定程度的变化。如广南西路

① [宋]苏颂撰,王同策等点校:《苏魏公文集》卷 52《钱起居神道碑》,北京:中华书局,2004 年版,第788~796 页。

② [宋]洪迈撰,何卓点校:《夷坚志支戊》卷 3《张子智毁庙》,北京:中华书局,1981 年版,第 1074~1075 页。

③ [宋]陆游:《陆放翁全集·渭南文集》卷 32《宋右朝散大夫陆公墓志铭》,北京:中国书店,1991 年版,第 198 页。

④ [宋]韩琦:《安阳集》卷 49《故尚书祠部郎中集贤校理致仕赵君墓志铭》,明武宗正德九年张士隆刻本,第 5~9 页。

⑤ [元]脱脱等:《宋史》卷 356《蒋静传》,北京:中华书局,2007 年版,第 11211~11212 页。

⑥ [宋]张镃:《皇朝仕学规范》卷 17《莅官》,《北京图书馆古籍珍本丛刊》第 68 册,北京:书目文献出版社,1998 年版,第 608 页。

⑦ [宋]苏颂撰,王同策等点校:《苏魏公文集》卷 58《朝散大夫累赠户部侍郎赵公墓志铭》,北京:中华书局,2004 年版,第 883~886 页。

⑧ [宋]王之道撰,沈怀玉、凌波点校:《相山集》卷 29《故李公孝先墓志》,北京:北京图书馆出版社,2006 年版,第 237~255 页。

⑨ [元]脱脱等:《宋史》卷 334《刘彝传》,北京:中华书局,2007 年版,第 10729 页。

⑩ [宋]范镇:《陈少卿希亮墓志铭》,[宋]杜大珪编:《名臣碑传琬琰之集》中卷 31,影印文渊阁《四库全书》本,第 439~442 页。

⑪ [宋]佚名撰,桂第子译注:《宣和书谱》卷 6《蔡襄》,长沙:湖南美术出版社,1999 年版,第 119 页。

扈州,开宝四年(971 年)冬十月经知州范旻"出俸钱市药物"、"民有言病者给之"和"以方书刻石寘置厅壁"的治理,"部内化之"①。广南西路琼州(治今海南海口)"俗无医,民疾病但求巫祝",开宝八年(975 年)五月宋太祖发布《商人赍生药度岭者勿算诏》:"岭表之俗,疾不呼医。自皇化攸及,始知方药。商人赍生药度岭者,勿算。"②在政府的重视和努力下,原先医学知识比较匮乏的岭南地区,方药逐渐占据了主导地位。自此以后,岭南一带有病但求巫祝的风俗开始发生变化。南宋绍兴十三年(1143 年),建宁军节度副使李光在《跋再刊初虞世必用方》中说:"自兵兴以来,北人多流寓二广,风俗渐变,有病稍知服药,不专巫祝之事。"③说明宋金之际北方人口南迁所引起的文化迁移和医学知识传播,对于改变当地旧俗和陋习起了积极地推动作用。

　　宋代川峡四路是历史上巫医流行较为严重且医学落后的地区,经过宋政府的长期治理,部分州县的社会风气发生缓慢变化,但由于"信巫不信医"陋习根深蒂固,变化缓慢且多有反复。如夔州路涪州涪陵县,太平兴国八年(983 年)经过李惟清"教以医药"的治理,"稍变其风俗"④。夔州路开州开江县,宋真宗年间曹宪"出私钱,市药剂。有病者,辄遣吏烹煎,临饮之","民初强从,既稍有瘳,全活者十七八",于是"开人始知信医药"⑤。梓州路戎州,宋真宗时期周湛"禁俗之习为巫者,又刻方书于石",其俗大化,"自是始用医,病者得活"⑥。夔州路忠州,宋仁宗时期在赵尚宽的治理下,"大化其俗"⑦。利州路巴州化城县,宋仁宗时期在侯可"诲以义理,严其禁戒,或亲至病家,为视医药"的治理下,"所活既众,人亦知化"⑧,"几变其习"⑨。尽管部分地区多有反复,但政府提倡的"有病视药"和"依方治病",逐渐为人们所接受。

3. "禁巫"成为地方官吏的要职之一

　　在控制和改造巫医的过程中,地方官吏对巫医的认识和态度,成了衡量官员

---

① 　[宋]李焘:《续资治通鉴长编》卷 12,开宝四年冬十月,北京:中华书局,2004 年版,第 271 页。

② 　[宋]李焘:《续资治通鉴长编》卷 16,开宝八年五月,北京:中华书局,2004 年版,第 340 页。

③ 　[宋]李光:《庄简集》卷 17《跋再刊初虞世必用方》,影印文渊阁《四库全书》本,第 1128 册,第 618 页。

④ 　[宋]李焘:《续资治通鉴长编》卷 24,太平兴国八年,北京:中华书局,2004 年版,第 567 页。

⑤ 　[宋]刘攽:《彭城集》卷 36《尚书驾部员外郎曹君墓表》,北京:中华书局,1985 年版,第 486 页。

⑥ 　[宋]李元纲:《厚德录》卷 3,民国十六年武进陶氏涉园刻南宋左圭辑《百川学海》本,第 9 页。

⑦ 　[元]脱脱等:《宋史》卷 426《赵尚宽传》,北京:中华书局,2007 年版,第 12701,12702 页。

⑧ 　[宋]程颐:《河南程氏文集》卷 4《侯可墓志铭》,[宋]程颢、程颐撰,王孝鱼点校:《二程集》,北京:中华书局,2004 年版,第 504~507 页。

⑨ 　[元]脱脱等:《宋史》卷 456《侯可传》,北京:中华书局,2007 年版,第 13406 页。

政绩的一个标尺,对整个社会风俗的改变产生了良好的影响。北宋时期,蔡襄认为禁巫是地方官吏的"要职之一",理应遵守。南宋时期,武人陈五不仅当场揭露巫师的骗人把戏,而且"捽巫批其颊,而出之门外","自是家人无信崇者"①。张镃明确地指出:"当官者凡异色人,皆不宜与之相接,巫祝、尼媪之类,尤宜疏绝,要以清心省事为本。"②曾敏行称,对巫医的改造"乃政术之一端"③。陈造亦指出:"儒者之学,以其异于滛巫瞽史也。"④

总之,宋代皇帝的重视、地方官吏的配合、医学著作的传播和方药知识的应用,汉唐以来"信巫不信医"的习俗逐渐向"有病视药"、"依方治病"的新风尚转变,巫医或从事巫术研究的知识分子被迫从事官方提倡的医学知识或农业技艺,官方医学知识在大部分地区得到确立。龚鼎臣指出:"矧惟国家重医药之书,最为事要,先朝编辑名方,颁布天下郡国,其间述时疫之状,实为纤悉。"⑤对于广大地方官吏来说,通过批判和改造巫医,不仅可以达到"因变其俗"的目的,而且还可以实现"仁人之心"⑥这一儒家士大夫追求的崇高的理想境界。

二、宋代"禁巫"对策中存在的问题

由于巫术自身的特点和部分官吏的渎职行为,宋政府在控制和改造巫医的过程中存在着不少的问题,具体表现在以下几方面。

1. 巫医的存在、发展仍有一定的自然和社会基础

尽管巫术"从本质上讲是危险和暧昧的"⑦,宋政府也曾多次发布诏令打击、禁止巫医,但仍不能从根本上废除巫医在宋代社会存在的事实。在官方医学知识相

---

① 〔清〕潘永因编,刘卓英点校:《宋稗类钞》卷4《权谲》,北京:书目文献出版社,1985年版,第326页。

② 〔宋〕张镃:《皇朝仕学规范》卷27《莅官》,《北京图书馆古籍珍本丛刊》第68册,北京:书目文献出版社,1998年版,第638页。

③ 〔宋〕曾敏行撰,朱杰人校:《独醒杂志》卷3《广南人多死于瘴疠》,上海:上海古籍出版社,1986年版,第27页。

④ 〔宋〕陈造、孙应时:《江湖长翁集》卷33《吴门芹宫策问二十一首》,影印文渊阁《四库全书》本,第1166册,第416页。又见〔宋〕孙应时:《烛湖集》卷9《策问》,影印文渊阁《四库全书》本,第1166册,第624页。

⑤ 〔宋〕龚鼎臣:《述医》,〔宋〕吕祖谦编,齐治平校:《宋文鉴》卷127《杂著》,北京:中华书局,1992年版,第1780,1781页。

⑥ 〔宋〕朱熹撰,戴扬本、曾抗美点校:《晦庵先生朱文公文集》卷83《跋郭长阳医书》,朱杰人、严佐之、刘永翔主编:《朱子全书》第24册,上海:上海古籍出版社,合肥:安徽教育出版社,2002年版,第3930页。

⑦ 〔英〕罗宾·布里吉斯著,雷鹏、高永宏译:《与巫为邻:欧洲巫术的社会和文化语境》,北京:北京大学出版社,2005年版,第179页。

对影响较弱的穷乡僻壤或落后地区,巫医仍在一定范围内活动。《宋史》卷四六一《方技传》指出:

> 然而天有王相孤虚,地有燥湿高下,人事有吉凶悔吝、疾病札瘥,圣人欲斯民趋安而避危,则巫医不可废也。后世占候、测验、厌禳、禜禬,至于兵家遁甲、风角、鸟占,与夫方士修炼、吐纳、导引、黄白、房中,一切荒蒿妖诞之说,皆以巫医为宗。汉以来,司马迁、刘歆又亟称焉。然而历代之君臣,一惑于其言,害于而国,凶于而家,靡不有之。宋景德、宣和之世,可鉴乎哉①!

这条史料反映了以下三点重要的信息:一是"巫医不可废",在某种程度上可以起到"趋安而避危"的作用,弥补官方医学知识和政府活动的不足;二是医学中的咒禁疗法被各种秘密宗教和团体所利用,有相当完善的知识体系和信仰基础;三是对于政府来说,只要巫医所代表的民间知识和社会活动不危及地方统治和国家权威,一般情况下会允许其存在。

在政府控制较弱和医学不发达的地区,地方势力常常将"信巫不信医"转化为普通民众的一种信仰,成为他们长期干预和控制地方的一种工具。一旦中央政府势力强大和注重推广新医学知识,巫医的影响便会慢慢萎缩,甚至被中原先进的文化所代替。反之,一旦中央的力量变小或统治时间较短,巫医信仰便会屡次出现并成为该地信仰的主流。因此,中央政府在某一地区统治力量的强弱与巫医信仰之间的消长,呈现出了一种反比的关系。北宋时期,张载(1020—1077 年)认识到巫医长期存在的根源在于"强有力者所制"。《经学理窟·周礼》载:

> 深山之人多信巫祝,盖山僻罕及,多为强有力者所制,其人屈而不伸,必咒诅于神,其间又有偶遭祸者,遂指以为果得伸于神。如战国诸侯盟诅,亦为上无王法。今山中人凡有疾者,专使巫者视之,且十人间有五人自安,此皆为神之力,如《周礼》言十失四已为下医,则十人自有五人自安之理②。

可见,在"强力者"的控制下,普通民众一有疾病,首先考虑到的是巫,而不是医学。如陈希亮在江南西路虔州雩都"毁淫祠数百区,勒巫为农者七十余家",当他被调往另一地方为官时,当地百姓皆泣曰:"公舍我去,绯衣老人复出矣"③,担心

① [元]脱脱等:《宋史》卷 461《方技传上》,北京:中华书局,2007 年版,第 13495,13496 页。
② [宋]张载著,章锡琛点校:《张载集·经学理窟·周礼》,北京:中华书局,2006 年版,第 248 页。
③ [宋]苏轼撰,孔凡礼点校:《苏轼文集》卷 13《陈公弼传》,北京:中华书局,1986 年版,第 415～419 页。

巫师的势力会死灰复燃。南宋时期李忠任淮南西路无为县县令时,"南方信禨,虽至父母疠疫,子弃不敢侍"①。又如吴越一代,"人有疾病,巫史入门,屏医却药,断除酒肉,一听于神,不敢有触"②。"不敢"二字,形象地反映了地方巫师势力的强大和普通百姓的无奈。

对于广大普通民众来说,"药贵少钱"限制了他们对医学的信赖,最后不得不依靠巫医来治病。如皇祐元年(1048 年)秋七月,知云安军、屯田员外郎王端向朝廷的奏章清楚地说明了此种情况,"川、峡之俗,多蛊毒中人,死者盖十八九。去年朝廷颁《善救方》,其惠甚大。然所用药,或本土所无有,而民间不能致。"③乾道七年(1171 年),鄱阳乡民郑小五,"合宅染疫疠,贫甚,饘粥不能给,欲召医巫买药,空无所有"④。这样的例子很多,这些都限制了普通民众对医药的依赖而转向巫术。

从中国医药学发展的角度来看,宋代还远未达到用医学知识完全取代巫术疗法的程度。宋仁宗嘉祐四年(1059 年)七月二十日,龚鼎臣在《述医》一文中论述川峡地区为何"信医不信巫"之俗屡禁不止时,认为:

> 余尝访于人,其患非它,縣觋师之胜医师耳。呜呼!觋者岂能必胜诸医哉?其所胜之者,盖世俗之人,易以邪惑也。夫疾病干诸内,神鬼冥诸外。良药所以治内也,今不务除疾于内,而专求外福之来,及其甚也,其存卹讯问之宜,不得相通,不其谬欤⑤?

可见,医学认识的局限性为巫医在一定范围内的存在创造了条件。

南宋绍兴十六年(1146 年)二月三日,臣僚奏:"近来淫祠稍行,江浙之间,此风尤炽。一有疾病,唯妖巫之言是听,亲族邻里不相问劳,且曰此神所不喜,不求治于医药,而屠宰牲畜以祷邪魅。至于罄竭家赀,略无效验而终不悔。欲望申严条令,俾诸路监司、郡守重行禁止。"⑥尽管"招师巫禳,却无一验"⑦,但大多数民众对它的信仰深信不疑,"至于罄竭家赀,略无效验而终不悔"。可见,巫医的知识体系

---

① [宋]王之道撰,沈怀玉、凌波点校:《相山集》卷 29《故李公孝先墓志》,北京:北京图书馆出版社,2006 年版,第 237~255 页。

② [宋]孙觌:《鸿庆居士文集》卷 41《宋故刘府君墓表》,《丛书集成续编》第 137 册,台北:新文丰出版公司,1988 年版,第 335 页。

③ [宋]李焘:《续资治通鉴长编》卷 167,皇祐元年秋七月,北京:中华书局,2004 年版,第 4009 页。

④ [宋]洪迈撰,何卓点校:《夷坚志支乙》卷 7《王牙侩》,北京:中华书局,1981 年版,第 851,852 页。

⑤ [宋]龚鼎臣:《述医》,[宋]吕祖谦编,齐治平校:《宋文鉴》卷 127《杂著》,北京:中华书局,1992 年版,第 1780,1781 页。

⑥ [清]徐松辑:《宋会要辑稿》刑法 2 之 152,北京:中华书局,2006 年版,第 6571 页。

⑦ [宋]洪迈撰,何卓点校:《夷坚志支甲》卷 8《晁氏蛊异》,北京:中华书局,1981 年版,第 777 页。

及其实践,是在古代自然科学和医学尚未得到全面发展的基础上存在的。

宋代最高统治者对巫医也表示出两种态度,一方面严厉地打击巫医聚敛钱财、谣言惑众、秘密结社、扰乱社会秩序的非法行为;另一方面又允许太医局教育中设立书禁科。南宋孝宗年间,巫医吴端用其独特的医术治好了宋孝宗的病而得到奖赏。《续编两朝纲目备要》卷一《光宗皇帝》载:

> 吴端者,旧以巫医为业。上在储邸,寿皇有疾,国医不能愈,端疗治有功,慈懿皇后德之。既受禅,擢阁门宣赞舍人,又迁带御器械[1]。

刘时举《续宋编年资治通鉴》卷一一亦载:"吴端者,旧以巫医为业。上在潜邸,先是上皇有疾,国医不能疗,吴端疗治有功。上既受禅,权阁门宣赞舍人,又迁带御器械。"[2]阁门宣赞舍人,职事官名、阁门职名,从七品,差遣、俸禄从优。带御器械,军职名、带职名,有宿卫职责。二职均地位显赫。

这些说明了宋政府对待巫医的复杂态度。廖育群从医学认识论的角度指出:"对于没有现代自然科学观的人来说,根本不存在自然与超自然间的概念差异,所以当法术失败时,被否定的仅仅是这一具体的法术本身,而不是整个认知体系。"[3]

2. 政府的"禁巫"措施得不到有效的贯彻执行

这是由统治阶级内部的管理和腐败所致。一些地方官吏对政府所颁本草、方书管理甚严,国家医学知识得不到应有的宣传和普及。如庆历六年(1046年)十二月,福建路转运使蔡襄曾对地方政府管理医书甚严、一般官民难于借阅的情况进行了批评,认为政府的本意是"诏颁州郡,传于吏民",然而"州郡承之,大率严管钥,谨曝晾而已,吏民莫得与利焉"[4]。

受经济利益和信仰驱动,一些地方官吏甚至和巫师相互勾结,骗取钱财,从而为巫医的活动留下余地。如乾兴元年(1022年)七月,女道士刘德妙"尝以巫师出入丁谓家",丁谓建议"乃所为不过巫事,不若托老君言祸福,足以动人",于是,刘德妙在丁谓家"设神像,夜醮于园中"[5]。丁谓(966—1037年)是宋太宗、宋真宗、宋仁宗三朝重臣,历任峡路转运使、工部员外郎、右谏议大夫、权三司使、参知政

---

①　[宋]佚名编,汝企和点校:《续编两朝纲目备要》卷1《光宗皇帝》,北京:中华书局,1995年版,第13页。

②　[宋]刘时举:《续宋编年资治通鉴》卷11,绍熙元年夏五月,《丛书集成初编》本,上海:商务印书馆,1939年版,第135页。

③　廖育群:《医者意也:认识中医》,桂林:广西师范大学出版社,2006年版,第74页。

④　[宋]蔡襄撰,陈庆元、欧明俊、陈贻庭校注:《蔡襄全集》卷26《〈圣惠方〉后序》,福州:福建人民出版社,1999年版,第583页。

⑤　[宋]李焘:《续资治通鉴长编》卷99,乾兴元年秋七月,北京:中华书局,2004年版,第2293页。

事、同中书门下平章事等，封晋国公。从他与刘德妙的交往来看，他本人不仅崇信，而且对巫术采取了扶持的态度。其事迹败露后，"逮系德妙，内侍鞫之"①。大中祥符四年（1011 年）春正月，王嗣宗知陕西路邠州兼邠、宁、环、庆路都部署，前此官吏"皆先谒庙，然后视事"。熙宁三年（1070 年），资政殿学士、杭州知州赵抃（1008—1084 年）也信巫术，据张耒《李参军墓志铭》载："缙云有女子徐，自号菩萨，家有井，诡言能治病。赵清献守杭，亦信之，尝求其水。由此群无赖为倡议，声动数州，所居成市。"②

更有甚者，一些官吏还趁机收取"师巫钱"，放纵巫师的活动。借助于地方官吏的庇护，这些师巫在地方十分嚣张。如南宋庆元四年（1198 年）五月六日臣僚奏："楚俗淫祠，其来尚矣。惟是戕人以赛鬼，不宜有闻于圣世。俗尚师巫，能以祸福证兆簧鼓愚民，岁有输于公，曰师巫钱，自谓有籍于官。官利其一孔之入，于是纵其所为，无复谁何？"③这种地方官吏接受巫师贿赂的行为在其它州县也广泛存在，结果使得巫医在一些地方禁而不除，长期盛行。

总之，从医学认识论的角度来看，广大民众即使"罄竭家资"，他们怀疑地仅仅是治疗法术的灵验而已，从不怀疑或否定巫术疗法自身的体系。这种治疗体系不仅适用于人，而且也适用于与农业生产密切的牲畜。南宋陈旉（1076—1154 年）指出："愚民无知，乃由祈祷巫祝，以幸其生，而不知所以然者。"④可见，经济方式落实、民间巫术盛行和官方医学知识难以到达，是巫医存在并产生较大影响的根本原因。

第四节　小　结

通过对以上医事诏令的分析和研究，本章得出如下结论：

（1）宋代巫术尽管没有形成全国性的统一的组织，但在局部地区仍有一定的影响。宋代巫医分布的总趋势是：若以淮河划界，则淮河以北的北方地区不如淮河以南的南方地区流行广泛，即北不如南；如果以峡州为中心，北至商雒山区秦岭，南出沅、湘而达海南岛，划一南北直线，在这条线的左侧——宋代西部地区，包括川峡四路，荆湖南北路以西地区及广南西路，巫医流行地区远远大于该线右

①　[元]脱脱等：《宋史》卷 283《丁谓传》，北京：中华书局，2007 年版，第 9566～9571 页
②　[宋]张耒撰，李逸安等点校：《张耒集》卷 60《李参军墓志铭》，北京：中华书局，1989 年版，第 883～884 页。
③　[清]徐松辑：《宋会要辑稿》刑法 2 之 130，北京：中华书局，2006 年版，第 6560 页。
④　[宋]陈旉著，万国鼎校注：《陈旉农书》卷中《牛说·牧养役用之宜篇第一》，北京：农业出版社，1965 年版，第 50 页。

侧——宋代广大东方地区,即西大于东。

(2)宋代巫医的职业主要是用咒语、符箓、占卜、草药和魔法等治病、驱邪除祟,他们与巫师的最大不同是,巫医掌握了一定的医学知识,而巫师仅仅是以装神弄鬼、替人祈祷为职业。巫医的知识、信仰及其疗法的广泛存在,不仅威胁到地方统治和中央集权的强化,而且与宋政府重建儒家伦理道德秩序相冲突,遭到宋代皇帝、政府官吏和医学家的普遍反对。先后有十多位皇帝发布诏令,对巫医的活动加以控制与改造。政府的重视引起官僚士大夫的积极回应,李觏、张载、范仲淹、富弼、文彦博、王安石、李宽、刘彝、蔡襄、李惟清、王嗣宗、罗适、朱熹、真德秀、黄度、刘宰等地方官吏先后参与了对巫医的打击和改造,并在其奏章、文集、笔记和语录中撰写了大量揭露巫医和防范巫医的诗文和论著。

(3)宋代政府控制和改造巫医的目的在于宣扬官方正统医学知识和确立政府倡导的社会秩序。其中中央政府采取的措施有:一是改革落后旧俗,禁"弃去病者之俗";二是以法律监督,促其改造;三是明令禁止,加以取缔;四是颁布医方,发放药物,推行官方医学知识;五是规范民间医疗,防止妄施汤药,敛财害人。宋代地方官吏采取的措施主要有:一是贯穿朝廷政令,禁止巫医的非法活动;二是揭露巫医诈钱扰民的行径;三是发放医药,推广本草、方书著作,公布治病药方;四是强制巫医改学官方医学知识或农业技艺,从而在一定程度上改变了巫术发展的方向。

(4)宋政府有关控制和改造巫医措施的有效实施,使巫医活动的地理范围发生一定程度的变化,官方医学知识得到推广,社会习俗发生较大变化。北宋初年,全国大部分地区皆有巫医活动。北宋中期至南宋时期,巫医活动的范围大大地萎缩,主要活动于夔州路、梓州路、广南西路、福建路和荆湖南北路西部一带。在宋代皇帝、中央政府和地方官吏的重视下,宋初以来"信巫不信医"的社会习俗逐渐向"有病视药"、"依方治病"的新风尚转变,巫医或从事巫术研究的知识分子被迫从事官方提倡的医学知识或农业技艺,官方医学知识在大部分地区得到确立。北宋中后期儒医兴起后,儒家伦理逐渐成为医学的核心价值观念,成为儒家士大夫和医学家批评巫医强有力的工具。

(5)"略无效验而终不悔"的认知体系和治疗实践,决定了巫医仍将在宋代乃至宋以后的社会中长期存在,这是宋代巫医屡禁不止的客观原因。政府政策和法律只能控制它的规模与影响,改造它的发展方向,但却不能根除它。直至近代自然科学产生和医学认识观念发生变化以后,巫医才从医学体系中慢慢地退出。

总之,巫医的知识体系及其操作技艺在一定时段内的转变,正是在宋政府有意制定的政策中实现的。此后,"有病视药"和"依方治病"成为社会进步和发展的一个重要标志。

第九章　医事诏令在宋代医学发展中的作用和局限

从宋代医事诏令来看,尽管医学发展有其自身的规律性,但政府干预可以促进或限制医学的发展,改变医学发展的方向。本书通过研究宋代医事诏令发布的过程、内容、机理及动力,探讨了宋代政府发展医学的政策、措施及实施的医学活动。

在政府治理下,宋代医学取得了重要的发展、创新和成就,在中国古代医学史上处于领先地位。主要表现在:一是建立了比较完整的医学体系和医学发展环境;二是建立了功能较为完整的医学机构,形成了一支规模宏大的医学研究队伍;三是医学研究水平和创新能力大幅度提升,在疾病的预防与治疗、病因病机的解释与阐发、药品的炮制与应用、医学文献的整理与刊刻、医学教育的分科与发展、医学人员的选任与磨勘等方面取得显著的成就;四是突破了一些重大工程技术难关,突出地表现在天圣腧穴针灸铜人的研发与制造方面;五是医学惠民成效显著,官修医学著作被广泛应用于疾病治疗,熟药所、惠民局所售药品遍及全国诸路州县,安济坊、病囚院、福田院、慈幼局等收留、医治了大量的贫民等;六是官方医学知识向辽朝、西夏、金朝、吐蕃、大理以及高丽、日本等周边地区传播,并产生重大影响。

宋代皇帝诏令在医学发展中的作用、经验和教训,有可能较为系统地回答政府政策和医学发展的种种问题。

第一节　医事诏令在宋代医学发展中的促进作用

在中国古代社会,皇帝是封建国家的最高统治者,拥有至高无上的权力。在君主专制制度下,皇帝诏令的效力甚至高于政府颁布的法律,是律的重要补充,亦是律的重要渊源。由于医学具有实现"仁政"思想和加强国家统治的目的,宋政府对医学发展采取了积极扶持和重点发展的态度,制定了各种政策、措施和管理办法。

一、医事诏令在宋代医学发展中具有法律和政策的作用

1. 皇帝诏令在医学发展中具有法律保障的作用

在医学发展中,宋朝皇帝常常用诏,也用命令更为严厉的手诏、敕或制,名称虽不同,但性质一样,都是皇帝最高意志的体现。宋代专制主义中央集权的政治统治模式,决定了整个医学的发展与皇帝个人的爱好、兴趣以及对医学的关注与重视密切相关。皇帝诏令在医学发展中具有法律保障的作用,弥补了《宋刑统》、《编敕》、《条法事类》、《编例》等法律文书的不足,极大地顺应了宋代社会的发展。

宋代皇帝普遍重视医学,多次将医学视作"仁政",从国家战略的角度和加强统治的目的出发,积极发展医学。如宋太宗称医学"广兹仁义"[1],宋仁宗称"仁政之本"、"至仁厚德"[2],宋徽宗称"仁政之急务"[3]、"仁政之用心"、"仁政之大者"[4],宋高宗称"仁政所先"[5],宋宁宗称"推广吾仁"[6]等。尤其是医学儒学化和儒医的出现,就是宋代皇帝直接推动的结果。可以说,皇帝的个人作用对于宋代医学事业的辉煌功不可没。医学家高保衡、孙奇、林亿说:"我朝以好生为德,以广爱为仁"[7]。宋儒真德秀说:"我朝立国,根本仁义"[8]。元人总结说:"宋得天下,以仁而国"[9]。如果没有最高统治者的极力推崇与带领,宋代的医学发展水平可能就会大受影响。皇帝对医学的精通和热爱,必然使他们极力地去发展医学事业。为此,

---

① [宋]宋太宗:《御制太平圣惠方序》,[宋]王怀隐等:《太平圣惠方》卷首,北京:人民卫生出版社,1959年版,第1,2页。

② [宋]苏颂著,王同策、管成学、颜中其等点校:《苏魏公文集》卷65《本草图经序》,北京:中华书局,2004年版,第997页。又见[宋]唐慎微著,[宋]艾晟刊订,尚志钧点校:《大观经史政类备急本草》卷1《序例上》,第3页;[宋]唐慎微著,[宋]曹孝忠等校:《重修政和经史证类备用本草》卷1,第26,27页;[宋]王应麟:《玉海》卷63《艺文》,第1195页。

③ [宋]宋徽宗:《求方书药法御笔》,《宋大诏令集》卷219,北京:中华书局,1997年版,第843页。

④ [清]徐松辑:《宋会要辑稿》后妃4之11~12,北京:中华书局,2006年版,第270页。

⑤ [清]徐松辑:《宋会要辑稿》食货60之9,北京:中华书局,2006年版,第5869页。又见[清]徐松辑:《宋会要辑稿》食货68之140~141,第6323,6324页。

⑥ [宋]宋宁宗:《宣赐腊药》,[宋]崔舆之撰,张其凡、孙志章整理:《宋丞相崔清献公全录》卷9《宸翰》,广州:广东人民出版社,2008年版,第109页。

⑦ [宋]高保衡、孙奇、林亿:《新校备急千金要方序》,[唐]孙思邈著,李景荣等校:《备急千金要方校释》卷首,北京:人民卫生出版社,1998年版,第10页。

⑧ [元]佚名撰,[清]钱锡祚校:《宋季三朝政要》卷1《理宗》,《丛书集成初编》本,上海:商务印书馆,1939年版,第2页。

⑨ [元]佚名撰,[清]钱锡祚校:《宋季三朝政要》卷6《广王本末》,《丛书集成初编》本,上海:商务印书馆,1939年版,第71页。

宋代皇帝多次发布诏令，为医学发展提供宽松的政治环境和坚实的财政支持。北宋时期，政府在前代医学文献校正、新医书编撰、各类疾病防治、医学机构设置、医学教育改革和医学人员选任等方面取得巨大的成就，与每位皇帝长时期发布诏令和颁布《太医局敕》、《太医局式》、《太医局敕令格式》、《详定编修入内内宿医官敕令》等法律密切相关。南宋时期，除宋高宗、宋光宗、宋理宗等少数几位皇帝重视医学外，其他皇帝对医学关注不太积极，更为严重的是废除了北宋以来建立的许多医学机构，因而对医学的发展产生负面影响。

2. 皇帝诏令在医学发展中具有政策作用

宋代皇帝对医学的认识和态度，对于营造整个社会重视医学起了政策性的导向作用。政府干预对医学的影响，主要有长期影响和短期影响。对政策制定者而言，往往较为关心政府政策在短期内产生的影响及取得的成就。政府干预医学发展的手段，主要有计划、财政、税收、政策、法律、医官选任、教育和疾病应对等。政府干预医学发展，最重要的措施是制定和实施一系列重要的计划，确定一批重要的发展项目并投入资金，组织调动各方面的人员力量参与研究与开发，最终形成一批成果。在宋太祖、宋太宗、宋真宗、宋仁宗、宋神宗、宋哲宗、宋徽宗和宋高宗统治时期，全国兴医的风气盛极一时，无论是官方医学还是民间医学，均取得突出的成就。在校正前代医学文献、编撰新医学方书、铸造腧穴针灸铜人、发展太医局教育、完善医学人员选任以及控制和改造巫医方面，政府不仅制定了切实可行的政策，而且也取得显著的成效，表现出极大的创新性。

从皇帝诏令来看，北宋前期政府关注的重心集中在搜求前代医书、校正前代医书和编撰新医书方面。北宋中期主要集中在医学教育和医学机构的设置与改革方面，其中尤以"庆历新政"和"熙丰变法"期间变化较大。北宋后期主要集中在医学教育、医职官阶、医官俸禄和医学慈善机构建立等方面。南宋时期政府关注的重点在太平惠民和剂局的管理和药材药品的生产及税收等方面。无论是北宋还是南宋，有关各类疾病的防治始终是政府政策关注的核心，因而推动了中医疾病分类学、中医病因病机学、中医临床诊断学、中医药物学和中医方剂学等学科的发展。

宋代政府主导的医学分类分科——大方脉科、风科、针灸科、小方脉科、眼科、耳科、产科、口齿科、咽喉科、疮肿科、折伤科、金镞科和书禁科等，均是实践性较强的与疾病治疗有关的临床医学领域。宋政府实施的医学活动，如1057—1081年举行的大规模校正前代医书活动，1023—1029年开展的天圣针灸铜人铸造工程，973—1159年举行的医学本草编撰活动，978—1252年举行的医学方书编撰活动等,持续了数十年甚至上百年的时间,取得了一系列重要的成果。

宋代政府在医学理论的探讨方面,亦取得一定的成就。宋徽宗等所撰《政和圣济经》是我国现存较早的中医理论专著,详细地阐述了阴阳五行、天人相应、孕育胎教、察色诊脉、脏腑经络、病机治法、五运六气、食疗养生、药性方义等中医学理论问题。其他医学理论则散见于官修医学方书之中,如《太平圣惠方》总结了宋前期的医学基础理论和药物学理论,包括脉法、处方用药、五脏病症、疾病分类、丹药、食治、补益和针灸等。《政和圣济总录》论述了五运六气学说和养生学思想,全书每门分若干病证,阐述病因病理,详述治法方药,既有理论又有经验。政和七年(1117年)十月一日,宋徽宗颁布《以来年岁运历数颁告天下》:"昔我先后,先天而天弗违,后天而奉天时,其岁月日时无易,民用平康。今朕临观八极,考建五常,以天地、日月、星辰、气运之数敷锡庶民,以待来岁之宜。惟尔万邦,率兹常典,奉若天道,钦阙时宪,保于有极,外薄四海,罔或不抵。"①正式颁行《政和七年十月月令》②和《政和八年戊戌岁运》③,从理论上预防每月、每年可能发生的疾病。"月令"、"岁运"的颁布,一直持续到宣和四年(1122年)。不过其内容多效法《周礼》,礼法意义大于实际意义。运气学说虽被政府应用到医学教育和医学考试之中,但宋政府并未在医学教育中设立独立的"运气科"。"运气"学说进一步激励了医家对医学基础理论的重视和探讨,出现了大量注解《内经》理论的著作。南宋时期,政府"缺乏对医学理论有突破意义的发展"④,此方面的著作也较少。

二、医事诏令反映了宋政府利用政策工具干预医学发展的实践

本书的研究表明,宋政府是各项医学活动的组织者、执行者和实践者,在相当长一段时间内较多地参与到医学活动中具体问题的管理,这是政府干预医学发展和技术创新活动的基本背景和基本特点。政府的作用和干预,在实践中被证明是必要的。为了实现这一目的,宋政府通过颁布诏令,制定各项医学政策和医学活动,组织与协调各级部门的关系,调动大量资金和人才投入研究与开发活动,为宋代医学发展和技术创新提供支持。作为政策制定者来讲,他们不仅关心政策制定

---

① ［清］徐松辑:《宋会要辑稿》运历1之3～4,北京:中华书局,2006年版,第2129页。

② ［宋］宋徽宗:《政和七年十月月令》,《宋大诏令集》卷126《典礼十一》,北京:中华书局,1997年版,第435,436页。

③ ［宋］宋徽宗:《政和八年戊戌岁运》,《宋大诏令集》卷124《典礼十一》,北京:中华书局,1997年版,第435页。

④ 廖育群、傅芳、郑金生:《中国科学技术史·医学卷》,北京:科学出版社,1998年版,第296页。

对短期医学发展的影响,而且也关心一项政策改变对几十年后医学发展的影响。

1. 疾病防治是政府宣扬仁政和强化统治的核心

由于疾病救治与体恤民众的统治思想密切相关,所以,对各类普通疾病和传染性疾病的防治成为宋代医事诏令长期关注的重点,受到历代皇帝和政府官吏的高度重视。宋代逐步确立了以政府为主导的疫病应对体系,确立了"既病防染"和"未病先防"的原则,它使各级政府逐步介入并承担疫病应对的职责,从而改变了宋以前应对疫病主要以社会力量为主的局面。在应对疫病的过程中,宋政府制定了详细的医学措施、经济措施和政治措施。从疾病的内容来看,有普通疾病和传染性疾病,其中传染病包括疾疫、伤寒、痢疾、疟疾、痘疮、癞疾、痄腮病、天行温疫和牛疫、马疫等,是政府防治的重点。从救治的对象来看,国家医学优先关注的是统治阶级,如皇帝、军队和官吏等;其次是被统治阶级,如农民、坊郭户和商人等。从救治的地区来看,政府首先关注的是京城和军营驻地,其次是经济发达地区,再次是其它地区。从救治的效果来看,北宋政府取得的成效较南宋显著,其采取的医学措施有:让翰林医官院、太医局、御药院、尚药局等研制各类防治疫病的药物,令翰林医官院定期向各级官吏、军营、河堤、学校等地发放春药、夏药、腊药和疫药;将官修医学方书和运气学说纳入疫病救治;重视掩埋尸体以阻断传染源;建立临时医院以隔离病人等。

宋代政府防疫的经验和实践告诉我们,中医药在防治疫病方面能起到重要作用。宋代官、私医书不仅强调疫病分类的重要性,而且也强调"辨证论治"的诊疗特色,说明中医提倡的"病"、"症"在防疫方面仍具有强大的生命力。历史时期成功防治疫病的措施、经验和教训,能为当代社会提供借鉴。在当前的情形下,无论从现实还是从传染病流行病学的研究来说,都是非常必要而且深具意义的。

2. 前代医书校定和新医书编撰是政府发展医学的文化基础

鉴于医学文献固有的知识性、标准性、权威性和仁义教化作用,宋政府制定了访求医书、校定医书、编撰医书、刊刻医书和推广医书等措施。通过这些措施,宋以前的大部分医学著作得以校勘,编辑了体现新时代特征的医学本草、方书和针灸著作。在印刷术的推动下,医书不仅成为政府弘扬仁政和强化统治的新工具,而且也成为政府发展医学的文化基础,在治疗各类疾病、笼络不同政治势力和抵制巫术方面发挥了巨大的作用。

宋本医书对传统医学的发展和转型产生了深远的影响,促进了本草学、方书学、伤寒学、运气学、温病学、脉学等医学理论、教育和实践的发展,也影响了官僚士大夫、医家和文人对医学的态度。

3. 医学教育及课程设置是政府发展医学的重点

医学教育及课程设置最能反映统治阶级的意志，也是最高统治者希望医学在国家政治中扮演何种角色的问题。有关宋代太医局的教育目的、课程设置、考试之法和遴选之法，是宋代医事诏令关注较多的一个问题，也是宋朝政府发展医学的重点问题。宋初，太医局课程设置为九科。北宋中后期至南宋时期，又分为三大科通习十三事，计有大方脉科、风科、小方脉科、眼科、疮肿科、伤折科、产科、口齿科、咽喉科、耳科、金簇科、针灸科和书禁科。这种分类法来源于《太平圣惠方》的知识分类体系，反映了中医学的整体论思想，是当时最先进的学科分类体系，涵盖了当时医学临床诸科。"庆历新政"期间，政府对医学教育进行了初步改革，主要内容是初建太医局机构、规范课程设置和制定选拔标准，颁布《太医局敕》。王安石变法期间，政府改革太医局隶属关系，完善机构设置，增加医学生俸禄，推行"太学三舍法"，颁布《太医局式》，将医学教育以法律形式确定下来。北宋后期，政府将"太学三舍法"推行到州县医学教育，颁布《太医局敕令格式》，建立国子监医学，增加课程教材，扩大医学生名额等，尤其是宋徽宗下诏医学生须学习儒家经典和太学生须学习《黄帝内经》，出现了医学儒学化和文人医学化的趋势，儒医大量出现，儒家伦理成为衡量医德、医术和医技的新标准。南宋初年，受国家财政经济的影响，太医局出现罢废的情况，课程设置与人员编制数次缩减。绍熙二年(1191年)复建后，政府在医学教育方面采取的一项重要措施是颁布《太医局诸科程文格》，完善锁院制度、通行试卷制度、六通合格制度和挟书之禁制度，重视医官、医学生的考核。

4. 医官选任与管理是政府发展医学的关键

宋政府在医学人员的选任与管理方面，制定了切实可行的政策：一方面扩大医学机构编制，完善太医局教育，制定医职官阶，选用不同阶层、不同专业的医学人员为官等；另一方面完善医学人员的选拔制度、致仕制度、差遣制度、酬劳制度和磨勘制度，建立了以科举试补法为主、荐补和荫补法为辅的选拔制度，从而在一定程度上保证了公平竞争，选拔了大批出身寒微的医学人才。从出身来看，有世医、儒医、僧医、道医、草泽医等；从医学分科上来看，有大方脉科、小方脉科、风科、口齿科、咽喉科、眼科、耳科、疮肿科、折伤科、针灸科、产科、金镞科和书禁科等。在皇帝诏令的重视和引导下，这些医学人员先后参加了政府组织的医学活动，为宋代专科医学知识的发展和疾病治疗作出了一定的贡献。

三、医事诏令反映了政府机构在宋代医学发展中所起的作用

在有关医学发展的研究中,政府的作用一直是一个十分重要的研究内容。本书的研究表明,为了促进医学与社会的发展,宋政府越来越多地卷入医学政策制定、医学活动规划和技术创新活动实施等方面,并发挥着越来越重要的作用。政府干预医学的基本准则是有利于国家的整体利益和社会公众利益,核心内容是建立完善的政府机构并有效发挥作用,最终目的是宣扬仁政和加强地方统治。

宋政府设立的医学机构,主要有隶属于人内内侍省的翰林医官院和御药院,隶属于殿中省的尚药局,隶属于群牧司的牧养上下监,隶属于尚书省太常寺的太医局,隶属于尚书省礼部的祠部司、太医局和国子监医学,隶属于门下省编修院的校正医书局,隶属于尚书省太府寺的香药库、香药権易院、熟药所、和剂局、惠民局等,负责行政、药政、教育、校书、治病、制药和卖药等职责。宋代医学机构的设置多具有"革新倾向"[①],是宋代医学高度发展的制度保证。同时,为了宣传体恤民众的思想和强化对地方的控制,政府在疾病流行时期建立的临时医院和慈善机构,则是沟通国家和社会的桥梁,如安济坊、病囚院、福田院、漏泽园、慈幼局等,对贫民疾病治疗发挥了一定的作用。在所有的医学机构中,翰林医官院是宋代中央最高医疗兼行政管理机构,掌管国家医事诏令和政策的执行,民间医学也归它掌管,它是宋代唯一没有因政治变革而中断或罢废的机构,其行政官员由内侍担任,医职官员大多是通过科举考试或地方推荐的良医组成,有较强的医疗实践和经验。

宋代地方政府有关医学的职能也有所扩大,其中防治疾病、推广医书、发展州县医学教育和打击巫术等成为地方官吏的重要职责之一。地方官吏发布的"劝农文"、"劝孝文"、"谕俗文"、"诫俗文"和"谕民文"中,有关医学的内容大量增加,这些无疑是对传统行政管理职能的一大改变。

四、医事诏令反映了宋代政府积极营造医学发展的动力和环境

医学发展的动力来自何处,其动力机制如何? 这是医学发展理论中的重要问题。宋朝统治的 320 余年里,除两宋政权更替外,中国内地基本上没有大规模的战乱,政府权力集中,"我国经济、文化的发展,居于世界的最前列,是当时最为先

---

① 梁峻:《中国古代医政特点及其对当今医政之启示》,载《中华医史杂志》1994 年第 24 卷第 1 期,第 9~15 页。

进、最为文明的国家"①。社会经济文化的发展和政府的战略需求,是宋代医学发展的内在动力和环境。

巫术势力的蔓延和政府加强地方统治之间产生的矛盾,是宋政府发展医学的外部动力与环境。巫医的知识、信仰及其疗法的广泛存在,不仅威胁到地方统治和中央集权的强化,而且与宋政府重建儒家伦理道德秩序严重相冲突,遭到宋代皇帝、政府官吏和医学家的普遍反对。先后有十多位皇帝发布诏令,对巫医的知识、疗法和活动加以控制与改造。政府的重视引起各级官僚士大夫的积极回应,并在其奏章、著作和语录中撰写了大量揭露巫医和防范巫医的诗文、歌谣、劝农文和谕俗文等。

宋政府有关控制和改造巫医措施的有效实施,使巫医活动的地理范围发生一定程度的变化。宋初以来"信巫不信医"的社会习俗逐渐向"有病视药"、"依方治病"的新风尚转变,巫医或从事巫术研究的知识分子被迫从事官方提倡的医学知识或农业技艺。这种新变化,使政府提倡的儒家伦理道德和社会秩序得到一定程度的建立。

第二节　医事诏令在宋代医学发展中的不足和局限

宋代专制主义中央集权制度的弊病,给医事诏令的运作带来某些消极影响,其最大的弊端是权力过于集中,政策的连续性时常受到干扰,统治阶级内部的政治斗争,以及部分官吏的贪婪腐化行为等。一般而言,权力一旦缺乏制衡,就容易导致腐败,而政府的腐败将增加行政运行成本,削弱政府服务的效率。

首先,频繁的诏令使得医学的发展与皇帝个人的兴趣、爱好紧密地联系在一起,一旦中央疏于管理或皇帝短期内不予重视,医学的发展必将会受到影响。北宋皇帝重视医学,因而取得的成就也较大。南宋时期,皇帝的重视有所减弱,如宋孝宗认为:"此辈(指医官)最无用,亦可省减"②。政府不仅罢废了北宋时期设立的一些医学机构,而且还采取过一项短视的医学措施——废除太医局,因而对医学教育和医官选任造成严重影响,不得不从民间大量招收"草泽医"。直至绍熙二年(1191年),宋光宗又不得不下诏重置。此外,皇帝常常打破惯例授予医官武阶遥

---

① 漆侠:《宋代经济史》,《漆侠全集》第3卷,保定:河北大学出版社,2008年版,第2页。又见陈寅恪:《邓广铭〈宋史职官志〉考证序》,《金明馆丛稿二编》,上海:上海古籍出版社,1980年版,第245页;邓广铭:《论宋学的博大精深——北宋篇》,载《新宋学》第2辑,上海:上海辞书出版社,2003年版,第1页。

② [清]徐松辑:《宋会要辑稿》职官22之40～41,北京:中华书局,2006年版,第2880页。

郡官、武阶正任官、检校官、诸司官和文官寄禄官,以及医官补授中特补、奏荐、荫补和臣僚奏试的存在,不仅造成医官冗滥,而且也为部分医官热衷仕途创造了条件。

其次,医事诏令呈现出强烈的阶级性和等级性,是为维护统治阶级利益而制定的。如关于疾病防治,政府提倡"仁政爱民"、"以民为本",但真正关注最多的却是皇室、政府官吏和军队,普通民众受到的医疗有限。当中央集权削弱或朝廷中政治斗争激烈时,部分医学方面的诏令就成了政治斗争的牺牲品。以北宋后期政府颁诏建立的"国子监医学"为例,由于政治腐败和朋党之争,宋徽宗曾发布"三置三罢"的诏令。这些诏令是在宋政府开展的第三次大规模教育改革——"崇宁兴学"的背景下出现的,是政府重视医学的最高峰,反映了北宋政府试图将医学置于与儒经同等地位的意图,对宋代太医局教育制度产生了一定的影响。但政府的反复置废,使得国子监医学的发展又受到政治的制约,最终未能走上独立发展的道路。说明了统治阶级内部的政治斗争,极大地干预和阻碍了医学的常态化发展。

最后,专制主义中央集权体制下各级官吏养成的遇事请示的习惯,使地方政府缺乏创新能力和应变能力,仅仅变成执行诏令的机构而已。更为严重的是,部分官吏在疾病救治中存在着贪污、腐化、渎职、克扣药钱的行为,造成普通民众"饮食不充"、"无钱合药"、"无药可服"、"多致死亡",政府的赈济措施得不到很好的贯彻执行。

第三节　结　语

本书的研究表明:由于医学具有"仁政"教化和加强统治的功能,宋代政府对医学采取了积极扶持和重点发展的态度,其制定的政策、措施和开展的医学活动,均通过医事诏令体现出来。医事诏令成为宋代国家发展医学的政策和法律,极大地促进了10—13世纪中国医学的进步、创新和发展。宋代政府在医学发展中发挥了政策制定者、组织实施者和成效管理者的角色,在中医基础理论、中医文献学、中医传染病学、中医临床学、中医药物学、中药方剂学、中医教育学、中兽医学以及医学管理等方面,取得了突出的成就。在相当长一段时间内,较多地参与到医学活动中具体问题的制定与管理,这些正是政府干预医学发展取得成就的主要动因。宋代医事诏令的历史地位、作用和经验教训,值得我们总结和深思。

参考文献

一、医学史文献

[1][汉]张仲景著,[宋]高保衡、孙奇、林億校.金匮玉函经[M].北京:人民卫生出版社,1955.

[2][汉]张仲景著,[宋]林億等校.金匮要略方论[M].北京:人民卫生出版社,1956.

[3][汉]张仲景著,[宋]成无己注.注解伤寒论[M].北京:人民卫生出版社,2004.

[4][汉]华佗著,[唐]孙思邈集,杨金生、赵美丽、段志贤点校.华佗神方[M].北京:中医古籍出版社,1992.

[5][汉]华佗著,黄作阵校注.中藏经校注[M].北京:学苑出版社,2008.

[6][晋]皇甫谧著,[宋]林億等校,张灿玾、徐国仟主编.针灸甲乙经校注[M].北京:人民卫生出版社,2004.

[7][晋]王叔和著,沈炎南等校.脉经校注[M].北京:人民卫生出版社,1991.

[8][北周]姚僧垣撰,高文铸辑校.集验方[M].天津:天津科学技术出版社,1986.

[9][隋]巢元方著,南京中医学院校.诸病源候论校释[M].北京:人民卫生出版社,1998.

[10][唐]苏敬撰,尚志钧辑校.新修本草(辑复本)[M].合肥:安徽科学技术出版社,1981.

[11][唐]孙思邈著,李景荣等校.备急千金要方校释[M].北京:人民卫生出版社,1998.

[12][唐]孙思邈著,李景荣等校.千金翼方校释[M].北京:人民卫生出版社,1998.

[13][唐]杨上善注,李克光、郑孝昌主编.黄帝内经太素校注[M].北京:人民卫生出版社,2005.

[14][唐]王焘撰,[宋]林億等校.重订唐王焘先生外台秘要方[M].北京:人民卫生出版社,1982.

[15][唐]王冰.素问六气玄珠密语[M]//张继禹等主编.中华道藏:第20册

[G].北京:华夏出版社,2004.

　　[16][唐]李石撰,邹介正校注.司牧安骥集校注[M].北京:中国农业出版社,2001.

　　[17][五代]李珣原著,尚志钧辑校.海药本草[M].北京:人民卫生出版社,1997.

　　[18][宋]李昉、卢多逊等撰,尚志俊辑校.开宝本草(辑复本)[M].合肥:安徽科学技术出版社,1998.

　　[19][宋]掌禹锡、林億、苏颂撰,尚志俊辑校.嘉祐本草(辑复本)[M].北京:中医古籍出版社,2009.

　　[20][宋]苏颂著,胡乃常、王致谱辑注.图经本草(辑复本)[M].福州:福建科学技术出版社,1988.

　　[21][宋]苏颂著,尚志钧辑注.本草图经[M].合肥:安徽科学技术出版社,1994.

　　[22][宋]唐慎微著,[宋]艾晟刊订,尚志钧点校.大观经史政类备急本草[M].合肥:安徽科学技术出版社,2003.

　　[23][宋]唐慎微著,[宋]曹孝忠等校.重修政和经史证类备用本草[M].北京:人民卫生出版社,1982.

　　[24][宋]王继先等撰,尚志钧校注.绍兴本草校注[M].北京:中医古籍出版社,2007.

　　[25][宋]寇宗奭.本草衍义[M]//丛书集成初编[G].上海:商务印书馆,1937.

　　[26][宋]陈衍著,郑金生、张同君辑校.宝庆本草折衷[M].北京:人民卫生出版社,1987.

　　[27][宋]王惟一.新刊补注铜人腧穴针灸图经[M].北京:人民卫生出版社,1956.

　　[28][宋]王执中.针灸资生经[M].上海:上海科学技术出版社,1959.

　　[29][宋]不著撰人.黄帝明堂灸经[M]//[元]窦桂芳辑.针灸四书[G].北京:人民卫生出版社,1983.

　　[30][宋]琼瑶真人.针灸神书[M].北京:中医古籍出版社,1999.

　　[31][宋]王怀隐、王光佑、郑奇等.太平圣惠方[M].北京:人民卫生出版社,1959.

　　[32][宋]陈承、裴宗元、陈师文原著,[宋]许洪增广,[日]橘亲显等校正,韩刚等整理.增广太平惠民和剂局方[M].海口:海南出版社,2001.

[33][宋]宋徽宗撰,[宋]吴禔注,刘淑清校．政和圣济经[M]．北京:人民卫生出版社,1990.

[34][宋]宋徽宗等．政和圣济总录[M]．北京:人民卫生出版社,1962.

[35][宋]何大任著,李顺保校．太医局诸科程文格注释[M]．北京:学苑出版社,2007.

[36][宋]庞安时著,邹德琛、刘华生点校．伤寒总病论[M]．北京:人民卫生出版社,1989.

[37][宋]刘温舒．素问入式运气论奥[M]//裘沛然主编．中国医学大成三编:第1册[G]．长沙:岳麓书社,1994.

[38][宋]苏轼、沈括撰,杨俊杰、王振国点校．苏沈良方[M]．上海:上海科学技术出版社,2003.

[39][宋]郭思著,苏礼、杨承祖点校．千金宝要[M]．北京:人民卫生出版社,1986.

[40][宋]郭雍．仲景伤寒补亡论[M]．上海:上海科学技术出版社,1959.

[41][宋]张杲．医说[M]．上海:上海科学技术出版社,1984.

[42][宋]陈直．寿亲养老新书[M]．广州:广东高等教育出版社,1985.

[43][宋]刘昉．幼幼新书[M]．北京:人民卫生出版社,1987.

[44][宋]钱乙著,[宋]阎孝忠编集,张灿玾、郭君双点校．小儿药证直诀[M]．北京:人民卫生出版社,1991.

[45][宋]佚名撰,吴康健点校．小儿卫生总微论方[M]．北京:人民卫生出版社,1990.

[46][宋]陈文中撰,盛维忠、王致谱、傅芳等校注．陈氏小儿痘疹方论[M]．上海:上海科学技术出版社,2003.

[47][宋]杨士瀛著,盛维忠、王致谱、傅芳等校注．仁斋直指方[M]．福州:福建科学技术出版社,1989.

[48][宋]杨倓撰,于文忠等点校．杨氏家藏方[M]．北京:人民卫生出版社,1988.

[49][宋]陈无择．三因极一病症方论[M]//王象礼主编．唐宋金元名医全书大成·陈无择医学全书[G]．北京:中国中医药出版社,2005.

[50][宋]陈自明．管见大全良方[M]//盛维忠主编．唐宋金元名医全书大成·陈自明医学全书[G]．北京:中国中医药出版社,2005.

[51][宋]陈自明．妇人大全良方[M]//盛维忠主编．唐宋金元名医全书大成·陈自明医书全书[G]．北京:中国中医药出版社,2005.

[52][宋]许叔微．伤寒九十论[M]//刘景超主编．唐宋金元名医全书大成·许叔微医学全书[G]．北京:中国中医药出版社,2006．

[53][宋]许叔微．普济本事方[M]//蔡铁如主编．中华医书集成:第8册[G]．北京:中医古籍出版社,1997．

[54][宋]许叔微．类证普济本事方续集[M]//续修四库全书:第999册[G]．上海:上海古籍出版社,2002．

[55][宋]张锐．鸡峰普济方[M]//上海中医文献研究所古籍研究室编．中国医学珍本丛书[G]．上海:上海科学技术出版社,1987．

[56][宋]朱肱撰,唐迎雪、张成博、欧阳兵点校．类证活人书[M]．天津:天津科学技术出版社,2003．

[57][宋]王衮编．博济方[M]．上海:上海三联书店,1989．

[58][宋]史勘撰,王振国、朱宽点校．史载之方[M]．上海:上海科学技术出版社,2003．

[59][宋]王硕．易简方[M]．北京:人民卫生出版社,1995．

[60][宋]施发．续易简方论[M]．日本文政十年(1828年)松屏舍藏刻本．

[61][宋]卢祖常．续易简方论后集[M]．日本文政十年(1828年)松屏舍藏刻本．

[62][宋]洪遵著,宋咏梅、张云杰点校．洪氏集验方[M]．上海:上海科学技术出版社,2003．

[63][宋]王璆原辑,刘耀、张世亮、刘磊点校．是斋百一选方[M]．上海:上海科学技术出版社,2003．

[64][宋]程迥．医经正本书[M]//丛书集成初编[G]．上海:商务印书馆,1939．

[65][宋]张杲．医说[M]//裘沛然主编．中国医学大成三编:第12册[G]．长沙:岳麓书社,1988．

[66][宋]窦材撰,李晓露、于振暄点校．扁鹊心书[M]．北京:中医古籍出版社,1992．

[67][宋]庄绰．灸膏肓腧穴法[M]//[元]窦桂芳辑．针灸四书[G]．北京:人民卫生出版社,1983．

[68][宋]王愈．蕃牧纂验方[M]．北京:中国农业出版社,2001．

[69][金]张子和．儒门事亲[M]//曹炳章编辑．中国医学大成:第42册[G]．上海:上海科学技术出版社,1990．

[70][金]李东垣．内外伤辩惑论[M]//张年顺主编．唐宋金元名医全书大成·李东垣医学全书[G]．北京:中国中医药出版社,2006．

[71][元]许国桢编撰,王淑民、关雪点校.御药院方[M].北京:人民卫生出版社,1992.

[72][元]朱震亨.局方发挥[M]//田思胜主编.唐宋金元名医全书大成·朱丹溪医学全书[G].北京:中国中医药出版社,2006.

[73][元]释继洪纂修,郭瑞化、马湃点校.岭南卫生方[M].上海:上海科学技术出版社,2001.

[74][元]罗天益.罗天益医学全书[M].许敬生主编.唐宋金元名医全书大成[Z].北京:中国中医药出版社,2006.

[75][元]窦桂芳辑.针灸四书[M].北京:人民卫生出版社,1983.

[76][明]朱橚.普济方[M].北京:人民卫生出版社,1959.

[77][明]李时珍撰,夏魁周校注.李时珍医学全书[M].北京:中国中医药出版社,1996.

[78][明]李时珍.本草纲目(修订本)[M].北京:人民卫生出版社,2012.

[79][明]江瓘.名医类案[M].北京:人民卫生出版社,1983.

[80][明]张介宾著,赵立勋主校.景岳全书[M].北京:人民卫生出版社,1991.

[81][清]周扬俊著,赵旭初校点.温热暑疫全书[M].上海:上海科学技术出版社,1959.

[82][清]余伯陶.疫症集说[M].清宣统三年辛亥(1911年)素盒铅印本.

[83][清]魏之琇.续名医类案[M].北京:人民卫生出版社,1982.

[84][清]陈梦雷.古今图书集成医部全录[G].北京:人民卫生出版社,1962.

[85][清]程杏轩.医述[M].合肥:安徽科学技术出版社,1990.

[86][清]熊立品.瘟疫传证汇编[M].清乾隆四十二年丁酉西昌熊氏刻本.

[87][清]王士雄撰,图娅点校.温热经纬[M].沈阳:辽宁科学技术出版社,1997.

[88][清]朱纯嘏.痘疹定论[M]//续修四库全书:第1012册[G].上海:上海古籍出版社,2002.

[89][清]吴谦等撰,石学文等校.医宗金鉴[M].沈阳:辽宁科学技术出版社,1997.

[90][日]丹波元胤.中国医籍考[M].北京:人民卫生出版社,1955.

[91][日]冈西为人.宋以前医籍考[M].北京:人民卫生出版社,1958.

[92][日]丹波元简.医賸[M].北京:人民卫生出版社,1983.

[93][日]丹波康赖．医心方[M]．北京:华夏出版社,1996.

[94][朝鲜]金礼蒙辑,浙江省中医研究所、湖州中医院校．医方类聚[M]．北京:人民卫生出版社,1981.

[95][朝鲜]许浚．东医宝鉴[M]．万历四十一年(1613年)十一月朝鲜内医院刻本.

[96]河北医学院校．灵枢经校释[M]．北京:人民卫生出版社,1982.

[97]凌耀星主编．难经校注[M]．北京:人民卫生出版社,1991.

[98]郭霭春主编．黄帝内经素问校注[M]．北京:人民卫生出版社,1992.

[99]陈邦贤．二十六史医学史料汇编[G]．北京:中国中医科学院中国医史文献研究所,1982.

[100]中国医籍提要编写组．中国医籍提要[M]．长春:吉林人民出版社,1984.

[101]陶御风、朱邦贤、洪丕谟．历代笔记医事别录[M]．天津:天津科学技术出版社,1988.

[102]曹炳章编辑．中国医学大成[G]．上海:上海科学技术出版社,1990.

[103]曹炳章编辑．中国医学大成续集[G]．上海:上海科学技术出版社,2000.

[104]裘沛然主编．中国医学大成三编[G]．长沙:岳麓书社,1988.

[105]吴润秋主编．中华医书集成[G]．北京:中医古籍出版社,1999.

[106]郑金生主编．海外回归中医善本古籍丛书[G]．北京:人民卫生出版社,2002.

[107]胡国臣主编．唐宋金元名医全书大成[G]．北京:中国中医药出版社,2006.

[108]郑金生整理．南宋珍稀本草三种[M]．北京:人民卫生出版社,2007.

[109]尚志钧校注．神农本草经校注[M]．北京:学苑出版社,2008.

二、历史文献

[110][汉]郑玄著,[唐]孔颖达疏．礼记注疏[M]//[清]阮元校刻．十三经注疏[G]．北京:中华书局,1982.

[111][汉]郑玄注,[唐]贾公彦疏．周礼注疏[M]//[清]阮元校刻．十三经注疏[G]．北京:中华书局,1982.

[112][汉]何休注．春秋公羊传注疏[M]//[清]阮元校刻．十三经注疏[G]．北京:中华书局,1982.

[113][汉]刘安等原著,[汉]高诱注,何宁集释．淮南子集释[M]．北京:中华

书局,1998.

[114][汉]许慎.说文解字[M].天津:天津古籍出版社,1991.

[115][晋]王弼注,[唐]孔颖达撰.周易正义[M]//[清]阮元校刻.十三经注疏[G].北京:中华书局,1982.

[116][晋]杜预注,[唐]孔颖達疏.春秋左传注疏[M]//[清]阮元校刻.十三经注疏[G].北京:中华书局,1982.

[117][唐]房玄龄等.晋书[M].北京:中华书局,1974.

[118][唐]李林甫等撰,陈仲夫点校.唐六典[M].北京:中华书局,1992.

[119][后晋]刘昫等.旧唐书[M].北京:中华书局,1975.

[120][宋]李焘.续资治通鉴长编[M].北京:中华书局,2004.

[121][宋]李焘撰,[清]黄以周辑注,顾吉辰点校.续资治通鉴长编拾补[M].北京:中华书局,2004.

[122][宋]佚名.宋大诏令集[M].北京:中华书局,1997.

[123][宋]钱若水撰,燕永成点校.宋太宗实录[M].兰州:甘肃人民出版社,2005.

[124][宋]陈均编,许沛藻、金圆、顾吉辰等点校.皇朝编年纲目备要[M].北京:中华书局,2006.

[125][元]脱脱等.宋史[M].北京:中华书局,2007.

[126][清]徐松辑.宋会要辑稿[G].北京:中华书局,2006.

[127][清]徐松辑,陈智超整理.宋会要辑稿补编[G].北京:中华书局,1992.

[128][宋]窦仪等撰,薛梅卿点校.宋刑统[M].北京:法律出版社,1999.

[129][宋]谢深甫等纂.庆元条法事类[M]//续修四库全书:第861册[G].上海:上海古籍出版社,2002.

[130][宋]佚名,中国社会科学院历史研究所宋辽金元史研究室点校.名公书判清明集[M].北京:中华书局,1992.

[131][宋]杨仲良撰,李之亮点校.皇宋通鉴长编纪事本末[M].哈尔滨:黑龙江人民出版社,2006.

[132][宋]李心传.建炎以来系年要录[M].北京:中华书局,1956.

[133][宋]李心传撰,徐规点校.建炎以来朝野杂记[M].北京:中华书局,2006.

[134][宋]徐梦莘.三朝北盟会编[M].上海:上海古籍出版社,1987.

[135][宋]刘时举.续宋编年资治通鉴[M]//丛书集成初编[G].上海:商务

印书馆,1939.

　　[136][宋]留正.增入名儒讲义皇宋中兴两朝圣政[M]//续修四库全书:第348册[G].上海:上海古籍出版社,1996.

　　[137][宋]佚名编,汝企和点校.续编两朝纲目备要[M].北京:中华书局,1995.

　　[138][宋]熊克.中兴小纪[M]//丛书集成初编[G].上海:商务印书馆,1937.

　　[139][宋]高承撰,金圆、许沛藻点校.事物纪原[M].北京:中华书局,1989.

　　[140][宋]孙逢吉.职官分纪[M].北京:中华书局,1988.

　　[141][宋]王称撰,孙言诚、崔国光点校.东都事略[M]//刘晓东等主编.二十五别史[G].济南:齐鲁书社,2000.

　　[142][宋]赵汝愚编,邓广铭等校点.宋朝诸臣奏议[M].上海:上海古籍出版社,1999.

　　[143][宋]江少虞.宋朝事实类苑[M].上海:上海古籍出版社,1981.

　　[144][宋]吕中.类编皇朝大事记讲义[M].台北:文海出版社,1981.

　　[145][宋]彭百川.太平治迹统类[M].扬州:江苏广陵古籍刻印社,1981.

　　[146][宋]张镃.皇朝仕学规范[M]//南宋淳熙三年(1176年)刻本.北京图书馆古籍珍本丛刊:第68册[G].北京:书目文献出版社,1998.

　　[147][宋]王禹偁.小畜集[M]//四部丛刊初编[G].上海:商务印书馆,1922.

　　[148][宋]李觏著,王国轩点校.李觏集[M].北京:中华书局,1981.

　　[149][宋]张载著,章锡琛点校.张载集[M].北京:中华书局,2006.

　　[150][宋]范仲淹著,[清]范能濬编辑,薛正兴校.范仲淹全集[M].南京:凤凰出版社,2004.

　　[151][宋]程颢、程颐著,王孝鱼点校.二程集[M].北京:中华书局,2004.

　　[152][宋]包拯著,杨国宜校注.包拯集校注[M].合肥:黄山书社,1999.

　　[153][宋]欧阳修著,李逸安点校.欧阳修全集[M].北京:中华书局,2001.

　　[154][宋]王安石撰,唐式标点校.王文公文集[M].上海:上海古籍出版社,1974.

　　[155][宋]司马光.温国文正司马公文集[M]//四部丛刊初编缩编:第181—182册[G].上海:商务印书馆,1936.

　　[156][宋]司马光撰,邓广铭、张希清点校.涑水记闻[M].北京:中华书局,1997.

[157][宋]韩琦.安阳集[M].明武宗正德九年(1514年)张士隆刻本.

[158][宋]韩琦.韩魏公集[M].北京:中华书局,1985.

[159][宋]苏颂著,王同策、管成学、颜中其等点校.苏魏公文集[M].北京:中华书局,2004.

[160][宋]蔡襄著,吴以宁点校.蔡襄集[M].上海:上海古籍出版社,1996.

[161][宋]蔡襄著,陈庆元、欧明俊、陈贻庭校.蔡襄全集[M].福州:福建人民出版社,1999.

[162][宋]苏轼著,孔凡礼点校.苏轼文集[M].北京:中华书局,1986.

[163][宋]苏辙著,陈宏天、高秀芳校点.苏辙集[M].北京:中华书局,1990.

[164][宋]曾巩撰,彭期订.隆平集[M].清康熙辛巳年(1701年)七业堂刻本.

[165][宋]曾巩撰,陈杏珍、晁继周点校.曾巩集[M].北京:中华书局,1984.

[166][宋]黄庭坚著,刘琳、李勇先、黄蓉贵点校.宋黄文节公全集[M].成都:四川大学出版社,2001.

[167][宋]刘挚撰,裴汝诚点校.忠肃集[M].北京:中华书局,2002.

[168][宋]苏舜卿.苏学士文集[M]//四部丛刊初编缩编:第179册[G].上海:商务印书馆,1936.

[169][宋]杜大珪编.名臣碑传琬琰之集[M]//影印文渊阁《四库全书》:第450册[G].台北:商务印书馆,1986.

[170][宋]郑居中.政和五礼新仪[M]//影印文渊阁《四库全书》:第647册[G].台北:商务印书馆,1986.

[171][宋]谢惟新.古今合璧事类备要[M]//影印文渊阁《四库全书》:第939—941册[G].台北:商务印书馆,1986.

[172][宋]夏竦.文庄集[M]//影印文渊阁《四库全书》:第1087册[G].台北:商务印书馆,1986.

[173][宋]郑獬.郧溪集[M]//影印文渊阁《四库全书》:第1097册[G].台北:商务印书馆,1986.

[174][宋]祖无择.龙学文集[M]//影印文渊阁《四库全书》:第1098册[G].台北:商务印书馆,1986.

[175][宋]范祖禹.范太史集[M]//影印文渊阁《四库全书》:第1100册[G].台北:商务印书馆,1986.

[176][宋]李复.潏水集[M]//影印文渊阁《四库全书》:第1121册[G].台北:商务印书馆,1986.

[177][宋]李昭玘.乐静集[M]//影印文渊阁《四库全书》:第1122册[G].台

北:商务印书馆,1986.

[178][宋]许景衡.横塘集[M]//影印文渊阁《四库全书》:第 1127 册[G].台北:商务印书馆,1986.

[179][宋]曹彦约.昌谷集[M]//影印文渊阁《四库全书》:第 1167 册[G].台北:商务印书馆,1986.

[180][宋]李光.庄简集[M]//影印文渊阁《四库全书》:第 1128 册[G].台北:商务印书馆,1986.

[181][宋]陈渊.默堂集[M]//影印文渊阁《四库全书》:第 1139 册[G].台北:商务印书馆,1986.

[182][宋]蔡戡.定斋集[M]//影印文渊阁《四库全书》:第 1157 册[G].台北:商务印书馆,1986.

[183][宋]陈造、孙应时.江湖长翁集[M]//影印文渊阁《四库全书》:第 1166 册[G].台北:商务印书馆,1986.

[184][宋]孙应时.烛湖集[M]//影印文渊阁《四库全书》:第 1166 册[G].台北:商务印书馆,1986.

[185][宋]欧阳守道.巽斋文集[M]//影印文渊阁《四库全书》:第 1183 册[G].台北:商务印书馆,1986.

[186][宋]周必大.周益国文忠公集[M]//影印文渊阁《四库全书》:第 1194 册[G].台北:商务印书馆,1986.

[187][宋]陈起编.江湖小集[M]//影印文渊阁《四库全书》:第 1357 册[G].台北:商务印书馆,1986.

[188][宋]叶梦得.石林居士建康集[M].清宣统三年(1911 年)长沙叶德辉观古堂刻本.

[189][宋]杨时.杨龟山集[M]//丛书集成初编[G].上海:商务印书馆,1937.

[190][宋]王明清.挥麈录[M].北京:中华书局,1964.

[191][宋]陆游.陆游集[M].北京:中华书局,1976.

[192][宋]陆游.陆放翁全集[M].北京:中国书店,1991.

[193][宋]徐元杰著,[清]潘锡恩校.楳埜集[M].清道光二十八年(1848 年)泾县潘氏袁江节署求是斋刻潘锡恩辑《乾坤正气集》本,清同治五年(1866 年)重印.

[194][宋]朱熹撰,朱杰勤主编.朱子全书[M].上海:上海古籍出版社、合肥:安徽教育出版社,2002.

[195][宋]吕祖谦编,齐治平校.宋文鉴[M].北京:中华书局,1992.

[196][宋]王珪.华阳集[M]//丛书集成初编[G].北京:中华书局,1985.

[197][宋]刘宰.漫塘文集[M].民国十五年(1926年)吴兴刘氏嘉业堂刻本.

[198][宋]晁公遡.新刊嵩山居士文全集[M]//南宋乾道四年(1168年)刻本.翁万戈编.常熟翁氏世藏古籍善本丛书[G].北京:文物出版社,1996.

[199][宋]晁说之.嵩山景迂生文集[M]//四部丛刊续编[G].上海:商务印书馆,1934.

[200][宋]邵浩.景宋绍熙本坡门酬唱集[M].清宣统三年(1911年)贵池刘世珩玉海堂刻本.

[201][宋]陈郁.藏一话腴集[M].民国三年(1914年)乌程张钧衡《适园丛书》刻本.

[202][宋]刘敞.公是集[M]//丛书集成初编[G].北京:中华书局,1985.

[203][宋]彭龟年.止堂集[M]//丛书集成初编[G].北京:中华书局,1985.

[204][宋]秦观著,徐培均笺注.淮海集笺注[M].上海:上海古籍出版社,2000.

[205][宋]赵抃.赵清献公文集[M].南宋景定元年(1260年)陈仁玉刻元明递修本.

[206][宋]真德秀.西山先生真文忠公续文章正宗[M].明弘治十七年(1504年)戴镛重修国子监刻本.

[207][宋]真德秀.西山先生真文忠公文集[M]//丛书集成初编[G].上海:商务印书馆,1937.

[208][宋]罗从彦.罗豫章先生文集[M]//丛书集成初编[G].上海:商务印书馆,1936.

[209][宋]孙觌.鸿庆居士文集[M]//丛书集成续编:第137册[G].台北:新文丰出版公司,1988.

[210][宋]张耒撰,李逸安、孙通海、傅信点校.张耒集[M].北京:中华书局,1989.

[211][宋]周行己撰,周梦江点校.周行己集[M].上海:上海社会科学院出版社,2002.

[212][宋]刘克庄.后村先生大全集[M]//四部丛刊[G].上海:商务印书馆,1919.

[213][宋]王之道撰,沈怀玉、凌波点校.相山集[M].北京:北京图书馆出版社,2006.

[214][宋]袁燮.絜斋集[M]//丛书集成初编[G].北京:中华书局,1985.

[215][宋]张栻.张南轩先生文集[M]//丛书集成初编[G].北京:中华书局,1985.

[216][宋]吕陶.净德集[M]//丛书集成初编[G].北京:中华书局,1985.

[217][宋]黄震.慈溪黄氏日抄分类[M].清乾隆三十二年(1767年)新安汪佩锷刻本.

[218][宋]陈思.宝刻丛编[M].清光绪十四年(1888年)吴兴陆心源十万卷楼刻《十万卷楼丛书》本.

[219][宋]刘攽.彭城集[M]//丛书集成初编[G].北京:中华书局,1985.

[220][宋]李元纲.厚德录[M].民国十六年(1927年)武进陶氏涉园刻南宋左圭辑《百川学海》本.

[221][宋]储泳.祛疑说[M].民国十六年(1927年)武进陶氏涉园刻南宋左圭辑《百川学海》本.

[222][宋]楼钥.攻媿集[M].四部丛刊[G].上海:商务印书馆,1919.

[223][宋]叶适著,刘公纯等校.叶适集[M].北京:中华书局,1961.

[224][宋]丁特起.靖康纪闻[M].清道光十一年(1831年)《学海类编》本.

[225][宋]无名氏.朝野遗记[M].清道光十一年(1831年)《学海类编》本.

[226][宋]赵溍.养疴漫笔[M].清道光十一年(1831年)《学海类编》本。

[227][宋]赵舆時著,齐治平点校.宾退录[M].上海:上海古籍出版社,1983.

[228][宋]吴曾.能改斋漫录[M].上海:上海古籍出版社,1984.

[229][宋]龚明之撰,孙菊圆点校.中吴纪闻[M].上海:上海古籍出版社,1986.

[230][宋]曾敏行著,朱杰人校.独醒杂志[M].上海:上海古籍出版社,1986.

[231][宋]范致明.岳阳风土记[M]//丛书集成新编:第95册[G].台北:新文丰出版公司,1985.

[232][宋]江万里.宣政杂录[M]//[元]陶宗仪.说郛[Z].北京:中国书店,1986.

[233][宋]蔡絛撰,冯惠民、沈锡麟点校.铁围山丛谈[M].北京:中华书局,1997.

[234][宋]周密撰,吴企明点校.癸辛杂识[M].北京:中华书局,1997.

[235][宋]范镇撰,汝沛点校.东斋记事[M].北京:中华书局,1997.

[236][宋]邵伯温撰,李剑雄、刘德权点校.邵氏闻见录[M].北京:中华书

局,1997.

[237][宋]王栐撰,诚刚点校.燕翼诒谋录[M].北京:中华书局,1997.

[238][宋]方勺撰,许沛藻点校.泊宅编[M].北京:中华书局,1997.

[239][宋]庄绰撰,萧鲁阳点校.鸡肋编[M].北京:中华书局,1997.

[240][宋]朱弁撰,孔凡礼点校.曲洧旧闻[M].北京:中华书局,2002.

[241][宋]赵升撰,王瑞来点校.朝野类要[M].北京:中华书局,2007.

[242][宋]朱彧.萍洲可谈[M]//宋元笔记小说大观:第2册[G].上海:上海古籍出版社,2001.

[243][宋]俞文豹.吹剑录外集[M]//知不足斋丛书:第24册[G].上海古书流通处,1921.

[244][宋]朱翌.猗觉寮杂记[M]//笔记小说大观:第6册[G].扬州:江苏广陵古籍刻印社,1983.

[245][宋]沈作喆.寓简[M].清乾隆四〇年(1775年)长塘鲍廷博刻《知不足斋丛书》本.

[246][宋]洪迈撰,何卓点校.夷坚志[M].北京:中华书局,1981.

[247][宋]洪迈撰,孔凡礼点校.容斋随笔[M].北京:中华书局,2005.

[248][宋]王尧臣撰,钱东垣辑.崇文总目[M]//丛书集成初编[G].上海:商务印书馆,1937.

[249][宋]陈振孙撰,徐小蛮、顾美华点校.直斋书录解题[M].上海:上海古籍出版社,1987.

[250][宋]王应麟.玉海[M].南京:江苏古籍出版社、上海:上海书店,1987.

[251][宋]晁公武撰,孙猛校正.郡斋读书志校证[M].上海:上海古籍出版社,1990.

[252][宋]章如愚.群书考索[M].北京:书目文献出版社,1992.

[253][宋]曾慥.类说[M]//北京图书馆古籍珍本丛刊:第62册[G].北京:书目文献出版社,1988.

[254][元]佚名撰,李之亮点校.宋史全文[M].哈尔滨:黑龙江人民出版社,2005.

[255][元]马端临.文献通考[M].北京:中华书局,1986.

[256][元]佚名撰,[清]钱锡祚校.宋季三朝政要[M]//丛书集成初编[G].上海:商务印书馆馆,1939.

[257][元]赵道一.历世真仙体道通鉴续篇[M]//张继禹主编.中华道藏:第47册[G].北京:华夏出版社,2004.

[258][明]陶宗仪等编.说郛三种[M].上海:上海古籍出版社,1988.

[259][明]黄淮、杨士奇编.历代名臣奏议[M].上海:上海古籍出版社,1989.

[260][明]凌迪知.万姓统谱[M].成都:巴蜀书社,1995.

[261][清]严可均辑.全上古三代秦汉三国六朝文[G].北京:中华书局,1985.

[262][清]黄本骥.历代职官表[M].北京:中华书局,1984.

[263][清]永瑢、纪昀.四库全书总目[M].北京:中华书局,2003.

[264][清]潘永因编,刘卓英点校.宋稗类钞[M].北京:书目文献出版社,1985.

[265][清]赵翼著,王树民校正.廿二史札记校正[M].北京:中华书局,1984.

[266][清]叶德辉.书林清话[M].北京:古籍出版社,1957.

[267][清]陆曾禹.钦定康济录[M]//李文海、夏明芳主编.中国荒政全书:第2辑第1卷[G].北京:北京古籍出版社,2003.

[268]北京大学古文献研究所编.全宋诗[G].北京:北京大学出版社,1991—1998.

[269]唐圭璋编纂,王仲闻参订,孔凡礼补辑.全宋词[G].北京:中华书局,1999.

[270]曾枣庄、刘琳主编.全宋文[G].上海:上海辞书出版社、合肥:安徽教育出版社,2006.

[271]朱易安、傅璇琮、周常林等主编.全宋笔记[G].郑州:大象出版社,2003,2005,2006,2008,2012.

三、科技史及地方志文献

[272][宋]沈括撰,胡道静校注.梦溪笔谈校注[M].上海:上海古籍出版社,1987.

[273][宋]曾公亮、丁度撰,[明]唐富春校.武经总要[M]//中国兵书集成:第3册[G].北京:解放军出版社、沈阳:辽沈书社,1988.

[274][宋]许洞.虎钤经[M]//中国兵书集成:第6册[G].北京:解放军出版社、沈阳:辽沈书社,1992.

[275][宋]佚名撰,桂第子译注.宣和书谱[M].长沙:湖南美术出版社,1999.

[276][宋]陈旉著,万国鼎校注.陈旉农书[M].北京:农业出版社,1965.

[277][宋]周去非撰,杨武泉校注.岭外代答校注[M].北京:中华书局,1999.

[278][宋]范成大撰,陆振岳点校.吴郡志[M].南京:江苏古籍出版社,1999.

[279][宋]乐史.太平寰宇记[M].北京:中华书局,2000.

[280][宋]王存撰,王文楚、魏嵩山点校.元丰九域志[M].北京:中华书局,2005.

[281][宋]祝穆撰,[宋]祝洙增订,施和金点校.方舆胜览[M].北京:中华书局,2003.

[282][宋]孟元老撰,邓之诚注.东京梦华录注[M].北京:中华书局,2004.

[283][宋]潜说友.咸淳临安志[M]//宋元方志丛刊:第4册[G].北京:中华书局,2006.

[284][宋]周淙.乾道临安志[M]//宋元方志丛刊:第4册[G].北京:中华书局,2006.

[285][宋]胡榘修,罗浚等纂.宝庆四明志[M]//宋元方志丛刊:第5册[G].北京:中华书局,2006.

[286][宋]陈耆卿.嘉定赤城志[M]//宋元方志丛刊:第7册[G].北京:中华书局,2006.

[287][宋]沈作宾修,施宿等纂.嘉泰会稽志[M]//宋元方志丛刊:第7册[G].北京:中华书局,2006.

[288][宋]赵不悔修,罗愿纂.新安志[M]//宋元方志丛刊:第8册[G].北京:中华书局,2006.

[289][宋]梁克家.淳熙三山志[M]//宋元方志丛刊:第8册[G].北京:中华书局,2006.

[290][宋]周应合.景定建康志[M]//宋元方志丛刊:第8册[G].北京:中华书局,2006.

[291][元]徐硕.至元嘉禾志[M]//宋元方志丛刊:第5册[G].北京:中华书局,2006.

[292][明]刘伯缙修,[明]陈善纂.万历杭州府志[M].台北:学生书局,1965.

[293][明]程敏政纂修,[明]欧阳旦增修.休宁志[M]//北京图书馆古籍珍本丛刊:第29册[G].北京:书目文献出版社,1988.

[294][明]彭泽修,[明]汪舜民纂.弘治徽州府志[M]//天一阁藏明代方志选

刊[G].上海:上海古籍书店,1964.

[295][明]王鏊.姑苏志[M]//影印文渊阁《四库全书》:第493册[G].台北:商务印书馆,1986.

[296][明]张元忭.万历会稽县志[M].明万历三年(1575年)刻本.

[297][明]董斯张.吴兴备志[M].民国三年(1914年)刘氏嘉业堂刻刘承干辑《吴兴丛书》本.

[298][清]王国安等修,[清]黄宗羲等纂.康熙浙江通志[M].清康熙二十三年(1684年)刻本.

[299][清]谢旻修,[清]陶成纂.雍正江西通志[M]//影印文渊阁《四库全书》:第515册[G].台北:商务印书馆,1986.

[300][清]金鉷监修,钱元昌编纂.雍正广西通志[M]//影印文渊阁《四库全书》:第566—568册[G].台北:商务印书馆,1986.

[301][清]嵇曾筠、李卫等修,[清]沈翼机、傅王露等纂.雍正浙江通志[G].上海:商务印书馆,1934.

[302][清]迈柱修,[清]夏力恕等纂.雍正湖广通志[M]//影印文渊阁《四库全书》:第531—534册[G].台北:商务印书馆,1986.

[303][清]尹继善等修,[清]黄之隽等纂.乾隆江南通志[M]//清乾隆元年刻本.凤凰出版社编.中国地方志集成省志辑[G].南京:凤凰出版社,2011.

[304][清]常明修,[清]杨芳灿、谭光祜纂.嘉庆四川通志[M].成都:巴蜀书社,1984.

[305][清]卡宝第、李瀚章等修,[清]曾国荃、郭嵩焘等纂.光绪湖南通志[M].台北:京华书局,1967.

[306][清]姜承基修,[清]常在纂.康熙永州府志[M].北京:书目文献出版社,1992.

[307][清]隆庆、吕恩湛等修,[清]宗绩辰纂.道光永州府志[M]//清同治六年刻本.中国地方志集成·湖南府县志辑[G].南京:江苏古籍出版社,2002.

[308][清]陈嘉榆等修,[清]王闿运纂.光绪湘潭县志[M]//续修四库全书:第712册[G].上海:上海古籍出版社,2002.

[309][清]来汝缘、张鸿修,[清]王学浩等纂.道光昆新两县志[M]//清道光五年刻本.中国地方志集成·江苏府县志辑[G].南京:江苏古籍出版社,1991.

[310][清]金吴澜、李福沂修,[清]汪堃、朱成熙纂.光绪昆新两县续修合志[M]//清光绪六年刻本.中国地方志集成·江苏府县志辑[G].南京:江苏古籍出版社,1991.

[311][清]武念祖修,[清]陈栻纂.道光上元县志[M]//清道光四年刻本.中国地方志集成·江苏省府县辑[G].南京:江苏古籍出版社,1991.

[312][清]陈璚修,[清]王棻纂,屈映光续修,陆懋勋续纂,齐耀珊重修,吴庆坻重纂.光绪民国杭州府志[M].台北:成文出版社,1983.

[313][清]宗源翰、郭式昌修,[清]周学濬、汪日桢纂.同治湖州府志[M].清同治十三年(1874年)爱山书院刻本.

[314][清]陈和志修,[清]倪师孟、沈彤纂.乾隆震泽县志[M]//清光绪十九年刻本.中国地方志集成·江苏府县志专辑[G].南京:江苏古籍出版社,1991.

[315][清]潘玉璿、冯健修,[清]周学濬、汪曰桢纂.光绪乌程县志[M].清光绪七年(1881年)刻本.

[316][清]李昱修,[清]陆心源等纂.光绪归安县志[M].清光绪八年(1882年)刻本.

[317][清]刘丙等修,[清]梁栖鸾等纂.道光宁都直隶州志[M].清道光四年(1824年)刊本。

[318][清]裴大中修,[清]秦缃业纂.光绪无锡金匮县志[M]//清光绪七年刻本.中国地方志集成·江苏府县志专辑[G].南京:江苏古籍出版社,1991.

[319][清]陈玉琪等纂,[清]于琨修.康熙常州府志[M]//清康熙三十四年刻本.中国地方志集成·江苏府县志辑[G].南京:江苏古籍出版社,1991.

[320][清]阿克当阿修,[清]姚文田、江藩等纂.嘉庆扬州府志[M].南京:江苏古籍出版社,1991.

[321][清]沈德潜、傅王露辑,[清]梁诗正纂.西湖志纂[M].台北:文海出版社,1971.

[322][民国]郑重修,余晋芳纂.麻城县志前编[M].汉口:汉口中亚印书馆,1935.

[323][民国]蔡蓉升纂修.民国双林镇志[M].上海:上海商务印书馆,1917.

[324][民国]周庆云纂修.南浔志[M].民国十七年(1928年)增刻本.

[325][民国]张应麟修,张永和纂.民国成安县志[M].民国二十年(1931年)天津文竹斋刻本.

四、研究著作

[326]陈邦贤.中国医学史[M].北京:商务印书馆,1957.

[327]廖育群、傅芳、郑金生.中国科学技术史·医学卷[M].北京:科学出版社,1998.

[328]廖育群.医者意也:认识中医[M].桂林:广西师范大学出版社,2006.

[329]廖育群．中国传统医药[M]．北京:五洲传播出版社,2006.

[330]李经纬．中国医学之辉煌——李经纬文集[M]．北京:中国中医药出版社,1998.

[331]李经纬、林昭庚主编．中国医学通史·古代卷[M]．北京:人民卫生出版社,2000.

[332]李经纬．中医史[M]．海口:海南出版社,2007.

[333]谢观著,余永燕点校．中国医学源流论[M]．福州:福建科学技术出版社,2003.

[334]严世芸．宋代医家学术思想研究[M]．上海:上海中医学院出版社,1993.

[335]范行准．中国预防医学思想史[M]．上海:华东医务生活社,1953.

[336]范行准．中国医学史略[M]．北京:中医古籍出版社,1986.

[337]范行准著,伊广谦等整理．中国病史新义[M]．北京:中医古籍出版社,1989.

[338]甄志亚主编．中国医学史[M]．北京:人民卫生出版社,1991.

[339]朱克文、高恩显、龚纯主编．中国军事医学史[M]．北京:人民军医出版社,1996.

[340]龚纯．中国历代卫生组织及医学教育[M]．北京:世界图书出版公司,1998.

[341]王振国主编．中国古代医学教育与考试制度研究[M]．济南:齐鲁书社,2006.

[342]邓拓．中国救荒史[M]．北京:北京出版社,1998.

[343]张剑光．三千年疫情[M]．南昌:江西高校出版社,1998.

[344]梁峻．中国古代医政史略[M]．呼和浩特:内蒙古人民出版社,1995.

[345]梁峻．古今中外大疫启示录[M]．北京:人民出版社,2003.

[346]李文波．中国传染病史料[M]．北京:化学工业出版社,2004.

[347]盛增秀、陈勇毅主编．中医治疫名论名方名案[M]．北京:人民卫生出版社,2006.

[348]张志斌．中国古代疫病流行年表[M]．福州:福建科学技术出版社,2007.

[349]王季午主编．中国医学百科全书[M]．上海:上海科学技术出版社,1985.

[350]顾婉生主编．预防医学概论[M]．上海:上海科技出版社,1988.

[351]李家庚、余新华等主编．中医传染病学[M].北京:中国医药科技出版社,1997.

[352]陶汉华等主编．中医病因病机学[M].北京:中国医药科技出版社,2002.

[353]张登本．中医学理论[M].北京:中国中医药出版社,2003.

[354]梁永宣等．中医药学简史[M].北京:中国中医药出版社,2005.

[355]李大琦主编．中医方剂学[M].成都:四川科学技术出版社,2007.

[356]石学敏、戴锡孟、王健主编．中医内科学[M].北京:中国中医药出版社,2009.

[357]刘忠德、张鸥主编．中医外科学[M].北京:中国中医药出版社,2009.

[358]冷向阳、曹世奎主编．中医临床学[M].北京:科学技术文献出版社,2012.

[359]彭文伟．传染病学(第五版)[M].北京:人民卫生出版社,2001.

[360]梁学勇主编．动物传染病[M].重庆:重庆大学出版社,2007.

[361]车离主编．探寻思想轨迹——中医学史的文化哲学研究[M].北京:中国人民大学出版社,1992.

[362]桑林．瘟疫:文明的代价[M].广州:广东经济出版社,2003.

[363]郭声波．宋朝官方文化机构研究[M].成都:天地出版社,2000.

[364]张文．宋朝社会救济研究[M].重庆:西南师范大学出版社,2001.

[365]汪圣铎、胡玉．宋代医政研究[D].保定:河北大学硕士学位论文,2005.

[366]林惠祥．林惠祥人类学论著[M].福州:福建人民出版社,1981.

[367]任应秋．运气学说[M].上海:上海科技出版社,1982.

[368]陈乐平．出入"命门"——中国医学文化学导论[M].上海:上海三联书店,1991.

[369]马伯英．中国医学文化史[M].上海:上海人民出版社,1994.

[370]胡继春主编．医学社会学[M].武汉:华中科技大学出版社,2005.

[371]谢成侠．中国养牛羊史(附养鹿简史)[M].北京:农业出版社,1985.

[372]谢成侠．中国养马史[M].北京:科学出版社,1959.

[373]中国畜牧兽医学会、中兽医研究会主编．中兽医学史略——附中兽医名人录[M].北京:农业出版社,1992.

[374]于船、牛家藩编著．中兽医学史简编[M].太原:山西科学技术出版社,1993.

[375]邹介正、牛家藩、王名农等编．中国古代畜牧兽医史[M].北京:中国农

业科技出版社,1994.

[376]曾雄生.中国农学史[M].福州:福建人民出版社,2008.

[377]苏克福、管成学、邓明鲁主编.苏颂与《本草图经》研究[M].长春:长春出版社,1991.

[378]宋子良、王平主编.科学社会史[M].北京:科学技术文献出版社,1991.

[379]张秀民著,韩琦增订.中国印刷史[M].杭州:浙江古籍出版社,2006.

[380]陈寅恪.金明馆丛稿二编[M].上海:上海古籍出版社,1980.

[381]邓广铭.邓广铭全集[M].石家庄:河北教育出版社,2005.

[382]漆侠.中国经济通史·宋代经济卷[M].北京:经济日报出版社,1999.

[383]漆侠.漆侠全集[M].保定:河北大学出版社,2008.

[384]漆侠主编.辽宋西夏金代通史[M].北京:人民出版社,2010.

[385]朱瑞熙.中国政治制度史:第六卷[M].北京:人民出版社,1996.

[386]周良霄.皇帝与皇权[M].上海:上海古籍出版社,1999.

[387]陈正祥.中国文化地理[M].香港:香港三联书店,1983.

[388]龚延明.宋史职官志补正[M].杭州:浙江古籍出版社,1991.

[389]龚延明.宋代官制辞典[M].北京:中华书局,1997.

[390]王曾瑜.岳飞和南宋前期政治与军事研究[M].开封:河南大学出版社,2002.

[391]王曾瑜.宋朝阶级结构(增订版)[M].北京:中国人民大学出版社,2008.

[392]王曾瑜.宋朝军制初探(增订本)[M].北京:中华书局,2011.

[393]梁太济.两宋阶级关系的若干问题[M].保定:河北大学出版社,1998.

[394]邓小南.宋代文官选任制度诸层面[M].石家庄:河北教育出版社,1993.

[395]苗书梅.宋代官员选任和管理制度[M].开封:河南大学出版社,1996.

[396]张希清.中国科举考试制度[M].北京:新华出版社,1993.

[397]毛礼锐、沈灌群主编.中国教育通史[M].济南:山东教育出版社,1995.

[398]郭东旭.宋代法制研究[M].保定:河北大学出版社,2000.

[399]高纪春.《宋史·本纪》考证[M].保定:河北大学出版社,2000.

[400]李华瑞.宋史论集[M].保定:河北大学出版社,2001.

[401]游彪.宋代荫补制度研究[M].北京:中国社会科学出版社,2001.

[402]宋兆麟.巫觋——人与鬼神之间[M].北京:学苑出版社,2001.

[403]刘黎明.宋代民间巫术研究[M].成都:巴蜀书社,2004.

[404]王章伟.在国家与社会之间——宋代巫觋信仰研究[M].香港:中华书局,2005.

[405]何忠礼.科举与宋代社会[M].北京:商务印书馆,2006.

[406]皮庆生.宋代民众祠神信仰研究[M].上海:上海古籍出版社,2008.

[407]尚平.南宋马政研究[D].首都师范大学历史学博士学位论文,2009.

[408]孙小淳、曾雄生主编.宋代国家文化中的科学[M].北京:中国科学技术出版社,2007.

[409]乐爱国.宋代的儒学与科学[M].北京:中国科学技术出版社,2007.

[410]Sun Xiaochun. *State and Science：Scientific Innovations in Northern Song China*,960—1127[D]. University of Pennsylvania. Ph. D. Dissertation,2007.

五、研究论文

[411]李涛.南宋的医学[J].中华医史杂志,1954,(1):40—48.

[412]唐志炯.唐宋的医事律令[J].医学史与保健组织,1958,2(4):305.

[413]冯汉镛.祖国中古时代的医院——安济坊[J].医学史与保健组织,1958,2(2):144.

[414]冯汉镛.瘴气的文献研究[J].中华医史杂志,1981,11(1):44.

[415]郑金生.宋代本草史[J].中华医史杂志,1982,12(4):204—208.

[416]蒋建国.唐宋至元初浙江传染病大流行的初步考证[J].浙江医学,1984,4(5):65—66.

[417]萧璠.汉宋间文献所见古代中国南方的地理环境与地方病及其影响[J].中央研究院历史语言研究所集刊,1993,63(1):67~171.

[418]李经纬.论唐代医学教育[A]//中国医学之辉煌——李经纬文集[M].北京:中国中医药出版社,1998:22.

[419]李经纬.北宋皇帝与医学[J].中国科技史料,1989,(3):3—20.

[420]李经纬.传统医学发展与政策因素[A]//中国医学之辉煌——李经纬文集[M].北京:中国中医药出版社,1998:48.

[421]龚纯.王安石变法与北宋的医学教育[J].中华医史杂志,1955,(3):175.

[422]龚纯.宋金元的卫生组织[J].医学史与保健组织,1957,(2):138—143.

[423]龚纯.南宋的医学教育[J].中华医史杂志,1981,11(3):137—138.

[424]龚纯．宋代的军事医学[J]．中华医史杂志,1994,24(4):240—243.

[425]龚胜生．2000年来中国瘴病分布变迁的初步研究[J]．地理学报,1993,48(4):304—315.

[426]尚志钧．宋代本草著作的概况及其特点[J]．中华医史杂志,1981,11(3):158—162.

[427]郑文．北宋仁宗、英宗医疗案件始末[J]．中华医史杂志,1992,2(4):244—247.

[428]梁峻．中国古代医政特点及其对当今医政之启示[J]．中华医史杂志,1994,24(1):9—15.

[429]曹树基．地理环境与宋元时代的传染病[J]．历史地理,1995,12:183—192.

[430]杜正胜．作为社会史的医疗史——并介绍"疾病、医疗与文化"研讨小组的成果[J]．新史学,1995,6(1):113—151.

[431]杜正胜．医疗、社会与文化——另类医疗史的思考[J]．新史学,1997,8(4):143—171.

[432]李良松．略论中国古代对传染病人的安置及传染病院[J]．中华医史杂志,1997,27(1):32—35.

[433]梁庚尧．南宋城市的公共卫生问题[J]．中央研究院历史语言研究所集刊,1999,70(1):119—163.

[434]梁其姿．宋元明的地方医疗资源初探[J]．中国社会历史评论,2001,3:219—237.

[435]章键．宋代官刊方书和个人方书的特点探讨[J]．中华医史杂志,2001,31(2),75—77.

[436]张家玮．方剂学发展史的两个特征[J]．中华医史杂志,2002,32(3):135—139.

[437]常敏毅．宋代皇帝和中医中药[J]．家庭中医药,2002,(11):6—7.

[438]孙小淳．从"百川归海"到"河岸风光"——试论中国古代科学的社会、文化史研究[J]．自然辩证法通讯,2004,26(3):95—100.

[439]尚智丛．宋代科学社会史研究的几个问题[J]．自然辩证法通讯,2004,26(5):103—106.

[440]左鹏．宋元时期的瘴疾与文化变迁[J]．中国社会科学,2004,(1):194—204.

[441]胡玉．宋代应对疾疫医疗措施初探[J]．乐山师范学院学报,2005,19

(11):99—102.

[442]汪圣铎、胡玉.宋代应对瘟疫的措施[J].文史知识,2005,(8):82—86.

[443]王曾瑜.宋代文明的历史地位[J].河北学刊,2006,(5):94—96.

[444]王曾瑜.城狐社鼠——宋高宗时的宦官与医官王继先[J].四川大学学报,1995,(2):71—82.

[445]邓小南.北宋文官磨勘制度初探[J].历史研究,1986,(6):117—129.

[446]曾小华.宋代磨勘制度研究[A]//徐规主编.宋史研究辑刊[C].杭州:浙江古籍出版社,1986:162—191.

[447]张希清.北宋的科举取士与学校选士[A]//宋史研究论文集[C].保定:河北大学出版社,2002:183—203.

[448]黄才庚.宋朝皇帝的诏令须经副署[J].云南档案,1986,(5):20—21.

[449]杨果.宋朝诏令文书的主要制度[J].档案与历史,1999,(3):40.

[450]杨果.唐宋时期诏令文书的主要类型[J].文史杂志,2000,(2):64—66.

[451]杨世利.论北宋诏令中的内降、手诏、御笔手诏[J].中州学刊,2007,(6):186—188.

[452]范午.宋代度牒说[J].文史杂志,1942,(4):45—52.

[453]史旺成.宋代经济财政中的"度牒"[J].北京师院学报,1984,(2):20—24.

[454]顾吉辰.关于宋代"度牒"问题的探讨[J].驻马店师专学报,1990,(4):49—56.

[455]金宝祥.南宋马政考[J].文史杂志,1941,1(9):28—37.

[456]杜文玉.宋代马政研究[J].中国史研究,1990,(2):22—33.

[457]郭嘉.宋代官办慈善机构管理初探[J].社会科学辑刊,2005,(4):117—121.

[458]余新忠.关注生命——海峡两岸兴起疾病医疗社会史研究[J].中国社会经济史研究,2001,(3):94—98.

[459]余新忠.从社会到生命——中国疾病、医疗史探索的过去、现实与可能[J].历史研究,2003,(4):158—168.

[460]丁建军.宋朝政府的图书征集述论[J].中国文化研究,2003,(1):92—98.

[461]史继刚.宋代的惩"巫"扬"医"[J].西南师范大学学报,1992,(3):65—68.

[462]杨倩描.宋朝禁巫述论[J].中国史研究,1993,(1):76—83.

[463]范荧.宋代的民间巫术[A]//张其凡、陆勇强主编.宋代历史文化研究[C].北京:人民出版社,2000:130—136.

[464]肖忠文.论宋代巫术[J].天府新论,2001,(3):83—86.

[465]李小红.宋代"信巫不信医"问题探析[J].四川大学学报,2003,(6):106—112.

[466]李小红.宋代民间"信巫不信医"现象探析[J].学术研究,2003,(7):94—99.

[467]李小红.宋代尚巫之风及其危害[J].史学月刊,2002,(10):96—101.

[468]刘黎民.论宋代民间淫祠[J].四川大学学报,2004,(5):95—101.

[469]韩毅.唐宋时期阿拉伯农业和药材品种在中国的传入[J].古今农业,2005,(4):22—29.

[470]韩毅.疫病流行的时空分布与宋代社会的变迁[J].科学研究月刊,2006,(10):73—75.

[471]韩毅.疫病流行的地理分布对宋代社会的影响[A]//朱瑞熙、王曾瑜等主编.宋史研究论文集[C].上海:上海人民出版社,2008:497—526.

[472]韩毅.宋代医学诏令及其对宋代医学的影响(一)[J].中医文献杂志,2008,26(1):4—7.

[473]韩毅.宋代医学诏令及其对宋代医学的影响(二)[J].中医文献杂志,2008,26(2):10—12.

[474]韩毅、许瑞源.宋代政府对军队中疫病的应对[J].军事历史,2008,(1):22—28.

[475]韩毅.淳化三年(992)开封大疫与宋代政府的应对[J].中华医史杂志,2008,38(2):72—75.

[476]韩毅.宋代的牲畜疫病及政府的应对——以宋代政府诏令为中心的讨论[J].中国科技史杂志,2007,28(2):132—146.

[477]韩毅.南宋时期马疫的流行及政府的防治措施[J].国际社会科学杂志,2009,26(3):66—79.

[478]韩毅.《太平圣惠方》与宋代社会[J].中华医史杂志,2010,40(4):198—205.

[479]韩毅.宋代牛疫的流行与防治[J].中华医史杂志,2011,41(4):208—213.

[480]韩毅.宋代政府应对疫病的历史借鉴[J].人民论坛,2013,402(13):

78—80.

[481]韩毅．宋代政府应对疫病的态度与措施[J]．文史知识,2013,(7)：13—19.

[482]韩毅．宋代政府如何应对疫病[J]．政府法制,2013,(16):46—47.

[483]韩毅．宋代政府对针灸的规范化管理及其对后世的影响[A]//韩健平、张澔、关晓武主编．技术遗产与科学传统[C]．北京:中国科学技术出版社,2013：199—222.

[484]李华瑞．宋代地方官员与救荒[J]．地方文化研究,2013,(2):1—10.

六、国外学者著作和论文

[485][德]马克思、恩格斯．马克思恩格斯选集:第1卷[M]．北京:人民出版社,1995.

[486][德]马克思、恩格斯．马克思恩格斯选集:第2卷[M]．北京:人民出版社,1995.

[487][德]G·文士麦．世界医学五千年史[M]．北京:人民卫生出版社,1985.

[488][德]盖奥尔格·西美尔著,林荣远译．社会学——关于社会化形式的研究[M]．北京:华夏出版社,2002.

[489][苏]列宁．列宁选集[M]．北京:人民出版社,1965.

[490][苏]沙利·安什林著,杨永等译．宗教的起源[M]．北京:三联书店,1966.

[491][美]Thlmas Kuhn著,傅大为、程树德、王道远译．科学革命的结构[M]．台北:允晨文化实业股份有限公司,1985.

[492][美]席文．文化整体:古代科学研究之新路[J]．中国科技史杂志,2005,26(2):1—6.

[493][美]习文．中国医学史的未来:一元还是多元(摘要)[J]．中华医史杂志,2007,37(3):132.

[494][美]习文．中国医学史的未来:一元还是多元[J]．中华医史杂志,2007,37(4):195—199.

[495][美]费侠莉著,甄橙等译．繁盛之阴——中国医学史中的性(960~1665)[M]．南京:江苏人民出版社,2006.

[496][美]贾志扬．宋代科举[M]．台北:东大图书公司,1999.

[497][英]詹·乔·弗雷泽著,徐育新等译,汪培基校．金枝——巫术与宗教之研究[M]．北京:大众文艺出版社,1998.

[498][英]罗宾·布里吉斯著,雷鹏、高永宏译. 与巫为邻:欧洲巫术的社会和文化语境[M]. 北京:北京大学出版社,2005.

[499][英]弗雷德里克·F·卡特赖特(Frederick Cartwright)、迈克尔·比迪斯(Michael Biddiss)著,陈仲丹、周晓政译. 疾病改变历史[M]. 济南:山东画报出版社,2004.

[500][英]李约瑟著,刘巍译. 中国科学技术史·第六卷生物学及相关技术·第六分册医学[M]. 北京:科学出版社,2013.

[501][法]让·卡泽纳弗著,杨捷译. 社会学十大概念[M]. 上海:上海人民出版社,2003..

[502][日]涩江全善、森立之编. 经籍访古志补遗[M]//贾贵荣辑. 日本藏汉籍善本书志书目集成:第1册[G]. 北京:北京图书馆出版社,2003.

[503][日]山田庆儿著,廖育群、李建民编译. 中国古代医学的形成[M]. 台北:东大图书股份有限公司,2003.

[504][日]冈西为人. 中国本草的历史展望[J]. 汉方的临床,1971,18:4—5.

[505][日]冈西为人. 中国医书本草考. 大阪:日本南大阪书店,1974.

[506][日]冈西为人. 本草概说[M]. 东京:创元社,1977.

[507][日]木村明史. 宋代の民间医疗と巫觋观—地方官による巫觋取缔の一侧面[J]. 东方学,2001,101:89—104.

[508][韩]李瑾明. 宋代社会救济制度的运作和国家权力[J]. 中国史研究,2005,(3):125—136.

[509] Frederick F. Cartwright. *A Social History of Medicine* [M]. New York,Longman Publishing Group,1977.

[510]Joseph Needham,Christian Daniels,Nicholas K. Menzies, *Science and Civilisation in China*[M]. Volume 6,Biology and Biological Technology,Part 6,Medicine. Cambridge:Cambridge University Press,2000.

[511]Geoffrey Lloyd, Nathan Sivin. *The Way and the Word:Science and Medicine in Early China and Greece* [M]. New haven: Yale University press,2002.

[512]TJ Hinrichs. *The Medical Transforming of Governance and Southern Customs in Song Dynasty China* (960—1279)(*Harvard University Dissertation*)[D]. Michigan:Ann Arbor,University of Michigan,2003.

[513]Giovanni Maciocia. *The Foundations of Chinese Medicine:A Comprehensive Text for Acupuncturists and Herbalists* (2 *edition*)[M]. London:

Churchill Livingstone,2005.

[514] Patricia Buckley Ebrey, Maggie Bickford, Peter K. Bol and John W. Chaffee. *Emperor Huizong and Late Northern Song China*：*The Politics of Culture and the Culture of Politics* (*Harvard East Asian Monographs*)[M]. Harvard：Harvard University Press,2006.

[515]Asaf Goldschmidt. *The Evolution of Chinese Medicine*：*Song Dynasty*,960－1200(Needham Research Institute Series)[M]. London & New York：Routledge & Taylor and Francis Group,2008.

索　引

后　记

　　人的一生都有要紧的几步,稳健地走好每一步都不是件容易的事。2004 年 6 月,我在恩师漆侠、李华瑞教授的指导下获得博士学位,随后有幸来到中国科学院自然科学史研究所科学技术史博士后流动站从事研究工作,在孙小淳研究员主持的中国科学院"百人计划"项目——"国家与科学:宋代的科学与社会"课题下进行研究工作。正是这一机遇和转变,引导我走上撰写本书之路。阅读时的兴奋,激励我去寻找更多的两宋时期在正史、类书和文人学士、医生中流传的、与健康和医学有关的政府诏令文献,同时也在思考着医事诏令所反映的这样一些问题:与国家"仁政"思想和统治权威密切相关的医学,在宋代是如何得到发展的? 国家医学政策的前后变化,是否影响了两宋时期中国医学发展的走向? 在这一转变中,政府发挥了何种因素? 上述问题涉及我在三个学术路径上的长期探索:医学史、宋史和文献学。

　　对这些问题的探索和思考一晃就是三年。三年以来,与我的合作指导教师孙小淳研究员朝夕相处,深受他学风、文风的影响,尤其是他提出的科学史研究中要注重学术问题意识的观点,对我的启发很大。在孙老师的悉心指引下,我们共同设计了"政府治理与医学发展:宋代医事诏令研究"的课题,试图全面地解答国家与医学的关系问题。从选题的设计到问题的发现,从观点的提出到史料的解析,我都聆听过他的建议。博士后期间发表的几篇论文,大都是研究报告的部分章节,得到过他仔细的审阅和修改建议。特别是历经三年时间完成的博士后研究工作报告,更是凝结着他的心血和汗水。

　　2007 年 5 月 25 日,在王曾瑜研究员、孙小淳研究员、廖育群研究员、罗桂环研究员、李华瑞教授、汪前进研究员、曾雄生研究员和徐凤先研究员等主持下进行了答辩,博士后研究项目《政府治理与医学发展:宋代医事诏令研究》、《政府治理与医学发展:宋代医事诏令年表与史料》圆满结题,并被评为优秀博士后研究工作报告。

　　中国科学院"百人计划"项目组成员孙小淳研究员、曾雄生研究员、曹圣洙(Philip S. Cho)博士以及参加"宋代国家与科学"国际学术研讨会的习文(Nathan Sivin)教授、郭志松(Asaf Goldschmidt)教授、金永植(Yung Sik Kim)教授、傅大为教授、钟少异研究员、杨倩描研究员、汪前进研究员、郭书春研究员、乐爱国教授、周瀚光教授、司马蕾(Hilary A. Smith)博士、董煜宇博士等,曾参加了本书相关章节的讨论,提供了许多极有价值的建议,令我受益匪浅。

中国科学院自然科学史研究所与德国马普科学史研究所伙伴合作小组国际顾问白馥兰(Francesca Bray)教授、雷恩(Jürgen Renn)教授、郭志松(Asaf Gold-schmidt)教授和傅大为教授,课题组成员薛凤(Dagmar Schäfer)教授、孙小淳研究员、马君兰(Martina Siebert)博士、白灵(Cathleen Paethe)博士、冯继仁博士、王广超博士、何涓博士和黎耕博士等,亦对本书的相关内容提出具体的修改建议。研究生李伟霞同学帮助核对了文中的部分史料。

中国科学院自然科学史研究所张柏春所长、袁萍书记和王扬宗副所长,长期以来对我的工作给予了大力支持。此外,中国古代科技史研究室的各位老师,对本书的部分章节内容亦提供了宝贵的意见。医学史与生命科学史小组成员廖育群研究员、罗桂环研究员、曾雄生研究员和韩健平研究员,与笔者讨论较多,收获颇丰。

中国科学院自然科学史研究所图书馆的全体老师,在我查阅资料时给予了极大的便利。中国中医科学院中国医史文献研究所的胡颖翀先生,帮助查找陈邦贤《二十六史医学史料汇编》和提供《太平圣惠方》的电子版本。

中国社会科学院荣誉学部委员、历史研究所王曾瑜先生,从我上研究生时起就一直关注我的学术研究。博士后选题确定下来后,曾给我提供了许多极有价值、以前不为学人关注的医学史资料,如从《宋会要辑稿》、《名公书判清明集》中发现的医事诏令,就得力于他的提供。多年来他不仅关心我的工作和生活,而且也启迪愚蒙、策励我前进。每次向他求教,他总是有问必答。他常常教导我如何搜集史料,如何鉴别史料真伪,如何对史料加以梳理、排比、校补、拾遗、注释。尤其是他为人正直、专精史学、治学严谨的学风,深深地影响了我,也给了我如何学习,如何做人的榜样。

首都师范大学历史学院李华瑞教授和西北师范大学历史学院李清凌教授,是我的博士、硕士研究生指导教师,他们时常关心我的工作和进展情况,并积极提供资料线索。此外,河北大学国家宋史研究中心姜锡东教授、郭东旭教授、刘秋根教授、王菱菱教授、吕变庭教授和丁建军教授,北京大学张希清教授、邓小南教授,西北师范大学侯丕勋教授、田澍教授、何玉红教授,厦门大学谢泳教授,河南大学程民生教授,中国社会科学院历史研究所关树东研究员,北京邮电大学高纪春教授,韩国中央大学曹福铉教授，台北中央研究院历史语言研究所黄宽重研究员等，对我的研究给予了支持，并提出良好的建议。

我的家人长期以来对我的工作给予了极大的支持。我的父亲、母亲和岳母，不仅关心我的工作，而且帮忙照看孩子。爱人刘红女士不顾工作劳累，在承担全部家务的同时，又对本书进行了仔细的校阅。女儿韩澍莹出生于2007年9月，如今已能帮我干些小活。正是有了他们的关心与照顾，我才顺利地完成了本书的撰写。

本书中的大部分章节，曾在国际、国内学术会议上加以宣读和讨论，引起学界的关注。最后还要说明一点的是，笔者虽然挖掘了数量众多的医事诏令，也注意到了医事诏令内部的一些变化，但因限于条件和个人能力，许多认识仍不尽完善，深望诸位老师和同仁们多加指正，以便将来进一步补充和提高。

借此机会，向中国博士后管委会和"百人计划"课题组表示感谢！向所有关心、帮助和支持我研究的老师、同事和亲人们，表示最诚挚的谢意！中国科学技术出版社吕建华副社长和责任编辑包明明女士，为出版本书付出了辛勤的工作，在此深表谢意！

韩毅

2013 年 12 月 26 日